科学出版社"十三五"普通高等教育本科规划教材

高等医学院校
中医药类系列教材

中医内科学

（第二版）

罗　仁　曹文富　主编

科学出版社
北　京

内 容 简 介

本教材分为上、下两篇。上篇为总论，分 3 章介绍了中医内科学的概论、辨证论治要点、学习与展望。突破了既往中医内科学的表述方式，突出了中医内科学辨证论治的要点，详细讨论了有关诊断与辨证、治则与方药、预防与调护的最基本知识和技能。下篇为各论，分 7 章全面阐述了肺系疾病、心脑系疾病、脾胃系疾病、肝胆系疾病、肾系疾病、气血津液疾病、肢体经络疾病等共计 54 种内科疾病。每一疾病又分设概述、病因病机、诊断、鉴别诊断、辨证论治、其他治法、转归预后、预防调护、临证备要及文献摘录等内容。书末附有方剂索引、中医内科疾病病名中英文对照，以备查阅。

本教材自 2012 年 9 月第一版出版以来，得到使用单位及学生的充分肯定，本次第二版出版充分考虑了高等医学院校中的中医药类专业学生的特点、学习环境等因素，突出中医临床思维方法和实践技能，贯彻“精”、“新”、“实”的原则。本教材可供全国高等医学院校中医药类专业中医内科学课程教学使用，也可作为临床医师、执业医师考试及研究生入学考试的参考书。

图书在版编目(CIP)数据

中医内科学 / 罗仁，曹文富主编. —2 版. —北京：科学出版社，2016.3

科学出版社“十三五”普通高等教育本科规划教材　高等医学院校中医药类系列教材

ISBN 978-7-03-047276-2

Ⅰ. ①中…　Ⅱ. ①罗… ②曹…　Ⅲ. ①中医内科学—医学院校—教材　Ⅳ. ①R25

中国版本图书馆 CIP 数据核字(2016)第 025462 号

丛书策划：潘志坚　方　霞 / 责任编辑：闵　捷　黄金花
责任印制：谭宏宇

科学出版社 出版
北京东黄城根北街 16 号
邮政编码：100717
http://www.sciencep.com

南京展望文化发展有限公司排版
广东虎彩云印刷有限公司印刷
科学出版社发行　各地新华书店经销

*

2012 年 9 月第　一　版　开本：889×1194　1/16
2016 年 3 月第　二　版　印张：24 1/4
2025 年11月第十四次印刷　字数：778 000

定价：60.00

高等医学院校中医药类系列教材

第二届专家指导委员会

高等医学院校中医药类系列教材

《中医内科学》(第二版)编委会

主　　编　罗　仁　曹文富

副 主 编　田军彪　曹　勇

汪　静　郭晓萍

吕书勤　董秋梅

编　　委(按姓氏笔画排序)

马剑颖(香港浸会大学)　　尹　涛(重庆医科大学)

田军彪(河北中医学院)　　吕书勤(新疆医科大学)

刘学飞(河北中医学院)　　汪　静(西南医科大学)

张　慧(山西大同大学)　　张志芳(内蒙古医科大学)

张震中(浙江省立同德医院)　　罗　仁(南方医科大学)

敖素华(西南医科大学)　　郭晓萍(山西大同大学)

曹　勇(暨南大学)　　曹文富(重庆医科大学)

董玉山(华北理工大学)　　董秋梅(内蒙古医科大学)

谢　伟(华北理工大学)　　谭　为(广东省医学科学院)

学术秘书　尹　涛(兼)

谭　为(兼)

总 序

教材建设是教学改革的重要组成部分，是提高高等院校教学质量、培养优秀人才的关键之一。如何进一步做好新时期教材建设工作，教育部在《关于"十二五"普通高等教育本科教材建设的若干意见》中已明确指出：坚持育人为本，适应不同类型高等学校需要和不同教学对象需要，编写推介一大批符合教育规律和人才成长规律的具有科学性、先进性、适用性的优秀教材，进一步完善具有中国特色的普通高等教育本科教材体系。中医药事业的不断发展，对中医药人才培养质量、知识结构、专业能力、综合素质提出了新的更高的要求，改进和完善中医药类本科教材的重要性和必要性日益突出，成为中医药事业发展的基础性工程。

为了进一步提高高等医学院校中医药类本科教材的质量，更好地把握高等医学院校和综合性大学中医药类专业本科教学改革和课程体系建设，满足高等医学院校中医药类专业本科的培养要求和教学需求，打造教师"易讲"、学生"乐学"的系列教材，科学出版社和高等医学院校中医药类教材专家指导委员会共同组织了供高等医学院校中医药类专业本科生使用的"高等医学院校中医药类系列教材"的编写项目。我们采用了"跨校、跨区域合作，出版社协助"的模式，由全国十余所高等医学院校中医药类专业的教学名师、优秀学科带头人、教学一线的教授专家共同参与，以"明确培养方向，优化编写体例，打造学生'乐学'教材"为原则，以教育部新版的教学大纲和国家中医执业医师、执业中药师资格考试要求为依据，充分吸收现有各版本中医药类教材的特色与合理之处并有所创新，努力打造遵循中医药教育规律、满足高等医学院校中医药类专业的培养目标需求、具有时代精神的高品质教材。

本系列教材是科学出版社和高等医学院校中医药类教材专家指导委员会首次合作项目，各方领导高度重视，从教材规划到编写和编辑的各个环节，精心组织，层层把关，步步强化，意在提高教材的内在质量。在教材内容组织上，力争概念准确，理论体系完整，知识点完备，内容精练，切合教学实际和临床实践所需，体现"创新性"和"实用性"；在教材版式设计上，力求编排新颖，版式紧凑，形式多样，主体层次清晰，类目与章节安排合理、有序，体现"清晰性""易读性"及"实用性"。

在本系列教材策划、主编遴选及审定稿等过程中，得到了全国各高等医学院校的大力支持，在此致以衷心的感谢！让我们为成功打造中医药类本科精品教材共同努力！

高等医学院校中医药类教材专家指导委员会

2012 年 7 月

第二版前言

本教材系高等医学院校中医药类系列教材之一，是为了适应中医药学科改革和发展需要，结合高等医学院校中的中医药类专业学生的学习环境和临床实际需要，在高等医学院校中医药类教材专家指导委员会和科学出版社共同组织下，由全国9所高等医学院校推荐的专家组成的编委会编写而成。

本教材在编写过程中，以全国中医药院校的统编教材《中医内科学》各个版次为蓝本，汲取其各自的优点，并结合高等医学院校教学实践中的实际需要和存在的问题，注重中医学的系统性、继承性、科学性、先进性和实用性，突出临床实用性和实践技能培养，参照中医学本科教育标准、中医执业医师考试大纲和研究生入学考试中医综合考试大纲的培养目标和要求，经反复论证，并听取多方意见而成稿，全体编委初审后，再由各章负责人、副主编、主编审定，最终由编委会讨论并定稿。

本教材自2012年9月第一版发行以来，编委会持续向使用单位、有关专家及教师收集了相关意见，在得到大家充分肯定的基础上，进行了相关的修订，作为第二版出版。

本教材分为总论和各论两部分。总论部分，为了避免与《中医诊断学》的相关内容重复，将中医内科学常见病证辨析、疾病的辨证论治、病历书写等内容省略。同时，增加了中医内科学辨证论治要点、预防与调护，以及中医内科学的学习与展望等内容，期望能对学生起到提纲挈领的作用，并结合目前医学、社会的发展程度，让学生能对中医内科学的进一步发展有所思考。各论部分，沿用按系统分类的方法，将中医内科学的疾病分为七大类。每个疾病分设概述、病因病机、诊断、鉴别诊断、辨证论治、其他治法、转归预后、预防调护、临证备要及文献摘录。在疾病的病因病机部分，增加了病因病机示意图，以利于学生学习记忆和理解。在疾病的分证论治部分，将每个疾病的不同证型的一系列症状分别归纳为几组表现，并在证候辨析时进一步分析。这样一方面可提高学生的学习兴趣，使之能在临床应用过程中做到抓住要点对疾病进行辨证；另一方面，也方便老师教学，易于讲解和展开讨论。其他治疗包括中成药、针灸及饮食辅助疗法。中成药部分，仅选择国家基本药物目录范围内的且临床疗效确切的中成药；在针灸部分，为了避免与《针灸学》的内容重叠，仅介绍针灸的基本穴位及原则；在饮食辅助疗法部分，只选择临床实践中切实可行的方法。在临证备要部分，设有辨病思路、辨证思路和治疗注意三方面的内容，目的在于使学生在学习中医内科学的同时能结合西医学知识，进一步提高临床能力，从而使本教材更能体现社会—生物—心理医学模式在中医临床的应用，更有利于传承创新。

为了促使中医药更加规范地走向世界，本教材在每个疾病名称后都附有相应的英文名称，并在附录部分设有中医内科疾病病名中英文对照。同时，为了使年轻一代更加方便学习中医内科学，在附录的方剂索引部分，将中医方剂的索引方式由传统的按笔画索引改为按拼音索引。方剂索引和中医内科疾病病名中英文对照所用的拼音索引按汉语拼音音节进行排序，同一个音节则按声调进行编排，首字相同则按第二个字的汉语拼音音节排序，依此类推。

第二版教材在编写过程中得到了参编专家所在单位的大力支持，在此表示感谢。衷心感谢全体参与编写的专家的通力合作，使得全书得以顺利完成。

限于编者的学识及能力，书中错误和不足在所难免，恳请广大读者批评指正，以促使本教材更加完善和更符合现代中医药教学的需要。

主　编

2015 年 6 月

目　录

附 录

上篇

总论

第一章 概　　论

导　学

目的要求

1. 熟悉中医内科学的定义、性质，中医内科学疾病的分类和命名，中医内科学学术理论的规律性。
2. 了解中医内科学的范围和发展简史。

中医内科学是中医学学科的主干课程，也是学习中医临床各学科的基础。首先应对中医内科学的定义和性质以及范围、疾病的分类和命名的一般规律、中医内科学学术理论的规律性、中医内科学的发展简史等方面进行学习，从而达到在整体上对中医内科学的了解。

一、中医内科学的定义、性质和范围

中医内科学是运用中医药理论阐述内科疾病的病因病机、证候特征、辨证论治及预防、康复、调摄规律的一门临床学科。它以脏腑、经络、气血津液等病理生理学说为指导，系统地反映了中医辨证论治的特点，是中医学的一门主干课程，也是临床其他各学科的基础，具有非常重要的学科地位。因此，中医内科学的水平在很大程度上反映了中医临床医学的发展水平。

中医内科学的形成和发展，经历了漫长的历史过程，在不断总结疾病诊断、治疗方法、治疗效果和探讨发病机理的长期实践过程中，积累了丰富的经验和理论，为人类的保健事业作出了重大的贡献。中医内科学在继承和总结历代医家学术思想与医疗经验的同时，又汲取和采纳了现代中医学在理论与实践方面的新成就、新技术，使其在临床学科体系中有了长足的进步。中医内科学包含了古代所称的"大方脉"、"杂医"等内容，它研究的疾病范围很广，通常分为外感病和内伤病两大类。一般说来，外感病主要指《伤寒论》及《温病学》所说的伤寒、温病等热性病，它们主要由外感风、寒、暑、湿、燥、火六淫及疫疠之气所致，其辨证论治是以六经、卫气营血和三焦的生理、病理理论为指导。内伤病主要指《金匮要略》及后世内科专著所述的脏腑经络病、气血津液病等杂病，它们主要由七情、饮食、劳倦等内伤因素所致，其辨证论治是以脏腑、经络、气血津液的生理、病理理论为指导。本教材所讨论的内容主要是内伤杂病和部分外感病。即以脏腑、经络、气血津液疾病为主要研究和阐明的对象，按其体系分为肺系疾病、心脑系疾病、脾胃系疾病、肝胆系疾病、肾系疾病、气血津液疾病和肢体经络疾病等。本教材所要阐述的内容包括：每一体系所属疾病共同的病理生理特征；每一病证的定义、源流及在西医学中的范围；每一病证的病因病机、诊断、鉴别诊断、辨证论治、其他治法、转归预后、预防调护、临证备要、文献摘录。

二、中医内科学疾病的分类和命名

（一）内科疾病的分类

内科疾病病种多、范围广，历代医家都试图从不同的角度对其进行分类。《内经》将疾病从阴阳进行分类。《素问·调经论》曰："夫邪之生也，或生于阴，或生于阳。其生于阳者，得之风雨寒暑；其生于阴者，得之饮食居处，阴阳喜怒"，病因包括了社会因素（饮食居处条件）、生物因素（风雨寒暑等气候、六淫病邪）及心理因素（阴阳喜怒等）。故对中医内科疾病的诊断应如《素问·阴阳应象大论》所言："察色按脉，先别阴阳"。在治疗上则谨察阴阳之所在而调之，以平为期。可以说，这是在阴阳学说指导下形成的原始的"社会-生物-心理"医学模式的疾病分类观。汉代张机（字仲景）《金匮要略》则从受邪与传变途径之不同把内科杂病归纳为"三因"，这是最早的"三因"分类法。隋代巢元方等编撰的《诸病源候论》，把风病、虚劳病、伤寒、温病、热病、时气病等全身性的疾病列在最前面，然后再根据证候特点或脏腑系统把各种疾病

笔记栏

分门别类，既有别于“阴阳”分类，又不同于“三因”分类，而是以病证为纲，突出重点，讲究实用。唐代孙思邈《千金方》，除风病、伤寒、脚气、消渴、水肿等全身性疾病外，其他许多疾病都归入互为表里的五脏六腑十一门中，确立了脏腑病理分类法。宋代陈言（字无择）《三因极一病证方论》：“以六淫邪气致病为外因；七情所伤致病为内因；饮食、劳倦、虫兽、金刃等致病者为不内外因”。以病因为分类依据，提出了有别于张仲景的“三因”说。金元时期张从正（字子和）《三法六门》强调治病以攻邪为主，故把疾病分为风、寒、暑、湿、燥、火六门。明代楼英《医学纲目》把伤寒以外的疾病，都归于相应脏腑之中，实质上仍是脏腑病理分类法。

归纳起来，将病因病理与病证相互联系起来进行分类可能更切合实际。一者突出病因，便于在临床上辨证求因，审因论治。二者突出病理，反映各类疾病病理变化的一般特征，既是对病因分类的补充，也有助于在临证时异病同治。三者突出病证，有助于认识疾病的临床特点。因此，以病因病理病证为纲进行分类，可以分为两大类，即外感疾病与内伤杂病。

外感疾病，是感受外邪而引起的以发热为主要表现的疾病。病因为六淫、戾气、瘴气等外邪，发病常与季节气候有关；病邪多从皮毛而入，或自口鼻上受；起病较急，传变较快，且可具有传染性或流行性，以发热为主要临床表现，病变性质与致病邪气有非常密切的联系。疾病的全过程可有轻重深浅不同的各个病理阶段。按病因病理与病证进行分类，外感疾病可分为：感冒、风湿、湿温、暑温、中暑、秋燥、痢疾、霍乱等。

内伤杂病，是由七情、饮食、劳倦及病理产物导致的多种复杂病变的总称。起病较缓，证候表现复杂，但变化较少，传变较慢；以脏腑气血阴阳失调为主，故各种杂病均可归入相应的脏腑病变，如咳嗽、哮喘、肺痿、肺痨等都是以肺脏为主的病变；病性有寒热虚实之异，但以寒热为标，正虚为本，而瘀滞（包括气滞、血瘀、痰饮、水湿等）则是实证的病理基础。按病因病理病证分类，则大多数杂病都可归入各个脏腑病证之中，包括肺系疾病、心脑系疾病、脾胃系疾病、肝胆系疾病、肾系疾病、气血津液疾病、肢体经络疾病等；此外，有些疾病涉及脏腑较多，难以一脏归类者，则属全身病证。

（二）内科疾病的命名

在中医的历代著作中，记载了大量的疾病名称，由于缺乏统一的命名标准，学术交流少，而且流派多，形成中医病名相对混乱；或是病、证、症的概念不清，或一病多名，多病同名，或以症名病，以证名病，使一些疾病名称的内涵与外延都缺乏明确的定义，影响了中医学术的发展。但从中医学术理论体系分析，内科疾病的命名仍是有一定的规律可循。

内科疾病的命名主要有以下几种方法。以病因命名，如风证、虫证；以病理及病理产物致病命名，如郁证、厥证、痰饮；以病位命名，如肺痿、肺痨、肺痈；以主要症状命名，即以症名病，如咳嗽、喘症、哮证、噎膈、呕吐、反胃、泄泻、便秘、眩晕、不寐、遗精、耳鸣、痹证、痿证、淋证；以病位与症状命名，如头痛、胸痹、胁痛、胃痛、腹痛、腰痛；以主要体征命名，如黄疸、积聚、鼓胀、水肿；以病性命名，如虚劳；以特殊的临床表现综合命名，如感冒、消渴、癫狂、痫证、痢疾。

上述命名方式，与疾病之诊断密切相关，如头痛，必以头部疼痛为据；黄疸，必以身目俱黄为证。故中医疾病的命名与诊断大多以症为据，或以证为据，有其科学的参考价值。如感冒、痢疾，不仅与西医学的疾病概念有同等的意义，而且具有治疗学的意义。如感冒，必先伤风邪，有肺卫症状，故治以疏风宣肺解表为主；又如黄疸者，多从湿得之，故张仲景在《金匮要略》提到“治黄不利小便，非其治也”；又如痰饮，“阳微阴盛，故当以温药和之”。从临床分析，由于证候表现的复杂性及先后主次轻重之不同，可能同时有几种病名诊断，但只要病机相同，即可异病同治。所以，中医内科疾病之命名，有其固有的特点，只要掌握其一般规律，就有助于辨证论治。

三、中医内科学学术理论的规律性

中医内科学是祖国医学的一个重要组成部分，具有系统的理论和丰富的实践经验。由于内科学是专门研究内科疾病辨证论治的一门科学，必然有其内在的特点和一般规律。因此，学习和掌握内科的特点及其规律性，将有助于从整体上掌握内科学的理论体系，并为学习、研究和治疗各种内科疾病打下基础。

（一）发病机理的复杂性

内科疾病的发生发展及其变化错综复杂。因此，认识和掌握内科疾病的发病规律就显得非常重要。

笔记栏

1. 病因的多样性 中医内科疾病的病因种类繁多，有外感之“六淫”，又有内伤之“七情”，还有饮食、劳倦、虫兽、外伤等。《素问·调经论》将病因分为社会因素(饮食居处条件)、生物因素(风、雨、寒、暑等生物气候，六淫病邪)及心理因素(喜、怒等)；汉代张仲景《金匮要略》则从受邪与传变途径分类为“三因”，曰：“千般疢难，不越三条：一者经络受邪，入脏腑，为内所困也；二者四肢九窍，血脉相传，壅塞不通，为外皮肤所中也；三者房室、金刃、虫兽所伤。”至宋代陈言《三因极一病证方论》则进一步指出：“六淫邪气为外因，七情所伤为内因，饮食、劳倦、虫兽、金刃等为不内外因。”可见历代医家都认识到病因的多样性，并试图进行分类以便审因论治。所以后世医家多在“三因论”的基础上，认为由六淫及疫疠邪毒所致之疾病称为“外感”，而由七情、饮食、劳倦、房室等所致之疾病称为“内伤”，从而把病因与疾病的内在联系进行较明确的分类和概括。

多种病因可引起同一疾病，即同一种疾病的病因具有多样性。因此，根据不同的病因采用不同的治疗方法，这就是同病异治的病因学基础。如感冒的外因有风、寒、湿、热等病邪，或饮食不洁(节)等因素；内因为正气虚弱(气血阴阳之偏虚)正邪交争而发病。所以根据感冒的病因，治疗上除了辨别风寒与风热两大证型之外，亦需重视其体质以及暑、湿、食、燥等兼夹证。此外，同一病因亦可以引起多种疾病。如风邪致病，可见伤风、风寒、风热、风湿、风痹、风水、风疹等病证；湿邪致病，可致湿阻、湿痹、湿疹、湿温、黄疸、水肿、淋证、癃闭、泄泻、带下等病证。病证名称虽不同，但其致病之因可能相同，因而可用相同的方法治疗，这就是异病同治的病因学基础。

2. 发病的多样性 《灵枢·百病始生》曰：“风雨寒热，不得虚，邪不能独伤人。此必因虚邪贼风，与其身形，两虚相得，乃客其形。”《素问·评热病论》亦指出：“邪之所凑，其气必虚。”明确指出了疾病之发生，必须具备两个条件：即导致疾病的外因，如气候变异、六气淫盛、天行时毒、饮食失宜、居处不适、七情违和等“虚邪”；内因则是“身形之虚”、正气不足，并由于正不胜邪，导致阴阳失调。所以，疾病之发生，也由于内因与外因的不同而具有多样性。

(1) 感邪轻微，正虚不甚，则正邪交争的结果是“微病”。“微病”既与健康有别而属病态，却又尚未能构成典型的疾病而虽病尤微。故“微病”多见病位轻浅，症状轻微，若有若无。如《素问·调经论》曰：“血气未并，五脏安定，肌肉蠕动，命曰微风。”《灵枢·邪气脏腑病形》曰：“正邪之中人也微，先见于色，不知于身，若有若无，若亡若存，有形无形，莫知其情。”“微病”既成，则既有自愈、向愈之势，亦可有由微而甚，病甚而变，故当从“微”中识病，辨微而治，所谓“上工救其萌芽”也。如《素问·至真要大论》谓：“微者调之”，“微者逆之”是也。如风邪初起之微热畏寒，头痛微汗，苔白脉浮，则以葱豉汤辛温微汗可愈。

(2) 正不胜邪，阴阳失调而引起典型的病证。一方面，病邪的属性，往往决定病证的属性，如六淫病邪所致者多为实证或实中夹虚，而七情、劳倦、饮食等因素所致者则多为虚证或虚中夹实。另一方面，由于正气内虚和体质的差异，往往影响病势的从化。如《医宗金鉴》谓：“人感受邪气虽一，因其形脏不同，或从寒化，或从热化，或从虚化，或从实化，故多端不齐也。”章楠(字虚谷)亦指出：“六气之邪，有阴阳之不同，其伤人也，又随人身之阴阳强弱变化而为病。”所以在辨证论治中要强调因病而异、因人而异。

(3) 正邪消长，阴阳转化而影响疾病的发展变化。《医学源流论》曰：“凡致病必有因，而受病之处，则各有部位……故邪之伤人，或在皮肉，或在筋骨，或在经络，有相传者，有不相传者，有久而相传者，有久而不相传者。”所以，疾病发生之后，随着正邪消长及阴阳盛衰的变化，病机与证候也必然随之而变，且多因病、因人、因时而异。如外感病、与季节气候有关，起病较急，病邪由皮毛、口鼻而入，故初起邪盛则多由表及里；内伤杂病传变较少，但并非静止不变，如“见肝之病，知肝传脾，当先实脾”，“五脏之伤、穷必及肾”，“久病入络”，“久病入血”等，因病而异也。又如水肿可致癃闭，其病甚而尿毒不泄则又可变为关格；湿阻日久可见黄疸，疸久不愈又可转成积聚，积坚不散则又可成鼓胀，病甚可致昏迷；内伤头痛不止可转为眩晕，进而可致中风，凡此等等，亦病证相关也。因人而异者，由于体质等差异，可有不同的发展变化规律，所谓阳旺之体，易从阳热化；阴盛之躯，易从阴寒化。《灵枢·五变》曰：“一时遇风，同时得病，其病各异”。说明体质与发病及其变化发展有非常密切的联系。

(4) 末病转归，其状不一。疾病的发生发展进入末期，是为末病，而末病之预后转归，其状不一。有病瘥而愈者；有病小瘥而未痊，乃至迁延不愈；亦有病情恶化，出现逆证、变证，乃至阴阳离决，脏气衰败。其决定因素在于正气之盛衰。一般情况下，属阳证、实证、热证者易愈；属阴证、虚证、寒证者难治。而一般慢性疾病之末病，多表现为邪欲退而留恋未尽，正气虚而有自复之兆，病势缓而传变较小，症状减而时轻时重。所以，末病难辨亦难收全功，当因势利导，攻邪不伤正，扶正不留邪，攻补兼施，缓图功效。

笔记栏

（二）病机辨证的规律性

辨证论治是内科学的主要内容和特点。就辨证方法而言，有病因辨证、八纲辨证、六经辨证、卫气营血及三焦辨证、脏腑经络辨证及气血痰食辨证等。不同的疾病，有各自的临床特点和变化规律，因而可能采用不同的辨证方法，如外感时病多采用六经、卫气营血或三焦辨证，内伤杂病则多采用脏腑经络、气血痰食辨证等。而且不同的医生，由于受学术思想的影响，则往往习惯于偏用某种辨证方法。《素问·至真要大论》提出：“诸风掉眩，皆属于肝；诸寒收引，皆属于肾……盛者责之，虚者责之。必先五胜，疏其血气，令其调达，而致和平，此之谓也”，明确提出病机辨证，求其有无之因，责其盛虚之由，“故知其要者，一言而终，不知其要，流散无穷”。所以，谨守病机以辨证，是各种辨证方法之异中之同，也是内科疾病辨证的精髓和规律。故内科辨证方法虽多，然异中有同，百法一宗，以病机辨证为要，包括了辨病因、病位、病性、病势四个方面。

1. 辨病因 中医强调“审证求因”，“审因论治”，“必伏其所主，而先其所因”。故一病有一病之因，如六淫、七情、饮食、劳倦，以及失治、误治等。一个疾病可能具有多种病因，但必有其主因，或有明显的诱因。同时在疾病过程中，气滞、气郁、血瘀、痰饮、水液、湿热等，既是外感、内伤病之病理产物，反过来，又可作为病因，直接或间接地作用于脏腑组织，使脏腑气血阴阳失调。如临床常见因病致郁者，当治病以解郁；而若因郁致病者，则多解郁以治病。故气、血、痰、湿等作为病理产物或作为病因时，两者之间的治疗仍是有区别的。

2. 辨病位 辨别病变部位之深浅，视表里上下、阴阳气血、脏腑经络、卫气营血、三焦等不同之病位，用药才能有的放矢，使药达病位而扶正达邪。此外，还可根据病位之不同，来判断疾病之预后情况，如由表入里，是病情加重，反之，为病情好转；表证易治，里证难治。

3. 辨病性 疾病之发生，根本在于邪正斗争引起的阴阳失调。“邪气盛则实，精气夺则虚”，故虚与实构成病性的一个重要方面；“阳盛则热，阴盛则寒”，故寒与热又是病性的具体表现。因此，正邪虚实、阴阳寒热这两对矛盾中，由虚实、寒热构成了内科疾病病机的基本性质，治疗上则相应地补虚、泻实、清热、温寒。所以，辨病性的目的，在于对病证有一个基本的认识，在治疗上有一个总的原则，明其病性而治病求本也。

4. 辨病势 正邪斗争，一进则一退，故邪盛而正气未衰者，其病虽重而易疗；邪气盛而正气受损者，病进而难愈；邪少虚多者，则往往留恋不解，迁延反复；故病之初起，属外感者，应祛邪于未盛之先，防止病邪之深入；属内伤者，则应顾及未病之脏腑，先安未受邪之地，防止疾病之传变。如“见肝之病，知肝传脾，当先实脾”。又如气郁日久则停瘀或伤阴，故当顾及理血或养阴；危重病证，当候胃气之盛衰。所谓“有胃气则生，无胃气则死”矣。对精神状态亦当审察。如《素问·经脉别论》曰：“当是之时，勇者气行则已，怯者则著而为病也”。故辨别病势，判断转归，才能因势利导，确定治疗之逆从。如脾虚湿盛引起之泄泻，治当健脾祛湿，攻补兼施，若食滞胃肠之泄泻则应消食导滞，如枳实导滞丸通因通用，以通止泻。然若见两者泻下无度，则有耗气伤阴损阳之势，则宜适当佐以益气敛阴或温阳止泻之品，方能阻断病势，转危为安。

（三）病证治疗的层次性

随着中医内科学的发展，对疾病的治疗也积累了丰富的经验，如强调整体论治，治病求本；明辨标本，权衡缓急；动态观察，分段论治等，而其特点在于同病异治和异病同治，并具有治疗的层次性，即辨病治疗、辨证治疗及对症治疗。

1. 辨病治疗 明代李中梓《医宗必读》指出：“病不辨则无以治，治不辨则无以痊。”任何疾病都具有其发生发展规律及治疗规律。如温病，由温邪所伤，易伤阴液，故以清热解毒，生津养阴为大法；伤寒，由寒邪所致，易损阳气，故温寒之中，需扶助阳气。外感病证，起初邪气未盛，正气未衰，病较轻浅，当发散祛邪，所谓“因其轻而扬之”；进入中期，邪盛正实，病情加重，则当祛邪为主，减其病势，所谓“因其重而减之”；病之后期，邪气渐衰而正气未复，则宜扶正祛邪，所谓“因其衰而彰之”。又如内伤杂病，初起之时，一般不宜用峻猛药物；进入中期，大多正气渐虚，治当轻补，或有因气、血、痰、火郁结而成实证，需用峻剂而治者，亦只宜暂用；及至末期，久虚成损，则宜调气血，养五脏，促使病体康复。所以辨病治疗，是因病而异，根据疾病的发生发展规律而确定治疗方法与措施。如清代唐宗海(字容川)治血证，创止血、消瘀、宁血、补血等大法；明代李中梓《医宗必读》对积聚的治疗：“初者，病邪初起，正气尚强，邪气尚浅，则任受攻；中者，受病较久，邪气较深，正气较弱，任受且攻且补；末者，病魔经久，邪气侵凌，正气消残，则任受补。”因

笔记栏

此，明确疾病的发生规律，从病情演变的不同阶段，进行分段治疗，将使辨证论治更加准确，进一步提高疗效。

2. 辨证治疗　内科疾病中，同一疾病有其不同的基本证候，因而有不同的治疗方法，所谓“同病异治”也；不同的疾病，也可能出现相同的基本证候，因而可用相同的方法进行治疗，所谓“异病同治”也。故辨证治疗，是针对病机的根本方法，是辨证论治的精髓，也是组方议药的中心指导思想。如明代李中梓《医宗必读》谓：“见痰休治痰，见血休治血，见汗不发汗，有热莫攻热，喘气毋耗气，精遗勿涩泄，明得个中趣，方是医中杰。”

3. 对症治疗　症状是疾病的外在表现，疾病内在的本质与外在的表现都是通过病机变化而联系的。故在临床上，病与症相符者，病情多比较单纯，多以正治取效，如治寒以热、治热以寒、虚者补之、实者泻之；若病与症不相符者，病情多比较复杂，多须用反治法，如热因热用、寒因寒用、塞因塞用、通因通用等。然而，当疾病(本)与症状(标)有矛盾，标本不一致，病情危急之时，应以治标为要，即“急则治其标”。如柴胡退热、延胡索止痛、酸枣仁安神、大黄通大便等，恰到好处的对症治疗，每能减轻痛苦，提高疗效。

（四）遣方用药的灵活性

遣方用药，是辨证论治的重要一环。前人一贯强调守病机以立法，依法遣方，随方加减，重视理法方药之一致性。但法为一定之法，方无不变之方，故遣方用药又具有相当大的灵活性。

1. 主治方与通治方　徐大椿(字灵胎)《兰台轨范》曰：“一病必有主方，一方必有主药。”说明主方主药均是针对疾病的病因病机而施，故前人有主治方与通治方之谓。主治方具有针对性较强的特点，是针对某个疾病之主要病理变化规律结合方药理论而制订的并经临床实践证明有效的专用方剂。如泄泻的病机特点是“湿盛困脾”，故运脾化湿，通阳利水的胃苓汤便是泄泻的主治方。其他主治方如止嗽散治咳嗽、百合固金汤治肺痨、酸枣仁汤治失眠、白头翁汤治痢疾、五淋散治淋证、通关散治癃闭、茵陈蒿汤治黄疸、独活寄生汤治痹证、补阳还五汤治中风偏瘫、川芎茶调散治头痛等，临床运用得当，效果常令人满意。通治方适用范围广、使用频率高，一方面可通治几种病或证，亦即异病同治，一方通治。如清代程国彭(字钟龄)《医学心悟》指出：“杂病主治四字者，气血痰郁也……以愚论之，气虚者，宜四君辈，而气实者，则香苏、平胃之类可用也；血虚者，宜四物辈，而血实者，则手拈、失笑之类可用也；寻常之痰，可用二陈辈，而顽痰胶固致生怪症者，自非滚痰丸之类不济也；些小之郁，可用越鞠、逍遥辈，而五郁相混，以致腹胀肿满、二便不通者，自非神佑、承气之类弗济也。”故依气血痰郁之病理机转而立四君、四物、二陈、越鞠之类通治方，其他如六味地黄丸养阴，八味肾气丸温阳，血府逐瘀汤化瘀，掌握必要的通治方，有助于在临床上能灵活变通。

但在一定条件下，通治方与主治方可互相转变，某些通治方可能成为主治方。如二陈汤是痰证之通治方，又往往是痰饮、咳嗽、呕吐等疾病之主治方；某些主治方也可能成为其他疾病之通治方，如八正散是治疗热淋的主治方，又往往是治疗癃闭等疾病下焦湿热证之通治方。所以，主治方与通治方，均是谨守病机而治，均是辨证用方。掌握内科常用的主治方与通治方，在临床实践中才能灵活运用而有方有守，也有助于分析疗效和总结经验。

2. 立方贵在活与简　临床过程中，前人一贯强调审察病机而施，用方贵在活而简，成方须化裁损益，用药宜加减变通。切忌以方套病，守株待兔。清代周声溢《靖盦说医》曰：“活有二道，一则用药之活也；一则铢两之活也。”故当视病情之缓急、大小、轻重，急病而用急方，缓病而用缓方，大病用大方，小病用小方，病轻则药轻，病重则药重，皆在灵活地根据病情变化而化裁损益。如丹溪越鞠丸治疗郁证，虽以行气解郁为主，但亦当视六郁之轻重而灵活运用。若气郁重，则以香附为主，再加木香、枳壳、川朴；血郁偏重，以川芎为主，再加桃仁、红花或丹参；湿郁偏重，以苍术为主，再加茯苓、泽泻；食滞偏重，以神曲为主，再加麦芽、山楂；痰郁偏重，酌加法夏、陈皮、胆南星、瓜蒌；火郁偏重，再加黄芩、黄连；若无火而夹寒者，可去栀子，加干姜、吴茱萸。用药加减变通主要在于依据病机变化与症状转化而灵活地选用药物。内科疾病以脏腑经络病机为主，故要熟悉和掌握脏腑用药规律。同时，可根据病机与症状之变化，减去与症情不相符合的药物，或加入经临床实践证明对病或对症有效的药物，如痢疾加白头翁、马齿苋；石淋加金钱草、海金沙、鸡内金；头痛加川芎；腰痛加杜仲；骨蒸加银柴胡、地骨皮等。

笔记栏

四、中医内科学的发展简史

中医内科学是以中医理论阐述内科所属病证的病因病理和辨证论治的一门临床学科。它具有悠久的历史,完整的理论体系和丰富的临床经验。因此,学习中医内科发展史也是学好中医内科学的重要一环。中医内科学的发展大致经历了如下几个阶段。

(一) 中医内科学的萌芽阶段(殷商时期)

早在殷代甲骨文中,已有“疾首”“疾腹”“疾言”“疟疾”“蛊”等内科疾病的记载。殷商时代已发明汤液药酒治疗疾病。周朝当时的宫廷医生已分为疾医、疡医、食医、兽医四种,其中的疾医可谓最早的内科医师,而扁鹊被人们视为分科的先师。

(二) 中医内科学的奠基阶段(春秋战国至秦汉时期)

春秋战国时期,出现了《脉法》、《五十二病方》、《治百病方》、《足臂十一脉灸经》、《阴阳十一脉灸经》等医学著作,医学体系逐步形成。始于战国而成书于西汉的《内经》是一部划时代的医学巨著,全面总结了秦汉以前的医学成就,在内科方面已有比较明确的记载,如病因病机、病证、诊断和治疗原则等,对后世医学的发展产生了深远的影响。东汉张仲景总结前人的经验,并结合自己的临床体会,著成《伤寒杂病论》,以六经论伤寒,以脏腑论杂病,提出了包括理、法、方、药在内的六经辨证论治理论体系和脏腑辨证论治理论体系,为中医内科学的形成奠定了基础。

(三) 中医内科学的充实阶段(魏晋至金元时期)

晋代王叔和著《脉经》十卷,使脉学理论与方法系统化,并将相似的脉象进行排列比较,以便掌握,对内科的诊断起了很大的作用。葛洪著《肘后备急方》,对尸注(结核病)、癞(麻风病)、沙虱(恙虫病)等传染病的发病有较深刻的认识,也记载了许多简便有效的方药,如用青蒿治疗疟疾,用海藻、昆布治疗瘿病。隋代巢元方的《诸病源候论》是我国现存最早的病因病理学及证候学专著,记载内科病 27 卷,内科症状 784 条,对每一个病证的病因、病理、证候分类进行了深入的探讨和总结。如明确提出“寸白虫候(绦虫病)”的感染途径是饮食不当。唐代孙思邈的《备急千金要方》肯定了《神农本草经》用常山、蜀漆治疗疟疾,继《金匮要略》之后提出用白头翁、苦参治疗痢疾,以及用槟榔治疗寸白虫病,用谷皮煎汤煮粥治疗脚气病等,对消渴病易发疮痈亦有所认识。宋代的《太平圣惠方》、《圣济总录》是国家颁行的大型方书,收载了大量的内科方药。宋代陈言的《三因极一病证方论》在病因上首分内因、外因、不内外因三类。金元时期,在内科学术发展史上成绩卓著,如被后世称为“金元四大家”的刘完素倡火热学说,而主寒凉法;张从正倡攻邪学说,而善用汗吐下三法;李杲重脾胃内伤学说,而多用补脾升阳法;朱震亨创“阳常有余,阴常不足”之说,而主张滋阴降火。他们在各个不同方面都有所创新,为中医内科学提供了丰富的理论和实践经验。

(四) 中医内科学的成形阶段(明清时期)

明清以来,中医内科学日益发展。明代薛己的《内科摘要》是首次用内科命名的著作,王纶在《明医杂著》中提出:外感法仲景,内伤法东垣,热病用完素,杂病用丹溪,这是对当时内科学术思想的一个很好的概括。王肯堂的《证治准绳》、张介宾的《景岳全书》、秦景明的《症因脉治》、李中梓的《医宗必读》等著作,对内科许多疾病都有深刻的认识,譬如《景岳全书》提出“阳非有余,阴常不足”,对内科的辨证论治有重要的指导意义。清代,以内科为主体的著述有《古今图书集成·医部全录》、《医宗金鉴》、《张氏医通》、《辨证录》、《临证指南医案》等。此外,简朴实用的还有《证治汇补》、《医学心悟》、《医林改错》、《血证论》等,对中医内科学的发展均起到了很大作用。明清时代形成和发展的温病学说使内科学之外感病的实践与理论进入更高、更完善的境地。继明代吴有性(字又可)《瘟疫论》提出戾气致病的病因学说之后,清代叶桂(字天士)的《外感温热篇》首创温病卫气营血辨证纲领;吴瑭(字鞠通)著《温病条辨》,提出三焦辨证,完善了内科热病学术体系,丰富了辨证论治的内涵,为中医内科学术体系的丰富与发展作出了很大贡献。

(五) 中医内科学学术理论的曲折发展(清末民国时期)

鸦片战争至 20 世纪 40 年代的百年之间,中国逐步沦为半殖民地半封建社会,西医学传入我国,不可避免地影响了中医学的发展。在中西方文化剧烈碰撞的情势下,北洋政府和国民政府几次要废止中医。面对几千年来未有之变局,中医界也不乏有志之士,为中医之生存与发展而奋力抗争。一些医家进行中西医的比较研究,认为中医学术必须继续提高和发展。一方面要维护中医原有的理论;另一方面,应大胆地吸收西医学研究成果、解释中医,从而产生形成了“中西汇通派”,如唐容川、朱沛文、恽铁樵、张锡纯等。有些医家则致力于临床实践,总结治疗经验,如张锡纯的《医学衷中参西录》中重要医论百余处,涉及中西医基础和临床大部分内容,几乎无一方、一药、一法、一论不结合临床经验进行说明。重要方法所

笔记栏

附医案多达数十例，重要论点在几十年临证和著述中反复探讨，反复印证，不断深化。因此，张锡纯被尊称为“医学实验派大师”。唐容川著《血证论》，突出和维护中医理论，系统地阐述了气血的生理、血证的病理，并提出止血、消瘀、宁血、补血四个治疗方法，从而确立了血证辨证论治之纲要。这些，都从不同角度充实了中医内科学的理论，具有一定的参考价值。

（六）中医内科学学术体系的全面发展(新中国时期)

新中国成立以来，党和政府制定了一系列发展中医中药的方针、政策，使中医学获得了新生。1985年中央书记处在《关于卫生工作的决定》中指出:“要把中医和西医摆在同等重要的地位。一方面，中医药学是我国医疗卫生事业所独具的特点和优势，中医不能丢，必须保存和发展。另一方面，中医必须积极利用先进的科学技术和现代化手段，促进中医药事业的发展。要坚持中西医结合的方针，中医、西医互相配合，取长补短，努力发挥各自的优势”。中医院校的开办、西医院校开设中医类专业、中医院的建立以及西医医院中医科的建设，不但培养出一大批内科专业人才，还提供了中医内科学展示的舞台。此外，《中医内科学》的多次编写、大量以内科为主的古籍的出版、近代名老中医的学术思想与临床经验的继承整理、对内科疾病辨证论治的学术观点和经验的挖掘整理，这些都为中医内科学的进一步发展打下了基础。与此同时，借助现代科学手段，多学科、多途径、多层次对中医内科学进行研究，如研究中医内科病证诊断与辨证分型的规范，使中医内科病证的诊断与辨证及疗效判断有统一的标准，从而有利于国内外学术交流，比较和探索最佳方案;从中医内科病证入手，开展基础理论研究，如脏象学说、阴阳学说、虚证、瘀血与活血祛瘀等基础理论研究;研究中医内科病证辨证论治体系、特点、方法，探索各个病证之病因病理、证治规律与疗愈机制;对西医内科的疾病，如高血压、冠心病、肝炎、肾炎、类风湿关节炎等，从中医角度作出系统的理论阐述，摸索防治规律，日益受到国际医学界的重视。随着中医临床路径的颁布，中医诊疗进一步得到了规范。一大批安全、有效、质量可控的中药新品种不断涌现，如丹参滴丸、丹红注射液等临床上疗效确切的产品大放光彩。国家中医药管理局也相应制定了《中成药临床应用指导原则》，为中成药的正确合理使用提供科学指导。

综上所述，中医内科学是随着社会和医学的发展与进步而逐步形成和完善的。随着国家对中医药学发展的高度重视和支持，中医内科学也必将在新的历史时期得到更大的发展。

（罗 仁 谭 为）

第二章　中医内科学辨证论治要点

导　学

目的要求

1. 熟悉中医内科学诊断与辨证的要点，中医内科学治则与方药的要点。
2. 了解中医内科学预防与调护的要点。

中医内科学的辨证论治是中医学的特点之一，它贯穿于疾病诊疗的全过程。中医内科学对疾病辨证的方法很多，如八纲辨证、脏腑辨证、三焦辨证、气血津液辨证等多种方法，且各种辨证方法各有其特点。中医内科学对疾病的辨证论治具体来讲就是理（辨证）、法（立法）、方（选方）、药（遣药）四个环节。而随着社会的进步，在辨证论治的基础上对患者进行疾病预防与调护也变得越来越重要。本章内容将从诊断与辨证、治则与方药、预防与调护三个方面介绍中医内科学辨证论治的要点。

一、诊断与辨证

中医内科学是临床各学科的基础。中医内科学治病按中医理论进行辨证论治，既讲证，亦讲病，还讲症。证是指证候，是疾病过程中机体整体的动态、病态反应，包含了疾病的病因、病位、病性及邪正双方力量的对比，是疾病本质的具体体现。病是由一组具有临床特征的症状构成，并有各自不同的演变规律。症是指临床症状。中医内科学治病的第一步要先对疾病进行诊断与辨证。

（一）以症为据

个别典型的主要症状即可确立诊断。如咳嗽、头痛、胃脘痛、便血、尿血等，只要是属于主要症状，即可单独确立诊断。有些则是由多个症状的组合或以症候群成为诊断依据，如大便次数增多，粪质稀薄者即属于泄泻；大便脓血，里急后重者则为痢疾。也可以典型的体征作为诊断依据，如水肿、黄疸、积聚、瘿气等。此外，有些疾病无明显的证候意义，常要靠排除或否定法才能确立诊断。如虚劳病可出现各种虚弱症状，是对脏腑亏损，气血阴阳不足而导致的慢性虚弱性症状的高度概括，因而不能以主要症状或体征等来诊断。因此，以症为据的诊断方法，既要求全面细致地收集临床资料，更要善于抓住主要症状以明确诊断。由于主要症状的先后轻重不同，因此可能仅是一个诊断，也可能有多个诊断。如素有痼疾，加以卒病者，则必然有卒病、痼疾之两个诊断。

（二）病证鉴别

病名诊断的鉴别，是指疾病与疾病之间的鉴别诊断，每个疾病虽有诊断的症状依据，但可能由于某些症状的相似而需区别比较分析才能明确诊断。如水肿与鼓胀、淋证与癃闭、泄泻与痢疾、胁痛与肝著、癫证与痫证、中风与昏迷、肺痿与肺痨、哮证与喘证、痿证与痹证等。

病证分类的鉴别，是指在同一个疾病之中，鉴别其不同的证候类别。由于不同的证候类别有不同的病理特点及治疗特点，因此，必须从相关的症状中鉴别其不同的证候类型。如水肿之阴水、阳水；黄疸之阴黄、阳黄与急黄；中风之中经络与中脏腑；发热咳嗽之外感与内伤；喘证之实喘与虚喘；哮证之发作期与缓解期；肺痈之初期、成痈期与溃脓期、恢复期；淋证之石淋、膏淋、热淋、血淋、劳淋等。

证型鉴别，是指一种疾病由于病因病机的不同，临床上可能有几种不同的临床证型，因此需要既掌握各个临床证型的特点，又要善于进行证型之间的相互比较鉴别，才能熟练地掌握内科疾病之辨证论治、治病求本。如眩晕有肾精不足证（左归丸或右归丸）、肝阳上亢证（天麻钩藤饮）、气血亏虚证（归脾汤）、痰浊

笔记栏

上蒙证（半夏白术天麻汤）及瘀血阻窍证（通窍活血汤）等五个证型（五个方证）等，均是由于不同的病因病机在疾病过程中有一个相对的稳定性，因而可以从不同的症状表现而区分其不同的临床证型。

（三）辨证要点与步骤

临床实践中，辨证论治既有其独特的理论体系与方法，又有其要点与步骤。其中辨证的要点与步骤主要包括了以下几方面。

1. 识主症，抓特点，明确诊断　主症及症状特点反映了疾病之主要矛盾，故首先是确定主症（一个或若干个）及其症状特点以明确疾病之诊断，或排除其他疾病之诊断，进一步明确疾病之类别，从而有一个总体的认识。主症可以从患者的主诉、医生的诊察、西医学的辅助检查等方面着手。抓主症，是辨证论治的第一步，在众多的复杂的证候表现中抓住主要症状，是识病辨证的基础。抓主症而后正病名，明确疾病之诊断，从中掌握疾病发生发展及其治疗规律，提纲执要，这是进一步辨证的基础。

2. 辨病机，定证型　一般来说，内科疾病以八纲辨证为基础，以脏腑辨证为指南。根据详细而全面的四诊资料，从病因、病位、病性及病势等各个方面进行分析、推理、综合，掌握各个症状之间内在的病机联系，才能较系统、全面地认识疾病发生、发展的规律及其特点，并最终确定临床证型。

3. 抓要点，辨转归　任何疾病都有其发生、发展变化规律和相对稳定的临床证型。因此在辨证过程中，每个疾病都有其诊断辨证要点，抓住要点，才能丝丝入扣，并明确其预后转归，以掌握诊断的准确性、完整性和治疗的主动权。例如水肿之诊断辨证要点可归纳为：① 区别水肿与鼓胀以明确诊断；② 区别阴水与阳水以明确类别；③ 明确病理性质、病变脏腑；④ 确定临床证型；⑤ 重视水肿之重证、危证、败证，以了解预后转归。

二、治则与方药

治则与方药应用，是辨证论治的一个重要方面，也是“论治”过程的具体实施方法。治疗法则的确立是根据辨证结果而确立相应的治疗法则。它要符合中医治疗学的一般法则，如辨证论治中强调异病同治、同病异治、治病求本、明辨标本、权衡缓急、急则治标、标本同治等。然后，根据治疗法则确定方药。

每个疾病都有其相应的治疗法则，如痰饮病，当以温药和之，则以温化痰饮为治疗大法；淋证以利水通淋为治疗大法；胁痛则以疏肝理气为治疗大法；感冒以疏风宣肺解表为治疗大法等。复杂的疾病有综合的治疗法则，但须灵活地区别运用。如血证治疗法则，包括治血（止血、消瘀、宁血、补血）、治火（清热泻火、滋阴降火）、治气（清气、降气、补气）等。某些慢性顽固性虚实夹杂的疾病，则当视病情演变的不同阶段进行分段论治。如积证，初起以攻邪为主，中期以攻补兼施为宜，后期则以补虚为要。又如肺痈，亦当分期论治。在确定上述的治疗法则的同时，必须根据不同的临床证型，进一步确定相应的治法，如淋证虽以利水通淋为要，但应随证而施，故有清热利湿通淋、清热凉血通淋、分清去浊通淋、化石利水通淋、健脾祛湿通淋等不同的具体治法。由于病情的复杂性，既有守一法而论治者，亦有多种治法并施或主辅佐用者。

每个疾病都可能具有应该慎用或禁用的治疗法则，如淋证慎用发汗法，《金匮要略·消渴小便不利淋病脉证并治》曰：“淋家不可发汗，发汗必便血。”有些疾病还有慎用补法之说，如《丹溪心法·淋》谓：“气得补而愈胀，血得补而愈涩，热得补而愈盛。”还有水肿当慎用逐水法，急性泄泻不可骤用补涩，慢性泄泻不可漫投分利等慎用或忌用治法，既是前人经验的结晶，也是临床上应注意的重要方面，只有从正反两方面去总结归纳，方有可能全面地掌握内科疾病的“论治”方法而确立正确的治疗法则。

至于方药运用的特点，首先是灵活性，所谓法为一定之法，方无不变之方。如清热利湿，既可用八正散，亦可用三仁汤、黄芩滑石汤。其次是原则性，即理法方药的一致性，根据辨证（理）、确立相应的治则（法），进而选择恰当的代表方以挚简删繁、提纲挈要（方），并以代表方为主进行具体药物之加减变通（药），故内科之选方用药要求守法而不守方、成方须损益。如原则上来说，脾气虚弱者，宜以四君子汤为代表方；脾气下陷者，则宜补中益气汤为代表方；但就灵活性而论，则脾气虚弱与脾气下陷，都具有脾虚的共性，故均可以四君子汤或补中益气汤，抑或用参苓白术散、归脾汤之属为代表方加减。故临床论治，贵在守法，活在加减，贵在选药，活在用量。

笔记栏

制方之要，从方剂角度，宜考虑主辅佐使。从临床实践角度，则更宜守“四对”：即对病、对证、对症、对药之配伍。对病：即针对疾病的发生发展规律，根据已知的中药药理药化知识及临床经验，选择针对性强的药物进行治疗。有是病则有是药，无是病则无是药。如瘟疫用达原饮疏利达邪；疟疾用青蒿、常山、草果、槟榔;阳明病用大黄;黄疸病用茵陈;痢疾用白头翁;石淋用“三金”(鸡内金、金钱草、海金沙)等。对证:对证治疗是方证相符、审察病机而治的治本方法,也是组方议药的中心指导思想,是取得疗效、提高医疗水平的关键环节。由于病机变化不同,故可以同病异治,或异病同治。对症:即根据主要的症状表现而选用有针对性的治标药物。如车前子利尿、金樱子止遗、五味子止嗽、细辛止牙痛等。在治本的基础上兼以对症治标,有助于提高疗效。对药:是针对药物的性能、作用而配伍组方,以增强药效,或纠正某些药物的副作用或减轻毒性,扬长纠偏,更好地起到治疗作用。对药的应用可以是两种功效相类似的药物组合以增强疗效,如麻黄汤中的麻黄、桂枝合用,增强发汗解表之功;也可以是两药不同功效组合,互相发挥其特长,从而增强治疗作用,如平胃散中的苍术、陈皮同用,燥湿加行气,有利治疗湿阻气滞。此外,还有将两种不同性质、不同气味、不同功效的药物结合成“对药”可以调其偏盛,或者改变其本来的功能而取得另一种新的功用,如半夏泻心汤中的黄连、干姜使用,一寒一热,共奏平调寒热,辛开苦降之功。

三、预防与调护

中医内科疾病包括外感疾病和内伤杂病,其中不少内伤杂病是慢性病或终身性疾病,如消渴病、中风病等。应用中医中药对这些疾病进行预防和治疗,从而控制病情进展,减少病情反复,使患者能带病生存,提高生存质量,维持和促进健康是慢性病管理的重要措施。因此,应充分发挥“上工治未病”的学术思想,做好疾病的预防和调护。

(一)预防

“上工治未病”是中医学防治疾病的重要思想,其包括四个方面:未病养生,防病于先;欲病救萌,防微杜渐;已病早治,防其传变;瘥后调摄,防其复发。

1. 未病养生,防病于先 即对于健康无病之人,重在养生调摄,预防疾病的发生。如《素问·上古天真论》所说:“虚邪贼风,避之有时;恬淡虚无,真气从之;精神内守,病安从来?”强调对外邪要注重防御,尤其在疾病流行期间,要尽量躲避外邪的侵袭;而平素则应调畅情志,养生健体,对于卫表体虚者,亦可服玉屏风散等药物提高机体抵抗力,以防止疾病的发生。

2. 欲病救萌,防微杜渐 欲病指欲作未发,包括病情潜隐,尚未显露,几乎无自觉症状,或指病情轻浅,仅有先兆表现。对于这些欲病未病状态,要求医生有精湛的诊疗技术,详审细察,见微知著,救其萌芽。欲病是未病的重要阶段,只有及时治疗,防患于未然,才不致发展为已病。

3. 已病早治,防其传变 包括三个方面的内容。首先,帮助患者树立战胜疾病的信心,克服悲观情绪,积极配合疾病的治疗。其次,在起病之初,就要时刻注意病情的发展趋向,抓紧诊治,掌握主动权,以防病势步步深入。最后,对于一些间歇性发作或有缓解期的疾病,把握未发作这一有利时机进行治疗,往往会取得事半功倍的效果,因为此时邪气已衰,正气来复,用药攻伐邪气,扶助正气,可使正盛邪退,疾病向愈或减少复发。

4. 瘥后调摄,防其复发 对于慢性病及大病新瘥的恢复期,由于正气不足体质尚虚,或兼有余邪未净,极易引起原有疾病的复发或引发新的疾病,因此要采取一定的措施以资预防。病情好转后应注意长期随访,定期复查。

(二)调护

中医内科学对于疾病的调护主要有以下四个方面。

1. 调摄情志 情志即是指喜、怒、忧、思、悲、惊、恐等人的七种情绪。《素问》所言:“怒则气上,喜则气缓,悲则气消,恐则气下,惊则气乱,思则气结。”又曰:“怒伤肝,喜伤心,思伤脾,忧伤肺,恐伤肾。”因此,愤怒时要控制,以宽容心对待;过喜时要收敛,以平常心对待;悲伤时要转移情绪;忧伤时要学会释放;惊慌时要镇定,保持乐观向上的良好心态。

2. 合理运动 《吕氏春秋》中指出:“流水不腐,户枢不蠹,动也。形气亦然,形不动则精不流,精不流则气郁。”这句话充分说明了运动的重要性。运动要讲究因地而异、因人而异、因时而异、因病而异等原则。合适的运动如舞蹈、散步、导引、按摩等可促进精气流通、气血畅达,增强抗御病邪的能力。

笔记栏

3. 饮食调护 汉代张仲景说:“所食之味,有与病相宜,有与身为害。若得宜则益体,害则成疾。”因此,必须保证均衡营养合理膳食。合理的膳食对于已有发病倾向者,可在一定程度上防止疾病的发生;对已患病者可在一定程度上起到增强体质、治疗疾病或缓解症状的作用,从而加速患者身心的全面康复,促进健康，延年益寿。

4. 保持良好生活习惯　随着现代社会的进步，生活节奏不断加快，人们承受的社会压力越来越大，许多人为了缓解压力而形成了一些不良的生活习惯，其中吸烟、酗酒、熬夜、缺少运动等是危害较大的不良生活方式。吸烟有害健康是已经证实的科学结论。适量饮酒可促进循环，扩张血管，解除疲劳，但长期过量饮酒，则加大了心脑血管及脾胃等疾病发生的危险。充足的睡眠可以帮助机体消除疲劳并增强免疫力。因此，戒烟、限酒、保证充足睡眠、坚持适当运动对维持机体的健康有重要的积极作用。

（罗　仁　谭　为）

笔记栏

第三章　中医内科学的学习与展望

导　学

目的要求

了解中医内科学的教学内容和安排、学习要求和方法以及中医内科学的发展现状，并对中医内科学的发展有所思考。

通过对中医内科学理论和实践的学习，学生应该掌握中医内科疾病的病因病机、诊断、鉴别诊断、辨证论治等基本理论、知识和技能，具有一定的独立思考和独立进行临床工作的能力，并对中医内科学的科学研究有一定的了解。同时，能结合西医学水平的进步、科学技术的发展、人们生活水平的提高等方面的因素，对如何促进中医内科学的发展有所思考。

一、中医内科学的教学内容和安排

中医内科学的教学内容主要包括理论学习（课堂教学）与实践性教学（临床见习、毕业实习）两部分。

理论学习（课堂教学）主要通过讲授中医内科学基本理论、基本方法，以便达到学习掌握较为全面和系统的中医内科学基本理论、基本知识和基本技能的目的。在此过程中，要紧密结合中医基础理论、中医诊断学、中药学、方剂学等基础学科课程，它们是中医内科学的基础。在学习过程中，要求在重点掌握各个内科疾病的临床表现、诊断和辨证论治的同时，深入探讨其病因病机等，这样才能更好地掌握中医内科学临床知识，并运用于医疗实践。此外，应注意充分利用系统理论学习阶段的临床重点病例示教和临床见习的机会，加强感性认识，了解中医内科疾病诊治的过程和方法，使理论知识与临床实践相结合，为毕业实习阶段的学习打下良好基础。

实践性教学（临床见习、毕业实习）的设计和安排是学习中医内科学的重要组成部分。此阶段学习要求主要有两点，一是通过临床实习，巩固和加深理解已学到的理论知识。二是通过临床实习，奠定良好的中医内科临床基本功和初步培养临床科研能力。在实习中，逐步掌握中医临床基本功，培养正确的临床思维方法，增强处理内科常见病、多发病的能力。实践性教学阶段的学习有三个特点：① 重视实际操作能力：本课程培养对象的目标是临床医师，实际操作能力应是其基本出发点。因而，从课堂教学开始，就时常强调实际操作能力的重要性，从思想上引起学生的重视。临床实习过程中，要完善带教制度，充分保证见习、实习的带教病种和实际操作机会；并通过严格的训练，使之逐步掌握诊疗常规和各种规范的操作技术。② 注重中医临床思维方法的训练：辨证论治是中医内科学最根本和最重要的方法，通过典型和不典型病例的临床诊疗过程，强化辨证论治方法的应用，训练学生的临床思维能力，做到以常为主，知常达变。③ 参与临床科研活动，培养创新意识：鼓励学生在教师的带领下参与不同形式的临床试验，如填写临床试验病例统计表、药物疗效观察表，以及临床典型病例资料收集整理，参与科研课题开题前的资料检索和综述等工作，激发学生的科研意识，从而在实践中进行创新意识和动手能力的培养。本学科的创新大到一种新的诊疗方法，小到一味药的配伍应用变化，故实际操作中，应当做到从大处着眼，从小处着手，从点滴做起，积少成多，不断培养创新思维及其能力。

二、学习中医内科学的要求和方法

笔记栏

按照中医学本科教育标准、中医执业医师考试大纲以及考研中医综合考试大纲等的培养目标和要求，本书对中医内科学的学习要求是：熟练掌握本学科的基本理论、基本知识和基本技能以及中医内科常见病的病因病机和辨证论治。即通过中医内科学的学习，能掌握中医内科疾病的病因病机和辨证论治等基本知识;具有独立思考和独立进行临床工作的能力,能独立诊断、辨证和处理内科常见病、多发病;熟悉危急重证和疑难病证的一般处理原则和抢救原则;具有自学和开展中医临床科学研究的能力,为以后的临床实践和临床研究打下坚实的基础。

如何学好中医内科学?首先,中医内科学是一门实践性很强的临床学科,最好的学习方法是理论联系实际。在学习中医内科学的过程中,紧密联系基础理论知识,理解体会其病机转变的机理及规律,脏腑变化的特点。在理论上要不断深入体会、理解,多问为什么,才能牢牢掌握。治疗用方多为前人临床所设,对学生而言,仅为间接经验,需要在以后的长期临床中加以验证,变为自己的直接经验。其次,要密切结合中医基础理论、中医诊断学、中药学、方剂学等前期基础学科的知识。只有把中药、方剂等临床基础的知识牢牢记住,才能在临床实践中不断地有所感悟和提高。学习中医内科学主要的问题是掌握病机关键及转归,运用所学的基础理论,推导疾病的变化,掌握疾病的变化规律。最后,必须重视临床实践。在实践学习阶段,主要是通过观看、动手、在老师指导下独立操作等步骤,由浅入深、循序渐进地掌握临床思维和独立处理疾病的能力。重点学习如何收集临床资料、对资料进行分析判断,从而确定诊断,培养据证立法、处方、用药的思维过程和动手能力。实践学习时要主动运用所学的中医内科学理论去分析、判断和解决实践过程中遇到的每一疾病的实际问题,同时要对所学的理论进行检验。经过实践、认识、提高,再实践、再认识、再提高的反复过程,从而不断提高中医内科学的理论水平和处理中医内科疾病的实际工作能力。

三、展望

中医内科学经过历代医家实践经验的积累和对学术理论的发挥,不断地得到充实和提高,成为祖国医学中具有完整理论体系和学术内容的一门学科。随着现代科学技术的发展、人们生活节奏的加快以及西医学的影响等因素,中医内科学的发展进入到了挑战与机遇共存的新时代。纵观中医内科学发展史,其中有不少有益的经验值得学习借鉴。

1. 坚持和发扬中医特色　中医的特色,一是整体观念,二是辨证论治。中医内科学学术理论发展的基本特点就在于历代医家都能紧紧抓住认识疾病和治疗疾病的整体这一中心,从整体观入手辨证论治,又在实践中不断丰富和提高整体观念与辨证论治的内容。

2. 坚持临床实践,重视基础理论研究　综观对中医内科学学术发展有创见、有成就的历代医家,他们都非常重视临床实践,坚持以提高疗效为中心,在实践中不断摸索防治疾病的规律、特点。同时,又重视基础理论研究,把临床实践中积累的感性认识上升到理论的高度,从而丰富中医理论,又反过来指导临床实践,两者相互影响,相互促进,这也说明中医内科学学术理论之发展,应与基础理论研究密切结合,并驾齐驱。

3. 善于继承,勇于创新　这是中医内科学发展的生命力所在。既要重视中医学术发展的连续性,在对前人的学术理论、观点进行认真、系统的学习、挖掘、整理过程中,要有目的、有选择地继承保留;同时,要善于吸收利用同时代的科学研究方法、技术、手段及其科研成果,才能进一步促进中医学术之繁荣与发展,永葆中医学术之青春。如晋代葛洪《肘后备急方》记载:治疟疾寒热,"青蒿一握,以水二升渍,绞取汁,尽服之。"古人宝贵有效的验方,为现代中医药用青蒿治疗疟疾提供了重要的依据,并有重大的创新和突破。

4. 推动标准化建设　中医的发展既要重视中医个体化治疗特点,也要符合现代社会对中医学提出的要求。在病历书写上,国家卫生部和国家中医药管理局于 2002 年就颁布了《中医、中西医结合病历书写基本规范(试行)》,在不断总结和完善的基础上,于 2010 年又颁布了《中医病历书写基本规范》。在临床治疗上,积极吸收西医学的优点,积极制订、完善并推广适合中医的临床路径。只有不断完善和推动中医内科学的标准化建设,才能不断规范诊疗行为,提高医疗服务质量,控制医疗费用,有活力地服务于我国医疗保障体系。

5. 加快中药改革　现代人的生活节奏越来越快,传统中药由于在贮存、运输、保管等方面有诸多不便,以及中药汤剂煎煮相对麻烦,使得中医内科学的发展受到了一定挑战。因此,应加快中药新剂型的研发,进一步对中药的有效成分进行研究,明确中药的毒理药理作用,并最终研制出适合中医内科学个体化治疗、安全有效、质量可控、使用简便的中药,使之更好地为现代临床服务,也更有利于中医中药的国际化。

笔记栏

(罗　仁　谭　为)

下篇

各论

第四章 肺系疾病

导 学

本章主要介绍感冒、咳嗽、哮病、喘证、肺痈、肺胀、肺痨、肺痿等肺系疾病的概述、病因病机、诊断、鉴别诊断、辨证论治、其他治法、转归预后、预防调护、临证备要和文献摘录等内容。

目的要求

1. 掌握感冒的定义、诊断要点、鉴别诊断及分证论治；咳嗽的定义、病因病机、辨证要点、治疗要点及分证论治；哮病的定义、病因病机、治疗要点及分证论治；喘证的定义、病因病机、实喘与虚喘的鉴别诊断、治疗要点及分证论治；肺痈的定义、治疗要点及分证论治；肺胀的定义、治疗要点及分证论治；肺痨的定义、病因病机、辨证要点、治疗要点及分证论治；肺痿的定义及分证论治。

2. 熟悉感冒的病因病机、辨证要点、治疗要点；咳嗽的诊断要点、外感与内伤咳嗽的鉴别诊断；哮病的诊断要点、哮与喘的鉴别诊断、辨证要点；喘证的诊断要点、辨证要点；肺痈的病因病机、诊断要点、鉴别诊断、辨证要点；肺胀的病因病机、诊断要点、鉴别诊断、辨证要点；肺痨的诊断要点、鉴别诊断；肺痿的病因病机、诊断要点、鉴别诊断、辨证要点、治疗要点。

3. 了解感冒、咳嗽、哮病、喘证、肺痈、肺胀、肺痨、肺痿等肺系疾病在西医学中的范围、其他治法、转归预后、预防调护。

肺系疾病常见的有感冒、咳嗽、哮病、喘证、肺痈、肺胀、肺痨、肺痿等。肺主气，司呼吸，开窍于鼻，内为五脏华盖，其气贯百脉而通他脏，易受内外之邪侵袭。风、寒、燥、热等六淫外邪由口鼻、皮毛而入，首先犯肺；痰邪阻肺，肺失宣降，或肺脏气阴不足，肺不主气，均可导致肺宣降失常。如六淫外袭，邪犯卫表则为感冒；内外邪气犯肺，肺失宣降发为咳嗽；痨虫蚀肺则病肺痨；肺热生疮则成肺痈；痰邪阻肺，肺气上逆则为哮为喘；久病咳喘，肺失敛降则为肺胀；肺叶痿弱不用则为肺痿。此外，肺助心主治节，脾为肺之母，肾为肺之子，肝肺升降相因，肺与大肠为表里，故其为病可涉及心、脾、肾、肝、大肠等脏腑，临证应给予相应处理。

第一节 感 冒

【概述】

一、定义

感冒(common cold)是由于感受风邪或时行毒邪，引起卫表不和，以鼻塞、流涕、喷嚏、头痛、恶寒发热、全身不适为主要表现的一种外感疾病。

病情轻者，俗称伤风、冒风、冒寒；病情较重者，称为重伤风；症状相类似，有流行趋势者，称为"时行感冒"。

二、源流

早在《内经》即有外感风邪引起感冒的论述，如《素问·骨空论》所言："风者百病之始也……风从外入，令人振寒，汗出头痛，身重恶寒。"

汉代，张仲景在《伤寒论·辨太阳病脉证并治》中论述太阳病时，以麻黄汤治疗表实证，以桂枝汤治疗表虚证，提示感冒风寒有轻重虚实之分，为感冒的辨证治疗奠定了基础。

笔记栏

隋代,巢元方认识到有的感冒具有流行性、传染性,当属于“时行病”类。正如《诸病源候论·时气病诸候》所言:“夫时气病者,此皆因岁时不和,温凉失节,人感乖戾之气而生,病者多相染易。”

宋代,杨士瀛《仁斋直指方·诸风》提出感冒病名,将感冒与伤风互称,该书在“伤风方论”中引用《太平惠民和剂局方》参苏饮时称其“治感冒风邪,发热头痛,咳嗽声重,涕唾稠黏”。

金元时期,朱震亨《丹溪心法·中寒二》指出感冒病位在肺,列出辛温、辛凉两大治则,“伤风属肺者多,宜辛温或辛凉之剂散之”。

清代,林珮琴《类证治裁》提出“时行感冒”之名,此后治疗时行感冒,宗叶桂“在卫汗之可也”之意,多用银翘散、桑菊饮之类化裁。

三、范围

西医学中的普通感冒、流行性感冒、上呼吸道感染均可参考本节内容进行辨证论治。

【病因病机】

感冒病因包括外感六淫、时行毒邪,或体虚卫外不固易受邪致病,或年老体衰,或久病、重病,或起居不当,劳累过度,感邪致病。外邪从口鼻、皮毛而入,肺卫首当其冲,感邪之后,即出现卫表不和和上焦肺系症状(图 4-1)。

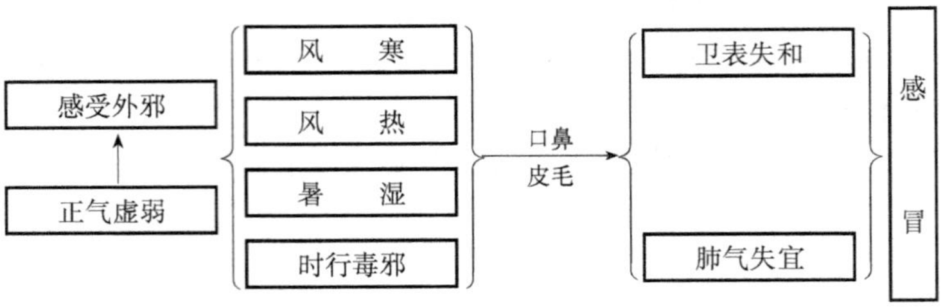

图 4-1　感冒病因病机示意图

1. 外感风邪、时行毒邪　风为六淫之首,风邪犯肺,每与四时之气相合而为病,风寒、风热、暑湿或时行毒邪,从口鼻或皮毛侵犯人体,致卫表失和,肺气失宣。

2. 正气虚弱,卫外不固　年老体衰,或久病、重病之后,致正气虚弱;或起居不慎,寒温失调,或过度劳累,皆可致卫表不固,易感外邪。一般阳虚之人易感风寒,阴虚之人易感风热、燥热。

感冒病变脏腑涉及肺卫,而主要在卫表。风为阳邪,其性轻扬,外邪从口鼻、皮毛入侵,卫表不和,正邪相争则恶寒发热,头痛,身痛;肺失宣降则见鼻塞,流涕,喷嚏。由于感受四时之气的不同及体质差异,故临证有风寒、风热、暑湿、气虚、阴虚的不同,在病程中又可见寒热的转化及错杂。

【诊断】

诊断要点

(1) 普通感冒多表现为鼻塞,流涕,喷嚏,头痛,身痛,恶寒发热,全身不适。

(2) 时行感冒有明显的季节性,呈流行性,多突然起病,恶寒,发热(多为高热),头痛,肌肉酸痛,疲乏无力,全身症状较重,肺系症状较轻。

(3) 普通感冒一般不传变,病程较短,时行感冒少数可传变入里,出现热毒壅肺或正虚邪陷。

(4) 相关检查:可行血常规检查,白细胞计数一般正常或偏低,淋巴细胞比例相对增高。流感病毒快速抗原检测有助于时行感冒早期诊断。

笔记栏

【鉴别诊断】

1. 风温　风温有明显的季节性,冬春为多,起病急骤,表现为高热,有传变,由卫而气,甚或入营血,甚则神昏、谵语、惊厥。而感冒四时皆有，病势轻，发热一般不高或不发热，多不传变，预后良好。

2. 鼻鼽　即过敏性鼻炎，临床类似感冒症状，但不同的是，该病起病急，鼻腔发痒，频繁喷嚏，流清水样鼻涕，发作与环境或气温突变有关，多在数分钟至数小时内痊愈。

【辨证论治】

一、辨证要点

1. 分清表寒和表热　表寒证，恶寒重，发热轻，无汗，舌淡红，苔薄白，脉浮紧。表热证，恶寒轻，发热重，少汗或有汗，咽部红肿疼痛，舌红，苔薄黄，脉浮数。

2. 辨普通感冒和时行感冒　普通感冒病情较轻，全身症状不重，病程较短，预后较好，无明显流行特点。时行感冒病情较重，全身症状重，可以发生传变，具有传染性、流行性。

3. 辨兼夹证　夹暑者，有明显的季节性，一般多发于夏至至处暑间，暑湿偏重者，以头身重痛，食欲不振，或呕吐，腹泻，苔白厚为特点；暑热偏重者，以身热汗出，心烦口渴，小便短黄，苔黄腻为特点；夹燥者，多见于秋季，兼有口鼻、咽喉干燥之症。

二、治疗要点

1. 治疗原则　本病邪在肺卫，遵《内经》"其在皮者，汗而发之"之旨，以解表达邪，疏风宣肺为原则。

2. 区分兼夹证　风寒证治以解表散寒；风热证治以解表清热；暑湿证治以清暑祛湿解表；体质虚弱者，当辨气虚、阴虚之别，分别治以益气解表、滋阴解表。

三、分证论治

1. 风寒束表

临床表现：① 恶寒重，发热轻，无汗，头痛，肢体酸痛；② 鼻塞，喷嚏，流清涕，咳嗽；③ 舌质淡红，苔薄白，脉浮或浮紧。

证候辨析：风寒外束，卫表不和，正邪相争，故恶寒发热；因寒为阴邪，束表伤阳，故恶寒明显。寒性收引，腠理闭塞则无汗；风寒束表，经脉郁滞，故头痛，肢体酸痛。肺气失宣，故鼻塞，喷嚏，流清涕，咳嗽。舌质淡红，苔薄白，脉浮或浮紧为表寒之象。临床具备①+②或①+③均可辨为风寒束表型。

治法：解表散寒。

代表方：荆防败毒散加减。

常用药：荆芥、防风、羌活解表散寒；柴胡解表疏风；枳壳、桔梗、前胡宣肺利气；独活、川芎散风治头身痛。

恶寒甚者，加麻黄、桂枝以增强解表散寒之功；头痛甚，加白芷、藁本散寒止痛；涕多者，加苍耳子、北细辛祛风通窍；肢体酸痛，头重如裹，可用羌活胜湿汤加减以散寒祛湿；兼咳嗽者，加杏仁、瓜蒌皮止咳化痰。

2. 风热犯表

临床表现：① 身热较著，微恶风，有汗或少汗，咽红肿痛；② 鼻塞，喷嚏，流稠涕，咳嗽，口干渴；③ 舌质红，苔薄黄，脉浮数。

证候辨析：风热犯表，热郁肌腠，卫表失和，故见发热，微恶风；因热为阳邪，故发热明显。热迫津泄，故见汗出；热毒壅阻咽喉，故见咽红肿痛。风热犯肺，肺气失宣，故见鼻塞，喷嚏，流稠涕，咳嗽。热邪伤津，故见口干渴。舌质红，苔薄黄，脉浮数为表热之象。临床具备①+②或①+③均可辨为风热犯表型。

治法：解表清热。

代表方：银翘散加减。

常用药：金银花、连翘辛凉解表，清热解毒；荆芥、薄荷、淡豆豉疏风解表，透热外出；桔梗、牛蒡子、甘草清宣肺气，清热利咽；淡竹叶、芦根甘凉清热，生津止渴。

发热甚者，加黄芩、石膏加强清热之功；咽喉肿痛者，加射干、玄参、马勃解毒利咽；头痛甚，加桑叶、菊花、蔓荆子清利头目；咳嗽，咯稠痰者，加黄芩、瓜蒌皮清热化痰；素体阴虚，风热化燥伤津，或秋季感受温

笔记栏

燥之邪，伴有口、鼻、咽、唇干燥，舌红少津者，可加沙参、麦冬、天花粉养阴润燥；时行感冒重用清热解毒之品，如板蓝根、大青叶、蚤休等；热毒盛，高热，咳嗽气急者，加石膏、知母、黄芩清泄肺热。

3. 暑湿袭表

临床表现：① 发于夏季，头身困重，发热；② 暑湿偏重者，兼食欲不振，胸闷脘痞，口中黏腻，或呕吐，腹泻，苔白厚；③ 暑热偏重者，见高热汗出，心烦口渴，小便短黄，苔黄腻。

证候辨析：夏季感冒，感受当令之暑邪，暑多夹湿，暑湿伤表，卫表不和，故发热，头身困重。脾为湿阻，故食欲不振，胸闷脘痞，口中黏腻，或呕吐，腹泻；苔白厚为暑湿内阻之征。暑热内扰，热灼津伤，故见高热汗出，心烦口渴，小便短黄；苔黄腻为暑热偏重之象。临床具备①＋②或①＋③均可辨为暑湿袭表型。

治法：清暑祛湿解表。

代表方：新加香薷饮加减。

常用药：香薷祛暑解表发汗；金银花、连翘辛凉解表；扁豆花、厚朴化湿和中。

湿邪偏盛，胸闷脘痞，口中黏腻，加苍术、半夏、陈皮和中化湿；苔白厚者，加藿香、佩兰芳化湿浊；呕吐，腹泻者，可用藿香正气散加减；暑热偏盛，高热烦渴者，可加黄连、黄芩、青蒿清暑泄热；小便短黄者，加滑石、甘草、赤茯苓清热利湿。

4. 体虚感冒

临床表现：① 恶寒发热，鼻塞，流涕，喷嚏，头痛；② 偏于气虚者，兼倦怠乏力，气短懒言，易汗出，反复易感，舌淡苔白，脉浮而无力；③ 偏于阴虚者，口干咽燥，手足心热，舌红少苔，脉细数。

证候辨析：风邪外袭，卫表不和，肺气失宣，故见恶寒发热，鼻塞，流涕，喷嚏，头痛。气虚之体则倦怠乏力，气短懒言；气虚表卫不固则易汗出，反复易感。舌淡苔白，脉浮而无力是气虚之象。阴虚之体，易生内热，故见口干咽燥，手足心热。舌红少苔，脉细数是阴虚之象。临床具备①＋②可辨为气虚感冒，具备①＋③可辨为阴虚感冒。

治法：扶正解表。

代表方：气虚感冒用参苏饮加减；阴虚感冒用加减葳蕤汤加减。

常用药：前方益气解表。苏叶、前胡、葛根疏风解表；党参、茯苓、甘草补气以祛邪。后方滋阴解表。玉竹滋阴生津；豆豉、薄荷、葱白、桔梗疏表散邪；白薇清热和阴；甘草、大枣甘润和中。

气虚较甚者，可加黄芪加强益气；若气虚自汗易感冒者，可用玉屏风散益气固表；阴虚口干咽燥甚者，加天花粉、沙参、麦冬养阴生津。

【其他治法】

一、中成药

1. 九味羌活丸　口服，一次 6～9 g，一日 2～3 次。具有疏风解表，散寒除湿的功效。适用于外感风寒夹湿导致的恶寒发热、无汗，头痛且重，肢体酸痛。

2. 银翘解毒丸　口服，一次 3 g，一日 2～3 次。具有辛凉解表，清热解毒的功效。适用于风热感冒，发热头痛，咳嗽口干，咽喉疼痛。

3. 藿香正气水　口服，一次 5～10 mL，一日 2 次。具有解表祛暑，化湿和中的功效。适用于外感风寒，内伤湿滞，夏伤暑湿，头痛昏重，脘腹胀痛，呕吐泄泻。

4. 连花清瘟胶囊　口服，一次 1.4 g，一日 3 次。具有清瘟解毒，宣肺泄热的功效。适用于流行性感冒风热犯表重证，症见发热或高热，恶寒，肌肉酸痛，鼻塞流涕，咳嗽，头痛，咽干咽痛，舌偏红，苔黄或黄腻。

二、针灸

笔记栏

1. 风寒感冒　可选择风门、风池、列缺、合谷穴针刺。

2. 风热感冒　可选择大椎、曲池、合谷、鱼际、外关穴针刺。

3. 经常感冒者　可选择大椎、肺俞或足三里艾灸。

三、饮食辅助疗法

葱豉汤　葱白 7～12 根，豆豉 10～15 g，鲜生姜 5～10 g，水煎后加红糖 30 g 调服。主治风寒感冒轻证。

【转归预后】

感冒一般病势较轻，病程较短，只要能及时、恰当地治疗，预后较好。但老人、婴幼儿、体弱或感邪较重者，应密切观察病情变化，及时处理，防止发生传变，出现热毒壅肺、正虚邪陷等危重证。

【预防调护】

(1) 感冒的预防关键在于适当体育锻炼，增强体质。

(2) 慎起居，适寒温，避免受凉和过度劳累。

(3) 流行性感冒流行高峰期避免去人群聚集场所，经常洗手，避免脏手接触口、眼、鼻。

(4) 与流感患者有明确接触者，儿童、青壮年或身体强壮者可用下方预防：金银花 10 g、大青叶 10 g、薄荷 3 g、生甘草 3 g，水煎服，每日 1 剂，连服 3～5 天。老年体弱者可用下方预防：党参15 g、苏叶 10 g、荆芥 10 g，水煎服，每日 1 剂，连服 3～5 天。

(5) 注意煎药及服药方法。汤剂煮沸后 5～10 分钟即可，趁温热服，服后避风取汗，出汗后尤应避风，以防复感。

(6) 体虚易感者，平时可服用玉屏风散益气固表，增强体质。

【临证备要】

一、辨病思路

感冒常见于西学中的普通感冒、流行性感冒、上呼吸道感染等疾病。

1. 普通感冒　致病原为鼻病毒、冠状病毒等，流感病原学检测阴性，传染性弱，季节性不明显，不发热或轻、中度发热，无寒战，发热持续 1～2 天，全身症状轻或无，病程 5～7 天，并发症少见。

2. 流行性感冒　致病原为流感病毒，流感病原学检测阳性，传染性强，有明显季节性，多高热(39～40℃)，可伴寒战，发热持续时间 3～5 天，全身症状重，头痛，全身肌肉酸痛，乏力，病程 5～10 天，可合并中耳炎、肺炎、心肌炎、脑膜炎或脑炎等并发症。

二、辨证思路

1. 临证当分清风寒、风热　若风寒之证误用辛凉，汗不易出，邪气难以外达；而风热之证误用辛温，则易助热伤津。

2. 传变　老人、婴幼儿、体弱者或感邪较重者，可见化热入里犯肺，或逆传心包(如流感病毒性肺炎、中毒型流感)的传变过程，又当与温病联系互参辨证论治。

三、治疗注意

(1) 感冒初起，偏寒偏热不明显者，可予辛凉轻剂疏风解表，药用桑叶、薄荷、防风、荆芥等轻清透邪。

(2) 时行感冒症状较普通感冒重，辨证以风热为多见，在辨证论治基础上，应重用清热解毒之品，如板蓝根、大青叶、蚤休、金银花、连翘、黄芩等。

(3) 兼夹证治疗夹痰者，在疏风解表基础上加祛痰药。咯痰色白、稀薄者，酌加半夏、陈皮燥湿化痰；痰黄、黏稠者，酌加海浮石、竹茹、胆南星等清热化痰。小儿感冒易夹食、夹惊，夹食者酌加山楂、神曲、麦芽、鸡内金、莱菔子消食导滞，夹惊者酌加钩藤、蝉蜕、僵蚕、全蝎息风止痉。

笔记栏

【文献摘录】

《类证治裁·伤风》:“其症恶风有汗,脉浮,头痛,鼻塞声重,咳嗽痰多,或憎寒发热。惟其人卫气有疏密,感冒有浅深,故见症有轻重……凡体实者,春夏治以辛凉,秋冬治以辛温,解其肌表,风从汗散。体虚者,固其卫气,兼解风邪……如初起风兼寒,宜辛温发表,郁久成热,又宜辛凉疏解,忌初用寒凉,致外邪不得疏散,郁热不得发越,重伤肺气也。”

《医学心悟·论汗法》:“汗者,散也……风寒初客于人也,头痛发热而恶寒,鼻塞声重而体痛,此皮毛受病,法当汗之……凡一切阳虚者,皆宜补中发汗,一切阴虚者,皆宜养阴发汗。”

(敖素华)

第二节 咳 嗽

【概述】

一、定义

咳嗽(cough)是指肺失宣降,肺气上逆,临床以发出咳声或咯吐痰液为主要表现的一类病证。若咳与嗽分别言之,有声无痰为咳,有痰无声为嗽。一般多为痰声并见,难以截然分开,故以咳嗽并称。

二、源流

咳嗽病名最早见于《内经》,该书对咳嗽的成因、症状、证候分类、病理转归及治疗等问题作了较系统的论述。如《素问·宣明五气》说:“五气所病……肺为咳”。对咳嗽病因的认识,《素问·咳论》指出咳嗽系由“皮毛先受邪气,邪气以从其合也”,并且“五脏六腑,皆令人咳,非独肺也”。强调了肺脏受邪以及脏腑功能失调均能导致咳嗽的发生。咳嗽不只限于肺,也不离乎肺,并依据咳嗽的不同表现,将其分为肺、肝、心、脾、肾五脏咳,胃、大肠、小肠、胆、膀胱、三焦六腑咳,从而确立了以脏腑分类的方法,为后世医家对咳嗽病证的研究奠定了理论基础。

隋代,巢元方将咳嗽分为十种,除五脏咳外,尚有风咳、寒咳、胆咳、厥阴咳等。

金元时期,刘完素《素问病机气宜保命集·咳嗽》指出咳与嗽有别,“咳谓无痰而有声,肺气伤而不清也。嗽谓无声而有痰,脾湿动而为痰也。咳嗽谓有痰而有声,盖因伤于肺气,动于脾湿,咳而为嗽也”。张从正《儒门事亲》指出外因六气皆能致咳。《儒门事亲·嗽分六气毋拘以寒述》指出,风、寒、暑、湿、燥、火六气皆令人咳,非独寒邪。“岂知六气皆能嗽人?若谓咳止为寒邪,何以岁火太过,炎暑流行,金肺受邪,民病咳嗽?……若此之类,皆生于火与热也,岂可专于寒乎?”补充了《素问·咳论》仅以寒邪为外感致病之因的不足。

明代,张介宾《景岳全书》首次将咳嗽分外感与内伤两类。《景岳全书·杂证谟·咳嗽》指出:“咳嗽之要,止惟二证。何为二证,一曰外感,一曰内伤,而尽之矣。夫外感之咳,必由皮毛而入,盖皮毛为肺之合,而凡外邪袭之,则必先入于肺,久而不愈,则必自肺而传于五脏也。内伤之嗽,必起于阴分,盖肺属燥金,为水之母,阴损于下,则阳孤于上,水涸金枯,肺苦于燥,肺燥则痒,痒则咳不能已也。总之,咳证虽多……亦无非此二者而已。但于二者之中,当辨阴阳,当分虚实耳”,论述了外感与内伤咳嗽的病机,当以阴阳虚实辨证。这种咳嗽的辨证分类法,对临床有重要的指导作用。

清代,叶桂系统阐明了咳嗽的治疗原则。《临证指南医案》指出:“若因风者,辛平解之;因于寒者,辛温散之……因于火者……以甘寒为主……至于内因为病……有刚亢之威,木叩而金鸣者,当清金制木,佐以柔肝和络;若土虚而不生金,真气无所禀摄者,有甘凉、甘温二法……又因水虚痰泛,元海竭而诸气上冲者,则有金水双收,阴阳并补之治,或大剂滋填镇摄,保固先天一气元精。”叶氏在前人经验的基础上,结合临床实践,总结了治疗咳嗽的经验和基本规律。喻昌《医门法律》根据燥邪伤肺致咳嗽的特点,创立了温

笔记栏

润和凉润治咳之法,丰富和完善了咳嗽的辨证治疗内容。

三、范围

西医学中的上呼吸道感染,急、慢性支气管炎,支气管扩张,肺炎等疾病,以咳嗽为主要症状时,均可参考本节内容进行辨证论治。

【病因病机】

咳嗽的病因有外感、内伤两类。外感咳嗽为六淫外邪袭肺,内伤咳嗽为脏腑功能失调,内邪扰肺。不论邪从外入,或由内生,均可引起肺失宣降,肺气上逆而咳(图 4-2)。

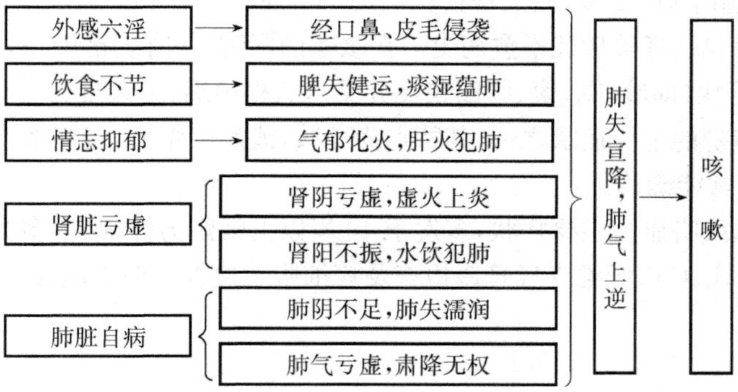

图 4-2　咳嗽病因病机示意图

1. 外邪袭肺　风、寒、湿、暑、燥、火六淫之邪,从口鼻或皮毛而入,侵袭犯肺,肺失宣降,肺气上逆而咳嗽。由于四时主气不同,因而人体所感受的外邪亦有区别。风为六淫之首,常夹寒、夹热侵袭人体,外感咳嗽临床上尤以风寒、风热、风燥多见。

2. 内邪扰肺　脏腑功能失调,影响及肺。可分为肺脏自病和其他脏腑病变伤于肺。

(1) 肺脏虚弱:常由肺系疾病迁延不愈,肺脏虚弱,或其他脏腑有病,累及肺脏,阴伤气耗,肺主气功能失常,肃降无权而致咳嗽。肺阴不足易致阴虚火炎,灼津为痰,肺失濡润,气逆作咳;或肺气亏虚,肃降无权,气不化津,津聚成痰,气逆于上,引起咳嗽。

(2) 痰湿蕴肺:由饮食生冷,嗜酒过度,或过食肥厚辛辣,伤及脾胃,脾失健运,不能输布水谷精微,酿湿生痰,壅遏肺气,肺气不利而发为本病。此即"脾为生痰之源,肺为贮痰之器"之说。如痰湿蕴肺,久蕴化热,痰热郁肺,则可表现为痰热咳嗽。

(3) 肝火犯肺:情志抑郁,肝失条达,气郁化火,火气循经上逆犯肺,肺失肃降,则致咳嗽,称为"木火刑金"。

(4) 肾脏亏虚:肾气衰弱,气失摄纳而上逆,或肾阳不振,气化不利,水饮内停,上逆犯肺而咳。肾阴亏虚,虚火上炎,损伤肺阴,灼津成痰,肺失滋润,肃降无权,而发咳嗽。

咳嗽的病变脏腑主要涉及肺脏,并与肝、脾、肾三脏密切相关。无论外感或内伤所致的咳嗽,均累及肺脏受病,由肺气宣降失常,肺气上逆所致。外感咳嗽属于邪实,为外邪犯肺,肺气壅遏不畅所致;若不能及时祛邪外达,可进一步演变转化,表现风寒化热、风热化燥,或肺热蒸液成痰,痰热蕴肺等证。内伤咳嗽多属邪实与正虚并见。并且外感咳嗽与内伤咳嗽常相互影响,外感咳嗽如迁延失治,邪伤肺气,更易反复感邪,而致咳嗽频作,肺气受伤,则渐转为内伤咳嗽。内伤咳嗽,肺脏有病,卫外不强,则易感外邪而引发或加重咳嗽,如此反复日久,则肺脏更加虚损。

【诊断】

诊断要点

(1) 咳逆有声,或伴咽痒咯痰。

笔记栏

(2) 外感咳嗽,起病急,病程短,常伴有寒热等表证;内伤咳嗽,每因外感反复发作,病程长,多伴相关脏腑兼证,或咳而伴喘。

(3) 相关检查:外感咳嗽,常见于上呼吸道感染、急性支气管炎、肺炎等。内伤咳嗽常见于慢性支气管炎、肺结核、肺源性心脏病、肺癌等。可结合病史、病情、体检作相关检查。如血常规、血沉、痰培养、胸部X线检查,以资协助诊断。

【鉴别诊断】

1. 哮病、喘证 哮病和喘证虽然也会兼见咳嗽,但各以哮、喘为其主要临床表现。哮病主要表现为喉中哮鸣有声,呼吸气促困难,甚则喘息不能平卧,发作与缓解均迅速。喘证主要表现为呼吸困难,甚至张口抬肩,鼻翼煽动,不能平卧,是多种急、慢性疾病的一个症状。

2. 肺胀 有久患咳、喘、哮等病证不愈病史。在咳嗽的同时,并有胸部膨满,喘咳上气,烦躁心慌,甚至面目紫黯,肢体浮肿等症(即咳、喘、痰、肿四大症并见),病程缠绵,经久难愈。

3. 肺痨 咳嗽是肺痨的主要症状之一,其特点为干咳,或痰中带血,或咯血痰,常伴有低热、盗汗、消瘦等症。胸部X线检查常能确诊。

4. 肺癌 常以咳嗽或咯血为主要症状,多发于40岁以上吸烟男性,咳嗽多为刺激性呛咳,病情发展迅速,呈恶病质,肺部X线、CT、纤维支气管镜检查及痰细胞学检查有助于确诊。

【辨证论治】

一、辨证要点

(一) 辨外感内伤

1. 外感咳嗽 多为新病,起病急,病程短,初起多兼有寒热、头痛、鼻塞等肺卫表证,属于邪实。

2. 内伤咳嗽 多为久病,反复发作,病程长,常兼他脏病证,多属邪实正虚。如咳嗽时作,白天多于夜间,咳而急剧,声重,咽痒则咳作者,或咳声嘶哑,病势急而病程短者,多为外感风寒或风热;咳声粗浊者多为风热或痰热伤津所致;早晨咳嗽加剧,咳嗽连声重浊,痰出咳减者,多为痰湿或痰热咳嗽;病势缓而病程长者多为阴虚或气虚;午后、黄昏咳嗽加重,或夜间时有咳嗽,咳声轻微短促者,多属肺燥阴虚;夜卧咳嗽较剧,持续不已,少气或伴气喘者,为久咳致喘的虚寒证。

(二) 辨寒热虚实

外感咳嗽以风寒、风热、风燥为主者多属实证,而内伤咳嗽中痰湿、痰热、肝火多属邪实,日久伤肺,可与正虚并见。临床上恶寒,咯痰,鼻涕清稀色白,多属寒;恶风,咯痰,鼻涕稠黏而黄,多属热;病势急,病程短,咳声洪亮有力属实;病势缓,病程长,咳声低弱,气怯,乏力属虚。咳嗽痰少,或干咳无痰者,多属燥热、气火、阴虚;痰白质黏者,属阴虚、燥热;痰白清稀透明,呈泡沫样者,属虚、属寒;痰多色白而稠厚者,属痰湿;痰黄而黏稠者,属热;痰中带血者,多属肺热或肺阴虚。咳嗽咯吐粉红色泡沫痰,咳而气喘,呼吸困难者,多属心肺阳虚,气不摄血。咳痰有热腥味或腥臭气的为痰热,味甜者属痰湿,味咸者属肾虚。

二、治疗要点

1. 治疗原则 宣肺理气,降逆止咳为治疗咳嗽的基本原则,具体应用应根据外感内伤、寒热虚实不同采用不同治法。

2. 外感内伤分治 外感咳嗽,多为实证,应祛邪利肺,按病邪性质分风寒、风热、风燥论治。用药宜轻扬,使药力易达病所。重视化痰顺气,痰清气顺,肺气宣畅,则咳嗽易愈。内伤咳嗽,多属邪实正虚,治以祛邪止咳,扶正补虚,标本兼顾,分清虚实主次处理。

3. 整体辨证治疗 咳嗽的治疗,除直接治肺外,还应从整体出发注意治脾、治肝、治肾等。外感咳嗽一般均忌敛涩留邪,当因势利导,肺气宣畅则咳嗽自止。内伤咳嗽应防宣散伤正,要从调护正气着眼。

笔记栏

三、分证论治

(一) 外感咳嗽

1. 风寒袭肺

临床表现:① 咽痒咳嗽声重,气急,咯痰稀薄色白;② 伴鼻塞,流清涕,头痛,肢体酸楚,恶寒发热,无汗;③ 舌苔薄白,脉浮或浮紧。

证候辨析:风寒之邪外束肌表,内袭于肺,肺卫失宣,肺气闭郁,不得宣通,故咳嗽声重,气急咽痒。寒邪郁肺,气不布津,凝聚为痰,故痰白清稀。风寒外束于表,皮毛闭塞,卫阳被遏,故兼鼻塞,流清涕,头痛,肢体酸楚,恶寒,发热,无汗等风寒表证。舌苔薄白,脉浮,均为风寒袭肺之象。临床具备①+②或①+③均可辨为风寒袭肺型。

治法:疏风散寒,宣肺止咳。

代表方:三拗汤合止嗽散加减。

常用药:麻黄、荆芥疏风散寒;杏仁宣肺降气;紫菀、白前、百部、陈皮理肺祛痰;桔梗、甘草利咽止咳。

咳嗽较甚者加矮地茶、金沸草祛痰止咳;咽痒甚者,加牛蒡子、蝉蜕祛风止痒;若夹痰湿,咳而痰黏,胸闷,苔腻者,加半夏、厚朴、茯苓燥湿化痰;表寒未解,里有郁热,热为寒遏,咳嗽音哑,气急似喘,痰黏稠,口渴心烦,或有身热者,加生石膏、桑白皮、黄芩解表清里。

2. 风热犯肺

临床表现:① 咳嗽频剧,气粗或咳声音哑,喉燥咽痛,咯痰不爽,痰黏稠或稠黄,咳时汗出;② 伴鼻流黄涕,口渴,头痛,肢楚,恶风,身热等风热表证;③ 舌质红,舌苔薄黄,脉浮数或浮滑。

证候辨析:风热犯肺,肺失清肃,而见咳嗽频剧,气粗或咳声音哑,肺热伤津,则见口渴,喉燥咽痛。肺热内郁,蒸液成痰,故痰黏而稠,咳吐不爽。风热犯表,卫表不和,而见鼻流黄涕,头痛,汗出,四肢酸楚,恶风,身热等表热证。舌质红,舌苔薄黄,脉浮数,均为风热犯肺之象。临床具备①+②或①+③均可辨为风热犯肺型。

治法:疏风清热,宣肺止咳。

代表方:桑菊饮加减。

常用药:桑叶、菊花、薄荷疏风散邪,宣透风热;杏仁、桔梗、甘草轻宣肺气,祛痰止咳;连翘、芦根清热生津。

咳嗽甚者,加前胡、枇杷叶、浙贝母清宣肺气,化痰止咳;肺热内盛,加黄芩、鱼腥草清肺泄热;咽痛,加射干、山豆根、赤芍清热利咽;热伤肺津,加南沙参、天花粉清热生津;鼻衄或痰中带血丝者,加白茅根、生地黄凉血止血;夏令夹暑加六一散、鲜荷叶清解暑热。

3. 风燥伤肺

临床表现:① 喉痒干咳,连声作呛,咽喉干痛,唇鼻干燥,无痰或痰少而黏连成丝,不易咯出,或痰中带有血丝,口干;② 初起或伴鼻塞、头痛、微寒、身热等表证;③ 舌质红干而少津,苔薄白或薄黄,脉浮数或小数。

证候辨析:燥邪伤肺,肺失清润,故见干咳作呛。燥热灼津则咽喉干痛,唇鼻干燥,痰黏不易咯吐。燥热伤肺,肺络受损,故痰中带有血丝。本证多发于秋季,乃燥邪与风热并见的温燥证,故见风燥外客,卫气不和的表证。舌质红干而少津,苔薄白,脉浮数,均为风燥伤肺的表现。临床具备①+②或①+③均可辨为风燥伤肺型。

治法:疏风清肺,润燥止咳。

代表方:桑杏汤加减。

常用药:桑叶、薄荷、豆豉疏风解表;杏仁、前胡、牛蒡子肃肺止咳;南沙参、贝母、天花粉、梨皮、芦根生津润燥。

若津伤较甚者,加麦冬、玉竹滋养肺阴;热重者,酌加生石膏、知母清肺泄热;痰中夹血,加生地黄、白茅根清热凉血止血。若为凉燥伤肺证,乃燥证与风寒并见,表现干咳少痰或无痰,咽干鼻燥,兼有恶寒发热,头痛无汗,舌苔薄白而干等症。用药当以温而不燥,润而不凉为原则,方取杏苏散加减。药用苏叶、杏仁、前胡辛以宣散;紫菀、款冬花、百部、甘草温润止咳。若恶寒甚,无汗,可配荆芥、防风以解表发汗。

笔记栏

(二)内伤咳嗽

1. 痰湿蕴肺

临床表现:① 咳嗽反复发作,咳声重浊,胸闷,尤以晨起咳甚,痰多,痰黏腻或稠厚成块,色白或带灰色,痰出则咳缓;② 伴体倦,脘痞,纳差,腹胀,大便时溏;③ 舌苔白腻,脉濡滑。

证候辨析:脾湿生痰,上渍于肺,壅遏肺气,肺失宣降,咳嗽反复发作,咳声重浊,胸闷,痰白黏腻或稠厚或稀薄。晨起痰壅,故咳甚痰多,痰出则咳缓。脾虚湿阻,体倦,脘痞,纳差,腹胀,大便时溏。舌苔白腻,脉濡滑,为痰湿内盛之象。临床具备①+②或①+③均可辨为痰湿蕴肺型。

治法:燥湿化痰,理气止咳。

代表方:二陈汤合三子养亲汤加减。

常用药:法半夏、茯苓、苍术、甘草燥湿化痰;白芥子温肺利气化痰;苏子、莱菔子降气化痰消食;陈皮、厚朴理气止咳。

若寒痰较重,痰黏白如泡沫,怯寒背冷,加干姜、细辛以温肺化痰;脾虚证候明显者,加党参、白术以健脾益气;病情平稳后可服六君子汤加减以资调理。

2. 痰热郁肺

临床表现:① 咳嗽气息粗促,或喉中有痰声,痰多质黏厚或稠黄,咯吐不爽,或有热腥味,或吐血痰,胸胁胀满,咳时引痛;② 面赤,或有身热,口干欲饮;③ 舌质红,舌苔薄黄腻,脉滑数。

证候辨析:痰热壅阻肺气,肺失清肃,故咳嗽气息粗促,痰多质黏稠、色黄,咯吐不爽。痰热郁蒸,则痰有腥味。热伤肺络,故胸胁胀痛,咳时引痛,或咯吐血痰。肺热内郁,则面赤,或有身热,口干欲饮。舌质红,苔薄黄腻,脉滑数,均为痰热郁肺之象。临床具备①+②或①+③均可辨为痰热郁肺型。

治法:清热化痰,肃肺止咳。

代表方:清金化痰汤加减。

常用药:黄芩、栀子、知母、桑白皮清泄肺热;茯苓、贝母、瓜蒌、桔梗、陈皮、甘草化痰止咳;麦冬养阴润肺宁咳。

痰热甚者,可加竹沥水、天竺黄、竹茹清热化痰,或冲服蛇胆陈皮末,以增强清热化痰止咳之力;痰黄如脓或腥臭,加鱼腥草、金荞麦根、薏苡仁、冬瓜仁清热化痰解毒;胸满咳逆,痰盛,便秘,加葶苈子、大黄泻肺通腑以逐痰;痰热伤津,加南沙参、天冬、天花粉养阴生津。

3. 肝火犯肺

临床表现:① 咳逆上气阵作,咳时面赤,口苦咽干,痰黏难咯,或如絮条;② 胸胁胀痛,咳时引痛,症状可随情绪波动而增减;③ 舌红或舌边红,舌苔薄黄少津,脉弦数。

证候辨析:肝失条达,郁结化火,上逆侮肺,肺失肃降,以致咳逆上气阵作。肝火上炎,故咳时面赤,口苦咽干。木火刑金,炼液成痰,肺热津亏,则痰黏难咯或成絮条。肝脉布两胁,上注于肺,肝肺络气不和,故胸胁胀痛,咳时引痛,症状可随情绪波动而增减。舌红,舌苔薄黄少津,脉弦数,皆为肝火肺热之象。临床具备①+②或①+③均可辨为肝火犯肺型。

治法:清肝泻肺,化痰止咳。

代表方:黛蛤散合泻白散加减。

常用药:青黛、海蛤壳清肝化痰;黄芩、桑白皮、地骨皮清泻肺热;粳米、甘草和中养胃,使泻肺而不伤脾胃。

火旺者,加栀子、牡丹皮清肝泻火;肺气郁滞,胸闷气逆,加瓜蒌、桔梗、枳壳利气降逆;胸胁痛,加郁金、丝瓜络理气和络;痰黏难咯,加海浮石、知母、川贝母润肺化痰;火郁伤津,咽燥口干,咳嗽日久不减,加北沙参、百合、麦冬、诃子养阴生津敛肺。

4. 肺阴亏耗

临床表现:① 干咳,咳声短促,痰少黏白或痰中带血丝,或咳声逐渐嘶哑;② 午后潮热,盗汗,颧红,口干咽燥;③ 舌质红,少苔,脉细数。

证候辨析:肺阴亏虚,虚热内灼,肺失滋润,肃降无权,肺气上逆,则干咳,咳声短促。虚火灼津为痰,肺损络伤,故痰少黏白或见痰中带血丝。阴虚肺燥,津液不能濡润上承,则咳声逐渐嘶哑,口干咽燥。阴虚火旺,故午后潮热,颧红,盗汗。舌质红,少苔,脉细数,为肺阴亏虚,阴虚内热之象。临床具备①+②或①+③均可辨为肺阴亏耗型。

笔记栏

治法：滋阴润肺，化痰止咳。

代表方：沙参麦冬汤加减。

常用药：沙参、麦冬、玉竹、天花粉生津润肺；桑叶轻清宣透，以散燥热；甘草甘缓和中；生扁豆甘平和中，培土生金。

咳剧，加川贝母、甜杏仁、百部润肺止咳；肺气不敛，咳而气促，加五味子、诃子以敛肺气；阴虚潮热，加功劳叶、银柴胡、青蒿、鳖甲、胡黄连以清虚热；阴虚盗汗，加乌梅、浮小麦收敛止汗；肺热灼津，咯吐黄痰，加海蛤粉、知母、黄芩清热化痰；热伤血络，痰中带血，加牡丹皮、栀子、藕节凉血止血。

5. 肺气虚寒

临床表现：① 咳声低弱无力，气短不足以息，咯痰清稀、色白、量多；② 神疲懒言，食少，面色㿠白，畏风自汗，易感冒；③ 舌淡苔白，脉细弱。

证候辨析：多因久咳伤肺，或平素体弱，肺气不足，或七情、饮食、劳倦，损伤脾肺所致。肺气虚弱，气逆不降，咳声低弱无力，气短不足以息。气虚不能化津，津聚为痰，故咯痰清稀色白量多。肺脾两虚，神疲懒言，食少。肺气虚卫外不固，腠理不密，故畏风自汗，易感冒，面色㿠白。舌淡苔白，脉细弱为气虚之象。临床具备①+②或①+③均可辨为肺气虚寒型。

治法：补气温肺，化痰止咳。

代表方：温肺汤加减。

常用药：人参、肉桂、干姜、钟乳石温补脾肺；半夏、橘红、木香燥湿健脾，理气化痰。

痰多清稀者，加白芥子、细辛温化寒痰；咳逆气短，动则更甚者，加补骨脂、诃子、沉香补肾纳气；畏寒肢冷，加附子温补肾阳；神疲懒言，食少者，加白术、茯苓健脾益气。

6. 寒饮犯肺

临床表现：① 咳嗽气急，呼吸不利，咯吐白色清稀泡沫痰；② 形寒背冷，喜热饮，在冬季或受寒后发作或加重；③ 舌苔白滑，脉细弦滑。

证候辨析：多因久病损伤肺肾阳气，或饮食劳倦，元阳受损，脾肾阳虚所致。脾肾阳虚，不能运化精微，水湿内停，聚湿成痰，痰饮上逆犯肺，肺气不得下降，故咳嗽气急，呼吸不利，咯吐白色清稀泡沫痰。阳虚肌肤失于温煦，故形寒背冷，喜热饮，冬季或受寒后发作加重。舌苔白滑，脉细弦滑为寒饮内停之象。临床具备①+②或①+③均可辨为寒饮犯肺型。

治法：温肺化饮。

代表方：小青龙汤加减。

常用药：麻黄辛温宣肺平喘；细辛、干姜、桂枝温阳驱散寒饮；半夏燥湿化痰；五味子、白芍敛肺止咳。

痰多稀薄者，加白芥子、白前、苏子温化痰饮；胸膈满闷者，加厚朴、莱菔子、陈皮理气宽胸化痰。

【其他治法】

一、中成药

1. 蛇胆川贝液 口服，一次 1 支，一日 2 次。具有清热止咳的功效。适用于痰热郁肺之咳嗽。

2. 川贝枇杷露 口服，一次 10～20 mL，一日 3 次。具有止咳化痰清热的功效。适用于感冒、支气管炎症之风热犯肺成风燥伤肺之证者。

二、针灸

1. 风寒袭肺证 选肺俞、列缺、合谷为主穴，风门、大椎、天突、丰隆为配穴，毫针刺，用泻法。

2. 风热犯肺证 选肺俞、尺泽、大椎为主穴，曲池、合谷为配穴，毫针刺，用泻法。

3. 风燥伤肺证 可选肺俞、尺泽为主穴，天突、商阳、曲池为配穴，毫针刺，用泻法。

4. 痰湿蕴肺证 可选太渊、太白、膻中为主穴，丰隆、足三里为配穴，毫针刺，用泻法。

5. 痰热郁肺证 选肺俞、尺泽、合谷为主穴，少商、鱼际、丰隆为配穴，毫针刺，用泻法。

6. 肺阴亏耗证 选尺泽、太渊、肺俞为主穴，劳宫、鱼际为配穴，毫针刺，泻手太阴，补足少阴。

7. 肺气虚寒证 可选脾俞、肺俞、足三里为主穴，气海、太渊为配穴，毫针刺，用补法加灸。

笔记栏

三、饮食辅助疗法

糖渍陈皮　鲜橘皮、白糖。将鲜橘皮或将洗净的干橘皮泡软，切丝，放锅中，加入大约橘皮重量一半的白糖，加水使之没过橘皮，加热煮沸后，改微火慢煮，至余液将尽时将橘皮取出，放置盘内，将冷时再撒入约橘皮重量一半的白糖，拌匀即可。具有开胃理气，止咳化痰，增进食欲之功。适用于慢性咳嗽、食欲不佳者。

【转归预后】

外感咳嗽多属急性起病，患者正气尚强，病位较浅，病情轻，如果得到及时正确治疗，一般容易治愈。若外感咳嗽迁延失治、误治，反复发作，损耗正气，则可转为内伤咳嗽，病机性质由实转虚，病位也由肺而及他脏。

内伤咳嗽日久，反复发作，病变必然由肺及脾至肾，病情逐渐加重，甚至累及于心，导致心、肺、脾、肾诸脏皆虚，痰浊、水饮、气滞、瘀血内停，演变为肺胀等病，则预后较差，往往病程缠绵难愈。

【预防调护】

(1) 对于咳嗽的预防，首应注意气候变化，随气温冷暖增减衣服，尤其在冷空气环境时更应注意，避免感冒。针对患者的不同体质，可选用药物预防。肺气不足，卫外不固易感冒者，可用玉屏风散；气阴两虚者，可用生脉饮。

(2) 对于慢性久咳患者，适当参加体育锻炼，以提高肺的通气功能，增强抗病能力。对于平素易于感冒者，可嘱其经常于迎香穴进行按摩或用手揉擦面部。

(3) 调摄情志，保持心情舒畅，对肝火犯肺咳嗽患者尤为重要。

(4) 外感咳嗽风寒袭肺无汗者，服药后当以微汗为佳，汗出切忌受凉。风热、风燥伤肺者，津液已伤，不可过汗，以免更伤津液。对其发热、恶寒重者，不可用冰袋冷敷，以防遏邪生变。要让患者多饮水，以助祛邪外出。

(5) 饮食要根据患者的不同情况而定。如外感咳嗽，热证者饮食应特别注意清淡、易消化食物；阳气虚寒者，可多食牛、羊肉等温性补养之品等。均应忌食生冷、肥甘、辛辣、过咸食物，戒烟、酒，避免刺激性气体伤肺。

【临证备要】

一、辨病思路

咳嗽常见于西医学中的上呼吸道感染，急、慢性支气管炎，支气管扩张，肺炎等疾病。

1. 急性上呼吸道感染　包括急性病毒性喉炎，临床特征为声嘶，讲话困难，咳嗽时疼痛，常有发热、咽炎或咳嗽。

2. 急性气管—支气管炎　常有呼吸道感染症状，干咳，随着咳嗽症状加剧，痰量增多，有时痰中带血，咳嗽和咳痰可延续2～3周才消失。

3. 慢性支气管炎　主要症状有咳嗽、咳痰或伴有喘息。起病缓慢，病程较长，反复发作，病情逐渐加重。咳嗽、咳痰或伴喘息，每年发病至少持续3个月，并连续2年或以上。

4. 支气管扩张　临床上以慢性咳嗽、咳大量脓痰或反复咯血为特征。有厌氧菌混合感染时，痰有臭味。少数患者仅表现为反复咯血，而咳嗽、咳痰不明显，称为干性支气管扩张症。

5. 肺炎球菌肺炎　临床特征为突然发病，寒战、高热、胸痛、咳嗽、咯铁锈色痰、呼吸困难和肺实变体征。

二、辨证思路

1. 外感咳嗽与时令有关　一般而言，春多风，夏多热、暑，长夏多湿，秋多燥，冬多寒，但可有兼夹。

笔记栏

风寒咳嗽最为常见，初起只需辛散轻扬，忌用收涩之品，还应注意避免过用汗法。风热咳嗽应以辛凉宣透、清金降火为要，慎用辛温发表以免耗劫津液。风燥咳嗽每致咯血或痰带血丝，且最易缠绵，因其病久或有血瘀者，必要时可选活血止血药，如三七。

2. 内伤咳嗽多由虚损或虚实夹杂　故邪实正虚者须妥善处理。气火咳嗽每易耗伤肺津，应适当配合清养肺阴之品；痰湿咳嗽，常易伤及肺脾之气，应配合补脾益肺之品，以免久延导致肺气虚寒，寒饮伏肺的咳喘；肺阴亏耗咳嗽，每致阴虚火炎，灼津为痰，必要时还当兼以清火化痰。

三、治疗注意

1. 注意外感咳嗽与内伤咳嗽的关系　外感咳嗽反复不愈可成内伤咳嗽，其中夹湿夹燥者较为缠绵，应彻底治疗，以杜其迁延转化。内伤咳嗽每易感受外邪使发作加重，治疗应权衡标本的主次缓急，或先后分治，或标本兼顾。

2. 病有治上、治中、治下的区分　治上者，指治肺，主要是温宣清肃两法，是直接针对咳嗽主病之脏施治；治中者，指治脾，即健脾化痰和补脾养肺等法，健脾化痰适用于痰湿偏盛，标实为主，咳嗽痰多者；补脾养肺适用于脾虚肺弱，脾肺两虚，咳嗽神疲食少者。治下者，指治肾，咳嗽日久，咳而气短，则可考虑用治肾(益肾)的方法。总之，治脾治肾是通过治疗他脏以达到治肺目的的整体疗法。

3. 注意治疗禁忌　外感忌用敛肺、收涩的镇咳药。误用则致肺气郁遏不得宣畅，不能达邪外出，邪恋不去，反而久咳伤正。必须采用宣肃肺气，疏散外邪治法，因势利导，邪去则正安。内伤忌用宣肺散邪法。误用每致耗损阴液，伤及肺气，正气愈虚。必须注意调护正气，即使虚实夹杂，亦当标本兼顾。

4. 注意审证求因，切勿见咳止咳　咳嗽是人体祛邪外达的表现，具有排痰和清洁气道的重要作用，故治疗不能单纯见咳止咳，以免影响痰液排出并掩盖病情。咳嗽的病因治疗是首要的，必须按照不同的病因分别处理。

【文献摘录】

《活法机要·咳嗽论》:“咳谓无痰而有声，肺气伤而不清也；嗽是无声而有痰，脾湿动而为痰也；咳嗽谓有痰而有声，盖因伤于肺气而咳，动于脾湿，咳而为嗽也。”

《医学入门·咳嗽》:“新咳有痰者外感，随时解散；无痰者便是火热，只宜清之。久咳有痰者燥脾化痰，无痰者清金降火。盖外感久则郁热，内伤久则火炎，俱宜开郁润燥。”

《临证指南医案》:“咳为气逆，嗽为有痰，内伤外感之因甚多，确不离乎肺脏为患也。若因于风者，辛平解之；因于寒者，辛温散之；因于暑者……当与微辛微凉，苦降淡渗；若因于湿，有兼风兼寒兼热之不同，大抵以理肺治胃为主；若因秋燥，则嘉言喻氏之议最精。”

（曹　勇）

第三节　哮　　病

【概述】

一、定义

哮病(asthma)是由于宿痰伏肺，遇诱因或感邪引触，以致痰阻气道，肺失肃降，气道挛急所致发作性的痰鸣气喘疾患。发时喉中哮鸣有声，呼吸气促困难，甚则喘息不能平卧为主要临床表现。

笔记栏

二、源流

《内经》中无哮病病名，但有“喘鸣”的记载，与本病的发作特点相似。如《素问·阴阳别论》曰:“……

起则熏肺,使人喘鸣”。

汉代,张仲景在《金匮要略·肺痿肺痈咳嗽上气病脉证治》中明确指出哮病发作时的特征及治疗,“咳而上气,喉中水鸡声,射干麻黄汤主之”,并将其归属于痰饮病范畴,《金匮要略·痰饮咳嗽病脉证并治》指出:“膈上病痰,满喘咳吐,发则寒热……必有伏饮。”

金元时期,朱震亨首创哮喘病名,并阐明病理因素“专主于痰”,提出“未发以扶正气为主,既发以攻邪气为急”的治疗原则,把本病从笼统的“上气”“喘促”“喘鸣”中分离出来,成为一个独立的病名。

明代,虞抟《医学正传》对哮与喘作了明确的区分,并说:“哮以声响言,喘以气息言,夫喘促喉中如水鸡声者,谓之哮;气促而连续不能以息者,谓之喘。”后世医家鉴于哮必兼喘,故一般通称哮喘,但为了与喘证区别,而定名哮病。

三、范围

西医学中的支气管哮喘、喘息性支气管炎,或其他肺部过敏性疾患引起的以哮喘为主要表现者,均可参考本节内容进行辨证论治。

【病因病机】

哮病的发生,为宿痰内伏于肺,复因外感、饮食、情志、劳倦等因素诱发,以致痰阻气道,气道挛急,肺气上逆,发为哮病(图 4-3)。

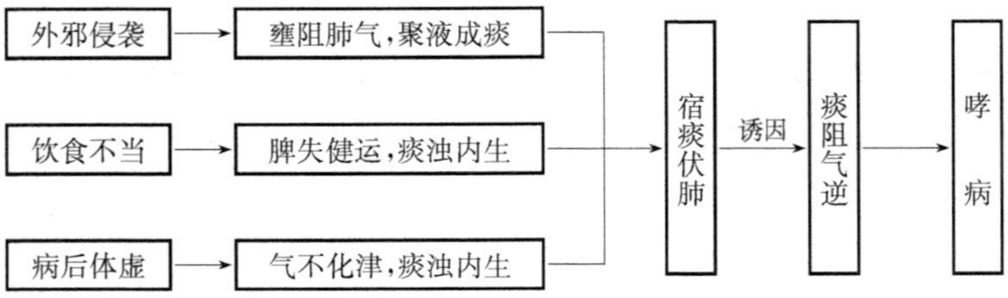

图 4-3　哮病病因病机示意图

1. 外邪侵袭　外感风寒或风热之邪,未能及时表散,邪蕴于肺,壅阻肺气,气不布津,聚液生痰而成哮病。其他如吸入花粉、烟尘,影响肺气的宣发肃降,痰浊内生,亦可发为哮病。

2. 饮食不当　贪食生冷,脾阳受困,寒饮内停;或嗜食酸咸肥甘,积痰蒸热;或因进食鱼虾蟹等发物,而致脾失健运,饮食不归正化,痰浊内生,上干于肺,壅阻肺气而成哮病。

3. 病后体虚　素体禀赋薄弱,体质不强,或病后体弱,或反复感冒、咳嗽日久,导致肺、脾、肾虚损,痰浊内生成为哮病之因。若肺气耗损,气不化津,痰饮内生;或阴虚火旺,灼津成痰,痰热胶固;或脾虚水湿不运,肾虚水湿不能蒸化,痰浊内生均成为哮病之因。

哮病的病变脏腑涉及肺、脾、肾,甚则累及于心。如脾虚不能化水谷为精微,上输养肺,反而内生痰浊,上贮于肺,影响肺气的升降;肾虚不能纳气,肾阳虚水泛为痰,肾阴虚灼津为痰,上干于肺。肺朝百脉,主治节,肺气虚不能治理调节心血的运行,肾虚命门之火不能上济于心,则心阳亦同时受累,甚则发生喘脱危候。

【诊断】

诊断要点

(1) 发时喉中哮鸣有声,呼吸气促困难,甚则张口抬肩,不能平卧,或唇甲紫绀。

(2) 反复发作性,常因气候变化、饮食不当、情志失调、劳累等因素诱发。发病前多有鼻痒、喷嚏、咳嗽等先兆症状。

(3) 有过敏史或家族史。

(4) 两肺可闻及哮鸣音或伴有湿啰音。

(5) 相关检查:临床表现不典型者,支气管激发试验、支气管舒张试验、呼气流量峰值等检查有助于诊断。

笔记栏

【鉴别诊断】

喘证　哮病和喘证都有呼吸急促困难的表现。哮指声响言，发时喉中哮鸣有声，是一种反复发作的独立性疾病；喘指气息言，为呼吸气促困难，是多种急慢性疾病的一个症状。哮必兼喘，但喘未必兼哮。

【辨证论治】

一、辨证要点

1. 辨已发未发

发作期：发作期以喉中哮鸣有声，呼吸气促困难，甚则喘息不能平卧等为典型临床表现。一般发作和缓解均迅速，多由气候变化、饮食不当、情志刺激、劳累等因素诱发。

缓解期：无典型症状，若病程日久，反复发作，导致身体虚弱，平时可有轻度哮病，而以肺、脾、肾虚损为主要表现，或肺脾气虚，或肺肾两虚。

2. 辨证候虚实　哮病属邪实正虚之证，发作时以邪实为主，未发时以正虚为主。正虚应审其阴阳之偏虚，区别脏腑之所属。但久病正虚者，发时每多虚实错杂，故又当按病程新久及全身症状以辨别其主次。

3. 辨寒证热证　一般寒哮内外皆寒，其证喉中哮鸣如水鸡声，咯痰清稀，或色白如泡沫，口不渴，舌质淡，苔白滑，脉弦紧或浮紧；热哮痰热壅盛，其症喉中痰鸣如吼，咯痰黄稠胶黏，咯吐不利，口渴喜饮，舌质红，苔黄腻，脉滑数。

二、治疗要点

1. 治疗原则　发时治标，平时治本为治疗哮病的基本原则。

2. 攻补有别　发作期当攻邪治标，祛痰利气。寒痰宜温化宣肺；热痰当清热肃肺；风痰当祛风涤痰；表证明显者兼以解表；反复日久，正虚邪实者又当攻补兼顾，补肺纳肾，降气化痰。缓解期当扶正治本。阳虚者应温补，阴虚者宜滋养，分别采用补肺、健脾、益肾等法。

三、分证论治

（一）发作期

1. 风哮

临床表现：① 喉中哮鸣有声，呼吸急促，反复发作，时发时止，止时又如常人；② 发病前多有鼻痒、咽痒、喷嚏等症；③ 舌淡苔白，脉浮。

证候辨析：宿痰伏肺，外感风邪引动，风盛痰阻，气道挛急，肺气上逆，故喉中哮鸣有声。风邪善行而数变，故哮喘反复发作，时发时止，止时又如常人。因为风邪引触，故见鼻痒，咽痒，喷嚏。舌淡苔白，脉浮是风邪为患之象。临床具备①＋②或①＋③均可辨为风哮型。

治法：疏风宣肺，化痰平喘。

代表方：华盖散加减或用三子养亲汤加减。

常用药：麻黄宣肺平喘；苏子、杏仁降气平喘；桑白皮泻肺平喘；茯苓、陈皮行气化痰。

鼻痒、咽痒、喷嚏重者，可加蝉蜕、僵蚕、防风等祛风散邪；若痰壅喘急，不能平卧，加葶苈子、射干泻肺涤痰，风痰较盛者可用三子养亲汤加减。

2. 寒哮

临床表现：① 喉中哮鸣有声，呼吸急促，痰多，色白，多泡沫；② 口不渴或渴喜热饮，形寒肢冷，面色青晦，天冷或受凉易发，或恶寒、无汗、身痛；③ 舌质淡，苔白滑，脉弦紧或浮紧。

证候辨析：寒痰伏肺，遇感触发，痰气交阻，搏击气道，故喉中哮鸣如水鸡声，呼吸急促。寒痰为患，故痰多，色白，多泡沫。病因于寒，故口不渴或渴喜热饮。阴盛于内，阳气不能外达，故形寒肢冷，面色青

笔记栏

晦。外寒每易引动内饮,故天冷或受凉易发。风寒束表,故见恶寒,无汗,身痛。舌质淡,苔白滑,脉弦紧或浮紧,皆为寒盛之象。临床具备①+②或①+③均可辨为寒哮型。

治法:温肺散寒,化痰平喘。

代表方:射干麻黄汤加减或小青龙汤加减。

常用药:射干、麻黄宣肺平喘;细辛、半夏、生姜温肺化饮;紫菀、款冬花、甘草化痰止咳;五味子收敛肺气。

痰涌喘逆不得卧,加葶苈子泻肺涤痰;表寒里饮,寒盛者,选用小青龙汤;若病久哮喘发作频繁,声低,气短不足以息,咳痰清稀,面色苍白,汗出肢冷,舌淡苔白,脉沉细者,为阳虚阴盛,当温阳补虚,降气化痰,方选苏子降气汤加减。

3. 热哮

临床表现:① 喉中哮鸣有声,呼吸急促,咯痰色黄或白,黏浊稠厚;② 烦闷不安,汗出,面赤,口苦;③ 舌质红,苔黄腻,脉滑数或弦滑。

证候辨析:痰热壅肺,肺失清肃,肺气上逆,喉中哮鸣有声,呼吸急促。痰热胶结,故咯痰色黄或白,黏浊稠厚。痰火郁蒸,则见烦闷不安,汗出,面赤,口苦。舌质红,苔黄腻,脉滑数或弦滑,均为痰热内盛之象。临床具备①+②或①+③均可辨为热哮型。

治法:清热宣肺,化痰定喘。

代表方:定喘汤加减。

常用药:桑白皮、黄芩清泄肺热;麻黄宣肺定喘;杏仁、半夏、苏子、款冬花化痰降气平喘;白果敛肺气,化痰浊。

痰鸣喘息不得卧,加葶苈子泻肺祛痰;咯痰黄稠,加海浮石、射干、鱼腥草清热化痰;大便秘结,舌苔黄燥者,加大黄、枳实通腑泻肺。

4. 虚哮

临床表现:① 喉中哮鸣如鼾,声低,气短息促,动则喘甚,发作频繁,甚则喘息持续不解,咳痰无力;② 偏阳虚者,兼痰涎清稀,面色苍白,形寒肢冷,舌质淡,脉沉细;③ 偏阴虚者,兼痰涎黏稠,颧红,烦热口渴,舌质偏红,脉细数。

证候辨析:哮病日久,肺肾两虚,摄纳失常,故喉中哮鸣如鼾,声低,气短息促,动则喘甚,咳痰无力。正气亏虚,外邪易干,故发作频繁,甚则喘息持续不解。痰涎清稀,面色苍白,形寒肢冷,舌质淡,脉沉细是阳虚之象。痰涎黏稠,颧红,烦热口渴,舌质偏红,脉细数是阴虚之象。临床具备①可辨为虚哮型;①+②为偏阳虚型;①+③为偏阴虚型。

治法:补肺纳肾,降气化痰。

代表方:平喘固本汤加减。

常用药:党参补益肺气;胡桃肉、沉香、冬虫夏草、五味子补肾纳气;苏子、半夏、款冬花、陈皮降气化痰。

偏阳虚型加,制附子、补骨脂、淫羊藿温补肾阳;偏阴虚型,加沙参、麦冬、生地黄养阴。

(二)缓解期

1. 肺脾气虚

临床表现:① 喉中时有轻度哮鸣,痰质稀、色白,气短声低;② 常易感冒,自汗,恶风,倦怠乏力,食少便溏;③ 舌质淡,苔白,脉细弱。

证候辨析:肺气虚弱,肺不主气,气不化津,肺气上逆,痰气交阻,故喉中时有轻度哮鸣,痰质稀、色白,气短声低。肺虚卫外不固,腠理疏松,外邪易侵,故易感冒,自汗,恶风。肺虚日久,子盗母气,脾气亦虚,脾虚中气不足,脾虚失于健运,故见倦怠乏力,食少便溏。舌质淡,苔白,脉细弱,均为气虚之象。临床具备①+②或①+③均可辨为肺脾气虚型。

治法:补肺健脾。

代表方:玉屏风散合六君子汤加减。

常用药:黄芪、党参、白术、茯苓补肺健脾;半夏、陈皮理气化痰。

如表虚汗多,可加浮小麦、煅龙骨、煅牡蛎收敛止汗;怕冷、畏风者,加桂枝汤调和营卫;食少便溏者,加山药、薏苡仁健脾助运。

笔记栏

2. 肺肾两虚

临床表现：① 气短息促，动则尤甚，吸气不利；② 偏于阳虚者，兼畏寒肢冷，面色苍白，舌质淡白，质胖，脉沉细；③ 偏于阴虚者，兼五心烦热，颧红，口干，舌红少苔，脉细数。

证候辨析：久哮肺病及肾，肺肾两虚，肺不主气，肾不纳气。摄纳失常，故气短息促，动则尤甚，吸气不利。畏寒肢冷，面色苍白，舌质淡白，质胖，脉沉细为阳虚之征。五心烦热，颧红，口干，舌红少苔，脉细数为阴虚之象。临床具备①+②或①+③均可辨为肺肾两虚型；其中①+②为偏阳虚型；①+③为偏阴虚型。

治法：补肺益肾。

代表方：金匮肾气丸或七味都气丸加减。

常用药：山茱萸、熟地黄补肾纳气；茯苓、山药健脾。

肾不纳气，呼多吸少者，加胡桃肉、冬虫夏草、紫河车、蛤蚧补肾摄纳；偏阳虚者，加附子、补骨脂、淫羊藿、巴戟天温肾补阳；偏阴虚者，加五味子、麦冬、龟甲滋阴补肾。

【其他治法】

一、中成药

1. 平喘抗炎胶囊　口服，一次 0.7 g，一日 3 次。具有降气化痰，止咳平喘的功效。适用于热哮见咽喉肿痛，咳嗽气喘，胸满痰多者。

2. 玉屏风颗粒　口服，一次 5 g，一日 3 次。具有益气，固表，止汗的功效。适用于表虚不固，自汗恶风，面色皖白，或体虚易感风邪者。

二、针灸

可根据不同分期、不同证候辨证取穴。如实证选用肺俞、膻中、天突、尺泽；痰盛者，配丰隆；喘甚者配定喘。虚证选用肺俞、肾俞、膏肓、太渊；肺气虚配气海；肾气虚配太溪；喘甚配定喘、天突。

三、敷贴疗法

敷贴法(白芥子涂法)　白芥子 30 g，延胡索 30 g，甘遂 15 g，细辛 15 g，共为细末，撒麝香少许，姜汁捣成泥状，分别贴两侧肺俞、膏肓、百劳穴上。每年夏季初伏日敷一次，10 日、20 日各敷一次。适用于哮病缓解期。

四、饮食辅助疗法

冬虫夏草炖老鸭　冬虫夏草 20 g，老鸭一只(约 1 500 g)，炖汤食用。用于哮病缓解期，证属肺肾两虚者。

【转归预后】

本病较为顽固，易于反复发作。部分儿童、青少年至成年时，肾气日盛，正气渐充，辅以药物治疗，可以终止发作；中老年、病久体弱，肾气渐衰，发作频繁者不易根除。哮病发作持续不解，可因心肾阳衰出现张口抬肩，面色青紫，汗出肢冷，甚则烦躁神昏等喘脱危候，应密切观察病情变化，及时处理。本病反复发作，迁延不愈，肺气胀满，不能敛降，可演变为肺胀。

【预防调护】

(1) 哮病需长期诊治，应树立战胜疾病的信心，克服悲观情绪，建立医患之间合作关系，积极配合治疗。

(2) 避免哮病的诱发因素，如避免接触刺激性气体及易导致过敏的花粉、烟尘、食物、药物等，避免过

笔记栏

度劳累和不良情绪刺激。适当进行体育锻炼,以增强体质,减少发作。

(3) 帮助患者了解哮病的发病机制、发作先兆,学会在急性发作时能简单、及时地处理。哮喘发作时需卧床休息,重者取半卧位或端坐位;痰黏稠难咯者,注意翻身拍背。

(4) 强调缓解期调治,重视平时治本是减少哮病复发或减轻哮病发作症状的重要措施。

【临证备要】

一、辨病思路

1. 急性发作期　指喘息、气急、胸闷、咳嗽等症状突然发生,或原有症状急剧加重,常有呼吸困难,以呼气流量降低为特征,常因接触变应原、刺激物或呼吸道感染诱发。

2. 慢性持续期　每周均不同频度和(或)不同程度地出现症状(喘息、气急、胸闷、咳嗽等)。

3. 临床缓解期　指经过治疗或未经治疗症状、体征消失,肺功能恢复到急性发作前水平,并维持3个月以上。

哮病发作期对应于西医学病期诊断中的急性发作期和部分慢性持续期;缓解期对应于西医学病期诊断中的临床缓解期和部分慢性持续期。

二、辨证思路

1. 哮病当先分发作期与缓解期,分虚实施治　宿痰伏肺是哮病反复发作的"夙根"。邪实与正虚错杂为患,一般病程短者,发作时以邪实为主,由于病因不同,体质差异,发作期有寒哮、热哮、风哮之分;久病可兼虚象,表现为虚哮;平时则表现为不同程度的肺、脾、肾三脏虚损之征。临证当根据病之新久,发作与否,区别邪正缓急、虚实主次,加以处理。

2. 谨防"喘脱"危证　哮病发作持续不解,可因肺肾虚极,累及心阳,阳气外脱而喘逆剧甚,出现张口抬肩、面青唇紫、汗出肢冷等"喘脱"危候,急当回阳救脱,应中西医结合救治。

3. 重视缓解期治本　抓住哮病缓解期肺、脾、肾三脏虚损及宿痰伏肺的病机特点,注意标本兼顾,扶正祛邪,合理调补肺、脾、肾和使用祛痰药。

三、治疗注意

1. 祛风解痉药物的应用　风邪致病者,具有起病快、病情多变等风邪"善行而数变"的特性,治当祛风解痉,药用麻黄、苏叶、防风等,特别是虫类祛风药尤擅入络搜邪,如僵蚕、蝉蜕、地龙等,可适当选择应用。

2. 活血化瘀药物的应用　根据"久病多瘀""久病入络"的理论,对于痰瘀互结者,可用活血化瘀法,选加丹参、川芎、当归、赤芍等。

【文献摘录】

《症因脉治·哮病》:"哮病之因,痰饮留伏,结成窠臼,潜伏于内,偶有七情之犯,饮食之伤,或外有时令之风寒束其肌表,则哮喘之症作矣。"

《证治汇补·哮病》:"哮即痰喘之久而常发者,因内有壅塞之气,外有非时之感,膈有胶固之痰,三者相合,闭拒气道,搏击有声,发为哮病。"

《景岳全书·喘促》:"扶正气者,须辨阴阳,阴虚者补其阴,阳虚者补其阳。攻邪气者,须分微甚,或散其风,或温其寒,或清其火。然发久者,气无不虚,故于消散中宜酌加温补,或于温补中宜量加消散,此等证候,当惓惓以元气为念,必致元气渐充,庶可望其渐愈。若攻之太过,未有不致日甚而危者。"

笔记栏

(敖素华)

第四节 喘 证

【概述】

一、定义

喘证(asthma syndrome)是指肺气上逆,失于宣降,或久病气虚,肾失摄纳,以呼吸困难,甚则张口抬肩,鼻翼煽动,不能平卧等为主要临床表现的一种病证。喘证的症状轻重不一,轻者仅表现为呼吸困难,不能平卧;重者稍动则喘息不已;甚则张口抬肩,鼻翼煽动;严重者,喘促持续不解,烦躁不安,面青唇紫,肢冷,汗出如珠,脉浮大无根,发为喘脱。

二、源流

喘证病名,最早见于《内经》。如《灵枢·五阅五使》说:"肺病者,喘息鼻张"。《灵枢·本脏》曰:"肺高则上气,肩息咳",指出喘证以呼吸急促、鼻煽、抬肩为特征。《内经》认为喘证以肺、肾为主要病变脏器,如《素问·脏气法时论》说:"肺病者,喘咳逆气,肩背痛,汗出……虚则少气不能报息……肾病者,腹大胫肿,喘咳身重"。《灵枢·经脉》亦说:"肺手太阴之脉……是动则病肺胀满膨膨而喘咳","肾足少阴之脉……是动则病饥不欲食,咳唾则有血,喝喝而喘"。此外《素问·痹论》云:"心痹者,脉不通,烦则心下鼓,暴上气而喘"。《素问·经脉别论》亦云:"有所坠恐,喘出于肝",提示喘虽以肺、肾为主,亦涉及心、肝等脏。在病因上有外感、内伤之分,病机亦有虚实之别。如《灵枢·五邪》指出:"邪在肺,则病皮肤痛,寒热,上气喘,汗出,咳动肩背"。《素问·举痛论》云:"劳则喘息汗出"。

汉代,张仲景《金匮要略·肺痿肺痈咳嗽上气病脉证治》中之"上气"即指喘息不能平卧,其中包括"喉中作水鸡声"的哮病和"咳而上气"的肺胀等病。所载治喘名方射干麻黄汤、葶苈大枣泻肺汤一直沿用至今。

隋代,巢元方《诸病源候论》中认为"肺主于气",喘与上气、咳逆一类疾患均系肺的病变,但有虚实之异。如书中"虚劳上气候"论虚喘曰:"肺主于气……虚劳之病,或阴阳俱伤,或血气偏损,今是阴不足,阳有余,故上气也。"《诸病源候论·上气鸣息候》又云:"肺主于气,邪乘于肺则肺胀,胀则肺管不利,不利则气道涩,故气上喘逆,鸣息不通。"

宋代,赵佶《圣济总录·肺气喘急门》谓:"肺气喘急者,肺肾气虚,因中寒湿,至阴之气所为也。盖肺为五脏之华盖,肾之脉入肺,故下虚上实,则气道奔迫,肺叶高举,上焦不通,故喘急不得安卧。"指出喘证病机在于肺肾气虚,上实下虚。而严用和《济生方》对喘证病因、病机的论述更为详尽:"诸气皆属于肺,喘者亦属于肺……将理失宜,六淫所伤,七情所感,或因坠堕惊恐,渡水跌仆,饱食过伤,动作用力,遂使脏气不和,营卫失其常度,不能随阴阳出入以成息,促迫于肺,不得宣通而为喘也……更有产后喘急,为病尤亟,因产后所下过多,营血暴竭,卫气无所主,独聚于肺,故令喘急……医疗之法,当推其所感,详其虚实冷热而治之。"

金元时期,诸多医家充实了内伤诸因致喘的证治。如《丹溪心法·喘》说:"六淫七情之所感伤,饱食动作,脏气不和,呼吸之息,不得宣畅为喘急。亦有脾肾俱虚,体弱之人,皆能发喘",认识到六淫、七情、饮食所伤、体质虚弱皆为喘证的病因。

明代,张介宾把喘证归纳成虚、实两证,作为喘证的辨证纲领,如《景岳全书·喘促》云:"实喘者有邪,邪气实也;虚喘者无邪,元气虚也。"

清代,叶桂明确指出实喘、虚喘之病位所在,《临证指南医案·喘》说:"在肺为实,在肾为虚"。林珮琴《类证治裁·喘证》则进一步提出"喘由外感者治肺,由内伤者治肾"的治疗原则。这些观点至今对喘证的临床辨治仍具有重要的指导意义。

三、范围

西医学中的喘息型支气管炎、肺气肿、支气管哮喘、心源性哮喘、肺结核等疾病出现喘证的临床表现时,可参考喘证辨证论治。

笔记栏

【病因病机】

喘证常由多种疾患引起，病因复杂，常见的病因有外感、内伤两大类。外感为六淫外邪侵袭肺系；内伤为饮食不当、情志失调、久病劳欲等各种病因，致使肺气上逆，宣降失职，或气无所主，肾失摄纳而成(图4－4)。

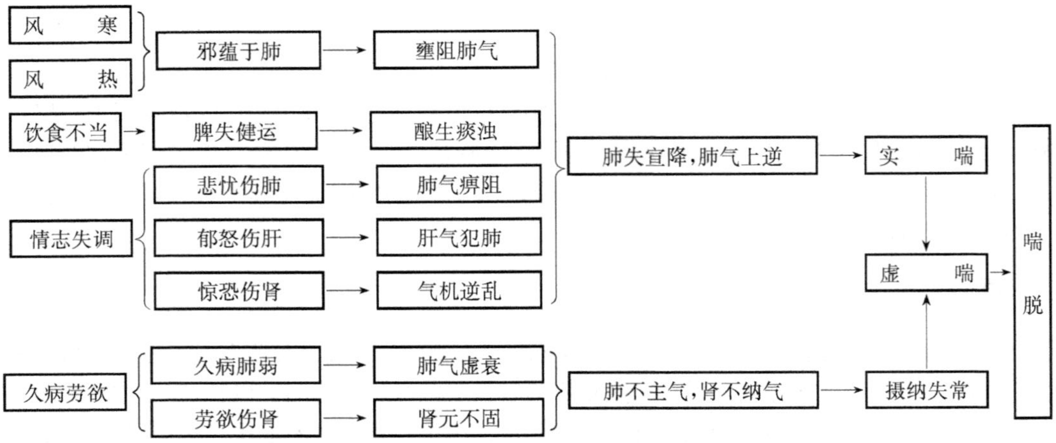

图4－4　喘证病因病机示意图

1. 外邪侵袭

外感风寒：常因重感风寒，邪袭于肺，外闭皮毛，内遏肺气，肺气不得宣畅，气机壅阻，上逆作喘。若风寒表邪未解，郁而化热，邪热壅滞气道；或肺热素盛，寒邪外束，热不得泄，则热为寒郁，肺失宣降，亦可气逆作喘。

风热外袭：风热之邪，侵犯肺卫，肺气壅实，清肃失司；或邪热内盛，蒸液成痰，痰热壅阻肺气，升降失常，发为喘逆。

2. 饮食不当　过食生冷、肥甘，或因嗜酒伤中，脾失健运，酿生痰浊，上干于肺，肺气不宣，气逆而喘。常为喘促发生的重要内因。

若痰湿郁久化热，或肺火素盛，痰受热蒸，则痰火交阻于肺，痰壅火迫，肺气不降，上逆为喘。若湿痰转从寒化，可见寒饮伏肺，常因外邪袭表犯肺，引动伏饮，壅阻气道，发为喘促。如复加外感诱发，可见痰浊与风寒、邪热等内外合邪的错杂证候。

3. 情志失调　情志不遂，悲忧伤肺，肺气痹阻；或郁怒伤肝，肝气上逆犯肺；或惊恐伤肾，气机逆乱，肺气升降失调，气逆而喘。

4. 久病劳欲　久病肺弱，咳伤肺气，肺气虚衰，气失所主，而发生喘促。肺气不足，血行不畅，气虚血瘀，喘促加重。若久病迁延不愈，由肺及肾，或劳欲伤肾，精气内夺，肺之气阴亏耗，不能下荫于肾，肾之真元伤损，根本不固，不能助肺纳气。气失摄纳，上出于肺，出多入少，逆气上奔为喘。若肾阳衰弱，肾不主水，水邪泛滥，干肺凌心，肺气上逆，心阳不振，亦可致喘，表现虚中夹实之候。

喘证的病变脏腑主要涉及肺、肾，且与肝、脾、心有关。因肺为气之主，司呼吸，外合皮毛，内为五脏华盖，为气机出入升降之枢纽。肺的宣降功能正常，则吐浊吸清，呼吸调匀。肾主摄纳，有助于肺气肃降，故有“肺为气之主，肾为气之根”之说。若外邪侵袭，或他脏病气上犯，皆可使肺失宣降，肺气胀满，呼吸不利而致喘，如肺虚，气失所主，亦可少气不足以息，而为喘；肾为气之根，与肺同司气体之出纳，故肾元不固，摄纳失常，则气不归原，阴阳不相接续，亦可气逆于肺而为喘。另外，如脾经痰浊上干以及中气虚弱，土不生金，肺气不足；或肝气上逆乘肺，升多降少，均可致肺气上逆而为喘。

【诊断】

笔记栏

诊断要点

(1) 以喘促气短，呼吸困难，甚至张口抬肩，鼻翼煽动，不能平卧，口唇发绀为特征。

(2) 多有慢性咳嗽、哮病、肺痨、心悸等疾病史，每遇外感及劳累而诱发。

(3) 相关检查：喘证发作时当结合听诊，注意肺部有无干、湿性啰音或哮鸣音；以及胸部 X 线及 CT 检查、心电图检测，以鉴别喘证出现的原因是肺源性的诸如支气管肺炎、肺炎、肺气肿、肺结核、硅沉着病(矽肺)等或为心源性的如心力衰竭等。同时可配合血常规、生化，检测血白细胞总数、中性粒细胞数、血气分析、肺功能等检查。

【鉴别诊断】

1. 气短　喘证与气短同为呼吸异常，但喘证是以呼吸困难，张口抬肩，甚至不能平卧为特征；气短亦即少气，呼吸微弱而喘促，或短气不足以息，似喘而无声，尚可平卧。

2. 哮病　哮指声响言，为喉中有哮鸣音，是一种反复发作的疾病；喘指气息言，为呼吸气促困难，是多种急慢性疾病的一个症状。一般来说，哮必兼喘，喘未必兼哮。

【辨证论治】

一、辨证要点

1. 辨虚实

实喘：呼吸深长有余，呼出为快，气粗声高，伴有痰鸣咳嗽，脉数有力。因于外感者，发病急骤，病程较短，多有表证；因于内伤者，病程多久，反复发作，外无表证，多有痰浊或痰热壅盛之表现，如胸中满闷等，或有郁怒伤肝之病因，喘促气憋，因情志刺激而诱发。

虚喘：呼吸短促难续，深吸为快，气怯声低，少有痰鸣咳嗽，脉象微弱或浮大中空，一般病势徐缓，时轻时重，遇劳则甚。肺虚者喘促短气，自汗畏风，劳后则喘；肾虚者静息时亦有气喘，动则尤甚，呼多吸少；若心气虚则喘息持续不已。

2. 辨寒热

寒喘：其痰清稀如水或痰白有沫，面色青灰，口不渴或渴喜热饮，或四肢不温，小便清冷，或恶寒无汗，全身酸楚，舌质淡，苔白滑，脉象浮紧或弦迟。

热喘：症见痰黄黏稠或色白而黏，咯吐不利，身热面赤，口渴饮冷，便干尿黄，或颧红唇赤，烦热，或发热，微恶风，汗出，舌质红或干红，苔黄腻或黄燥，或少苔，脉象滑数或浮数或细数。

3. 辨病变脏腑　喘证病变脏腑虽主要在肺、肾，但与肝、脾、心也多相关，临证时应综合分析。感受外邪、痰浊阻肺、水气凌心犯肺、肝气乘肺所致肺气壅滞，失于宣降，气逆而喘之实喘，病位在肺；由久病劳欲，肺肾出纳失常而致之虚喘，或肺肾同病，上盛下虚之虚实夹杂之喘，病位在肺、肾两脏。

二、治疗要点

1. 治疗原则　喘证的治疗应以虚实为纲。实喘治肺，治以祛邪利气。应区别寒、热、痰、气的不同，分别采用温宣、清肃、祛痰、降气等法。虚喘治在肺肾，以肾为主，治以培补摄纳。针对脏腑病机，采用补肺、纳肾、温阳、益气、养阴、固脱等法。

2. 虚实夹杂，下虚上实者　当祛邪与扶正并举，但要分清主次，权衡标本，有所侧重，辨证选方用药。

三、分证论治

(一) 实喘

1. 风寒闭肺

临床表现：① 喘息，呼吸气促，胸部胀闷，咳嗽，痰多稀薄色白；② 兼有头痛，鼻塞，喷嚏、流清涕，无汗，恶寒，或伴发热，口不渴；③ 舌苔薄白而滑，脉浮紧。

证候辨析：外感风寒，内合于肺，寒邪闭肺，肺郁不宣，肺气上逆，故喘咳，胸部闷胀。寒邪伤肺，凝液成痰，则痰多稀薄色白。风寒束表，皮毛闭塞卫阳被郁，故见恶寒，发热，无汗。寒邪凝滞，经气不利，则头痛。肺气不宣，窍道不利，则鼻塞。苔薄白而滑，脉浮紧为风寒在表之象。临床具备①+②或①+③均可

笔记栏

辨为风寒闭肺型。

治法：祛风散寒，宣肺平喘。

代表方：麻黄汤加减。

常用药：麻黄、桂枝宣肺散寒解表；杏仁、紫菀、白前、甘草利气化痰。

喘重者，加苏子、前胡降气平喘；痰多者，加半夏、橘红、瓜蒌或制南星、白芥子燥湿化痰；寒痰较重，痰白清稀量多起沫，加细辛、生姜温肺化痰；胸胀闷者，加枳壳、桔梗、苏梗宽胸理气；若寒饮内伏，复感外寒引发者，可用小青龙汤发表温里化饮。

2. 表寒里热

临床表现：① 喘逆上气，胸胀或痛，息粗，鼻煽；② 咳而不爽，咯痰黏稠，形寒，身热，烦闷，身痛，有汗或无汗，口渴，溲黄，便干；③ 舌质红，苔薄白或黄，脉浮数或滑。

证候辨析：外感寒邪束表，肺有郁热，或表寒未解，内已化热，热郁于肺，肺气上逆，故喘逆，息粗，鼻煽，胸部胀痛，咳而不爽，咯痰黏稠。里热内盛，故身热，烦闷，汗出。热伤津液，则口渴，溲黄，便干。寒邪束表，则见形寒，身痛，无汗。舌质红，苔薄白或黄，脉浮数或滑为里热表寒之象。临床具备①+②或①+③均可辨为表寒里热型。

治法：解表清热，化痰平喘。

代表方：麻杏石甘汤加减。

常用药：麻黄宣肺解表；黄芩、桑白皮、石膏清泄里热；苏子、杏仁、半夏、款冬花降气化痰。

若表寒较甚者，可加苏叶、荆芥、防风、生姜等助解表散寒；痰热较盛者，可加黄芩、桑白皮、瓜蒌、贝母、枇杷叶以助清热化痰之力；若胸满喘甚，痰多，便秘者，可加葶苈子、大黄以通腑泻肺；津伤渴甚者，可加天花粉、麦冬、沙参、芦根等养阴生津。

3. 痰热郁肺

临床表现：① 喘咳气涌，胸部胀痛，痰多黏稠色黄，或痰中带血；② 胸中烦热，身热，面红，有汗，咽干，渴喜冷饮，尿赤，或便秘；③ 苔黄或腻，脉滑数。

证候辨析：本证多由外邪入里化热，或痰浊化热而成。邪热壅肺，灼津成痰，痰热郁肺，肃降无权，故见喘咳气涌，胸部胀痛，痰黏稠色黄；热伤肺络，则见痰中带血；痰热郁蒸，故见胸中烦热，身热，汗出，面红，尿赤；热伤阴津，则见咽干，渴喜冷饮；便秘为肺热腑气不通之象。苔黄或腻，脉滑数，皆痰热内盛之象。临床具备①+②或①+③均可辨为痰热郁肺型。

治法：清热化痰，宣肺平喘。

代表方：桑白皮汤加减。

常用药：桑白皮、黄芩清泄肺热；知母、贝母、射干、瓜蒌皮、前胡、地龙清化痰热平喘。

身热甚者，加石膏清肺热；痰多黏稠者，加海蛤粉、枇杷叶清化痰热；痰涌便秘，喘不能卧者，加葶苈子、大黄、芒硝涤痰通腑；口渴咽干者，加天花粉、麦冬、玄参、芦根等养阴生津；痰中带血者，加白茅根、茜草、侧柏叶等凉血止血。

4. 痰浊阻肺

临床表现：① 喘而胸满闷窒，甚则胸盈仰息，咳嗽痰多黏腻色白，咯吐不利；② 兼有脘闷，呕恶，纳呆，口黏不渴；③ 苔厚腻色白，脉滑。

证候辨析：本证多由脾失健运，积湿成痰，痰浊干肺而成。痰浊壅肺，气机不畅，肃降失职，肺气上逆，故喘满闷窒，胸盈仰息，痰多色白黏腻。痰湿蕴中，脾胃不和，故见脘闷，呕恶，纳呆，口黏不渴。苔厚腻色白，脉滑为痰浊内阻之象。临床具备①+②或①+③均可辨为痰浊阻肺型。

治法：化痰降逆，宣肺平喘。

代表方：二陈汤合三子养亲汤加减。

常用药：半夏、陈皮、茯苓、甘草化痰；苏子、白芥子、莱菔子化痰下气平喘；杏仁、紫菀、旋覆花肃肺化痰降逆。

痰湿较重，舌苔厚腻，可加苍术、厚朴燥湿理气，以助化痰定喘；脾虚纳少，神疲，便溏，加党参、白术健脾益气；痰从寒化，色白清稀，畏寒，加干姜、细辛；痰浊壅盛，气喘难平者，加皂荚、葶苈子涤痰除壅以平喘。若痰浊夹瘀，见喘促气逆，喉间痰鸣，面唇黯紫，舌质紫黯，苔浊腻者，可用涤痰汤，加桃仁、红花、赤芍、水蛭等涤痰祛瘀。

笔记栏

5. 水凌心肺

临床表现:① 喘咳气逆,倚息难以平卧,咯痰稀白;② 心悸,面目肢体浮肿,小便量少,怯寒肢冷,面色晦暗,唇甲青紫;③ 舌淡胖或舌胖黯或瘀斑、瘀点,苔白滑,脉沉细或涩。

证候辨析:本证为本虚标实证,由久病劳欲,肾阳衰弱,水气泛滥,凌心犯肺而成。水邪干肺,肺失宣降,故见喘咳气逆,倚息难以平卧,咯痰稀白。水气凌心,心阳受损,则见心悸。阳虚水泛,则面目肢体浮肿。肾阳虚气化不利,则小便量少。阳虚肢体失于温煦,故怯寒肢冷。阳虚血脉失于温煦而凝滞,则面色晦暗,唇甲青紫,舌胖黯或瘀斑、瘀点,脉涩。舌淡胖,苔白滑,脉沉细为阳虚之象。临床具备①+②或①+③均可辨为水凌心肺型。

治法:温阳利水,泻肺平喘。

代表方:真武汤合葶苈大枣泻肺汤加减。

常用药:附子温肾通阳;茯苓、白术、生姜健脾利水;桂枝、黄芪、防己温肾益气行水;芍药敛阴缓急;葶苈子涤痰除壅泻肺;大枣扶助正气。

浮肿甚者,可合用五皮饮利水消肿;痰饮凌心,心阳不振,血脉瘀阻,面唇、爪甲青紫,舌胖黯青紫者,加丹参、红花、桃仁、川芎、泽兰、益母草等活血化瘀。

6. 肝气乘肺

临床表现:① 每遇情志刺激而诱发,突然呼吸短促,息粗气憋;② 胸闷胸痛,咽中如窒;平素常多忧思抑郁,或失眠、心悸,或不思饮食,大便不爽,或心烦易怒,面红目赤;③ 舌质淡或红,苔薄白或薄黄,脉弦。

证候辨析:郁怒伤肝,肝气冲逆乘肺,肺气不降,则喘促气憋,咽中如窒。肝肺络气不和,则胸闷胸痛。心肝气郁,则失眠,心悸。肝郁脾胃不和,则不思饮食,大便不爽。苔薄白,脉弦为肝气郁结之象。心烦易怒,面红目赤,舌红,苔薄黄,脉弦带数乃肝郁化火之象。临床具备①+②或①+③均可辨为肝气乘肺型。

治法:疏肝解郁,降气平喘。

代表方:五磨饮子加减。

常用药:沉香、槟榔、乌药降逆平喘;木香、枳实疏肝理气解郁。

应用本方时,还可在原方基础上加柴胡、郁金、青皮等疏理肝气之品以增强解郁之力;若咽中窒塞明显者,可合用半夏厚朴汤以开郁行气,化痰散结;若肝郁化火,烦躁易怒,面红目赤,舌质红,脉数者,加龙胆草、黄芩、夏枯草、栀子等清肝泻火;若纳差,大便不爽者,可加枳实、白芍、焦三仙以柔肝和胃;若气滞腹胀,大便秘结者,加大黄以降气通腑,即六磨汤之意;伴有心悸、失眠者,加首乌藤、合欢皮、酸枣仁、远志等宁心安神。并宜劝慰患者心情开朗,配合治疗。

(二)虚喘

1. 肺气虚

临床表现:① 喘促短气,气怯声低,喉有鼾声;② 咳声低弱,痰吐稀薄,自汗畏风,极易感冒;③ 舌质淡红,脉软弱。

证候辨析:肺虚气失所主,故喘促短气,气怯声低,喉有鼾声。肺气不足则咳声低弱。气不化津,故咯痰稀白。肺虚卫外不固,则自汗,畏风,易感冒。舌质淡红,脉软弱为肺气虚弱之象。临床具备①+②或①+③均可辨为肺气虚型。

治法:补肺益气。

代表方:补肺汤合玉屏风散加减。

常用药:党参、黄芪、白术、茯苓、炙甘草补益肺气;五味子敛肺平喘;干姜、半夏温肺化痰;厚朴、陈皮行气消痰,降逆平喘。

若咳逆,咯痰稀薄者,合紫菀、款冬花、苏子、钟乳石等温肺止咳定喘;痰黏难出,加贝母、百部、瓜蒌润肺化痰;咳呛痰少质黏,烦热口干,面色潮红,舌红苔剥,脉细数,为气阴两虚,可用生脉散加沙参、玉竹、百合等益气养阴;若中气虚弱,肺脾同病,清气下陷,合补中益气汤补脾养肺,益气升陷。

2. 肾气虚

临床表现:① 喘促日久,气息短促,呼多吸少,动则喘甚,气不得续;② 形瘦神惫,小便常因咳甚而失禁,或尿后余沥,面青唇紫,汗出肢冷,跗肿;③ 舌淡,苔薄或黑润,脉微细或沉弱。

笔记栏

证候辨析：肺虚及肾，气失摄纳，故见喘促日久，气息短促，呼多吸少，动则尤甚，气不得续。肾虚精气耗损，形神失养，故形瘦神惫。肾气不固，膀胱失约，故小便常因咳甚而失禁，尿后余沥。阳虚卫外不固，则汗出。阳气虚弱，肢体、血脉失于温煦，则肢冷，面青唇紫。阳虚气不化水，则跗肿。舌淡，苔薄或黑润，脉微细或沉弱，皆肾阳衰弱之象。临床具备①+②或①+③均可辨为肾气虚型。

治法：补肾纳气。

代表方：金匮肾气丸合参蛤散加减。

常用药：附子、肉桂、山茱萸、冬虫夏草、胡桃肉、紫河车等温肾纳气；熟地黄、当归滋阴助阳；人参、蛤蚧大补元气。

若脐下筑筑跳动，气从少腹上冲胸咽，加仙茅、淫羊藿、紫石英、沉香等温肾纳气平喘。肾阴虚者，宜用七味都气丸合生脉散加减以滋阴纳气，药用生地黄、天门冬、麦门冬、龟甲胶、当归养阴；上实下虚，痰浊壅肺，喘咳痰多，气急胸闷，治宜化痰降逆，温肾纳气，用苏子降气汤；肾虚喘促，兼血瘀，酌加桃仁、红花、川芎活血化瘀。

3. 正虚喘脱

临床表现：① 喘逆剧甚，张口抬肩，鼻翼煽动，端坐不能平卧，稍动则喘剧欲绝；② 心慌动悸，烦躁不安，肢冷，面青唇紫，汗出如珠；③ 舌淡无华或干瘦枯萎，少苔或无苔，脉浮大无根，或见歇止，或模糊不清。

证候辨析：本证多由肺肾虚极，累及心阳，阳气外脱而成。肺肾衰竭，气失所主，气不归根，则喘逆剧甚，张口抬肩，鼻翼煽动，端坐不能平卧，稍动则喘剧欲绝。心阳虚脱，虚阳躁动，则心慌动悸，烦躁不安。阳脱血脉失于温运，则肢冷，面青唇紫。阳脱阴液外泄，则汗出如珠。舌淡无华或干瘦枯萎，少苔或无苔，脉浮大无根，或见歇止，或模糊不清，皆为正气虚衰，阳脱阴竭之象。临床具备①+②或①+③均可辨为正虚喘脱型。

治法：扶阳固脱，镇摄肾气。

代表方：参附汤送服黑锡丹，配合蛤蚧粉。

常用药：人参、附子回阳固脱；黄芪、炙甘草补益肺气；山茱萸、冬虫夏草、五味子、蛤蚧(粉)摄纳肾气；龙骨、牡蛎敛汗固脱。

人参 15～30 g，附子 15 g，急煎频服，并送服黑锡丹 3～4.5 g。同时还可加服蛤蚧粉 2～3 g，以温肾阳，散阴寒，降逆气，定虚喘。

若阳虚甚，气息微弱，汗出肢冷，舌淡，脉沉细，加干姜；阴虚甚，气息急促，心烦内热，汗出粘手，口干舌红，脉沉细数，加麦冬、玉竹，人参改用西洋参；呼吸微弱，间断难续，或叹气样呼吸，汗出如洗，烦躁内热，口干颧红，舌红无苔，或绛而紫赤，脉细微而数，或散或芤，为气阴两竭之危证，治应益气救阴防脱，可用生脉注射液；神志不清，加丹参、远志、菖蒲安神祛痰开窍；若汗多不敛，阴竭阳脱者，加参附注射液急救回阳。

【其他治法】

一、中成药

1. 蛤蚧定喘丸　温开水送服，一次 9 g，一日 2 次。具有滋阴定喘的功效。适用于虚劳久咳，年老哮喘，气短发热，胸满郁闷，自汗盗汗者。

2. 橘红丸　口服，一次 12 g，一日 2 次。具有清热燥湿之功效。适用于咳嗽痰多，痰不易出，胸闷口干者。

二、针灸

笔记栏

1. 体针　选手太阴肺经和胸背的腧穴，并配合手阳明和足阳明的经穴，如肺俞、膏肓、天突、中府、膻中、经渠、列缺、太渊、鱼际、丰隆、合谷、足三里，选 3～5 个穴位，或酌情在胸背部施烧灼灸，每次 2～3 处，1～2 周 1 次，3 次为 1 个疗程。

2. 耳针　发作时可选用对耳屏、下屏穴、肺、下脚端、耳神门，用中强刺激，每次 30 分钟。亦可用王不留行籽埋压耳穴治疗。

3. 穴位注射 选取定喘、肺俞、膏肓俞、列缺、合谷或夹脊穴，每次选1对，注射药物可用胎盘注射液，每穴位0.5 mL，或用维生素B穴位注射，隔日1次，每次0.5 mL，10～20次为1个疗程。

三、饮食辅助疗法

1. 痰浊阻肺之喘证 选杏仁15 g，麻黄10 g，豆腐120 g，共煮1小时，去药渣，吃豆腐喝汤，早晚各服1次，连服4～5天。

2. 肺肾气虚之喘证

(1) 蛤蚧1个，胎盘1个，鱼腥草30 g，北杏仁10 g，瘦肉少许，洗净后，慢火煲汤，加盐调味，分2次服，每周3次。

(2) 猪肺300 g，大白萝卜250 g，洗净后加盐、姜煮熟，分2次服，隔天食用，连服14天为1个疗程。

【转归预后】

喘证病因多端，病情复杂，一般实喘由于邪气壅阻，治疗较易，祛邪利气则愈。虚喘为气失其摄纳，根本不固，补之未必即效，且易感邪而致反复发作，往往喘甚而致喘脱，故难治。

喘证的证候之间存在着一定的联系，虚与实、寒与热常发生转化，形成虚实转化、寒热相兼。如实喘中的风寒闭肺证，若风寒失于表散，入里化热，可出现表寒里热证；痰浊阻肺证，若痰郁化热，可呈现痰热郁肺证。虚喘中的肾阳虚衰，水气不化，既可上凌心肺，又可损及心阳，引起心肾阳衰，肺气欲绝的喘脱证，甚则亡阴、亡阳，导致死亡。

虚实错杂在喘证中也极为常见，如喘证在反复发作过程中，每见邪气尚实而正气已虚，表现肺实肾虚之“上实下虚”证。

喘证总的发展趋势是由实转虚。喘证反复发作，日久不愈，使肺脏受损，肺燥津伤，或肺气虚冷，可转化为肺痿；若肺、脾、肾三脏受损，还可向肺胀转化。

【预防调护】

(1) 对于喘证的预防，平时要慎风寒，适寒温，防寒保暖，防止受邪而诱发。

(2) 戒除烟酒，养成良好生活习惯；因情志致喘者，应怡情悦志，避免不良刺激。

(3) 饮食清淡而富有营养，少食辛辣刺激及甜黏肥腻之品，以免助湿生痰动火。

(4) 喘证初起即应注意早期治疗，力求根治。

(5) 加强体育锻炼，增强体质，提高机体的抗病能力，活动量应根据个人体质强弱而定，不宜过度疲劳。

【临证备要】

一、辨病思路

喘证常见于西医学中的喘息型支气管炎、肺气肿、支气管哮喘、心源性哮喘、肺结核等病。

1. 喘息型支气管炎 早期无气促现象，随着病情发展，并发肺气肿后，呼吸困难逐渐明显。临床上以咳嗽、咳痰伴喘息及哮鸣音为主要表现，在感染控制后多可缓解，但肺部哮鸣音可持续存在。

2. 肺气肿 慢性支气管炎并发肺气肿时，在原有咳嗽、咳痰症状基础上，出现逐渐加重的呼吸困难。当慢性支气管炎急性发作时，气道阻塞加重，胸闷、气促加重，并可发生低氧血症和(或)高碳酸血症，出现头痛、嗜睡、神志恍惚等呼吸衰竭的症状。

3. 肺结核 慢性重症肺结核时，肺功能受损或胸膜广泛粘连，胸廓活动受限，可出现渐进性呼吸困难。并发气胸或大量胸腔积液时，则呼吸困难可急骤加重。

4. 支气管哮喘 临床上表现为反复发作性伴有哮鸣音的呼气性呼吸困难、胸闷或咳嗽，可自行或治疗后缓解。

笔记栏

5. 心源性哮喘　临床表现为呼吸困难、发绀、咳嗽、咳白色或粉红色泡沫痰，与支气管哮喘症状相似。心源性哮喘多有高血压、冠状动脉粥样硬化性心脏病、风心病二尖瓣狭窄等病史和体征。

二、辨证思路

1. 喘证辨证总以虚实为纲、脏腑病位为目　结合发病原因，权衡标本主次以确立治则治法，选方用药，进行论治。

2. 实喘重在治肺　当明辨病邪特点，明确是风寒、风热等外邪犯肺，还是水饮、痰浊、痰热、气滞、血瘀等内邪之干肺。

3. 虚喘尤重治肾　补正当辨阴阳。虚喘有补肺、补肾及健脾、养心的不同治法，每多相关，应联系治疗，但肾为气之根，故必须重视治肾，纳气归原，使根本得固。扶正除辨别脏器所属外，需进一步辨清阴阳。阳虚者温养阳气，阴虚者滋阴填精，阴阳两虚者根据主次酌情兼顾。一般而论，以温阳益气为主。

4. 掌握证候的虚实主次及相兼互化　本病在反复发作过程中，每见邪气尚实而正气已虚，如表现肺实肾虚的“上盛下虚”证，以及阳虚水泛证，或痰浊阻肺与脾虚不运的相兼证，治疗均当权衡主次轻重而处理。

三、治疗注意

1. 注意寒热的转化互见　喘证的证候之间，存在着一定的联系。临床辨证除分清实喘、虚喘之外，还应注意寒热的转化。如实喘中的风寒闭肺证，若风寒失于表散，入里化热，可出现表寒肺热；痰浊阻肺证，若痰郁化热，又可呈现痰热郁肺证。

2. 临证所见，喘证之虚证恒多　无论以肺虚为主，还是以肾虚为主，肺肾两脏皆虚者不少见，临证应根据肺、肾虚弱之多寡适当兼顾，方可取得良效。此外，肺或肾虚证之中，既有气虚，也有阴虚，不能一味以益气固摄而忽略滋补阴精。

3. 瘀血是喘证常见病机，临证应重视　无论实喘还是虚喘，都易造成瘀血的形成而使喘证的病机复杂化，临证适时加用活血化瘀法可以提高疗效。

4. 早期治疗　有病早治是防止疾病进一步发展的重要措施，喘证一旦由实转虚，则治疗更为棘手。对于喘脱的危重证候，尤当密切观察，及时采取应急措施。

【文献摘录】

《济生方·喘》：“将理失宜，六淫所伤，七情所感，或因坠堕惊恐，涉水跌仆，饱食过伤，动作用力，遂使脏气不和，荣卫失其常度，不能随阴阳出入以成息，促迫于肺，不得宣通而为喘也。”

《景岳全书·喘促》：“实喘者，气长而有余；虚喘者，气短而不续。实喘者胸胀气粗，声高息涌，膨膨然若不能容，惟呼出为快也；虚喘者，慌张气怯，声低息短，惶惶然若气欲断，提之若不能升，吞之若不相及，劳动则甚，则惟急促似喘，但得引长一息为快也。”

（曹　勇）

第五节　肺　痈

【概述】

笔记栏

一、定义

肺痈(abscess of lung)是指热毒瘀结于肺，以致肺叶生疮，血败肉腐，形成脓疡的一种病证，属内痈之一。临床以发热、咳嗽、胸痛、咯吐腥臭浊痰，甚则脓血相兼为主要特征。

二、源流

汉代,张仲景《金匮要略》首提肺痈病名,并对临床表现、病因病机、治疗及预后专篇论述。所著《金匮要略·肺痿肺痈咳嗽上气病脉证治》曰:“咳而胸满,振寒,脉数,咽干不渴,时出浊唾腥臭,久久吐脓如米粥者,为肺痈。”病因病机是“风中于卫,呼气不入,热过于营,吸而不出;风伤皮毛,热伤血脉……热之所过,血为之凝滞,蓄结痈脓”。未成脓时,治以泻肺去壅,用葶苈大枣泻肺汤;已成脓者,治以排脓解毒,用桔梗汤,并提出“始萌可救,脓成则死”的预后判断,强调早期治疗的重要性。

隋代,巢元方《诸病源候论》认为风寒伤肺化热亦可成痈,强调正虚是肺痈发病的重要内因。如《诸病源候论·肺痈候》说:“肺痈者……寒乘虚伤肺,寒搏于血,蕴结成痈,热又加之,积热不散,血败为脓。”

唐代,孙思邈《备急千金要方》创用苇茎汤以清肺排脓,活血消痈,已成为后世治疗本病之要方。楼英《医学纲目·卷十九》云:“肺痈者,由食啖辛热炙煿,或酣饮热酒,燥热伤肺。”认为饮食不节为本病的病因之一。李梴《医学入门·卷五》载验痰之法,如“咳唾脓血腥臭,置之水中则沉”为肺痈,对诊断本病颇有帮助。

明代,陈实功《外科正宗·肺痈论》根据病机演变及证候表现,提出初起在表者宜散风清肺,已有里热者宜降火抑阴,成脓者宜平肺排脓,脓溃正虚者宜补肺健脾等治疗原则,对后世分期论治影响较大。

清代,喻昌《医门法律·肺痿肺痈门》认为病由“五脏蕴祟之火,与胃中停蓄之热,上乘于肺”,认识到他脏及肺的发病机理,治疗上主张以“清肺热,救肺气”为要法。张璐《张氏医通·肺痈》强调“肺痈危证,乘初起时,极力攻之,庶可救疗”。沈金鳌《杂病源流犀烛》力主“清热涤痰”为原则。

近代,大多按肺痈的病机演变分期论治,着重加强清热解毒消痈之力,研制专方专药,提高了临床疗效。

三、范围

西医学中的肺脓肿临床表现与肺痈基本相同,其他如化脓性肺炎、肺坏疽以及支气管扩张、肺结核空洞等伴化脓性感染者出现肺痈的临床表现时,可参考本节辨证论治。

【病因病机】

肺痈发病的主要原因为感受外邪,内犯于肺,或因痰热素盛,蒸灼肺脏,以致热壅血瘀,蕴酿成痈,血败肉腐化脓(图 4-5)。

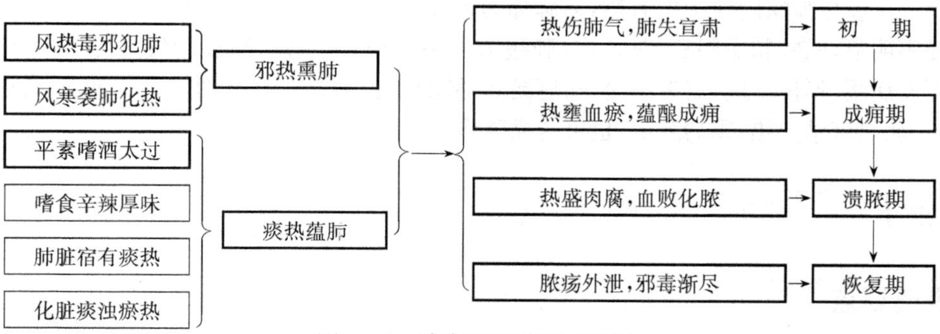

图 4-5　肺痈病因病机示意图

1. 感受外邪　多为风热毒邪,经口鼻或皮毛侵犯于肺;或风寒袭肺,未得及时表散,内蕴不解,郁而化热,邪热熏肺,肺失清肃,肺络阻滞,热壅血瘀,蕴毒化脓而成痈。

2. 痰热素盛　平素嗜酒太过,或嗜食辛辣煎炸厚味,酿湿蒸痰化热,熏灼于肺,或肺脏宿有痰热,以及他脏痰浊瘀热,蕴结日久,上干于肺,形成肺痈。若宿有痰热蕴肺,复加外感风热,内外合邪,则更易引发本病。

劳累过度,正气虚弱,卫外不固,外邪易乘虚侵袭,而原有内伏之痰热郁蒸,是致病的重要内因。

肺痈的病变脏腑主要涉及肺脏,病理性质属实属热,主要病机变化为邪热郁肺,蒸液成痰,邪阻肺络,

笔记栏

血滞为瘀，痰热瘀血蕴结成痈，血败肉腐化脓，损伤肺络，脓疡溃破外泄。其成痈化脓的病理基础主要在于热壅血瘀。

肺痈的病理演变过程，可随病情发展，邪正消长，表现为初期、成痈期、溃脓期和恢复期四个阶段。初期为风热(或风寒)之邪侵于卫表，内郁于肺，或内外合邪，邪束卫表，肺卫同病，蓄热内蒸，热伤肺气，肺失宣肃。成痈期为邪热壅肺，蒸液成痰，热伤血络，热壅血瘀，蕴酿成痈。溃脓期为痰热与瘀血壅阻肺络，热盛肉腐，血败化脓，肺络损伤，脓疡溃破外泄。恢复期为脓疡内溃外泄后，邪毒渐尽，病情趋向好转。但因肺体损伤，故可见邪去正虚，阴伤气耗的病理过程，继则正气逐渐恢复，痈疡渐告愈合。若溃后脓毒不尽，邪恋正虚，每致迁延反复，日久不愈，继而转为慢性。

【诊断】

诊断要点

(1) 突然寒战高热、咳嗽胸痛，咯吐黏浊痰，继则咯吐大量腥臭脓痰，或脓血相兼；若脓血大量排出，可热退症减，数周恢复；若脓毒不净，持续咳嗽，咯吐脓血腥臭痰，低热，消瘦，则转成慢性。

(2) 本病多有感受外邪的病史，以及起病急骤的发病特点。

(3) 用验痰法，如脓血浊痰吐在水中，沉者是痈脓，浮者是痰；或用验口味法，食生黄豆或饮生豆汁，无腥味以助诊断。

(4) 相关检查：血液白细胞计数及中性粒细胞均显著增加，痰液涂片革兰染色检查，痰培养有助于确定病原体。胸部 X 线检查、支气管碘油造影、纤维支气管镜检查等均有助于诊断。

【鉴别诊断】

1. 风温　肺痈初期与风温极为类似。风温初起以发热、微恶寒、咳嗽为主症，有的伴有气急胸痛。肺痈初起以胸痛、咯吐浊痰为主症，与风温有别。风温经正确、及时治疗，多在气分而解，1 周内身热下降，病势向愈。如经 1 周身热不退，或退而复生，且咳吐浊痰，喉中腥味明显，则应考虑发生肺痈的可能。

2. 痰热蕴肺证　肺系其他疾患表现痰热蕴肺，热伤血络证候时，亦可见发热、咳嗽、胸痛、咯痰带血等症状，但一般痰热证为气分邪热动血伤络，病情较轻；肺痈则为瘀热蕴结成痈酿脓溃破，病情较重。在病理表现上有血热与血瘀之分，临床特征亦有不同，血热咳吐黄稠脓痰、量多，夹有血色；肺痈则咯吐大量腥臭脓血浊痰。若痰热蕴肺迁延失治，邪热进一步瘀阻肺络，也可发展形成肺痈。

3. 肺痿　肺痿与肺痈同为肺中有热，但肺痈为风热犯肺，热壅血瘀，肺叶生疮，病程短而发病急，形体多实，消瘦不明显，咳吐脓血腥臭，脉数实；肺痿为气阴亏损，虚热灼津，或肺气虚冷，以致肺叶痿弱不用，病程长而发病缓，形体多虚，肌肉消瘦，咳唾涎沫，脉数虚。两者实虚有别。另一方面，若肺痈久延不愈，误治失治，痰热壅结上焦，熏灼肺阴，也可转成肺痿。

【辨证论治】

一、辨证要点

1. 辨病期　根据病程的不同阶段和临床表现，辨证可分为初期、成痈期、溃脓期、恢复期四个阶段。一般根据痰的量、色、质、味变化，结合整体辨证，可判断病变不同阶段。初期，痰白或黄，量少，质黏，无特殊气味，同时有肺卫表热证；成痈期，痰呈黄绿色，量多，质黏稠，可有腥臭，同时有痰热蕴肺证；溃脓期为脓血痰，其量多，质如米粥，气味腥臭异常，同时伴有热毒壅盛之证；恢复期，痰色较黄，量较少，质清稀，臭味减轻，同时伴有气阴两虚证或正虚邪恋证。

2. 辨虚实　肺痈为热毒蕴结于肺，成痈酿脓，发病急，病程短，临床以实热证为主要表现，总属邪盛正实。在恢复期可见邪去正虚，阴伤气耗的虚证。若溃后邪毒不尽，迁延反复，或脓痰渐稀，气息渐减，忽又出现臭痰，多见正虚邪实之候。

笔记栏

3. 辨顺逆 溃脓期是病情顺逆的转折点。溃后咳嗽声音清朗,脓血稀而渐少,臭味转淡,饮食知味,胸痛势缓,身体不热,脉象缓滑为顺证。若溃后咳嗽音哑无力,脓血如败卤,腥味异常,气喘鼻煽,胸痛食少,身热不退,颧红,指甲青紫,脉弦涩或弦急,为肺叶腐败之逆证。

二、治疗要点

1. 治疗原则 肺痈的治疗以清热解毒,化瘀排脓为基本原则。未成脓应着重清肺消痈,脓已成当以排脓解毒为先。针对不同病期,分别采取相应的治法。

2. 分期治疗 初期风热侵犯肺卫,宜清肺散邪;成痈期热壅血瘀,宜清热解毒,化瘀消痈;溃脓期血败肉腐,宜排脓解毒;恢复期阴伤气耗,宜养阴益气;若久病邪恋正虚者,则应扶正祛邪,补虚养肺。

3. 其他 在肺痈的治疗过程中,应注意保持大便通畅,以利肺气宣降,使热毒秽浊之邪从下而解。

三、分证论治

1. 初期

临床表现:① 恶寒发热,咳嗽,胸痛,咳时尤甚;② 咯吐白色黏痰,痰量由少渐多,呼吸不利,口干鼻燥;③ 舌质淡红,苔薄黄或薄白少津,脉浮数而滑。

证候辨析:风热侵袭,卫表受邪,正邪交争,故恶寒发热。邪热犯肺,肺失宣降,则咳嗽,胸痛,咳时尤甚,呼吸不利。风热灼伤津液,故咯吐白色黏痰,痰量不多,口干鼻燥。苔薄黄或薄白少津,脉浮数而滑,均属风热在表,肺热邪甚之象。临床具备①+②或①+③均可辨为肺痈初期。

治法:疏风散热,清肺化痰。

代表方:银翘散加减。

常用药:金银花、连翘、芦根、竹叶疏风清热解毒;桔梗、贝母、牛蒡子、前胡、甘草利肺化痰。

表证重者,加薄荷、豆豉疏表清热;热势较甚者,加鱼腥草、黄芩、石膏清肺泄热;咳甚痰多者,加杏仁、桑白皮、浙贝母、冬瓜仁、枇杷叶肃肺化痰;胸痛,加郁金、桃仁活血通络;呼吸不畅者,加瓜蒌皮、郁金宽胸理气;若头痛者,可加菊花、桑叶以疏散风热,清利头目。

2. 成痈期

临床表现:① 身热转甚,时时振寒,继则壮热,咳嗽气急,胸满作痛,转侧不利,咳吐黄稠痰,或黄绿色痰,自觉喉间有腥味;② 口干咽燥,烦躁汗出;③ 舌质红,苔黄腻,脉滑数。

证候辨析:邪热入里,热毒内盛,正邪交争,故身热转甚,时时振寒,壮热。热壅血瘀,蕴酿成痈,肺络不和,气血瘀滞,则胸满作痛,转侧不利。热毒壅肺,肺气上逆,失于肃降,则咳嗽气急。痰浊瘀热熏蒸成痈,则咯吐黄浊痰,喉中有腥味。邪热蒸迫津液,则汗出。热毒内滞,上扰于心,故烦躁不安。热入血分,耗液伤津,故口干咽燥。苔黄腻,脉滑数,为痰热蕴结在肺之象。临床具备①+②或①+③均可辨为成痈期。

治法:清肺解毒,化瘀消痈。

代表方:千金苇茎汤合如金解毒散加减。

常用药:薏苡仁、冬瓜仁、桃仁、桔梗化浊行瘀散结;黄芩、金银花、鱼腥草、红藤、蒲公英、紫花地丁、甘草、芦根清肺解毒消痈。

肺热壅盛,壮热者,加石膏、知母、黄连、栀子清火泄热;热壅络瘀,胸痛者,加乳香、没药、郁金、赤芍以通瘀和络;痰热郁肺,咯痰黄稠者,加桑白皮、瓜蒌、射干、海蛤壳以清化痰热;痰浊阻肺,咳而喘满,咯痰脓浊量多,不得平卧者,加葶苈子、大黄泻肺通腑泻浊;热毒瘀结,咯脓浊痰,有腥臭味者,可合用犀黄丸,以解毒化瘀。

3. 溃脓期

临床表现:① 咳吐大量脓痰,或如米粥,或痰血相兼,腥臭异常;② 有时咯血,胸中烦满而痛,甚则气喘不能卧,身热面赤,烦渴喜饮;③ 舌质红,苔黄腻,脉滑数或数实。

证候辨析:血败肉腐,痈脓内溃外泄,故咯吐大量脓痰,或如米粥,或痰血相兼,腥臭。热毒瘀结,肺络损伤,故有时咯血。脓毒蕴肺,肺气不利,故胸中烦满而痛,气喘。热毒内蒸,故身热面赤,烦渴。舌质红,苔黄腻,脉滑数或数实,均为热毒壅盛之象。临床具备①+②或①+③均可辨为溃脓期。

治法:排脓解毒。

笔记栏

代表方：加味桔梗汤加减。

常用药：桔梗、薏苡仁、冬瓜子排脓散结化浊；鱼腥草、金荞麦根、败酱草清热解毒排脓；金银花、黄芩、芦根以清肺热。

咯血者，加牡丹皮、栀子、藕节、白茅根，另服三七、白及粉以凉血止血；痰热内盛，烦渴，痰黄稠者，加石膏、知母、天花粉清热化痰；津伤明显，口干者，加沙参、麦冬养阴生津；气虚不能托脓者，加生黄芪益气托毒排脓；痈脓溃泄不畅，脓液量少难出者，配皂角刺以溃痈排脓，但咯血者禁用。

4. 恢复期

临床表现：① 身热渐退，咳嗽减轻，咯吐脓血渐少，臭味亦减，痰液转为清稀；② 精神渐振，食欲改善，或见胸胁隐痛，难以久卧，气短乏力，自汗，盗汗，低热，午后潮热，心烦，口干咽燥，面色不华，形瘦神疲；③ 舌质红或淡红，苔薄，脉细或细数无力。

证候辨析：脓溃外泄，邪毒渐去，但余邪未尽，故身热渐退，咳嗽减轻，脓血渐少，脓痰日转清稀。正气渐复，故食欲渐增，精神渐振。但因肺损络伤，溃处未敛，故胸胁隐痛，难以久卧。肺气亏虚，则气短乏力，自汗。肺阴耗伤，虚热内灼，则盗汗，低热，潮热，心烦，口干咽燥。正气未复，故面色不华，形瘦神疲。舌质红或淡红，脉细或细数无力，为气阴两伤之象。临床具备①＋②或①＋③均可辨为恢复期。

治法：益气养阴清肺。

代表方：沙参清肺汤或桔梗杏仁煎加减。

常用药：沙参、麦冬、百合、玉竹滋阴润肺；党参、太子参、黄芪益气生肌；当归养血和营；贝母、冬瓜仁清肺化痰。

阴虚发热，低烧不退者，加功劳叶、青蒿、白薇、地骨皮以清虚热；脾虚食纳不佳，便溏者，加白术、山药、茯苓以培土生金；肺络损伤，咳吐血痰者，加白及、白蔹、合欢皮、阿胶以敛补疮口。若邪恋正虚，咯吐腥臭脓浊痰者，当扶正祛邪，治以益气养阴，排脓解毒，加鱼腥草、金荞麦根、败酱草、桔梗等清热解毒消痈。

【其他治法】

一、中成药

1. 银翘解毒片 一次 4 片，一日 3 次，口服。适用于肺痈初期。

2. 清开灵注射液 一次 20～40 mL，加入 10%葡萄糖注射液 200 mL 中，静脉滴注，一日 1 次。适用于症见高热者。

二、针灸

壮热不退者，可针刺大椎、曲池、合谷、太冲等穴，用泻法以透邪泄热。

【转归预后】

肺痈转归预后与热毒的轻重，正气的强弱，诊治是否及时，辨证是否准确等因素有关。若能够早期确诊，及时治疗，在初期就可以截断病势的发展而不致成痈。

在成痈期尤为关键，若在此期得到部分消散，则病情较轻，疗程较短，预后良好。对于体质虚弱或素体肺有郁热者，注意防其病情迁延不愈或发生变证。

大部分患者经初期、成痈期而进入溃脓期，此期为病情顺逆的转折点，其关键在于脓液能否通畅排出。若脓得畅泄，症状减轻为顺证；痰腥臭异常，脓血不净，症状加重为逆证。极少数患者若出现大量脓血，应注意其是否阻塞气道，避免突然窒息。若脓溃后流入胸腔，为严重的危候。

笔记栏

【预防调护】

(1) 注意寒温适度，起居有节，以防受邪致病。本病一旦发生，则当及早治疗，力求在未成脓前得到消散，或减轻病情。

(2) 对于肺痈患者的护理，应做到安静卧床休息，每天观察记录体温、脉象的变化和咳嗽情况，以及咯痰的色、质、量、味，注意室温的调节。

(3) 在溃脓后可根据肺部病位，予以体位引流；如见大量咯血，应警惕血块阻塞气道，或出现气随血脱的危证，当按“咯血”采取相应的护理措施。

(4) 饮食宜清淡，忌烟酒、肥甘厚味、辛辣刺激及海腥发物，如辣椒、葱、韭菜、黄鱼、鸭蛋、虾子、螃蟹等。多食有润肺生津化痰作用的蔬菜、水果，如橘子、生梨、枇杷、萝卜等。高热者可予半流质。每天可用薏苡仁煨粥食之，并取鲜芦根煎汤代茶。

【临证备要】

一、辨病思路

肺痈常见于西医学中的肺脓肿，肺脓肿临床表现与肺痈基本相同。

肺脓肿是多种病原菌感染引起的肺组织化脓性炎症，导致组织坏死、破坏、液化形成脓肿。起病急骤，畏寒、高热，体温达 39～40℃，伴有咳嗽、胸痛，咳黏液痰或黏液脓性痰，病变范围大时可出现气促。此外还有精神不振、全身乏力、食欲减退等全身中毒症状。如感染未能及时控制，可出现咳大量脓臭痰，部分患者有不同程度的咯血。

二、辨证思路

1. 成痈期　本病若出现振寒、壮热、咳嗽、气急胸痛、咳吐浊痰、脉滑数时，已为成痈期。振寒、脉滑数，是病势发展的标志，说明肺痈在酿脓。肺部积脓排出后，这一症状减弱或消失。若振寒、脉数依然存在，说明病势未得到控制。

2. 溃脓期

(1) 脓液是否能畅利排出，是治疗成败的关键，可选桔梗为排脓的主药，且用量宜大。

(2) 若溃后脓痰一度清稀而复转臭浊，或腥臭脓血迁延日久，反复不尽，时轻时重，此为邪恋正虚，脓毒未净，虚实错杂，提示复燃或转为慢性，更须重视解毒排脓之法。

(3) 痈脓破溃流入胸腔，可形成“脓胸”的恶候，表现为持续高热，咳嗽困难，气促胸痛，面色㿠白，脉细而数，其预后较差。当予大剂清热解毒排脓，正虚者酌配扶正药。必要时可作胸腔穿刺引流。

3. 恢复期　虽属邪衰正虚，气阴两伤，应以清养补肺为主，扶正以托邪，但仍需防其余毒不净，适当佐以排脓之品。

三、治疗注意

1. 不可滥用温补　肺痈病久，正气受损，脓液瘀血为人体精气阴血所化，大量排出，更伤正气，治当补肺扶正。但本病为热毒所伤，正损以阴伤气耗为主，补肺应重在清养，不可滥用温补，以免伤阴助热，加重病情。

2. 保持大便通畅　在肺痈的治疗病程中，应保持大便通畅，因肺与大肠相表里，大便通可不致腑热上攻，以利肺气宣降，热毒之邪得从大便而解。

3. 防止发生大咯血　本病在成痈溃脓时，若病灶部位有较大的肺络损伤，可以发生大量咯血，应警惕出现血块阻塞气道，或气随血脱的危象，当按照“血证”治疗，采取相应的急救措施。

4. 防止发生窒息　对有明显痰液阻塞征象患者，防止发生窒息。必要时可经纤维支气管镜冲洗吸引，对有异物者需要以支气管镜摘除异物。

【文献摘录】

《医门法律·肺痿肺痈门》：“凡治肺痈病，以清肺热，救肺气，俾其肺叶不致焦腐，其生乃全。故清一分肺热，即存一分肺气，而清热必须涤其壅塞，分杀其势于大肠，令秽浊脓血日渐下移为妙。”

《柳选四家医案·环溪草堂医案·咳喘门》：“肺痈之病，皆因邪瘀阻于肺络，久蕴生热。蒸化成

笔记栏

脓……初用疏瘀散邪泻热，可冀其不成脓也，继用通络托脓，是不得散而托之，使速溃也，再用排脓泄热解毒，是既溃而用清泄，使毒热速化而外出也，终用清养补肺，是清化余热，而使其生肌收口也。”

（曹　勇）

第六节　肺　　胀

【概述】

一、定义

肺胀(lung distention)是指多种慢性肺系疾患反复发作，迁延不愈，肺、脾、肾三脏虚损，从而导致肺管不利，肺气壅滞，气道不畅，胸膺胀满，不能敛降的一种病证。临床上以喘息气促、咳嗽、咳痰、胸部膨满，或唇甲紫绀、心悸、浮肿为主症，重者可见喘脱、神昏等危重证候。

二、源流

《内经》首载肺胀的病名，并对病机、证候表现进行了描述，《灵枢·胀论》曰：“肺胀者，虚满而喘咳”。《灵枢·经脉》又曰：“肺手太阴之脉……是动则病肺胀满膨膨而喘咳”。

汉代，张仲景《金匮要略》对肺胀的证候描述颇详，《金匮要略·肺痿肺痈咳嗽上气病脉证治》：“咳而上气，此为肺胀，其人喘，目如脱状。”《金匮要略·痰饮咳嗽病脉证并治》：“咳逆倚息，短气不得卧，其形如肿”。

隋代，巢元方《诸病源候论·咳逆短气候》阐述了肺胀的发病机制，“肺虚为微寒所伤则咳嗽，嗽则气还于肺间则肺胀，肺胀则气逆，而肺本虚，气为不足，复为邪所乘，壅痞不能宣畅，故咳逆，短乏气也。”

金元时期，朱震亨《丹溪心法·咳嗽》指出本病的病机主要在于痰瘀阻碍肺气，“肺胀而嗽，或左或右不得眠，此痰挟瘀血碍气而病”。

清代，李用粹《证治汇补·咳嗽》提出肺胀的辨证论治当分虚、实两端，“又有气散而胀者，宜补肺，气逆而胀者，宜降气，当参虚实而施治”。

三、范围

西医学中的慢性支气管炎、支气管哮喘、支气管扩张、硅沉着病(矽肺)、陈旧性肺结核等合并肺气肿、慢性阻塞性肺疾病、慢性肺源性心脏病，与肺胀的临床特征相似者，均可参考本节内容进行辨证论治。

【病因病机】

肺胀的发生多因久咳、久哮、久喘、久痨、长期吸烟、接触粉尘，日久导致肺气虚损，肺气胀满，不能敛降(图4-6)。

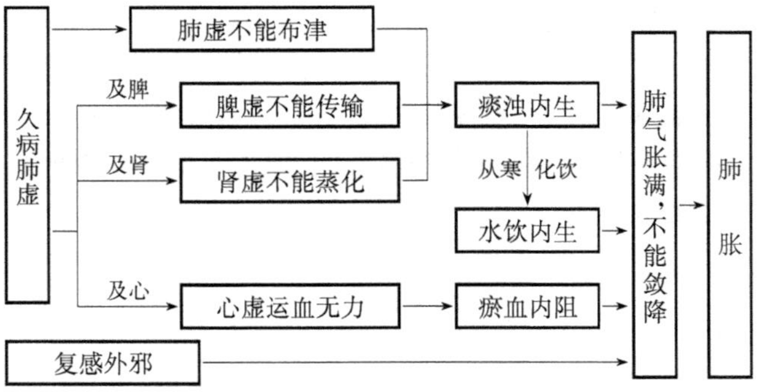

图4-6　肺胀病因病机示意图

1. 久病肺虚　内伤久咳、久哮、久喘、肺痨等慢性肺系疾患是引起肺胀的原发病。肺病迁延失治，日久导致肺气虚损，气不布津，津聚为痰，或肺阴亏虚，阴虚火旺，灼津为痰，痰浊潴留，伏于肺间，肺气壅滞，久则气还肺间，肺气胀满，不能敛降，而成肺胀。此外，长期吸烟、吸入粉尘，亦是损伤肺脏，肺失宣降的重要因素。病久肺虚及脾，累及于肾，致肺、脾、肾三脏俱虚。

2. 感受外邪　久病肺虚，卫外不固，易致六淫外邪反复乘袭。反复感邪诱发本病发作，是肺胀日益加重的主要原因。六淫之中以风寒、风热多见，尤以风寒常见，故肺胀于冬春寒冷时节最易复发。

3. 痰夹瘀血　痰浊滞留日久，气滞血瘀，或肺虚不能助心主治节而血行不畅，致痰浊与瘀血互结，痰瘀滞留；久延阳虚阴盛，痰从阴化为饮为水。痰浊、瘀血、水饮错杂为患，进一步加重肺气胀满，不能敛降，而成为肺胀。

肺胀的病变脏腑涉及肺、脾、肾、心。病变首先在肺，继则影响脾、肾，后期病及于心。病理因素主要为痰浊、水饮与血瘀互为影响，错杂为患。由于肺虚卫外不固，尤易感受外邪而使病情诱发或加重。本病多属本虚标实，外感诱发时偏于邪实，平时偏于本虚，虚实诸候常夹杂出现，每致愈发愈频。

【诊断】

诊断要点

(1) 有慢性咳喘病史，反复发作，多见于老年人。

(2) 典型的临床表现以喘息气促、咳嗽、咳痰、胸部膨满，或唇甲紫绀、心悸、浮肿为特征。严重者可出现喘脱、神昏等危重证候。

(3) 常因外感诱发，其次是过劳、情志刺激也可诱发。病程缠绵，时轻时重，经久难愈。

(4) 相关检查：肺功能检查、X线或CT检查、心电图、超声心动图及动脉血气分析有助于本病诊断。

【鉴别诊断】

1. 哮病　哮病是一种发作性的痰鸣气喘疾患，发时喉中哮鸣有声。肺胀为多种慢性肺部疾病长期反复发作，迁延不愈发展而来，以喘促、咳嗽、咯痰、胸部膨满等为临床特征。两者有明显区别。哮病长期反复发作，可发展为肺胀。

2. 喘证　喘证与肺胀均可出现喘促、呼吸困难表现。喘证是多种急慢性疾病的一个症状。肺胀为多种慢性肺部疾病长期反复发作，迁延不愈而成，临床除喘促、呼吸困难外，尚具有咳嗽、咯痰、胸部膨满等特征。喘证日久可发展为肺胀。

【辨证论治】

一、辨证要点

1. 辨标本虚实　肺胀属本虚标实。一般发作时偏于标实，平时偏于本虚。本虚为肺、脾、肾三脏虚损，但有轻重主次之不同。标实为痰浊、瘀血、水饮、外邪。咳逆上气，痰涎壅盛，属痰浊；面色晦暗，唇甲紫绀，舌紫黯，属瘀血；面浮肢肿，心悸尿少，属水饮；夹外感者，兼恶寒发热、鼻塞流涕、头身疼痛等表证。

2. 辨脏腑阴阳　肺胀以肺、脾、肾虚损为本，早期以气虚或气阴两虚为主，症见汗多易感，气短懒言，纳差便溏，形体消瘦，或伴口干咽燥，五心烦热，舌红少苔等，病位在肺、脾、肾。后期气虚及阳，则可见畏寒肢冷，心悸尿少，舌淡胖，脉沉迟等，或可出现阴阳两虚之证，以累及肺、肾、心为主。

二、治疗要点

1. 治疗原则　扶正祛邪为治疗肺胀的基本原则，依其标本缓急，有所侧重。

2. 标本分治　标实者，根据病邪的性质，分别采取化痰(清化、温化)、利水(通阳、淡渗)、活血化瘀、祛邪宣肺(辛温、辛凉)，甚或开窍、息风等法。各种病理因素相兼为患者，又当数法同用。本虚者，当补肺、健脾、益肾，或气阴兼调，或阴阳兼顾。

笔记栏

三、分证论治

1. 痰浊阻肺

临床表现：① 咳嗽痰多，色白黏腻或呈泡沫，喘息气短，胸部膨满；② 怕风自汗，倦怠乏力，纳呆腹胀；③ 舌质偏淡或淡胖或舌质紫黯，苔薄腻或浊腻，脉弦滑。

证候辨析：肺虚脾弱，痰浊内生，上逆犯肺，肺失宣降，故咳嗽，痰多色白或呈泡沫；肺虚不能主气，复因痰阻，肺气上逆，故见喘息气短。肺虚失于敛降，气还肺间，故见胸部膨满。肺气虚弱，卫外不固，腠理疏松，故见怕风自汗。脾虚失运，故见倦怠乏力，纳呆腹胀。痰浊阻肺，肺气壅滞，血行瘀滞，可见舌质紫黯。舌质偏淡或淡胖，苔薄腻或浊腻，脉小滑为肺脾气虚，痰浊内阻之象。临床具备①+②或①+③均可辨为痰浊阻肺型。

治法：化痰降气，健脾益肺。

代表方：二陈汤合三子养亲汤加减。

常用药：半夏、陈皮燥湿化痰；苏子、白芥子、莱菔子化痰降逆平喘；茯苓健脾补中。

怕风自汗，倦怠乏力明显者，加党参、黄芪、白术健脾补肺；纳呆腹胀者，加木香、砂仁、麦芽健脾助运；舌质紫黯者，加桃仁、丹参、赤芍活血化瘀；若属外感风寒诱发，痰从寒化为饮，咯痰白稀者，加干姜、细辛温肺化饮。

2. 痰热壅肺

临床表现：① 咳逆喘息，咯痰黄或白，黏稠难咯，胸部膨满；② 身热，口渴，尿黄，便干；③ 舌红或黯紫，或有瘀点、瘀斑，苔黄或黄腻，脉滑数。

证候辨析：痰浊蕴而化热，痰热壅肺，故咯痰黄或白，黏稠难咯。肺失宣肃，肺气胀满不能敛降，故见咳逆喘息，胸部膨满。肺热内盛，故见身热，口渴，尿黄。肺热循经下移大肠，故见便干。痰热壅肺，肺气壅滞，血行瘀滞，可见舌质黯紫或有瘀点、瘀斑。舌红，苔黄或黄腻，脉滑数为痰热内壅之象。临床具备①+②或①+③均可辨为痰热壅肺型。

治法：清肺化痰，降逆平喘。

代表方：桑白皮汤加减。

常用药：桑白皮、黄芩、黄连、栀子清泄肺热；半夏、苏子、杏仁、贝母降气化痰平喘。

痰黄稠者，加胆南星、鱼腥草清热化痰；喘息不得卧者，加射干、葶苈子泻肺平喘；热盛伤阴，口干渴者，加芦根、知母清热养阴；大便干结者，加瓜蒌仁、厚朴通腑；舌质黯紫或有瘀点、瘀斑者，加赤芍、地龙活血化瘀。

3. 痰蒙清窍

临床表现：① 神志恍惚，表情淡漠，烦躁不安，或肢体瞤动，抽搐，或谵妄，嗜睡，或昏迷；② 咳逆喘促，或伴喉中痰鸣，唇甲青紫；③ 舌质黯红或淡紫，苔白腻或黄腻，脉细滑数。

证候辨析：痰浊上犯，蒙蔽清窍，故见神志恍惚，表情淡漠，烦躁不安，谵妄，嗜睡，甚则昏迷；痰热内郁，热动肝风，可见肢体瞤动，甚则抽搐；痰浊阻肺，肺气上逆，故见咳逆喘促，或伴喉中痰鸣；痰浊内阻，气滞血瘀，故见唇甲青紫，舌质黯或淡紫或紫黯；痰郁化热，可见舌红苔黄，脉数。苔腻，脉滑为痰浊内蕴之象。临床具备①+②或①+③均可辨为痰蒙神窍型。

治法：涤痰，开窍，息风。

代表方：涤痰汤加减，另服安宫牛黄丸或至宝丹。

常用药：半夏、陈皮、茯苓、胆南星涤痰息风；竹茹、枳实清热化痰；石菖蒲化痰开窍；安宫牛黄丸或至宝丹豁痰开窍，清热解毒。

肢体瞤动，甚则抽搐者，加钩藤、全蝎息风止痉；瘀血明显，唇甲青紫者，加桃仁、红花、丹参活血通脉；腹胀便秘者，酌加大黄、芒硝通腑泻热；痰黄稠，舌红，苔黄者，加桑白皮、黄芩、竹沥清热化痰。

4. 阳虚水泛

临床表现：① 面浮肢肿，甚则一身悉肿，腹部胀满有水，心悸，喘咳不能平卧，咯痰清稀，尿少；② 脘痞纳差，畏寒肢冷，或面青唇紫；③ 舌淡胖质暗，苔白滑，脉沉细。

笔记栏

证候辨析：肺脾肾阳气虚衰，气不化水，水饮内停。水饮泛溢，故见面浮肢肿，甚则一身悉肿，腹部胀满有水。水饮凌心射肺，故见心悸，喘咳不能平卧，咯痰清稀。肾阳虚衰，膀胱气化不利，故见尿少。脾阳虚衰，健运失常，故脘痞纳差。阳虚阴寒内盛，故畏寒肢冷。阳虚血瘀，则面青唇紫，舌质暗。舌淡胖，苔白滑，脉沉细为阳虚水停之象。临床具备①+②或①+③均可辨为阳虚水泛型。

治法：温肾健脾，化饮利水。

代表方：真武汤合五苓散加减。

常用药：附子、桂枝温肾通阳；茯苓、白术、猪苓、泽泻、生姜健脾利水；白芍敛阴缓急。

心悸，喘咳不能平卧者，加沉香、葶苈子、椒目行气逐水；紫绀明显者，加红花、丹参、泽兰、五加皮化瘀行水；四肢厥冷者，加干姜助附子回阳救逆。

5. 肺肾气虚

临床表现：① 呼吸浅短难续，甚则张口抬肩，倚息不能平卧，动则喘甚；② 咳嗽，痰白如沫，心悸，汗出，面色晦暗；③ 舌淡或黯紫，苔白润，脉沉细。

证候辨析：肺肾气虚，肺虚不主气，肾虚不纳气，故呼吸浅短难续，张口抬肩，不能平卧。动则气耗，气虚更甚，故动则喘甚。肾虚水泛，故咳痰白色如沫。肺病及心，心气虚，故见心悸。肺气虚，卫外不固，故易汗出。气虚不能助心行血脉，故面色晦暗，舌黯紫。舌淡，苔白润，脉沉细，均为气虚之象。临床具备①+②或①+③均可辨为肺肾气虚型。

治法：补肺益肾，纳气平喘。

代表方：平喘固本汤加减。

常用药：党参、黄芪补益肺气；胡桃肉、沉香、冬虫夏草、五味子补肾纳气；苏子、半夏、款冬花、陈皮降气化痰。

喘逆甚者，加沉香、蛤蚧纳气定喘；面色晦暗，舌黯紫者，加当归、丹参、红花活血化瘀；兼低热，舌红少苔者，加麦冬、玉竹、知母养阴清热；汗出肢冷者，加附子、肉桂温肾助阳。

【其他治法】

一、中成药

1. 橘红丸　口服，一次 3 g，一日 2 次。具有清肺，化痰，止咳的功效。适用于咳嗽痰多，色黄黏稠，胸闷口干。

2. 蛤蚧定喘丸　口服，一次 5～6 g，一日 2 次。具有止咳定喘的功效。适用于肺胀久咳，年老哮喘，气短，胸满郁闷，自汗盗汗，不思饮食。

二、敷贴疗法

冬病夏治消喘膏由白芥子、荜茇、麻黄、石菖蒲等药物制成。取穴：肺俞、心俞、膈俞(均双侧)。用胶布将药物固定在穴位，6～8 小时后去除。夏季三伏天每 10 天贴敷 1 次，贴敷 3 次为 1 个疗程。每年贴敷 1 个疗程，连续贴敷 2 年。

三、饮食辅助疗法

川贝雪梨粥　川贝母 10 g，雪梨 2 个，粳米 50 g，冰糖适量。先将雪梨洗净捣碎取汁，川贝母研细末，粳米煮稀粥。粥将熟时加入梨汁与川贝母末，稍煮即成。适用于痰热壅肺之干咳少痰，口干舌燥者。

【转归预后】

肺胀的转归预后与患者年龄、体质、病程、病情、环境及治疗及时与否等诸多因素有关。一般而言，因本病属多种慢性肺系疾病积渐而成，反复发作，病情缠绵，难期根治。凡体质强，年龄轻，病程短，病情轻，环境较好，治疗及时得当者，一般预后较好；反之，则预后差。尤其是久病体弱者，发病后如不及时治疗，极易发生喘脱、痰蒙清窍、水饮凌心射肺等危重变端。

【预防调护】

(1) 肺胀为慢性疾病，需长期诊治，树立战胜疾病的信心，克服悲观情绪，积极配合治疗。

笔记栏

(2) 肺胀由多种慢性肺系疾病反复发作，迁延不愈而成，因此要重视原发病的治疗，防止因为经常感冒，或内伤咳嗽迁延不愈发展成为慢性咳喘。并教育与督导吸烟的患者戒烟，尽量避免或防止粉尘、烟雾及有害气体吸入。

(3) 既病之后，应注意保暖，冬春寒冷季节及气候变化之际，尤需避免感受外邪。平时可服用玉屏风散等药物增强体质，提高抗病能力。

(4) 适当锻炼身体，如步行、慢跑、太极拳、气功等，配合腹式呼吸、缩唇呼吸等呼吸操锻炼。合理调配膳食是自我养生保健的重要内容之一，在做到膳食平衡的基础上给予高蛋白及高维生素饮食。水肿者，应低盐或无盐饮食。

(5) 一经发病，立即治疗，以免延误加重。如患者近期出现咳嗽、咯痰、气短、喘息加重，痰量增加变黄，虽无恶寒发热表证，亦为感邪复发之征象，应及时诊治，阻断病势进展。一旦发生喘脱、痰蒙清窍、水饮凌心射肺等危重证候，应密切注意病情变化，采取中西医结合方法救治。

【临证备要】

一、辨病思路

肺胀常见于西医学中的慢性支气管炎、支气管哮喘、支气管扩张、硅沉着病(矽肺)、重度陈旧性肺结核等合并肺气肿、慢性阻塞性肺疾病、慢性肺源性心脏病等。

1. 肺气肿　临床表现为气急、呼吸困难、胸闷等症状，具有桶状胸、肺部叩诊呈过清音，听诊呼吸音低等肺气肿体征。

2. 慢性阻塞性肺疾病　以慢性咳嗽、咳痰、气短或呼吸困难、喘息为主要症状，其中气短或呼吸困难是其典型表现，气流受限不完全可逆是慢性阻塞性肺疾病诊断的必备条件。吸入支气管舒张药后 $FEV_1/FVC<70\%$ 可确定为不完全可逆的气流受限。

3. 慢性肺源性心脏病　临床上除原发肺、胸疾患的各种症状外，主要表现为呼吸和心脏功能的衰竭和其他脏器受累的表现，如呼吸困难、唇甲发绀、水肿、肝脾肿大及颈静脉怒张等。

二、辨证思路

(1) 临证除注意把握肺胀各个证型的辨证常规外，特别要注意各证之间的相互兼夹，如临床上比较常见的痰热壅肺、肺肾气虚，痰浊阻肺证，应根据兼夹表现灵活辨证施治。

(2) 痰瘀互结为肺胀的重要病机，临床各种证型，无论虚实，都不同程度地存在血瘀为患的征象，如面色晦暗，唇甲紫绀，舌紫黯，或有瘀点、瘀斑，舌下脉络迂曲扩张等，辨证中应重视瘀血为患的重要病理因素。

(3) 肺胀总属本虚标实，久病体弱或老年患者，每因感邪发病致使病情恶化，此时正邪相争之象可不显著，反现一派脏腑功能减弱之象，故凡近期内咳喘加剧，或全身情况突然变差者，虽无恶寒发热表证，也应综合全身情况判断其表证的有无。

三、治疗注意

1. 重视调理脾胃　肺胀病程是肺气虚—脾气虚—肾气虚的过程，其中脾气虚是重要的转折点，常伴有机体消化功能紊乱和营养代谢障碍。脾主运化，司肌肉四肢，胃主受纳，脾胃两者协调作用，化生水谷精微以营养周身。脾胃运化功能失常则无力运化水谷，可见纳差；脾病不能为胃行其津液，四肢不得禀水谷气，筋骨肌肉无以充养，可见消瘦，乏力。同时脾虚乏源，不能输精于肺，则肺气更虚，卫外更弱，外邪易乘虚而入诱发感染。因此，治疗肺胀患者当始终顾护脾胃。

2. 活血化瘀是肺胀的重要治法　痰瘀互结为肺胀的重要病机，临证都不同程度地存在瘀血见症，因此，在本病的治疗中，辨证使用活血化瘀法对提高临床疗效具有重要意义，化瘀法又有清热化瘀、温阳化瘀、涤痰化瘀、益气化瘀等。

笔记栏

3. 重视调畅情志　肺胀病位主要在肺，涉及脾、肾、心、肝等脏。情志生于五脏，喜怒忧思悲恐惊皆由五脏所主。肺胀患者久病咳喘，迁延失治，必然耗伤肺气，导致肺虚。精神、思虑等活动以气为物质基础，气虚则神失所持，而主气者肺也，肺气充足，则气血充沛，精神活动正常，若肺气虚弱，生化不足，神失所养，机体对外来非良性刺激的耐受性就会下降,则会出现一系列精神神经异常的症状。肺胀伴发抑郁、焦虑障碍以肺气虚为基础,涉及五脏,和心、肝、肾、脾关系密切。肺虚悲忧,治肺为先,故治疗肺胀伴发抑郁患者应以治肺为先,在肺胀辨证分证论治的基础之上,酌情加用补肺、宣肺、泻肺之品,如黄芪、西洋参、党参、沙参、黄精、百合、杏仁、桔梗等,以打断这一恶性循环,恢复肺脏主气功能,从而解除抑郁、焦虑症状。

【文献摘录】

《诸病源候论·上气鸣息候》:"肺主于气,邪乘于肺则肺胀,胀则肺管不利,不利则气道涩,故上气喘逆鸣息不通。"

《圣济总录·肺胀》:"其证气胀满,膨膨而咳喘。"

《证治汇补·咳嗽》:"肺胀者,动则喘满,气急息重,或左或右,不得眠者是也。如痰挟瘀血碍气,宜养血以流动乎气,降火以清利其痰……风寒郁于肺中,不得发越,喘嗽胀闷者,宜发汗以祛邪,利肺以顺气,用麻黄越婢加半夏汤。有停水不化,肺气不得下降者,其症水入即吐,宜四苓散,加葶苈、桔梗、桑皮、石膏。有肾虚水枯,肺金不敢下降而胀者,其症干咳烦冤,宜六味丸,加麦冬、五味。"

(敖素华)

第七节　肺　　痨

【概述】

一、定义

肺痨(pulmonary tuberculosis)是由于肺气虚弱,感染痨虫,侵袭肺脏,以咳嗽、咯血、潮热、盗汗、身体逐渐消瘦为特征,具有传染性的慢性消耗性疾病。由于劳损在肺,故称肺痨。

二、源流

早在《内经》就对肺痨的临床特点有较具体的记载,《灵枢·玉版》:"咳,脱形,身热,脉小以疾"。

汉代,张仲景将本病归属于虚劳范畴,并指出了本病的一些常见并发症,《金匮要略·血痹虚劳病脉证并治》:"男子平人,脉虚弱细微者,善盗汗也……若肠鸣、马刀挟瘿者,皆为劳得之。"

华佗《中藏经·传尸》已认识到与患者直接接触可致传染,"传尸者……问病吊丧而得,或朝走暮游而逢……中此病死之气,染而为疾"。

宋代,许叔微《普济本事方·诸虫尸鬼注》指出本病是由"肺虫"引起,"肺虫居肺叶之内,蚀人肺系,故成瘵疾,咯血声嘶"。

金元时期,朱震亨《丹溪心法·劳瘵》倡"痨瘵主乎阴虚",确立了"滋阴降火"的治疗大法。元代葛可久的《十药神书》收载了治痨十方,为我国现存的第一部治疗肺痨专著。

明代,虞抟《医学正传·劳极》提出了杀虫、补虚两大治疗原则。

三、范围

西医学中的肺结核可参考本节内容进行辨证论治。

【病因病机】

肺痨的病因包括外因和内因两方面。外因指感染痨虫,是重要的致病条件,内因指正气虚弱,是发病的关键。痨虫蚀肺,耗损肺阴,肺阴亏虚,进而演变发展,可致阴虚火旺,或导致气阴耗伤,甚则阴损及阳,阴阳两虚(图 4-7)。

笔记栏

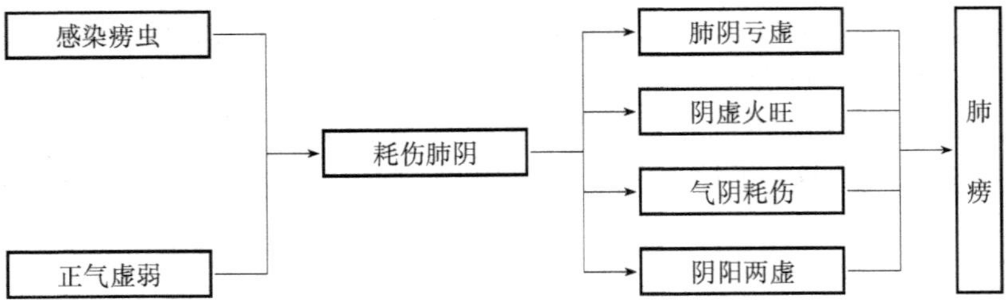

图 4-7　肺痨病因病机示意图

1. 感染痨虫　痨虫经口鼻而入,侵袭肺脏。当与患者直接接触,或问病看护,都可致痨虫侵入人体为害。痨虫侵袭肺脏,腐蚀肺叶,肺体受损,肺阴耗伤,肺失滋润,清肃失调,发生咳嗽,如损伤肺中络脉,则发生咯血;阴虚火旺,津液外泄,则出现潮热、盗汗。

2. 正气虚弱　由于先天禀赋不足,或酒色劳倦,病后失调,营养不良,均可致正气虚弱,使痨虫乘虚入侵而发病。

肺痨病变脏腑涉及肺、脾、肾,同时也可涉及心、肝。痨虫犯肺,侵蚀肺叶,肺体受病,阴分先伤,故见阴虚肺燥之候。脾为肺之母,久病肺虚,子盗母气,脾气亦虚,脾虚不能化水谷为精微上输以养肺,则肺亦虚,终致肺脾两虚。肾为肺之子,肺虚肾失滋生之源,或肾虚相火灼金,上耗母气,可致肺肾两虚。肺虚不能制肝,肾虚不能养肝,肝火偏旺,上逆侮肺。肺虚心火乘之,肾虚水不济火,可病及于心。久延而病重者,可以发展至肺、脾、肾三脏同病,兼及心肝。

【诊断】

诊断要点

(1) 典型表现:咳嗽,咯血,潮热,盗汗,消瘦。不典型者也可以无症状或初起轻微咳嗽,疲乏无力,身体逐渐消瘦,食欲不振,偶或痰中夹有少量血丝。

(2) 常有与肺结核患者密切接触史。

(3) 相关检查:X线胸片或胸部CT,痰液、支气管灌洗液抗酸杆菌涂片和(或)培养,结核菌素试验,血清抗结核抗体,支气管或肺组织病理等检查有助于诊断。

【鉴别诊断】

1. 肺癌　肺癌与肺痨都有咳嗽、咯血、消瘦等症状,容易混淆。但肺痨多发于中青年,肺癌多见于45岁以上的中老年,多有刺激性干咳,痰中带血或血痰,胸痛,进行性消瘦。肺痨经抗痨治疗有效,肺癌经抗痨治疗则病情继续恶化。

2. 虚劳　同属于虚损性疾病的范围。肺痨为痨虫侵袭所致,以咳嗽、咯血、潮热、盗汗、身体逐渐消瘦为特征,病位主要在肺,具有传染性,是一种独立的疾病。虚劳由多种原因所致脏腑气血阴阳亏虚,五脏并损,以脾肾为主,无传染性,是多种慢性虚损证候的总称。

【辨证论治】

一、辨证要点

1. 辨病机属性　肺痨病位主要在肺,久则损及脾、肾,涉及心、肝。临床一般以肺阴亏虚为先,如进一步演变发展,则表现为阴虚火旺,或气阴耗伤,甚则阴阳两虚。初期病位在肺;阴虚火旺者常肺肾两虚,并涉及心、肝;气阴两虚者多肺脾同病;久病阴损及阳,阴阳两虚者属肺脾肾三脏俱损。

2. 辨证候顺逆

肺痨顺证:饮食正常,咳嗽日减,无气短不续,无大热或低热转轻,无痰壅咯血,消瘦不显,脉来有根。

肺痨逆证:食少纳呆,咳逆气促,心悸,紫绀,动则大汗,声音低微,发热持续不解,大量咯血,反复发

笔记栏

作，形体羸弱，脉来浮大无根，或细而数疾。

二、治疗要点

1. 治疗原则 补虚培元，抗痨杀虫。根据患者体质强弱而分别主次，但应重视补虚培元，增强机体正气，以提高抗病能力。

2. 滋阴为主 根据阴虚的病机特点，以滋阴为主，火旺者兼以降火，合并气虚、阳虚者，兼以益气或温阳。调补脏腑，重点在肺，兼顾补益脾肾，并应注意脏腑整体关系。

三、分证论治

1. 肺阴亏虚

临床表现：① 干咳少痰或痰中带血，色鲜红，胸部隐隐闷痛；② 潮热，颧红，或有轻微盗汗，口干咽燥；③ 舌红，苔薄黄少津，脉细或兼数。

证候辨析：痨虫蚀肺，损伤肺阴，肺失滋润，清肃失常，故干咳少痰。肺络受损，血溢脉外，故见痰中带血，而胸部隐隐闷痛。阴虚生内热，虚热内灼，故见潮热、颧红。虚火迫津外泄，故盗汗。肺阴耗伤，故见口干咽燥。舌红，苔薄黄少津，脉细或兼数是阴虚有热之象。临床具备①+②或①+③均可辨为肺阴亏虚型。

治法：滋阴润肺。

代表方：月华丸加减。

常用药：沙参、麦冬、天冬、生地黄、熟地黄滋阴润肺；百部、川贝母润肺止咳，杀虫；阿胶、三七止血和营。

痰中带血较多者，加白及、仙鹤草、白茅根和络止血；潮热者加银柴胡、胡黄连、地骨皮清退虚热。

2. 阴虚火旺

临床表现：① 咳呛气急，痰少质黏或痰黄稠量多，反复咯血，血色鲜红；② 午后潮热，五心烦热，颧红，盗汗量多，胸胁掣痛，男子遗精，女子月经不调，形体日渐消瘦；③ 舌干红，苔薄黄或花剥，脉细数。

证候辨析：久病肺虚及肾，肺肾阴伤，虚火内生，灼津为痰，肺失清肃，故见咳嗽气急，痰少质黏或痰黄稠量多。虚火灼伤血络，故见反复咯鲜血。阴虚火旺，则午后潮热，五心烦热，颧红。营阴外泄，故盗汗量多。络脉不和，故胸胁掣痛。相火偏旺则遗精。肾阴亏虚，冲任失养，故月经不调。阴津耗伤，机体失养，故形体日渐消瘦。舌干红，苔薄黄或花剥，脉细数为阴虚火旺之象。临床具备①+②或①+③均可辨为阴虚火旺型。

治法：滋阴降火。

代表方：百合固金汤合秦艽鳖甲散加减。

常用药：百合、麦冬、玄参、生地黄、熟地黄滋阴润肺；当归、白芍养血益阴；贝母、桔梗清肺化痰止咳；鳖甲、知母、地骨皮滋阴清热。

痰多黄稠者，加瓜蒌皮、海浮石、鱼腥草清热化痰；咯血多者，加白茅根、仙鹤草、藕节炭和络止血；盗汗者，加煅龙骨、煅牡蛎、浮小麦等收敛止汗；胸胁掣痛者，加郁金、三七化瘀通络止痛；形体消瘦者，加党参、茯苓、山药健脾益气，以滋生化之源。

3. 气阴耗伤

临床表现：① 咳嗽无力，咯血，血色淡红；② 午后潮热，气短声低，食欲不振，形体消瘦；③ 舌质嫩红，边有齿印，苔薄，脉细弱而数。

证候辨析：久病子盗母气，肺病及脾，肺脾同病，肺不主气，肺失清肃则咳嗽无力。气不摄血，血溢脉外，故见咯血，血色淡红。阴虚内热，故见午后潮热。肺脾两虚，宗气不足，故气短声低。脾虚失运，故见食欲不振。脾虚气血生化乏力，机体失养，故形体消瘦。舌质嫩红，边有齿印，苔薄，脉细弱而数为气阴耗伤之象。临床具备①+②或①+③均可辨为气阴耗伤型。

治法：益气养阴。

代表方：保真汤加减。

常用药：党参、黄芪、白术、茯苓补肺健脾；天冬、麦冬、生地黄、熟地黄、当归、白芍养阴润肺，滋补精血；陈皮健脾理气；知母、黄柏、地骨皮、莲子心滋阴清热。

咯血量多者，可加仙鹤草、三七配合补气药摄血止血；食欲不振者加扁豆、山药、薏苡仁甘淡健脾。

笔记栏

4. 阴阳两虚

临床表现：① 咳逆喘息少气，痰中或见夹血，血色暗淡；② 形体羸弱，潮热，自汗，盗汗，面浮肢肿，心悸，唇紫，形寒肢冷，五更泻，声嘶失音，男子滑精、阳痿，女子经少、经闭；③ 舌光红少津，或舌淡胖，边有齿痕，脉微细而数，或虚大无力。

证候辨析：阴伤及阳，肺脾肾三脏俱损。肺肾气虚，肺不主气，肾不纳气，肺气上逆，故见咳逆喘息少气。气不摄血，血溢脉外，故见咯血，血色暗淡。脾气虚甚，胃气衰败，气血生化乏源，机体失养，故形体羸弱。气阴两虚，故见潮热，自汗，盗汗。脾肾阳虚不能化水，停而成饮，水饮泛溢肌肤，故见面浮肢肿，上凌于心，故见心悸。阳虚血瘀，则唇紫。脾肾阳虚，失于温煦，故见形寒肢冷。黎明之前阳气未振，阴寒较盛，故见五更泻；命门火衰，故男子滑精、阳痿。精气虚竭，冲任不充，故女子经少、经闭。肺气虚甚，金破不鸣，故见声嘶失音。舌光红少津，或舌淡胖，边有齿痕，脉微细而数，或虚大无力为阴阳两虚之象。临床具备①＋②或①＋③均可辨为阴阳两虚型。

治法：滋阴补阳。

代表方：补天大造丸加减。

常用药：人参、黄芪、茯苓、山药补肺健脾；熟地黄、当归、龟甲、白芍补阴精；鹿角胶、紫河车助真阳。

肾虚气喘者，加胡桃仁、冬虫夏草、蛤蚧、五味子补益肺肾，纳气平喘；心悸者加紫石英、丹参、远志镇心安神；五更泻者，加豆蔻、补骨脂温阳止泻；声嘶失音者，加诃子、木蝴蝶、凤凰衣、胡桃肉调肺肾，通音声。

【其他治法】

一、中成药

养阴清肺丸　口服，一次 9 g，一日 2 次。具有养阴润燥，清肺利咽的功效。适用于肺阴亏虚，咽喉干痛，干咳少痰。

二、饮食辅助疗法

百合粥　百合 30 g，糯米 50 g，冰糖适量，煮粥食用。适用于肺阴亏虚证。

【转归预后】

肺痨的预后与体质的强弱、病情的轻重、治疗的合理与否密切相关。若体质较强，病情较轻，治疗得当，一般预后良好；反之预后较差。总之，增强患者体质，早期诊断，早期治疗，阻止病情恶化，是预后好坏的关键。

【预防调护】

(1) 肺痨防重于治，教育患者不要随地吐痰，做好隔离预防，避免传染他人。医护人员和家属接触患者时，注意作好自身防护。

(2) 肺痨为慢性病，需长期诊治，树立战胜疾病的信心，克服悲观情绪，积极配合治疗。避免症状稍有减轻即放弃治疗，致使病情反复发作加重。

(3) 加强营养，增加牛奶、禽蛋、瘦肉、鱼肉等高蛋白饮食，以及百合、梨、枇杷等补肺生津之品。忌食辛辣刺激动火劫液之品。注意适当休息，动静结合。咯血、潮热、盗汗等症状严重者，应卧床休息，好转后可适当活动，如做体操或散步等。

【临证备要】

笔记栏

一、辨病思路

早期诊断，及时治疗对于肺痨的康复至关重要，20%的活动肺结核患者也可以无症状或仅有轻微症状，应及时作相关检查，避免误诊或漏诊。

二、辨证思路

1. 注意虚中夹实的特殊情况　若阴虚火旺，灼津为痰，痰热内蕴，咳嗽，咯黄稠痰，口苦，舌苔黄腻者，当在滋阴降火的同时配合清热化痰；气虚不能化津，痰浊内生，咳嗽痰多，黏稠色白，胸闷，舌苔白腻者，当在补益肺脾之气的同时，配合宣化痰浊；咯血瘀阻肺络，胸胁刺痛，舌紫，脉涩者，又当祛瘀止血。必要时可暂从标治。

2. 重视肺痨的严重变证　肺痨久治不愈，或误治失治，都可发展成阴阳虚损，或水饮凌心射肺、气随血脱等严重变证。若不及时救治，均可危及生命，临证应不失时机，力挽危局。

三、治疗注意

1. 重视培土生金法　临证当重视补脾助肺，以助生化之源，可选用参苓白术散；即使属于阴虚之证，当在甘寒滋阴的同时，配伍山药、白术、扁豆等甘淡实脾之品，帮助脾胃对滋阴药的运化吸收。补脾用药不宜温燥，以免伤津、耗气、动血。

2. 忌苦寒太过伤阴伤脾　肺痨虽具有火旺之证，但本质在于阴虚，故当以甘寒养阴为主，适当佐以清火，即使肺火、痰热明显者，也只宜暂予清肺火，化痰热，中病即止，不可过量或久用苦寒之品，防苦燥伤阴，寒凉败胃。

3. 在辨证基础上适当选用抗痨杀虫药　近来研究显示下列中药有抗痨杀虫作用，如黄连、黄芩、百部、白及、大蒜、冬虫夏草、葎草、十大功劳等，临床用药时可根据临床辨证适当加减。

【文献摘录】

《明医杂著·痨瘵》："色欲过度，损伤精血，必生阴虚火动之病，睡中盗汗，午后发热，哈哈咳嗽，倦怠无力，饮食少进，甚则痰涎带血，咯吐出血，或咳血、吐血、衄血，身热，脉沉数，肌肉消瘦，此名痨瘵。"

《医宗必读·虚劳》："大抵虚劳之证，疑难不少，如补脾保肺，法当兼行。然脾喜温燥，肺喜清润，保肺则碍脾，补脾则碍肺。唯燥热而盛，能食而不泻者，润肺当急，而补脾之药亦不可缺也……脾有生肺之能，肺无扶脾之力，故补脾之药，尤要于保肺也。"

（敖素华）

第八节　肺　　痿

【概述】

一、定义

肺痿(atrophic lung disease)是指肺叶痿弱不用，临床以咳吐浊唾涎沫为主症，为肺脏的慢性虚损性疾患。《金匮要略心典·肺痿肺痈咳嗽上气病》说："痿者萎也，如草木之萎而不荣。"

二、源流

肺痿病名，最早见于张仲景《金匮要略》，该书列专篇论述肺痿的主症特征、病因、病机及辨证。如《金匮要略·肺痿肺痈咳嗽上气病脉证治》曰："寸口脉数，其人咳，口中反有浊唾涎沫者……为肺痿之病"。

唐代，孙思邈《备急千金要方·肺痿门》将肺痿分为热在上焦及肺中虚冷两类，认为"肺痿虽有寒热之分，从无实热之例"，提出治疗虚寒肺痿可用生姜甘草汤、甘草汤，虚热肺痿可用炙甘草汤、麦门冬汤等。王焘《外台秘要·咳嗽门》引许仁则论云："肺气嗽经久将成肺痿，其状不限四时冷热，昼夜嗽常不断，唾白如雪，细沫稠黏，喘息气上，乍寒乍热，发作有时，唇、口、喉、舌干焦，亦有时唾血者，渐觉瘦悴，小便赤，颜

笔记栏

色青白,毛耸,此亦成蒸",说明久嗽劳嗽,劳热熏肺,肺阴大伤,进一步发展则成肺痿。

明代,王肯堂《证治准绳·诸气门》说:"久嗽咳血成肺痿"。陈实功《外科正宗·肺痈论》中说:"久嗽劳伤,咳吐痰血,寒热往来,形体消削,咯吐瘀脓,声哑咽痛,其候转为肺痿",指出肺痈溃后,热毒不净,伤阴耗气,可以转为肺痿。

清代,张璐《张氏医通·肺痿》将其治疗要点概括为"缓而图之,生胃津,润肺燥,下逆气,开积痰,止浊唾,补真气……散火热"七个方面,旨在"以通肺之小管","以复肺之清肃",理义精深,非常切合实用。喻昌《医门法律》指出肺痿是因于燥邪而非湿邪,并以甘寒立法,自制清燥救肺汤治疗肺痿,补充了肺痿的治疗方法。沈金鳌《杂病源流犀烛·肺病源流》进一步对肺痿的用药宜忌等作了补充:"其症之发,必寒热往来,自汗,气急,烦闷多唾,或带红线脓血,宜急治之,切忌升散辛燥温热。大约此症总以养肺、养气、养血、清金、降火为主"。

三、范围

西医学中的某些慢性肺实质性病变如肺纤维化、肺硬变、肺不张等出现肺痿的临床表现时,可参考本节辨证论治。

【病因病机】

本病原因可分肺燥津伤和肺气虚冷两个方面,而以前者为主。病变机理为肺虚津气失于濡养所致(图 4-8)。

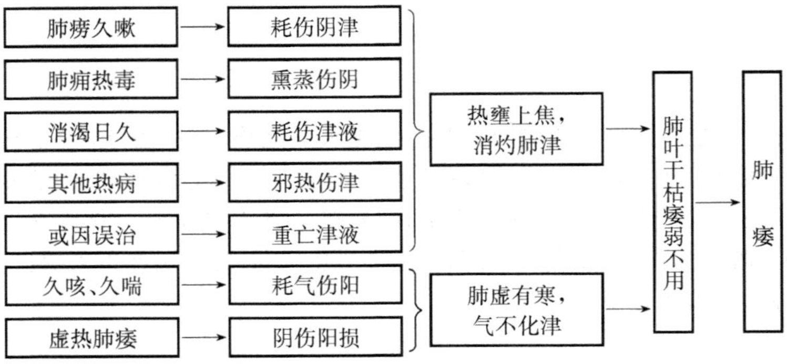

图 4-8　肺痿病因病机示意图

1. 肺燥津伤　肺燥津伤所致的肺痿,多为肺有燥热,重亡津液。如肺痨久嗽,耗伤阴津,虚热内灼,肺痈热毒,熏蒸伤阴,消渴津液耗伤,热病邪热伤津。或因误治,如过汗,过度呕吐,或过度利小便,或由便秘而过用泻下之药,重亡津液,以致热壅上焦,消灼肺津,肺燥阴竭,肺失濡养,日渐枯萎。

2. 肺气虚冷　大病久病之后,如内伤久咳、久喘,耗气伤阳;或虚热肺痿,久而不愈,阴伤阳损,以致肺虚有寒,气不化津,津反为涎,肺失濡养,痿弱不用。

肺痿总由肺虚,津气大伤,失于濡养,以致肺叶枯萎。其病变脏腑主要涉及肺脏,与脾、胃、肾等脏密切相关。脾虚气弱,无以生化、布散津液,或胃阴耗伤,胃津不能上输养肺,土不生金,均可致肺燥津枯,肺失濡养;久病及肾,肾气不足,气不化津,或因肾阴亏耗,肺失濡养,亦可发为肺痿。

【诊断】

诊断要点

(1) 临床以咳吐浊唾涎沫为主症,唾呈细沫稠黏,或白如雪,或带白丝,咳嗽,或不咳,气短,或动则气喘。

(2) 常伴有面色㿠白或青苍,形体瘦削,神疲,头晕,或时有寒热等全身症状。

(3) 有多种慢性肺系疾病史,久病体虚。

(4) 相关检查:X 线检查是最可靠的诊断方法,可观察病变程度和范围,且常可查出病变的某些原

笔记栏

因。肺功能检查、血气分析能反映肺功能的状况，肺功能异常可出现在临床症状及X线检查改变出现以前，故有一定的诊断价值，如动态观察肺功能，对疗效评价、病情进展和判断预后有一定参考价值。其他如肺核素扫描、支气管肺泡灌洗、CT、MRI等检查也有助于原发病的鉴别。

【鉴别诊断】

1. 肺痈　肺痿以咳吐浊唾涎沫为主症，而肺痈以咳则胸痛，吐痰腥臭，甚则咳吐脓血为主症。虽然多为肺中有热，但肺痈属实，肺痿属虚，肺痈失治久延，可以转为肺痿。

2. 肺痨　肺症主证为咳嗽、咳血、潮热、盗汗等，与肺痿有别。肺痨后期可以转为肺痿重证。

【辨证论治】

一、辨证要点

辨虚热与虚寒　虚热肺痿是阴津不足，虚热内生，其涎沫黏稠不易咯出，或痰中带有血丝。虚寒肺痿是阳气耗伤，肺中虚冷，咳吐涎沫清稀量多，口不渴，气短遗尿。若虚热肺痿日久，阴损及阳，可出现寒热夹杂证，又当辨其阴虚内热为主，或是气阳虚冷为主。

二、治疗要点

1. 治疗原则　治疗总以补肺生津为原则。

2. 寒热分治　虚热证，治当生津清热，以润其枯；虚寒证，治当温肺益气，而摄涎沫。

3. 其他　治疗应时刻注意保护津液，重视调理脾、胃、肾。

三、分证论治

1. 虚热

临床表现：① 咳吐浊唾涎沫，其质较黏稠，或咳痰带血，咳声不扬，甚则音嘶；② 气急喘促，口渴咽燥，午后潮热，形体消瘦，皮毛干枯；③ 舌红而干，脉虚数。

证候辨析：肺阴亏耗，虚火内炽，灼津成痰，故咯吐浊唾涎沫，其质黏稠；火逆上气，肺失肃降，则气逆咳喘；燥热伤津，津液不能濡润上承，故咳声不扬，声嘶，口渴咽燥。阴虚火旺，灼伤肺络，则午后潮热，咯痰带血。阴津枯竭，不能洒陈脏腑，充身泽毛，故形体消瘦，皮毛干枯。舌红而干，脉虚数，乃是阴枯热灼之象。临床具备①+②或①+③均可辨为虚热型。

治法：滋阴清热，润肺生津。

代表方：麦门冬汤合清燥救肺汤加减。

常用药：太子参、甘草、大枣、粳米益气生津，甘缓补中；桑叶、石膏清泄肺经燥热；阿胶、麦冬、胡麻仁滋肺养阴；杏仁、枇杷叶、半夏化痰止咳，下气降逆。

火盛，出现虚烦、咳呛、呕逆者，则去大枣，加竹茹、竹叶清热和胃降逆；咳吐浊黏痰，口干欲饮者，则可加天花粉、知母、川贝母清热化痰；津伤甚者，加沙参、玉竹以养肺津；潮热者，加银柴胡、地骨皮以清虚热，退骨蒸。

2. 虚寒

临床表现：① 咯吐涎沫，其质清稀量多，不渴，短气不足以息；② 头眩，神疲乏力，食少，形寒，小便数，或遗尿；③ 舌质淡，脉虚弱。

证候辨析：肺气虚寒，气不化津，津化为涎，故咯吐多量清稀涎沫。因非阴虚火旺，无火逆上气之征，故不渴，肺虚不能主气，则短气不足以息。脾肺气虚，则神疲食少；清阳不升，故头眩；阳不卫外，则形寒；上虚不能制下，膀胱失约，故小便频数或遗尿。舌质淡，脉虚弱，皆属气虚有寒之象。临床具备①+②或①+③均可辨为虚寒型。

治法：温肺益气。

代表方：甘草干姜汤或生姜甘草汤加减。

笔记栏

常用药：甘草、干姜温肺脾；人参、大枣、白术、茯苓甘温补脾，益气生津。

脾气虚弱，纳少神疲者，加白术、茯苓；肺虚失约，唾沫多而尿频者，加益智仁、诃子；肾虚不能纳气，喘息、短气者，可配钟乳石、五味子，另吞蛤蚧粉。

【其他治法】

一、中成药

1. 六味地黄丸 口服，一次 6 g，一日 3 次。具有滋阴补肾的功效。适用于虚热肺痿。

2. 金匮肾气丸 口服，一次 6 g，一日 3 次。具有温补肾阳的功效。适用于虚寒肺痿。

二、饮食辅助疗法

(1) 百合 30 g，煮粥，一日 1 次。具有养阴清热的功效。适用于虚热肺痿。

(2) 银耳 15 g，冰糖 10 g，同煮内服。具有养阴清热的功效。适用于虚热肺痿。

【转归预后】

肺痿属内伤虚证，病情较重而迁延难愈，如治疗正确，调理适宜，病情稳定改善，可带病延年，或可获愈。如治疗不当，或不注意调摄，则使病情恶化，以至不治。若见张口短气，喉哑声嘶，咯血，皮肤干枯，脉沉涩而急或细数无神者，预后多不良。正如《张氏医通》所述肺痿“张口短气者危”“肺痿属热，如咳久肺痿，喉哑声嘶咯血，此属阴虚，多不可治。肺痿的脉沉涩而急，或细数无神，脉口皮肤枯干，而气高息粗者死。”

【预防调护】

(1) 积极治疗肺部咳喘等疾患，防止其向肺痿转变。

(2) 戒烟，减少对呼吸道刺激，以利肺气恢复。

(3) 饮食宜甘淡，忌寒凉油腻。居处要清洁，避免烟尘刺激。

(4) 加强体育锻炼，尤其是注意耐寒锻炼，适应气候变化，增强肺卫功能。

【临证备要】

一、辨病思路

肺痿常见于西医学中的某些慢性肺实质性病变如肺纤维化、肺硬变、肺不张等病。

1. 肺纤维化 主要症状表现为进行性气急，干咳少痰或少量白黏痰。易继发感染，出现黏液脓性痰或脓痰，偶见血痰。全身症状可有消瘦、食欲不振、疲倦乏力和胸部隐痛等。肺纤维化晚期出现以低氧血症为主的呼吸衰竭。

2. 肺硬变 该病的特点是刺激性干咳，劳力性呼吸困难，即动则喘憋气短等。绝大多数查不清病因，称特发性肺间质纤维化；小部分是与吸入粉尘、煤粉、木屑、化疗药物、结缔组织病、肺病等有关，称继发性肺间质纤维化。

3. 肺不张 肺不张的临床表现主要取决于病因、肺不张程度和范围、发生的时间以及并发症的严重程度而异。发病较急的一侧大叶肺不张，可有胸闷、气急、呼吸困难、干咳等。当合并感染时，可引起患侧胸痛，突发呼吸困难和发绀，咳嗽，喘鸣，咯血，脓痰，畏寒和发热，心动过速，体温升高，血压下降，有时出现休克。缓慢发生的肺不张或小面积肺不张可无症状或症状轻微。

笔记栏

二、辨证思路

1. 重视脾胃肾 脾胃为后天之本，肺金之母，培土有助于生金。阴虚者宜补胃津以润燥，使胃津能上输以养肺;气虚者宜补脾气以温养肺体,使脾能转输精气以上承。肾为气之根,司摄纳,补肾可以助肺纳气。

2. 重视肺痿重证　在治疗过程中,有的病情日渐加重,而出现张口短气、喉哑声嘶、气高息粗等肺气败绝、全身津液消亡之象,乃病情危笃之征。

三、治疗注意

1. 不可妄投燥热,以免助火伤津　肺痿病属津枯,故应时刻注意保护其津液,无论寒热,皆不宜妄用温燥之药,销铄肺津,即使虚寒肺痿,亦必须掌握辛甘合用的原则。另一方面亦忌苦寒及滋腻之品,以免苦燥伤阴、寒凉败胃及滋腻太过碍脾。

2. 慎用祛痰峻剂　肺痿属虚,故一般忌用峻剂攻逐痰涎,犯虚虚实实之戒,宜缓图取效。

【文献摘录】

《证治汇补·咳嗽》:"久嗽肺虚,寒热往来,皮毛枯燥,声音不清,或嗽血线,口中有浊唾涎沫,脉数而虚,为肺痿之病。"

《临证指南医案·肺痿门》:"《金匮》治法,贵得其精意。大意生胃津,润肺燥,补真气,以通肺之小管,清火热,以复肺之清肃。故《外台》用炙甘草汤,在于益肺气之虚,润肺金之燥。《千金》用甘草汤及生姜甘草汤,用参、甘以生津化热,姜、枣以宣上焦之气,使胸中之阳不滞,而阴火自熄也。及观先生之治肺痿,每用甘缓理虚,或宗仲景甘药理胃,虚则补其母之义,可谓得仲景心法矣。"

（曹　勇）

笔记栏

第五章　心脑系疾病

导　学

本章主要介绍心悸、胸痹、不寐、癫狂、痫病、痴呆、健忘、厥证、头痛、眩晕、中风等心脑系疾病的概述、病因病机、诊断、鉴别诊断、辨证论治、其他治法、转归预后、预防调护、临证备要和文献摘录等内容。

目的要求

1. 掌握心悸的定义、病因病机、诊断要点、辨证要点、治疗要点及分证论治；胸痹的定义、病因病机、诊断要点、辨证要点、治疗要点及分证论治；不寐的定义、治疗要点及分证论治；癫狂的定义、辨证要点、治疗要点及分证论治；痫病的定义、诊断要点、与中风和厥证的鉴别诊断、辨证要点、治疗要点及分证论治；痴呆的定义、诊断要点、辨证要点、治疗要点及分证论治；健忘的定义、辨证要点、治疗要点及分证论治；厥证的定义、诊断要点、与中风和痫病的鉴别诊断、辨证要点、治疗要点及分证论治；头痛的定义、病因病机、辨证要点、治疗要点及分证论治；眩晕的定义、病因病机、诊断要点、辨证要点、治疗要点及分证论治；中风的定义、病因病机、诊断要点、治疗要点及分证论治。

2. 熟悉心悸与胸痹、奔豚的鉴别诊断；胸痹与悬饮、胃痛、真心痛的鉴别诊断；不寐的病因病机、辨证要点；癫狂的诊断要点、病因病机及其与郁病和痴呆的鉴别诊断；痫病的病因病机；痴呆的病因病机及其与郁病、癫狂和健忘的鉴别诊断；健忘的诊断要点、病因病机及其与郁病、痴呆的鉴别诊断；厥证的病因病机；头痛的诊断要点；中风的辨证要点及其与痫证、厥证、口僻、痿证的鉴别诊断。

3. 了解心悸、胸痹、不寐、癫狂、痫病、痴呆、健忘、厥证、头痛、眩晕、中风等心脑系疾病在西医学中的范围、其他治法、转归预后、预防调护。

依据脏腑生理功能和病因病机特点，将心悸、胸痹、不寐、癫狂、痫病、痴呆、健忘、厥证、头痛、眩晕、中风归属为心脑系疾病。

心脑为十二官之主，性命之枢机。心主血脉，藏神明，其华在面，开窍于舌，与小肠相表里。心气心阳主要推动血液运行，心阴心血则可濡养心神。脑为元神之府，神机之源，由先天之精所化生，后天肾精、气血所充养。元神与五脏六腑之神气相通，在生理上以经络为传导通路，统帅产生各种生理功能活动，主协调运动、聪慧知觉、情志，并调整阴阳平衡。

心脑的病理表现主要是血脉经络运行的障碍和心脑之神被扰或失用而致的情志思维感知等活动的异常。心脑的病理变化主要有虚实两个方面，虚证为气、血、阴、阳的亏虚，实证为气滞、痰饮、风火、血瘀等阻滞。正虚邪扰，血脉不畅，心神不宁，则为心悸；寒、痰、瘀等邪痹阻心脉，胸阳不展，则为胸痹；阳盛阴衰，阴阳失调，心肾不交则为不寐；痰气痰火扰动心神，神机失灵，则为癫狂；痰凝气郁，蒙蔽清窍，则为痫病；髓海不足，心神失用，则为痴呆；气血逆乱，阴阳之气不能相接，则为厥证；脑海空虚，清窍失养，兼或清阳受扰，瘀血阻络则为头痛、眩晕；髓海不足，气血衰弱，兼或风火相煽，痰湿壅盛，气逆血瘀，上犯于脑，则为中风。

此外，五脏相关，其他脏腑病变常累及于心脑，而血脉运行与神志失常亦常病及其他脏腑。如心阳虚衰之喘脱，心热下移之淋证，血不循经之血证，邪扰元神之痉证等，亦均涉及心或脑，但因主次有异，故分别归于肺系疾病、肾系疾病、气血津液疾病和肢体经络疾病，临证当联系互参。

笔记栏

第一节　心　　悸

【概述】

一、定义

心悸(palpitation)是指患者自觉心中悸动、惊惕不安,甚则不能自主的一种病证,临床一般多呈发作性,每因情志波动或劳累过度而发作。且常伴胸闷、气短、失眠、健忘、眩晕、耳鸣等症。病情较轻者为惊悸,病情较重者为怔忡。

二、源流

《内经》虽无心悸或惊悸、怔忡之名,但已有关于“悸”的记载。如《素问・三部九候论》曰:“参伍不调者病……其脉乍疏乍数、乍迟乍疾者,日乘四季死”,最早认识到心悸严重脉律失常与疾病预后的关系。在病因病机方面认识到宗气外泄,心脉不通,突受惊恐,复感外邪,饮邪上犯,皆可引起心悸。《素问・平人气象论》曰:“……左乳下,其动应衣,宗气外泄也”。《素问・举痛论》云:“惊则心无所依,神无所归,虑无所定,故气乱矣。”《素问・痹论》亦云:“脉痹不已,复感于邪,内舍于心”“心痹者,脉不通,烦则心下鼓”。

心悸的病名,首见于汉代张仲景的《伤寒杂病论》,称之为“心悸”“惊悸”“心动悸”“心中悸”“眩悸”等,并记载了心悸时表现的结、代、促脉及其区别。如《金匮要略・惊悸吐衄下血胸满瘀血病脉证并治》中有“寸口脉动而弱,动即为惊,弱则为悸。”认为心悸主要病因有惊扰、水饮、虚劳及汗后受邪等,提出了基本治则和治疗心悸的常用方剂。如《伤寒论・辨太阳病脉证并治》曰:“脉浮数者……若下之,身重,心悸者,不可发汗,当自汗出乃解……伤寒二三日,心中悸而烦者,小建中汤主之”“伤寒,脉结代,心动悸,炙甘草汤主之。”《金匮要略・痰饮咳嗽病脉证并治》提到“凡食少饮多,水停心下,甚者则悸……眩悸者,小半夏加茯苓汤主之。”

汉代以后,诸医家从心悸、惊悸、怔忡等不同方面都有所发挥,并不断补充完善了心悸的病因病机、治法方药。如宋代严用和《济生方・惊悸怔忡健忘门》首先提出怔忡病名,并对惊悸、怔忡的病因病机、病情演变、治法方药作了较详细的论述。金元时期朱震亨认为“悸者怔忡之谓”,强调了虚与痰的致病因素,如《丹溪心法・惊悸怔忡》中认为“怔忡者血虚,怔忡无时,血少者多。有思虑便动,属虚。时作时止者,痰因火动。”明代《医学正传・惊悸怔忡健忘证》认为惊悸、怔忡有别,尚与肝胆有关,提出“怔忡者,心中惕惕然,动摇而不得安静,无时而作者是也;惊悸者,蓦然而跳跃惊动,而有欲厥之状,有时而作者是也。”明代张介宾《景岳全书・怔忡惊恐》认为怔忡由“阴虚劳损所致,且微动亦危,虚甚动亦甚”。其在治疗与护理上主张“速宜节欲节劳,切戒酒色。凡治此者,速宜养气养精,滋培根本”,提出左归饮、右归饮、养心汤、宁志丸等至今临床广为应用的有效方剂。清代王清任《医林改错》重视瘀血内阻导致心悸怔忡,记载了用血府逐瘀汤每多获效,开启了活血化瘀治疗心悸的先河。

三、范围

西医学中的冠状动脉粥样硬化性心脏病、心肌病、风湿性心脏病、肺源性心脏病等引起的心律失常,如心动过速、心动过缓、期前收缩、心房颤动或扑动、房室传导阻滞、病态窦房结综合征、预激综合征以及心功能不全、心肌炎,还有一部分神经官能症等,临床表现以心悸为主症者,均可参照本病证辨证论治,同时结合辨病处理。

【病因病机】

心悸的发生多因体质虚弱、饮食劳倦、七情所伤、感受外邪及药食不当等,以致气血阴阳亏损,心神失养,心主不安,或痰、饮、火、瘀阻滞心脉,扰乱心神(图 5-1)。

笔记栏

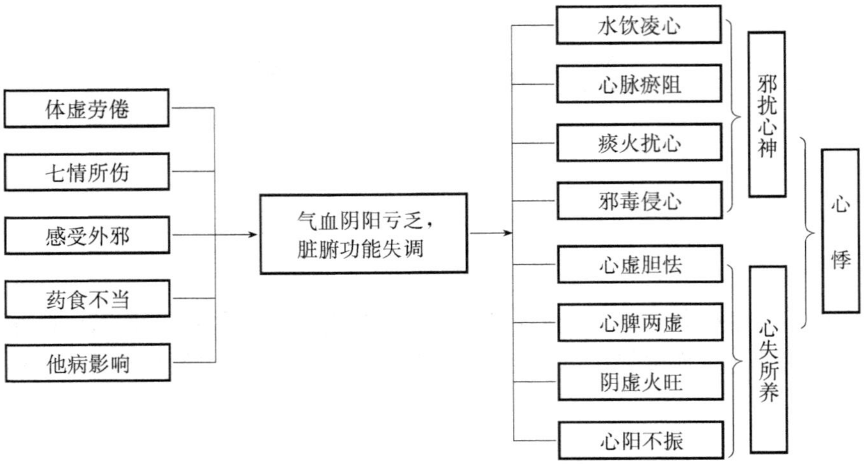

图 5-1 心悸病因病机示意图

1. 体虚久病，心失所养 禀赋不足，素体虚弱，或久病伤正，耗损心之气阴，或劳倦太过伤脾，生化之源不足，气血阴阳亏虚，脏腑功能失调，久损肾阴，气血不足，心失所养；肾阴不足，水不济火，虚火扰心；阳气虚弱，不能温养心脉，致心神失养，发为心悸。如《诸病源候论》所云："心藏神而主血脉，虚劳损伤血脉，致令心气不足，因而邪气所乘，则使惊而悸动不定。"

2. 情志刺激，损伤心脾 平素心虚胆怯，突遇惊恐，忤犯心神，心神动摇，不能自主而心悸；或长期忧思不解，劳伤心脾，阴血暗耗，不能养心而心悸；或忧思过度，心脾气机郁结，气结津聚为痰，化火生痰，痰火扰心，心神失宁而心悸。此外，大怒伤肝，大恐伤肾，怒则气逆，恐则精却，阴虚于下，火逆于上，动撼心神，亦可发为惊悸。

3. 感受外邪，损伤心脉 感受温病、疫毒均可灼伤营阴，心失所养；或邪毒内扰心神，心失所主，如风温、暑温等疫毒病证，往往伴见心悸；风、寒、湿三气杂至，合而为痹；痹证日久，复感外邪，内舍于心，痹阻心脉，血行受阻，发为心悸；或风寒湿热之邪，由血脉内侵于心，耗伤心气心阴，亦可引起心悸。

4. 药食不当，痰火扰心 嗜食醇酒厚味，煎炸炙煿，蕴热化火生痰，痰火上扰心神则为悸；或因药物过量或毒性较剧，耗伤心气、损伤心阴，引起心悸，如中药附子、乌头、雄黄、蟾酥、麻黄等，西药锑剂、洋地黄、奎尼丁、阿托品、肾上腺素等，或补液过快、过多等。

心悸病机虚实有别，虚者为气血阴阳不足，心失所养引起；实者或为痰火扰心，或为惊恐日久，心失所主；或为外邪内传扰心，痹阻心脉引起。病位主要在心，但发病与肝脾肾三脏功能失调有密切关系。

【诊断】

诊断要点

(1) 一般症状：自觉心搏异常，或快速，或缓慢，或跳动过重，或忽跳忽止，呈阵发性或持续不解，神情紧张，心慌不安，不能自主。

(2) 伴有症状：胸闷不舒，易激动，心烦寐差，颤抖乏力，头晕等。中老年患者，可伴有心胸疼痛，甚则喘促，汗出肢冷，或见晕厥。

(3) 常见脉象：脉象对心悸的诊断有重要意义。心悸者常见疾、促、结、代、迟、涩、雀啄等脉象；听诊示心搏或快速，或缓慢，或忽跳忽止，或伴有心音强弱不匀等。

(4) 诱发因素：情志刺激如惊恐、紧张，劳倦，饮酒，饱食等。

(5) 相关检查：心悸患者应作心电图检查，以区分快速性心律失常或是缓慢性心律失常；识别过早搏动的性质；判断Ⅰ度、Ⅱ度、Ⅲ度房室传导阻滞，心房扑动与心房颤动，心室扑动与心室颤动，病态窦房结综合征及预激综合征等。必要时可作 24 小时动态心电图监测，以发现短暂、隐性的心律失常，评价患者活动、症状与心律失常的关系，鉴别良性与恶性心律失常，观察药物的作用。食道心房调搏和阿托品试验，对评价窦房结功能、诊断病态窦房结综合征有重要意义。心室晚电位检测判断缺血性心脏病与心肌梗死后恶性心律失常与猝死有一定价值。临床配合测量血压、X 线胸部摄片、心脏超声检查等更有助于

笔记栏

明确诊断。

【鉴别诊断】

1. 胸痹　以心痛为主症，多呈心前区或胸骨后压榨样痛、闷痛，伴见心慌不安，脉结代，常因劳累、感寒、饱餐或情绪波动而诱发，多呈短暂发作。但甚者心痛剧烈不止，唇甲发绀，或手足青至节，呼吸急促，大汗淋漓，甚至晕厥，病情危笃。心痛常可与心悸合并出现。

2. 奔豚　奔豚发作之时，亦觉心胸躁动不安。《难经·五十六难》曰："发于小腹，上至心下，若豚状，或上或下无时"，称之为肾积。《金匮要略·奔豚气病脉证治》曰："奔豚病从少腹起，上冲咽喉，发作欲死，复还止，皆从惊恐得之。"故本病与心悸的鉴别要点为：心悸为心中剧烈跳动，发自于心；奔豚乃上下冲逆，发自少腹。

3. 卑惵　《证治要诀·怔忡》描述卑惵症状为"痞塞不欲食，心中常有所歉，爱处暗室，或倚门后，见人则惊避，似失志状"。卑惵因为"心血不足"，虽有心慌，但一般无促、结、代、疾、迟等脉象出现，是以神志异常为主的疾病，与心悸不难鉴别。

【辨证论治】

一、辨证要点

1. 辨惊悸与怔忡　惊悸发病，多与情绪因素有关，可由骤遇惊恐，忧思恼怒，悲哀过极或过度紧张而诱发，多为阵发性，病来虽速，病情较轻，实证居多，病势轻浅，可自行缓解，不发时如常人。怔忡多由久病体虚，心脏受损所致，无精神等因素亦可发生，常持续心悸，心中惕惕，不能自控，活动后加重，每属虚证，或虚中夹实，病来虽渐，病情较重，不发时亦可兼见脏腑虚损症状。

2. 辨虚实　心悸证候特点多为虚实相兼，故当首辨虚实。虚者系指脏腑气血阴阳亏虚，实者多指痰饮、瘀血、火毒之类。辨证时，不仅要注意正虚一面，亦应重视邪实一面，并分清虚实之程度。正虚程度与脏腑虚损情况有关，即一脏虚损者轻，多脏虚损者重。在邪实方面，一般来说，单见一种夹杂者轻，多种合并夹杂者重。

3. 辨脏腑　心悸的病位在心，心脏病变可以导致其他脏腑功能失调或亏损，同样，其他脏腑病变亦可以直接或间接影响于心。应分清心脏与他脏的病变情况，分清治疗的轻重缓急，全方位治疗。

二、治疗要点

1. 治疗原则　根据本病病因病机的特点，治疗原则主要为虚证予以补气、养血、滋阴、温阳；实证予以祛痰、化饮、清火、行瘀。但本病以虚实错杂为多见，且虚实的主次、缓急各有不同，故治当相应兼顾。

2. 镇心安神　心悸以心神不宁为其病理特点，故应酌情配入养心、镇心安神之法。

3. 调畅情志　心悸多由情绪波动、疲劳、喧闹的环境等因素诱发或加重。因此药物治疗的同时，需嘱患者注意调节情绪、避免劳累、保持环境安静等。

三、分证论治

(一) 本虚证

1. 心虚胆怯

临床表现：① 心悸不宁，善惊易恐，坐卧不宁；② 少寐多梦，易惊醒，恶闻声响，食少纳呆；③ 舌质淡红，苔薄白，脉细稍数或脉弦细。

证候辨析：心为神舍，心气不足易致神浮不敛，心神动摇，失眠多梦。胆气怯弱则善惊易恐，恶闻声响。心胆俱虚则更易为惊恐所伤，稍惊即悸。心位胸中，心气不足，胸中宗气运转无力，故胸闷气短。气虚卫外不固则自汗。劳累耗气，心气益虚，故劳则加重。脉细稍数或细弦为气血逆乱之象。本证为气血亏损，心虚胆怯，心神失养。临床具备①+②或①+③均可辨为心虚胆怯型。

治法：镇惊定志，养心安神。

笔记栏

代表方：安神定志丸加减。

常用药：龙齿、琥珀、磁石镇惊宁神；朱砂、茯神、菖蒲、远志安神定惊；人参补益心气。

心阳不振者，加附子、桂枝；兼心血不足，加熟地黄、阿胶；心悸气短，动则益甚，气虚明显时，加黄芪以增强益气之功；气虚自汗者，加麻黄根、浮小麦、瘪桃干、乌梅；气虚夹瘀者，加丹参、桃仁、红花；气虚夹湿者，加泽泻，白术、茯苓；心气不敛者，加五味子、酸枣仁、柏子仁，以收敛心气，养心安神；若心气郁结，心悸烦闷，精神抑郁，胸胁胀痛者，加柴胡、郁金、合欢皮、绿萼梅、佛手以疏肝解郁。

2. 心脾两虚

临床表现：① 心悸气短，头晕目眩，少寐多梦，健忘，思虑劳心则甚；② 神疲乏力，纳呆食少，腹胀便溏；③ 口唇色淡，面色无华，舌淡红，脉细弱。

证候辨析：思虑劳心，暗耗心血，或脾气不足，生化乏源，皆可致心失血养，心神不宁，而见心悸、失眠多梦。思虑过度可劳伤心脾，故思虑劳心则甚。血虚不能濡养脑髓，故眩晕健忘；不能上荣肌肤，故面色无华，口唇色淡。纳少腹胀，大便溏薄，神疲乏力，均为脾气虚之表现。临床具备①+②或①+③均可辨为心脾两虚型。

治法：补血养心，益气安神。

代表方：归脾汤加减。

常用药：当归、龙眼肉补养心血；黄芪、人参、白术、炙甘草益气以生血；茯神、远志、酸枣仁宁心安神；木香行气，使补而不滞。

气虚甚者，重用人参、黄芪、白术、炙甘草，少佐肉桂，取少火生气之意；血虚甚者，加熟地黄、白芍、阿胶；若心动悸，脉结代，气短，神疲乏力，心烦失眠，五心烦热，自汗盗汗，胸闷，面色无华，舌质淡红少津，苔少或无，脉细数，为气阴两虚，治以益气养阴，养心安神，用炙甘草汤加减，以益气补血，滋阴复脉。

3. 阴虚火旺

临床表现：① 心悸易惊，心烦失眠，形体消瘦，五心烦热，口干盗汗；② 头晕目眩，耳鸣，急躁易怒，腰膝酸软，小便短黄，大便干结；③ 舌红少津，苔少或无，脉细数或促。

证候辨析：肾阴亏虚，水不济火，以致心火亢盛，扰动心神，故心悸少寐。肾主骨生髓，腰为肾之府，肾虚，则髓海不足，骨骼失养，故腰膝酸软，眩晕耳鸣。阴虚火旺，虚火内蒸，故形体消瘦，五心烦热，潮热盗汗，口干咽燥，小便短黄，大便干结。舌红少津，少苔或无苔，脉细数或促，为阴虚火旺之象。临床具备①+②或①+③均可辨为阴虚火旺型。

治法：滋阴清火，养心安神。

代表方：天王补心丹或朱砂安神丸加减。

常用药：生地黄、玄参、麦冬、天冬养阴清热；当归、丹参补血养心；人参补益心气；朱砂、茯苓、远志、枣仁、柏子仁养心安神；黄连清心泻火；五味子收敛心气；桔梗引药上行，以通心气。因朱砂有毒，不可过剂。

肾阴亏虚，虚火妄动，梦遗腰酸者，治当滋阴降火，方选知柏地黄丸加味，方中知母、黄柏清泻相火，六味地黄丸滋补肾阴，合而用之有滋阴降火之功。

4. 心阳不振

临床表现：① 心悸不宁，胸闷气短，自汗，动则尤甚；② 形寒肢冷，喜温，或伴心痛；③ 面色皖白，舌淡苔白，脉虚弱或沉细无力。

证候辨析：久病体虚，损伤心阳，心失温养，则心悸不安，不能温煦肢体，故面色皖白，肢冷畏寒。胸中阳气虚衰，宗气运转无力，故胸闷气短。阳气不足，卫外不固，故自汗出。阳虚无力鼓动血液运行，心脉痹阻，故心痛时作。舌质淡，脉虚弱或沉细无力，为心阳不振之象。临床具备①+②或①+③均可辨为心阳不振型。

治法：温补心阳，安神定悸。

代表方：桂枝甘草龙骨牡蛎汤合参附汤加减。

笔记栏

常用药：桂枝、附片温振心阳；人参、黄芪益气助阳；麦冬、枸杞滋阴，取阳得阴助其生化无穷之意；炙甘草益气养心；龙骨、牡蛎重镇安神定悸。

形寒肢冷者，重用人参、黄芪、附子、肉桂温阳散寒；兼见水饮内停者，加葶苈子、五加皮、车前子、泽泻等利水化饮；夹瘀血者，加丹参、赤芍、川芎、桃红、红花；兼见阴伤者，加麦冬、枸杞、玉竹、五味子；若心阳不振，以致心动过缓者，酌加炙麻黄、补骨脂、附子，重用桂枝以温通心阳。如大汗淋漓，面青唇紫，肢冷脉微，气喘不能平卧，为亡阳征象，当急予独参汤或参附汤，送服黑锡丹，或参附注射液静脉注射或静脉点滴，以回阳救逆。

（二）标实证

1. 水饮凌心

临床表现：① 心悸，胸闷痞满，渴不欲饮，肢面浮肿，尿少，甚者咳喘，不能平卧；② 眩晕，呕恶流涎，形寒肢冷；③ 舌质淡胖，苔白滑，脉弦滑或沉细而滑。

证候辨析：阳虚不能化水，水饮内停，上凌于心，故见心悸；饮溢肢体，故见浮肿。饮阻于中，清阳不升，则见眩晕；阻碍中焦，胃失和降，则脘痞，纳呆食少，恶心呕吐。阳气虚衰，不能温化水湿，膀胱气化失司，故小便不利。舌质淡胖，苔白滑，脉弦滑或沉细而滑，为水饮内停之象。临床具备①＋②或①＋③均可辨为水饮凌心型。

治法：振奋心阳，化气利水。

代表方：苓桂术甘汤加减。

常用药：泽泻、猪苓、车前子、茯苓淡渗利水；桂枝、炙甘草通阳化气；人参、白术、黄芪健脾益气助阳；远志、茯神、酸枣仁宁心安神。

兼见恶心呕吐者，加半夏、陈皮、生姜以和胃降逆；兼见咳喘、胸闷者，加杏仁、前胡、桔梗以宣肺，葶苈子、五加皮、防己以泻肺利水；兼见瘀血者，加当归、川芎、刘寄奴、泽兰叶、益母草；若见因心功能不全而致浮肿、尿少、阵发性夜间咳喘或端坐呼吸者，当重用温阳利水之品，如真武汤。

2. 心脉瘀阻

临床表现：① 心悸，胸闷，心痛时作，痛如针刺；② 心悸日久不愈，面色晦暗，唇甲青紫；或兼神疲乏力，少气懒言；或兼形寒肢冷；或兼两胁胀痛，善太息；③ 舌紫黯，有瘀斑、瘀点，脉涩，或见结代脉。

证候辨析：心血瘀阻，心脉不畅，故心悸不安，胸闷不舒，心痛时作。若因气虚致瘀者，则气虚失养，兼见神疲乏力，少气懒言。若因阳气不足致瘀者，则阳虚生外寒，而见形寒肢冷。若因肝气郁结，气滞致瘀者，则因肝郁气滞而兼见两胁胀痛，善太息。脉络瘀阻，故见面色晦暗，唇甲青紫。舌紫黯，有瘀斑、瘀点，脉涩或结代，为瘀血内阻之象。临床具备①＋②或①＋③均可辨为心脉瘀阻型。

治法：活血化瘀，理气通络。

代表方：桃仁红花煎合桂枝甘草龙骨牡蛎汤加减。

常用药：桃仁、红花、丹参、赤芍、川芎活血化瘀；延胡索、香附、青皮理气通脉止痛；生地黄、当归养血活血；桂枝、甘草通心阳；龙骨、牡蛎镇心神。

气滞血瘀者，加用柴胡、枳壳；因虚致瘀者，去理气之品；气虚者，加黄芪、党参、黄精；血虚者，加何首乌、枸杞子、熟地黄；阴虚者，加麦冬、玉竹、女贞子；阳虚者，加附子、肉桂、淫羊藿；络脉痹阻，胸部窒闷者，加沉香、檀香、降香；夹痰浊，胸满闷痛，苔浊腻者，加瓜蒌、薤白、半夏、广陈皮；胸痛甚者，加乳香、没药、五灵脂、蒲黄、三七粉等。

3. 痰火扰心

临床表现：① 心悸时发时止，受惊易作；② 胸闷胀满，痰多呕恶，易怒烦躁，失眠多梦，口干口苦；③ 大便秘结，小便短赤，舌红，苔黄腻，脉弦滑。

证候辨析：痰浊阻滞心气，五志化火，痰热内扰，故致心悸。气机不畅，故见胸闷胀满。痰郁化火，胃失和降，则见痰多呕恶，口干口苦，小便黄赤，大便秘结等热象。痰火上扰，心神不宁，故烦躁失眠。苔黄腻，脉弦滑，为内有痰热之象。临床具备①＋②或①＋③均可辨为痰火扰心型。

治法：清热化痰，宁心安神。

代表方：黄连温胆汤加减。

常用药：黄连清心泻火；半夏和胃降逆，燥湿化痰；橘皮理气和胃，化湿祛痰；生姜祛痰和胃；竹茹涤痰开郁，清热化痰；枳实下气行痰；甘草和中。

痰火甚者，加黄芩、贝母、苦参、竹茹；火郁伤阴者，加麦冬、玉竹、石斛；便秘者，加大黄、瓜蒌；脾虚者，加党参、白术、谷芽、麦芽；烦躁不安，惊悸不宁者，加生龙骨、生牡蛎、珍珠母、石决明以重镇安神。

4. 邪毒侵心

临床表现：① 心悸气短，胸闷胸痛；② 发热，恶风，全身酸痛，神疲乏力，咽喉肿痛，咳嗽，口干渴；

笔记栏

③ 舌质红，苔薄黄，脉浮数，或细数，或结代。

证候辨析：感受风热毒邪，侵犯肺卫，邪正相争，故发热恶风，全身酸痛，咽喉肿痛，咳嗽。表证未解，邪毒侵心，心体受损，耗气伤津，故心悸气短，神疲乏力，口干口渴。心气不足，气滞血瘀，故胸闷胸痛。肺气不宣，大肠传化失司，中焦气机不畅，故腹痛腹泻。舌红，苔薄黄，脉浮数，或细数，或结代，为风热毒邪袭表侵心，气阴受损之象。临床具备①+②或①+③均可辨为邪毒侵心型。

治法：辛凉解表，清热解毒。

代表方：银翘散加减。

常用药：金银花、连翘辛凉解表，清热解毒；薄荷、荆芥、豆豉疏风解表，透热外出；桔梗、牛蒡子、甘草宣肺止咳，利咽消肿；淡竹叶、芦根甘凉清热，生津止渴。合而用之有辛凉解表，清热解毒之功。

热毒甚，症见高热，咽喉肿痛者，加板蓝根、大青叶、野菊花、紫花地丁等清热解毒之品；胸闷胸痛者，加牡丹皮、赤芍、丹参等活血化瘀之品；口干口渴甚者，加生地黄、玄参；热盛耗气伤阴，症见神疲，气短，脉细数，或结代者，合生脉散益气养阴，敛心气；感受湿热之邪，湿热侵心，症见心悸气短，胸闷胸痛，腹泻，腹痛，恶心呕吐，腹胀纳呆，舌质红，苔黄腻者，治当清热祛湿，芳香化浊，方选甘露消毒丹或葛根芩连汤加减；热病后期，邪毒已去，气阴两虚者，治当益气养阴，方选生脉散加味。

【其他治法】

一、中成药

1. 冠心苏合丸 嚼碎服，一次 1 丸，一日 1～3 次，或遵医嘱。具有理气宽胸，止痛的功效。适用于心痛心悸，胸闷憋气。久服有伤阴破气的副作用，可使患者气短、乏力、心烦口干等症状加重。

2. 生脉饮 口服，一次 1 支，一日 3 次。具有益气，养阴生津的功效。适用于气阴两方，心悸气短，自汗。

二、针灸

心悸脉促者，针内关、厥阴俞、心俞、三阴交；过早搏动配郄门；心动过缓配通里、素髎、列缺；心动过速配手三里、下侠白；心绞痛配神门、内关、膻中。实证多针用泻法，虚证多针用补法或加灸法。

三、饮食辅助疗法

1. 龙眼方 龙眼 10 枚，莲子 15 g，糯米 30 g。龙眼、莲子、糯米洗净入锅，加水煮粥。可长期服用。

2. 猪心方 猪心 1 个，酸枣仁 10 g，远志 15 g，当归 10 g。猪心洗净剖开，内放酸枣仁、远志、当归，用细线将猪心捆好，加水、料酒，文火煨熟，趁热服食。一日 1 次。

【转归预后】

心悸的证候特点是虚实相兼，以虚为主，预后转归主要取决于虚实的变化，其关键取决于脏腑气血阴阳亏损的程度，治疗是否及时、恰当。心悸仅为偶发、短暂、阵发者，一般易治，或不药而解；如患者气血阴阳虚损程度较轻，未见瘀血、痰饮之标证，病损脏腑单一，治疗及时得当，脉象变化不显著者，病证多能痊愈。反复发作或长时间持续发作者，脏腑亏虚较重，同时多兼见痰饮、瘀血等标实之象，虚实夹杂，较为难治。脉象过数、过迟、频繁结代或乍疏乍数者，治疗颇为棘手，兼因失治、误治，预后较差。若出现喘促、水肿、胸痹心痛、厥证、脱证等变证、坏病，预后极差，若不及时抢救治疗，甚至猝死。

【预防调护】

笔记栏

(1) 调养情志。保持心情愉悦，情绪稳定，如心虚胆怯、痰火扰心等引起的心悸，应避免惊恐及忧思恼怒等不良刺激，减少发病。

(2) 饮食有节。平素饮食忌过饱、过饥，戒烟酒浓茶，进食营养丰富而易消化吸收的食物，宜低脂，低盐饮食。如阳虚者忌过食生冷;阴虚者忌辛辣炙煿;痰浊壅盛者忌过食肥甘;水饮停聚者宜少食盐。

(3) 适当运动。注意起居,适当运动,避免外邪侵袭而诱发或加重心悸。注意劳逸结合,可从事适当体力活动。重证患者,平时即感心悸、气短等症状,应嘱卧床休息,待症状消失后,也应循序渐进地增加活动量。

(4) 坚持长期治疗。心悸迁延日久,缓解期亦应注意巩固治疗,增强抗病能力。积极治疗原发病,如胸痹、痰饮、肺胀、喘证、痹证等,对预防心悸发作具有重要意义。还应及早发现变证、坏病先兆症状,配合心电监护,积极准备并作好急救治疗。

【临证备要】

一、辨病思路

心悸在临床上是一个十分常见的症状,表现为患者自觉心慌、心跳,伴有心前区不适感。心悸可分为生理性和病理性两种。只有在分清生理性心悸和病理性心悸的基础上,并结合心悸伴随症状,才能大致判断心悸病因所在,及早就医治疗。

1. 生理性心悸 ① 健康人在强烈体力活动或精神紧张后常觉心悸。这是由于心肌收缩力增强所致。② 摄入刺激性食物,如大量吸烟、饮酒、饮浓茶和咖啡,可引起自主神经功能兴奋出现心悸。③ 应用某些药物引发心悸:如麻黄碱、咖啡因、氨茶碱、肾上腺素类、苯丙胺、阿托品、甲状腺素片等,常和摄入量大小及个体敏感性有关。

2. 病理性心悸的原因 ① 心室肥大:后天获得性心脏病如高血压性心脏病、风湿性主动脉瓣关闭不全、梅毒或其他原因所致的主动脉瓣关闭不全、风湿性二尖瓣关闭不全,由于左心室肥大,心肌收缩力增强,可引起心悸。患脚气病性心脏病时,左右心室均增大,病情发展快,心悸明显而强烈。心悸可为克山病、心肌病的首发症状,在劳动后尤为显著。先天性心脏病如动脉导管未闭、室间隔缺损,可因心室增大而出现心悸。② 心排血量增加:贫血、高热、甲状腺功能亢进者均可引起心率加快,心搏动加强而引起心悸。活动性肺结核、风湿性心肌炎、感染性心内膜炎、布鲁菌病、低血糖发作等均可引起心悸。③ 心律失常:心动过速、心动过缓、心律不齐均可引起心悸。特别是突然发生的心动过速,心率突然转慢时更易引起心悸。④ 心脏神经官能症:见于自主神经功能紊乱、绝经期综合征等。

3. 心悸伴随症状辨病 ① 心悸伴心率大于100次/分,当发生心悸时,患者可自测脉搏,若每分钟心跳大于100次,则应考虑心动过速引起的心悸。心悸伴心率小于60次/分,当发生心悸时,患者自测脉搏,每分钟心跳小于60次/分,则应考虑心动过缓引起的心悸。心悸伴心跳时有一止,心悸时患者自测脉搏,若心跳不规律,时有一停,则心悸可能与心律不齐有关。② 心悸伴神经官能症,多见于心脏神经官能症者,患者以青壮年女性多见。除心悸外,患者常有心跳快、胸闷、心前区刺痛或隐痛、呼吸不畅等不适。并常伴有头痛、头晕、失眠、易疲劳、注意力不集中等神经官能症症状。发病常与精神因素有关,每因情绪激动而发作。③ 心悸伴高血压,若既往有高血压病史,出现心悸、头晕、头痛、血压高,应考虑高血压性心脏病引起的心悸。若既往无高血压史,阵发性血压升高,心悸可能与嗜铬细胞瘤有关。④ 心悸同时伴有消瘦、多食、大便次数多、眼球凸出、烦躁,应考虑甲状腺功能亢进引起的心悸。⑤ 心悸伴有乏力、面色苍白、头晕、血色素低,应考虑贫血引起的心悸。⑥ 心悸于饭后3小时或空腹时出现,伴头晕、饥饿感、出冷汗,应考虑低血糖,对于那些已经药物治疗或胰岛素治疗的糖尿病患者,更应注意是否药物过量引起的低血糖反应。⑦ 先有发热、咽痛等症,3周后出现胸闷、胸痛、心悸,应考虑心肌炎,多见于青年人。

二、辨证思路

1. 心悸应辨病辨证相结合 心悸应结合辨功能性或器质性病变所致心律失常。功能性心律失常多由自主神经功能失常所致,临床以快速型多见。辨证多为气阴两虚,心神不安,以益气养阴,重镇安神为法治疗。器质性心律失常,临床以冠心病、风心病、病毒性心肌炎为多见。冠心病伴心律失常者以气虚血瘀为主,常用益气活血之法,再辨兼属痰瘀者,配以豁痰化瘀之剂。风心病伴心律失常者,多表现为瘀滞之证,以"通"为主要治则,常以桂枝配赤芍加活血化瘀通络之品。病毒性心肌炎伴心律失常者治疗不可忽视"病毒"因素,在益气养阴,活血通阳基础上加用清热解毒之剂,如大青叶、连翘、苦参、黄连等。缓慢型心律失常病机主要为心气虚弱,推动气血运行无力,肾阳不足,不能助心阳搏动。治疗应以补心气,温

笔记栏

肾阳为法,常用麻黄附子细辛汤、保元汤合生脉散加减治疗。

2. 以中医脉象变化辨证 脉象的异常是心悸病证的重要表现,临床常见脉象有:迟脉,一息三至;结脉,缓时一止,止无定数;代脉,几至一止,止有定数;数脉,一息六至;疾脉,一息七至;促脉,数时一止,止无定数。迟脉、结脉、代脉多见于气血阴阳不足;数脉,促脉多见于正虚邪实之证,邪实多见阳盛实热或邪实阻滞之证。而疾脉则多见于真阴重绝,阳亢无制。一般认为,凡久病体虚而脉象弦滑搏指者为逆,病情重笃,而脉象散乱模糊者为病危之象。

三、治疗注意

1. 安神法的应用 因心中悸动不安为本病的主要临床特点,故要配合安神之品。常用的镇心安神药如龙骨、牡蛎、珍珠母、磁石、琥珀等;常用的养心安神药如酸枣仁、柏子仁、茯神、丹参、远志等;常用的清心安神药如黄连、淡竹叶、灯心草、莲子芯、石莲子等。

2. 温阳和通阳的区别与应用 温阳指温补阳气,主要用于阳气亏虚,表现为心悸、畏寒、肢冷、脉沉细。常用的代表方很多,如四逆汤、真武汤等。通阳指温通阳气,主要用于各种原因引起的心阳不振。除心阳虚可以引起心阳不振外,寒、瘀、痰等病理因素都可以引起心阳不振,表现为心悸、胸闷、脉结代。

3. 中草药的选择 在辨证论治基础上选加经现代药理研究有抗心律失常作用的中草药,可进一步提高疗效,如快速型心律失常加用益母草、郁金、苦参、黄连、莲子心、延胡索等;缓慢型心律失常加用麻黄、细辛、熟附子、桂枝等。

4. 心律失常的急危重症及处理 临床上心律失常变化往往比较迅速。在猝死患者中大多数由于心律失常所致。在治疗此类疾病时要提高认识水平,掌握应急本领,作好应急准备,发挥中西医特长,提高疗效。一般地说,室性早搏较房性早搏病情严重,室性早搏中以下征象:多源性室早、频发室早、两个室早联发以及早搏落在前一个心动周期的T波顶点上,均被认为是危险征象,必须严密观察及时处理。室性心动过速及室性扑动是严重心律失常,必须立即处理以防室颤。室颤是快速型心律失常中最为严重的情况,心脏已经失去泵血作用,必须争分夺秒给予除颤。对重症心律失常患者,应采用综合疗法,如温阳益气、活血化瘀、养阴复脉等治法及西医西药的联合应用,同时优选给药途径及治疗手段的多样化(如抗心律失常药的应用、心脏电复律、经导管射频消融、安装起搏器等)。

【文献摘录】

《河间六书·六气为病·火类》:“惊,心卒动而不宁也。火主于动,故心火热甚也。”

《诸病源候论·虚劳病诸候》:“心藏神而主血脉,虚劳损伤血脉,致令心气不足,因为邪气所乘,则使惊而动悸不安。”

《医学衷中参西录· 论心病治法》:“有其惊悸恒发于夜间,每当交睫于甫睡之时,其心中即惊悸而醒,此多因心下停有痰饮。心脏属火,痰饮属水,火畏水迫,故作惊悸也。宜清痰之药与养心之药并用。方用二陈汤加当归、菖蒲、远志煎汤送服朱砂细末三分,有热者加玄参数钱,自能安枕稳睡而无惊悸矣。”

(董玉山)

第二节 胸 痹

【概述】

一、定义

笔记栏

胸痹(chest discomfort)是指由邪遏胸阳或心脉失养所导致的以胸部闷痛,甚则胸痛彻背,短气,喘息不得卧为主症的一种疾病。轻者仅感胸闷如室,呼吸不畅,重者伴有胸痛,严重者心痛彻背,背痛彻心,手足逆冷。

二、源流

胸痹的临床表现最早见于《内经》。《灵枢·五邪》指出:“邪在心,则病心痛”。《素问·脏气法时论》亦说:“心病者,胸中痛,胁支满,胁下痛,膺背肩胛间痛,两臂内痛。”《素问·刺论》又有“卒心痛”、“厥心痛”之称。在病因病机方面,《素问·调经论》认为:“厥气上逆,寒气积于胸中而不泻,不泻则温气去,寒独留,则血凝泣,凝则脉不通,其脉盛大以涩。”说明阴寒内盛,胸阳痹阻,阴占阳位,则心脉凝泣不通,是造成胸痹的主要病机。《素问·厥论》将因内外之邪直犯心脉并迅速造成死亡者,称为“真心痛”,谓“真心痛,手足青至节,心痛甚,旦发夕死,夕发旦死”。

汉代,张仲景《金匮要略·胸痹心痛短气病脉证治》正式提出“胸痹”的名称,并进行了专门的论述。“胸痹之病,喘息咳唾,胸背痛,短气,寸口脉沉而迟,关上小紧数”“胸痹不得卧,心痛彻背”。且把病因病机归纳为“阳微阴弦”,即上焦阳气不足,下焦阴寒气盛,认为乃本虚标实之证。在治疗上,根据不同证候,制订了瓜蒌薤白白酒汤、瓜蒌薤白半夏汤等九张方剂,以取宣痹散寒,通阳化湿之效,体现了辨证论治的特点。

宋金元时期有关胸痹的论述更多,治疗方法也十分丰富。如《圣济总录·胸痹门》有“胸痹者,胸痹痛之类也……胸脊两乳间刺痛,甚则引背胛,或彻背膂”的症状记载。《太平圣惠方》将心痛、胸痹并列。在“治卒心痛诸方”“治久心痛方”等篇中,收集治疗本病的方剂甚丰,观其制方,芳香、温通、辛散之品,每与益气、养血、滋阴、温阳之品互为用,标本兼顾,丰富了胸痹的治疗内容。其中提出的“苏合香丸”治疗卒心痛,至今仍广泛用于临床。

至明清时期,对胸痹的认识有了进一步提高,如对胃痛与心痛的混淆作了明确的区分,《临证指南医案·心痛》曰:“心痛、胃脘痛确是二病……亦有因胃痛及心痛者”。如《玉机微义·心痛》中揭示胸痹不仅有实证,亦有虚证,补前人之未备,总结了前人的经验,提出了活血化瘀的治疗方法。如《证治准绳·诸痛门》提出了用大剂量桃仁、红花、降香、失笑散等治疗死血心痛,《时方歌括》以丹参饮治心腹诸痛,《医林改错》用血府逐瘀汤治胸痹心痛等,为治疗胸痹开辟了新的途径。

三、范围

西医学中的冠心病心绞痛、心肌梗死、心包炎、心肌病、二尖瓣脱垂综合征、胸膜炎及某些神经官能症具有胸痹表现者,均可参照本篇辨证论治。

【病因病机】

本病的发生多与寒邪内侵、情志失调、饮食不当、年迈体衰有关,导致心肝脾肾功能失调,心脉痹阻而产生本病(图 5-2)。

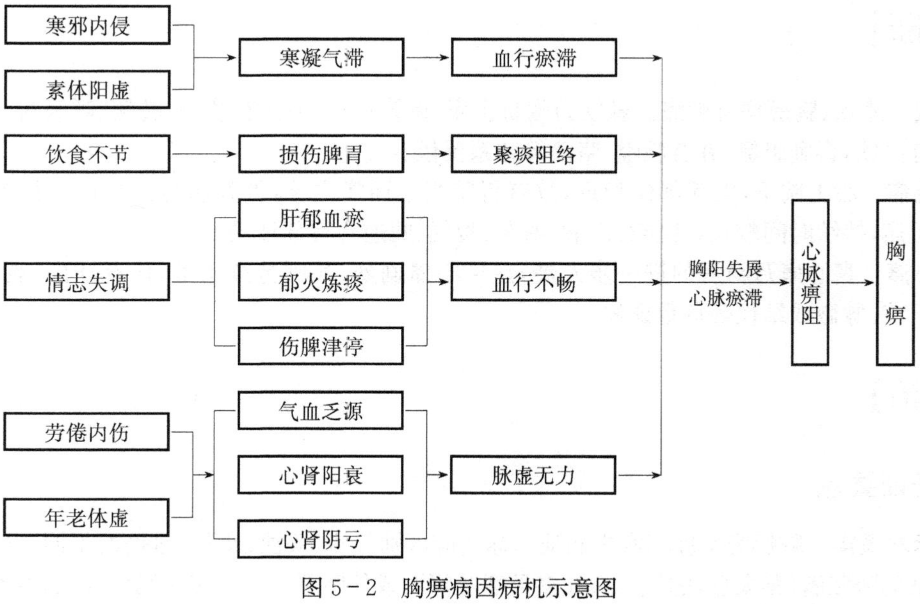

图 5-2　胸痹病因病机示意图

笔记栏

1. 寒邪内侵,痹阻胸阳 素体阳虚,胸阳不振,阴寒之邪乘虚内侵,寒凝气滞,痹阻胸阳,血行瘀滞,导致心脉痹阻,而发为胸痹。

2. 饮食不节,脾胃受伤 嗜食肥甘厚味,或饮酒过度,或过度饥饿,损伤脾胃,脾失健运,聚湿生痰,痰阻络脉,血行不畅,胸阳失展,发生胸痹。

3. 情志失调,损伤肝脾 情志不舒,肝郁气滞,气滞而血瘀;甚或气郁化火,炼津为痰;或忧思伤脾,脾失健运,气郁津停,湿浊内生等,均能导致血行不畅,使心脉痹阻而发生胸痹。

4. 劳倦内伤,阴阳亏虚 劳倦伤脾,脾虚转输失能,气血生化乏源,无以濡养心脉,拘急而痛。劳倦伤阳,心肾阳微,鼓动无力,胸阳失展,阴寒内侵,血行涩滞,而发胸痹。

5. 年老体虚,心肾亏虚 中年以后肾气自半,如肾阳虚衰,五脏不得温煦,则心阳不振,使心脉失于温煦或心气鼓动无力,血脉运行不利则发为心痹。若肾阴亏虚,五脏不得滋养,心阴耗伤,血液滞行或心脉失于濡养,血脉绌急,发为胸痹。

胸痹主要病机为心脉痹阻,病位在心,涉及肝、脾、肾三脏。致病因素有虚实两个方面:虚主要指五脏气血阴阳亏损;实主要为寒凝、气滞、血瘀、痰浊等。正虚为本,邪实为标,临床多表现虚实夹杂证候。如反复发作,病情顽固,进一步发展可见心胸猝然大痛的真心痛,可危及生命。

【诊断】

诊断要点

(1) 常见症状:患者多以胸部闷痛为主,部位在膻中或心前区。甚者痛彻左肩背、咽喉、胃脘部、左上臂内侧等部位,常伴有心悸、气短、自汗,甚则喘息不得卧。严重者可出现疼痛剧烈,汗出肢冷,面色苍白,唇甲青紫,心跳加快,或心律失常等危重证候,可发生猝死。

(2) 发作时间:胸闷痛一般几秒到几十分钟,休息或用药后可缓解。严重者反复发作或持续不解。

(3) 发病诱因:多见于中老年人,常因过度操劳,恼怒抑郁或暴饮多食,气候骤变诱发。

(4) 相关检查:① 常规心电图检查,必要时,选用动态心电图监测、活动平板运动试验等心电图负荷试验,观察心肌缺血发作时ST段和T波改变以及病理性Q波及ST段抬高的表现。② 心脏超声心动图检查,依据节段性心肌动力学异常改变,亦可间接反映心肌缺血部位及程度,同时可作为其他心脏疾病如心肌炎、心肌病、心脏瓣膜病等的鉴别诊断。③ 放射性核素检查,冠状动脉造影及左室造影,估测心肌缺血的灌注缺损,来判断冠状动脉狭窄程度。确定冠状动脉狭窄或阻塞的部位与范围,有否室壁运动异常或室壁瘤形成等。④ 其他相应检查,观察眼底变化,可及早发现动脉粥样硬化状况,血清心肌酶学检查、血脂分析、血液流变学检查、血小板功能检查及X线胸部摄片等均有助于胸痹的诊断。

【鉴别诊断】

1. 悬饮 悬饮、胸痹均有胸痛。悬饮为胸胁胀痛,持续不解,多伴有咳唾,转侧、呼吸时疼痛加重,肋间饱满,内有停饮,喜卧患侧,并有咳嗽、咯痰等肺系证候。

2. 胃脘痛 心上脘下,以其部位相近,故有胃脘当心而痛之称,胃脘痛与饥饱饮食相关,以胀痛为主,局部有压痛,持续时间较长,常伴有泛酸、嘈杂、嗳气、呃逆等胃部证候。

3. 真心痛 真心痛乃胸痹的进一步发展,症见心痛剧烈,甚则持续不解,伴有汗出、肢冷、面白、唇紫、手足青至节,脉微或结代等危重证候。

【辨证论治】

笔记栏

一、辨证要点

1. 辨标本虚实 胸痹为本虚标实之病证。标实应区别气滞、痰浊、寒凝、血瘀的不同,气滞多见闷重而痛轻,兼见胸胁胀满,善太息,憋气。痰浊多见唾吐痰涎或伴呕恶。寒凝多见胸痛如绞,遇寒则发,或得冷加剧，伴畏寒肢冷。瘀血多见刺痛固定不移，痛有定处，夜间多发，舌紫黯或有瘀斑。本虚应区别脏腑阴阳气血亏虚的不同，心气不足多见心胸隐痛而闷，因劳累而发，伴心慌、气短、乏力。心阳不振多见绞痛兼见胸闷气短、四肢厥冷、神倦自汗。气阴两虚多见隐痛时作时止，缠绵不休，动则多发，伴口干。

2. 辨病情程度　轻者疼痛持续时间短暂，瞬息即逝，遇劳发作，休息或服药后能缓解。重者持续时间长，反复发作。重证或危候者持续数小时甚至数日不休。

二、治疗要点

1. 治疗原则　本病为本虚标实，虚实夹杂之病证。疾病发作时以标实为主。治疗原则应先治其标，后治其本，先从祛邪入手，然后再予扶正；可根据虚实标本的主次，兼顾同治。

2. 标实宜通　气滞者疏理气机，血瘀者活血化瘀，寒凝者辛温通阳，痰浊者泄浊豁痰，要重视活血通脉治法。

3. 本虚宜补　采用补气温阳，滋阴益肾，尤其重视补益心气之不足。脱证宜益气固脱。

三、分证论治

1. 寒凝心脉

临床表现：① 猝然心痛如绞，或心痛彻背，重则喘息不能平卧；② 形寒肢冷，面色苍白，冷汗自出，心悸气短；③ 气候骤冷或骤遇风寒而发病或加重；④ 苔薄白，脉沉紧或促。

证候辨析：素体阳虚，寒从中生，阴寒凝滞，胸阳阻遏，复感寒邪，可突发绞痛，因“胸痹缓急”，故时作时止。胸阳痹阻，气机不畅而胸闷，气短，心悸。阳虚生寒，不达四末，故面白而四肢不温。苔白，脉沉细，均为阴寒凝滞，阳气不运之象。若心痛彻背，背痛彻心，脉沉紧者，为阴寒凝滞心脉之重证。临床具备①+②或①+③或①+④均可辨为寒凝心脉型。

治法：辛温通阳，宣痹散寒。

代表方：瓜蒌薤白白酒汤合当归四逆汤加减。

常用药：桂枝、附子、细辛温散寒邪，通阳止痛；薤白、瓜蒌化痰通阳，行气止痛；当归、芍药、甘草养血活血，缓急止痛；枳实、厚朴理气通脉；大枣养脾和营。

阴寒极盛者，可兼服苏合香丸或麝香保心丸以辛香泄浊止痛。

2. 气滞血瘀

临床表现：① 胸部刺痛，固定不移，入夜尤甚；② 或见胸胁胀痛，善太息，遇情志不遂时容易诱发或加重；③ 时见心悸不宁，舌质紫黯或有瘀斑，脉弦涩。

证候辨析：瘀血阻于心脉，络脉不通，不通则痛，故见胸部刺痛，固定不移。血属阴，夜亦属阴，故入夜加重。心脉瘀阻，心失所养，故胸闷心悸。恼怒则肝气郁结，气滞则加重血瘀，故常因情志波动而疼痛加重，时作时止，日久不愈。郁久化热伤阴，肝肾阴虚，肝阳上亢，则眩晕或头痛。舌质紫黯或有瘀斑，脉弦涩，皆为瘀血内停，气机阻滞之象。本证为气滞心胸，血行瘀滞，心脉不通。临床具备①+②或①+③可辨为气滞血瘀型。

治法：活血化瘀，通络止痛。

代表方：血府逐瘀汤加减。

常用药：川芎、桃仁、红花、赤芍活血化瘀，和营通脉；柴胡、桔梗、枳壳、牛膝调畅气机，行气活血；当归、生地黄补养阴血；降香、郁金、延胡索理气止痛。

胸闷心痛明显者，可合用失笑散，以增强活血行瘀，散结止痛之作用；气郁为主，胸胁胀痛明显者，可用柴胡疏肝散；气郁日久化热者，用丹栀逍遥散以疏肝清热。

3. 痰浊闭阻

临床表现：① 胸闷重而心痛微，或痛引肩背，气短喘促，遇阴雨天易发作；② 肢体沉重，形体肥胖，倦怠乏力，纳呆便溏，咳嗽痰多，口黏恶心；③ 舌体胖大且边有齿痕，苔白腻，脉滑。

证候辨析：痰为阴邪，重浊黏滞，阻于心脉，胸阳失展，气机不畅，故胸闷痛如窒。心之络脉、支脉布两肩，通背俞，因痰浊盘踞，阻滞心之脉络，故痛引肩背。痰湿困脾，脾失健运，故肢体沉重。心脾气虚，则疲乏气短。痰多，舌体胖大且边有齿痕，苔腻，脉滑，皆气虚而痰浊内阻之象。本证为痰浊困阳，气机痹阻，脉络阻滞。临床具备①+②或①+③可辨为痰浊闭阻型。

笔记栏

治法：通阳泄浊，豁痰宣痹。

代表方：瓜蒌薤白半夏汤合涤痰汤加减。

常用药：瓜蒌、薤白通阳化痰、行气止痛；半夏、胆南星、竹茹清化痰浊；人参、茯苓、甘草健脾益气；石菖蒲、陈皮、枳实理气宽胸。

痰浊化热者，可用黄连温胆汤加郁金；痰热合阴虚者，可用黄连温胆汤合生地黄、麦冬、沙参；久病兼有瘀血刺痛者，可用桃红四物汤。

4. 气阴两虚

临床表现：① 心胸隐痛，时作时休，心悸气短，动则益甚，伴疲倦乏力，声息低微，面色㿠白，易汗出；② 心悸，手足心热，面潮红，口干；③ 舌质淡红，舌体胖且边有齿痕，苔薄白或无苔，脉虚细缓或结代或细数。

证候辨析：心痛日久，气阴两虚最为常见。气虚无以运血，阴虚则络脉不利，均可使血行不畅，气血瘀滞，而胸闷隐痛，时作时止。气虚，则疲乏气短，舌有齿痕，苔薄白，脉细弱无力；阴血虚，则心悸，眩晕，手足心热，脉细数。气阴两虚重证，气不运血，血不养心，气血瘀滞，则可见脉虚细缓或结代。本证为心气不足，阴血亏耗，血行瘀滞。临床具备①＋②或①＋③可辨为气阴两虚型。

治法：益气养阴，活血通脉。

代表方：生脉散合人参养荣汤加减。

常用药：方中人参、黄芪、白术、茯苓、甘草健脾益气通脉；地黄、麦冬、当归、白芍滋阴养血；远志、五味子养心安神；丹参、当归养血活血。

偏于气虚者可用生脉散合保元汤，加强健脾益气之功，以补养心气鼓动心脉；偏于阴虚者可用生脉散合炙甘草汤以滋阴养血，益气复脉而止悸；若气虚血瘀者，用补阳还五汤加减，以益气养阴，活血通络止痛；痰热互结者，生脉散合温胆汤，以益气养阴，清化痰热而止痛。

5. 心肾阴虚

临床表现：① 胸闷痛或灼痛，心悸虚烦不寐，盗汗，腰膝酸软，耳鸣，或头晕目眩；② 胸憋闷刺痛，或面部烘热，汗多，善太息，胁肋胀痛；③ 舌质红绛或有瘀斑，苔少或白，脉细数或结代。

证候辨析：病延日久，阴虚而血滞，瘀滞痹阻，故见胸闷灼痛，时作时止。肾阴虚，五脏失其滋润，心肾阴虚，阴虚生内热，故见心悸心烦，盗汗，不寐，耳鸣，腰膝酸软。若水不涵木，阴虚阳亢，则见头晕目眩。若肝肾阴虚，肝气郁结，则面部烘热，善太息，胁肋胀痛。热迫津外出，则汗多。因瘀血阻滞，故时有胸憋闷刺痛。舌质红绛或有瘀斑，苔少或白，脉细数或结促，均为阴虚内热，瘀血阻络之象。本证为水不济火，虚热内灼，心失所养，血脉不畅。临床具备①＋②或①＋③可辨心肾阴虚型。

治法：滋阴清火，养心活络。

代表方：天王补心丹合六味地黄丸加减。

常用药：方中熟地黄、山茱萸、天冬、麦冬、当归、枸杞子以滋肝肾之阴；党参、茯苓、山药、健脾以助生化之源；石菖蒲、远志、五味子、酸枣仁、柏子仁安神除烦；丹参活血通脉。

汗多者，重用山茱萸，加强收涩止汗之力；心悸心烦不寐者，可加合欢花、首乌藤以养心安神；若胸闷且痛，可加郁金以养血通络止痛；若肝肾阴虚，肝气郁结，宜合用柴胡疏肝散以滋肾疏肝。

6. 心肾阳虚

临床表现：① 胸闷痛，气短，遇寒加重；心悸，胸闷气短，动则更甚，自汗，腰酸乏力，畏寒肢冷，唇甲淡白，面色㿠白；② 或胸痛彻背，四肢厥冷，唇色紫黯，脉微欲绝，或动则气喘，不能平卧，面浮足肿；③ 舌质淡胖，或紫黯，边有齿痕，苔白或腻，脉沉细迟或结代，或脉微欲绝。

证候辨析：心肾阳虚，胸阳不运，气机不畅，血行瘀滞，故胸闷气短，遇寒加重。心肾阳虚，则心悸汗出，腰酸乏力，畏寒肢冷，唇甲淡白，舌质淡，苔白，脉沉细。若阴寒凝聚，胸阳阻遏，复感外寒，则胸痛彻背，四肢厥冷，唇色紫黯，脉微欲绝。心肾阳虚，开阖失常，水饮凌心射肺，而动则气喘，不能平卧，面浮足肿。舌质紫黯，脉沉细迟或结代，皆为心肾阳虚，瘀血阻络，水饮凌心所致。临床具备①＋②或①＋③可辨心肾阳虚型。

治法：益气温阳，通络止痛。

代表方：参附汤合右归饮加减。

常用药：人参大补元气；附子、肉桂温壮真阳，回阳救逆；熟地黄、山茱萸、山药、枸杞子、当归、鹿角胶、杜仲、菟丝子以补益肾精。

阳虚寒凝心脉，心痛较剧者，可酌加川椒、吴茱萸、细辛、赤石脂；面色唇甲青紫，大汗出，四肢厥冷，脉

笔记栏

沉微欲绝者，乃心阳欲脱之危候，可重用红参、附子，并加龙骨、牡蛎，以回阳救逆固脱；肾阳虚衰，不能制水，水气凌心，症见心悸，喘促，不能平卧，小便短少，肢体浮肿者，可用真武汤加汉防己、猪苓、车前子，以温阳行水；心阳虚较著，见脉沉迟者，可合用麻黄附子细辛汤；病情发展至阳气虚衰，心阳欲脱时，应采用中西医结合方法进行积极抢救。

【其他治法】

一、中成药

1. 速效救心丸　含服，一次 4～6 粒，一日 3 次；急性发作时，一次 10～15 粒。具行气活血，祛瘀止痛之效。可增加冠脉血流量，缓解心绞痛。适用于冠心病、心绞痛属气滞血瘀证者。

2. 麝香保心丸　口服，一次 1～2 丸，一日 3 次；或症状发作时服用。具芳香温通，益气强心之效。适用于心肌缺血引起的心绞痛、胸闷及心肌梗死。

3. 复方丹参滴丸　口服或舌下含服，一次 10 粒，一日 3 次，疗程 28 天或遵医嘱。具活血化瘀，理气止痛之效。适用于胸中憋闷、心绞痛。

4. 通心络胶囊　口服，一次 2～4 粒，一日 3 次。具益气活血，通络止痛之效。适用于冠心病心绞痛属心气虚乏，血瘀络阻证，症见胸部憋闷，刺痛、绞痛，固定不移，心悸自汗，气短乏力，舌质紫黯或有瘀斑，脉细涩或结代。

二、针灸

针刺阴郄、郄门、心俞、膈俞、巨阙、膻中、厥阴俞、内关、通里、气海、关元、膻中、太渊、丰隆、肾俞、神门、太溪、三阴交、足三里。根据虚实证采用相应补泻手法。

三、饮食辅助疗法

1. 海参方　海参 30 g，冰糖适量。海参洗净，加水适量，炖烂，再加入冰糖炖一会，待冰糖溶化即成。清晨空腹服用，每日 1 次。

2. 白梅花方　白梅花 3 g，草决明 10 g，用开水冲泡，代茶饮用，每日 1 次。

3. 香菇木耳黄花菜方　干香菇 20 g，黑木耳 5 g，干黄花菜 30 g。将干香菇、黑木耳、干黄花菜，各自分开用水浸泡，洗净去杂质后，入锅加水 750 mL，煮 30 分钟起锅，早、晚分服。

【转归预后】

本病若及时诊断处理，辨证论治正确，调摄得当，多数心痛症状可以缓解和消失，症情得以控制而带病延年。本病迁延日久，正气明显亏虚，则心痛频发，至后期心病及肾可至阳气虚衰，甚至心阳欲脱或心脉全痹，变生真心痛，危及生命。真心痛作为胸痹一个特殊类型，症状特别严重，突然发作，预后多不佳。若心阳阻遏，心气不足，鼓动无力，可见心悸、脉结代。胸痹日久心肾阳衰，不能制水，水邪泛滥，凌心射肺，可出现水肿、喘证等合并症。病情进一步发展，阳气欲脱，真阴亏竭，又可发展为厥脱之证。

【预防调护】

(1) 调摄精神。避免情绪波动，情绪波动与心病关系较为密切，精神情志变化可直接影响于心，导致心脏损伤，故防治本病必须高度重视精神调摄，避免过于激动或喜怒忧思无度，保持心情平静愉快。

(2) 本病的诱发或发生与气候异常变化有关，故本病不宜感受寒冷，居处除保持安静、通风，还要注意寒温适宜。

(3) 调节饮食。“过食肥甘”“膏粱厚味”易于产生痰浊，阻塞经络，“脉道不通，气不往来”，影响气的正常运行，而发本病。故饮食宜清淡低盐，食勿过饱。多吃水果及富含纤维素食物。保持大便通畅。另外烟酒等刺激之品，有碍脏腑功能，应予禁烟限酒。

笔记栏

(4) 劳逸结合。坚持适当活动,发作期患者应立即卧床休息,缓解期要注意适当休息,保证充足的睡眠,坚持力所能及的活动,做到动中有静。

(5) 加强监护。发病时应加强巡视,密切观察舌脉、体温、呼吸、血压及精神情志变化,必要时给予吸氧、心电监护及保持静脉通道,并作好各种抢救设备及药物准备。

【临证备要】

一、辨病思路

胸痹常见于西医学中的冠心病心绞痛、心肌梗死、心包炎、心肌病、二尖瓣脱垂综合征、胸膜炎及某些神经官能症具有胸痹表现者。诊治本病时应全面认识相关疾病的特点。

1. 冠心病心绞痛　① 稳定型劳累性心绞痛：此类心绞痛的特点是诱发心绞痛的劳力强度相对固定,中止活动后症状可缓解。病程较长,病情相对稳定。② 初发型劳累性心绞痛：病程在1个月以内,未曾发作或有过心绞痛已有数月未发者。此类型临床表现差异较大,发病年龄相对较轻,以男性多见。③ 恶化型劳累性心绞痛：稳定型心绞痛的患者在3个月内呈进行性恶化,疼痛的频率、程度、时限、诱发因素经常变动,甚至在静止状态下亦可发作,疼痛时间延长,且对硝酸甘油敏感性减弱,有可能发展为急性心肌梗死。④ 卧位型心绞痛：其特点是常于休息时或熟睡时发生,多发生在夜间,发作时坐起或站立可使症状减轻。此类型心绞痛患者往往有较长的冠心病史,因长期的心肌缺血已有一定程度的心肌硬化及心功能不全,可以发展为心肌梗死或猝死。⑤ 变异型心绞痛：发作与卧位型心绞痛相似,但发作时心电图相应导联的ST段抬高,而对应导联呈ST段压低,为冠状动脉痉挛诱发,患者会发生心肌梗死。⑥ 混合型心绞痛：患者既可在心肌需氧量增加时发生心绞痛,又可在心肌需氧量无明显增加时发生心绞痛。因冠状动脉狭窄,使冠脉血流贮备量减少,其量又不固定,经常波动性减少所致。

2. 心肌梗死　多发生于中年以后,发病时有剧烈而持久的性质类似心绞痛的前胸痛、心悸、气喘、脉搏微弱、血压降低等症状,服用硝酸甘油无效,可产生严重后果。心电图和血清酶检查对诊断有重要价值,发病后应立即进行监护救治。

3. 心包炎　心包本身炎症,可见胸骨后疼痛、呼吸困难、咳嗽、声音嘶哑、吞咽困难等。心包炎早期和心包积液吸收后期在心前区可听到心包摩擦音,可持续数小时到数天。当心包积液量超过300 mL以上时,心尖搏动可消失。心脏舒张受限,使静脉压增高可产生颈静脉怒张、肝大、腹水、下肢水肿、奇脉等。心脏排血量显著减少可发生休克。

4. 心肌病　患者常有劳累性呼吸困难和心绞痛、气短、乏力等症状,晚期可发生水肿和腹胀。临床表现为心脏扩大、心律失常、栓塞及心力衰竭等。病因一般与病毒感染、自身免疫反应、遗传、药物中毒和代谢异常等有关。

5. 二尖瓣脱垂综合征　患者可有各种症状,差异很大。一般表现为体重减轻,或情感异常。发病时表现为平卧后胸闷、胸痛、心动过速或其他各种心律失常、头昏、眩晕、乏力,活动后心悸等;二尖瓣反流程度重的患者,会出现下肢水肿,夜间阵发性呼吸困难等充血性心力衰竭症状。

6. 胸膜炎　最常见的症状为胸痛。胸痛常突然出现,程度差异较大,可为不明确的不适或严重的刺痛,可仅在患者深呼吸或咳嗽时出现,亦可持续存在,并因深呼吸或咳嗽而加剧。胸痛为壁层胸膜的炎症所致,通常出现于正对炎症部位的胸壁。由于深呼吸可致疼痛,故常引起呼吸浅快,患侧肌肉运动较对侧为弱。如果发生大量积聚,可致两层胸膜相互分离,则胸痛可消失。

7. 心脏神经官能症　常见表现心悸胸痛、呼吸憋闷、乏力、多汗、失眠、四肢麻木和感觉异常。发病急者,终止迅速,一般历时5～20分钟自行终止,发作时神志清楚,听诊心率稍快,但多不超过100次/分钟,心律规整,心音增强,可有短促收缩期杂音或早搏,血压轻度升高,发作后心悸不安。

二、辨证思路

笔记栏

1. 辨不同脏腑病损的特征　本病涉及肝、脾、肾三脏。胸闷,膺背肩胛间痛,短气,此病病位在心及心之络脉;病由暴怒、忧思而起,胸闷膺痛,尚有胸胁支满,胁下痛,此病位在心肝,以心为主;病因饮食无度而作,胸闷心痛,尚有肥胖、脉滑、苔腻等症,此病位在心脾;病甚者,心痛彻背,喘不得卧,此心病及肾,病位在心肾;病情危急,汗出肢冷,脉微欲绝,此心肾元阳暴脱,病位在心肾。

2. 本虚标实证特点 发作时多以标实证为主,缓解期多以本虚证为主。年壮初病者多实证,胸闷心痛,脘闷纳差,形体偏胖,苔腻脉滑者,属痰浊;心痛彻背,形寒肢厥,唇青面白,脉弦紧者,属阴寒;痛如针刺,入夜尤甚,舌黯紫有瘀斑、瘀点,脉涩者,属瘀血。久病年老者多虚证,胸闷心痛歇息后稍缓解,气促自汗,脉濡弱或结代者,属气虚;胸闷膺痛,虚烦不寐,口干便难,舌红少苔或有剥裂,脉细数者,属阴虚;胸痛彻背,形寒肢冷,舌淡胖,苔白滑,脉沉细者,属阳虚。治本以补肾为主,脏腑亏虚,根本在于肾虚。肾为先天之本,水火之宅,内藏真阴,"五脏之阴气,非此不能滋",心血依赖肾精化生而补充。肾又内寄元阳,为一身阳气之源,"五脏之充阳,非此不能发"。肾阳隆盛,则心阳振奋,鼓动有力,血行畅通。

3. 重视"胸痹缓急" 心痛有时缓,有时急,但重在急。"胸痹缓急"是形容痛的发作与休止。不发作为缓,发作时胸背痛而剧烈为急。由于人体的阳气与寒湿之邪交争的关系,当寒邪胜则阳被邪郁,因此,病势急而疼痛剧烈。如果阳气充行,则气血冲和,寒邪消散,疼痛便可以缓解,这一缓一急,反映出寒湿邪气时散时聚,呈现发作性。

三、治疗注意

1. 治疗应通补兼施 胸痹临床多为正虚邪实,虚实相兼出现,故"补"与"通"是治疗本病的两大法则。补法是:偏阳虚者,重温其阳;偏阴虚者,重滋其阴;阴阳两虚者,分其主次,予以阴阳兼顾。通法:滞者行其气,血瘀者活其血,痰阻者豁其痰。通是治标,补是治本。具体运用时往往标本同治,通补兼施。但以补而不滞,滋而不腻,逐邪而不伤正为原则。在病情急剧发作时,当以通阳、泄浊、散结、化瘀、行气等法治疗标实。在正虚邪实,则需用补虚药以调整脏腑气血阴阳之偏,但仍宜通补兼施。病情缓解期,应以补虚为主,当需结合活血化瘀,通阳散结之品巩固疗效,防止复发。

2. 活血化瘀法的应用 活血化瘀法治疗胸痹是一个重要途径,但若将胸痹的治疗思路,仅仅局限于活血化瘀治法,势必影响疗效的提高和巩固。胸痹的基本病机是本虚标实,其瘀血的形成,多由正气亏损,气虚阳虚或气阴两虚而致,亦可因寒凝、痰浊、气滞而诱发。因本病具有反复发作,病程日久,多表现为气虚血瘀或痰瘀交阻、气滞血瘀等夹杂证候,故临床治疗应注意在活血化瘀中伍以益气、养阴、化瘀、理气之品,辨证用药,加强祛瘀疗效。

3. 益气化痰法的应用 痰浊不仅与胸痹的若干易患因素(如肥胖、高脂血症)相关,也是其发病直接病理因素。痰浊闭阻证多见于肥胖患者,每因饮食不节,伤及脾胃,健运失司,湿郁痰滞,留踞心胸。痰性黏腻,易窒阳气,滞血运,造成气虚湿浊痰阻为患。治疗应着重健脾胃,在祛痰的同时,适时应用健脾益气,以消生痰之源,气化痰行,则血亦行。

4. 芳香温通药的应用 寒邪内闭是导致胸痹发作的重要病机之一,临床以芳香走窜,温通行气类中药治疗胸痹源远流长,如桂心、干姜、吴茱萸、麝香、细辛、蜀椒、丁香、木香、安息香、苏合香油等芳香温通之品。临床常伴有阳虚之象,芳香温通药物宜配合温补阳气之剂,以取温阳散寒之功。但芳香温通药物具有辛散走窜之弊,不可一味辛散寒邪,中病而止,以防耗伤阳气。

【文献摘录】

《难经·六十难》:"其五脏气相干,名厥心痛……其痛甚,但在心,手足青者,即名真心痛。其真心痛者,旦发夕死,夕发旦死。"

《玉机微义·心痛》:"然亦有病久气血虚损及素劳作羸弱之人患心痛者,皆虚痛也。"

《症因脉治·胸痛论》:"内伤胸痛之因:七情六欲,动其心火,刑及肺金,或怫郁气逆,伤其肺道,则痰凝气结;或过饮辛热,伤其上焦,则血积于内,而闷闭胸痛矣。"

(董玉山)

附

真心痛

真心痛(angina pectoris)是胸痹进一步发展的严重病证,其特点为剧烈而持久的胸骨后疼痛,伴心悸、肢冷、喘促、汗出、面色苍白、水肿等症状,甚至危及生命。

笔记栏

真心痛和“胸痹”病因病机相似，由于年老体衰、七情内伤、过食肥甘或劳倦伤脾、寒邪侵袭等因素，导致阳气不足、气滞血瘀、痰浊化生、血脉凝滞等。其发病基础是本虚心阳不振，而标实心脉闭塞是发病条件。如寒凝气滞，血瘀痰浊，痹阻心脉，心脉不通，出现心胸疼痛(胸痹)，严重者部分心脉突然闭塞，气血不通，可见心胸猝然大痛，而发为真心痛(心肌梗死)；若心气不足，运血无力，心脉闭阻，心血亏虚，气血运行不利，可见心悸，喘促，脉结代；若心肾阳虚，水邪泛滥，水饮凌心射肺，可出现心悸，水肿，喘促，或亡阳厥脱，亡阴厥脱，或阴阳厥脱，最后导致阴阳离决。总之，本病其病变脏腑涉及心、肾，其本在肾，总的病机为本虚标实，而在急性期则以标实为主。

真心痛最早出现、最为突出的症状，是剧烈疼痛，难以忍受，且范围广泛，持续时间长久，患者常有恐惧、濒死感。因此，在发作期必须选用有速效止痛作用的药物，以迅速缓解心痛症状。疼痛缓解后予以辨证施治，常以补气活血，温阳通脉为主，可与胸痹辨证论治互参。

西医学的心肌梗死、心绞痛、肺动脉栓塞等病，可参考本病证辨证论治。

1. 气虚血瘀

临床表现：① 心胸刺痛，胸部闷窒，动则加重；② 气短无力，心悸汗出；③ 舌体胖大，边有齿痕，舌质黯淡或有瘀点、瘀斑，舌苔薄白，脉弦细无力。

证候辨析：气虚不能推动血行，血停心胸成瘀，不通则痛，故心胸刺痛，胸部闷窒；气虚则无力固表，故见气短无力，心悸汗出。舌体胖大，边有齿痕，舌质黯淡或有瘀点、瘀斑，舌苔薄白，脉弦细无力，为气虚血瘀之象。临床具备①＋②或①＋③均可辨为气虚血瘀型。

治法：益气活血，通脉止痛。

代表方：保元汤合血府逐瘀汤加减。

常用药：人参、黄芪补益心气；失笑散、桃仁、红花、川芎活血化瘀；赤芍、当归、丹参养血活血；柴胡、枳壳、桔梗行气豁痰宽胸；甘草调和诸药。

瘀重刺痛明显，加莪术、延胡索，另吞三七粉；口干，舌红，加麦冬、生地黄养阴；舌淡肢冷，加肉桂、淫羊藿温阳；痰热内蕴，加黄连、瓜蒌、法半夏。

2. 寒凝心脉

临床表现：① 胸痛彻背，胸闷气短，心悸不宁；② 神疲乏力，形寒肢冷；③ 舌质黯淡，舌苔白腻，脉沉无力，迟缓或结代。

证候辨析：寒凝心脉，寒性收引，气机不畅，故胸痛彻背，胸闷气短，心悸不宁；体内寒盛，阳气被遏，故神疲乏力，形寒肢冷。舌质黯淡，舌苔白腻，脉沉无力，迟缓或结代，为寒凝心脉之象。临床具备①＋②或①＋③均可辨为寒凝心脉型。

治法：温补心阳，散寒通脉。

代表方：当归补血汤加减。

常用药：当归补血活血；芍药养血和营；桂枝、附子温经散寒；细辛散寒，除痹止痛；人参、甘草益气健脾；通草、三七、丹参通行血脉。

寒象明显，加干姜、蜀椒、荜茇、高良姜；气滞加白檀香；痛剧急予苏合香丸之类。

3. 正虚阳脱

临床表现：① 心胸绞痛，胸中憋闷或有窒息感，喘促不宁，心悸；② 大汗淋漓，烦躁不安或表情淡漠，重则神智昏迷，口开目合，四肢厥冷，手撒尿遗；③ 面色苍白，脉急数无力或脉微欲绝。

证候辨析：正气虚于内，阳气无所依，浮越于外，故心胸绞痛，胸中憋闷或有窒息感，喘促不宁，心悸；阳气暴脱，无力固表，故可见大汗淋漓，面色苍白，烦躁不安或表情淡漠，重则神智昏迷，口开目合，四肢厥冷，手撒尿遗。脉急数无力或脉微欲绝为亡阳之象。临床具备①＋②或①＋③均可辨为正虚阳脱型。

治法：回阳救逆，益气固脱。

代表方：四逆加人参汤加减。

常用药：红参大补元气；附子、肉桂温阳；山茱萸、龙骨、牡蛎固脱；玉竹、炙甘草养阴益气。

阴竭阳亡，合生脉散。急用独参汤灌胃或鼻饲，或参附注射液 50 mL，直接静推，每 15 分钟 1 次，直至阳气恢复，四肢转暖，改用参附注射液 100 mL 继续静脉滴注，待病情稳定后，改用参附注射液 100 mL＋5％或 10％葡萄糖注射液250 mL中继续静脉滴注，直至病情缓解。

笔记栏

真心痛发作时除了上述治疗外，应用宽胸气雾剂给药，或舌下含化复方丹参滴丸，或速效救心丸，或麝香保心丸，缓解疼痛。同时辨病治疗，选用蝮蛇抗栓酶、蚓激酶、葛根素、苦碟子注射液、血栓通(三七制剂)、毛冬青甲素等活血中药，有一定程度的抗凝和溶栓作用，并可扩张冠状动脉，应结合临床辅助检查，采用中西医结合对症治疗。同时注意伴随症状的治疗，对真心痛的恢复也起着重要作用。缓解期临床常见有气虚血瘀、气阴两虚、阴虚阳亢等证型,应积极治疗防止真心痛发作或复发。

针灸治疗真心痛可选用极泉穴为主穴,在急性发作时或发作前使用效果最好。可以用针刺,也可以用手指弹拨极泉穴处的神经或血管,患者可以用这种方法自救或解除症状。

合理护理非常重要,使患者卧床休息,低流量给氧,保持情绪稳定,饮食宜清淡,多吃新鲜蔬菜和水果,保持大便通畅,切忌饮食过饱。有吸烟嗜好者,应彻底戒除之。患者一般须卧床3周以上,不可过早下床活动。

（董玉山）

第三节　不　　寐

【概述】

一、定义

不寐(insomnia)是以不能获得正常睡眠为特征的一类病证,主要表现为睡眠时间、深度的不足,轻者入睡困难,或寐而不酣,时寐时醒,或醒后不能再寐,重则彻夜不寐,常影响人们的正常生活、工作、学习和健康。

二、源流

不寐在《内经》中称为"卧不安"、"目不瞑",《素问·逆调论》记载有"胃不和则卧不安"。《灵枢·大惑论》详细地论述了"目不瞑"的病机,认为"卫气不得入于阴,常留于阳。留于阳则阳气满,阳气满则阳跻盛;不得入于阴则阴气虚,故目不瞑矣"。阳盛于外,而阴虚于内,阳不能入于阴故不寐。

不寐的病名,首见于《难经·四十六难》。该篇认为,老人"卧而不寐"是因为"气血衰,肌肉不滑,荣卫之道涩"。

在治疗方面,汉代张仲景《伤寒论》曰:"少阴病……心中烦,不得卧,黄连阿胶汤主之。"《金匮要略》曰:"虚劳,虚烦不得眠,酸枣仁汤主之。"其治法补充了阴虚火旺及虚劳病虚热烦躁的不寐证,其首创治疗不寐方剂黄连阿胶汤及酸枣仁汤,一直沿用至今。因此不寐的治疗,应着重在内脏的调治,如调补心脾、滋阴降火、益气宁神、和胃化痰等。

隋代,巢元方《诸病源候论·大病后不得眠候》曰:"大病之后,脏腑尚虚,荣卫未和,故生于冷热。阴气虚,卫气独行于阳,不入于阴,故不得眠。若心烦不得眠者,心热也。若但虚烦,而不得眠者,胆冷也",指出脏腑功能失调,营卫不和,阳不能入于阴,是不寐的主要病机所在。

明代,张介宾《景岳全书》中明确指出以虚实作为不寐的辨证纲要,将本病病机从邪正虚实概括为有邪、无邪两种类型,"不寐证虽病有不一,然唯知邪正二字则尽之矣……其所以不安者,一由邪气之扰,一由营气不足耳。有邪者多实证,无邪者皆虚证"。提出"无邪而不寐者……宜以养营,养气为主治";"有邪而不寐者,去其邪而神自安也"。李中梓《医宗必读》指出不寐的病因有气虚、阴虚、水停、胃不和、痰滞五种,并根据病因的不同采用不同的治法。《症因脉治·不得卧》详细描述了心血虚与心气虚所致不得卧的症因脉治:"心血虚……心烦躁乱,夜卧惊起,口燥舌干,五心烦热……心火太旺之证也。""心气虚……二便时滑,目漫神清,气怯倦怠,心战胆寒,时时欲睡,睡中自醒……"戴思恭(字元礼)《证治要诀·虚损门》进一步提出:"……有病后虚弱及年高人阳衰不寐"。清代,王清任《医林改错》血府逐瘀汤所治症目不眠条下"夜不能睡,用安神养血药治之不效者,此方若神",夜不安条下"夜不安者,将卧则起,坐未稳又欲睡,一夜无宁刻,重者满床乱滚,此血府血瘀",提示活血化瘀法可治疗不寐证。

三、范围

不寐相当于西医学当中的抑郁症、神经症、更年期综合征、慢性消化不良、贫血、动脉粥样硬化等以不寐为主要临床表现的疾病。

【病因病机】

人之寤寐,由心神控制,阴阳之气自然而有规律的转化是睡眠的重要保障。每因饮食不节,情志失常,劳倦、思虑过度及病后、年迈体虚等因素,出现阳盛阴衰、阴阳失衡,导致心神不安,神不守舍,不能由动转静而致不寐病证(图 5-3)。

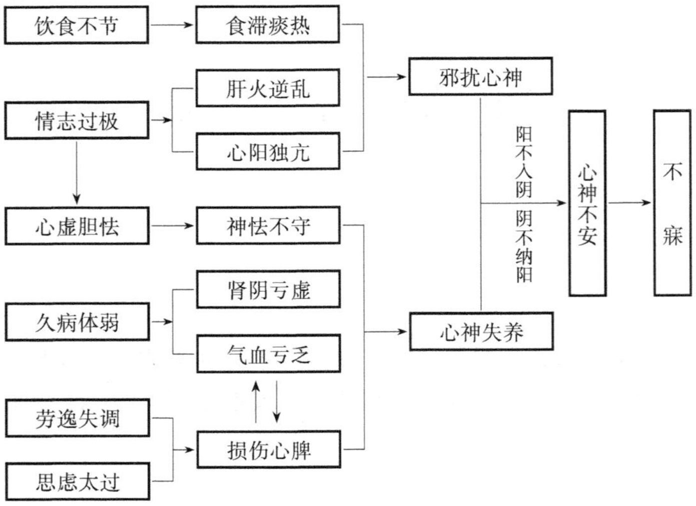

图 5-3　不寐病因病机示意图

1. 情志过极,心神不安　情志过极可导致脏腑的功能失调,导致心神失养或不安而发生不寐病证。情志不遂,暴怒伤肝,肝气郁结,肝郁化火,魂不能藏,邪火上扰心神,神不安舍而不寐;喜笑无度,心神激动,心火独灼,扰动神明而心烦不寐;思虑太过,损伤心脾,心血暗耗,神不守舍,脾虚生化乏源,营血亏虚,不能奉养心神而不寐。

2. 饮食不节,脾胃不和　饮食不节,暴饮暴食,脾胃运化功能损伤,致宿食停滞,影响胃气升降之职,胃气失和,酿生痰热,壅遏于中,从而痰热上扰,以致睡卧不安。

3. 心虚胆怯,神不守舍　由暴受惊恐,导致心虚胆怯,神魂不安,夜不能寐,如《沈氏尊生书·不寐》云:"心胆俱怯,触事易惊,梦多不祥,虚烦不寐"。心虚胆怯,心神不安,心虚则神不内守,胆虚则少阳之气失于升发,决断无权,则肝郁脾失健运,痰浊内生,扰动神明,故遇事易惊,神魂不安,可致不寐。《证治要诀·不寐》所云:"有痰在胆经,神不归舍,亦令不寐。"

4. 劳逸失调,久病体弱　劳倦太过则伤脾,过逸少动亦致脾虚气弱,运化不健,气血生化乏源,不能上奉于心,以致心神失养而失眠。先天禀赋不足,年迈体虚,房劳过度而致肾阴耗伤,肾阴耗伤,阴衰于下,不能上济于心阴,水火不济,而致心阳独亢,阳不交阴,或久病血虚,产后失血或年迈血少,引起心血不足,心失所养,心神不安而不寐。

不寐的病变脏腑主要涉及心、肝、脾、肾。其病机不外心、肝、胆、脾、肾脏腑功能失调,阴阳气血失和,以致心神失养或心神被扰。病机有虚实之分,实证由肝郁化火,痰热内扰,阳盛不得入于阴而致,虚证多由心脾两虚,心虚胆怯,心肾不交,水火不济,心神失养,阴虚不能纳阳而发。但失眠久病可出现虚实夹杂,实火、湿、痰等病邪与气血阴阳亏虚互相联系,相互转化,临床以虚证多见。

【诊断】

诊断要点

笔记栏

(1) 临床表现:轻者入寐困难或寐而易醒,醒后不寐,连续 3 周以上,重者彻夜难眠。

(2) 常伴症状:有头痛、头昏、心悸、健忘、神疲乏力、心神不宁、多梦等症。

(3) 发病因素:本病证常有饮食不节、情志失常、劳倦、思虑过度、病后、体虚等病史或诱因。

(4) 相关检查：临床采用多导睡眠图来判断，测定其平均睡眠潜伏期时间长于30分钟；测定实际睡眠时间每夜不足6.5小时；测定觉醒时间每夜超过30分钟。经各系统及实验室检查，未发现有妨碍睡眠的其他器质性病变。

【鉴别诊断】

1. 喘息不得卧　《素问·评热病论》之"诸水病者，故不得卧，卧则惊，惊则咳甚也"，《金匮要略·痰饮咳嗽病脉证并治》之"咳逆倚息不得卧"，《金匮要略·胸痹心痛气短病脉证治》之"胸痹不得卧"等，虽病不同，然均出现"不得卧"，但所指"不得卧"均是因其病表现气息不匀，呼吸困难，不能平卧的征象，与不寐有别。

2. 一时性失眠，生理性少寐，其他病引起的失眠　不寐是指单纯以失眠为主症，表现为持续性的严重的睡眠障碍。若因一时性情志影响或生活环境改变引起的暂时性失眠不属病态。至于老年人少寐早醒，亦多属生理状态。若因其他疾病痛苦引起失眠者，则应以祛除有关病因为主。

【辨证论治】

一、辨证要点

1. 辨病位　主要病变脏腑在心、脑，且与肝、胆、脾、胃、肾的阴阳气血失调相关。由于心神失养或不安，神不守舍而失眠。"脑为元神之府"，心主血，肾藏精，精血上滋于脑，若脑失其滋，则神无所依，必然导致不寐。急躁易怒而失眠，多为肝火内扰；脘闷苔腻而失眠，多为胃内宿食，痰浊内盛；心烦心慌，头晕健忘而失眠，多为阴虚火旺，心肾不交；面色少华，肢倦神疲而失眠，多为脾虚不运，心神失养等。

2. 辨虚实　虚证多属阴血不足，心失所养，临床表现为体质虚弱，面色无华，神疲懒言，心悸健忘，多因脾失化源，肝失藏血，肾失藏精所致阴阳不和；实证为火盛扰心，临床表现为心烦易怒，口苦咽干，便秘溲赤，多因心火亢盛或肝郁化火所致。

3. 辨轻重　病因、病程决定了不寐的病证轻重，轻者病因易于祛除，少眠或不眠程度较轻，数日即愈；重者病因持续存在，难于祛除，症状较重，甚至彻夜不眠，数月不安，甚或数年不愈。

二、治疗要点

1. 治疗原则　调整脏腑气血阴阳，以安神定志为原则。

2. 泻实补虚　不寐病证有虚实之分，治疗当以补虚泻实。实证泻其有余，如疏肝泄热，清化痰热，消导和中；虚证补其不足，如益气养血，健脾养肝益肾。

3. 强调安神定志　采用养血安神，镇惊安神，清心安神之品，配合精神治疗，消除紧张焦虑，保持规律生活及精神舒畅。

三、分证论治

1. 肝火扰心

临床表现：① 不寐多梦，性情急躁；② 不思饮食，口渴喜饮，头胀头晕，目赤耳鸣，口舌生疮，口苦，便秘溲赤；③ 舌红，苔黄，脉弦数。

证候辨析：因恼怒伤肝，肝郁化火，上扰心神，则不寐而易怒。肝气犯胃，则不思饮食。肝郁化火乘胃，胃热则口渴喜饮。火热上扰，则口苦，目赤，耳鸣。小便黄赤，舌质红，苔黄，脉弦数，均为肝火内扰之象。若肝郁化火，肝胆实热，肝阳上亢，则头晕目眩，头痛欲裂，彻夜不眠。热邪灼津，大便秘结。苔黄燥，脉弦滑数，皆实热内盛之象，为肝郁化火之重证。本证为肝气郁结，郁而化火，上扰心神。临床具备①＋②或①＋③项可辨为肝火扰心型。

治法：疏肝泄热，镇心安神。

代表方：龙胆泻肝汤加减。

常用药：龙胆草、黄芩、栀子清肝泻火；当归、生地黄滋养阴血；柴胡舒畅气机；泽泻、车前子清利湿

笔记栏

热;甘草和中。

心神不安,加琥珀、灵磁石;胸闷胁胀,加香附、郁金以疏肝开郁;心中懊恼,加豆豉、竹茹;若头晕目眩,头痛欲裂,不寐欲狂,大便秘结者,可用当归龙荟丸。

2. 痰热内扰

临床表现:① 不寐心烦,头重目眩;② 痰多胸闷,口苦嗳气,吞酸恶心,或大便秘结;③ 舌红,苔腻而黄,脉滑数。

证候辨析:因宿食停滞,土壅木郁,肝胆不疏,因郁致热,生痰生热,痰热上扰,故不寐心烦,口苦目眩。痰热郁阻,气机不畅,胃失和降,则头重,胸闷,呕恶,嗳气。舌红,苔黄腻,脉滑数,均为痰热之象。若痰热较盛,痰火上扰心神,则可彻夜不寐。大便不通为热邪伤津所致。本证为积湿生痰,郁痰化热,扰其心神。临床具备①+②或①+③项可辨为痰热内扰型。

治法:化痰清热,和胃安神。

代表方:黄连温胆汤加减。

常用药:黄连、竹茹清心降火;半夏、陈皮、茯苓、枳实健脾化痰,理气和中。

烦躁,心惊悸者,酌加磁石、朱砂、珍珠母镇惊定志;若痰食阻滞,胃中不和者,可合用半夏秫米汤加神曲、山楂、莱菔子以消导和中;痰热重,经久不寐,或彻夜不寐,大便不通者,可用礞石滚痰丸降火泄热,逐痰安神。

3. 心肾不交

临床表现:① 心烦不寐,头晕心悸;② 腰酸膝软,耳鸣,健忘,口干津少,潮热盗汗,五心烦热,男子梦遗,女子月经不调;③ 舌红少苔,脉细数。

证候辨析:肾阴不足,心肾不交,水火失于既济,心肾阴虚,君火上炎,扰动神明,则心烦不寐,心悸不安而健忘。肾阴不足,脑髓失养,相火妄动,故眩晕,耳鸣,梦遗。腰为肾之府,肾阴虚则腰失所养,故腰酸。口干津少,五心烦热,舌红少苔,脉细数,均为肾水亏虚,心火炽盛,心肾不交之象。临床具备①+②或①+③项可辨为心肾不交型。

治法:滋阴降火,交通心肾。

代表方:六味地黄丸合交泰丸加减。

常用药:地黄、山茱萸、山药补肾益精;泽泻、茯苓健脾渗湿;牡丹皮、黄连清心降火;肉桂引火归原。

若心阴不足为主者,加柏子仁、酸枣仁、远志养心安神;若阴虚阳亢者,加牡蛎、龟甲、磁石等重镇潜阳。

4. 心脾两虚

临床表现:① 梦多易醒,心悸健忘;② 头晕目眩,胸脘满闷,纳食无味,肢倦神疲,面色少华;③ 舌淡,苔薄,脉细弱。

证候辨析:因心脾两虚,营血不足,不能奉养心神,致使心神不安,而生不寐,多梦,健忘,醒后不易入睡。血不养心,则心悸。气血虚弱,不能上奉于脑,清阳不升,则头晕目眩;心主血,其华在面,血虚不能上荣于面,所以面色少华。脾气虚,则饮食无味;生化之源不足,血少气虚,故肢倦神疲,舌淡,苔薄,脉细弱。若脾虚湿盛,脾阳失运,痰湿内生,则脘闷纳呆,苔滑腻,脉濡滑。本证为气血亏损,心神失养,神不安舍。临床具备①+②或①+③项可辨为心脾两虚型。

治法:益气生血,养心安神。

代表方:归脾汤加减。

常用药:人参、白术、甘草健脾益气;黄芪、当归补气生血;远志、酸枣仁、茯神、龙眼肉养心安神;木香行气。

不寐较重者,加五味子、柏子仁、合欢花、首乌藤养心宁神;或加龙骨、琥珀以镇静安神;心血不足者,加白芍、阿胶、鸡子黄以养心血。

5. 心胆气虚

临床表现:① 不寐多梦,易于惊醒,胆怯心悸,遇事善惊;② 气短倦怠,自汗虚烦;③ 舌淡,脉弦细。

证候辨析:心胆气虚,多发于体质羸弱之人,或起于暴受惊骇之后,或因怒气伤于肝胆。胆主决断,心主神明,决断无权,神明亦乱,故胆气虚往往涉及心神,表现为遇事易惊,犹豫不决,神不守舍;心气虚,心神不安,不寐多梦,易于惊恐而心悸。气虚,则气短倦怠,自汗虚烦,舌淡,脉弦细。本证为心胆气虚,心

笔记栏

神失养,神魂不安。临床具备①+②或①+③项可辨为心胆气虚型。

治法：益气镇惊,安神定志。

代表方：安神定志丸合酸枣仁汤。

常用药：人参、茯苓、甘草益气壮胆;石菖蒲豁痰开窍;龙齿镇惊安神;茯神、远志、川芎、酸枣仁和血养心;知母清热除烦。

若心肝血虚,惊悸汗出者,加黄芪、首乌、当归、枸杞以补养肝血;胸闷善太息,纳呆腹胀,胆虚不疏土者,加柴胡、香附、山药、白术以疏肝健脾;心悸甚惊惕不安者,加珍珠母、朱砂以重镇安神。

【其他治法】

一、中成药

1. 安神补心丸　口服,一次 6 g,一日 3 次。具有养血滋阴,安神镇静的功效。适用于心肾不交之心悸失眠、健忘等症。

2. 柏子养心丸　口服,一次 9 g,一日 2 次。具有补气,养血,安神的功效。适用于心脾两虚之不寐。肝阳上亢者不宜服用。

3. 安神补脑液　口服,一次 10 mL,一日 2 次。具有生精补髓,益气养血,强脑安神的功效。适用于心胆气虚之不寐。

二、针灸

心脾两虚取神门、三阴交;肝郁气滞取内关、太冲;心肾不交取通里、照海、心俞、肾俞、太溪;阴阳失衡取申脉、照海;胃不和则夜不眠者加胃俞、脾俞、足三里;肝火扰心者加肝俞、太冲;心胆气虚者加心俞、胆俞、大陵、丘墟。

治疗失眠的常用耳穴有：神门、皮质下、交感、脑点、枕、心、肝、脾、肾等。中医辨证加减配穴为：肝火扰心配肝、胆穴;痰热内扰配心、脾、胃;心肾不交配心、肾;心脾两虚配心、脾;心胆气虚配心、肝、胆。运用耳穴治疗失眠的方法有耳穴贴压法、耳穴埋针法和毫针刺法等。

三、饮食辅助疗法

1. 鲜竹笋方　竹笋 50～100 g,夏枯草 20 g,槐花 15 g,煎水服食。或用新鲜竹笋适量,捣碎后取汁饮服。每日 1 次。适用于肝火扰心型及痰热内扰型。

2. 新鲜百合方　新鲜百合 30 g,冰糖 20 g。百合洗净,加入冰糖,隔水蒸熟服用。每日 1 次,晚 7 时服。适用于心肾不交型。

3. 枣仁汤　龙眼 10 g,酸枣仁 30 g,红枣 3 枚,水煎代茶饮或睡前服。适用于心脾两虚型。

【转归预后】

不寐之证,预后一般良好。本病虚者为多,且病程较长,难以速愈,治疗不当,由虚转实或虚实夹杂。若失治误治,忧思久郁,进一步损伤心脾,虚久则气滞痰生,加之心胆气虚,痰浊上逆,蒙蔽心窍,神志迷蒙,不能自主,则可转为癫证;若痰浊内阻,因肝郁化火,或心火内炽,结为痰火,扰乱心神,心窍被蒙,神志逆乱,可发为狂证。若久治不愈,劳心伤神耗血,亦可演变为虚劳。

【预防调护】

不寐属心神病变,与情志因素有着密切的关系,重视精神调摄和讲究睡眠卫生具有实际的预防意义。平时积极进行心理情志调整,保持乐观向上的态度,使心情愉快,消除恐惧及顾虑,不过度奢望,避免情绪波动,尽量以放松的、顺其自然的心态对待睡眠,能较好地入睡。睡眠卫生方面,首先帮助患者建立有规律的作息制度,从事适当的体力活动或体育锻炼,增强体质,持之以恒,促进身心健康。其次养成良好的

笔记栏

睡眠习惯。晚餐要清淡，不宜过饱，更忌浓茶、咖啡及吸烟。睡前避免从事紧张和兴奋的活动，养成定时就寝的习惯。另外，要注意睡眠环境的安宁，床铺要舒适，卧室光线要柔和，并努力减少噪声，去除各种可能影响睡眠的外在因素。

【临证备要】

一、辨病思路

不寐相当于西医学当中的抑郁症、神经症、更年期综合征、慢性消化不良、贫血、动脉粥样硬化等以失眠为主要临床表现的疾病。引起不寐的原因很多，临床表现也各异，需辨别清楚。

1. 不寐的原因多样　① 心理因素：常见一些急性应激因素，生活、工作与学习的压力，未遂的意愿及社会环境的变化等，使人产生心理和生理反应，寻致神经系统的功能异常，造成大脑的功能障碍，出现焦虑、抑郁、紧张，从而引起失眠。② 环境因素：环境嘈杂、空气污浊、居住拥挤或突然改变睡眠环境，使人产生生理上的反应，出现失眠。③ 生理因素：如睡前过于疲劳、饥饿或者性兴奋等原因，都能导致失眠。④ 精神障碍：各类精神疾病大多数伴有睡眠障碍，如精神分裂症、心境障碍、焦虑障碍、惊恐障碍、酒精中毒等。失眠往往是精神症状的一部分。⑤ 药物和食物因素：服用中枢兴奋药物可导致失眠。长期服用镇静催眠药或饮酒，一旦戒掉，也会出现戒断症状，睡眠浅，噩梦多。茶、咖啡、可乐类饮料等含有中枢神经兴奋剂咖啡因，晚间饮用可引起失眠。⑥ 睡眠节律改变：睡眠时间不固定等引起生物钟节奏的变化，从而引起失眠。⑦ 躯体疾病：心脑疾病、哮喘、肾病、骨关节病、肠胃病、高血压、甲状腺功能亢进、睡眠呼吸暂停综合征、夜间肌阵挛综合征等。

2. 不寐的表现不一　包括起始失眠、中间失眠、终点失眠，亦有彻夜辗转难眠者。① 起始失眠：开始不能入睡，到后半夜甚至天亮才入睡。多属神经衰弱引起，多见于劳心用脑者及体质虚弱者。除失眠外，常伴头痛、头晕、记忆力减退、心悸、手抖等症状。自觉症状与客观检查不一致为其特征。② 间断失眠：时睡时醒，睡眠不深不熟，可伴噩梦或梦魇。多见于消化不良或其他慢性疾患者。③ 终点失眠：即早醒。一般入睡无困难，半夜醒后不再能入睡。常见于动脉硬化、高血压和老年人。④ 结合病史、病情等进行诊断：失眠多与精神情志因素有关，有明显精神刺激原因导致者，常见于抑郁症、神经症、更年期综合征等。病久不愈，形体瘦弱而见失眠者，多属虚劳类疾病，如贫血等消耗性疾病。

二、辨证思路

1. 不寐发病特点　本病多为复合症且累及多个脏腑，证候有虚有实，以虚证尤为多见。久虚不复又易致虚中夹实，治疗颇为困难，而不寐去除标实病因后，患者的症状可改善，病程短，易治愈。虚证不寐临证各有特点，心胆气虚者，时易惊醒，神魂不安，处事多虑而不能决断；阴虚火旺者，睡中多梦；心脾两虚者，难以入寐而易早醒。临证时应辨识以何脏腑虚为主。如本病最常见的心脾两虚证，脾气损伤而致心血不足者，除以不寐为主症，可兼有纳食无味，食少腹胀，便溏乏力，治当补脾为主，兼以养心。因心血虚而影响脾者，兼见心悸气短，以养心为主，兼以补脾、益气而生血。

2. 证候转化　虚性不寐各证之间可相互转换，又可形成他疾，临证尤应切记。如心脾两虚日久不愈，可致心胆气虚证不寐，其特点亦随之改变；心脾两虚病变日久，易致阴虚，阴虚不能制火，而形成心肾不交证不寐；阴虚火旺灼伤阴血，又易耗气，经滋阴降火治疗后，虚火之象不显，则易致心脾两虚证不寐。气血两虚经治疗后，不寐症状减轻，次症如心悸转化为主症，而成新疾，治疗相同，此为异病同治。

3. 多角度思辨　在辨证过程中，根据具体病证特点，抓主要矛盾，确立治疗思路，临床常见方法有从心、脾胃、肾(命门)、肝论治，从五脏论治，从营卫论治，从瘀、痰、火论治，从因虚致病及因病致虚论治。

三、治疗注意

笔记栏

1. 治疗不寐应掌握三个要点　① 注意调整脏腑阴阳气血的平衡。如补益心脾，应佐以少量醒脾运脾药，以防碍脾；交通心肾，用引火归原的肉桂其量宜轻；疏肝泻火，注意养肝柔肝，以体现“体阴用阳”之意。② 在辨证论治前提下强调施以安神镇静之法。安神的方法有养血安神、育阴安神、益气安神、镇惊安神、安神定志等不同。实证不寐多用重镇安神药，常用生龙骨、生牡蛎、紫石英、龙齿、朱砂、琥珀、珍珠母；虚证多用养血安神药，常用首乌藤、柏子仁、酸枣仁、龙眼肉、远志、合欢皮、茯神等。③ 心理治疗在不寐治疗中占有重要的地位。树立战胜疾病的信心，消除顾虑及紧张情绪，保持精神舒畅。只有医患配合，持之以恒，促进身心健康，才可收到良好的治疗效果。有条件的情况下，可请心理医生进行心理治疗。

2. 活血化瘀法的应用　长期顽固性不寐，临床多方治疗效果不佳，伴有心烦，舌质偏黯，有瘀点者，依据古训“顽疾多瘀血”的观点，可从瘀论治，选用血府逐瘀汤，药用桃仁、红花、川芎、当归、赤芍、丹参活血化瘀，柴胡、枳壳理气疏肝，地龙、路路通活络宁神，生地黄养阴清心，共奏活血化瘀，通络宁神之功。

3. 综合治疗　不寐除采用中医辨证论治外，还可配合体育锻炼、气功、针灸、推拿等治疗方法，则疗效更佳。

【文献摘录】

《灵枢·邪客》：“夫邪气之客人也，或令人目不瞑，不卧出者，何气使然……今厥气客于五脏六腑，则卫气独卫其外，行于阳，不得入于阴，行于阳则阳气盛，阳气盛则阳跻陷，不得入于阴，阴虚，故目不瞑。黄帝曰：善。治之奈何？伯高曰：补其不足，泻其有余，调其虚实，以通其道而去其邪，饮以半夏汤一剂，阴阳已通，其卧立至。”

《医学心悟·不得卧》：“有胃不和卧不安者，胃中胀闷疼痛，此食积也，保和汤主之；有心血空虚卧不安者，皆由思虑太过，神不藏也，归脾汤主之；有风寒邪热传心，或暑热乘心，以致躁扰不安者，清之而神自定；有寒气在内而神不安者，温之而神自藏；有惊恐不安卧者，其人梦中惊跳怵惕是也，安神定志丸主之；有痰湿壅遏神不安者，其症呕恶气闷，胸膈不利，用二陈汤导去其痰，其卧立安。”

（董玉山）

附

多　寐

多寐(somnolence)指不分昼夜，时时欲睡，呼之即醒，醒后复睡的病证，亦称“嗜睡”、“多卧”、“嗜眠”、“多眠”等。

本病的病变脏腑涉及心、脑，与脾、肾关系密切，多属本虚标实。本虚主要为心、脾、肾阳气虚弱，心窍失荣；标实则为湿浊、痰、瘀血等阻滞脉络，蒙闭心窍。多寐的病机关键是湿浊、痰、瘀血困滞阳气，心阳不振，或阳气虚弱，心神失荣。病变过程中各种病理机制互相影响，如脾虚失运，水津停聚而成痰浊，痰浊或瘀血内阻，又可进一步耗伤气血，损伤阳气，以致心阳不足，脾气虚弱，虚实夹杂。

西医学的发作性睡病、神经症、某些精神病，其临床症状与多寐类似者，可参考本病证辨证论治。

1. 脾气虚弱

临床表现：① 嗜睡多卧，倦怠乏力，饭后尤甚；② 纳少便溏，面色萎黄；③ 苔薄白，脉虚弱。

证候辨析：中气不足，脾弱运迟，不能化生水谷精微，以充四肢，故嗜睡多卧，倦怠乏力。气血不能上荣于面，故面色萎黄。苔薄白，脉虚弱，为气虚之象。临床具备①+②或①+③项可辨为脾气虚弱型。

治法：健脾益气。

代表方：香砂六君子汤加减。

常用药：党参、茯苓、白术、甘草健脾益气；半夏、陈皮化痰和中；木香、砂仁理气醒脾。

2. 阳气虚衰

临床表现：① 心神昏浊，倦怠嗜卧，精神疲乏懒言；② 畏寒肢冷，面色㿠白，健忘；③ 脉沉细无力，舌淡苔薄。

证候辨析：病后或年高之人，阳气虚弱，不能温煦全身，故畏寒肢冷，面色㿠白。阳气虚弱，心神失荣，故心神昏浊，倦怠嗜卧，精神疲乏，懒言，健忘。脉沉细无力，舌淡苔薄，为阳虚之象。临床具备①+②或①+③项可辨为阳气虚衰型。

治法：益气温阳。

代表方：附子理中汤合人参益气汤加减。

常用药：附子、干姜温补脾肾之阳；炙黄芪、人参、白术、炙甘草大补元气；熟地黄、五味子、川芎滋补阴液，阴中求阳；升麻升阳，以助清气上升。

3. 湿盛困脾

临床表现：① 头蒙如裹，昏昏嗜睡，肢体沉重，偶伴浮肿；② 胸脘痞满，纳少，泛恶；③ 舌苔腻，脉濡。

证候辨析：体质肥胖之人多见，痰湿内困，脾阳不振，清阳不升，故头如裹，昏昏嗜睡，肢体沉重，偶伴浮肿。脾失健运,故胸脘痞满,纳少、泛恶。舌苔腻,脉濡,为湿盛之象。临床具备①+②或①+③项可辨为湿盛困脾型。

治法:燥湿健脾,醒神开窍。

代表方:平胃散加减。

常用药:苍术燥湿健脾;藿香芳香化浊;橘皮理气和中;厚朴、生姜宽中理脾祛湿;菖蒲醒脾化湿,提神开窍。

4. 瘀血阻滞

临床表现:① 神倦嗜睡,头痛头晕;② 病程较久,或有外伤史;③ 舌质紫黯或有瘀斑,脉涩。

证候辨析:瘀血阻滞于脑,故头痛头晕。阻滞日久耗伤气血,损伤阳气,故神倦嗜睡。舌质紫黯或有瘀斑,脉涩,为瘀血阻滞之象。临床具备①+②或①+③项可辨为瘀血阻滞型。

治法:活血通络。

代表方:通窍活血汤加减。

常用药:赤芍、川芎、桃仁、红花活血化瘀;生姜、黄酒温通以助行血;老葱、麝香开窍醒脑;红枣顾护正气。

多寐可以影响患者的智力,有人认为发病年龄愈小,对智力的影响愈大。因此,一旦确诊应尽早治疗。保持乐观的情绪,树立战胜疾病的信心,避免忧郁、悲伤,但也不宜过于兴奋。最好不要独自远行,不要从事高空、水下作业,更不能从事驾驶车辆,管理各种信号及其他责任重大的工作,以免发生意外事故。

(董玉山)

第四节　癫　　狂

【概述】

一、定义

癫狂(manic-depressive psychosis)系指由于情志所伤,或者先天禀赋异常,致使痰气郁结,蒙蔽心窍,阴阳失调而引起的临床常见多发的精神病。癫证的临床表现为精神抑郁,表情淡漠,沉默痴呆,喃喃自语,出语无序,静而多喜;狂证的临床表现为精神亢奋,狂躁不安,骂詈毁物,动而多怒。两者在临床症状上不能截然分开,又能相互转化,故以癫狂并称。发病以青壮年多见,近来少年发病有增加趋势。

二、源流

癫狂病名出自《内经》,并对其病因病机及治疗均有较系统的描述。在病因病机方面,《素问·至真要大论》说:"诸躁狂越,皆属于火",《素问·脉解》又说:"阳尽在上,而阴气从下,下虚上实,故狂癫疾也",指出了火邪扰心和阴阳失调可致发病;《灵枢·癫狂》又有"得之忧饥""大怒""有所大喜"等记载,明确指出多为情志因素致病。在症状描述方面,《灵枢·癫狂》说:"癫疾始生,先不乐,头重病,视举、目赤,甚作极,已而烦心""狂始发,少卧、不饥,自高贤也,自辨智也,自尊贵也,善骂詈,日夜不休"。《素问·脉要精微论》又说:"衣被不敛,言语善恶,不避亲疏者,此神明之乱也。"在治疗方面,《素问·病能论》云:"……治之奈何?岐伯曰:夺其食即已……使之服以生铁落为饮"。为了观察病情变化,首创"治癫疾者常与之居"的护理方法,至今也有实用意义。《难经·二十难》提出了"重阴者癫"、"重阳者狂",使癫病与狂病相鉴别。

金元时期,《河间六书·狂越》认为:"心火旺,肾水衰,乃失志而狂越。"《丹溪心法·癫狂》说:"癫属阴,狂属阳……大率多因痰结于心胸间",提出了癫狂与"痰"的密切关系,为后世用吐法治疗本病建立了理论基础。

明代,王肯堂提出癫与狂之不同,《证治准绳·癫狂痫总论》曰:"癫者或狂或愚,或歌或笑,或悲或泣,如醉如痴,言语有头无尾,秽洁不知,积年累月不愈","狂者病之发时猖狂刚暴,如伤寒阳明大实发狂,骂詈不避亲疏,甚则登高而歌,弃衣而走,逾垣上屋,非力所能,或与人与所未尝见之事",给后世辨证治疗提示了正确依据。清代,王清任《医林改错·癫狂梦醒汤》指出:"癫狂……乃气血凝滞脑气",开创了从瘀治疗癫狂之先河。

笔记栏

三、范围

西医学中的精神分裂症、躁狂抑郁症，均可参考本节内容进行辨证论治。

【病因病机】

癫狂的发生与七情内伤、饮食失节、禀赋不足相关，损及心、脾、肝、胆、肾，导致脏腑功能失调和阴阳失于平秘，进而产生气滞、痰结、郁火、瘀血等，蒙蔽心窍或心神被扰，神明逆乱，而引起神志异常(图 5－4)。

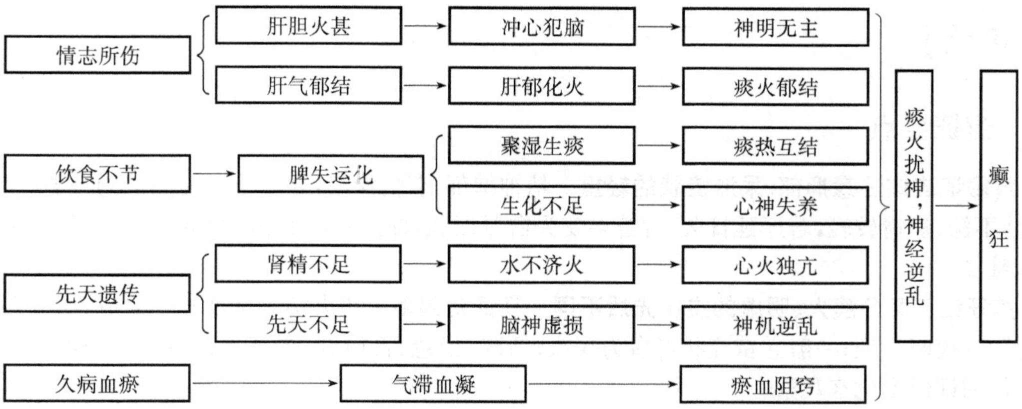

图 5－4　癫狂病因病机示意图

1. 情志所伤　多因恼怒郁愤不解，肝失疏泄，胆气不平，心胆失调，心神扰乱而发病；或肝郁不解，气郁痰结，阻塞心窍而发病；或暴(恚)怒不止，引动肝胆木火，郁火上升，冲心犯脑，神明无主而发病；或肝气郁悖，气失畅达，血行凝滞，致气滞血瘀，或痰瘀互结，气血不能上荣脑髓，神机失用而发病。

2. 痰气郁结　嗜食肥甘膏粱，脾胃运化失司，聚湿成痰，痰浊内盛，郁而化火，上扰心神；或痰与气结，阻蔽神明，或与瘀血相伍，痹阻心窍，均致神志失常而发病。

3. 先天遗传　胎儿在母腹中因禀赋异常，脏气不平，生后一有所触，遭遇情志刺激，则气机逆乱，阴阳失调，神机失常而发病。

病变所属脏腑，主要在心肝，涉及脾胃，久而伤肾。病理因素以气、痰、火、瘀为主，四者有因果兼夹的关系，且多以气郁为先。肝气郁结，肝失条达，气郁生痰；心脾气结，郁而生痰，痰气互结，则蒙蔽神机；如气郁化火，炼液为痰，或痰火蓄结阳明，则扰乱神明。气滞血瘀，凝滞脑气，又每兼瘀血为患，区别言之，癫与狂的病机特点各有不同。癫为痰气郁结，蒙蔽神机；狂为痰火上扰，神明失主。但癫证痰气郁而化火，可转化为狂证；狂证日久，郁火宣泄而痰气留结，又可转化癫证，故两者不能截然分开。

本病初起多属实证，久则虚实夹杂。癫证多由痰气郁结，蒙蔽心窍，久则心脾耗伤，气血不足。狂证多因痰火上扰，心神不安，久则火盛伤阴，心肾失调。本病的转归预后，关键在于早期诊断，及时治疗，重视精神调护，避免精神刺激。若失治、误治，或多次复发，则病情往往加重，形神俱坏，难以逆转。

【诊断】

诊断要点

(1) 有癫证的家庭史，或脑外伤史。多发于青壮年女性，多数与情志内伤相关，如性急易怒、忧愁、悲哀、焦虑、恐惧，甚至愤恨等。

(2) 癫证主要表现为精神抑郁，表情淡漠，沉默，痴呆，语言无序，或喃喃自语，静而少动，多喜；狂证表现为精神亢奋，狂躁不宁，初而多怒，骂詈毁物，不避亲疏等。

(3) 应排除药物、中毒、热病等原因所致。

(4) 相关检查：头颅 CT、MRI 及其他辅助检查常无阳性发现。

笔记栏

【鉴别诊断】

1. 郁病 两者均与五志过极，七情内伤有关，临床表现有相似之处，郁病以心情抑郁，情绪不宁，胸胁胀闷，急躁易怒，心悸失眠，喉中如有异物等以自我感觉异常，但神志清晰。癫证亦见喜怒无常，多语或不语等症，一般已失去自控力，神明逆乱，神志不清。

2. 痴呆 癫证与痴呆症状表现亦有相似之处，然痴呆以智能低下为突出表现，以神志呆滞，愚笨迟钝为主要证候特征，其部分症状可自制，其基本病机是髓减脑衰，神机失调，或痰浊瘀血，痹阻脑脉。

【辨证论治】

一、辨证要点

1. 辨癫证应该注意抑郁、呆滞症状的轻重 精神抑郁，表情淡漠，寡言呆滞为癫证的一般症状，初起多为痰结不深，病情较轻，若迁延日久，舌苔多变为白厚而腻，此乃痰结转深，病情加重，久则脉象沉细无力，病深难复。

2. 辨狂证应区分痰火、阴虚的主次先后不同 狂证初起多由痰火实邪扰乱神明而成，病久多阴液耗伤，渐为阴虚火旺之证；一般亢奋症状者多为痰火；烦躁、疲惫、舌质红、少苔无苔者多为阴虚。应该结合痰火、阴伤的证候变化来观察。

二、治疗要点

1. 治疗原则 本病特点为标实本虚，虚实夹杂。初期多以邪实为主，治当理气解郁，畅达神机，降(泄)火豁痰，化瘀通窍；后期以正虚为主，治当补益心脾，滋阴养血，调整阴阳。

2. 情志调节 移情易性，加强护理，不但是防病治病的需要，也是防止病情反复与发生意外的不可忽视的措施。

三、分证论治

（一）癫证

1. 痰气郁结

临床表现：① 精神抑郁，表情淡漠，沉默痴呆，时时太息，言语无序；② 或喃喃自语，多疑多虑，喜怒无常，秽洁不分，不思饮食；③ 舌红，苔腻而白，脉弦滑。

证候辨析：肝气郁滞，脾失健运，湿无以化，聚成痰浊，痰郁气结，阻于胸膈则表情淡漠，时时太息。蒙蔽神窍，心神蒙蔽，故喃喃自语，多疑多虑，喜怒无常，秽洁不分。舌强不能言，言语无序，故见神情淡漠。舌红，苔白腻，脉弦滑，为痰气郁结之象。临床具备①+②或①+③均可辨为痰气郁结型。

治法：理气解郁，化痰醒神。

代表方：顺气导痰汤加减。

常用药：柴胡、白芍、当归疏肝养血；茯苓、白术、甘草健脾益气；枳实、木香、香附理气解郁；半夏、陈皮、胆星理气化痰；郁金、菖蒲解郁醒神。

若痰积日久化火，痰火扰神，可见突然狂乱，不避亲疏，不食不眠，逾恒上屋，毁物伤人等，治宜涤痰泻火宁神，可选用程氏生铁落饮。若神思迷惘，表情呆钝，言语错乱，目瞪不瞬，舌苔白腻，为痰迷心窍，宜理气豁痰，散结宣窍，先以苏合香丸，芳香开窍，继以四七汤加胆星、郁金、菖蒲之类，以行气化痰。病久痰交瘀结，瘀血阻窍，面黯，舌紫，脉沉涩者，酌加桃仁、红花、赤芍、泽兰等活血化瘀，或用定狂逐瘀汤。

2. 心脾两虚

笔记栏

临床表现：① 神思恍惚，魂梦颠倒，心悸易惊，善悲欲哭；② 肢体困乏，饮食锐减，言语无序；③ 舌淡，苔薄白，脉沉细无力。

证候辨析：癫证日久，脾失健运，故见肢体困乏，饮食锐减。心气耗伤，营血内亏，故见善悲欲哭。升华乏源，气血俱衰，心神失养，则心悸易惊。舌淡，苔薄白，脉沉细无力，皆为心脾两虚之象。临床具备

①+②或①+③均可辨为心脾两虚型。

治法：调节气机，健脾养心。

代表方：养心汤送服越鞠丸加减。

常用药：人参、黄芪、炙甘草健脾益气；香附、神曲、苍术、茯苓醒脾化湿；当归、川芎养心补血；远志、柏子仁、酸枣仁、五味子宁心安神。

心气耗伤，营血内亏，悲伤欲哭者，加淮小麦、大枣清心润燥安神；气阴两虚者，加太子参、麦冬；神气忧伤，心悸易惊者，加龙齿、磁石重镇安神；病久脾肾阳虚，反应及动作迟钝，嗜卧，四肢欠温，面色苍白，舌淡，脉沉细者，酌加肉桂、附子、巴戟天、仙茅、淫羊藿等温补肾阳。

3. 肝郁气滞

临床表现：① 精神抑郁，情绪不宁，沉默痴呆；② 善怒易哭，时时太息，胁胀；③ 舌质淡，苔薄白，脉弦。

证候辨析：肝气郁滞，脾失健运，水湿不化，聚而为痰，痰郁气结，蒙蔽神窍，故见精神抑郁，情绪不宁，沉默痴呆；肝气郁滞，故见善怒易哭，时时太息；络脉不畅，故见胁肋胀痛。舌质淡，苔薄白，脉弦，皆为肝郁气滞之象。临床具备①+②或①+③均可辨为肝郁气滞型。

治法：疏肝解郁，行气导滞。

代表方：柴胡疏肝散加减。

常用药：柴胡、白芍、当归疏肝养血；茯苓、白术、甘草健脾益气；枳实、木香、香附理气解郁；半夏、陈皮、胆星理气化痰；郁金、菖蒲解郁醒神。

心血耗伤，悲伤善哭，加鸡血藤、远志、龟甲等药养血安神；神气恍惚，心悸不宁，加龙齿、磁石、珍珠母等药重镇安神；不寐者，可加菖蒲、远志、杜仲等药安神定志。

（二）狂证

1. 痰火扰神

临床表现：① 起病急骤，两目怒视，狂暴无知，面红目赤，言语杂乱，骂詈叫号，不避亲疏；② 性情急躁，或毁物伤人，或哭笑无常；头痛失眠，渴喜冷饮，便秘尿赤；③ 舌质红绛，苔多黄腻，脉弦滑数。

证候辨析：五志化火，鼓动阳明痰热，上扰清窍，故见性情急躁，头痛失眠；阳明独盛，扰乱心神，神机逆乱，症见突然狂暴无知，言语杂乱，骂詈不避亲疏，毁物伤人；热盛于内，故渴喜冷饮，便秘尿赤；舌绛，苔黄腻，脉弦滑数，皆属痰火壅盛，且有伤阴之势；火属阳，阳主动，故起病急骤而狂暴不休。临床具备①+②或①+③均可辨为痰火扰神型。

治法：镇心涤痰，泻肝清火。

代表方：生铁落饮加减。

常用药：生铁落重镇降逆；钩藤除心烦，平肝风而泻火；胆星、贝母、橘红等清涤痰浊；菖蒲、远志、辰砂、茯神宣窍安神；天冬、麦冬、玄参、连翘养阴清热。

若痰火壅盛而舌苔黄厚腻者，同时用礞石滚痰丸泻火逐痰，再用安宫牛黄丸清心开窍。脉弦实，肝胆火盛者，可用当归龙荟丸清肝泻火。若阳明热盛，大便秘结，舌黄苔糙，脉实大者，可用大承气汤加减涤痰秽浊，清泻胃肠实火。甚者酌用龙虎丸以劫夺痰火。如神志较清，痰热未尽，心烦不寐者，可用朱砂安神丸合黄连温胆汤化痰宁神。

2. 阴虚火旺

临床表现：① 情绪焦虑、紧张，时而躁动；② 心烦易躁，失眠多梦，精神疲惫，形瘦面红，心悸健忘，五心烦热；③ 舌质红，少苔或无苔，脉细数。

证候辨析：狂乱躁动日久，必致气阴两虚，如气不足则精神疲惫，时有躁狂；阴伤而虚火旺盛，扰乱心神，故情绪焦虑、紧张，或烦躁不眠，心悸健忘。形瘦面红，五心烦热，为虚火上炎之征。舌质红，少苔或无苔，脉细数，均为阴虚内热之象。临床具备①+②或①+③均可辨为阴虚火旺型。

治法：滋阴降火，安神定志。

代表方：二阴煎加减。

常用药：生地黄、玄参、麦冬养阴清热；黄连、竹叶、灯心草泄热清心安神；茯神、枣仁、甘草养心安神。

若阴虚火旺，痰热未清者可用二阴煎加全瓜蒌、胆南星、天竺黄等。

笔记栏

3. 气血凝滞

临床表现：① 躁扰不安，多言多语；② 面色晦滞，胸胁满痛，头痛心烦，或呆滞少语，妄见妄闻，或妇人经期腹痛，经血紫黯；③ 舌质紫黯有瘀斑，脉细涩或弦细。

证候辨析：本证由气血凝滞，使脏腑之气不相接续而成。若瘀兼实热，苔黄，脉弦数多表现为狂病；若瘀兼虚寒，苔白，脉沉弦而迟，多表现为癫病。多以气滞血瘀为主因。临床具备①＋②或①＋③均可辨为气血凝滞型。

治法：理气化瘀，豁痰醒脑。

代表方：癫狂梦醒汤加减，送服大黄䗪虫丸。

常用药：桃仁、赤芍、丹参、红花活血化瘀；柴胡、香附理气解郁；青皮、陈皮、大腹皮、桑白皮、苏子行气降气；半夏和胃降逆。

若见便秘者，可加用大黄清热通便破瘀；蕴热火旺明显者，可加用黄芩清火泄热；兼见寒者，加干姜、附子助阳温经；头痛剧烈者，可用通窍活血汤。

4. 气阴两虚

临床表现：① 狂证久治不愈，神志恍惚，多言善惊，心烦易怒，躁扰不寐；② 面红形瘦，口干舌燥；③ 舌红少苔或无苔，脉沉细而数。

证候辨析：狂证日久，必致气阴两虚，如气不足则见神志恍惚，有躁扰而不长久，阴液耗伤可见虚火上扰，心神不宁，症见心烦易怒，多言善惊，烦躁不寐，形瘦面红。舌红少苔或无苔，脉沉细而数，为气阴两伤之象。临床具备①＋②或①＋③均可辨为气阴两虚型。

治法：益气养阴。

代表方：四君子汤送服大补阴丸加减。

常用药：熟地黄、龟甲滋阴潜阳，壮水制火，继以黄柏苦寒泻相火以坚阴；知母苦寒降火；人参甘温益气，健脾养胃；白术、茯苓健脾燥湿；炙甘草益气和中。

若滋腻太过，可加砂仁、木香行气化滞以防碍胃；若阴伤明显，可加沙参、黄精、麦冬等药养阴。

【其他治法】

一、针灸

选择任督脉、心、心包经穴位为主。配穴总以清心醒脑，豁痰宣窍为原则，实证多针用泻法，虚证多针用补法或加灸法。如癫证可选中脘、神门、三阴交、心俞、肝俞、脾俞、丰隆等穴；狂证可选水沟、少商、隐白、大陵、丰隆、风府、大椎、身柱等穴位。

二、移情易性、情志疗法

癫狂病证多与内伤七情有关，应注意精神调摄，采用相应手段使病房色彩化，语言耐心温和，注意患者心理，加强沟通协调，出院后注重促进患者的社会功能康复，提高其信心，使之心情舒畅，情绪宣泄有度，有利于身心协调。

【转归预后】

癫证多因痰气胶结而成，若痰浊壅盛，郁久化热，可以转化为狂证。狂证若治疗后郁火得以宣泄，亦可以转化为癫证。另外，气血凝滞者多见狂证，病久气血亏虚血瘀者，则可以转为癫证。狂证骤起先见痰火扰心者，可急投泻火逐痰之法，病情可以迅速缓解；如治不得法，致使真阴耗伤，可转化为阴虚火旺。

笔记栏

【预防调护】

(1) 重视精神治疗和心理调护。精神心理疗法是预防和治疗癫狂的有效方法，如防止各种外在的恶性刺激，这对保持患者智力、活跃情绪、增加社会接触、参加力所能及的社会工作和消除被隔离感有益。

包括墙涂艳色，摆装饰物(如花卉等)，保持光线明亮，注重个人卫生，鼓励交友、谈心、读报、听收音机或看轻松娱乐节目等。病房布置家庭化，色彩要柔和，以免引起患者负性情绪。组织患者参加娱乐活动，对患者的治疗和恢复十分有益。

(2) 加强情志护理。癫狂之病多由内伤七情而引发，要高度重视情志护理，包括情志和谐、起居有常、饮食适宜、劳逸有度。要正确对待患者的各种病态表现，不应挖苦、讽刺，要关心、体贴、照顾患者，对其不合理要求应耐心解释，对其合理要求应尽量满足。对重证患者的打人、骂人、自伤、毁物等症状，要采取预防防护措施。注意安全，防止意外，必要时专人照顾。对拒食患者应寻找原因，根据其特点进行劝导、督促，可喂食或鼻饲，以保持营养。

(3) 加强孕产保健工作。首先加强母亲怀孕期间的卫生，避免受到惊恐等精神刺激，对有阳性家族史者应当劝阻其不宜再生子女。同时注意幼儿的发育成长，一旦发现有精神异常表现，应尽早找脑病专科医生诊治，早期诊断和治疗，预后良好。

【临证备要】

一、辨病思路

癫狂常见于西医学精神分裂症、双相情感障碍、抑郁症、器质性精神障碍、反应性精神障碍等精神情绪障碍疾病，辨证属于本病证者，可以参考本节内容进行临床辨证施治。

1. 精神分裂症所致精神障碍者　临床表现可为癫证或者狂证，大多伴有妄想、幻觉、思维反应异常、联想散漫等表现，病史较长，较易诊断。

2. 双相情感障碍所致精神障碍者　以狂证表现为主，发作期表现为情感高涨，思维敏捷，动作增多，部分可以出现幻觉、妄想。病史明确，较易诊断。

3. 抑郁症所致精神障碍者　以癫证表现为主，大多伴有情绪低落，思维迟钝，动作减少，部分也可伴有妄想幻觉等。早期难识别。

4. 器质性精神障碍所致者　以癫证或者狂证表现为主，大多伴有阳性的临床体征，有明确的器质性疾病病史，结合相关检查可以协助诊断。

5. 反应性精神障碍所致者　可以癫证或者狂证表现为主，大多伴有明确的前驱诱因和病史，可资诊断。

二、辨证思路

1. 辨癫证要注意呆滞、抑郁症状的轻重程度　精神抑郁，表情淡漠，寡言呆滞是癫证的一般症状，初发病时常兼喜怒无常，语无伦次，喃喃自语，舌苔白腻，此为痰结不深，证情尚轻；若发展迁延日久，则见呆若木鸡，灵机散乱，舌苔渐变为白厚而腻，此为痰结日深，病情转重；久则伤及正气，脉渐沉缓，终则沉细无力，伤及正气，气血两虚，逐渐病深难复。

2. 辨狂证要区分痰火、阴虚的先后主次　狂证初起以狂暴无知，情感高涨为主要表现，多由痰火实邪扰乱神明而成。病久则火灼阴液，渐成阴虚火旺之证，症见情绪焦躁，多言不眠，形瘦舌赤颧红等，一般亢奋症状突出，舌苔黄腻，脉弦滑数者，是以痰火为主，而焦虑，烦躁，不眠，精神疲惫，舌红少苔，脉细数者，是阴虚为主。至于痰火、阴虚等出现的先后，则需要密切观察。

三、治疗注意

1. 注重早期诊断、早期干预　癫狂病证往往为逐渐起病，缓慢发展，遇到诱因后才发病，因此及早发现对于本病证的预后有极大的影响，患者往往在发病之前有种种征象，如性格内向，坐立不安，心情抑郁，易受惊吓，或者喜怒无常，神情古怪淡漠，沉默不语，这些异于常人的临床表现高度提示癫狂病证的可能，家属应携患者及早就医诊治，同时，医务人员要高度重视社区卫生普查和健康宣教工作。

2. 重视患者的社会环境，加强情志治疗　癫狂患者有着明确的社会学发病因素，在辨证论治的同时，要关注患者的生活环境，加强沟通，使患者力所能及地参加一定的社会活动，怡情易性，情绪得到一定的宣泄，增强自信心，提高依从性。

3. 活血化瘀法在癫狂病中的应用　癫狂日久，气滞痰凝，影响血运，形成痰火胶结；痰为瘀之基，痰浊兼夹瘀血，形成宿疾，潜伏于脏腑经络，每因触动而发，遂成灵机逆乱，神志失常。为此有学者将癫狂责之痰浊瘀血为主而加以辨证论治，选用活血化瘀法治疗，常用的有破血下瘀的桃核承气汤，理气活血的血府逐瘀汤、癫狂梦醒汤、通窍活血汤等。

4. 掌握吐下化痰法的应用　本病证发病不离于痰，痰浊阻滞清窍，气机不畅，蒙蔽神志者需要采用豁痰开窍，调畅气机的方法进行干预，可根据痰浊、痰火的辨证类型分别使用温开或者凉开法治疗。癫狂的基本病理因素为痰，或痰凝气滞，或痰郁化火。故初病体实，饮食不衰者，可予吐下劫夺，荡涤痰浊，如大黄、礞石、芒硝、芫花之类。若痰浊壅盛，胸脘痞闷，口多痰涎，脉滑大有力，形体壮实者，可先用三圣散取吐，劫夺痰涎，倘吐后形神俱乏，宜及时饮食调养。必要时可用验方龙虎丸(牛黄、巴豆霜、辰砂、白矾、米粉)，使痰涎吐下而出，临床有经吐下而神清志定者，此法现虽罕用，但不可不知。

【文献摘录】

《难经·二十难》:“重阴者癫，重阳者狂。”

《难经·五十九难》:“狂癫之病，何以别之？然，狂疾之始发，少卧而不饥，自高贤也，自辨智也，自倨贵也，妄笑好歌乐，妄行不休是也。癫疾始发，意不乐，僵仆直视，其脉三部阴阳俱盛是也。”

《张氏医通·神志门》:“狂之为病，皆由阻物过极，故猖狂刚暴，若有邪附，妄为不避水火，骂詈不避亲疏，或言未尝见之事，非力所能，病反能也。”“上焦实者，从高抑之，生铁落饮；阳明实则脉浮，大承气汤去厚朴加当归、铁落饮，以大利为度。在上者，因而越之，来苏膏或戴人三圣散涌吐，其病立安，后用洗心散、凉膈散调之。”

(张震中)

第五节　痫　病

【概述】

一、定义

痫病(epilepsy)系指脏腑受伤，神机受累，元神失控所致的病证。以突然意识丧失，甚则仆倒，不省人事，两目上视，口吐涎沫，四肢抽搐，或口中怪叫，移时苏醒，一如常人为主要临床表现的一种发作性疾病。又称“痫证”“癫痫”“羊痫风”。证候特征表现为神机受累引起元神失控，意识丧失，其证有轻重之别。轻者动作中断，手中物件落地，头突然向前倾下，迅速抬起，两目上吊数秒乃至数分钟即可恢复，对上述症状发作后全然不知；重者突然仆倒，昏不知人，两目上视，口吐涎沫，四肢抽搐，项背强直，甚则二便失禁。或发则怪叫，移时苏醒，除疲乏无力外，一如常人。

二、源流

源于《内经》而称“胎病”，属“巅疾”范畴，认为与先天因素相关。《素问·奇病论》曰:“人生而有病巅疾者……病名为胎病，此得之在母腹中时，其母有所大惊，气上而不下，精气并居，故令子发为巅疾也。”

本病的发生不但与先天因素有关，而且还有其他多种因素导致脏气不平，阴阳失调，神乱而病。宋代，陈言《三因极一病证方论·癫痫叙论》指出:“癫痫者，皆由惊动，使脏气不平，郁而生涎，闭塞诸经，厥而乃成。或在母胎中受惊，或少小感风寒暑湿，或饮食不节，逆于脏气”，指出多种因素导致脏气不平，阴阳失调，神乱而病。金元时期，朱震亨《丹溪心法·痫》强调痰迷心窍引发。

在治疗上，《临证指南医案·癫痫》按语中说:“痫之实者，用五痫丸以攻风，控涎丸以劫痰，龙荟丸以泻火；虚者，当补助气血，调摄阴阳，养营汤、河车丸之类主之。”王清任则认为痫病的发生与元气虚不能上传入脑髓和脑髓瘀血有关，并创龙马自来丹、黄芪赤风汤治之。

笔记栏

三、范围

本节内容主要探讨癫痫大发作的中医辨证论治，但无论原发与继发性癫痫，和各种临床发作形式，均可参考本节内容进行辨证论治。

【病因病机】

痫病的发生，大多由于七情失调，先天因素，脑部外伤，饮食不节，劳累过度，或患他病之后，造成脏腑失调，痰浊阻滞，气机逆乱，风阳内动所致，而尤以痰邪作祟最为重要(图 5-5)。

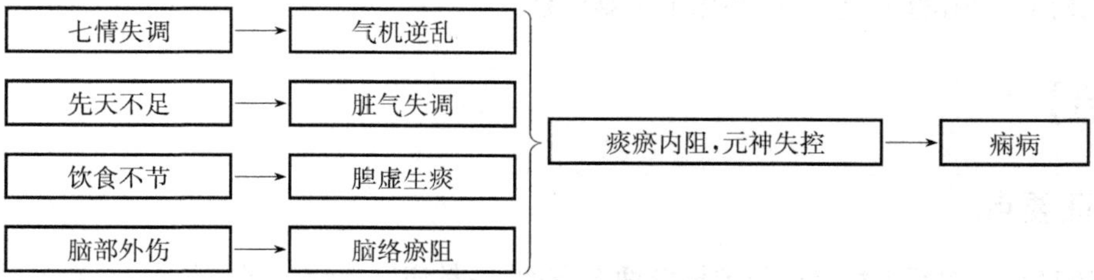

图 5-5　痫病病因病机示意图

1. 七情失调　突受大惊大恐，造成气机逆乱，进而损伤脏腑，肝肾受损，则易致阴不敛阳而生热生风。脾胃受损，则易致精微不布，痰浊内聚。小儿脏腑娇嫩，元气未充，神气怯弱，或素蕴风痰，更易因惊恐而发生本病。

2. 先天因素　母体突受惊恐，气机逆乱，精伤肾亏。母体精气之耗伤，必使胎儿发育异常，出生后易发生痫病。

3. 脑部外伤　跌仆撞击，出生难产，导致颅脑受伤，使神志逆乱，昏不知人，气血瘀阻，则络脉不和，肢体抽搐，发为痫病。

4. 其他因素　因六淫之邪所干，或因饮食失调，或患他病之后，可致脏腑受损，积痰内伏，一遇劳作过度，生活起居失于调摄，遂致气机逆乱而触动积痰，痰浊上扰，闭塞心窍，壅塞经络，发为痫病。

痫病之为病，概由痰、火、瘀为内风触动，导致脏腑功能失调，痰浊内阻，气血逆乱，风痰内动，清窍蒙蔽而发病。本病以心脑神机失养为本，脏腑功能失调为标，而先天遗传与后天所伤为两大致病因素。其中痰浊内阻，脏气不平，阴阳偏胜，神机受累，元神失控是病机的关键所在。而痫病之痰，具有随风气而聚散和胶固难化两大特点，因而痫病之所以久发难愈，缠绵不止，正是由于胶固之心脑的“顽痰”所致。

痫病与五脏均有关联，但主要责之于心，顽痰闭阻心阳是痫病的主要病机特点。心为阳居之地，痰乃阴凝之邪，痰邪交结于胸膈之间，则郁阻心阳，壅遏气机，扰乱清窍，致发痫病。

痫病的病机转化决定于正气的盛衰及痰邪深浅，发病初期，痰瘀阻滞，肝郁化火生风，多以风痰闭阻，或痰火炽盛，正气尚足，痰浊尚浅，以实证为主，易于康复；若日久不愈，损伤正气，首伤心脾，继损肝肾，导致心脾两虚，或肝肾阴虚，加以痰凝沉固，表现虚实夹杂，则治愈较难，甚至表情呆滞，智力减退。

【诊断】

诊断要点

(1) 痫证证候特征：起病急，发作前常有眩晕、胸闷、叹息等先兆。诱因有惊恐、劳累、情志过极、饮食不节或不洁，或头部外伤、劳欲过度。多有先天因素或家族史。

(2) 阳痫证候特征：发则仆倒，不省人事，两目上视，项背强直，吐涎沫，四肢抽搐，或口中怪叫，移时苏醒，一如常人，或仅有突然呆木，两眼瞪视，呼之不应，或头部下垂，腹软无力，面色苍白，舌红，苔黄腻，脉弦滑数。

(3) 阴痫证候特征：动作中断，手中物件落地，头突然低下迅速抬起，如口、眼、手等局部抽搐而无突然昏倒，或凝视，或语言障碍，或无意识动作等。多数在数秒至数分钟即止复。舌淡，苔白腻，脉沉细而迟。

(4) 相关检查：常规和特殊脑电图检查是癫痫主要的检查方法，有助于某些类型的诊断；头颅 CT、MRI 和脑血管造影检查有助于继发性癫痫的诊断。

【鉴别诊断】

1. 中风 中风与痫病均有突然仆倒，昏不知人的主症。但痫病无半身不遂，口舌歪斜等症；中风无口吐涎沫，两目上视或口中怪叫等症。痫病多反复发作，醒后正常；中风则仆地无声，多留有后遗症。

2. 厥证 厥证除见突然仆倒，昏不知人的主症外，还有面色苍白，四肢厥冷，而无痫病的口吐涎沫，两目上视，四肢抽搐和作怪叫之见症，临床上不难区别。

【辨证论治】

一、辨证要点

1. 辨病情轻重 判断本病之轻重要注意两个方面，一是病发持续时间之长短，一般持续时间长则病重，短则病轻；二是发作间隔时间之久暂，即间隔时间短暂则病重，间隔时间长久则病轻。其临床表现的轻重与痰浊之浅深和正气之盛衰密切有关。

2. 辨证候虚实 痫病由痰气郁结或痰火互结，蒙蔽心窍，扰乱神明而致，因初起患者体质(正气)尚盛，邪气亦实，故病起多实；日久心脾耗伤，心虚则神耗，脾虚则气血生化不足，导致气血双亏的心脾两虚证、肝肾阴虚证，故久病多虚。

3. 辨阴阳虚实 因痫病以痰火炽盛为主，首先应区分阳痫和阴痫。阳痫偏于实热，阴痫偏于虚寒，临床辨别主要依据其临床症状、舌象和脉象。此外，频繁的抽搐发作，可于 1 小时内多次发作，或一日内十数次发作，神志障碍严重，甚则发作间隙神志不恢复，证属阳痫，多为虚实夹杂。

二、治疗要点

1. 治疗原则 病急(发作期)以开窍醒神治其标；病缓(休止期)以补虚治其本。频繁发作，以标为主，着重清泻肝火，豁痰息风，开窍定痫。平时则补虚宜治本，宜益气养血，健脾化痰，滋补肝肾，宁心安神。调养精神，注意饮食，劳逸适度。

2. 善后调摄 控制诱因：生活节制，心情舒畅，饮食适宜。选择工作应慎重，不宜从事高空或危险性工作，外出应结伴而行。发作期注意保护舌头、排痰、口腔卫生。

三、分证论治

(一) 发作期

1. 阳痫

临床表现：① 发病前常有眩晕，头昏，胸闷，乏力，痰多；② 无明显症状，突然仆倒，不省人事，面色潮红，牙关紧闭，两目上视，四肢抽搐，口吐涎沫；或喉中痰鸣或发怪叫，移时苏醒，一如常人；③ 舌质红，苔多白腻或黄腻，脉弦数或弦滑。

证候辨析：痰浊素盛，肝阳化风，痰随风动，风痰闭阻，上干清窍，故见眩晕头昏。气血逆乱，胸阳不展，故见胸闷乏力，甚则昏仆，不省人事。风阳上扰，血上涌于面，可见面色潮红，痰浊阻滞胸中，胸阳被遏，血行瘀阻，甚则青紫。内风挟痰窜扰筋脉，可见两目上视，牙关紧闭，四肢抽搐，肝风内迫，津液随逆气吐于口外，则发为口吐涎沫。舌质红，苔多白腻或黄腻，脉弦数或弦滑，皆为风痰肝火内盛之象。临床具备①+②或②+③均可辨为阳痫。

治法：清化痰热，息风定痫。

代表方：清热镇惊汤加减。

常用药：石决明平肝息风；紫石英镇心定惊；龙胆草泻肝经实火；栀子、木通通达三焦利湿；生大黄泻热，反佐干姜辛开苦降，和胃降逆，又助天竺黄、胆南星清热豁痰；远志、菖蒲逐痰开窍；天麻、钩藤息风止

笔记栏

痉;柴胡引经药,兼以疏肝解郁,配用朱砂、麦冬防龙胆草等苦燥伤阴,佐以安神。

可以根据临床加用定痫丸。定痫丸息风化痰,育阴止痉为主,方中天麻、全蝎、僵蚕平肝息风而止抽搐;川贝、胆南星、半夏、竹沥、菖蒲化痰开窍;琥珀、茯神、远志、辰砂镇心安神而定惊;茯苓、陈皮健脾理气;丹参、麦冬养血育阴;姜汁、甘草温胃和中。可结合辨证使用,服药后如大量咯痰,或大便排出黏液样物者,属于顽痰泄化现象,为病情好转征象。

2. 阴痫

临床表现:① 面色晦暗青灰而黄,手足清冷,双眼半开半合,昏愦,拘急;或抽搐时作,口吐涎沫,一般口不啼叫;或声音微小,仅为呆木无知,不闻不见,不动不语,动作中断,手中物体落地;或头突然向前倾下,又迅速抬起;或目上吊数秒乃数分钟即可恢复;② 病发后对上述症状全然不知,多一日频作十数次或数十次,醒后周身乏力,或如常人;③ 舌质淡,苔白厚腻,脉多沉细或沉迟。

证候辨析:阴痫久则脾肾先后天受损,气血生化乏源,兼命门火衰,气化不足,水寒上泛,故见面色晦暗青灰而黄。脾阳不达四末,故见手足清冷。痰浊蕴结,湿痰上壅,蒙蔽神明,故见双眼半开半合,神志昏愦,呆木不知,不闻不见,不动不语。血虚筋脉失养,故见抽搐时作。内伏痰邪随气逆而涌出,见口吐涎沫。口不啼叫,声音微小,此乃积痰阻窍,正气亏虚所致。苔白腻,脉沉细,是阳虚湿痰内盛之象。临床具备①+②或①+③均可辨为阴痫。

治法:温阳除痰,顺气定痫。

代表方:五生丸加减。

常用药:南星、半夏、白附子辛温除痰;半夏兼以降逆散结;南星兼以祛风解痉;白附子祛风痰,逐寒湿;川乌大辛大热,散沉寒除积滞;黑豆补肾利湿,共奏温阳,化痰,定痫之功。

若有虚烦失眠,可加珍珠母;眩晕甚者,可加天麻;纳呆食少,加麦芽、神曲;腹胀,加枳壳、大腹皮。

（二）休止期

1. 肝火痰热

临床表现:① 急躁易怒,心烦失眠,咯痰不爽,口苦咽干,便秘溲黄;② 病发后,症状加重,甚则彻夜难眠,目赤;③ 舌质红,苔黄,脉弦滑数。

证候辨析:肝火亢盛,则情绪急躁,心烦失眠,口苦咽干。痫发后风阳耗竭肝阴,虚火内扰,故见痫止后加重,彻夜难眠,目赤。痰浊蕴结,肝火灼津,故咯痰不爽。舌质红,苔黄,脉弦滑数,皆为肝火痰热之象。临床具备①+②或①+③均可辨为肝火痰热型。

治法:清肝泻火,化痰宁神。

代表方:龙胆泻肝汤合涤痰汤加减。

常用药:龙胆草清泻肝火;大黄、栀子、黄芩通泻上中下三焦之火;当归和血养肝;半夏、橘红、胆星理气化痰;麝香、菖蒲辛香走窜,清心开窍。

若有肝火化风之势者,可加天麻、石决明、钩藤、地龙、煅龙骨、煅牡蛎等平肝息风。

2. 风痰闭阻

临床表现:① 发病前常有眩晕,头昏,胸闷,乏力,痰多,心情不悦;② 痫病发作呈多样性,或见突然跌倒,神志不清,双目发呆,茫然若失,谈话中断,持物落地,或精神恍惚而无抽搐;③ 舌质红,苔腻,脉多弦滑有力。

证候辨析:痰浊素盛,肝阳化风,痰随风动,风痰闭阻,上干清窍,故见病前有眩晕,头昏,胸闷乏力,痰多。风者善行数变,故痫病发作多样,痰阻清窍,神明被遏,发则神志恍惚不清,双目发呆,茫然若失。舌苔腻,脉弦滑有力,为风痰闭阻之象。临床具备①+②或①+③均可辨为风痰闭阻型。

治法:涤痰息风,开窍定痫。

代表方:定痫丸加减。

常用药:天麻、全蝎、僵蚕平肝息风镇痉;川贝母、胆南星、姜半夏、竹沥、石菖蒲涤痰开窍而降逆;琥珀、远志、辰砂镇心安神定痫;茯苓、陈皮健脾益气化痰;丹参理气化瘀通络。

眩晕,目斜视者,可加生龙骨、生牡蛎、磁石、珍珠母等药物重镇安神。

3. 心脾两虚

临床表现:① 反复发作,神疲乏力,心悸气短,不寐多梦;② 面色苍白,形体消瘦纳呆,大便溏薄;③ 舌质淡,苔白腻,脉沉细而弱。

笔记栏

证候辨析：痫病日久，劳伤心脾，心脾亏虚，气血生化乏源，心神失于所养，故见神疲乏力，心悸气短，不寐多梦。脾胃虚弱，运化无权，故见面色苍白，形体消瘦，纳呆便溏。舌质淡，苔白腻，脉沉细而弱，皆为心脾两虚之象。临床具备①＋②或①＋③均可辨为心脾两虚型。

治法：补益心脾。

代表方：六君子汤合归脾汤加减。

常用药：人参、白术、茯苓、甘草健脾益气，助运化；陈皮、姜半夏理气化痰降逆；当归、龙眼肉、丹参、熟地黄养血和血；酸枣仁养心安神；远志、五味子敛心气，宁心神。

若痰多，可加制南星、瓜蒌；呕恶者，加竹茹、旋覆花；便溏者，加薏苡仁、白扁豆。

4. 肝肾阴虚

临床表现：① 痫病频作，神思恍惚，面色晦暗；② 头晕目眩，两目干涩，耳轮焦枯不泽，健忘失眠，腰膝酸软，大便干燥；③ 舌质红苔薄，脉沉细而数。

证候辨析：痫证频发，肝肾俱亏，肾精不足，心失所养，故神志恍惚，面色晦暗，健忘失眠。肝肾阴虚，髓海不足，清窍失养，故头晕目眩，两目干涩，耳轮焦枯不泽。舌脉俱为肝肾阴虚之象。临床具备①＋②或①＋③均可辨为肝肾阴虚型。

治法：滋养肝肾。

代表方：大补元煎加减。

常用药：熟地黄、山药、山茱萸、菟丝子、枸杞子以补益肝肾；鹿角胶、龟甲胶以峻补精血；川牛膝补肾强腰；生牡蛎、鳖甲以滋阴潜阳。

神思恍惚，持续时间长者，加阿胶补益心血、柏子仁、磁石、朱砂；心中烦热者，加炒栀子、竹叶、莲子心以清热除烦；大便干燥者加玄参、肉苁蓉、当归、火麻仁滋液润肠。本证亦可用左归丸加减。

【其他治法】

一、针灸

多用于发作期，拟以豁痰开窍，平肝息风为法，取穴为督脉、心及心包经穴位为主，发作时采用泻法。主穴可选用百会、印堂、水沟、内关、神门、三阴交，或者选用鸠尾、中脘、内关、间使、太冲进行施治，阳痫酌加风池、风府、合谷、太冲、阳陵泉，阴痫酌加天突、丰隆、灸百会、气海、足三里。

二、涌吐疗法

适合于阳痫频繁发作而且体质壮实者，并且在发痫时多有大量痰涎从口中涌出，属痰涎上逆者，可采用涌吐痰涎法治疗，如三圣散：防风、瓜蒂各 6 g，藜芦 3 g，各为粉末混合，将 15 g 药末用温开水 250 mL 搅匀，先服半量，停片刻，探吐后，再服剩余半量，令再吐之，以吐出大量的痰涎为好。

【转归预后】

本病经规范诊治往往较为稳定，部分患者可以完全治愈，绝大部分可以得到有效的控制。少部分反复发作甚至恶化，需要积极干预，部分患者需要手术干预治疗。一般病阳痫者，若治疗得当，痫止后再予丸药调理数月，可以控制发作；阴痫及久病正虚邪实者，则疗效欠佳。痫病初发或病程在半年内者，要注意调整作息、精神放松、饮食适度，如痫病少发，一般预后较好；否则调治不当，常发本病。个别患者，发病时痰涌气急甚者窒息，不及时抢救有生命危险。

【预防调护】

笔记栏

(1) 加强孕妇保健，避免胎气受损。痫病发生多系母亲在孕期内，外邪干忤及七情、饮食、劳倦等失调，尤其在出生过程中胎儿头部外伤所致。因此，特别要注意母亲在孕期卫生，以及平时个人饮食、起居调养，加强孕妇自身保健，精神愉快，避免胎气受损。

(2) 加强护理，预防意外。痫病发作的护理有二：① 发作时注意观察神志的改变、抽搐的频率、脉息的快慢与节律、舌之润燥、瞳孔之大小、有无发绀及呕吐、二便是否失禁等情况，并详加记录。对昏仆抽搐的患者，凡有义齿者均应取下，并用裹纱布的压舌板放入患者口中，防止咬伤唇舌，同时加用床档，以免翻坠下床。② 休止期患者，不宜驾车、骑车，不宜高空、水上作业，避免脑外伤。

(3) 加强休止期治疗，预防再发。发作控制后的痫病患者，应实施休止期治疗，依据发作时的症状及休止期兼症辨证论治。应耐心、坚持长期服药，至完全控制痫病发作达 3～5 年或更长时间，以巩固疗效。休止期治疗应针对患者病后存在不同程度的正虚可参以调补，如调脾胃、和气血、健脑髓、顺气涤痰、活血化瘀等，但不可不加辨证地一概投入参茸大补之品或其他温燥补品。

(4) 注意调补。饮食宜清淡，多吃素菜，少食肥甘之品，切忌过冷过热、辛温刺激的食物。以减少痰涎及火热的滋生，可选用山药、薏苡仁、赤豆、绿豆、小米煮粥，可收健脾化湿之功效。注意排痰及口腔卫生。保持精神愉快，避免精神刺激，怡养性情，起居有常，劳逸适度，保证充足的睡眠时间，保持大便通畅。

【临证备要】

一、辨病思路

痫病常见于西医学的原发和继发性癫痫，部分癔症患者。以癫痫大发作的证治为主，但对小发作等类型也可通用。痫病的症状表现虽复杂多样，大体可概括为以下几点。

1. 典型发作　可有先兆，突然跌倒，昏不知人，双目上窜，口中发出猪羊叫声，全身抽搐，呼吸中断，面色苍白或紫，口吐涎沫，汗多，移时苏醒，醒后对发作情况无从记忆，有头痛、全身酸痛、疲乏无力等表现。

2. 失神发作　发作性短暂的失神，突然停止活动，两目上视，呼之不应，持物落下，或出现短促的震颤。

3. 复杂性发作　口角、眼睑或手指(趾)的局部抽搐，或短暂失语，或口、舌、指有阵发性麻木感、触电感，或眼前闪光、幻象、视歧，或有旧事如新感和环境失真感等。

二、辨证思路

临床实践证明，来势急剧，神昏猝倒，不省人事，口噤牙紧，颈项强直，四肢抽搐者，病证属风；发作时口吐涎沫，气粗痰鸣，发作后或有情志错乱、幻听、错觉，或有梦游者，病证属痰；发作时呆木无知，呼之不应，扎之不知痛，平素或发作后有神疲胸闷，纳呆身重者，病证属湿；猝倒啼叫，面赤身热，口流血沫，平素或发作后有大便秘结，口臭苔黄者，病证属热；发作时面色潮红、紫红，继则青紫，口唇紫绀，或有颅脑外伤、产伤等病史者，病证属瘀。

三、治疗注意

1. 发作期原则　急则开窍醒神以治其标，控制其发作。突然发作可以针刺及外治法开窍醒神以促苏醒，再投以煎剂。

2. 休止期原则　平日当按痰病辨证论治的基本原则。缓则祛邪补虚以治其本，多以调气豁痰、平肝息风、清泻肝火、补益心脾、滋养肝肾、通络镇惊、宁心安神等法治之。

3. 防止复发　本病大多是在发作后进行治疗的，治疗的目的旨在控制其再发作，应急则治其标，采用豁痰顺气，顽痰胶固需辛温开导，痰热胶着须清化降火。其治疗着重在风、痰、火、虚四个字上。当控制本病发作的方药取效后，一般不应过早更改，否则往往可导致其大发作。在痫病发作缓解后，应坚持标本并治，守法守方，耐心用药，服用 3～5 年后再逐步减量，方能避免或减少发作。

【文献摘录】

《诸病源候论·痫候》："其发病状，或口眼相引而目睛上摇，或手足掣纵，或背强直，或颈项反折。"

《古今医鉴·五痫》："发则猝然倒仆，口眼相引，手足抽搐，脊背强直，口吐涎沫，声类畜叫，食倾乃苏。”

《寿世保元·痫证》:“盖痫疾之原,得之惊,或在母腹之时,或在有生之后,必因惊恐而致疾。盖恐则气下,惊则气乱,恐气归肾,惊气归心。并于心肾,则肝脾独虚,肝虚则生风,脾虚则生痰,蓄极而通,其发也暴,故令风痰上涌而痫作矣。”

(张震中)

第六节　痴　　呆

【概述】

一、定义

痴呆(dementia)是由髓减脑消,神机失用所导致的一种神志疾病,以呆傻愚笨,智能低下,善忘等为主要临床表现。其轻者可见神情淡漠,寡言少语,反应迟钝,善忘;重者表现为终日不语,或闭门独居,或口中喃喃,言辞颠倒,行为失常,忽笑忽哭,或不欲食,数日不知饥饿等。

二、源流

中医古籍中有关痴呆的专论较少。明代,张介宾的《景岳全书·杂病谟》中有“癫狂痴呆”专篇,指出了本病由“郁结、不遂、思虑、惊恐”等多种病因渐致而成,且临床表现具有“千奇百怪”、“变易不常”的特点,并指出本病病位在心以及肝胆二经,对预后则认为本病“有可愈者,有不可愈者,亦在乎胃气元气之强弱”。

陈士铎《辨证录》亦立有“呆病门”,不仅对呆病症状描述甚详,且分析其成因在于肝气之郁,而最终转为胃气之衰的病理机转过程,其主要病机在于肝郁乘脾,胃衰痰生,积于胸中,弥漫心窍,使神明受累,髓减脑消而病。陈氏还提出本病治疗以开郁逐痰,健胃通气为主要方法,立有洗心汤、转呆丹、还神至圣汤等,至今仍十分常用。

三、范围

本节以讨论成年人痴呆为主,小儿先天性痴呆可参考《中医儿科学》,不在本篇讨论之列。西医学中的阿尔茨海默病、脑血管性痴呆、混合性痴呆、脑叶萎缩症、正压性脑积水、脑淀粉样血管病、代谢性脑病、中毒性脑病等均可参考本节内容进行辨证论治。

【病因病机】

本病的形成以内因为主,多由于年迈体虚、七情内伤、久病耗损等原因导致气血不足,肾精亏耗,脑髓失养,或气滞、痰阻、血瘀于脑而成(图5-6)。

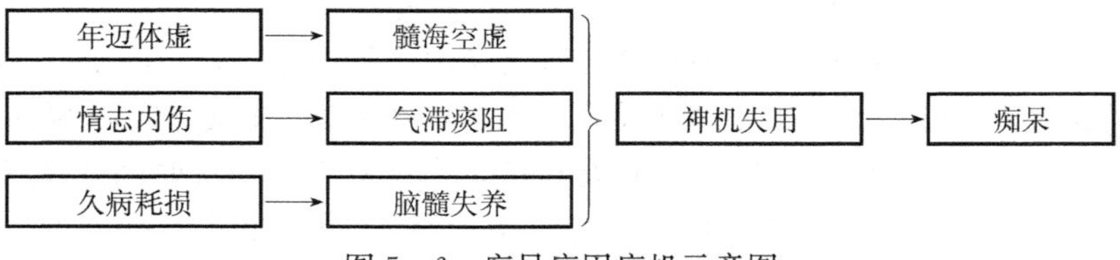

图5-6　痴呆病因病机示意图

笔记栏

1. 年迈体虚　脑为髓海,元神之府,神机之用。人至老年,脏腑功能减退,年高阴气自半,肝肾阴虚,或肾中精气不足,不能生髓,髓海空虚,髓减脑消,则神机失用而成痴呆。此外,年高气血运行迟缓,血脉瘀滞,脑络瘀阻,亦可使神机失用,而发生痴呆。

2. 情志所伤　所欲不遂,或郁怒伤肝,肝失疏泄,可致肝气郁结,肝气乘脾,脾失健运,则聚湿生痰,气滞日久可致血瘀。从而气滞、痰阻、血瘀壅滞于脑，蒙闭清窍，使神明被扰，神机失用，而形成痴呆。或久思积虑，耗伤心脾，心阴心血暗耗，脾虚气血生化无源，气血不足，致脑失所养，神明失用；或脾虚失运，痰湿内生，清窍受蒙；或惊恐伤肾，肾虚精亏，髓海失充，脑失所养，皆可导致神明失用，神情失常，发为痴呆。

3. 久病耗损　慢性中风、眩晕等疾病日久，或失治误治，积损正伤，一是可致肾、心、肝、脾之阴、阳、精、气、血亏损不足，致脑髓失养；二是久病入络，脑脉痹阻，脑气与脏气不得相接，或日久生热化火，神明被扰，则性情烦乱，忽哭忽笑，变化无常。

本病为一种全身性疾病，其基本病机为髓海不足，神机失用。由精气血亏损不足，髓海失充，脑失所养，或气、火、痰、瘀诸邪内阻，上扰清窍所致。痴呆病位主要在脑，与心、肝、脾、肾功能失调密切相关。从病理性质来看，多属本虚标实之候，本虚为肾精、阴阳、气血亏虚，标实为气、火、痰、瘀内阻于脑。

本病在病机上常发生转化，一是气滞、痰浊、血瘀之间可以相互转化，或相兼为病，终致痰瘀交结，使病情缠绵难愈。二是气滞、痰浊、血瘀日久，可化热，而形成肝火、痰热、瘀热，甚或肝阳化风，均可上扰清窍；进一步发展，可耗伤肝肾之阴，肝肾阴虚，水不涵木，阴不制阳，肝阳上亢，化火生风，风阳上扰清窍，而使痴呆加重。三是虚实之间的相互转化，实证的痰浊、瘀血日久，若损及心脾，则气血不足；或耗伤心阴，神明失养；或伤及肝肾，则阴精不足，脑髓失养，可转化为痴呆的虚证。而虚证病久，气血亏乏，脏腑功能受累，气血运行失畅，或积湿为痰，或留滞为瘀，则可见虚中夹实之证。故本病临床以虚实夹杂为多见。

【诊断】

诊断要点

(1) 以记忆力减退，记忆近事及远事的能力减弱，判定认知人物、物品、时间、地点能力减退，计算力与识别空间位置结构的能力减退，理解别人语言和有条理地回答问题的能力障碍等为主症，伴性情孤僻，表情淡漠，语言重复，自私狭隘，顽固固执，或无理由地欣快，易于激动或暴怒，其抽象思维能力下降，不能解释或区别词语的相同点和不同点，道德伦理缺乏，不知羞耻，性格特征改变。

(2) 起病隐匿，发展缓慢，渐进加重，病程一般较长。但也有少数病例发病较急。患者可有中风、头晕、外伤等病史。

(3) 相关检查：常需配合影像学检查、电生理学检查、实验室检查以及神经心理学检查(智商测定)。在神经影像学检查中，对于发现引起痴呆的结构性损害的病变，CT 及 MRI 非常重要。对于测量痴呆患者的脑血流、氧、糖等能量代谢的变化，单光子发射计算机断层成像术(SPECT)及正电子发射型计算机断层显像(PET)具有重要意义。电生理学检查方面常用脑电图(EEG)、躯体感觉诱发电位(SEP)。实验室检查中，血脂、血清载脂蛋白 E、血液流变学检查、免疫学检查、血糖测定、脑血流量等测定等均有助于鉴别诊断。

【鉴别诊断】

1. 郁病　痴呆的神志异常需与郁病相鉴别。郁病多发于青中年女性，多在精神因素的刺激下呈间歇性发作，不发作时可如常人，且无智能、人格、情感方面的变化；而痴呆多见于中老年人，男女发病无明显差别，且病程迁延，其心神失常症状不能自行缓解，并伴有明显的记忆力、计算力减退甚至人格情感的变化。

2. 癫病　癫病属于精神失常的疾患，以沉默寡言、情感淡漠、语无伦次、静而多喜为特征，以成年人多见；而痴呆则属智能活动障碍，是以神情呆滞、愚笨迟钝为主要临床表现的神志疾病，以老年人多见。另一方面，痴呆的部分症状可自制，治疗后有不同程度的恢复。重证痴呆患者与癫病在临床症状上有许多相似之处，临床难以区分。

笔记栏

3. 健忘　健忘是指记忆力减退，遇事善忘为主症的一种病证。而痴呆则以神情呆滞，或神志恍惚，告知不晓为主要表现，其不知前事或问事不知等表现，与健忘之“善忘前事”有根本区别。痴呆根本不晓前事，而健忘则晓其事却易忘，且健忘不伴有智能减退，神情呆钝。健忘可以是痴呆的早期临床表现，这时可不予鉴别。由于外伤、药物所致健忘，一般经治疗后可以恢复。

【辨证论治】

一、辨证要点

1. 辨病位　痴呆病位在脑，与心、肾、肝、脾密切相关，其中与肾的关系尤为密切。病位不同，其证候特征各异，临证当详加辨别。

2. 辨虚实　痴呆属虚者，临床主要以神气不足，面色失荣，形体消瘦，言行迟钝为特征，结合舌脉兼症，临床常见髓海不足、脾肾两虚等证。其中脾肾两虚又有气虚、阴虚、阳虚、气阴两虚、阴阳两虚之别。脾肾虚衰还可波及于心，而致心脾两虚或心肾不交。痴呆属实者，除见智能减退，表情反应呆钝外，临床还可见因浊实之邪蒙神扰窍而引起情志、性格方面或亢奋或抑制的明显改变，以及痰浊、瘀血、风火等诸实邪引起的相应证候。老年人脏腑功能减退，气血津液运化失司，致痰浊、瘀血、风火等实邪内生，故老年痴呆虚实夹杂者多见。或以正虚为主，兼有实邪，或以邪实为主，兼有正虚。因此临床当分清虚实主次。

二、治疗要点

1. 虚者补之，实者泻之　治疗当以开郁逐痰，活血通窍，平肝泻火治其标；补虚扶正，充髓养脑治其本。为加强滋补作用，常加血肉有情之品。治疗时宜在扶正补虚，填补肾精的同时，注意培补后天脾胃，以冀脑髓得充，化源得滋。

2. 调摄饮食　注意补虚切忌滋腻太过，以免滋腻损伤脾胃，酿生痰浊。

3. 移情易性　注意在药物治疗的同时，调摄情志，加强智力和功能训练也不可忽视。

三、分证论治

1. 髓海不足

临床表现：① 智能减退，记忆力、计算力、定向力、判断力明显减退，神情呆钝，语不达意；② 头晕耳鸣，懈惰思卧，齿枯发焦，腰酸骨软，步履艰难；③ 舌瘦色淡，苔薄白，脉沉细弱。

证候辨析：肾为先天之本，主骨生髓，先天禀赋不足，故见智能减退，记忆等减退，神情呆钝，语不达意。脑髓不能充养，故见头晕耳鸣。肾主骨，肾虚故见懈怠思卧，齿枯发焦，腰酸骨软。舌瘦色淡，苔薄白，脉沉细弱，是髓海不足所致。临床具备①＋②或①＋③均可辨为髓海不足型。

治法：补肾益髓，填精养神。

代表方：七福饮加减。

常用药：重用熟地黄以滋阴补肾，合当归养血补肝；人参、白术、炙甘草益气健脾，远志、杏仁宣窍化痰；应酌情选加鹿角胶、龟甲胶、阿胶、紫河车、猪骨髓等血肉有情之品可加强补肾益髓之功。本型以虚为主，但不可峻补，一般多以本方为主加减制蜜丸或膏剂以图缓治。

兼肝肾阴虚，年老智能减退，腰膝酸软，头晕耳鸣者，可去人参、白术，加怀牛膝、生地黄、枸杞子、女贞子、制首乌；兼肾阳亏虚，症见面白无华，形寒肢冷，口中流涎，舌淡者，加熟附片、巴戟天、益智仁、淫羊藿、肉苁蓉等；若兼言行不经，心烦溲赤，舌红少苔，脉细而弦数，是肾阴不足，水不制火而心火亢盛，可用知柏地黄丸加丹参、莲子心、菖蒲等清心宣窍。

2. 脾肾两虚

临床表现：① 表情呆滞，沉默寡言，记忆减退，失认失算，口齿含糊，词不达意；② 伴腰膝酸软，肌肉萎缩，食少纳呆，气短懒言；③ 口涎外溢或四肢不温，腹痛喜按，鸡鸣泄泻；④ 舌质淡白，舌体胖大，苔白，或舌红，苔少或无苔，脉沉细弱，双尺尤甚。

证候辨析：久病则脾肾俱虚，神明失养，故痴呆诸症变生；脾肾阳虚，故见鸡鸣泄泻，腹痛按之则舒。舌质淡白或红，苔白或少而无苔，脉沉细，是脾肾两虚所致。临床具备①＋②＋④或①＋③＋④均可辨为脾肾两虚型。

治法：补肾健脾，益气生精。

代表方：还少丹加减。

笔记栏

常用药：方中熟地黄、枸杞子、山茱萸滋阴补肾，肉苁蓉、巴戟天、小茴香助命门之火补肾气，杜仲、怀牛膝、楮实子补益肝肾，人参、茯苓、山药、大枣益气健脾，石菖蒲、远志、五味子交通心肾而安神。

肌肉萎缩，气短乏力较甚者，可加紫河车、阿胶、续断、首乌、黄芪等益气补肾；食少纳呆，苔腻者，可减熟地黄、山茱萸，加炒白术、薏苡仁、陈皮；若纳食减少，脘痞，舌红少苔者，可去肉苁蓉、巴戟天、小茴香，加天花粉、玉竹、石斛、生谷芽、生麦芽养阴生津；兼见头重如裹，时吐痰涎，头晕时作，舌苔腻者，酌减滋肾之品，加陈皮、半夏、生薏苡仁、白蔻仁健脾化湿和胃，也可配伍藿香、佩兰、石菖蒲芳香化湿；若伴有腰膝酸软，颧红盗汗，耳鸣如蝉，舌瘦质红，少苔，脉沉弦细数者，是为肝肾阴虚，阴虚火旺之证，当改用知柏地黄丸，佐以潜阳息风之品；脾肾阳虚者，用金匮肾气丸加干姜、黄芪、伏龙肝、白豆蔻等。

3. 痰浊蒙窍

临床表现：① 表情呆钝，智力衰退，或哭笑无常，喃喃自语，或终日无语，呆若木鸡；② 伴不思饮食，脘腹胀痛，痞满不适，口多涎沫，头重如裹；③ 舌质淡，苔白腻，脉滑。

证候辨析：脾胃虚弱，痰浊内生，痰浊积于胸中，蒙蔽清灵之窍，神明不清，可见痴呆诸症。脾虚失于健运，可见不思饮食，脘腹胀满；脾不摄津，可见口多涎沫；痰阻清空，故见头重如裹。舌质淡，苔白腻，脉滑，是痰浊蒙窍所致。临床具备①＋②或①＋③均可辨为痰浊蒙窍型。

治法：豁痰开窍，健脾化浊。

代表方：涤痰汤加减。

常用药：半夏、陈皮、茯苓、枳实、竹茹理气化痰，和胃降逆；制南星去胶结之顽痰；石菖蒲开窍化浊；人参、甘草、大枣培补中气，以杜生痰之源；生姜和胃。

脾虚明显者，加黄芪、白术、麦芽、砂仁等；头重如裹，哭笑无常，喃喃自语，口多涎沫者，重用陈皮、半夏、制南星，并加用莱菔子、郁金、远志、全瓜蒌、浙贝母等豁痰理气之品；痰浊化热，干扰清窍，舌质红，苔黄腻，脉滑数者，去人参、大枣，制南星改用胆南星，并加瓜蒌、栀子、黄芩、天竺黄、竹沥、郁金。

4. 瘀血内阻

临床表现：①表情迟钝，言语不利，善忘，易惊恐，或思维异常，行为古怪；② 伴肌肤甲错，口干不欲饮，双目晦暗；③ 舌质黯或有瘀点、瘀斑，脉细涩。

证候辨析：外伤致瘀或者久病血瘀，使脏腑化生气血不能上荣于脑，脑失充养，可见上述各症。舌质黯或有瘀点、瘀斑，脉细涩，是瘀血内阻所致。临床具备①＋②或①＋③均可辨为瘀血内阻型。

治法：活血化瘀，开窍醒脑。

代表方：通窍活血汤加减。

常用药：麝香芳香开窍并活血散结通络；桃仁、红花、赤芍、川芎活血化瘀；葱白、生姜、菖蒲、郁金以通阳宣窍。

【其他治法】

一、中成药

1. 六味地黄丸　口服，一次 6 g，一日 2 次。具有滋补肝肾功效。适用于髓海不足型。

2. 血府逐瘀汤　口服，一次 9 g，一日 2 次。具有活血化瘀的功效。适用于瘀血内阻证。

二、针灸

体针主穴可选百会透四神聪，大椎、命门、肾俞、心俞、膈俞、膻中、中脘、气海、关元、丰隆、足三里、神门、太溪、悬钟。配穴：可选太冲、内关、哑门、廉泉、脾俞、大肠俞、白环俞等辨证治疗。

耳针可选用神门、皮质下、肾、脑点、枕等耳穴。

【转归预后】

笔记栏

先天的痴呆不易根治，老年性痴呆若能进行积极治疗，部分可以得到控制；因外伤和中毒等引起本病者，经治疗，可以得到不同程度的改善；因精神因素导致的，一般可以获治。

【预防调护】

(1) 精神调摄,智能训练,调节饮食起居,既是预防措施,又是治疗的重要环节。患者应养成有规律的生活习惯,饮食宜清淡,少食肥甘厚味,多食具有补肾益精作用的食疗之品,如核桃、黑芝麻、山药等,并戒烟酒。医护人员应帮助患者正确认识和对待疾病,解除情志因素,对轻证患者应进行耐心细致的智能训练,使之逐渐掌握一定的生活及工作技能,多参加社会活动或练习功法、太极拳等,避免过逸恶劳。对重证患者则应注意生活照顾,防止因大小便自遗及长期卧床引发褥疮、感染等。要防止患者自伤或伤人。

(2) 中医认为,肾主骨生髓,脑为髓海,肾精充足,则精力充沛,记忆力增强,肢体强劲。肾精不足,则记忆力下降,失眠多梦,委靡不振。因此,补益肾精可有效地预防老年性痴呆的发生,可常服大枣、枸杞子、黄精、山药、刺五加、茯苓、天花粉或中成药六味地黄丸、杞菊地黄丸、刺五加片等,以补肾益精,延缓脑细胞衰老。

(3) 病因预防是预防老年性痴呆的关键,因而要积极防治高血压、心脏病、糖尿病,控制血压和血糖,降低血脂和血液黏稠度等也必不可少。

(4) 加强优生宣传教育,注意孕期卫生,避免产伤,避免近亲结婚。

【临证备要】

一、辨病思路

西医学中的阿尔茨海默病、脑血管性痴呆、混合性痴呆、脑叶萎缩症、正压性脑积水、脑淀粉样血管病、代谢性脑病、中毒性脑病等均可参考本节内容进行辨证论治。

1. 阿尔茨海默病 起病和进展均较缓慢,情绪尚平稳,无明显的局灶性神经系统体征。常需要神经心理学测评方可进行临床诊断。

2. 脑血管性痴呆 有明确的脑血管病病史,常迅速发病,阶段性恶化,伴有明确的局灶性神经系统阳性体征。常通过神经影像学检查可以得到证据。

二、辨证思路

1. 病程冗长 痴呆虚证患者若长期服药,积极接受治疗,部分精神症状可有明显改善,但不易根治。实证患者,及时有效地治疗,待实邪去,部分患者可获愈。虚中夹实者,则往往病情缠绵,更需临证调理,方可奏效。

2. 痴呆的分型变化 在临床上除常见以上四种证型外,还可见到以下一些证型:气阴两虚者,症见智能减退,神情呆钝,语不达意,静而少言,倦怠乏力,面白无华或颧红少泽,头晕耳鸣,腰膝酸软,或有半身不遂,口舌歪斜,言语謇涩,舌质淡红,少苔,脉沉细,治宜益气养阴,健脾补肾,方用六味地黄汤加人参、黄芪。属气血两虚者,症见智能减退,神情呆钝,遇事善忘,静而少动,语不达意,倦怠乏力,气短懒言,头晕目眩,面白无华,心悸胸闷,夜寐多梦,食欲不振,舌质淡胖或有齿痕,苔薄白,脉细弱,治宜益气养血,补髓充脑,方用当归补血汤或八珍汤加味。属心肾不交者,症见智能减退,神情呆钝,善忘颠倒,言语错乱,烦躁不宁,头晕耳鸣,腰膝酸软,心烦失眠,手足心热,舌红少苔,脉细数,治宜滋肾清心,交通心肾,方用交泰丸加味。病程日久,属阴阳两虚者,症见智能减退,神情呆钝,静而少动,倦怠懒言,喃喃自语,形体消瘦,骨肉痿弱,四末不温,面色无华或颧红少泽,腰膝酸软,耳鸣耳聋,二便失禁,食欲不振,夜寐不安或昼夜颠倒,舌淡红少苔或无苔,脉沉细弱或沉细数,治宜阴阳两补,益肾健脑,方用左归丸合右归丸。

三、治疗注意

1. 痴呆的治疗首当分清虚实 实证以痰浊蒙窍及瘀血内阻为多,治疗当化痰开窍,活血祛瘀;而痰瘀内结日久,生热化火者,又当清热泻火。虚证以精、气、血、阴、阳亏虚为多,当据病情不同分别采用补肾填精、滋阴温阳、补益气血等法。由于肾与髓密切相关,因而补肾是治疗虚证痴呆不可忽视的一面。至于虚实夹杂证,当分清主次,或先祛邪,后扶正;或标本同治,虚实兼顾。

2. 治疗痴呆的常用中药 补益药有如人参、黄芪、山药、灵芝、何首乌、当归、白芍、地黄、山茱萸、女贞子、黄精、枸杞子、鹿角胶、龟甲、胡桃仁、海马、淫羊藿、肉苁蓉、桑椹子、五味子、刺五加、益智仁、鹿茸、冬虫夏草等。利湿药如茯苓、薏苡仁等。清热药如黄连、大黄等。开窍药如远志、石菖蒲、郁金、麝香。活血化瘀药如赤芍、丹参、红花、大黄、桃仁、川芎、三七、葛根、水蛭、地鳖虫等。化痰药如浙贝母、胆南星、天竺黄、陈皮、半夏、竹沥、僵蚕等。平肝息风通络药如天麻、地龙、全蝎等。临床当随证选药。

【文献摘录】

《灵枢·海论》:“髓海不足,则脑转耳鸣,胫酸眩冒,目无所见,懈怠安卧。”

《景岳全书·杂证谟》所云:“痴呆证,凡平素无痰,而或以郁结,或以不遂,或以思虑,或以疑惑,或以惊恐,而渐至痴呆。言辞颠倒,举动不经,或多汗,或多愁,其证则千奇万怪,无所不至;脉必或弦或数、或大或小,变易不常,此其逆气在心或肝胆二经,气有不清而然。但察其形体强壮,饮食不减,别无虚脱等症,则悉宜服蛮煎治之,最稳最妙。然此证有可愈者,有不可愈者,亦在乎胃气、元气之强弱,待时而复,非可急也。凡此诸证,若以大惊猝恐,一时偶伤心胆,而致失神昏乱者,此当以速扶正气为主,宜七福饮或大补元煎主之。”

(张震中)

第七节 健 忘

【概述】

一、定义

健忘(amnesia)是指记忆力减退,遇事善忘的一种病证,多因心脾亏虚、心肾不交、痰瘀痹阻而致。亦称“喜忘”“善忘”“多忘”等。

二、源流

本病最早记载于《内经》,如《素问·五常政大论》云“太阳司天,寒气下临,心气上从……善忘”。唐代孙思邈《备急千金要方》中,称“好忘”,立开心散等十六方治疗本病。

宋代,《圣济总录·心脏门·心健忘》中首次称本病为“健忘”,沿用至今,书中强调心虚、血气虚衰对本病的影响,并立安神定志之人参汤等方治之。

历代医家认为本病病位在脑,多与心脾肾虚,气血阴精不足有关,亦有因气血逆乱,痰浊上扰所致。清代,林珮琴《类证治裁·健忘》指出:“人之神宅于心,心之精依于肾,而脑为元神之府,精髓之海,实记性所凭也”,明确指出了记忆与脑的关系。汪昂《医方集解·补养之剂》指出:“人之精与志,皆藏于肾,肾精不足则肾气衰,不能上通于心,故迷惑善忘也。”

《丹溪心法·健忘》:“健忘,精神短少者多,亦有痰者。戴云:健忘者,为事有始无终,言谈不知首尾,此以为病名,非比生成之愚顽不知人事者……此证皆由忧思过度,损其心胞,以致神舍不清,遇事多忘,乃思虑过度,病在心脾。治之以归脾汤,须兼理心脾,神宁意定,其证自除也。”盖心脾主血,肾主精髓,思虑过度,伤及心脾,则阴血损耗,神舍不清;房室不节,则精亏髓减,脑失所养;年高神减,五脏俱衰,神明失聪,皆能令人健忘。本病证以心、脾、肾虚损为主,但肝郁气滞、瘀血阻络、痰浊上扰等实证亦可引起健忘,应予重视。

三、范围

西医学所称之神经症、脑动脉硬化、认知功能障碍等疾病,均可参考本节内容进行辨证论治。

笔记栏

【病因病机】

健忘以本虚标实，虚多实少，虚实夹杂者多见。病因较为复杂，或因思虑过度，劳伤心脾；或因禀赋不足，髓海失充；或因痰浊瘀血，痹阻心窍，均可引起健忘的发生(图 5-7)。

1. 心脾不足　心主神志，脾在志为思，若思虑过度，可致心脾亏虚，而成健忘。

2. 肾精亏耗　人之神宅于心，心之精依于肾，脑为元神之府，精髓之海，若病久或者先天不足，肾精亏虚，脑髓失养，则发为本病。

3. 痰瘀痹阻　脾失健运，湿痰内生，或因喜食肥甘，聚湿为痰；跌仆外伤，瘀血内停，久则痰浊瘀血胶结，痹阻心窍，心神不宁，令人健忘。

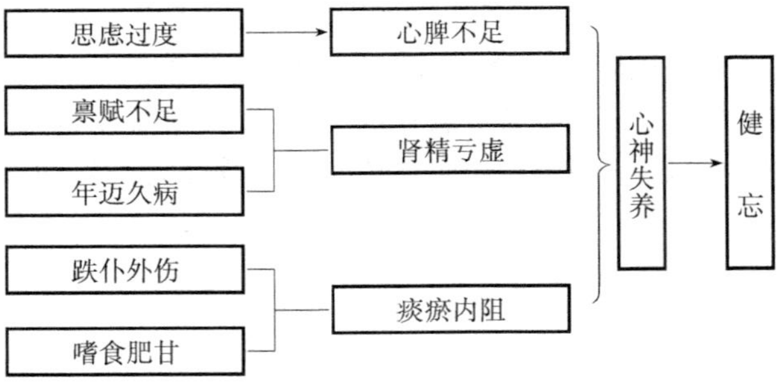

图 5-7　健忘病因病机示意图

健忘的病因病机责之于心脾肾虚损或者失调者居多，病因复杂。或因房室不节，肾精暗耗；或因案牍劳形，耗伤心血；或因禀赋不足，髓海失充；或痰饮瘀血，痹阻心窍；或年老体弱，神志虚衰，均可引起健忘的发生。

【诊断】

诊断要点

(1) 以记忆力减退，记忆近事及远事的能力减弱，理解别人语言和有条理地回答问题的能力障碍等为主症。可以伴有注意力和性格改变。

(2) 起病隐匿，发展缓慢，渐进加重，病程一般较长。但也有少数病例发病较急。患者可有外伤等病史。

(3) 相关检查：本病的西医学诊断，常需配合影像学检查、电生理学检查、实验室检查以及神经心理学检查(智商测定)。

【鉴别诊断】

1. 郁病　健忘的神志异常需与郁病相鉴别。郁病多发于青中年女性，多在精神因素的刺激下呈间歇性发作，不发作时可如常人，程度上与健忘比有轻重之别，且无智能、人格、情感方面的变化；而健忘多见于中老年人，伴有记忆力减退。

2. 痴呆　痴呆以神情呆滞，或神志恍惚，告知不晓为主要表现，其不知前事或问事不知等表现，与健忘之"善忘前事"有根本区别。痴呆根本不晓前事，而健忘则晓其事却易忘，且健忘不伴有智能减退，神情呆钝。健忘可以是痴呆的早期临床表现，这时要慎重辨别。

【辨证论治】

笔记栏

一、辨证要点

1. 辨病位　健忘病位在心，与脑、肾、肝、脾密切相关，其中与脑和肾的关系尤为密切。病位不同，其证候特征各异。临证当详加辨别。

2. 辨虚实　健忘属虚者，临床主要以体倦乏力，心悸少寐，纳呆语怯，腰酸耳鸣为特征，结合舌脉兼症，临床常见心脾不足、肾精亏耗证候。健忘属实者，临床可见语言迟缓，神思欠敏等症状，舌苔厚腻，脉弦大、滑数；久则虚实夹杂者多见，或以正虚为主，兼有实邪，或以邪实为主，兼有正虚。因此临床当分清虚实主次。

二、治疗要点

1. 虚者补之，实者泻之　治疗当以开郁逐痰，活血通窍，平肝泻火治其标，补虚扶正，充髓养脑治其本。为加强滋补作用，常加血肉有情之品。治疗时宜在扶正补虚，填补肾精的同时，注意培补后天脾胃，以冀脑髓得充，化源得滋。

2. 调摄饮食　注意补虚切忌滋腻太过，以免滋腻损伤脾胃，酿生痰浊。

3. 移情易性　在药物治疗的同时，应重视心理治疗，移情易性，同时，智力和功能训练与锻炼亦不可轻视。

三、分证论治

1. 心脾不足

临床表现：① 健忘失眠，心悸神倦；② 纳呆气短，脘腹胀满；③ 舌淡，脉细弱。

证候辨析：心脾不足，神失所藏，则健忘。心血不足，心神失养，故心悸失眠。脾虚运化不健，故纳呆，脘腹胀满。气血生化乏源，四肢不荣，则见神倦乏力。舌淡，脉细弱，均为心脾不足之象。临床具备①＋②或①＋③均可辨为心脾不足型。

治法：补养心脾。

代表方：归脾汤加减。

常用药：人参、黄芪、白术、甘草益气健脾；当归、龙眼肉养血和营；远志、酸枣仁、茯神养心安神；木香顺气，使补而不滞。心脾得以补益，则神思渐安，健忘可愈。

2. 肾精亏耗

临床表现：① 健忘，形体疲惫，精神不振；② 腰酸腿软，头晕耳鸣，遗精早泄，五心烦热；③ 舌红，脉细数。

证候辨析：肾精亏耗，髓海空虚，遇事善忘。阴亏于下，阳亢于上，故见头晕耳鸣，五心烦热。相火妄动，精关不固，故遗精早泄。腰为肾之府，肾虚则腰酸腿软，形体疲惫。舌红，脉细数，为肾精亏耗之象。临床具备①＋②或①＋③均可辨为肾精亏耗型。

治法：填精补髓。

代表方：河车大造丸加减。

常用药：紫河车大补精血；龟甲、熟地黄、杜仲、牛膝填精益髓；人参补气生津；天冬、麦冬补益阴精；黄柏防相火妄动；酸枣仁、五味子养心安神；石菖蒲开窍醒脑。

3. 痰浊扰心

临床表现：① 健忘嗜卧，困倦；② 头晕胸闷，呕恶，咳吐痰涎；③舌苔腻，脉弦滑。

证候辨析：湿食生痰，痰浊阻滞胸阳，故见胸闷呕恶，咳吐痰涎。痰浊阻滞络脉，清窍失养，故健忘头晕。脾主四肢，痰阻气机，脾阳不达四末，故嗜卧。舌苔腻，脉弦滑，为痰湿之象。临床具备①＋②或①＋③均可辨为痰浊扰心型。

治法：化痰宁心。

代表方：温胆汤加减。

常用药：半夏、苍术、竹茹、枳实化痰祛浊；白术、茯苓、甘草益气健脾，祛痰之源；菖蒲、郁金化痰开窍，解郁醒神。

4. 瘀血阻络

临床表现：① 遇事善忘，心悸胸闷；② 伴言语迟缓，神思欠敏，表现呆钝，面唇黯红或黧黑；③ 舌质紫黯有瘀点，脉细涩或结代。

证候辨析：瘀血内停，心窍失于濡养，故见善忘，神思欠敏，表现呆钝。瘀血阻滞，血不养心，故见面唇黯红，心悸胸闷，言语迟缓。舌紫黯有瘀点，脉细涩结代，皆为瘀血阻络之象。临床具备①＋②或①＋

③均可辨为瘀血阻络型。

治法：活血化瘀。

代表方：血府逐瘀汤加减。

常用药：桃仁、红花、当归、生地黄、赤芍、川芎、川牛膝活血化瘀，养血安神；柴胡、枳壳、桔梗调理气机以助血行；甘草益气扶正，调和诸药。

【其他治法】

一、中成药

1. 归脾丸　口服，一次 9 g，一日 3 次。具有益气补血，健脾养心的功效。适用于心脾不足，气血不足者。

2. 安神补脑液　口服，一次 10 mL，一日 2 次。具有生精补髓，益气养血，强脑安神的功效。适用于肾精亏耗所致的头晕，乏力，健忘，失眠；神经衰弱症见上述证候者。

二、针灸

选择四神聪透百会，神门、三阴交等基本穴位。针用补法或平补平泻法。

三、饮食辅助疗法

枸杞 10 g，猪大脑 1 个，大米 50 g。先将大米加入清水适量煮粥，待熟时加入枸杞、猪脑及调料等。每日 1 次。适用于肝肾亏虚所致的健忘呆滞、记忆力下降、失眠多梦及阿尔茨海默病、脑萎缩等。

【转归预后】

张璐《张氏医通·健忘》指出："因病而健忘者，精血亏少，或为痰饮、瘀血所致，是可以药治之。若生平健忘……岂药石所能疗乎？"较为中肯。因劳心过度而健忘者，必须清心节劳，徒恃药力亦难奏效。对于较严重的健忘，可能仅仅延缓病情，最终发展为痴呆等病证，诊治均较为棘手。对于某些老年人的健忘，属于生理现象，治疗较为困难。

【预防调护】

(1) 注意劳逸结合，保持充足睡眠，生活规律，坚持体育活动。

(2) 少食辛辣油腻刺激性食品，戒烟酒。

(3) 参加社团活动，调摄情志，保持心情愉快，减少情绪波动，使神清气畅，有助于防治本病。

【临证备要】

一、辨病思路

健忘常见于西医学中的神经症、脑动脉硬化、认知功能障碍等疾病。

1. 神经症　常伴随情绪障碍，如抑郁、焦虑等，常常以郁郁寡欢或者坐立不安为特征性表现，健忘多表现为缺乏动力，反应迟钝；或者兴奋过度，忘乎所以，结合相应的社会和心境背景可以诊断。

2. 脑动脉硬化　是中老年人常见疾病，常常伴见头晕头痛，近事记忆下降为主，脑鸣为特征性表现。

3. 认知功能障碍　为常见的健忘的疾病原因，往往是痴呆早期的临床表现，患者常表现为瞬时记忆减退或者缺失，注意力、逻辑和计算力有一定的下降，常常不是完全累及，可以表现为其中的一部分。

笔记栏

二、辨证思路

1. 明辨虚实　健忘之证，虚者十居其八，亦有邪实者。其虚多责之于心脾肾不足，其实则多归于痰气郁结、瘀血内停之不同。虚者可见体倦乏力,心悸少寐,纳呆语怯,腰酸耳鸣等症状,舌质淡,边有齿痕,脉多细弱无力。其实者,多有语言迟缓,神思欠敏者,舌苔白厚而腻,或舌质暗,脉多滑数弦大。

2. 详审病因　引起健忘的原因很多,当细细辨之。年老而健忘者,多源于五脏亏虚,精气不足;劳心过度者,源于心脾血虚之故;忧思过度者,以后天脾胃受累,精血不足者居多。

三、治疗注意

(1) 健忘之病,往往不是单独出现,临床常伴见其他证候,如怔忡、不寐、烦躁等,治疗时需注意兼而治之,如出现心肾不交,治疗则需调补心肾,使坎离既济,水火互调。

(2) 健忘治疗须分清主症、兼症的轻重程度。依据证候的表现程度来定,如临床主要表现为健忘者,但属于主症方可依本节内容进行辨治。

【文献摘录】

《类证治裁·健忘》:"人之神宅于心,心之精依于肾,而脑为元神之府,精髓之海,实记性所凭也……治健忘者,必交其心肾,使心之神明,下通于肾,肾之精华,上升于脑,精能生气,气能生神,神定气清,自鲜遗忘之失。"

《辨证录·健忘门》:"乃五脏俱伤之病,不止心肾二经之伤也……人有气郁不舒,忽忽如有所失,目前之事,竟不记忆,一如老人之善忘,此乃肝气之滞,非心肾之虚耗也。"

(张震中)

第八节　厥　　证

【概述】

一、定义

厥证(syncope)是由阴阳失调,气机逆乱所引起的,以突然昏倒,不省人事,或伴有四肢逆冷为主要表现的一种病证。发病后一般在短时间内苏醒,醒后无偏瘫、失语和口眼歪斜等后遗症,但特别严重的,则昏厥时间较长,甚至一厥不复而导致死亡。

二、源流

厥证之名,首见于《内经》,《素问》列厥论专篇,认为厥证为气机逆乱,气血运行悖逆所致。如《素问·生气通天论》说:"大怒则形气绝,而血菀于上,使人薄厥"。《素问·调经论》说:"血与气并则为实焉,血之与气,并走于上,则为大厥,厥则暴死"。

至汉代,《伤寒论》的少阴篇和厥阴篇中,张仲景在《内经》的基础上补充了寒厥、热厥的理论和治法。如《伤寒论·辨厥阴病脉证并治》指出:"凡厥者,阴阳气不相顺接,便为厥。厥者,手足逆冷是也"。《伤寒论》对寒厥证的认识与《内经》一致。而《伤寒论》中认为热厥的病因病机是"热深厥亦深,热微厥亦微"。手足逆冷为热邪深入,阻遏于里,不能外达于四肢之故。提出寒厥用四逆汤、当归四逆汤、通脉四逆汤加猪胆汁等,热厥用白虎汤等,并提出热厥可用下法。

隋代,《诸病源候论》提出,尸厥病机是"阴阳离居,营卫不通,真气厥乱,客邪乘之。"

金元时期,朱震亨在《丹溪心法·厥》中说:"痰厥者,乃寒痰迷闷",指出痰厥的病机在于"寒痰迷闷"的理论。

清代,李用粹在《证治汇补·厥》中云:"人身气血,灌注经脉,刻刻流行,绵绵不绝,凡一昼夜,当五十营于身。或外因六淫,内因七情,气血痰食,皆能阻遏运行之机,致阴阳二气不相接续,而厥作焉",对厥证的病因病机作了精辟的概括。

笔记栏

三、范围

西医学中的休克、中暑、低血糖昏迷、癔症等疾病等出现厥证表现者，均可参照本节内容进行辨证论治。

【病因病机】

厥证是由于气机突然逆乱，升降乖戾，气血阴阳不相顺接所致。其病因病机复杂多样，常见于以下几种(图5-8)。

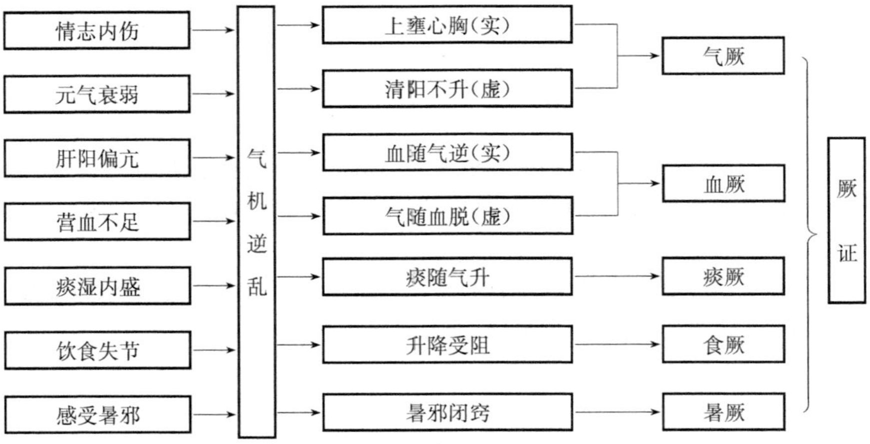

图5-8　厥证病因病机示意图

1. 气厥　因情志不畅，忿郁恼怒，肝气郁结，或一时情绪过激，气机逆乱，上壅心胸，郁闭神机，遂致猝厥，此属气厥之实证。若其人平素元气衰弱，突遇惊恐刺激，如见死尸或闻巨响，以致阳虚气弱，不能上承，引起突然晕厥，此属气厥之虚证。

2. 血厥　平素肝阳偏亢，复因恼怒伤肝，烦劳动阳，风阳上旋，血随气逆，气血并走于上，以致阴阳不相顺接而发为厥证。即《素问·生气通天论》讲："大怒则形气绝，而血菀于上，使人薄厥"，此为血厥之实证。若素有贫血，或失血过多，营气内耗，气随血脱，不能上荣而致昏厥，此为血厥之虚证。

3. 痰厥　形盛气弱之人，嗜食肥甘厚味，纵酒过度，损伤脾胃，积湿生痰，痰浊内阻，气机不畅。如遇恼怒气逆，痰随气升，上蒙清窍，引起痰厥。

4. 食厥　暴饮暴食后，积滞内停，气机升降受阻，以致窒闷而厥。

5. 暑厥　久曝烈日之下，或久劳于高温之室，感受暑邪，热郁气逆，阻遏气机，闭塞清窍，发为暑厥。

气、血、痰、食、暑均可致厥，另外剧烈疼痛、瘀血阻滞、过度饮酒、蛔虫内扰等因素亦可引起厥证。病因虽各有不同，而其病机则多由气机逆乱，升降失常所致。实证为气血上逆，或痰随气升，清窍为之蔽塞；虚证为气血不能上承，清阳不得舒展，以致神明失主，发为厥证。

【诊断】

诊断要点

(1) 患者在发病之前，常有头晕、视物模糊、面色苍白、出汗等先兆症状，而后突然发生昏仆，不知人事，短时苏醒，发病时常伴有恶心、汗出，或伴有四肢逆冷，醒后感头晕乏力、倦怠口干外，无失语、瘫痪等后遗症。

(2) 了解既往有无类似病史，查询发病原因。发病常有精神刺激、惊恐、疼痛、大怒等诱因，或有大失血病史，或有暴饮暴食史，或有痰盛宿疾。

(3) 相关检查：血生化指标、血压监测、脑电图脑干诱发电位、心电图、头颅CT或MRI等检查有助于帮助明确诊断。

笔记栏

【鉴别诊断】

厥证与痫证、中风均有突然昏仆的症状,应当与厥证相鉴别。

1. 痫证 痫证是一种发作性神志异常的疾病。常有先天因素,以青少年为多见。痫之重者,虽也为突然昏倒,不省人事,但发作时间短暂,且发作时常伴有两目上视,四肢抽搐,口吐涎沫,或嚎叫,小便失禁等。常反复发作,每次症状均相类似,苏醒后如常人。厥证昏倒,仅表现为四肢厥冷,没有反复发作史,不伴有吐涎沫、抽搐及异常吼叫声等症。

2. 中风 中风以中老年人多见,素有肝阳上亢病史。其中脏腑者,可表现突然昏倒,并伴有口眼歪斜、偏瘫等症,神昏时间较长,苏醒后有口眼歪斜、偏瘫、失语等后遗症;而厥证虽也有突然昏倒,昏倒时间较短,一般经救治后无后遗症。但血厥之实证,重者可发展为中风。

【辨证论治】

一、辨证要点

1. 辨别病因 厥证的发生,需查明病因,才能准确辨证论治。如气厥、血厥实证,多形体壮实,而发作多与精神刺激有关;气厥虚证,多平素体质虚弱,厥前有过度疲劳、睡眠不足、饥饿受寒等诱因;血厥虚证,则多与失血有关,常见于大失血或慢性长期失血;痰厥好发于嗜食肥甘酒酪、体丰湿盛之人;食厥多发生于暴饮暴食后;酒厥发生于酗酒之后;暑厥多发生于夏季久曝烈日或高温作业之时;寒厥多在冬季酷寒受冻之时。

2. 辨别病位 厥证的发生与五脏均有关系。气厥实证多由七情内伤所致,病位主要在肝;气厥虚证的病位在脾、肺;痰厥、食厥的病位在肺与脾胃;暑厥的病位在心、肝。

3. 辨别虚实 厥证有虚实之分,实证者表现为突然昏仆,气壅息粗,喉有痰声,牙关紧闭,四肢拘急或僵直,两手紧握,舌红,苔黄腻,脉多沉实或沉伏;虚证者表现眩晕昏厥,面色苍白,声低息微,张口,自汗,肢冷肤凉,两手撒开,舌胖或淡,脉沉细无力。

二、治疗要点

1. 治疗原则 以调和阴阳,疏理气机,交通上下为基本治疗原则。具体应视轻重缓急及病因病机等辨证施治。

2. 虚实异治 厥证的治疗必须快速正确诊察其证候的虚实,最忌"实其实、虚其虚",并同时展开急救。患者宜静卧,可先给予针灸。实证针水沟、素髎、涌泉,刺十宣出血;虚证宜灸百会、膻中、关元、内关。气厥实证可急用温开水灌服苏合香丸或玉枢丹;痰厥实证或食厥者可急用盐汤探吐以去实邪;暑厥者可急用紫雪丹或牛黄清心丸以凉开水调服。主要以辛香走窜的药物为主,具有通关开窍的作用,在使用剂型上应选择丸、散、气雾、含化以及注射之类的药物,宜吞服、鼻饲、注射。虚证者,可急用参附汤灌服,以回阳固脱或生脉散益气救阴。由于气血亏虚,故不可妄用辛香开窍之品。病情危重者,应及时采取中西医结合的抢救措施,应配合止血、输血、补液,以挽其危。

三、分证论治

(一) 气厥

1. 实证

临床表现:① 多形体壮实,多由精神刺激引发,突然昏倒,不省人事;② 口噤拳握,呼吸气粗,或四肢厥冷;③ 舌苔薄白,脉沉或沉弦。

证候辨析:由于肝气不舒,气机逆乱,上壅心胸,阻塞清窍,故见突然昏倒,不省人事,口噤拳握。而肝气上逆,气机闭塞,肺气不宣,则呼吸气粗。阳气被郁,不能外达,则四肢厥冷。气闭于内,则见脉伏;肝气郁滞未畅,则脉见沉弦。临床具备①+②或①+③或②+③均可辨为气厥实证。

治法:理气解郁。

笔记栏

代表方：五磨饮子加减。

常用药：乌药、沉香疏肝解郁；槟榔、枳实、木香顺气破结。

若晕厥时呕吐痰涎，胸闷如窒，夹有痰浊者，可加陈皮、茯苓、石菖蒲、胆星等，以健脾化痰；若肝阳偏亢，症见头晕头痛，面赤升火，可加入钩藤、石决明、磁石等药以平肝潜阳；若醒后时时啼哭，哭笑无常，睡眠不宁者，可加茯神、远志、酸枣仁等，以安神宁志；平日可服用逍遥散以理气达郁，调和肝脾，防止复发。

2. 虚证

临床表现：① 头晕目眩，突然昏仆，不省人事；② 面色苍白，呼吸微弱，汗出肢冷；③ 舌质淡，苔薄白，脉沉细微。

证候辨析：久病体虚，元气虚弱，又因空腹劳倦或烦劳少寐，一时气机不相顺接，中气下陷，清阳不升，故见头晕目眩，突然昏仆，面色苍白，呼吸微弱。阳气虚衰，难以温通，则见肢冷。卫外不固，则见汗出。舌质淡，苔薄白，脉沉细微，均为正气不足之象。临床具备①＋②或①＋③或②＋③均可辨为气厥虚证。

治法：益气回阳。

代表方：四味回阳饮加减。

常用药：人参大补元气；制附子、炮姜、回阳逐寒；甘草和中。

如汗出肢冷，病情急重者，可加红参、五味子、龙骨、牡蛎等益气敛阴止汗；若见心悸、怔忡、夜寐不安，脉细或见歇止，可加当归、阿胶、桂枝、远志、酸枣仁等。

（二）血厥

1. 实证

临床表现：① 突然昏倒，不省人事；② 牙关紧闭，面赤唇紫；③ 舌红，脉多沉弦数。

证候辨析：由于暴怒，肝气上逆，血随气升，上蔽神明，清窍闭塞，因而突然昏厥，不省人事，牙关紧闭。面赤唇紫，舌红，脉多沉弦，皆气逆血菀于上之象。临床具备①＋②或①＋③均可辨为血厥实证。

治法：理气活血。

代表方：通瘀煎加减。

常用药：当归尾、红花、山楂活血散瘀；乌药、青皮、木香、香附等理气开郁。

若伴有拘急，甚或搐搦，可加地龙、全蝎；若见头晕而痛，舌质紫黯，脉细涩等血瘀征象，可加桃仁、赤芍等活血化瘀；若见心烦少寐者，可加钩藤、石决明、龙胆草、牡丹皮、远志、菖蒲等以平肝潜阳，清肝宁神。

2. 虚证

临床表现：① 心悸头晕，或眼前发黑，昏厥无知；② 面色苍白，口唇不华，目陷口张，自汗肤冷，气息低微，或四肢震颤；③ 舌质淡，苔薄白，脉芤或细数无力。

证候辨析：由于亡血失津，阳随阴消，脑海失养，故见心悸头晕，突然昏仆，面色苍白，口唇无华。气虚血虚，不能达于四末，筋脉失于濡养，故见四肢震颤。营阴内衰，正气不固，故目陷口张，自汗肤冷，气息低微。舌质淡，苔薄白，脉芤或细数无力，均为亡血失津之象。临床具备①＋②或①＋③均可辨为血厥虚证。

治法：补气养血。

代表方：急用独参汤灌服，继用人参养荣汤，亦可佐以糖开水同时灌服。

常用药：急用独参汤以大补元气，益气固脱。人参养荣汤中人参、黄芪益气；当归、熟地黄、大枣补血；白芍、五味子敛阴；白术、甘草益气和中。

若出血不止者，可加仙鹤草、藕节、茜草根、阿胶等；若自汗肤冷，呼吸微弱者，可加附子、干姜以温阳救逆；心悸不宁者，可加远志、酸枣仁、首乌藤宁心安神；若见口干口渴者，可加麦冬、沙参、玉竹、石斛等养胃生津。

（三）痰厥

笔记栏

临床表现：① 突然头晕眩仆，或因原有咳喘发作严重，一时痰浊上涌，不能咯出；② 喉中痰鸣，呼吸急促，胸闷纳呆，或呕吐痰涎；③ 舌苔白腻，脉沉滑。

证候辨析：由于痰湿内盛，复因恼怒气逆，痰随气升，上闭清窍，故突然晕厥。痰阻气道，痰气相击，故喉中痰鸣，呼吸急促。痰浊内阻，气机不畅，胃失和降，故胸闷纳呆，呕吐痰涎。舌苔白腻，脉沉滑，均为痰浊内阻之象。临床具备①+②或①+③均可辨为痰厥型。

治法：行气豁痰。

代表方：导痰汤加减。

常用药：半夏、南星、茯苓燥湿祛痰；陈皮、枳实行气消痰；甘草润肺和中。

若痰涎壅盛，可加苍术、白术以健脾祛痰；若痰湿化热，症见口干便秘，舌苔黄腻，脉滑数者，可加黄芩、栀子、竹茹、瓜蒌等，以清热化痰；若心烦易怒，胸胁胀满者，可加香附、枳壳、郁金等药以疏肝行气。

（四）食厥

临床表现：① 暴饮暴食后，突然昏厥；② 气息窒塞，脘腹胀满；③ 舌苔厚腻，脉滑实。

证候辨析：由于暴饮暴食，食滞中脘，胃失和降，气逆于上，闭塞清窍，故突然昏厥。胃府浊气，壅于胸中，肺气不利，故气息窒塞。食滞内停，气与食并，则脘腹胀满。舌苔厚腻，脉滑实，为食滞不消，浊气不降之象。临床具备①+②或①+③均可辨为食厥型。

治法：消食和中。

代表方：先用盐汤探吐以去实邪，再以神术散合保和丸加减。

常用药：山楂、神曲、莱菔子消食化积；半夏、陈皮、茯苓行气和胃；苍术、厚朴、藿香、砂仁理气化浊；佐以连翘清热散结。

若食积较重，舌苔黄腻者，可加黄连、黄芩清热；若大便秘结者，可加大黄通腑。

（五）暑厥

临床表现：① 暑热季节或高温作业时身热汗出，口渴面赤，继而昏厥，不省人事，或有谵妄；② 头晕头痛，胸闷乏力，四肢抽搐；③ 舌质红而干，苔薄黄，脉洪数或细数。

证候辨析：因感受暑湿秽浊之气，热郁气逆，上犯头部，故见面赤或头晕头痛。邪热内闭，故见胸闷，身热，汗出。暑邪犯心，蒙蔽清窍，则猝然昏厥，不省人事，或有谵妄。舌质红而干，苔薄黄，脉洪数或细数，均为暑热郁闭之象。临床具备①+②或①+③均可辨为暑厥型。

治法：开窍醒神，解暑益气。

代表方：急用牛黄清心丸或紫雪丹以凉开水调服，继用白虎加人参汤或清暑益气汤加减。

常用药：急用方中，黄连、黄芩、栀子、石膏、寒水石、滑石清热泻火；牛黄、麝香、郁金清心开窍；朱砂、磁石安神除烦；继用方中，西洋参、知母、石膏养阴清热；人参益气固脱；西瓜翠衣、荷梗解暑清热；石斛、麦冬养阴生津。

若汗出不止，可加龙骨、牡蛎敛阴止汗；若见胸脘痞闷，舌苔白腻，可加苍术燥湿。

【其他治法】

一、中成药

1. 苏合香丸　口服，一次1丸，一日1～2次。具有宣郁理气，开窍醒神的功效。适用于气厥实证之发作期。

2. 逍遥丸　口服，一次9 g，一日2次。具有理气疏肝解郁的功效。适用于气厥实证之缓解期。

二、针灸

针刺选择水沟、内关、百会、素髎、十井、十宣等穴位。邪实闭盛者，可十宣少量放血。灸法选择百会、神阙、气海、关元、足三里等穴位，运用灸法时，可加一些药物作熨敷，如以盐填脐中，盖蒜艾灸。针灸往往比内服药起效快，是非常有效的一种急救措施。

【转归预后】

厥证的转归主要有阴阳离决、阴阳尚未离决和各种证候之间相互转化这三个方面。若是阴阳离决，则发展为死证；若是阴阳尚未离决，此时正气来复或治疗及时得当，则可转危为安，反之，则可转化为阴阳离决，一厥不复；若是各种证候之间相互转化，如气厥和血厥之实证，常转化为气滞血瘀或肝阳上亢之证，

笔记栏

血厥虚证常转化为脱证等。厥证的预后，与患者平素正气强弱、邪气盛衰及抢救治疗是否及时得当密切相关。发病之后，若呼吸比较平和，脉象有根，则预后较好；反之，若呼吸微弱，甚则鼻中无气，或见怪脉，或人迎、寸口、趺阳之脉全无，或手足逆冷，唇口指甲青黑，则说明病情危重，预后不佳。

【预防调护】

（1）遇事容易激动恼怒者，要注意调畅情志，戒躁戒怒；气血虚弱，精神衰弱者，要注意劳逸结合，补充营养，避免接触不良的精神和环境刺激。

（2）嗜食肥甘厚味、酗酒、喜暴饮暴食者，要注意节食禁酒，清淡饮食，建立健康的饮食生活习惯。

（3）暑热季节，要注意避暑，避免长时间高温作业或活动，做好防暑防高温的准备工作。

【临证备要】

一、辨病思路

厥证常见于西医学中的休克、中暑、低血糖昏迷、短暂性脑缺血发作、癔症等疾病，临证时要细查病情和体征，对病情作出初步的判断，必要时要进行头颅 CT 或 MRI、心电图等检查，注意监测血糖、血压，找出发病原因，尽快明确诊断。

二、辨证思路

1. 了解病史，查明病因，有助于辨清证候 厥证的发生，常有明显的病因可寻，故辨证时询问病因尤为重要。

2. 厥证治疗要分清虚实，注意调理善后，治疗原有病证 厥证临床上有气、血、痰、湿、暑等厥之分。治疗以醒神回厥为总的治疗原则，但厥醒后应注意调理善后，治疗原有病证。气厥、血厥尤以详辨虚实，如气厥实证是因肝气上逆所致，常见情绪改变、反复发作之特点，治宜顺气开郁；血厥实证是由肝气上逆，血随气升引起，治宜活血顺气；气厥虚证则多见于元气素虚之人，因一时气机不相顺接，清阳不升所致，治宜益气回阳；血厥虚证乃血虚不能上荣所致，治宜补气养血；至于痰厥乃痰气交阻，上蒙清窍所致，治宜行气豁痰；食厥为食积填塞中脘，阻碍气机升降所致，治宜消导和中；暑厥为外感暑热之邪，热郁气逆所致，治宜解暑益气，开窍醒神。

三、治疗注意

厥证是内科的危急重症之一，要及时快速进行救治。救治时要首分虚实，开窍法是救治厥证实证的首要方法，适用于邪实窍闭之神昏证，以辛香走窜的药物为主，宜配合使用针刺疗法提高疗效。对于元气亏虚、气随血脱、津竭气脱之神昏证，宜用益气回阳，救逆固脱之法，此时宜中西医结合抢救治疗，可以应用参附注射液、生脉注射液和参麦注射液等注射剂，不可妄投辛香开窍之品，防止津气进一步耗散。

【文献摘录】

《素问·生气通天论》："阳气者，烦劳则张，精绝，辟积于夏，使人煎厥……阳气者，大怒则形气绝，而血菀于上，使人薄厥。"

《儒门事亲·厥》："夫厥之为病，手足及膝下或寒或热也。举世传为脚气寒湿之病，岂知《内经》中本无脚气，阳气衰于下，则为寒厥。阴气衰于下，则为热厥。热厥为手足热，寒厥为手足寒也。阳经起于足指之表，阴经起于足心之下，阳气胜则足下热，阴气胜则足下寒。热厥者，寒在上也；寒厥者，热在上也。寒在上者，以温剂补肺金；热在上者，以凉剂清心火则愈矣。"

《丹溪心法·厥》："厥，逆也，手足因气血逆而冷也。因气虚为主，有因血虚。气虚脉细，血虚脉大，热厥脉数，外感脉沉实，有痰脉弦。因痰者，用白术、竹沥；气虚，四君子；血虚，四物；热厥，用承气；外感，用双解散加姜汁、酒。有阴厥阳厥，阴衰于下则热，阳衰于下则寒。手足麻者，属气虚；手足木者，有湿痰死

笔记栏

血。十指麻木，是胃中有湿痰死血。”

（田军彪）

第九节 头 痛

【概述】

一、定义

头痛(headache)是临床常见的自觉症状，可单独出现，也可见于多种疾病的过程中。外感六淫或内伤杂病均可引起，是以头部经脉绌急或失养，清窍不利所引起头部疼痛为特征的一种病证。若头痛属于某一疾病过程中所出现的兼证，不属本节讨论的内容。

二、源流

头痛一证，首载于《内经》。如《素问·奇病论》曰：“帝曰：人有病头痛以数岁不已，此安得之？名曰何病？岐伯曰：当有所犯大寒，内至骨髓，髓者以脑为主，脑逆故令头痛、齿亦痛，病名曰厥逆”。《素问·风论》云：“风气循风府而上，则为脑风”“新沐中风，则为首风”。《素问·五脏生成》云：“头痛巅疾，下虚上实，过在足少阴、巨阳，甚则入肾。”《素问·举痛论》曰：“寒气入经而稽迟，泣而不行，客于脉外则血少，客于脉中则气不通，故猝然而痛。”《素问·通评虚实论》谓：“头痛耳鸣，九窍不利，肠胃之所生也。”《内经》的这些论述，奠定了头痛证治的理论基础。

汉代，张仲景在《伤寒论》中论及太阳、阳明、少阳、厥阴病头痛的见症，并列举了头痛的不同治疗方药，如厥阴头痛，“干呕，吐涎沫，头痛者，吴茱萸汤主之”。还在《金匮要略·脏腑经络先后病脉证》中指出：“语声啾啾然，细而长者，头中痛”。故张仲景对头痛的辨证已较系统，并有具体治法方药，吴茱萸汤至今还在临床被广泛应用。

至唐代，《外台秘要·头风及头痛方》中指出：“体虚阳经脉为风所乘”是其主要病因，并根据不同症状列出具体用药。如“附子一枚(中形者炮裂)盐(附子大)，上二味作散，沐头毕，以方寸匕，摩顶”，丰富了治疗头痛的方法。

宋代，陈言《三因极一病证方论·头痛证治》指出治头痛当详审三因：“头者诸阳之首……凡头痛者，乃足太阳受病，上连风府眉角而痛者，皆可药愈。或上穿风府，陷入泥丸宫而痛者，是为真头痛，不可以药愈，夕发旦死，旦发夕死，责在根气先绝也。原其所因，有中风寒暑湿而疼者，有气血食饮厥而疼者，有五脏气郁厥而疼者，治之之法，当先审其三因，三因既明，则所施无不切中。”立方遣药，均有参考价值。严用和在《济生方·头痛论治》里说：“偏正头风，妇人气盛血虚，产后失血过多，气无所主，皆致头痛”，指出失血、气血逆乱所致的头痛为内伤头痛，又叫作头风，较外邪入侵所致头痛重且久。

金元时期，李杲(字明之，号东垣老人)在《东垣十书》里明确地把头痛分为外感头痛及内伤头痛，并补充了太阴头痛及少阴头痛，还根据头痛异同而分经遣药，对后世影响很大。朱震亨在《丹溪心法·头痛》中又补充了痰厥头痛和气滞头痛。又提出：“头痛需用川芎，如不愈各加引经药。太阳川芎，阳明白芷，少阳柴胡，太阴苍术，少阴细辛，厥阴吴茱萸”。引经药的使用对临床应用具有很高的指导价值。

明清时期，医家对头痛的认识更趋深入，如张介宾在《景岳全书·杂证谟·头痛》中说：“凡诊头痛者，当先审久暂，次辨表里。盖暂痛者，必因邪气，久病者，必兼元气……凡外感头痛，当察三阳厥阴……此又各有所主，亦外感所当辨也。至若内伤头痛，则不得以三阳为拘矣”，指出头痛还要根据部位而确定病性。清代王清任独倡瘀血致痛说，他在《医林改错·头痛》中提出：“查患头痛者无表证，无里证，无气虚、痰饮等证，忽犯忽好，百方不效，用此方(血府逐瘀汤)一剂而愈”，此发前人之未备，开后世治头痛用化瘀之先河。

三、范围

头痛可见于西医学多种急慢性疾病中。本节所讨论主要为内科常见的头痛，如脑血管功能失调、三叉神经痛、高血压、部分颅内疾病、神经官能症、某些感染性疾病及五官科疾病引起的头痛等，均可参照本节内容辨证施治。

【病因病机】

头痛之病因不外外感与内伤两端。外感多因六淫邪气侵袭，内伤多与情志不遂、饮食劳倦、跌仆损伤、体虚久病、禀赋不足、房劳过度等因素有关，兹分述如下(图 5－9)。

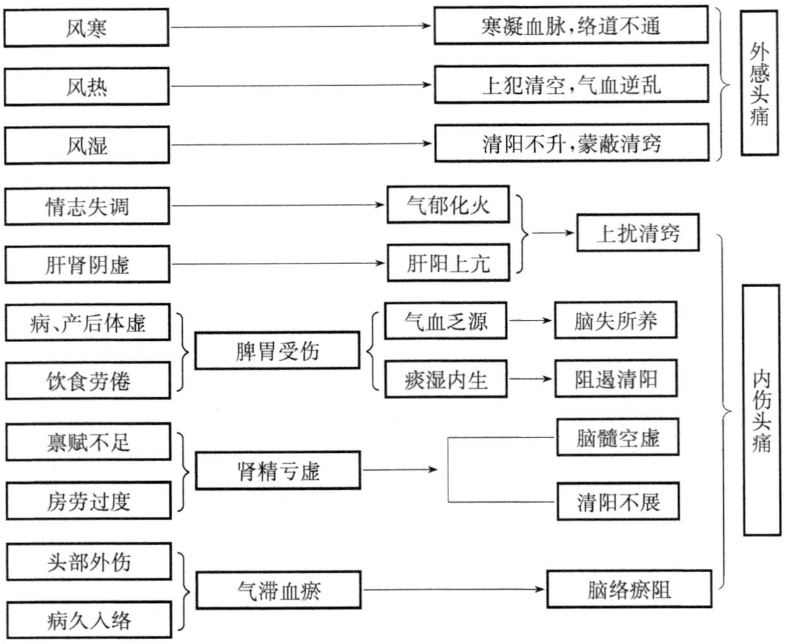

图 5－9　头痛病因病机示意图

1. 感受外邪　起居不慎，感受风、寒、湿、热之邪，邪气上犯巅顶，清阳之气受阻，气血凝滞，而发为头痛。因风为百病之长，故六淫之中，以风邪为主要病因，多夹寒、湿、热邪而发病。若感受风寒之邪，寒为阴邪易伤阳气，寒凝血涩，络道不通，不通则发为头痛；若感受风热之邪，风热上犯清空，气血逆乱而发头痛；若感受风湿之邪，湿为阴邪，阻遏阳气，使清阳不升，浊阴不降，蒙蔽清窍，发为头痛。

2. 情志失调　忧郁恼怒，情志不遂，引发头痛。因肝主疏泄，性喜条达，因情志不和而致肝失疏泄，气郁化火，阳亢火升，上扰清窍，可发为头痛。若肝火郁久，耗伤阴血，肝肾亏虚，肝阳亢盛，亦可发为头痛。

3. 先天不足或房室不节　禀赋不足，或房劳过度，使肾精久亏。因肾主骨生髓，髓上通于脑，脑为髓之海，因此脑髓有赖于肾精的不断化生。若肾精久亏，髓海空虚，脑失所养，则会发生头痛。若肾阴久亏，阴损及阳，肾阳虚弱，清阳不展，亦可发为头痛。

4. 饮食劳倦及体虚久病　脾胃为后天之本，气血生化之源。若饥饱劳倦或病后、产后体虚，脾胃虚弱，气血化源不足，营血亏虚，不能上荣于脑髓脉络，可引发头痛。若因饮食不节，嗜酒太过，或过食辛辣肥甘，脾失健运，痰湿内生，阻遏清阳，上蒙清窍而为痰浊头痛。

5. 头部外伤或久病入络　跌仆闪挫，头部外伤，或久病入络，气滞血涩，气行则血行，气滞则血凝，瘀血阻于脑络，不通则痛，发为头痛。

头痛的主要病机特点是外感或内伤所致头部脉络阻闭，神机受累，清窍不利。外感头痛以风邪为主，且多兼夹寒、湿、热等邪；内伤头痛则多与肝、脾、肾三脏的功能失调有关。外感头痛之病性属表属实，一般病程较短，预后较好；内伤头痛病程较长，病性较为复杂，一般来说，气血亏虚、肾精不足之头痛属虚证，痰浊、瘀血所致之头痛多属实证。虚实在一定条件下可以相互转化。例如，痰浊中阻日久，脾胃受损，气血生化不足，营血亏虚，不荣头窍，可转为气血亏虚之头痛。肝阳、肝火日久，阳热伤阴，肾虚阴亏，可转为肾精亏虚的头痛，或阴虚阳亢，虚实夹杂之头痛。各种头痛迁延不愈，病久入络，又可转变为瘀血头痛。

笔记栏

【诊断】

诊断要点

(1) 以头部疼痛为主要临床表现。

(2) 头痛部位可发生在前额、两颞、巅顶、枕项或全头部。疼痛性质可分为外感头痛和内伤头痛，表现为跳痛、刺痛、胀痛、灼痛、重痛、空痛、昏痛、隐痛等。头痛发作形式可为突然发作，痛势剧烈，或缓慢起病，痛势绵绵，反复发作，时痛时止。疼痛的持续时间可长可短，可数分钟、数小时或数天、数周，甚则长期疼痛不已。

(3) 头痛发作者常有起居不慎，感受外邪，或饮食、劳倦、房室不节、病后体虚等病史。

(4) 相关检查：应常规作血压、血常规等项检查，必要时可作经颅多普勒、脑电图、脑脊液、颅脑 CT 或 MRI 等项检查以明确头痛的病因。如疑为眼、耳、鼻、口腔疾病所导致者，可作五官科相应检查。

【鉴别诊断】

眩晕　头痛与眩晕可单独出现，也可同时出现。眩晕临床表现为头晕眼花，而头痛则表现为头部疼痛。头痛之病因有外感与内伤两方面，眩晕则以内伤为主。

【辨证论治】

一、辨证要点

1. 辨别外感与内伤　外感头痛多因外邪所致，起病较急，大多痛势较剧，多表现为掣痛、跳痛、灼痛、胀痛、重痛，痛无休止，多属实证。内伤头痛大多痛势较缓，表现为隐痛、空痛、昏痛，痛势悠悠，遇劳则剧，时作时止，多属虚证或虚实夹杂证。因肝阳、痰浊、瘀血所致者多属实或虚中有实；而肝肾阴虚、阴血亏虚之头痛多属于虚证。

2. 辨别经络部位　头为诸阳之会，手足三阳经均循头面，厥阴经亦上会于巅顶，由于受邪之脏腑经络不同，头痛之部位亦不同。大抵太阳头痛，多在头后部，下连于项；阳明头痛，多在前额部及眉棱骨等处；少阳头痛，多在头之两侧，连及耳部；厥阴头痛多在巅顶部位，或连于目系。

二、治疗要点

1. 治疗原则　外感头痛多属实证，治疗以祛风散邪为主；内伤头痛据其虚实，治疗或扶正为主，或祛邪为先。具体治疗应因证制宜。

2. 外感风寒、风热、风湿头痛的治疗，同中有异　风寒头痛治以疏风散寒；风热头痛治以疏风清热；风湿头痛治以祛风胜湿。

3. 内伤头痛虚实兼顾　虚者以滋补阴血，益肾填精为主；实证当平肝潜阳，化痰降浊，活血通络；属虚中夹实者，治以扶正祛邪兼顾。

三、分证论治

(一) 外感头痛

1. 风寒头痛

临床表现：① 头痛连及项背，常喜裹头；② 恶风畏寒，遇风尤剧，口不渴，或兼鼻塞、流清涕等症；③ 苔薄白，脉浮紧。

笔记栏

证候辨析：太阳主一身之表，且太阳经脉循项背上行巅顶，风寒侵袭，清阳被遏，故头痛连及项背，常喜裹头。寒为阴邪，风寒束于肌表，阻遏阳气，不能温煦周身，故恶风畏寒，遇风尤剧，口不渴。鼻塞、流清涕等症为外感风寒表证之表现。苔薄白，脉浮紧，均为风寒外袭之象。临床具备①+②或①+③均可辨为风寒头痛。

治法：疏风散寒。

代表方：川芎茶调散加减。

常用药：川芎、白芷、羌活疏风止痛；细辛、薄荷、荆芥、防风辛散上行，散寒止痛；甘草调和诸药；以清茶调下，制约风药过于温燥与升散之性。

若寒邪侵于厥阴经脉，症见巅顶头痛，干呕，吐涎沫，四肢厥冷，苔白，脉弦者，方用吴茱萸汤去人参，加藁本、川芎、细辛以辛温散寒，祛风止痛；若寒邪客于少阴经脉，症见头痛，足寒，气逆，背冷，脉沉细，方用麻黄附子细辛汤加白芷、川芎，以温经止痛。

2. 风热头痛

临床表现：① 头痛而胀，甚则头胀如裂；② 发热恶风，面红目赤，口渴喜饮，大便不畅，或便秘，小便黄赤；③ 舌边尖红，苔薄黄，脉浮数。

证候辨析：风热之邪外袭，上扰清窍，热为阳邪，其性属火，则头痛而胀，甚则头胀如裂，面红目赤。风热郁于肌表，故发热恶风。邪热灼伤津液，故见口渴喜饮，大便不畅，或便秘，小便黄赤。舌边尖红，苔薄黄，脉浮数，均为风热外袭之象。临床具备①+②或①+③均可辨为风热头痛。

治法：疏风清热。

代表方：芎芷石膏汤加减。

常用药：石膏清热泻火；菊花散风清热；川芎、白芷祛风止痛；羌活、藁本辛温散风，但对热象明显者不宜用，可改为黄芩、栀子、薄荷、连翘等辛凉透热之品。

若热盛津伤者，可加麦冬、石斛、天花粉以生津止渴；大便秘结者，可加大黄、芒硝以通腑泄热。

3. 风湿头痛

临床表现：① 头痛如裹；② 肢体困重，胸闷纳呆，小便不利，大便溏薄；③ 舌苔白腻，脉濡。

证候辨析：湿性重浊，风湿束于肌表，上蒙清窍，清阳不升，故头痛如裹。脾司运化而主四肢，湿浊中阻，则肢体困重，胸闷纳呆。湿邪内蕴肠道，不能分清泌浊，故小便不利，大便溏薄。舌苔白腻，脉濡，均为风湿袭表之象。临床具备①+②或①+③均可辨为风湿头痛。

治法：祛风胜湿。

代表方：羌活胜湿汤加减。

常用药：羌活、独活祛湿散风；藁本、防风、蔓荆子祛风止痛；川芎活血止痛；甘草调和诸药。

若胸闷纳呆，食欲不振，可加苍术、陈皮、茯苓、神曲、山楂以燥湿宽中，健脾和胃；小便不利，便溏者，宜加萆薢、石菖蒲以分清化浊；若心中烦闷，口苦黏腻，大便不爽，小便赤热，舌红，苔黄腻者，为湿邪郁而化热所致，宜加黄连、栀子、黄柏、半夏以清热利湿；若出现头痛如雷鸣，头面起核，憎寒壮热者称为“雷头风”，证属风湿邪毒上攻头目，方用清震汤合普济消毒饮以祛风除湿，清热解毒。

（二）内伤头痛

1. 肝阳头痛

临床表现：① 头痛且眩，两侧为重；② 心烦易怒，失眠多梦，面红目赤，口苦，或兼胁痛；③ 舌红，苔黄，脉弦数。

证候辨析：肝阳偏亢，风阳循经上扰清空，故头痛且眩，两侧为重，面红目赤，口苦。肝火亢盛，内扰心神，则心烦易怒，失眠多梦。胁为肝之分野，故可兼胁痛。舌红，苔黄，脉弦数，均为肝阳偏亢之象。临床具备①+②或①+③均可辨为肝阳头痛。

治法：平肝潜阳。

代表方：天麻钩藤饮加减。

常用药：天麻、钩藤、石决明平肝息风；栀子、黄芩清肝泄热；桑寄生、杜仲补益肝肾；牛膝引血下行；益母草行血祛瘀；首乌藤、茯神养心安神。

若头痛甚剧，口苦，胁肋胀痛，便秘溲赤者，为肝火偏亢之象，宜加龙胆草、郁金、茵陈、夏枯草以清泻肝火；若痛势绵绵，目胀耳鸣，腰膝酸软，则为肝火旺盛，灼伤肾水，可加龟甲、玄参、枸杞子、白芍以滋补肝肾之阴。

2. 血虚头痛

临床表现：① 头痛隐隐，缠绵不休；② 心悸怔忡，失眠少寐，面色萎黄，气短乏力；③ 舌质淡，苔薄白，脉细弱。

证候辨析：血虚或脾虚气血生化乏源，导致气血亏虚，气虚则清阳不升，血虚不能上荣于面，故头痛隐隐，缠绵不休，面色萎黄。血虚心失所养，故心悸怔忡，失眠少寐。中气不足，则气短乏力。舌质淡，苔薄白，脉细弱，均为气血亏虚之象。临床具备①＋②或①＋③均可辨为血虚头痛。

治法：益气养血。

代表方：八珍汤加减。

常用药：人参、白术、茯苓、甘草补脾益气；当归、白芍、熟地黄、川芎滋阴理气；姜、枣调和脾胃。

若阴血亏虚，阴不敛阳，肝阳上扰者，可加入天麻、钩藤，石决明、菊花等；若伴见气短懒言，大便稀溏等气虚下陷等证候，可改为补中益气汤加减。

3. 肾虚头痛

临床表现：① 头痛且空，眩晕耳鸣；② 腰膝酸软，神疲乏力，五心烦热，遗精或带下；③ 舌红少苔，脉细无力。

证候辨析：肾虚精血不足，无以荣养清窍，则头痛且空，眩晕耳鸣。腰为肾之府，肾虚则腰膝酸软。阴虚生内热，故五心烦热。精血亏虚，则神疲乏力。肾虚精关不固，则遗精带下。舌红少苔，脉细无力，均为肾精亏虚之象。临床具备①＋②或①＋③均可辨为肾虚头痛。

治法：补肾填精。

代表方：大补元煎加减。

常用药：熟地黄、枸杞子、山茱萸滋肾填精；杜仲补肾壮腰；山药、人参、当归、甘草补益气血。

若头面烘热，面颊红赤，时伴汗出，偏肾阴虚者，去人参，加知母、黄柏以滋阴泻火，或方用知柏地黄丸；若头痛畏寒，面白无华，四肢不温，舌淡，脉沉细而缓，偏肾阳虚者，当温补肾阳，选用右归丸或金匮肾气丸加减。

4. 痰浊头痛

临床表现：① 头痛昏蒙，如有布裹；② 胸脘胀满，纳呆呕恶；③ 舌苔白腻，脉滑或弦滑。

证候辨析：脾失健运，痰浊内生，上犯清窍，则头痛昏蒙，如有布裹。痰浊壅盛，阻碍气机升降，故胸脘胀满，纳呆呕恶。舌苔白腻，脉滑或弦滑，均为痰浊内停之象。临床具备①＋②或①＋③均可辨为痰浊头痛。

治法：化痰降逆。

代表方：半夏白术天麻汤加减。

常用药：半夏、陈皮、白术、茯苓燥湿化痰，健脾化湿；天麻平肝息风止痛；甘草、生姜、大枣调和脾胃。

若痰湿郁久化热，症见口苦烦热，溲黄，舌红，苔黄腻，宜加黄芩、栀子、胆南星、竹茹以清化痰热；胸膈满闷，纳呆者，可加厚朴、枳壳以和逆降中。

5. 瘀血头痛

临床表现：① 头痛经久不愈，痛处固定不移，如锥如刺；② 或有头部外伤史；③ 舌紫黯或舌下静脉迂曲充盈，或有瘀斑、瘀点，苔薄白，脉细或细涩。

证候辨析：头痛日久，或头部外伤后，气血瘀滞不通，病久入络，致瘀阻脑脉，不通则痛，故头痛经久不愈，痛处固定不移，如锥如刺。舌紫黯或舌下静脉迂曲充盈，或有瘀斑、瘀点，苔薄白，脉细或细涩，均为瘀血内阻之象。临床具备①＋②或①＋③均可辨为瘀血头痛。

治法：活血化瘀。

代表方：通窍活血汤加减。

常用药：川芎、赤芍、桃仁、红花活血通络止痛；麝香、老葱、鲜姜、大枣、酒温通窍络。

若头痛剧烈，痛势持久者，可加地龙、蜈蚣、全蝎以搜风通络；若见气短乏力，肢体倦怠，舌边有齿痕等气虚征象者，可加黄芪、党参、山药益气养血。

【其他治法】

笔记栏

一、中成药

1. 血府逐瘀胶囊　口服，一次 4～6 粒，每日 2～3 次。具有活血祛瘀，行气止痛之功效。适用于瘀血头痛。

2. 正天丸　口服，一次 6 g，一日 2～3 次。具有祛风活血之功效。适用于风寒或风湿头痛、瘀血头痛。

二、针灸

太阳头痛针天柱、昆仑、后溪、申脉等穴；阳明头痛针印堂、攒竹、合谷、内庭等穴；少阳头痛针太阳、悬颅、外关、足临泣等穴；厥阴头痛针百会、内关、太冲、涌泉等穴；肝阳头痛针风池、百会、太阳、肝俞、太冲等穴；气血虚弱头痛针百会、气海、肝俞、脾俞、肾俞、合谷、足三里等穴。

三、饮食辅助疗法

(1) 白芷、黄芩酒炒等分为末，每服 6 g 清茶调下。治眉棱骨痛。

(2) 天麻 10 g，川芎 5 g，鱼头 1 个，共炖汤服，每周 1～2 次。适用于内伤头痛。

【转归预后】

外感头痛若表邪尽解，经脉气血调和，则痛势渐轻或消失，预后良好；若表邪未尽，或治疗失当，复因恼怒、饮食失调、劳逸失宜等因素，致病程迁延，可转成慢性，容易反复发作。而内伤头痛，若治疗休养得当，正气足、邪实除，则头痛向愈，预后较好。若头痛经久不愈，痛势不减，反复发作，往往可引起同侧目疾甚至两目俱损，则预后较差。

【预防调护】

头痛可由多种因素诱发，如饮食、气候、情绪等，患者在反复发作过程中，可寻找其发作的诱因，针对诱因，采取相应措施防治头痛。

(1) 注意防寒保暖、生活规律、劳逸结合，保持良好心态。外感头痛由于外邪侵袭所致，故平时当顺应四时变化，寒温适宜，起居定时，参加体育锻炼，以增强体质，抵御外邪侵袭。内伤所致者，宜情绪舒畅，避免精神刺激，注意休息。

(2) 建立健康的饮食习惯。肝阳、痰浊所致头痛者，饮食宜清淡，禁食肥甘厚腻，辛辣刺激之品，以免加重病情。精血亏虚者，应加强饮食调理，补充营养。各类头痛患者均应禁烟戒酒。

(3) 选择正确的睡姿或合适的头部保健按摩法，以疏通经脉，调畅气血，可防止头痛发生。

【临证备要】

一、辨病思路

头痛常见于西医学中的血管性头痛、紧张性头痛、三叉神经痛、高血压性头痛、部分颅内疾病、神经官能症、某些感染性疾病及五官科等疾病。临床上应根据头痛的性质、发作时间、头痛部位，结合伴发的临床症状，对疾病作出初步的诊断，还应借鉴西医学检查，如检查脑电图、脑血流图、脑脊液，必要时行头颅 CT 或 MRI，找出病因明确诊断。对于头痛剧烈，伴有恶心呕吐，颈项强直者，更应及时检查以除外蛛网膜下腔出血、高血压脑病等危急病证。

二、辨证思路

1. 不同病因，疼痛性质不同　因于风寒者，头痛剧烈而连项背；因于风热者，头胀痛如裂；因于风湿者，头痛如裹；因于痰湿者，头重坠或胀；因于肝火者，头痛呈跳痛；因于肝阳者，头痛而胀；因于瘀血者，头痛剧烈而部位固定；因于虚者，头痛隐隐，绵绵不止，或空痛。

2. 根据头痛部位，选择不同的引经药　治疗头痛，除根据辨证论治原则外，还可根据头痛的部位，参照经络循行路线，选择引经药，可以提高疗效。如太阳头痛选用羌活、蔓荆子、川芎；阳明头痛选用葛根、

笔记栏

白芷、知母;少阳头痛选用柴胡、黄芩、川芎;厥阴头痛选用吴茱萸、藁本等。

三、治疗注意

1. 特殊类型头痛的治疗 临床上可见到头痛如雷鸣,头面起核,名曰“雷头风”,多为湿热挟痰上冲,可用清震汤加味,以除湿化痰。还有一种偏头痛,又称偏头风,临床颇为常见,其特点是疼痛爆发,痛势甚剧,呈刺痛、跳痛或闪电样疼痛,或左或右,或连及眼齿,痛止则如常人,多系肝经风火所致,治宜平肝息风清热为主,常用菊花、天麻、白芍、黄芩、生石膏、藁本、钩藤、珍珠母、蔓荆子、全蝎、地龙等。若肝火偏盛,可加龙胆草、栀子、夏枯草、牡丹皮等。如久痛入络,可酌加化瘀通络之品,如桃仁、红花、赤芍等。

2. 虫类药物的应用 部分慢性头痛,病程长,经久难愈,反复发作,患者表现头部刺痛,部位固定,常属“久病入络”“久痛入络”,治疗时可在辨证论治的基础上,使用虫类药物,可获良效。虫类药物善于搜风通络,息风解痉,活血止痛,常用药物有全蝎、蜈蚣、僵蚕、地龙、地鳖虫等。虫类药物使用可入汤剂煎服,也可研细末冲服,因其多有小毒,故合理掌握用量,从小量开始,不可过用。

【文献摘录】

《儒门事亲·头痛不止》:“夫头痛不止,乃三阳之受病也。三阳者,各分部分,头与项痛者,是足太阳膀胱经也。攒竹痛,俗呼为眉棱痛者是也。额角上痛,俗呼为偏头痛者,是少阳经也。如痛久不已,则令人丧目,以三阳受病,皆胸膈有宿痰之致然也。”

《丹溪心法·头痛》:“如肥人头痛,是湿痰,宜半夏、苍术。如瘦人,是热,宜酒制黄芩、防风。如感冒头痛,宜防风、羌活、藁本、白芷。如气虚头痛,宜黄芪酒洗、生地黄、南星、秘藏安神汤。如风热在上头痛,宜天麻、蔓荆子、台芎、酒制黄芩;如苦头痛,用细辛;如形瘦苍黑之人头痛,乃是血虚,宜当归、川芎、酒黄芩;如顶巅痛,宜藁本、防风、柴胡。”

《证治汇补·头痛》:“自外入者,风寒暑湿之邪;自内发者,气血痰郁之异。”

(田军彪)

第十节 眩 晕

【概述】

一、定义

眩晕(vertigo)可简单概括为头晕眼花。眩即眼花,晕指头晕,两者常同时并见。轻者闭目可止或减轻;重者如坐车船,旋转不定,站立不稳,或伴有恶心、呕吐、汗出,甚则昏倒等症状。

二、源流

眩晕病证最早见于《内经》,称之为“眩冒”。《素问·至真要大论》中说:“诸风掉眩,皆属于肝”,《灵枢·海论》云:“髓海不足,则脑转耳鸣,胫酸眩冒”,《灵枢·卫气》说:“上虚则眩”。《灵枢·口问》云:“上气不足,脑为之不满,耳为之苦鸣,头为之苦倾,目为之眩”,首先提出了因风、因虚均可导致眩晕的理论。

至汉代,张仲景在《金匮要略·痰饮咳嗽病脉证并治》中说:“心下有支饮,其人苦冒眩,泽泻汤主之”。认为痰饮是导致眩晕发作的重要病因之一,也为后世“无痰不作眩”的理论奠定了基础。

隋唐时期,巢元方在《诸病源候论·风头眩候》里提出:“风头眩者,由血气虚,风邪入脑,而引目系故也……逢身之虚则为风邪所伤,入脑则脑转而目系急,目系急故成眩也。”唐代孙思邈则在《备急千金要方》里提出风、热、痰致眩的理论,进一步深化了对眩晕病因病机的认识。

金元时期,朱震亨则大力倡导“痰火致眩”学说,在《丹溪心法·头眩》中云:“头眩,痰夹气虚并火,治痰为主,夹补气药及降火药。无痰则不作眩,痰因火动,又有湿痰者,有火痰者。湿痰者,多宜二陈汤……

笔记栏

又或七情郁而生痰动火，随气上厥，此七情致虚而眩运也。”

而到明代，张介宾则力主“无虚不作眩”。在《景岳全书·杂证谟·眩晕》中说：“头眩虽属上虚，然不能无涉于下。盖上虚者，阳中之阳虚也；下虚者，阴中之阳虚也。阳中之阳虚者，宜治其气，如四君子汤……归脾汤、补中益气汤……阴中之阳虚者，宜补其精，如……左归饮、右归饮、四物汤之类是也。然伐下者必枯其上，滋苗者必灌其根。所以凡治上虚者，犹当以兼补气血为最，如大补元煎、十全大补汤诸补阴补阳等剂，俱当酌宜用之。”不难看出，张氏认为导致眩晕的最主要的病因病机是“虚者居其八九，而兼火兼痰者，不过十中一二耳”。

到清代，医家对眩晕的认识日臻完善。如何梦瑶、沈金鳌两家着重指出“风火相煽”导致眩晕的理论，林珮琴指出由风火所致的眩晕的治疗与一般外感风火“大异”。这些理论时至今日仍对临床实践具有指导意义。

三、范围

西医学中的梅尼埃病、高血压、低血压、低血糖、脑动脉硬化、椎-基底动脉供血不足、贫血、神经衰弱等，临床表现以眩晕为主症者，均可参考本节内容辨证论治。

【病因病机】

能够引起眩晕的原因很多，其病因病机概括起来有因年老体衰，或禀赋不足，或劳累过度所致的肾精亏虚；因久病体弱，或脾胃虚弱，或大失血后所致的气血不足；因情志失调，郁而化火，或素体阳盛，或肾阴素亏所致的肝阳上亢；因饮食不节所致的痰浊内阻；因头脑外伤所致的瘀血内停等几个方面，分述如下(图 5-10)。

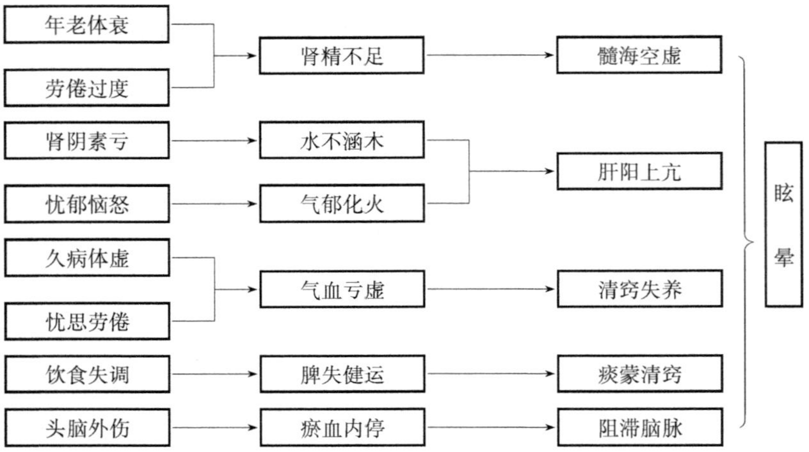

图 5-10 眩晕病因病机示意图

1. 肾精不足 肾为先天之本，主藏精生髓，髓上通于脑，因年老体衰或先天不足，纵欲过度，劳倦太过，致使肾精亏损，又或因为精关不固，遗精滑泄日久，致使肾精不足，均可导致髓海空虚，发生眩晕。

2. 气血亏虚 脾胃为后天之本，气血生化之源。若久病体虚，脾胃虚弱，或失血之后，耗伤气血，或饮食不节，忧思劳倦，均可导致气血两虚，不能上荣头目，故发生眩晕。

3. 肝阳上亢 由于长期忧郁恼怒，肝气不畅，气郁化火，肝阳上亢，扰于头目，引发眩晕。也有因素体阳盛，或肾阴素亏，水不涵木，肝失所养，致使肝阳上亢，发为眩晕。

4. 痰浊内阻 平素嗜食肥甘厚腻，辛辣刺激之品损伤脾胃，以致脾失健运，内生痰湿，痰浊中阻，上蒙清窍，引起眩晕。

5. 瘀血阻窍 跌仆坠倒，头脑外伤，瘀血内停，阻滞经脉，而致气血不能上荣于头目，故眩晕时作。

眩晕的基本病机无外乎虚实两端，以虚证为多。气血虚弱、髓海空虚、肝肾不足所导致的眩晕多属虚证；因痰浊内阻、肝阳上亢、瘀血阻络所导致的眩晕属实证或虚实夹杂。风、火、痰、瘀是眩晕的常见病理因素。病变脏腑在清窍，与肝、脾、肾三脏的功能失调密切相关。其各个证候之间相互兼夹或转化，而虚

笔记栏

实之间又往往互相夹杂为病。

【诊断】

诊断要点

(1) 头晕目眩,视物旋转,轻者闭目即止,重者如坐车船,甚则仆倒。

(2) 严重者可伴有头痛、项强、恶心呕吐、眼球震颤、耳鸣耳聋、汗出、面色苍白等表现。

(3) 慢性起病,可逐渐加重,或反复发作。

(4) 多有情志不遂、年高体虚,饮食不节、跌仆损伤等病史。

(5) 相关检查:可行血常规及血液系统检查,测血压,查心电图、超声心动图、肾功能、颈椎 X 线片,经颅多普勒检查,还可行眼科及五官科检查。必要时作 CT 及 MRI 以进一步明确诊断。

【鉴别诊断】

1. 中风　中风是以猝然昏仆,不省人事,半身不遂,口舌歪斜,言语不利为主要临床症状的病证。而眩晕为头晕目眩,严重者可昏仆,但无半身不遂,口舌歪斜,言语不利等症状。

2. 厥证　厥证是以突然昏倒、不省人事,或伴有四肢逆冷为主要表现的一种病证。发病后一般在短时间内苏醒。而眩晕则是晕甚而昏仆,但无昏迷、不省人事、四肢逆冷的表现。

【辨证论治】

一、辨证要点

1. 辨别脏腑　眩晕主要责之于肝、脾、肾三脏的功能失调。因肝者,多见于肝阳上亢,临床表现为眩晕而胀痛,面色潮红,心烦易怒等症状。因脾者,多见于气血亏虚和痰浊上蒙,临床表现为劳累加重眩晕,神疲乏力,纳呆,面白无华等气血亏虚之症状,或眩晕头重、纳呆呕恶、苔腻等痰浊内阻之症状。因肾者,多见于肾精不足,临床表现为头晕眼花,腰酸腿软,耳鸣如蝉等症状。

2. 辨别虚实　新病多实,凡病程短,或突然发作,形体壮实,兼见呕恶痰涎,头痛,面赤者,多属实证。久病多虚,凡病程较长,反复发作,体倦乏力,耳鸣如蝉者,多属虚证。

3. 辨别标本　眩晕以肝肾阴虚、气血不足为本,以风、火、痰、瘀等病理因素为标。阴虚多见舌红少苔,脉弦细数;气血不足多见舌淡嫩、脉细弱。标实又有风性主动、火性炎上、痰浊内阻、瘀血内阻之不同,临床需加以鉴别。

二、治疗要点

1. 治疗原则　补虚泻实,调整阴阳为其基本治疗原则。

2. 虚实异治　虚证当滋补肝肾,益气养血,填精生髓。实证当平肝潜阳,清肝泻火,燥湿化痰,祛瘀通络。本病发生多以阴虚阳亢者居多,治疗当以清火滋阴潜阳。虚实夹杂者,或由阴虚致实,或由邪实致虚,当扶正以祛邪,或祛邪以安正,临床应视标本缓急,酌情论治。

三、分证论治

1. 肾精不足

临床表现:① 眩晕时作,精神不振,失眠多梦,腰膝酸软,耳鸣健忘;② 偏于阴虚者,五心烦热,颧红盗汗,形瘦,舌红有裂纹,苔薄,脉弦细;③ 偏于阳虚者,形寒肢冷,面白无华或面色黧黑,舌淡,脉沉细无力。

证候辨析:肾精不足,则脑髓失充,故眩晕时作,精神不振,健忘。肾主骨,腰为肾之府,精虚则骨骼失养,故腰膝酸软。肾开窍于耳,肾虚故耳鸣。阴虚则生内热,故颧红盗汗,形瘦。虚火扰心,则五心烦

笔记栏

热;舌红有裂纹,苔薄,脉弦细,均为肝肾阴虚之征。阳虚无以温煦周身,故形寒肢冷。精虚无以化气,肾气不足,日久真阳亦衰,故面白无华或面色黧黑。舌淡,脉沉细无力,均为肾阳不足之象。临床具备①可辨为肾精不足型;①+②可辨为偏阴虚型;①+③可辨为偏阳虚型。

治法:偏阴虚者,治宜滋养肝肾;偏阳虚者,治宜温阳补肾。

代表方:偏阴虚者方用左归丸加减;偏阳虚者方用右归丸加减。

常用药:左归丸用熟地黄、山药、山茱萸滋补肾阴;枸杞子、菟丝子滋补肝肾;牛膝强肾益精,引药入肾;龟甲胶、鹿角胶补肾填精。右归丸用熟地黄、山茱萸、杜仲为补肾主药;附子、肉桂、鹿角胶温补肾阳;山药、枸杞子、菟丝子、当归补肝脾以助肾。

若五心烦热,颧红盗汗等阴虚内热之象明显者,可加知母、黄柏、牡丹皮、鳖甲滋阴清热;若口干、口渴明显者,可加沙参、麦冬、玉竹以养阴生津;若失眠多梦,健忘者,宜加酸枣仁、首乌藤、柏子仁、鸡子黄以养心安神。

2. 气血亏虚

临床表现:① 头晕目眩,动则加剧,遇劳即发;② 神疲乏力,心悸少寐,面色少华;③ 舌淡,苔薄白,脉细弱。

证候辨析:气血不足,清窍失养,故头晕目眩,动则加剧,遇劳即发。气血虚弱,则神疲乏力,心神失养,则心悸少寐。血虚无以荣面,故面色少华。舌淡,苔薄白,脉细弱,均为气血虚弱之象。临床具备①+②或①+③均可辨为气血亏虚型。

治法:益气养血。

代表方:归脾汤加减。

常用药:党参、白术、黄芪益气健脾;当归补血活血;木香健运脾胃;龙眼肉、远志、酸枣仁、茯神养心安神;炙甘草调和诸药。

若气虚自汗,宜加防风、浮小麦以益气固表;若气短乏力,纳呆,大便溏泄等中气不足者,可改用补中益气汤;若面色萎黄等血虚征象明显者,可加熟地黄、阿胶、紫河车以养血补血。

3. 肝阳上亢

临床表现:① 头晕胀痛,目眩耳鸣,遇劳或恼怒加剧;② 心烦少寐,面色潮红,口苦便秘;③ 舌红,苔黄,脉弦数。

证候辨析:肝阳上亢,风火扰动清窍,故头晕胀痛,目眩耳鸣,“阳气者,烦劳则张”,故遇劳或恼怒加剧。肝火内扰心神,则心烦少寐。肝火偏盛,循经上炎,则面色潮红,口苦。火热灼伤津液,故便秘。舌红,苔黄,脉弦数,均为阴虚阳亢之象。临床具备①+②或①+③均可辨为肝阳上亢型。

治法:平肝潜阳。

代表方:天麻钩藤饮加减。

常用药:天麻、钩藤平肝息风止晕;石决明平肝潜阳;牛膝、杜仲、桑寄生补益肝肾;黄芩、栀子清肝泻火;益母草清热活血;首乌藤、茯神养血安神。

便秘者,宜加大黄、芒硝以通腑泄热;若眩晕较甚,面红目赤,急躁易怒等肝火亢盛者,宜加龙胆草、夏枯草、牡丹皮、菊花以清肝泻火;若阴虚症状明显者,可加生地黄、白术、玄参、麦冬以养阴生津;若阳亢极化风,症见眩晕欲仆,肢体震颤,步履不正者,宜加生龙骨、生牡蛎、珍珠母、羚羊角以镇肝息风。

4. 痰浊上蒙

临床表现:① 头晕目眩,头重如蒙,视物旋转;② 胸闷作恶,呕吐痰涎;③ 苔白腻,脉弦滑。

证候辨析:痰浊内盛,上蒙清窍,湿性重浊,阻遏清阳,故头晕目眩,头重如蒙,视物旋转。痰浊内泛,阻碍气机升降,清阳不升,浊阴不降,则胸闷作恶,呕吐痰涎。苔白腻,脉弦滑,均为痰浊内阻之象。临床具备①+②或①+③均可辨为痰浊内阻型。

治法:燥湿祛痰。

代表方:半夏白术天麻汤加减。

常用药:半夏降逆止呕;陈皮健脾理气;茯苓、白术健脾化痰;天麻息风止晕;大枣、生姜、甘草调和脾胃。

笔记栏

若呕吐频作,宜加竹茹、代赭石降逆止呕;胸闷纳呆者,可加砂仁、白蔻仁以理气化痰;若肢重体倦者,可加佩兰、藿香、石菖蒲以醒脾化湿;耳鸣、重听者,宜加葱白、郁金、石菖蒲以化痰开窍;若痰湿郁久化热,症见心烦口苦,渴不欲饮,舌红苔黄腻,脉弦滑者,可改用黄连温胆汤加减。

5. 瘀血阻窍

临床表现：① 头晕头痛，耳鸣健忘，心悸失眠；② 外伤或手术后起病；③ 舌有瘀点、瘀斑，脉弦涩。

证候辨析：外伤或手术后，瘀血内停，阻滞脑脉，清窍失养，故头晕头痛，耳鸣健忘。瘀血不去，新血不生，心失所养，则心悸失眠。舌有瘀点、瘀斑，脉弦涩，均为瘀血内阻之象。临床具备①+②或①+③均可辨为瘀血阻窍型。

治法：祛瘀通络。

代表方：通窍活血汤加减。

常用药：赤芍、川芎、桃仁、红花活血化瘀；麝香、葱白通窍止痛；酒能辛窜活血；大枣甘温益气。

畏寒肢冷，可加附子、肉桂温阳逐寒；若见气短乏力，可加黄芪、党参益气行血；若遇风发作或加剧，宜重用川芎，加防风、白芷、荆芥以驱散风邪。

【其他治法】

一、中成药

1. 杞菊地黄丸　口服，黑色大蜜丸，一次 1 丸，一日 2 次。具有滋养肝肾，清头明目之功效。适用于眩晕属肝肾阴虚，见两目昏花，视物模糊者。

2. 全天麻胶囊　口服，一次 2～6 粒，一日 3 次。具有平肝息风之功效。适用于肝风上扰所致之眩晕头痛、肢体麻痹

二、针灸

艾灸百会穴，可治各种虚证眩晕的急性发作。针刺太冲穴，用泻法，可治肝阳眩晕之急性发作。气血亏虚者，可针脾俞、肾俞、合谷、关元、足三里等穴，用补法或灸法；肝阳上亢者，可针风池、行间、侠溪等穴，用泻法；兼肝肾阴亏者，可加肝俞、肾俞用补法；痰浊上蒙者，可针内关、丰隆、解溪等穴，用泻法。

三、饮食辅助疗法

胡桃肉 3 个，鲜荷蒂 1 枚，捣烂，水煎服，每日 1 剂。适用于肾精不足引起的眩晕。

【转归预后】

眩晕发作病程短、病情轻者，若调治得当及时，预后较好；若病程迁延不愈，反复发作或发作程度逐渐加重者，则难以获得根治。若中年以上，由肝阳上亢、肝风内动引起的眩晕，病情重者可猝然昏倒，有发展为中风的可能，朱震亨曾云："眩晕者，中风之渐也"。若眩晕属肝肾精血耗竭，日久还可致失明、耳聋重症，故及时防治眩晕非常重要。

【预防调护】

(1) 劳逸结合，应注意休息与充足睡眠；进行适当的体育锻炼，增强体质。

(2) 饮食有节，做到饮食清淡，戒除烟酒，少食肥甘辛辣之品。

(3) 调节情志，以保持心情愉悦，避免七情刺激。

(4) 避免突然、剧烈的体位改变或头颈部运动，以防眩晕的发生或加重。有眩晕史的患者，当避免剧烈体力活动及高空作业。

【临证备要】

一、辨病思路

临床上对于眩晕应结合西医学辨病审因施治。眩晕的病因十分复杂，涉及多系统、多种疾病。一般

应从眩晕的发作特点、类别、诱因、程度、持续时间、发作时有无伴随症状及有关病史等方面，结合神经系统查体、耳科检查、前庭功能试验等，初步判定患者是前庭周围性眩晕、前庭中枢性眩晕，还是非前庭系统性眩晕。必要时要进行脑电图、脑血流图、颈部X线片、头颅CT及MRI或MRA检查；怀疑脑部感染性疾病还应作腰椎穿刺脑脊液检查。

二、辨证思路

(1) 眩晕发生的病因病机虽然复杂，但归纳起来无外乎风、火、痰、瘀、虚五个方面。各类眩晕可单独出现，也可相互并见，因此治疗上需详查病情，辨证治疗。

(2) 眩晕是发作性疾病，患者常处于缓解期，此时其病以本虚为主，兼以标实。而本虚多以脾胃虚弱，气血不足和肝肾亏虚为主，标实以痰浊、瘀血阻络为主，“气行则血行”，气虚则运血无力，血滞为瘀，水液不化而成痰。“急则治其标，缓则治其本”，故在缓解期应培补脾胃，补益肝肾，佐以益气活血。

三、治疗注意

1. 重视眩晕向中风的转变　“眩晕乃中风之渐”。因此，眩晕若由肝肾阴虚，肝阳上亢所导致，应予充分重视。此型眩晕进一步发展可致肝阳暴亢，阳亢化风，兼夹痰火，循经上扰，患者可以出现眩晕头胀，面赤头痛，肢麻震颤，甚则昏倒等症状，当警惕有发生中风的可能。必须严密监测血压、意识等方面的变化，以防病情突变。

2. 注重从痰论治眩晕　朱震亨云：“无痰不作眩”，临床所见患者中，以痰浊上蒙之证居多，责之根源，“脾为生痰之源，肺为贮痰之器，肾为生痰之本”。因此在治疗本病时，应辨其起痰之源而后治之，如此则痰湿可化，眩晕得消。

【文献摘录】

《丹溪心法·头眩》：“痰挟气虚并火，治痰为主，挟补气药及降火药。无痰则不作眩。痰因火动，又有湿痰者，有火痰者。湿痰者，多宜二陈汤；火者，加酒芩。挟气虚者，相火也，治痰为先，挟气药降火，如东垣半夏白术天麻汤之类。眩运不可当者，以大黄酒炒为末，茶汤调下。”

《张氏医通·眩晕》：“外感六淫，内伤七情，皆能眩晕，然无不因痰火而作。谚云：无火不动痰，无痰不作晕，须以清火豁痰为主，而兼治六淫之邪，无不愈者。”

（田军彪）

第十一节　中　　风

【概述】

一、定义

中风(stroke)是以猝然昏仆，不省人事，半身不遂，口眼歪斜，语言不利为主要临床症状的病证。轻者可无昏仆而仅有口眼歪斜，半身不遂，语言謇涩等症状。

二、源流

历代对中风病的认识，从其病因学说的发展，大致可分为两个阶段，唐宋以前以“内虚邪中”立论，唐宋以后以内风立论。

笔记栏

有关中风的记述，始见于《内经》。该书有关篇章对中风发病的不同表现和阶段，早有记载。如卒中昏迷期间有“仆击”“大厥”“薄厥”之称；半身不遂期间有“偏枯”“偏风”“身偏不用”“痱风”等称。《灵枢·九宫八风》谓：“其有三虚而偏中于邪风，则为击仆偏枯矣”。所指“击仆偏枯”，即属本病。对病因病机也有一定的认识，如《灵枢·刺节真邪》说："虚邪客于身半，其入深，内居营卫，营卫稍衰，则真气去，邪气独留，发为偏枯"。《素问·生气通天论》云："阳气者，大怒则形气绝，而血菀于上，使人薄厥。"《素问·调经论》云："血之与气，并走于上，则为大厥，厥则暴死，气复反而生，不反则死。"此外，还认识到本病的发生与体质、饮食、精神刺激、烦劳过度等因素有密切关系。如《素问·通评虚实论》指出："……仆击、偏枯……肥贵人则高(膏)粱之疾也"。这些为后世临床的发展奠定了基础。

《金匮要略》首创"中风"之名，确立"内虚邪中论"，认为"夫风之为病，当半身不遂。或但臂不遂者，此为痹，脉微而数者，中风使然"。并对其病因、病机、证候进行了系统论述，根据邪中深浅、病情轻重分中经、中络、中腑、中脏四证；治疗上主张驱散风邪，扶助正气。因此，张仲景为后世辨治本病奠定了基础。

唐宋以后，对中风病因的认识有了重大突破，尤其是金元时期，突出以"内风"立论，是中风病因学说的一大转折。如张元素认为病因是热："风本生于热，以热为本，以风为标。"刘完素则力主"心火暴甚"；李杲强调"中风从内出""正气自虚"使然；朱震亨主张"湿痰化热生风"。元代王履从病因学角度归类，提出"真中""类中"，《医经溯洄集·中风辨》谓："河间主乎火，东垣主乎气，彦修主乎湿，反以风为虚象，而大异于昔人矣……殊不知因于风者，真中风也；因于火、因于气、因于湿者，类中风而非中风也。故诸家以中风论半身不遂者，又有真中风与类中风之不同"。

至明代，张介宾在《景岳全书·非风》中提出了"中风非风"的论点，认为本病的发生"皆内伤积损颓败而然，原非外感风寒所致"。同代医家李中梓将中风中脏腑明确分为闭、脱二证。

清代，沈金鳌则从体质类型与发病关系作了阐发，认为："肥人多中风"。叶桂综合诸家学说，结合自己的临床体验，进一步阐明"精血衰耗，水不涵木，木少滋荣，故肝阳偏亢"，导致"内风旋动"的发病机理。而王清任又专以气虚立说，立补阳还五汤治疗偏瘫，至今仍为临床常用方剂之一。

近代医家张伯龙、张山雷、张寿甫等结合西医学知识探讨中风发病机理，开中西医汇通之端始。他们认为本病的发生主要在于肝阳化风，气血并逆，直犯冲脑。

三、范围

西医学中的缺血性中风和出血性中风等急性脑血管疾病，如短暂性脑缺血发作、局限性脑梗死、原发性脑出血和蛛网膜下腔出血均可参照本节内容进行辨证论治。

【病因病机】

中风的发病虽较突然，但多是日积月累积损正衰的结果，复加情志不调，如忧思恼怒，或酒食不节、劳逸失度、感受外邪、纵欲过度等因素诱发引起脏腑阴阳失调，气血运行受阻，肌肤筋脉失于濡养或阴亏于下，风阳暴升与痰火相夹，气血逆乱，血随气逆，横窜经隧，蒙蔽清窍而形成上实下虚，阴阳互不维系的危急证候(图5-11)。

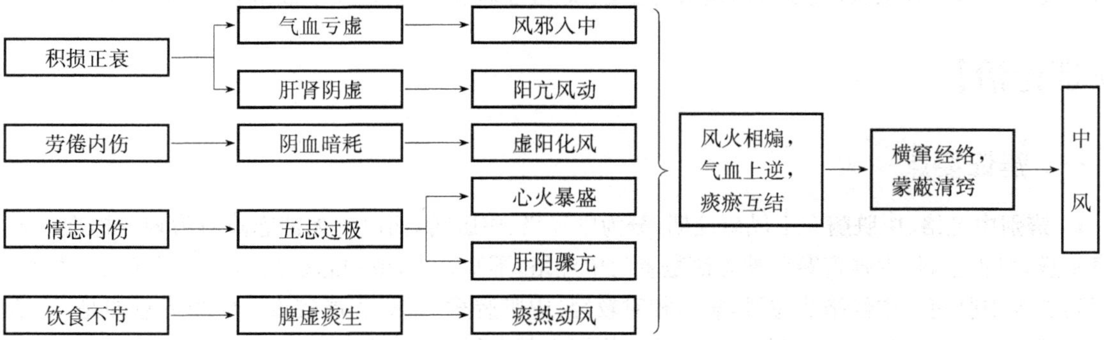

图5-11　中风病因病机示意图

1. 积损正衰　年老体衰，正气不足，气血亏虚，营卫失调，腠理空疏，风邪入中，或肝肾阴亏，肝阳偏亢，阳盛火旺，风火易炽，复因将息失宜，致使阴虚阳亢，肝风翕张，蒙蔽清窍，突发本病。

2. 劳倦内伤　操持劳累过度，形神失养，以致阴血暗耗，虚阳化风扰动为患；或操劳过度，肝肾阴亏，相火妄动，发为本病。

笔记栏

3. 情志内伤　平素忧思谋虑过度,或精神紧张,情志不调,久则心肝阴精暗耗,复因五志过极,肝阳骤亢,心火暴盛,热气怫郁,心神昏冒,则突发此病。

4. 饮食不节　嗜食肥甘厚味,辛辣煎炸之物,或烟酒过度,伤脾生痰,痰湿郁久化热,热极生风,风阳上越,夹痰上扰,而致本病。

中风的发生,病机虽较复杂,但其基本病机总属阴阳失调,气血逆乱。病变脏腑在脑,与心、肝、脾、肾密切相关。病理性质多属本虚标实,上盛下虚。以肝肾阴虚为其根本,以风(肝风、外风)、火(肝火、心火)、痰(风痰、湿痰、痰热)、气(气逆、气滞)、瘀(血瘀)为标。两者可互为因果,互相转化。病理表现一般以标实为主,或本虚标实,严重者可从实转虚,往往遗留后遗症。

【诊断】

诊断要点

(1) 具有猝然昏倒,不省人事,口舌歪斜,半身不遂,偏身麻木,言语不利等临床表现。轻者神志清楚,仅见头晕头痛,偏身麻木,半身不遂或兼语言謇涩,口舌歪斜等。

(2) 多突然起病,好发于 40 岁以上年龄,平素嗜食膏粱厚味,烟酒过量,或脾气急躁易怒,劳逸失宜者。

(3) 发病之前多有先兆,多表现为头晕,头痛,肢体一侧麻木等症状。

(4) 相关检查:脑脊液、眼底检查及头颅 CT 或 MR 等检查有助于诊断。

【鉴别诊断】

1. 痫证　痫证的临床特征为发作时突然昏倒,不省人事,两目上视,四肢抽搐,口吐涎沫,或有吼叫声,移时苏醒,醒后一如常人,常反复发作,每次症状均相类似;而中风一般没有两目上视,四肢抽搐,口吐涎沫的症状,神昏者需抢救方可苏醒,并多出现口舌歪斜,半身不遂、言语不利等症状。

2. 厥证　厥证发病后一般在短时间内苏醒,多伴有四肢逆冷,面色苍白,醒后无偏瘫、失语和口眼歪斜等后遗症。

3. 痉证　痉证以四肢抽搐,项背强直,甚则角弓反张为主症,或见昏迷,大多出现在抽搐之后,而中风重证者起病即可见昏迷,痉证患者无半身不遂、偏身麻木、口舌歪斜等临床表现。

4. 口僻　口僻俗称吊线风,主要症状是口眼歪斜,口角流涎,言语不清,常伴有耳下压痛,而无半身不遂或神志障碍等表现,多因正气不足,卫外不固,风邪乘虚而入脉络,气血痹阻所致。

5. 痿证　痿证是指肢体软弱无力,因日久不能随意运动而致肌肉萎缩的一种病证。临床以下肢痿软较多见。中风起病急骤,且以肢体偏瘫为主,不似痿证起病缓慢,以双下肢痿软无力为多见。

【辨证论治】

一、辨证要点

1. 辨别中经络、中脏腑　中风急性期,分为中经络、中脏腑,而以有无神志障碍为划分标准。凡具有半身不遂,口舌歪斜、舌强言謇而神志清楚者为中经络;不知人事,或神志昏糊、迷蒙,而伴见半身不遂、口舌歪斜者为中脏腑。中经络病位浅,病情相对较轻,中脏腑病位深,病情较重。应当注意的是,所谓中经络、中脏腑,主要是指病的轻重深浅而言,不必拘泥于某个经络或脏腑。

2. 辨别中脏腑之闭证、脱证　闭证是邪闭于内,症见神志昏迷,牙关紧闭,口噤不开,两手握固,肢体强痉,大小便闭等症状,多属实证;脱证是阳脱于外,症见神志昏糊,面色苍白,目合口开,气息低微,肢冷汗出,手撒遗尿等症状,多属虚证,乃五脏之气衰弱欲绝,阴阳即将离决之候。闭证、脱证均属危急证候,治法不同,必须分辨清楚。另外,临床上尚有内闭清窍未开而外脱虚象已露,即所谓内闭外脱之候,此时往往是疾病安危演变的关键时期,应引起高度重视。

笔记栏

3. 辨别闭证之阳闭、阴闭　阳闭是闭证兼有热象，为痰热蒙闭清窍，症见突然昏倒，不省人事，面红目赤，口噤气粗，痰声如拽锯，便秘溲黄，舌红，苔黄腻，脉弦滑而数。阴闭是湿痰闭阻清窍，症见突然昏倒，不知人事，面色不红，静而不烦，痰涎壅盛，四肢不温，舌苔白腻，脉沉滑等。

4. 辨别分期　中风的病程可分为急性期、恢复期、后遗症期三个阶段。急性期为发病后 2 周以内，中脏腑可至 1 个月；恢复期指发病 2 周后或 1 个月至半年内；后遗症期指发病半年以上。

二、治疗要点

1. 治疗原则　中风之中经络以平肝息风，化痰通络，活血祛瘀为治疗原则。中脏腑急以醒神开窍为主要治疗原则。

2. 中脏腑又分闭证与脱证　闭证应急以息风清火，豁痰开窍为治疗大法；脱证急以益气救阴，回阳固脱为治疗大法；对内闭外脱之证，则须醒神开窍与扶正固脱并重。

3. 恢复期及后遗症期　多为虚实夹杂，按缓则治其本的原则，以扶正为主，然实邪未尽，故治法应标本兼顾，当扶正祛邪，以益气活血，滋阴潜阳，健脾化痰为主要治法。可配合针灸、康复理疗等辅助手段综合治疗，往往效果甚佳。

三、分证论治

(一) 中经络

1. 风痰阻络

临床表现：① 头晕目眩，口眼歪斜，口角流涎，语言不利；② 偏身麻木，甚则半身不遂；③ 舌暗淡，苔薄白或白腻，脉弦滑。

证候辨析：素体痰湿内盛，或饮食失节，损伤脾胃，化生痰湿，郁久生热，热极生风，风痰互结，阻滞中焦，清阳不升，故头晕目眩。肝风挟痰横窜于经络，气血运行受阻，经脉失养，故口眼歪斜，口角流涎，语言不利，偏身麻木，甚则半身不遂。舌暗淡，苔薄白或白腻，脉弦滑，是风痰痹阻脉络之象。临床具备①＋②或①＋③均可辨为风痰阻络型。

治法：平肝息风，化痰通络。

代表方：化痰通络汤加减。

常用药：半夏、茯苓、白术健脾化痰；胆南星、天竺黄清热化痰；天麻平肝息风；香附疏肝理气；丹参活血化瘀；大黄通腑泻热。本证亦可用真方白丸子加减。

若见舌质紫黯，瘀血重者，可加桃仁、红花、赤芍活血化瘀；如眩晕欲仆，肢颤手抖，可加石决明、钩藤、菊花、牡蛎、磁石等镇肝潜阳；言语不利，神情呆滞者，可加石菖蒲、远志化痰开窍；若心中烦热，舌苔黄腻者，可加栀子、黄芩清热除烦。

2. 阴虚风动

临床表现：① 平素头晕目眩，耳鸣目胀，突然口眼歪斜，舌强言謇，甚或半身不遂；② 五心烦热，肢体麻木，失眠少寐；③ 舌红少苔或光剥无苔，薄白或白腻，脉弦细或弦细数。

证候辨析：由于肝肾阴虚，肝阳偏亢，血随气逆，形成上盛下衰之势，故见头晕目眩且胀。肾精不足，脑髓失养，故耳鸣。阴不制阳，相火妄动，则虚风上扰，横窜经络，故口眼歪斜，舌强言謇，半身不遂。虚热内扰，则五心烦热，失眠少寐。阴液亏虚，经脉失养，则肢体麻木。舌红少苔或光剥无苔，薄白或白腻，脉弦细或弦细数，均是阴虚内热之象。临床具备①＋②或①＋③均可辨为阴虚风动型。

治法：镇肝息风，滋养肝肾。

代表方：镇肝熄风汤加减。

常用药：重用怀牛膝以引血下行，兼有补益肝肾之效；代赭石、龙骨、牡蛎降逆潜阳，镇肝息风；龟甲、玄参、天冬、白芍滋阴潜阳；茵陈、川楝子、麦芽清肝达郁；甘草和胃调中，调和诸药。

若见舌质黯红，有瘀斑或瘀点，则是夹有血瘀征象，可加桃仁、红花、赤芍活血化瘀；如潮热盗汗，五心烦热明显者，可加地骨皮、黄柏、知母以清相火；痰热内盛者，可去龟甲，加胆南星、天竺黄清热化痰。

3. 肝阳暴亢

临床表现：① 半身不遂，舌强语謇，口舌歪斜；② 头晕胀痛，失眠多梦，面红目赤，心烦易怒；③ 舌红或红绛，苔薄黄或黄燥，脉弦或弦数。

笔记栏

证候辨析：素体肝火偏旺，或因郁怒或饮食不节，阳亢化风，夹痰走窜经络，致半身不遂，舌强语謇，口舌歪斜。风阳上扰，故头晕胀痛，面红目赤。肝火内扰，则失眠多梦，心烦易怒。舌红或红绛，苔薄黄或黄燥，脉弦或弦数，均是肝阳暴亢，风火上扰之象。临床具备①+②或①+③均可辨为肝阳暴亢型。

治法 平肝息风，清热活血。

代表方 天麻钩藤饮加减。

常用药 天麻、钩藤、石决明均有平肝息风之效；黄芩、栀子清热泻火；益母草活血利水；牛膝引血下行；杜仲、桑寄生补益肝肾；首乌藤、茯神养血安神。

若头晕头痛，可加菊花、桑叶清肝泄热；肝火偏盛者，可加龙胆草、夏枯草以清泻肝火；若夹有痰热者，可加胆南星、瓜蒌清热化痰；若舌苔黄燥，大便秘结不通者，可加大黄、瓜蒌仁以通腑泄热；若心中烦热，可加生石膏、黄芩以清热除烦。

4. 气虚血瘀

临床表现：① 半身不遂，言语不利，口舌歪斜；② 面色无华，神疲乏力，心悸自汗，偏身麻木；③ 舌暗淡或有瘀斑、瘀点，苔薄白或白腻，脉细缓或细涩。

证候辨析：年老久病，脏腑功能衰弱，精气不足，脾气虚则无力运化水谷精微，气血生化乏源，故气虚无力助血运行，血瘀内停，阻滞脑脉，则见半身不遂，言语不利，口舌歪斜。瘀血内阻，气虚血不荣面，故面色无华。气血乏源，故神疲乏力。心脉失养，则心悸。气虚不摄，则自汗。舌暗淡或有瘀斑、瘀点，苔薄白或白腻，脉细缓或细涩，均为气虚血瘀之象。临床具备①+②或①+③均可辨为气虚血瘀型。

治法：益气活血，扶正祛邪。

代表方：补阳还五汤加减。

常用药：重用黄芪益气养血；桃仁、红花、赤芍、归尾、川芎活血祛瘀；地龙通络活络。

若气虚明显者，可加党参或人参大补元气；若不思饮食，呕吐痰涎者，可加白术、茯苓健脾化痰；若言语不利，可加远志、石菖蒲化痰开窍；心悸明显且心阳不足者，可加桂枝、炙甘草以温经复脉；若患侧肢体麻木无力者，可加桑寄生、杜仲、牛膝、山茱萸以壮筋骨，强腰膝。

（二）中脏腑

中脏腑分为闭证与脱证，闭证又分为阳闭与阴闭，其中痰热腑实证与风火闭窍证均可归为阳闭；痰湿闭窍证可归为阴闭。脱证是阴阳不相维系，元气衰竭的危证，其危急程度较闭证更甚。有一中即脱的，也有先闭后脱者。

1. 痰热腑实

临床表现：① 突然昏倒，神识昏糊，半身不遂或肢体拘急、抽搐，口舌歪斜；② 面红目赤，口噤气粗，鼻鼾痰鸣，烦闷躁扰，大便秘结；③ 舌红或红绛，苔黄腻，脉弦滑数。

证候辨析：素体痰湿内盛，日久痰湿郁而化热，复因劳累，情志过极等扰动肝阳，阳亢化风，风火上扰，血随气逆，上蒙清窍，而突然昏倒，神识昏糊。风火相煽，痰热内闭，则见面红目赤，口噤气粗，大便秘结。痰火上扰，气道受阻，则鼻鼾痰鸣。痰火扰心，则烦闷躁扰。舌红或红绛，苔黄腻，脉弦滑数，均为痰火内盛之象。临床具备①+②或①+③均可辨为痰热腑实型。

治法：清热涤痰，通腑醒神。

代表方：羚角钩藤汤加减。

常用药：羚羊角、钩藤、菊花、桑叶凉肝息风，清热解痉；白芍、生地黄养阴柔肝；贝母、竹茹清热化痰；茯神宁心安神；甘草调和诸药。应同时灌服或鼻饲局方至宝丹或安宫牛黄丸以辛凉开窍。

若喉间痰鸣，可加竹沥、天竺黄、胆南星以清热化痰；面红目赤，脉弦而有力者，宜加龙胆草、栀子、夏枯草、蝉衣以清肝息风；腹胀便秘，舌苔黄厚者，可加大黄、枳实通腑泄热，或用礞石滚痰丸涤痰通腑；口干、口渴，舌红苔黄燥者，可加沙参、玉竹、石斛、麦冬以养阴生津。本证还可选用桃仁承气汤加减治疗。

2. 风火闭窍

临床表现：① 突然昏倒，不省人事，半身不遂或肢体强痉，口舌歪斜；② 面红目赤，牙关紧闭，两手握固，气粗口臭，躁扰不宁；③ 舌红，苔黄燥或焦黑，脉弦数。

笔记栏

证候辨析：肝阳暴张，阳化风动，气血上涌，蒙蔽神窍，故见突然昏倒，不省人事，面红目赤，口舌歪斜，气粗口臭。风火相煽，筋脉拘急失用，则半身不遂或肢体强痉，两手握固，牙关紧闭。风火内扰心神，则躁扰不宁。舌红，苔黄燥或焦黑，脉弦数，均为风火内扰之象。临床具备①+②或①+③均可辨为风火闭窍型。

治法：平肝息风，开窍醒神。

代表方：天麻钩藤饮加减。

常用药：天麻、钩藤平肝息风；生石决明镇肝潜阳；牛膝引血下行；黄芩、栀子、夏枯草，清肝泻火。应同时灌服或鼻饲紫雪丹或安宫牛黄丸以辛凉透窍。

若伴见抽搐者，可加地龙、全蝎、蜈蚣以息风止痉；若头痛，眩晕明显者，可加钩藤、菊花、珍珠母平肝降逆；挟痰热者，宜加竹沥水、胆南星、猴枣散以清热祛痰。

3. 痰湿闭窍

临床表现：① 突然昏仆，不省人事，半身不遂或肢体强痉，口舌歪斜；② 牙关紧闭，两手握固，面白唇暗，静卧不烦，四肢不温，痰涎壅盛；③ 舌苔白腻，脉沉滑缓。

证候辨析：痰湿内盛，复因劳累，饮食不节或情志不调引动痰湿，上蒙清窍，则见突然昏仆，不省人事。痰湿流注于经络，故半身不遂或肢体强痉，口舌歪斜，牙关紧闭，两手握固。痰湿内闭，阳气无法达于周身四末，则面白唇暗，四肢不温。痰湿属阴，则静卧不烦。痰湿上泛，则痰涎壅盛。舌苔白腻，脉沉滑缓，均为痰湿内盛之象。临床具备①＋②或①＋③均可辨为痰湿闭窍型。

治法：燥湿化痰，醒神开窍。

代表方：涤痰汤加减。

常用药：半夏、茯苓、橘红、石菖蒲燥湿化痰开窍；竹茹、胆星清热化痰；枳实降气导痰；人参、甘草健脾益气。应同时以温开水化开灌服或鼻饲苏合香丸以温开透窍。

若四肢逆冷，可加桂枝、制附子以温阳逐寒；兼有动风者，宜加天麻，钩藤以平息内风。

4. 阴阳离决

临床表现：① 突然昏仆，不省人事，手撒肢冷，肢体软瘫；② 目合口张，鼻鼾息微，汗多，二便失禁；③ 舌体痿软或卷缩，脉微欲绝。

证候辨析：久病或暴病，脏腑精气衰竭，阳浮于上，阴竭于下，形成阴阳离决之势，阳气衰微，故见突然昏仆，不省人事，正气虚脱。脏腑精气衰微欲绝，故见目合口张，鼻鼾息微，汗多，二便失禁。舌体痿软或卷缩，脉微欲绝，均为阴阳不相维系，元气衰败之象。临床具备①＋②或①＋③均可辨为阴阳离决型。

治法：益气回阳，扶正固脱。

代表方：参附汤加减。

常用药：人参大补元气；炮附子回阳固脱。亦可合用生脉饮以救阴固脱。

若增强敛阴固脱之效，可加黄芪、龙骨、牡蛎、五味子、山茱萸、麦冬；若投以参附汤后，见其面赤足冷，虚烦不安，脉极弱或浮大无根者，是阴气衰竭，阳无所依，而虚阳上越所致，可改用地黄饮子加减以滋补肾阴，温壮肾阳。

（三）恢复期

1. 风痰瘀阻

临床表现：① 口舌歪斜，语言謇涩或失语，口角流涎；② 偏身麻木或半身不遂；③ 舌暗，苔滑腻，脉弦滑。

证候辨析：中风后期，风痰瘀阻舌脉，而见口舌歪斜，语言謇涩或失语，口角流涎。痰瘀阻络，肢体筋脉失养，故偏身麻木或半身不遂。舌暗，苔滑腻，脉弦滑，均为痰瘀内阻之象。临床具备①＋②或①＋③均可辨为风痰瘀阻型。

治法：祛风化痰，活血通络。

代表方：解语丹加减。

常用药：天麻、胆南星、白附子息风除痰；全蝎、羌活祛风通络；远志、菖蒲交通心肾，化痰宣窍；木香行气疏肝；甘草调护脾胃，调和诸药。

可加桃仁、红花、当归等活血化瘀；若肝风内动、肝阳上亢者，可加夏枯草、龙胆草、菊花、石决明以平肝潜阳；若痰浊郁而化热者，可加天竺黄、竹茹、贝母清热化痰。

2. 气虚血瘀

临床表现：① 半身不遂或肢体麻木不仁；② 面色无华，口舌歪斜，言语不利，口角流涎；③ 舌淡紫或有瘀斑、瘀点，苔薄白，脉细涩。

笔记栏

证候辨析：正气不足，血行无力，络脉瘀阻，无以濡养肢体筋脉，故半身不遂或肢体麻木不仁。气虚血瘀，无以荣面，则面色无华，无以荣养舌本，则口舌歪斜，言语不利，口角流涎。舌淡紫或有瘀斑、瘀点，苔薄白，脉细涩，均为正气亏虚，血脉瘀阻之象。临床具备①＋②或①＋③均可辨为气虚血瘀型。

治法：益气扶正，活血通络。

代表方：补阳还五汤加减。

常用药：黄芪大补元气；桃仁、红花、赤芍、归尾、川芎活血化瘀；地龙通经活络。

若气短乏力，可加党参、白术；若痰多苔腻，可加茯苓、半夏、陈皮以健脾化痰；若神情呆滞，言语不利者，可加菖蒲、远志化痰开窍；腰膝酸软，可加牛膝、川断、桑寄生、杜仲以壮筋骨，强腰膝。

3. 肝肾亏虚

临床表现：① 半身不遂，患肢拘挛失用，足痿不能履地，舌强不语；② 腰膝酸软，眩晕耳鸣，心烦少寐；③ 舌红苔少，脉弦细弱。

证候辨析：中风日久，肾阴亏虚，筋脉失养，痿软无力，故半身不遂，患肢拘挛失用，足痿不能履地，腰膝酸软。痰浊上泛，堵塞窍道，则舌强不语。阴虚阳亢，则眩晕耳鸣，心烦少寐。舌红苔少，脉弦细弱，均为肝肾不足之象。临床具备①＋②或①＋③均可辨为肝肾亏虚型。

治法：滋补肝肾，开窍化痰。

代表方：地黄饮子加减。

常用药：熟地黄、山茱萸补益肾精；肉苁蓉、巴戟天、附子、肉桂温壮肾阳；麦冬、石斛、五味子滋阴敛液；菖蒲、远志、茯苓化痰开窍，交通心肾；姜、枣、薄荷和其营卫。

若肢体活动不利明显，可加牛膝、地龙、全蝎、蜈蚣、桑枝等通经活络；若见肌肤甲错，舌质紫黯，有瘀斑或瘀点，宜加桃仁、红花、丹参、赤芍以活血祛瘀。若兼见口眼歪斜，可改用牵正散以祛风化痰。

【其他治法】

一、中成药

1. 血栓通注射液　每次 5 mL，一日 1 次，用 5％～10％葡萄糖注射液或氯化钠注射液 250～500 mL 稀释后静脉滴注。具有活血通络之效。适用于中经络和恢复期之气虚血瘀型。

2. 血府逐瘀胶囊　口服，每次 4～6 粒，一日 3 次。具有活血通络，行气止痛之效。适用于中风恢复期之风痰瘀阻型。

3. 醒脑静注射液　每次 10～20 mL，一日 1 次，用 5％～10％葡萄糖注射液或氯化钠注射液 250～500 mL 稀释后静脉滴注。具有清热泻火，凉血解毒，开窍醒脑的功效。适用于中脏腑之实证者。

二、针灸

运用针灸治疗中风后遗症，可以起到疏通气血，调理气机，开窍通络之效，临床应用效果良好。

1. 半身不遂　取穴以大肠、胃经腧穴为主，辅以膀胱、胆经腧穴。初病时，仅刺患侧，病程日久后，可先刺健侧，后再刺灸患侧。常取穴位有：肩髃、曲池、合谷、外关、内关、环跳、阳陵泉、足三里、三阴交、解溪、昆仑等，多采用补法或平补平泻法。

2. 言语不利　常取金津玉液、内关、通里、廉泉、三阴交、哑门、风府、风池等穴位行针刺治疗。

三、饮食辅助疗法

黄芪猪肉汤　将黄芪 30 g，大枣 10 枚，当归、枸杞各 10 g 用布包好，同瘦猪肉 100 g 加水同炖，并加入葱、姜、蒜、椒等调料后服食。适用于中风恢复期之气虚血瘀证。

笔记栏

【转归预后】

中风起病突然，变化迅速，病死率和病残率均较高，属危急重证。中经络者如调治得当，病情得到控制，三五日即可进入恢复期，可不留后遗症；若调治失当，病情转重，可由中经络向中脏腑转化，预后较差，多数遗留后遗症。中脏腑向中经络转化,标志病情好转。若中脏腑者出现四肢厥冷、呃逆不止、戴阳、呕血、便血、抽搐神昏、瞳孔大小不一等表现,则病情危笃,预后很差,若救治不及时,往往趋于死亡;多次中风者预后较差,虽经救治,终因脑髓受损,病程迁延而遗留中风后遗症。总之,中风患者的预后转归取决于体质的强弱、正邪盛衰、病情轻重、治疗是否得当及时和平日的护理调养等因素。

【预防调护】

鉴于中风的发病特点及后果的严重性,平日加强对中风的预防就放在了十分突出的位置。如《卫生宝鉴·中风门》指出:"凡人初觉大指次指麻木不仁或不用者,三年中有中风之疾也"。《证治汇补·预防中风》也认为:"平人手指麻木,不时眩晕,乃中风先兆,须预防之,宜慎起居,节饮食、远房帏,调情志"。《沈氏尊生书·中风源流》中强调:"若风病既愈,而根株未能悉拔,隔一二年或数年必再发,发则必加重,或致丧命。故平时宜预防之,第一防房劳,暴怒郁结,调气血,养精神,又常服药以维持之,庶乎可安"。故有中风先兆及中风病史的人,平日应注意以下几个方面。

(1) 饮食有节,做到饮食清淡,对肥甘厚腻及辛辣刺激等食品要加以严格限制,远离烟酒;避免过饱,控制食量,可多食瓜果蔬菜,保持大便通畅。

(2) 劳逸有节,作息时间有规律,戒除熬夜等不良生活习惯,中老年人可进行适度的体育锻炼,对气候剧烈变化注意防护调摄。

(3) 调节情志,保持乐观愉快的心情,避免情绪大起大落,防止情志刺激,泰然处之。

(4) 重视中风先兆。中老年人经常出现头晕、肢体麻木等症状,及早去医院诊治,切勿忽视。

中风之后,应加强护理。对中经络患者,要积极治疗,严密观察,以防转成中脏腑。积极治疗中风并发症,对半身不遂或瘫痪患者,应经常变换体位,勤翻身,保持床单衣物干燥平整,防止褥疮产生;有痰者勤拍背以助痰液排出,鼓励自己咳痰或勤吸痰,防止肺部感染;言语不利者,可及早进行语言训练。积极鼓励患者及早进行康复锻炼,可配合针灸、推拿、按摩等多种手段促进病愈。

【临证备要】

一、辨病思路

中风与西医学中的急性脑血管病相近,临床上首先要区分是缺血性中风和出血性中风,可行脑脊液、眼底及CT、MRI或MRA等检查,有助于明确诊断,指导治疗。一般脑出血急性期,绝大多数表现为中脏腑的闭证,有的可表现为脱象;中经络的重证,多为脑梗死、脑血管痉挛。

二、辨证思路

中风发生的基本病机为阴阳失调,气血逆乱。以肝肾阴虚为其根本,以风、火、痰、气、瘀为标。辨证要点包括辨内风与外风,辨中经络、中脏腑,辨中脏腑之闭证、脱证,辨闭证之阳闭、阴闭,辨病势之顺逆及辨分期。在治疗上,初期多为痰火炽盛,上蒙清窍,故应注重醒神开窍,清热涤痰,平肝息风,活血通络。中风恢复期及后遗症期多由气虚血瘀,风痰阻于络道所致,治宜益气扶正,祛风除痰,活血通络。可积极配合康复理疗、针灸推拿等方法促其恢复。

三、治疗注意

1. 正确使用通下法 中腑因瘀热内阻,腑气不通,邪热上扰,神机失用,故及时使用通腑泄热之法,有助于邪从下泻。中脏阳闭证,风阳痰火炽盛,内闭神机,有时因邪热搏结,可出现腹满,便秘,小溲不通,苔黄腻,脉弦实有力,亦应配通下之法,使大便畅通,邪有出路,则危象可除。但正虚明显,元气欲脱者忌用。

2. 运用活血化瘀法治疗出血性中风 出血性中风包括脑出血和蛛网膜下腔出血,中医认为"离经之血,即是瘀血""瘀血不去,新血不生"。因此,对出血性中风即使是早期也不应单独止血。因出血的机理多是瘀热搏结,络伤血溢,临床有时可见面唇青紫,舌绛或紫黯,早期可配合凉血化瘀止血法,但应注意活

笔记栏

血而不破血、动血；恢复期应尽早使用活血化瘀法，促进离经之血的吸收，提高疗效。

【文献摘录】

《金匮要略·中风历节病脉证并治》："寸口脉浮而紧，紧则为寒，浮则为虚，寒虚相搏，邪在皮肤；浮者血虚，络脉空虚；贼邪不泻，或左或右；邪气反缓，正气即急，正气引邪，㖞僻不遂。邪在于络，肌肤不仁；邪在于经，即重不胜；邪入于腑，即不识人；邪入于脏，舌即难言，口吐涎。"

《丹溪心法·中风》："中风大率主血虚有痰，治痰为先，次养血行血。或属虚，挟火与湿。又须分气虚与血虚。半身不遂，大率多痰；在左属死血瘀血；在右属痰有热，并气虚。"

《医经溯洄集·中风辨》："中风者，非外来风邪，乃本气自病也。凡人年逾四旬，气衰之际，或因忧喜忿怒，伤其气者，多有此疾。壮岁之时无有也，若肥盛则间有之，亦是形盛气衰而如此。"

（田军彪）

笔记栏

第六章 脾胃系疾病

导学

本章主要介绍胃痛、痞满、呕吐、噎膈、呃逆、腹痛、泄泻、痢疾、便秘等脾胃系疾病的概述、病因病机、诊断、鉴别诊断、辨证论治、其他治法、转归预后、预防调护、临证备要和文献摘录等内容。

目的要求

1. 掌握胃痛的定义、辨证要点、治疗要点及分证论治；痞满的定义、辨证要点、治疗要点及分证论治；呕吐的定义、治疗要点及分证论治；噎膈的定义、治疗要点及分证论治；呃逆的定义、辨证要点、治疗要点及分证论治；腹痛的辨证要点、治疗要点及分证论治；泄泻的定义、治疗要点及分证论治；痢疾的定义、治疗要点及分证论治；便秘的定义、治疗要点及分证论治。

2. 熟悉胃痛的病因病机、诊断要点及其与真心痛、胁痛、腹痛等的鉴别诊断；痞满的病因病机、诊断要点及其与胃痛、鼓胀、胸痹、结胸等的鉴别诊断；呕吐的病因病机、诊断要点、辨证要点，与反胃、噎膈的鉴别诊断以及呕吐物的鉴别；噎膈的病因病机、诊断要点、辨证要点及其与梅核气和反胃的鉴别诊断；呃逆的诊断要点、简易止呃处理方法，呃逆与干呕、嗳气的区别，以及危重病中出现呃逆是预后不良的征兆；腹痛的定义、病因病机、诊断要点，内科腹痛、外科腹痛及妇科腹痛的鉴别诊断；泄泻的病因病机、诊断要点、辨证要点及其与痢疾和霍乱的鉴别诊断；痢疾的病因病机、诊断要点、辨证要点及其与泄泻的鉴别诊断；便秘的病因病机、诊断要点、辨证要点，明确便秘的病理性质有寒、热、虚、实的不同。

3. 了解胃痛、痞满、呕吐、噎膈、呃逆、腹痛、泄泻、痢疾、便秘等脾胃系疾病在西医学中的范围、其他治法、转归预后、预防调护。

脾胃系疾病常见的病证有胃痛、痞满、呕吐、噎膈、呃逆、腹痛、泄泻、痢疾、便秘等。脾与胃同属中焦，互为表里，共为"后天之本"。脾主运化、升清、统血，主肌肉、四肢，喜燥而恶湿；胃主受纳、腐熟水谷，主通降，喜润而恶燥。两者在生理上纳运相合、升降相因、燥湿相济，共同完成水谷的消化、吸收、输布及生化气血之功能。脾胃的病理表现主要是受纳、运化、升降、统摄等功能的异常。若脾运化水谷精微功能减退，则可导致便溏、腹胀、倦怠、消瘦等病变；运化水湿功能失调，可产生湿、痰、饮等病理产物，发生泄泻等病证；若胃受纳、腐熟水谷及通降功能失常，一方面影响食欲，另一方面导致中焦气机壅滞，发生胃痛、痞满及大便秘结等病变；若胃气失于通降而上逆，可致嗳气、恶心、呕吐、呃逆等。临床上胃病多实，常有寒客热积，饮食停滞之患；脾病多虚，易现气虚、阳虚之疾，又可因脾虚失运而导致水谷、水湿停聚而表现为虚实夹杂的情况。此外，脾胃与肝、肾关系最为密切，肝木疏土，助其运化；脾土营木，利其疏泄，肝郁气滞易犯脾胃，引起胃痛、腹痛等。脾虚化源不足，五脏之精少而肾失所养，肾阳虚衰，则脾失温煦，运化失职，而致泄泻。

第一节 胃 痛

【概述】

一、定义

胃痛(stomachache)，又称胃脘痛，是由于胃气阻滞或胃络瘀阻，导致胃失所养、不通则痛，表现以上

笔记栏

腹胃脘部近心窝处发生疼痛为特征的一类病证。

二、源流

本病的记载始见于《内经》,如《素问·六元正纪大论》曰:“木郁之发……民病胃脘当心而痛……”《灵枢·经脉》曰:“脾,足太阴之脉……入腹属脾络胃……是动则病舌本强,食则呕,胃脘痛,腹胀善噫,得后与气则快然如衰。”并阐明胃痛的发生与肝、脾两脏有密切关系。《素问·举痛论》中阐述了寒邪入侵,气血壅滞不通引发胃痛的病机。

唐宋以前,文献多将胃脘痛称为“心痛”,与属于心经本身病变的心痛相混。如《伤寒论·辨太阳病脉证并治》曰:“伤寒六七日,结胸热实,脉沉而紧,心下痛,按之石硬,大陷胸汤主之。”《伤寒论·辨厥阴病脉证并治》曰:“厥阴之为病,消渴,气上撞心,心中疼热,饥而不欲食,食则吐蛔,下之,利不止。”其中的“心下痛”“心中疼”,皆指胃痛。而后世医家也往往将心痛与胃痛混为一谈,如《备急千金要方·卷十三·心腹痛》中记载九种心痛(虫心痛、注心痛、风心痛、悸心痛、食心痛、饮心痛、冷心痛、热心痛、去来心痛),实际上多指胃痛而言。

宋代之后,医家对胃痛与心痛混谈提出质疑,如《三因极一病证方论·九痛叙论》曰:“夫心痛者,在《方论》有九痛,《内经》则曰举痛,一曰卒痛,种种不同,以其痛在中脘,故总而言曰心痛,其实非心痛也。”《济生方·腹痛门》则对胃痛的病因作了较全面的论述:“……其所致皆因外感、内沮七情或饮啖生冷果实之类,使邪气搏于正气,邪正交击,气道闭塞,郁于中焦,遂成心痛”。《太平惠民和剂局方》《太平圣惠方》《圣济总录》等书,采集了大量医方,其治胃痛,多用辛燥理气之品,如白豆蔻、砂仁、广藿香、木香、檀香、丁香、高良姜、干姜等。

金元时期,《兰室秘藏》首立“胃脘痛”一门,从证候、病因病机和治法上明确区分胃脘痛与心痛,使胃痛成为独立的病证。论其病机,多系饮食劳倦或寒邪所伤;论其治法,大旨不外益气、温中、理气、和胃等。《丹溪心法·心脾痛》曰:“大凡心膈之痛,须分新久……若病之稍久则成郁,久郁则蒸热,热久必生火……”阐明胃痛亦有属热者,丰富了本病病因。

明清时期,进一步澄清了心痛与胃痛之混淆,并提出了胃痛的治疗大法。如明代《证治准绳·心痛胃脘痛》曰:“或问丹溪言心痛即胃脘痛然乎? 曰:心与胃各一脏,其病形不同,因胃脘痛处在心下,故有当心而痛之名,岂胃脘痛即心痛哉?”《医学正传·胃脘痛》更进一步指出:“古方九种心痛……详其所由,皆在胃脘而实不在心也。”并指出“气在上者涌之,清气在下者提之,寒者温之,热者寒之,虚者培之,实者泻之,结者散之,留者行之。”《医学真传·心腹痛》指出要辨证地理解和运用“通则不痛”之法:“……通之之法,各有不同。调气以和血,调血以和气,通也;下逆者使之上行,中结者使之旁达,亦通也;虚者助之使通,寒者温之使通,无非通之之法也”,为后世辨治胃痛奠定了基础。其后《景岳全书·心腹痛》对胃痛的病因病机、辨证论治进行了较为系统的总结,清代《临证指南医案·胃脘痛》提出“久痛入络”之说,《医林改错》《血证论》采用血府逐瘀汤治疗胃痛瘀滞中焦、胀满刺痛者。

三、范围

本病以胃脘部疼痛为主症,西医学中急性胃炎、慢性胃炎、消化性溃疡、功能性消化不良、胃黏膜脱垂症、胃神经官能症、胃痉挛、胃下垂等疾病,以上腹胃脘部疼痛为主要临床表现时,均可参照本节辨证论治,必要时结合辨病处理。

【病因病机】

胃痛的病因,主要有外邪犯胃、饮食伤胃、情志不畅和脾胃素虚等。这些因素皆可引起胃气郁滞,胃失和降,不通则痛,而成胃痛(图 6-1)。

笔记栏

1. 外邪犯胃　外感寒、热、湿诸邪,内客于胃,皆可致胃脘气机阻滞,胃失和降,不通则痛。其中尤以“寒邪”为多。

2. 饮食伤胃　饮食不节、饥饱失常,或五味过极、肥甘厚腻,或饮酒无度、损伤脾胃,导致胃失和降或蕴湿生热,中焦气机壅滞,不通则痛。

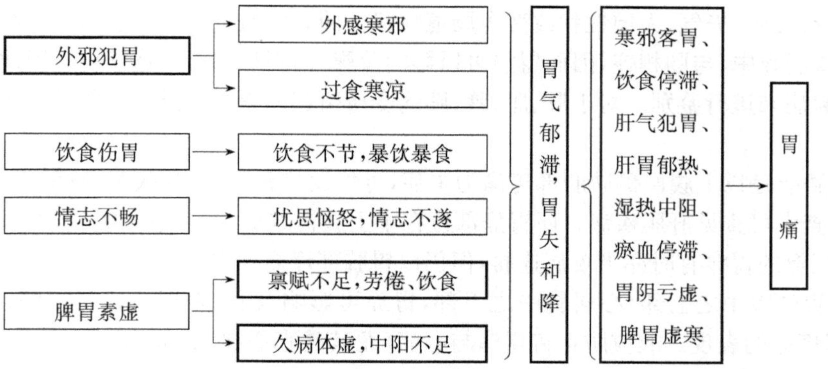

图 6-1　胃痛病因病机示意图

3. 情志不畅　忧思恼怒,肝失疏泄,肝气郁结,横犯脾胃,脾失健运,胃失和降,胃气郁滞而发生胃痛。若气滞日久,久痛入络,可致胃络血瘀。

4. 脾胃素虚　脾胃同为仓廪之官,主受纳和运化水谷。若素体脾胃虚弱,运化失职,气机不畅;或中阳不足,中焦虚寒,失其温养,均可发生胃痛。

胃痛的病变脏腑涉及胃、肝、脾三脏。胃属土,主受纳腐熟而喜濡润;肝属木,主疏泄而喜条达。肝胃之间在五行上是木土相克关系。若忧思恼怒,气郁伤肝,肝气横逆克脾犯胃,以致中焦气机阻滞,胃失和降,发为胃痛。肝气久郁,可化火伤阴,又可致瘀血内结,病情至此,则胃痛加重,每每缠绵难愈。脾与胃互为表里,以膜相连,同居中焦,共主升降。临床上脾病多涉于胃,胃病亦可及于脾。若禀赋不足,后天失养以及久病正虚等,可致脾气虚弱,运化失职,气机阻滞而为胃痛。脾阳不足,则寒自内生,胃失温养,致虚寒胃痛。胃喜润恶燥,脾阴不足或胃燥太过,胃失濡养,可致阴虚胃痛。阳虚无力,血行不畅,涩而成瘀,可致血瘀胃痛。

胃痛早期由外邪、饮食、情志所伤者,多为实证;胃痛日久不愈,脾胃受损,后期常表现为脾胃虚弱,但往往虚实夹杂(如夹湿、瘀等)。此外,胃痛日久还可以衍生变证,如胃热炽盛,迫血妄行,或瘀血阻滞,血不循经,或脾气虚弱,不能统血,而致便血、呕血。大量出血可致气随血脱,危及生命。

【诊断】

诊断要点

(1) 本病临床表现以上腹胃脘部近心窝处发生疼痛为特征,其疼痛性质有胀痛、刺痛、隐痛、灼痛、剧痛等。

(2) 常伴食欲不振,恶心呕吐,嘈杂泛酸,嗳气腐臭等上消化道症状。

(3) 本病发病以中青年居多,多有反复发作病史。发病前多有明显的诱因,如天气变化、恼怒、劳累、暴饮暴食或饥饱不节、进食生冷干硬辛辣食物或饮酒过度,或服用有损脾胃的药物等。

(4) 相关检查:胃痛患者可先考虑行上消化道钡餐或电子胃镜检查,可诊断急、慢性胃炎,胃、十二指肠溃疡,胃黏膜脱垂等,病理学检查可与胃癌作鉴别诊断;同时可进行幽门螺杆菌(Hp)检测以判断是否存在 Hp 感染;B 超、CT 检查及血液胆红素、转氨酶、淀粉酶化验可与肝、胆、胰疾病作鉴别诊断;腹部透视可与肠梗阻、肠穿孔作鉴别诊断;血常规可协助与阑尾炎早期作鉴别;心肌酶谱、肌钙蛋白、心电图检查可与冠心病、心绞痛、心肌梗死作鉴别诊断。

【鉴别诊断】

笔记栏

1. 痞满(胃痞)　胃痛与痞满(胃痞)的病位皆在胃脘部,且胃痛常兼胀满,痞满偶有隐痛,应加以鉴别。胃痛以疼痛为主,痞满以痞塞满闷为主;胃痛者胃脘部可有压痛,痞满者则无压痛。

2. 腹痛　腹痛以胃脘部以下,耻骨毛际以上整个位置疼痛为主要表现,胃痛则以上腹胃脘部近心窝处疼痛为主症,就疼痛部位来说,两者是有区别的。且胃痛常伴脘闷、嗳气、泛酸等胃失和降,胃气上逆之症;而腹痛常伴有腹胀、矢气、大便性状改变等肠道症状。两者可通过X线、胃镜或肠镜、B超等检查进行鉴别诊断。但胃居腹中,与肠相连,因而胃痛可以影响及腹,而腹痛亦可牵连于胃。因此需从其疼痛的主要部位及如何起病来进行鉴别。对于肝、胆、脾、胰病变所引起的胃脘附近疼痛需结合辨病及相关检查予以排除。

3. 胁痛 胁痛是以上腹两侧胁肋部疼痛为主症,可伴发热恶寒、目黄肤黄、胸闷太息、口苦等肝胆病症状,B超等检查多可查见肝胆疾病。而胃痛部位在中上腹胃脘部,兼有恶心嗳气,吞酸嘈杂等胃失和降的症状。肝气犯胃的胃痛有时亦可攻痛连胁,但仍以胃脘部疼痛为主症。

4. 心痛 胃处腹中之上部,心居胸中之下部,胃痛可影响及心,表现为连胸疼痛;心痛亦可涉及心下,出现胃脘部疼痛的表现。故应防止将胃痛与心痛(尤其是真心痛)相混淆。胃痛多发生于青壮年,疼痛部位在上腹胃脘部,位置相对较低,性质多为胀痛、隐痛,痛势一般不剧,常伴有吞酸、嗳气、恶心呕吐等胃肠病症状,与饮食关系密切,胃镜、钡餐造影及病理学检查等可见异常表现。心痛多发生于老年,其痛在胸膺部或左前胸,位置相对较高,性质多为刺痛、绞痛,甚至剧痛,痛引肩背及手少阴循行部位,痛势较急,常伴有心悸、气短、汗出、脉结代等心脏病症状,饮食方面一般只与饮酒、饱食关系密切,心电图等检查可见异常表现。

【辨证论治】

一、辨证要点

1. 辨寒热 寒证胃痛多见胃脘冷痛,因饮冷受寒而起病或加重,遇寒则甚、得热则减,伴有面色苍白,口淡不渴,舌淡苔白等;热证胃痛多见胃脘灼热疼痛,易于进食辛辣燥热食物后诱发或加重,喜冷恶热,胃脘得凉则舒,伴有口干,大便干结,舌红苔黄少津,脉数等。

2. 辨虚实 虚证胃痛多见于久病体虚者,其胃痛隐隐,痛势徐缓而无定处,或按之莫得其所,时作时止,痛而不胀或胀而时减,饥饿或过劳时易诱发或加重,揉按或得食则痛减,伴有食少乏力,脉虚等症;实证胃痛多见于新病体壮者,其胃痛兼胀,表现胀痛、刺痛等,痛势急剧而拒按,痛有定处,食后痛甚,伴有大便秘结,脉实等症。

3. 辨气血 初痛在气,久痛在血。胃痛且胀,以胀为主,痛无定处,时痛时止,常由情志不舒引起,伴胸脘痞满,喜叹息,得嗳气或矢气则痛减者,多属气分;胃痛久延不愈,其痛如刺如锥,持续不解,痛有定处,痛而拒按,伴食后痛甚,舌质紫黯,舌下脉络紫黯迂曲者,多属血分。

二、治疗要点

1. 治疗原则 本病治疗以"理气和胃止痛"为基本原则进行辨证施治,旨在疏通气机,恢复胃腑和顺通降之性,以达到止痛之功效。

2. 关于"通"法 虽有"通则不痛"之说,但绝不能局限于狭义的"通"法,应从广义的角度去理解和运用,正如叶桂所谓"通字须究气血阴阳"。胃痛属实者,治以祛邪为主,根据寒凝、食停、气滞、郁热、血瘀、湿热之不同,分别用温胃散寒、消食导滞、疏肝理气、泄热和胃、活血化瘀、清热化湿诸法;属虚者,治以扶正为主,根据阳虚、阴虚之异,分别用温中益气、养阴益胃之法;虚实并见者,则扶正祛邪之法兼而用之。

三、分证论治

1. 寒邪客胃

临床表现:① 胃痛暴作,恶寒喜暖,得温痛减,遇寒加重;② 口淡不渴,或喜热饮;③ 舌淡,苔薄白,脉弦紧。

证候辨析:寒主收引,寒邪内客于胃,则阳气被寒邪所遏而不得舒展,致气机阻滞,故胃痛暴作。寒邪得阳则散,遇阴则凝,所以得温痛减、遇寒痛增。胃无热邪,故口淡不渴。热能胜寒,故喜热饮。舌淡,苔薄白属寒,脉弦主痛,紧主寒,均是寒邪内侵之象。临床具备①+②或①+③均可辨为寒邪客胃型。

治法:温胃散寒,理气止痛。

代表方:良附丸加减。

笔记栏

常用药：高良姜温胃散寒；香附行气止痛。

若胃寒较轻者，可局部温熨，或服生姜红糖汤即可散寒止痛；若寒邪较重或胃脘突然拘急掣痛拒按，甚则隆起如拳状者，可加吴茱萸、干姜、丁香、桂枝；若气滞重者，可加木香、陈皮；若兼见恶寒，头痛等风寒表证者，可加苏叶、藿香等以疏散风寒，或内服生姜汤、胡椒汤以散寒止痛；若寒邪郁久化热，寒热错杂，可用半夏泻心汤辛开苦降，寒热并调；若兼见胸脘痞闷，胃纳呆滞，嗳气或呕吐者，为寒夹食滞，可加枳实、神曲、鸡内金、制半夏、生姜等以消食导滞，降逆止呕。

2. 饮食停滞

临床表现：① 胃脘疼痛，胀满拒按，嗳腐吞酸，或呕吐不消化食物，其味腐臭，吐后痛减，不思饮食；② 大便不爽，得矢气及便后稍舒；③ 舌苔厚腻，脉滑。

证候辨析：暴饮暴食，饮食停滞，致胃中气机壅滞，故胃脘胀满疼痛。胃失通降，脾失健运，谷食之气不得下行反而上逆，故嗳腐吞酸，呕吐不消化食物。呕吐则使宿食上行而出，矢气则浊气从下而出，故吐后或矢气及便后痛减。中焦饮食停滞，致大肠传导失司，故大便不爽。舌苔厚腻，脉滑，为宿食停滞之象。临床具备①+②或①+③均可辨为饮食停滞型。

治法：消食导滞，和胃止痛。

代表方：保和丸加减。

常用药：神曲、山楂、莱菔子消食导滞；茯苓、制半夏、陈皮和胃化湿；连翘散结清热。

若脘腹胀甚者，可加枳实、砂仁、槟榔等以行气消滞；若胃脘胀痛而便秘者，可合用小承气汤或改用枳实导滞丸以通腑行气；胃痛急剧而拒按，伴见苔黄燥，为食积化热，可加黄芩、黄连；伴便秘者，为食积化热成燥，则合用大承气汤以通腑泄热，荡积导滞。

3. 肝气犯胃

临床表现：① 胃脘胀满，攻撑作痛，痛连两胁；② 胸闷嗳气，善太息，大便不畅，遇烦恼郁怒则痛作或痛甚，得嗳气，矢气则痛舒；③ 舌苔薄白，脉弦。

证候辨析：肝主疏泄而喜条达，若情志不舒，则肝气郁结，横逆犯胃，致胃气郁滞而作痛。胁乃肝之分野，而肝气多走窜游移，故疼痛攻撑连胁。肝气犯胃，胃失和降，气机上逆，故脘胀嗳气。气滞肠道，传导失常，故大便不畅。若情志不和，则肝郁更甚，气结复加，故每因情志不舒而痛作或痛甚。舌苔薄白，为病在气分之象。脉沉弦，为肝气不舒，病在里而主痛之象。临床具备①+②或①+③均可辨为肝气犯胃型。

治法：疏肝理气，和胃止痛。

代表方：柴胡疏肝散加减。

常用药：柴胡、芍药、川芎、香附疏肝解郁；陈皮、枳壳、佛手、甘草理气和中。

若胀痛明显者，可加青皮、郁金、木香助理气解郁之功；胃痛较甚者，可加川楝子、延胡索以加强理气止痛；嗳气较频者，可加沉香、旋覆花以顺气降逆；泛酸者，加乌贼骨、煅瓦楞子制酸止痛。

4. 肝胃郁热

临床表现：① 胃脘灼痛，痛势急迫，喜冷恶热，得凉则舒；② 心烦易怒，泛酸嘈杂，口干口苦；③ 舌红苔黄，脉弦数。

证候辨析：肝气郁滞，横逆犯胃，日久化热，郁热伤胃，故见胃脘灼痛，痛势急迫，喜冷恶热，得凉则舒。肝气挟郁热上逆，扰动心神，故心烦易怒。郁热伤胃，胃失和降，故泛酸嘈杂。肝热夹胆火上炎，故口苦口干。舌红苔黄，脉弦数，为肝气郁结化热之象。临床具备①+②或①+③均可辨为肝胃郁热型。

治法：疏肝理气，泄热和中。

代表方：丹栀逍遥散加减。

常用药：柴胡、当归、白芍、薄荷解郁柔肝止痛；牡丹皮、栀子清肝泄热；白术、茯苓、甘草、生姜和中健胃。

临证时可合用左金丸以疏肝解郁，清胃泻火，补原方之未备。若为火邪已伤胃阴，可加麦冬、石斛；肝体阴而用阳，郁久化热，易伤肝阴，此时选药应远刚用柔，慎用过分香燥之品，宜用香橼、佛手等理气而不伤阴，也可与金铃子、郁金等偏凉性的理气药配合应用；若火热内盛，灼伤胃络，而见吐血，并出现脘腹灼痛痞满，心烦便秘，面赤舌红，脉弦数有力等症者，可用《金匮要略》泻心汤，苦寒泄热，直折其火。

5. 湿热中阻

临床表现：① 胃脘灼痛，痛势急迫，脘闷嘈杂，口干口苦，口渴而不欲饮；② 纳呆恶心，头重如裹，身

笔记栏

重肢倦，小便色黄，大便不畅；③ 舌红，苔黄腻，脉滑数。

证候辨析：湿热邪气，困阻脾胃，纳运失常，中焦不利，胃失和降，故见胃脘灼痛，痛势急迫。胃气上逆，故见脘闷嘈杂，恶心。胃火上炎，火热伤津，故口干口苦。湿邪阻滞中焦，故渴而不欲饮。湿性重浊，故见头重如裹，身重肢倦。小便色黄，大便不畅，舌红，苔黄腻，脉滑数，为湿热内阻之象。临床具备①+②或①+③均可辨为湿热中阻型。

治法：清化湿热，理气和胃。

代表方：清中汤加减。

常用药：黄连、栀子清热燥湿；半夏、茯苓、草豆蔻祛湿健脾；陈皮、甘草理气和中。

湿偏重者，加苍术、藿香燥湿醒脾；热偏重者，加蒲公英、黄芩清胃泄热；伴恶心呕吐者，加竹茹、橘皮以清胃降逆；大便秘结不通者，可加大黄（后下）通下导滞；气滞腹胀者，加厚朴、枳实以理气消胀；纳呆少食者，加神曲、谷芽、麦芽以消食导滞。若寒热互结，心下痞硬者，可合用半夏泻心汤。

6. 瘀血停滞

临床表现：① 胃脘疼痛，如针刺、刀割，痛有定处，按之痛甚，痛时持久，食后加剧，入夜尤甚；② 吐血，黑便；③ 舌质紫黯或有瘀斑，脉涩。

证候辨析：气率血行，气滞日久，则血行不畅，瘀血内停，故痛有定处而拒按。瘀停之处，脉络壅而不通，故痛如针刺。瘀停胃脘，进食则触动其瘀，故食后痛甚。夜间阳气归于体内，与瘀血相搏，故夜间痛甚。瘀血阻络，血不循经，故见吐血或黑便。血瘀脉道不畅，故脉来滞涩。舌色紫黯或有瘀斑，脉涩，为血脉瘀滞之象。临床具备①+②或①+③均可辨为瘀血停滞型。

治法：活血化瘀，和胃止痛。

代表方：失笑散合丹参饮加减。

常用药：蒲黄、五灵脂、丹参活血散瘀止痛；檀香、砂仁行气和胃。

若胃痛甚者，可加延胡索、木香、郁金、枳壳以加强活血行气止痛之功；若四肢不温，舌淡脉弱者，当为气虚无以行血，加党参、黄芪等以益气活血；若口干咽燥，舌光无苔，脉细，为阴虚无以濡养，加生地黄、麦冬以滋阴润燥；便黑，可加三七、白及化瘀止血。出血不止应参考血证有关内容辨证论治。

7. 胃阴亏虚

临床表现：① 胃脘隐隐灼痛，似饥而不欲食；② 口燥咽干，五心烦热，消瘦乏力，口渴思饮，大便干结；③ 舌红少津，脉细数。

证候辨析：胃痛日久，郁热伤阴，胃失濡养，故见胃痛隐隐。阴虚津少，无以上承，则口燥咽干。阴虚液耗，无以下溉，则肠道失润而大便干结。舌红少津，为阴虚液耗之象。脉细数，乃阴虚内热之象。临床具备①+②或①+③均可辨为胃阴亏虚型。

治法：养阴益胃，和中止痛。

代表方：一贯煎合芍药甘草汤加减。

常用药：沙参、麦冬、生地黄、枸杞子养阴益胃；当归养血活血；川楝子理气止痛；芍药、甘草缓急止痛。

若见胃脘胀痛较甚，宜加香橼、佛手等行气止痛；胃脘灼痛、嘈杂泛酸者，可加牡蛎、海螵蛸或配用左金丸以制酸止痛；大便干燥，宜加火麻仁、瓜蒌仁等润肠通便；若阴虚胃热，可加石斛、知母、黄连养阴清胃；肝肾阴虚者，加山茱萸、玄参、牡丹皮滋阴清热。

8. 脾胃虚寒

临床表现：① 胃痛隐隐，绵绵不休，喜温喜按，空腹痛甚，得食则缓，劳累或受凉后发作或加重；② 泛吐清水，神疲纳呆，四肢倦怠，手足不温，大便溏薄；③ 舌淡苔白，脉虚弱或迟缓。

证候辨析：脾胃虚寒，病属正虚，故胃脘隐痛。寒得温而散，气得按而行，故喜温喜按。脾虚中寒，水失运化而上泛，故泛吐清水。脾胃虚寒，则受纳运化失常，故纳差。得食后则正气得助，阳气稍复，虚寒得温，故得食痛减。脾主肌肉而健运四旁，中阳不振，则健运无权，肌肉筋脉皆失其温养，故疲乏，手足不温。脾虚生湿下渗肠间，故大便溏薄。舌淡苔白，脉虚弱或迟缓，皆为脾胃虚寒，中气不足之象。临床具备①+②或①+③均可辨为脾胃虚寒型。

治法：温中健脾，和胃止痛。

代表方：黄芪建中汤加减。

笔记栏

常用药：黄芪补中益气；桂枝、生姜温脾散寒；芍药、炙甘草、饴糖、大枣缓急止痛。

若胃脘冷痛，里寒较甚，呕吐，肢冷，可合用理中丸以温中散寒；若兼有形寒肢冷，腰膝酸软，可合用附子理中汤温肾暖脾，和胃止痛；泛吐清水较多者，宜加干姜、制半夏、陈皮、茯苓以温胃化饮；无泛吐清水及手足不温者，可改用香砂六君子汤以健脾益气，和胃止痛；泛酸者，可去饴糖，加黄连、炒吴茱萸、海螵蛸、煅瓦楞子等以制酸和胃。

【其他治法】

一、中成药

1. 附子理中丸　口服，水蜜丸，一次 6 丸，大蜜丸一次 1 丸，一日 2～3 次。具有温中健脾的功效。适用于脾胃虚寒，脘腹冷痛，呕吐泄泻，手足不温。

2. 保和丸　水丸口服，一次 6～9 g，一日 3 次，温开水送服。具有消食和胃之功效。适用于饮食停滞之胃痛。

3. 气滞胃痛颗粒　开水冲服，一次 5 g，一日 3 次。具有疏肝理气，和胃止痛的功效。适用于肝郁气滞，胸痞胀满，胃脘疼痛。

4. 温胃舒胶囊　口服，一次 3 粒，一日 2 次。具有温胃止痛之功效。适用于慢性胃炎胃脘凉冷痛，受寒痛甚。

5. 三九胃泰胶囊　口服，一次 2～4 粒，一日 2 次。具有清热燥湿，行气活血，柔肝止痛的功效。适用于上腹隐痛，伴饱胀、反酸、恶心、呕吐、纳差、心口嘈杂等。

二、针灸

(1) 肝气犯胃型，可针刺足三里、中脘、内关、章门。

(2) 寒邪客胃型和脾胃虚寒型，可艾灸中脘、足三里、气海等。

(3) 湿热中阻型，可针刺耳穴胃区、神门，也可针刺上脘、中脘、下脘、气海、双侧天枢、双侧足三里。

三、饮食辅助疗法

1. 椒姜粥　胡椒面 1 g，干姜面 3 g 加入大米或小米 50 g 中煮粥服。适用于胃痛寒邪客胃型。

2. 陈佛饮　陈皮 10 g，佛手 10 g，水煎取 150 mL 去渣，加入蜂蜜 16 g 拌匀分三次温服。适用于胃痛肝气犯胃型。

3. 鸡莱散　鸡内金 3 g，莱菔子 6 g，炒黄研末，分三次温开水调服。适用于胃痛饮食停滞型。

【转归预后】

本病初起多属实证，表现为寒凝、食积、气滞之候；病情发展，寒邪郁久化热，或食积日久，蕴生湿热，或气郁日久化火，或气滞而致血瘀，可导致寒热互结等复杂证候；且日久耗伤正气，则可由实转虚(阳虚、阴虚或虚劳)或虚实夹杂。某些病例尚可因气滞湿阻血瘀，日久生痰，痰瘀互结，内生积块；或因血热妄行、久瘀伤络或脾不统血，引起吐血、便血等，皆属胃痛的常见转归。胃痛预后一般较好，实证治疗较易，邪气去则胃气安；虚实并见者治疗难度较大，且常反复发作。若影响进食，化源不足，则正气日衰，形体消瘦。若伴有吐血、便血，量大难止，兼见大汗淋漓，四肢不温，脉微欲绝者，为气随血脱之危候，如不及时救治，亦可危及生命。

【预防调护】

笔记栏

(1) 本病发病，多与情志不遂、饮食不节有关，故在预防上要重视精神与饮食的调摄。

(2) 患者要养成有规律的生活与饮食习惯，忌暴饮暴食，饥饱不匀，贪凉饮冷，嗜烟酗酒。

(3) 胃痛持续不已者，应在一定时期内进流质或半流质饮食，少食多餐，以清淡易消化的食物为宜，忌粗糙多纤维饮食和生冷、辛辣、油腻食物，进食宜细嚼慢咽；戒烟、酒，不宜进食浓茶、咖啡；慎用水杨酸、肾上腺皮质激素等对胃黏膜有刺激作用的西药。

(4) 同时保持乐观的情绪，避免忧思恼怒及情绪紧张；注意劳逸结合，避免劳累，病情较重时，需适当休息，可起到减轻症状和预防复发的作用。

【临证备要】

一、辨病思路

胃痛常见于西医学中急性胃炎、慢性胃炎、消化性溃疡、功能性消化不良、胃黏膜脱垂症、胃神经官能症等疾病。

1. 急性胃炎　急性起病，可表现为上腹部疼痛，恶心，呕吐，出血等。内镜检查可见胃黏膜充血、水肿、出血、糜烂(可伴有浅表溃疡)等一过性病变。病理组织学特征为胃黏膜固有层见到以中性粒细胞为主的炎症细胞浸润。

2. 慢性胃炎　可以上腹疼痛为主要表现，或伴上腹胀满不适，早饱，嗳气，恶心等消化不良症状。内镜下非萎缩性胃炎可见红斑(点、片状或条状)，黏膜粗糙不平，出血点(斑)，黏膜水肿，渗出等表现；萎缩性胃炎可见黏膜红白相间或白相为主，血管显露，色泽灰暗，皱襞变平甚至消失，严重者黏膜呈颗粒状或结节状改变。

3. 消化性溃疡　发生在胃和十二指肠，以上腹痛为主要症状，活动时上腹部可有局限性轻压痛，缓解期无明显体征。内镜下可见圆形、椭圆形或线形溃疡，边缘光整，底部覆有灰黄色或灰白色渗出物，周围黏膜可有充血、水肿，皱襞向溃疡集中。

4. 功能性消化不良　指具有由胃和十二指肠功能紊乱引起的症状，经检查排除引起这些症状的器质性疾病的一组临床综合征。主要症状包括上腹痛、上腹灼热感，餐后饱胀和早饱之一种或多种，或伴见上腹胀，嗳气，食欲不振，恶心，呕吐等。

5. 胃黏膜脱垂症　常见胃脘疼痛不规则，每因进食或右侧卧位加重，呕吐后或左侧卧位可减轻，伴上腹部饱胀，腹胀，嗳气，恶心，呕吐，上消化道出血。钡餐检查在十二指肠球底部可见伞状的、蕈状的或菜花样的凹陷缺损。

6. 胃神经官能症　可见胃痛，胃胀，嗳气，呕吐，纳呆等，伴见梅核气，失眠，焦虑，精神涣散，神经过敏等全身症状为主要表现，排除胃肠道、肝、胆、胰等脏器的器质性疾病。患者病情常因情绪变化波动，可因精神治疗而暂时消退或缓解。

二、辨证思路

1. 首先抓住主诉　胃痛辨证首先要明确主诉，根据患者主诉进行中医辨病和鉴别诊断。本病以胃脘部近心窝处疼痛为主要症状表现，疼痛持续时间较长，可反复发作，多有诱因；同时可伴有食欲不振，恶心呕吐，呃逆泛酸，大便异常等症。

2. 确定病变脏腑　因情志变化诱发胃脘疼痛，痛窜两胁，心烦急躁者，病变涉及肝胃；胃脘隐痛，纳少饱胀，便溏乏力者，涉及脾胃；胃脘胀痛，郁怒引发，反复发作，乏力便溏，纳差食少者，涉及肝脾胃。

3. 分析病变性质　胃脘疼痛可有胀痛、刺痛、暴痛、冷痛、灼痛、隐痛之分。胃脘胀痛，走窜不定为气滞，疼痛如刺为血瘀，暴发冷痛为寒邪凝滞，灼热疼痛为火郁或湿热，隐痛喜按为脾胃虚弱，饱食后胀满疼痛为饮食所伤。

4. 注意久病入络　慢性胃痛的发病主要是情志伤肝，肝失疏泄，木不疏土，或饮食劳倦，损伤脾胃，土壅木郁，以致胃中气机阻滞。然而，气行则血行，气滞则血停。故胃病初起在气，日久则影响血络通畅，以致胃络血瘀，即“久病入络”“胃病久发，必有聚瘀”之理。慢性胃痛兼血瘀者，症状上可见持续发作，痛处固定，时而刺痛，或有包块，舌质黯红或有瘀斑、瘀点等瘀象。胃镜检查可见胃黏膜的凹凸不平或见息肉，病理活检提示胃黏膜不典型增生或肠上皮化生，此亦视为胃络瘀阻的表现，治疗上应重视活血祛瘀药的运用。

笔记栏

三、治疗注意

1. 遣方用药,重视“调肝”理气 脾胃的功能与肝气的疏泄在生理、病理上都有密切关系。肝失疏泄损及脾胃主要有两种情况:一为疏泄不及,木不疏土,中焦气机壅滞;二为疏泄太过,木旺乘土,中焦气机紊乱。一般在治疗上前者以疏肝为主,后者以敛肝为要。然而,肝气为病机理复杂,故从肝论治胃痛应将疏肝解郁与柔肝缓急两法结合运用。这种疏敛并用的组方原则,体现了“调肝”之法在病态下的双向性调节作用。肝疏泄功能正常,气顺则通,胃自安和,即所谓“治肝可以安胃”。尽管并非所有胃痛都由肝失疏泄所引起,但素体脾胃虚弱,或饮食、劳累损伤脾胃,致中焦运化失职,气机壅滞,也会影响肝之疏泄功能,即“土壅木郁”,此时又当抑木扶土,健脾疏肝。而调肝之品多属于辛散理气药,理气药亦可和胃行气止痛,或顺气消胀,最适用于胃病之胃痛脘痞,嗳气恶心。故有“治胃病不理气非其治也”之说。

2. 临证变通,适时清解郁热 慢性胃痛临床上以慢性胃炎和消化性溃疡占绝大多数。但胃炎的“炎”和溃疡的“疡”并非一定属于中医的热证而从“热”“痈”论治。慢性胃痛者多迁延日久,或反复发作,致脾胃受损,常出现面色萎黄,胃胀纳呆,腹胀便溏,体倦乏力,舌淡脉弱等脾胃气虚症状;即使是消化性溃疡或慢性胃炎在活动期,也不一定表现出中医的热象。故本病与热并无必然的联系。但是,当患者出现口干口苦、舌红苔黄之时,虽未必热象悉具,但已显示郁热。治疗可适当选用清热药,如蒲公英、黄芩、黄连、柴胡等,但须注意不能概用清热之品,且要适可而止,因为这种热多在脾胃虚弱(气虚或阴虚)或气滞血瘀的基础上产生,过用苦寒势必损伤脾胃,弊大于利。

3. 扶正固本,注重健脾养胃 慢性胃痛病程长,病情缠绵。从起病原因看,本病多在脾胃虚弱的基础上而发。从虚实辨证看,虚易招邪而致实,实易伤正而致虚。所以,治疗本病要补虚以固本。慢性胃痛的虚证主要有脾气虚弱和胃阴不足。前者主症为食后饱胀,口淡乏力,舌淡,脉弱,以虚寒之象为主;后者主症为胃脘灼痛,口干欲饮,舌红脉细,以虚热之象为主。根据《内经》“虚则补之”原则,常用李杲的升阳益气法以健脾益气,方用补中益气汤加减,重用黄芪、党参;用叶桂的甘凉润燥法以养阴益胃,方用沙参麦门冬汤加减,常用沙参、麦冬、石斛等,既养阴又不过于滋腻妨碍脾胃之品。对于气阴两虚者,可益气养阴、健脾养胃并举。

【文献摘录】

《景岳全书·心腹痛》:“胃脘痛证,多有因食、因寒、因气不顺者……因虫、因火、因痰、因血者……惟食滞、寒滞、气滞者最多……大多暴痛者多由前三证,渐痛者多由后四证。”“痛有虚实……辨之之法,但当察其可按者为虚,拒按者为实;久痛者多虚,暴痛者多实;得食稍可者为虚,胀满畏食者为实;痛徐而缓,莫得其处者多虚,痛剧而坚,一定不移者为实;痛在肠脏中,有物有滞者多实,痛在胸胁经络,不干中脏而牵连腰背,无胀无滞者多虚。”

《临证指南医案·胃脘痛》:“夫痛则不通,通字须究气血阴阳,便是看诊要旨意。”“初病在经,久痛入络,以经主气,络主血,则可知其治气治血之当然也。凡气既久阻,血亦应病,循行之脉络自痹,而辛香理气,辛柔和血之法,实为对待必然之理。”

(谢 伟)

第二节 痞 满

【概述】

一、定义

痞满(distention and fullness)是由表邪内陷、饮食不节、痰湿阻滞、情志失调、脾胃虚弱等导致脾胃升降失司,胃气壅塞而形成的以胸脘痞塞满闷不舒,视之无胀形,按之柔软,压之无痛为主要临床特征的一

笔记栏

种病证。按部位可划分为胸痞(oppression in chest)、心下痞(epigastric oppression)等,心下即胃脘部,故心下痞又称为胃痞。本节主要讨论胃痞。

二、源流

痞满在《内经》中称为"痞"、"满"、"痞塞"和"痞隔"等,如《素问·五常政大论》曰:"备化之纪……其病痞","卑监之纪……其病留满痞塞"。同时认为其病因是饮食不节、起居不适和寒气为患等,如《素问·太阴阳明论》曰:"饮食不节,起居不时者,阴受之。阴受之则入五脏,入五脏则瞋满闭塞。"《素问·异法方宜论》曰:"脏寒生满病。"《素问·至真要大论》曰:"太阳之复,厥气上行……心胃生寒,胸膈不利,心痛否满。"

痞满病名首见于《伤寒论》,张仲景在书中明确指出:"若心下满而硬痛者,此为结胸也,大陷胸汤主之。但满而不痛者,此为痞,柴胡不中与也,半夏泻心汤主之。"将痞满与结胸作了鉴别,指出该病病机是正虚邪陷,升降失调,并拟定了寒热并用、辛开苦降的治疗大法,所创诸泻心汤一直为后世医家所效法。

隋代,巢元方《诸病源候论·诸否候》提出"八痞""诸痞"之名,包括胃痞在内,论其病因有风邪外入、忧恚气积、坠堕内损;概其病机有营卫不和、阴阳隔绝、血气壅塞不得宣通;结合病位、病机对病名要领作出定义:"诸否者,营卫不和,阴阳隔绝,脏腑否塞而不宣,故谓之否","其病之候,但腹内气结胀满,闭塞不通"。

金元时期,李杲所倡脾胃内伤之说及其理法方药多为后世医家所借鉴,尤其是《兰室秘藏》之辛开苦降、消补兼施的消痞丸、枳实消痞丸更为后世治痞的名方。

朱震亨《丹溪心法·痞》云:"痞者与否同,不通泰也"。且与胀满作了鉴别:"胀满内胀而外亦有形;痞者内觉痞闷,而外无胀急之形也。"

明清时期,张介宾在《景岳全书·痞满》中更明确地指出:"痞者,痞塞不开之谓;满者,胀满不行之谓。盖满则近胀,而痞则不必胀也",并指出:"凡有邪有滞而痞者,实痞也,无物无滞而痞者,虚痞也。有胀有痛而满者,实满也;无胀无痛而满者,虚满也。实痞实满者,可消可散,虚痞虚满者,非大加温补不可。"这种虚实辨证对后世痞满的诊治颇有指导意义。

《类证治裁·痞满》将痞满分为伤寒之痞和杂病之痞,把杂病之痞又分作胃口寒滞停痰、饮食寒凉伤胃、脾胃阳微、中气久虚、精微不化、脾虚失运、胃虚气滞等若干证型,分寒热虚实之不同而辨证论治,对临床很有指导意义。

三、范围

西医学的慢性胃炎(包括浅表性胃炎和萎缩性胃炎)、功能性消化不良、胃神经官能症、胃下垂等疾病,若以胃脘部痞塞,满闷不舒为主症时,可参照本节内容辨证论治。

【病因病机】

脾主运化、升清,胃主受纳、降浊,清升浊降,纳运协调,则胃气调畅。肝主疏泄,调节脾胃气机。肝气条达,则脾胃气机顺畅。若因表邪内陷入里、饮食不节、痰湿阻滞、情志失调或脾胃虚弱等各种原因导致脾胃损伤,升降失司,胃气壅塞,即可发生痞满(图 6-2)。

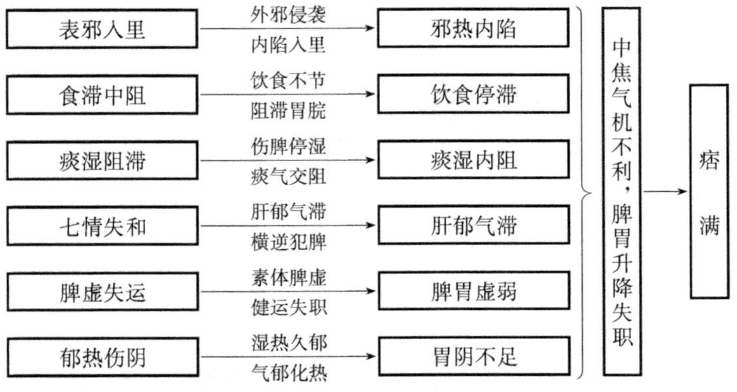

图 6-2　痞满病因病机示意图

笔记栏

1. 表邪入里　外邪侵袭肌表,失治误治或滥施攻下,脾胃受损,外邪乘虚内陷入里,结于胃脘,中焦气机受阻,升降失司,胃气壅塞遂成痞满。

2. 食滞中阻　暴饮暴食,或恣食生冷粗硬,或偏嗜肥甘厚味,或嗜浓茶烈酒及辛辣过烫饮食,损伤脾胃,以致食谷不化,阻滞胃脘,升降失司,胃气壅塞而成痞满。

3. 痰湿阻滞　脾失健运,水湿不化,酿生痰浊,痰气交阻于胃脘,升降失司,胃气壅塞而成痞满。

4. 七情失和　抑郁恼怒,情志不遂,肝气郁滞,失于疏泄,横逆乘脾犯胃,脾胃升降失常;或忧思伤脾,脾气受损,运化不力,胃腑失和,气机不畅,发为痞满。

5. 脾胃虚弱　素体脾胃虚弱,中气不足,或饥饱不匀,饮食不节,或久病损及脾胃,纳运失职,升降失调,胃气壅塞而生痞满。

6. 胃阴不足　湿热之邪内郁或肝胃郁热日久,耗伤阴液,阴津伤,则胃失濡养,和降失司,气机壅滞,而成痞满。

痞满初期,多为实证,因外邪入里、食滞内停、痰湿中阻等诸邪伤胃,导致脾胃运纳失职,清阳不升,浊阴不降,中焦气机阻滞,升降失司出现痞满;如外感湿热、实寒,或食滞、痰湿停留日久,均可困阻脾胃而成痞;肝郁气滞,横逆犯脾,亦可致气机郁滞之痞满。实痞日久,可由实转虚,正气日渐消耗,损伤脾胃,或素体脾胃虚弱,而致中焦运化无力;湿热之邪或肝胃郁热日久伤阴,阴津伤则胃失濡养,和降失司而成虚痞。因痞满常与脾虚不运、升降无力有关,脾胃虚弱,易招致病邪内侵,形成虚实夹杂、寒热错杂之证。此外,痞满日久不愈,气血运行不畅,脉络瘀滞,血络损伤,可见吐血、黑便,亦可产生胃痛或积聚、噎膈等变证。

痞满的病变脏腑涉及胃、肝、脾三脏。中焦气机不利,脾胃升降失职为导致本病发生的病机关键。病理性质不外虚实两端,实即实邪内阻(食积、痰湿、外邪、气滞等),虚为脾胃虚弱(气虚或阴虚),虚实夹杂则两者兼而有之。

【诊断】

诊断要点

(1) 本病临床表现以胃脘痞塞,满闷不舒为特征,并有按之柔软,压之不痛,望无胀形的特点。

(2) 常伴有胸膈满闷,饮食减少,得食则胀,嗳气则舒等症。

(3) 发病缓慢,时轻时重,反复发作,病程漫长。发病和加重常与饮食、情志、起居、冷暖失调等诱因有关。

(4) 相关检查:电子胃镜检查可诊断慢性胃炎并排除溃疡病、胃肿瘤等;病理组织活检可确定慢性胃炎的类型以及是否有肠腺化生、异型增生;上消化道钡餐检查也可以协助诊断慢性胃炎、胃下垂等;胃肠动力检测(如胃肠测压、胃排空试验、胃电图等)可协助诊断胃动力障碍、紊乱等;Hp 相关检测可查是否存在 Hp 感染;B 超、CT 检查可排除肝胆疾病及腹水等病症中的痞满症状。

【鉴别诊断】

1. 胃痛　痞满(胃痞)与胃痛病位同在胃脘部,且常相兼出现。然胃痛以疼痛为主,胃痞以满闷不适为患,可累及胸膈;胃痛病势多急,压之可痛,而胃痞起病较缓,压无痛感。

2. 鼓胀　痞满(胃痞)与鼓胀均有自觉腹部胀满的症状表现,但鼓胀发于大腹,胃痞则在胃脘;鼓胀以腹部胀大如鼓,皮色苍黄,脉络暴露为主症;胃痞则以自觉满闷不舒,外无胀形为特征;鼓胀按之腹皮绷急,胃痞则按之柔软。

3. 胸痹　胸痹是胸中痞塞不通,而致胸膺内外疼痛之症,以胸闷,胸痛,短气为主症,偶兼脘腹不舒。而痞满(胃痞)则以脘腹满闷不舒为主症,多兼饮食纳运无力之证,偶有胸膈不适,并无胸痛等表现。

4. 结胸　痞满(胃痞)与结胸两者病位皆在心下,然结胸以心下至小腹硬满而痛,拒按为特征;胃痞则在心下胃脘,以满而不痛,按之柔软,压之不痛,望无胀形为特点。

笔记栏

【辨证论治】

一、辨证要点

1. 辨虚实　外邪内陷、食滞内停、痰湿中阻、湿热内蕴、气机失调等所成之痞皆为有邪之实痞；脾胃气虚，无力运化，或胃阴不足，失于濡养所致之痞，则为虚痞。痞满能食，食后尤甚，饥时可缓，伴便秘，舌苔厚腻，脉实有力者为实痞；饥饱均满，食少纳呆，大便清利，脉虚无力者属虚痞。

2. 辨寒热　痞满绵绵，得热则减，口淡不渴，或渴不欲饮，舌淡苔白，脉沉迟或沉涩者属寒；痞满势急，胃脘灼热，得凉则舒，口苦便秘，渴喜冷饮，舌红苔黄，脉数者为热。临证还要辨虚实寒热兼夹的情况。

二、治疗要点

1. 治疗原则　痞满的基本病机是中焦气机不利，脾胃升降失宜。因此，治疗总以"调理脾胃升降，行气除痞消满"为基本法则。

2. 虚实分治　临证应虚、实分治，实者泻之，虚者补之，虚实夹杂者补消并用。扶正重在健脾益胃，补中益气，或养阴益胃。祛邪则视具体证候，分别施以消食导滞、祛湿化痰、理气解郁、清热祛湿等法。治疗过程中应注意理气不可过用香燥，以免耗津伤液，尤其对于虚痞更当慎重。

3. 善后调养　本病重在调养，要注意保持心情舒畅，避免精神刺激；同时饮食有节，勿暴饮贪凉，力戒烟酒。

三、分证论治

（一）实痞

1. 邪热内陷

临床表现：① 胃脘痞满，灼热急迫，按之满甚；② 心中烦热，咽干口燥，渴喜冷饮，身热汗出，大便干结，小便短赤；③ 舌红苔黄，脉滑数。

证候辨析：外邪侵袭肌表，失治误治或滥施攻下，致脾胃受损，外邪乘虚内陷入里，结于胃脘，中焦气机受阻，故见胃脘痞满，按之满甚。邪气郁结日久化热，故灼热急迫，身热汗出；热扰心神，故心中烦热。热伤津液，故咽干口燥，渴喜冷饮，大便干结，小便短赤。舌红苔黄，脉滑数，为火热内郁之象。临床上具备①+②或①+③均可诊断为邪热内陷型。

治法：理气泻热，消痞散结。

代表方：大黄黄连泻心汤加减。

常用药：大黄泻热消痞开结；黄连清泻胃火，使邪热得除，痞气自消。

可酌加金银花、蒲公英以助泻热；加枳实、厚朴、木香等以助行气消痞；若便秘心烦者，可加全瓜蒌、栀子以宽中开结，清心除烦；口渴欲饮者，可加天花粉、连翘以清热生津。

2. 饮食停滞

临床表现：① 胃脘满闷，痞塞不舒，按之尤甚，嗳腐吞酸；② 恶心呕吐，厌食，伴饮食不节史；③ 大便不调，舌苔厚腻，脉弦滑。

证候辨析：饮食不节，损伤脾胃，致食谷不化，阻滞胃脘，升降失司，胃气壅塞，故胃脘满闷，痞塞不舒，按之尤甚。胃失和降，气机上逆，故恶心呕吐，嗳腐吞酸。脾胃受损，纳运失职，故不思饮食。中焦气滞，损及下焦，肠道传导失司，故大便不调。舌苔厚腻，脉弦滑，为食积胃脘之象。临床上具备①+②或①+③均可诊断为饮食停滞型。

治法：消食和胃，行气消痞。

代表方：保和丸加减。

常用药：山楂、神曲、莱菔子消食导滞；半夏、陈皮行气开结；茯苓健脾利湿；连翘清热散结。

若食积较重者，可加鸡内金、谷芽、麦芽以消食化积；脘腹胀满者，可加枳实、厚朴以行气除满；若食积化热，大便秘结者，可加大黄、槟榔，或合用枳实导滞丸以清热导滞通便；若脾虚食积，大便溏薄者，可加白术、扁豆等健脾助运，化湿和中，或合用枳实消痞丸消痞和胃。

笔记栏

3. 痰湿内阻

临床表现：① 脘腹痞满，闷塞不舒，胸膈满闷；② 头晕目眩，头重如裹，身重肢倦，咳嗽痰多，恶心呕吐，纳差，口淡不渴，小便不利；③ 舌体胖大，边有齿痕，苔白厚腻，脉沉滑。

证候辨析：脾失健运，水湿不化，酿生痰浊，痰气交阻于胃脘，升降失司，胃气壅塞，故见脘腹痞满，闷塞不舒。中焦不利，损及上焦，故胸膈满闷。痰湿中阻，清阳不升，故头晕目眩。湿性重浊，故头重如裹，身重肢倦。痰湿阻肺，可见咳嗽痰多。痰湿中阻，升降失调，胃气上逆，故恶心呕吐。胃失和降，受纳无权，故不思饮食。痰湿困脾，水湿不运，故小便不利。口淡不渴，舌体胖大，边有齿痕，苔白厚腻，脉沉滑，为痰湿内阻之象。临床上具备①＋②或①＋③均可诊断为痰湿内阻型。

治法：燥湿化痰，理气宽中。

代表方：二陈汤加减。

常用药：半夏燥湿化痰；陈皮宽中理气，茯苓、甘草健脾和胃，共奏燥湿化痰，理气宽中之功。

可加前胡、桔梗、枳实以助其化痰理气，或合用平胃散燥湿运脾，调胃和中；若气逆不降，嗳气不除者，可加旋覆花、代赭石以化痰降逆；胸膈满闷较甚者，可加薤白、菖蒲、枳实、瓜蒌以理气宽中；咯痰黄稠，心烦口干者，可加黄芩、栀子以清热化痰。

4. 肝郁气滞

临床表现：① 胃脘不舒，满闷痞塞，胸胁胀满，常因情志因素而加重；② 心烦易怒，善太息，恶心嗳气，大便不爽；③ 舌苔薄白，脉弦。

证候辨析：肝气郁滞，横逆乘脾犯胃，脾胃升降失常，中焦气机壅滞，故胃脘不舒，满闷痞塞，善太息。肝脉布于胁，肝气不舒，故胸胁胀满。怒为肝志，郁怒则肝郁更甚，故心烦易怒，症状常因情志因素而加重。胃气郁滞，胃失和降，气机上逆，故恶心嗳气。中焦气滞，损及下焦，肠道传导失司，故大便不爽。舌苔薄白，脉弦，为肝郁气滞之象。临床上具备①＋②或①＋③均可诊断为肝郁气滞型。

治法：疏肝解郁，理气消痞。

代表方：越鞠丸加减。

常用药：香附、川芎疏肝理气，活血解郁；苍术、神曲燥湿健脾，消食除痞；栀子泻火解郁。

本方为通治气、血、痰、火、湿、食诸郁痞满之剂。若气郁较甚，胀满明显者，可加柴胡、郁金、枳壳，或合四逆散以助疏肝理气；若气郁化火，口苦咽干者，可加黄连、黄芩、川楝子，或合用左金丸以清肝泻火；若气虚明显，神疲乏力者，可加党参、黄芪等以健脾益气。

（二）虚痞

1. 脾胃虚弱

临床表现：① 胃脘痞闷，时缓时急，喜温喜按，少气懒言；② 食少不饥，身倦乏力，四肢不温；③ 大便溏薄，舌质淡，苔薄白，脉沉弱或虚大无力。

证候辨析：脾胃虚弱，中气不足，纳运失职，升降失调，胃气壅塞，故见胃脘痞闷，时缓时急。得温得按则郁气稍有疏散，故喜温喜按。脾胃虚弱，气血化生乏源，故少气懒言。脾失运化，胃失受纳，故不欲食，不知饥；脾主肌肉四肢，脾虚气血不荣，失于温养，故身倦乏力，四肢不温。脾虚水湿不化，下走肠间，故大便溏薄。舌质淡，苔薄白，脉沉弱或虚大无力，为脾胃虚弱，气血不足之象。临床上具备①＋②或①＋③均可诊断为脾胃虚弱型。

治法：健脾益气，升清降浊。

代表：补中益气汤加减。

常用药：人参、黄芪、白术、甘草等补中益气；升麻、柴胡升举阳气，当归、陈皮理气化滞，使脾气得复，清阳得升，胃浊得降，气机得顺，虚痞自除。

若痞满较甚，可加木香、砂仁、枳实以理气消痞，或可合用香砂六君子汤以消补兼施；若脾阳虚弱，畏寒怕冷者，可加肉桂、附子、吴茱萸以温阳散寒；湿浊内盛，苔厚纳呆者，可加茯苓、薏苡仁以淡渗利湿；水饮停胃，泛吐清水痰涎，可加吴茱萸、生姜、半夏以温化水饮；若属表邪内陷与食、水、痰相合，或因胃热而过食寒凉，或因寒郁化热而致虚实并见，寒热错杂，症见心下痞满，按之柔软，喜温喜按，呕恶欲吐，口渴心烦，肠鸣下利，舌质淡红，苔白或黄，脉沉弦者，可用半夏泻心汤加减，辛开苦降，寒热并用，补泻兼施；若中虚较甚，则重用炙甘草以调补中气，有甘草泻心汤之意；若水热互结，心下痞满，干噫食臭，肠鸣下利者，则加生姜以化饮，则有生姜泻心汤之意。

笔记栏

2. 胃阴不足

临床表现：① 脘腹痞闷，嘈杂，饥不欲食，口燥咽干；② 恶心嗳气，大便秘结；③ 舌红少苔，脉细数。

证候辨析：胃阴不足，胃失濡养，和降失司，气机壅滞，故见脘腹痞闷。阴虚不制阳，虚火内扰，故嘈杂，饥不欲食。阴津不足，不能上承，故口燥咽干，不能下润肠道，故大便秘结；胃失和降，气机上逆，故恶心嗳气。舌红少苔，脉细数，为胃阴不足，阴虚火旺之象。临床上具备①＋②或①＋③均可诊断为胃阴不足型。

治法：养阴益胃，调中消痞。

代表方：益胃汤加减。

常用药：生地黄、麦冬、沙参、玉竹滋阴养胃；冰糖补中益气，养阴和胃。

可加香橼疏肝理脾，消除心腹痞满；若津伤较重者，可加石斛、天花粉等以加强生津；腹胀较著者，加枳壳、厚朴理气消胀；伴饮食停滞者，加谷芽、麦芽等消食导滞；便秘者，加火麻仁、玄参润肠通便。

【其他治法】

一、中成药

1. 舒肝健胃丸 口服，成人一次服 1 丸，一日 3 次，饭前温开水送服。具有疏肝健胃，开郁消积之功效。适用于慢性胃炎、消化不良之肝郁气滞、饮食停滞所致的脘腹胀满。

2. 越鞠保和丸 口服，成人一次 6 g，一日 2～3 次。具有疏肝解郁，和胃消食之功效。适用于饮食停滞，湿浊内生，胸膈痞闷，或脘腹胀痛，嗳气呕吐，下痢等。

3. 摩罗丹 口服，大蜜丸一次 1～2 丸，一日 3 次，饭前用米汤或温开水送服。具有和胃降逆，健脾消胀，通络定痛之功效。适用于慢性萎缩性胃炎，胃疼、胀满、痞闷、纳呆、嗳气、烧心等症。

二、针灸

(1) 脾胃虚弱可针刺内关、中脘、足三里、阳陵泉，或以艾灸之。

(2) 肝郁气滞型可配合耳穴埋针，选用交感、神门、肝、胃，两耳轮换，每周更换一次，并随时自我按压穴位，以调理肝气。

(3) 饮食停滞型可配合捏脊疗法治疗，以促进脾胃运化。

三、饮食辅助疗法

1. 沙参玉竹煲老鸭 老雄鸭 1 只（约重 2 000 g），沙参、玉竹各 30～50 g，葱、姜、味精、盐各少许。将鸭宰杀后去毛及内脏，洗净，放入砂锅内，再放沙参、玉竹及葱、姜，加水适量，武火烧沸后，改文火煲 1 小时以上，以鸭肉熟烂为度，最后放盐、味精即成。空腹吃鸭喝汤，适量食之。全方有滋阴养胃，生津除热的功效，尤宜于慢性萎缩性胃炎之属胃阴不足者。

2. 牛奶山药糊 牛奶 250 g，山药、面粉各 30 g。将山药洗净切成小丁，加水适量，以文火煮。至汤浓后加入牛奶，沸后调入面粉糊，再沸即可。空腹趁温热食，可作早晚餐主食。每次 1 剂，一日 1～2 剂，连服 1 个月为 1 个疗程。有补气和血，健脾养胃的功效。适用于慢性胃炎之久病体虚者，且久服无碍。

【转归预后】

胃痞一般预后良好，只要保持心情舒畅，饮食有节，生活规律，劳逸适度，并坚持治疗，戒除不良嗜好，多能治愈。但胃痞多为慢性过程，常反复发作，经久不愈，所以本病一方面贵在坚持治疗，另一方面重在日常调养。若久病失治，或治疗不当，常使病程迁延，并可渐渐发展为胃痛，甚至胃癌等疾患。

笔记栏

【预防调护】

(1) 患者应节制饮食，勿暴饮暴食，同时饮食宜清淡，忌肥甘厚味、辛辣醇酒以及生冷之品。

(2) 戒除不良嗜好,不吸烟,避免饮用浓茶、咖啡和碳酸饮料。
(3) 注意精神调摄,保持乐观开朗,心情舒畅。
(4) 慎起居,适寒温,防六淫,注意腹部保暖。
(5) 适当参加体育锻炼,增强体质。

【临证备要】

一、辨病思路

痞满主要见于西医学的慢性胃炎(包括浅表性胃炎和萎缩性胃炎)、功能性消化不良、胃神经官能症等疾病。

1. 慢性胃炎　可见上腹胀闷或不适,早饱,嗳气,恶心等消化不良症状。内镜下非萎缩性胃炎可见红斑(点、片状或条状)、黏膜粗糙不平、出血点(斑)、黏膜水肿、渗出等表现;萎缩性胃炎可见黏膜红白相间或白相为主,血管显露,色泽灰暗,皱襞变平甚至消失,严重者黏膜呈颗粒状或结节状改变,病理检查可见胃黏膜固有腺体萎缩,黏膜变薄,黏膜肌层增厚等表现,甚至固有腺体为肠腺样腺体所代替。

2. 功能性消化不良　可见上腹胀闷,灼热感,餐后饱胀等表现,伴早饱,嗳气,食欲不振,恶心,呕吐等,经检查排除引起这些症状的器质性疾病。

3. 胃神经官能症　可见上腹胀闷,嗳气,纳呆等,伴梅核气,失眠,焦虑,精神涣散,神经过敏等全身症状为主要表现,排除胃肠道、肝、胆、胰等脏器的器质性疾病。患者病情常因情绪变化波动,可因精神治疗而暂时消退或缓解。

二、辨证思路

1. 首先抓住主诉　本病辨证首先明确主诉,根据患者主诉进行中医辨病和鉴别诊断。本病以心下痞塞,胸膈满闷,触之无形,按之柔软,压之不痛为主要症状表现。

2. 辨明发病情况　详细询问起病时间,发病原因,了解其发病时的症状特征,查明其病证与饮食、情绪的关系。

3. 辨别邪之有无　伤寒表邪未解,误下成痞,或感受寒邪,外邪乘虚入腑,留恋胸膈,或饮食无度,食积难消,或情绪刺激,气机郁滞等,皆以邪气实为主要病机;若因脾胃阳微,胃纳呆滞,脾运不健,则以正气虚为主要病机。需注意的是,脾虚失于运化或胃虚失于和降,又可导致食滞中焦,形成虚实夹杂病机。

三、治疗注意

1. 胃痞治疗应重视健脾运脾、调畅气机　胃痞虽病在胃,与脾密切相关。脾胃同居中焦,最易互相影响,致脾胃同病,受纳无权,运化失职,清气不升,浊气不降,中焦气机壅滞,不得流通,故作胃痞。因此,治疗胃痞应在和胃降气的同时,重视健脾益气法的运用,可采用黄芪、党参、升麻、柴胡、白术等以升清阳,降浊气。脾胃虚寒者可加干姜、吴茱萸等以温中祛寒。但需注意脾气以运为健,运脾可调气。故遣方时常配合醒脾运脾法,选用砂仁、木香、厚朴、陈皮、法半夏等芳香行气药。

2. 久痞虚实夹杂、寒热并见者,治宜辛开苦降、温清并举　胃痞日久,患者常见胃脘痞闷、疲倦纳呆、口苦而干、舌质淡而苔微黄腻等寒热错杂、虚实互见等证候。对此,应效法仲景诸泻心汤法,辛开苦降,温清并举,虚实兼顾。温补辛开能健脾运脾,苦降清泄可解除郁热。辛热药与苦寒药配伍,开散升清,通泄降浊,散寒而不忧热,清热而不患寒,相反相成,寒热平调,散结消痞。结合西医学研究进展,黄连、黄芩、大黄等苦寒药能清热祛湿,抑杀 Hp,促进胃炎恢复;辛温补脾行气药如党参、干姜、法半夏、厚朴、木香等具有调整胃肠动力的作用,可改善痞满症状,恢复胃肠功能。因此只有在辨证论治的基础上结合辨病遣方用药,灵活运用温清并用、辛开苦降法,使脾气得升,胃气得降,则湿浊除,气机通,中气旺,化源足而痞满消。

3. 治痞宜顾及胃阴　在治疗实痞时,常用辛温燥湿之品,但用量太过则易伤胃阴,同时湿热蕴结或肝气郁久均易化火伤阴。故在用砂仁、厚朴、陈皮、半夏等辛燥药治疗时,需慎防用药太过,伤及胃阴。对于胃阴亏虚之虚痞患者,如需采用理气消痞法,选药宜以轻清为原则,适当选用枳壳、佛手、竹茹、川朴花

笔记栏

等，辅以滋阴养胃，以防辛温药物更伤胃阴。另外需注意，滋养胃阴，用药亦不可过于滋腻，以防阻滞气机。

【文献摘录】

《伤寒论·辨太阳病脉证并治下》："心下痞，按之濡，其脉关上浮者，大黄黄连泻心汤主之。""伤寒发汗，若吐，若下，解后，心下痞硬，噫气不除者，旋覆代赭汤主之。"

《张氏医通·诸气门上》："肥人心下痞闷，内有痰湿也；瘦人心下痞闷，乃郁热在中焦；老人、虚人脾胃虚弱，运转不及。"

《临证指南医案·痞满》："六淫外侵，用仲景泻心汤；脾胃内伤，用仲景苓姜桂甘汤，即遵古贤治痞之以苦为泻，辛甘为散之法。其于邪伤津液者，用辛苦开泄而必资酸味以助之。"

《证治准绳》："胀在腹中，其病有形；痞在心下，其病无形。"

（谢　伟）

第三节　呕　　吐

【概述】

一、定义

呕吐(vomiting)是指胃失和降，胃气上逆，致使胃中之物上涌，从口中吐出的一种病证。一般以有物有声谓之"呕"，有物无声谓之"吐"，无物有声谓之"干呕"。临床上呕与吐常同时发生，故合称为呕吐。

二、源流

呕吐的病名最早见于《内经》，并且详论其发生的原因。如《素问·举痛论》曰："寒气客于肠胃，厥逆上出，故痛而呕也。"《素问·至真要大论》曰："诸呕吐酸……皆属于热"，"少阳之胜，热客于胃，呕酸善饥"，说明外感六淫之邪，均可引起呕吐，且因感邪之异，而有呕酸、呕苦之别。另有"久病而吐者，胃气虚不纳谷也"，阐述虚证呕吐的情况。

汉代，张仲景在《金匮要略》中，对呕吐的脉证治疗阐述详尽，并创制了小半夏汤、大半夏汤、生姜半夏汤、吴茱萸汤、半夏泻心汤、小柴胡汤等行之有效的治呕良方，同时认识到呕吐有时是人体排出胃中有害物质的保护性反应，此时治疗不应止呕，而当因势利导，驱邪外出。如《金匮要略·呕吐哕下利病脉证治》说："夫呕家有痈脓，不可治呕，脓尽自愈。"

隋代，巢元方《诸病源候论·呕吐候》指出："呕吐之病者，由脾胃有邪，谷气不治所为也，胃受邪，气逆则呕。"阐明呕吐的发生是由胃气上逆所致。

唐代，孙思邈《备急千金要方·呕吐哕逆》指出："凡呕者，多食生姜，此是呕家圣药。"

宋代，严用和在《济生方·呕吐》中云："若脾胃无所伤，则无呕吐之患。"

金元时期，刘完素《素问玄机原病式·热类·喘呕》指出："凡呕吐者，火性上炎也，无问表里，通宜凉膈散"。

《丹溪心法·呕吐》曰："胃中有热，膈上有痰者，二陈汤加炒栀子、黄连、生姜。有久病呕者，胃虚不纳谷也，用人参、生姜、黄芪、白术、香附之类。大抵呕吐以半夏、橘皮、生姜为主。"

明代，秦景明《症因脉治·呕吐》曰："痰饮呕吐之因，脾气不足，不能运化水谷，停痰留饮，积于中脘，得热则上炎而呕吐，遇寒则凝塞而呕吐矣。"

《景岳全书·呕吐》谓："呕吐一证，最当详辨虚实。实者有邪，去其邪则愈；虚者无邪，则全由胃气之虚也。所谓邪者，或暴伤寒凉，或暴伤饮食，或因胃火上冲，或因肝气内逆，或以痰饮水气聚于胸中，或以

笔记栏

表邪传里,聚于少阳、阳明之间,皆有呕证,此皆呕之实邪也。所谓虚者,或其本无内伤,又无外感,而常为呕吐者,此即无邪,必胃虚也。或遇微寒,或遇微劳,或遇饮食少有不调,或肝气微逆,即为呕吐者,总胃虚也。凡呕家虚实,皆以胃气为言。”

龚廷贤《寿世保元·呕吐》认为:“有外感寒邪者,有内伤饮食者,有气逆者,三者皆从藿香正气散加减治之;有胃热者,清胃保中汤;有胃寒者,附子理中汤;有呕哕痰涎者,加减二陈汤;有水寒停胃者,茯苓半夏汤;有久病胃虚者,比和饮。医者宜审而治之也。”告诫医者在治疗呕吐时,应根据不同的病因及证型,使用不同方药。

三、范围

呕吐与西医学的神经性呕吐、急性胃炎、胃黏膜脱垂症,以及贲门痉挛、幽门痉挛、不完全性幽门梗阻、十二指肠壅积症等疾病相关。其他如肠梗阻、急性胰腺炎、急性胆囊炎、尿毒症、心源性呕吐、颅脑疾病、妊娠反应等,以呕吐为主要表现时,亦可参考本节辨证论治,同时结合辨病处理。

【病因病机】

呕吐病因是多方面的,感受外邪、内伤饮食、情志不调、禀赋不足均可影响于胃,使胃失和降,胃气上逆,发生呕吐(图 6－3)。

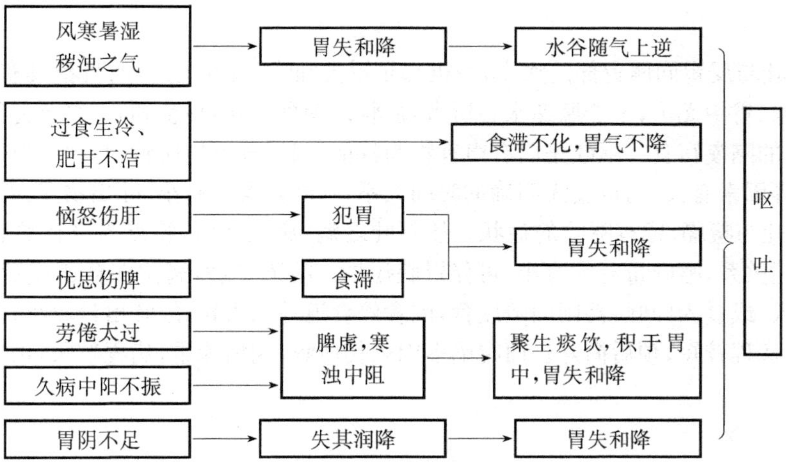

图 6－3　呕吐病因病机示意图

1. 外邪犯胃　感受风、寒、暑、湿之邪,或秽浊之气,侵犯胃腑,胃失和降,气机上逆,水谷随逆气上涌至口中而出,发为呕吐。

2. 饮食不节　暴饮暴食,过食生冷、醇酒、辛辣、肥甘或不洁之食物,损伤脾胃,脾失运化,胃失通降,食滞中焦,随气上逆,发为呕吐。

3. 情志失调　恼怒伤肝,肝失条达,横逆犯胃;或忧思伤脾,脾失健运,食停难化,均可致胃失和降,胃气上逆发生呕吐。亦可因脾胃素虚,运化无力,水谷易于停留,偶因气恼,食随气逆,导致呕吐。

4. 病后体虚　因劳倦太过耗伤中气,或久病中阳不振,脾胃虚弱不能承受水谷,气血化生乏源,以致寒浊中阻而引起呕吐;或阳虚水液不化,聚为痰饮,积于胃中,饮邪上泛,每能发生呕吐。亦有因胃阴不足,失其润降,引起呕吐。

呕吐的病机为胃失和降、胃气上逆。本病病变脏腑涉及胃、肝、脾,其病理表现不外虚实两类,实证因外邪、食滞、痰饮、肝气等原因,导致胃气郁滞,失于通降,气逆作呕;虚证为脾胃气阴亏虚,运化失常,不能和降,又有阳虚、阴虚之别。一般初病多实。若呕吐日久,损伤脾胃,脾胃虚弱,可由实转虚。亦有脾胃素虚,复因饮食所伤,而出现虚实夹杂之证。暴病呕吐一般多属邪实,治疗较易,预后良好。唯痰饮与肝气犯胃之呕吐,每易复发。久病呕吐,多属正虚或虚实夹杂,病程较长,且易反复发作,较为难治。若呕吐不止,饮食难进,易生变证,预后不良。如久病、大病之中,出现呕吐,食不能入,面色苍白,肢厥不温,脉微细欲绝,此为阴损及阳,脾胃之气衰败,真阳欲脱之危证。

笔记栏

【诊断】

诊断要点

(1) 本病临床表现上具有饮食、痰涎、水液等胃内之物从胃中上涌，自口中吐出的特征，也有干呕而无物者。初起呕吐量多，吐物多伴酸腐气味；久病则时作时止，吐物不多，气味不甚。

(2) 常伴有脘腹不适，恶心纳呆，泛酸嘈杂等胃失和降之表现。

(3) 起病或急或缓，常先有恶心欲吐之感，多由饮食、情志、寒温不适、嗅到不良气味等因素而诱发，也有由服用化学药物、误食毒物等所致者。

(4) 相关检查：可行电子胃镜、上消化道钡餐检查了解胃及十二指肠黏膜及蠕动功能的改变。若呕吐不止，伴有腹胀、矢气减少或无大便，应作腹部透视及腹部B超，以排除肠梗阻。若面色萎黄，呕吐不止，伴有尿少、水肿，应及时检查肾功能，以排除肾衰竭、尿毒症所致呕吐。若暴吐呈喷射状，应行头颅CT或MRI检查以排除颅内占位病变。伴腹痛者也可行腹部B超，必要时结合血常规、血尿淀粉酶检查了解胆囊及胰腺的情况。呕吐不止者，需监测电解质，防止出现电解质紊乱。育龄期妇女应查尿妊娠试验排除早孕反应。

【鉴别诊断】

1. 反胃　呕吐与反胃同属胃部的病变，病机都是胃失和降，胃气上逆，而且都具有呕吐的临床表现。但反胃系脾胃虚寒，胃中无火，不能腐熟水谷所致，症状以朝食暮吐，暮食朝吐，终至完谷尽吐出而始感舒畅，吐物为不消化的隔夜宿食。呕吐是以有声有物为特征，因胃气上逆所致，与感受外邪、饮食不节、情志失调和胃虚失和等因素有关，与进食无明确的时间关系，呕吐量有大有小，吐出物多为当日之食。

2. 噎膈　呕吐与噎膈，皆有呕吐的症状。然呕吐之病，病位在胃，特点为进食顺利，食能入胃，呕吐与进食无明确时间关系，呕吐量有大有小，可伴胃脘疼痛。噎膈之病，病位在食道或贲门，特点为进食哽噎不顺或食不得入，或食入即吐，甚则因噎废食，因食停食道并未入胃，故吐出量较小，多伴胸膈疼痛。呕吐大多病情较轻，病程较短，预后尚好。而噎膈多因内伤所致，病情深重，病程较长，预后欠佳。

【辨证论治】

一、辨证要点

1. 首辨虚实　实证呕吐多由外邪、饮食、情志所致，起病较急，病程较短，呕吐量多，甚则呕吐如喷，吐物多伴酸腐臭秽，或伴表证，脉实有力。虚证呕吐，常因脾胃虚寒，胃阴不足所致，起病缓慢，或见于病后，病程较长，吐物不多，酸臭不甚，呕吐无力，常伴有精神委靡，倦怠乏力等虚弱证候，脉弱无力。

2. 辨呕吐物　吐出物常能直接反映病因、病变脏腑及寒热虚实。若呕吐物酸腐难闻，多为食积化热；吐黄水苦水，多为胆热犯胃；吐酸水绿水，多为肝气犯胃；吐痰浊涎沫，多为痰饮停胃；泛吐清水，多为胃中虚寒，或有虫积；只呕吐少量黏沫，多属胃阴不足。

3. 辨止吐与可吐　临证见呕吐患者，不可一概用止呕之法，应区别不同情况给予正确处理。呕吐一证，多为病理反应，可用降逆止呕之剂，在祛除病因的同时和胃止呕，最终邪去呕止。但若属人体祛除有害物质的保护性反应(如胃有食积、痰饮、痈脓而致呕者)，此时则不应止呕，宜待有害物质排除，再辨证治疗；若属误食毒物所致，应予解毒治疗，同时采用催吐法使邪有出路，邪去毒解则呕吐自止。若属服药不当产生的毒性反应，则应减量或停药，除非呕吐剧烈，否则亦不必止呕。

笔记栏

4. 辨可下与禁下　呕吐之病，一般不宜用下法。例如胃内有痈脓等有害物质者，呕吐可将其排除，此时或可涌吐，却不宜下；兼表邪者，不宜下，下之则邪陷入里；脾胃虚者，不宜下，下之则损伤脾胃；若胃中无有形实邪，也不宜下，否则徒伤胃气。但若确属胃肠实热，大便秘结，腑气不通，致浊气上逆，气逆作呕者，则可用下法通其便，折其逆，使浊气下降，呕吐自止。如《金匮要略·呕吐哕下利病脉证治》曰："哕而腹满，视其前后，知何部不利，利之即愈”“食已即吐者，大黄甘草汤主之”，可见呕吐原则上禁用下法，但在治疗上有灵活性，应辨证论治。

二、治疗要点

1. 治疗原则 呕吐总的病机为胃气上逆，故治以和胃降逆为原则，结合具体证候辨证论治。

2. 虚实分治 偏于邪实者，治宜祛邪为主，邪去则呕吐自止，分别采用解表、消食、化痰、解郁等法。偏于正虚者，治宜扶正为主，正复则呕吐自愈，分别采用健运脾胃、益气养阴等法，辅以降逆止呕之药，最终实现正复、胃和、呕止之效。虚实兼夹者当审其标本缓急主次而治之。

三、分证论治

（一）实证

1. 外邪犯胃

临床表现：①骤然发病，呕吐暴作；②发热恶寒，头身疼痛，胸脘满闷；③舌苔白腻，脉濡缓。

证候辨析：外受风寒之邪，或夏令暑湿秽浊之气，内扰胃腑，胃失和降，胃中水谷随浊气上逆，故骤然发病，呕吐暴作。邪束肌表，营卫失和，故发热恶寒，头身疼痛。湿浊中阻，气机不利，故胸脘满闷。舌苔白腻，脉濡缓，皆是湿浊蕴阻之象。临床上具备①＋②或①＋③均可辨为外邪犯胃型。

治法：疏邪解表，化浊和中。

代表方：藿香正气散加减。

常用药：藿香、紫苏、白芷芳香化浊，散寒疏表；大腹皮、厚朴理气除满；白术、茯苓化湿健脾；半夏、陈皮和胃降逆；生姜温胃止呕。

若风邪偏重，寒热无汗者，加荆芥、防风以疏风散寒；若胸闷腹胀嗳腐，为兼食滞，加鸡内金、神曲、莱菔子以消积化滞；若身痛，腰痛，头身困重，苔厚腻者，为兼外湿，加羌活、独活、苍术以祛湿健脾；若暑邪犯胃，身热汗出，可合用新加香薷饮以解暑化湿；若秽浊犯胃，呕吐剧烈，可服玉枢丹以辟秽止呕。

2. 饮食停滞

临床表现：① 呕吐酸腐，大便不爽，或溏或结；② 脘腹胀满，嗳气，厌食，得食愈甚，呕后稍舒；③ 舌苔厚腻，脉滑实。

证候辨析：食滞内阻，胃失和降，浊气上逆，故呕吐酸腐，嗳气。中焦升降失常，损及下焦，大肠传导失司，则大便不爽，或溏或结。食滞中焦，气机不利，故脘腹胀满。得食则中焦壅滞更甚，呕后则壅滞暂得减轻，故得食愈甚，呕后稍舒。胃失和降，受纳无权，故不思饮食。舌苔厚腻，脉滑实，为食滞内停之象。临床上具备①＋②或①＋③均可辨为饮食停滞型。

治法：消食导滞，和胃止呕。

代表方：保和丸加减。

常用药：山楂、神曲、莱菔子消食和胃；陈皮、半夏、茯苓理气降逆，和中止呕；连翘散结清热。

若因肉食而吐者，重用山楂；因米食而吐者，加谷芽；因面食而吐者，重用莱菔子，加麦芽；因酒食而吐者，加白蔻仁、葛花，重用神曲；因食鱼、蟹而吐者，加苏叶、生姜；因豆制品而吐者，加生萝卜汁；若食物中毒呕吐者，立即予探吐法，防止毒物吸收。若伴积滞化热，腹胀便秘者，可合用小承气汤以通腑泄热，浊气下行呕吐自止。

3. 痰饮内阻

临床表现：① 呕吐清水痰涎，脘腹满闷，不思饮食，脘中水声辘辘；② 头眩心悸；③ 舌苔白腻，脉滑。

证候辨析：脾不运化水湿，痰饮内停，困阻中焦，胃气不降，则脘腹满闷，不思饮食。水饮随胃气上逆，故呕吐清水痰涎。水饮上犯，蒙蔽清窍，清阳之气不展，故头眩。水气凌心，则心悸。舌苔白腻，脉滑，为痰饮内停之象。临床上具备①＋②或①＋③均可辨为痰饮内阻型。

治法：温中祛痰，和胃降逆。

代表方：小半夏汤合苓桂术甘汤加减。

常用药：半夏燥湿化痰、和胃降逆；生姜温胃散寒；茯苓、白术、甘草健脾化湿；桂枝温化痰饮。

脘腹胀满，舌苔厚腻者，可去白术，加苍术、厚朴以行气除满；脘闷不思饮食者，加白蔻仁、砂仁化浊开胃；胸膈烦闷，口苦，失眠，恶心呕吐者，可去桂枝，加黄连、陈皮化痰泄热，和胃止呕；若痰浊蒙蔽清阳，头

笔记栏

晕目眩，可合用半夏白术天麻汤以健脾燥湿，化痰息风。

4. 肝气犯胃

临床表现：① 呕吐吞酸，嗳气频繁；② 情志郁闷，胸胁胀痛；③ 舌质淡红，苔薄腻，脉弦。

证候辨析：肝气不舒，横逆犯胃，胃失和降，气机上逆，故呕吐吞酸，嗳气频繁。肝脉布两胁，故见胸胁闷痛。舌质淡红，脉弦，为气滞肝旺之象。临床上具备①＋②或①＋③均可辨为肝气犯胃型。

治法：疏肝和胃，降逆止呕。

代表方：四逆散合半夏厚朴汤加减。

常用药：柴胡、枳壳、白芍疏肝理气；厚朴、紫苏行气开郁；半夏、茯苓、生姜、甘草和胃降逆止呕。

可加橘皮、旋覆花、竹茹、炙枇杷叶等以增强和胃降逆之力；若气郁化火，心烦咽干，口苦吞酸者，可合左金丸以清热止呕；若兼腑气不通，大便秘结者，可合用大柴胡汤清热通腑；若气滞血瘀，胁肋刺痛，可加丹参、郁金、当归、延胡索等活血化瘀止痛。

（二）虚证

1. 脾胃虚弱

临床表现：① 饮食稍有不慎或稍有劳倦即易呕吐，时作时止；② 胃纳不佳，倦怠乏力，面色㿠白，甚则四肢不温，口干不欲饮；③ 脘腹痞闷，便溏，舌质淡，苔薄白，脉濡弱。

证候辨析：脾胃虚弱，中阳不振，水谷腐熟运化不及，饮食劳倦皆消耗脾胃之气，故饮食稍有不慎或劳倦即吐，时作时止。阳虚不能温布，则面色㿠白，四肢不温，倦怠乏力。中焦虚寒，气不化津，故口干而不欲饮。脾虚则运化失常，故胃纳不佳，脘腹痞闷，大便溏薄。舌质淡，苔薄白，脉濡弱，乃脾阳不足之象。临床上具备①＋②或①＋③均可辨为脾胃虚弱型。

治法：温中健脾，和胃降逆。

代表方：香砂六君子汤加减。

常用药：人参、茯苓、白术、甘草健脾益气；砂仁、木香理气和中；陈皮、半夏和胃降逆。

方中可加丁香、吴茱萸以和胃降逆；若脾阳不振，畏寒肢冷，可加干姜、附子，或用附子理中汤温中健脾；若伴胃虚气逆，心下痞硬，嗳气，可用旋覆代赭汤降逆止呕；若中气大亏，少气乏力，可合用补中益气汤；若久病及肾，肾阳不足，腰膝酸软，肢冷汗出，可合用附子理中汤加肉桂、吴茱萸等温补脾肾。

2. 胃阴不足

临床表现：① 呕吐反复发作，但呕吐量不多，或仅吐唾涎沫，时作干呕；② 口燥咽干，胃中嘈杂，似饥而不欲食；③ 舌红少津，脉细数。

证候辨析：胃热不清，耗伤胃阴，胃失濡养，气失和降，故呕吐反复发作。胃失濡养，受纳无权，故似饥而不欲食。食少则胃中空虚，故呕吐量不多，或仅吐唾涎沫，时作干呕。阴虚不制阳，虚火扰胃，故胃中嘈杂。胃阴不足，津不上承，故口燥咽干。舌红少津，脉细数，为津液耗伤，胃中有热之象。临床上具备①＋②或①＋③均可辨为胃阴不足型。

治法：滋阴养胃，降逆止呕。

代表方：麦门冬汤加减。

常用药：方中人参、麦冬、粳米、甘草滋养胃阴；半夏降逆止呕；大枣补脾和胃生津。

若阴虚甚，五心烦热者，可加石斛、天花粉、知母养阴清热；若呕吐较甚，可加橘皮、竹茹、枇杷叶以降逆止呕；若阴虚便秘，可加火麻仁、瓜蒌仁、白蜜润肠通便。

【其他治法】

一、中成药

1. 藿香正气水　口服，一次 5～10 mL，一日 2 次。具有解表化湿，理气和中之功效。适用于外感风寒、内伤湿滞所致的呕吐泄泻、发热恶寒、头痛身重及脘腹疼痛等症。

2. 越鞠保和丸　口服，成人一次 6 g，一日 2～3 次。具有疏气解郁，和胃消食之功效。适用于饮食停滞，湿浊内生，脘腹胀痛，呕吐，下痢等。

3. 香砂养胃丸　口服，一次 1 袋，一日 2 次。具有温中和胃之功效。适用于慢性胃炎不思饮食，呕

笔记栏

吐酸水，胃脘满闷，四肢倦怠。

二、针灸

1. 主穴　中脘、内关，中等强度刺激。

2. 配穴　足三里、公孙(饮食停滞型)，丰隆(痰饮内阻型)，阳陵泉、肝俞、脾俞(肝气犯胃型)，隐白(若伴脾胃虚寒，配脾俞，用灸法)。

3. 耳针　胃、肝、交感、皮质下、神门。每天取2～3穴，强刺激，留针30分钟，每日或隔日1次。用于神经性呕吐。

三、饮食辅助疗法

(1) 生姜嚼服或用生姜捣汁后服。治疗胃寒呕吐。

(2) 乌梅肉120 g，蜂蜜120 g，熬膏，日服3次，每次服20 mL。适用于胃阴不足者。

【转归预后】

一般来说，实证呕吐，病程较短，病情轻，较易治愈；虚证及虚实并见者，则病程较长，病情重，反复发作，时作时止，较为难治。若失治误治，由轻转重，久病久吐，脾胃衰败，化源不足，易生变证。所以，呕吐应及时诊治，防止后天之本受损。

【预防调护】

(1) 起居有常，生活有节，避免风寒、暑湿、秽浊之邪的入侵。

(2) 保持心情舒畅，避免精神刺激，尤其肝气犯胃证患者，更应注意。

(3) 注意饮食调理。素体脾胃虚弱者，每餐进食不宜过量，同时勿食生冷瓜果等，禁服寒凉药物。若胃中有热者，忌食肥甘厚腻、辛辣香燥、醇酒等物品，禁服温燥药物，戒烟酒。平时注意饮食卫生，避免食用不洁、变质食物。

(4) 对呕吐不止的患者，应卧床休息，密切观察病情变化，必要时予以补液治疗，防止脱水及电解质紊乱。服药时，尽量避免有浓烈刺激性气味的药物，否则随服随吐，更伤胃气。服药方法以少量频服为佳，以减少胃的负担。根据患者情况，以热饮为宜，并可加入少量生姜或姜汁，以免格拒难下，逆而复出。

【临证备要】

一、辨病思路

呕吐常见于西医学的神经性呕吐、急性胃炎、胃黏膜脱垂症、贲门痉挛、幽门痉挛、不完全性幽门梗阻、十二指肠壅积症等疾病，以及肠梗阻、急性胰腺炎、急性胆囊炎、尿毒症、颅脑疾病、心源性呕吐等疾病中的呕吐症状。

1. 神经性呕吐　是一组自发或故意诱发反复呕吐的心理障碍。常与心情不愉快、心理紧张、内心冲突有关，无器质性病变，可有害怕发胖和减轻体重的想法，但因总进食量不减少，故体重无明显减轻。部分患者具有癔症性人格，表现为自我中心，好表演，易受暗示等。

2. 急性胃炎　急性起病，可表现为上腹部疼痛，恶心，呕吐，出血等。内镜检查可见胃黏膜充血、水肿、出血、糜烂(可伴有浅表溃疡)等一过性病变。病理组织学特征为胃黏膜固有层见到以中性粒细胞为主的炎症细胞浸润。

3. 胃黏膜脱垂症　常见胃脘疼痛不规则，可伴见上腹部饱胀，恶心，呕吐，上消化道出血，每因进食或右侧卧位加重，呕吐后或左侧卧位可减轻。钡餐检查在十二指肠球底部可见伞状的、蕈状的或菜花样的凹陷缺损。

4. 贲门痉挛　食入即吐，甚至汤水难入，内镜检查排除占位病变和癌变。此病属中医"噎膈"范畴，

笔记栏

参照相关章节论治。

5. 幽门痉挛、不完全性幽门梗阻 以呕吐宿食,朝食暮吐,暮食朝吐为特点,梗阻者腹部可见胃型及蠕动波,内镜检查排除占位病变和癌变。此病属中医"反胃"范畴,参照相关章节论治。

6. 十二指肠壅积症 指各种原因引起的十二指肠阻塞,致阻塞部位的近端扩张、食糜壅积。呕吐多在饭后出现,吐物含有胆汁,侧卧、俯卧、胸膝位时症状可减轻。

7. 肠梗阻、急性胰腺炎、急性胆囊炎、尿毒症、颅脑疾病、心源性呕吐 以原发病症状为主要表现,呕吐为发病过程中的伴随症状。小肠下部梗阻者吐物有粪臭味;急性胰腺炎者呕吐伴发热、剧烈腹痛和血尿淀粉酶升高;急性胆囊炎者呕吐伴右胁部绞痛,墨菲征阳性;尿毒症者呕吐同时伴有肾功能衰竭,酸碱平衡失调,电解质紊乱,呼气有氨味;颅脑疾病者呕吐呈喷射状,伴明显头痛,眩晕或颈项强直;心源性呕吐多见于急性心肌梗死或急性充血性心力衰竭患者。上述疾病均应首先治疗原发病。

二、辨证思路

1. 首先抓住主诉 呕吐辨证首先要明确主诉,根据患者主诉进行中医辨病和鉴别诊断。本病以胃中之物上涌,从口中呕吐而出为主要症状表现,吐物可见食物、痰涎或酸苦水液等,也可干呕而无物。

2. 分析病变脏腑 本病病变脏腑涉及胃、肝、脾。在胃可见脘腹胀满,嗳气厌食,呕吐酸腐,胃脘疼痛而吐后反快,大便臭秽,或干呕,饥不欲食,口燥咽干,胃脘嘈杂,苔黄腻或少苔,脉滑实或细;在脾可见呕吐痰涎,脘腹痞满,食欲不振,大便溏薄,舌淡苔白腻或薄白,脉滑或细弱;在肝可见呕吐吞酸,嗳气频作,胸胁攻窜胀痛,口苦,多因情志触发,脉弦或弦细。

3. 日久多见变证,尤需密切关注 顽固性呕吐日久,多伤津损液耗气,引起气随津脱等变证。对此类患者,在临床治疗过程中应密切关注患者的各项生命指征,必要时进行口服或静脉补充液体,或静脉推注生脉注射液等措施防止病情恶化。

三、治疗注意

1. "止呕要药"——半夏 《金匮要略》治呕吐,有大小半夏汤。朱良春评价为:"半夏生用止呕之功始著"。但在煎服方法上则需特别注意。半夏生用,入煎剂需单味先煎30分钟,至口尝无辣麻感后再下余药。若加入生姜同捣而后入药煎煮效果更好。所以仲景书中所用之半夏,皆生半夏,制法上只强调"洗"——即洗去泥沙。或可配合山药作粥,借其稠黏之性留滞药力,且山药上能补肺生津,下能补肾敛冲,与半夏相伍,即可润其燥性,又可助敛降冲气使安其位,共奏止呕之功。

2. "食入即吐"专方——大黄甘草汤 《金匮要略·呕吐哕下利病脉证治》云:"食入即吐者,大黄甘草汤主之。"方中仅用大黄9 g、甘草6 g两味药,治疗"食入即吐"之难治之症,每能收到很好的疗效。方中大黄苦寒为君,能推陈致新,通利水谷,调中化食,安和五脏;甘草为臣甘缓和中,使浊降清升,胃气顺降而不上逆,虽不治吐而吐自止。临床应用时重点抓住"食入即吐"这个主症,不必拘于热象之有无,用于尿毒症所致呕吐,可立见其效。

3. 明辨病因,不可见吐止吐 由于呕吐可涉及西医学之多种疾病,故临床上在辨证施治的同时,应结合辨病治疗。由于呕吐既是病态,又是祛除胃中病邪的保护性反应。因此遇到因伤食、停饮、积痰,或误吞毒物所致的欲吐不能吐或吐而未净者,应当因势利导,给予探吐,以助祛除病邪,不可一概采用止吐之法。

【文献摘录】

《伤寒论·辨太阳病脉证并治中》:"太阳病,过经十余日,反二三下之,后四五日,柴胡证仍在者,先与小柴胡汤;呕不止,心下急,郁郁微烦者,为未解也,与大柴胡汤下之则愈。"

《金匮要略·呕吐哕下利病脉证治》:"呕而胸满者,茱萸汤主之。""呕而肠鸣,心下痞者,半夏泻心汤主之。""诸呕吐,谷不得下者,小半夏汤主之。"

笔记栏

《症因脉治·呕吐论》:"秦子曰:呕以声响名,吐以吐物言。有声无物曰呕,有物无声曰吐,有声有物曰呕吐,皆阳明胃家所主。"

(谢 伟)

第四节　噎　　膈

【概述】

一、定义

噎膈(dysphagia)是指食管干涩或狭窄而造成的以食物吞咽哽噎不畅,甚则不能下咽入胃,食入即吐为表现的一类病证。噎即噎塞,指吞咽时食物堵塞食管,哽噎不顺;膈指格拒,因食管阻塞,食物不能下咽,或食入即吐。噎属噎膈之轻证,可单独为病,又多为膈证的前驱表现,故噎膈常并称。

二、源流

“膈”始见于《内经》,称为膈、鬲、膈中、膈塞、膈气。书中首先指出,噎膈的形成与人体的津液和情志有关。如《素问·阴阳别论》曰:“三阳结谓之膈。”《素问·通评虚实论》曰:“膈塞闭绝,上下不通,则暴忧之病也。”在《灵枢·四时气》有“饮食不下,膈塞不通,邪在胃脘”的描述,则指出了发病部位。

“噎”证始见于隋代巢元方《诸病源候论·痞噎病诸候》曰:“噎者,噎塞不通”,并将噎膈分为气、忧、食、劳、思五噎。唐宋以后“噎膈”并称。

宋代,《太平圣惠方·第五十卷》指出:“寒温失宜,食饮乖度,或恚怒气逆,思虑伤心,致使阴阳不和,胸膈痞塞,故名膈气也”,是对本病的病因病机的准确描述。

明代,张介宾在《景岳全书·噎膈》曰:“噎膈一证,必以忧愁思虑,积劳积郁,或酒色过度,损伤而成”,并指出:“少年少见此证,而惟中衰耗伤者多有之。”

清代,李用粹在《证治汇补·噎膈》中认为,噎“有气滞者,有血瘀者,有火炎者,有痰凝者,有食积者,虽有五种,总归七情之变”,并提出“化痰行瘀”的治法。程钟龄在《医学心悟·噎膈》提出:“凡噎膈症,不出胃脘干槁四字”的病机理论。此外,叶桂在《临证指南医案·噎膈反胃》则提出噎膈的病机为“脘管窄隘”。

三、范围

西医学中的食道病变如食管癌、贲门癌、食道贲门失弛缓症、食管憩室、食管炎、胃神经官能症等疾病出现吞咽困难等表现时,可参考本节内容进行辨证治疗。

【病因病机】

噎膈发生的病因以内伤饮食较为多见,与情志不畅、肾虚津亏亦有密切关系。上述病因相互影响,共同致病,形成气、痰、瘀交阻于食道,使食管狭窄而致噎膈;或津伤血燥,失于濡润,食道干涩而致噎膈(图 6-4)。

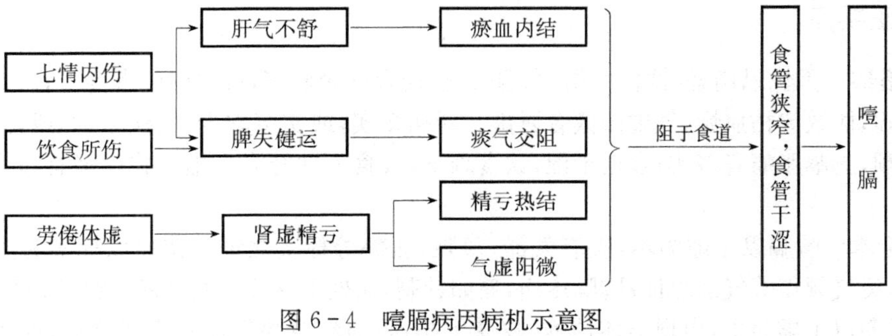

图 6-4　噎膈病因病机示意图

1. 七情内伤　多由忧思恼怒而成。忧思则脾伤气结,津液不得输布,聚而成痰,痰气交阻于食道;恼怒则肝郁气滞,血行不畅,日久积而成瘀。脾虚肝乘,反之肝旺克脾,噎膈之病往往肝郁脾虚兼见,形成气滞、痰阻、血瘀相互搏结之证。

2. 饮食所伤　嗜酒或过食肥甘,易助湿生热,酿生痰浊,阻于食管而成噎膈;恣食辛辣香燥之品,致

笔记栏

津伤血燥,食管干涩而不通。此外,饮食过热,食物粗糙或发霉,既损伤食道脉络,又致胃气受伤,气滞血瘀于食道而成噎膈。

3. 劳倦体虚 年老体衰,肾虚精亏;纵欲太过,真阴损伤,阴亏液竭,失于濡润,则食道干涩而致噎膈。

噎膈的病位在食道,属胃气所主,其病变脏腑涉及胃、肝、脾、肾。肝、脾、肾与胃、食道皆有经络联系,脾为胃行其津液,若脾失健运,则聚湿生痰,阻于食道。肝气的疏泄有助于胃气的和降,若肝气不疏,则气滞血瘀,哽噎不畅。中焦脾胃功能有赖于肾阳的温煦,肾阴的濡养,若肾阴不足,失于濡养,食管干涩,亦可发为噎膈。故肝、脾、肾三脏功能失调,亦可累及胃与食道而生噎膈。

本病既有邪实的一面,即气滞、痰阻、血瘀;又有正虚的一面,即津枯血燥。初期以邪实为主,邪聚日久,病情则由实转虚,形成正虚邪实的病理机制。因病情发展程度之不同,正虚邪实的轻重表现可各有不同,甚至形成虚实夹杂之候。

【诊断】

诊断要点

(1) 疾病初期咽部或食道内有异物感,进食时有停滞感,尤以进食固体食物明显,继则咽下哽噎不顺,甚至食不得入,或食入即吐。常伴有胃脘不适,胸膈疼痛,甚则形体消瘦,肌肤甲错,精神疲惫等。

(2) 起病缓慢,常表现为由噎至膈的病变过程,常由饮食、情志等因素诱发,多发于中老年男性,特别是在高发地区。

(3) 相关检查:食管、胃的X线检查,内镜及病理组织学检查、食管脱落细胞检查及CT检查有助于早期诊断。

【鉴别诊断】

1. 梅核气 两者均见咽中梗塞不舒的症状。但噎膈多为痰、气、瘀阻于食道,乃有形之物瘀阻于食道,自觉咽中梗塞,饮食咽下梗阻,甚则饮食不下。梅核气则属痰气交阻于咽喉,自觉咽中有物梗塞,吐之不出,咽之不下,但饮食咽下顺利,无噎塞感,系气逆痰阻于咽喉,为无形之邪。

2. 反胃 两者均有呕吐的症状,但反胃多系阳虚有寒,饮食能顺利咽下入胃,经久复出,朝食暮吐,暮食朝吐,宿谷不化,病证较轻,预后良好。噎膈初起无呕吐,后期格拒,系食管狭窄而致,吞咽食物阻塞不下,食入即吐。噎膈至食入即吐的格拒阶段,病情较重,预后不良。

【辨证论治】

一、辨证要点

1. 辨明虚实 因忧思恼怒,饮食所伤,寒温失宜,而致气滞血瘀,痰浊内阻者为实;因热饮伤津,房劳伤肾,年老肾虚,而致津枯血燥,气虚阳微者属虚。新病多实,或实多虚少;久病多虚,或虚中夹实。吞咽困难,梗塞不顺,胸膈胀痛者多实;食道干涩,饮食难下,或食入即吐者多虚。临证多有虚实夹杂之候,尤当详辨。

2. 分辨标本 噎膈以正虚为本,夹有气滞、痰阻、血瘀等标实之证。初起以标实为主,可见梗塞不舒,胸膈胀满,嗳气频作等气郁之证;胸膈疼痛,痛如针刺,痛处不移等瘀血之候;胸膈满闷,泛吐痰涎等痰阻的表现。后期以正虚为主,出现形体消瘦,皮肤干枯,舌质红少津等津亏血燥之候;面色㿠白,形寒气短,面浮足肿等气虚阳微之证。临证时应仔细辨明标本的轻重缓急。

笔记栏

二、治疗要点

1. 治疗原则 应权衡标本虚实,急则治其标,缓则治其本。初期以标实为主,重在治标,以理气、化痰、消瘀为法，并可少佐滋阴养血润燥之品。后期以正虚为主，重在治本，以滋阴养血，益气温阳为法，也可少佐理气、化痰、消瘀之药。

2. 用药禁忌　治标当顾护津液，不可过用辛燥之品；治本应保护胃气，不宜多用滋腻之品，存得一分津液，留得一分胃气，便多一分生机。

三、分证论治

1. 痰气交阻

临床表现：① 自觉吞咽时梗阻不畅，胸膈痞满，或有疼痛感，情志舒畅可减轻；② 嗳气呃逆，呕吐痰涎，口干咽燥，大便艰涩；③ 舌质红，苔薄腻，脉弦滑。

证候辨析：痰气交阻于上焦，则食道不利，吞咽困难，气滞则胸膈痞满，遇情绪舒畅可减轻，抑郁则加重，属气结初期特征。气结则津液不能上承，且气郁日久化热伤津，故口干咽燥，大便艰涩。痰气交阻于中焦，脾胃气机受损，胃气上逆，故嗳气呃逆，呕吐痰涎。舌质红，苔薄腻，脉弦滑，为气郁痰阻，兼有郁热伤津之象。临床具备①＋②或①＋③均可辨为痰气交阻型。

治法：开郁化痰，润燥降气。

代表方：启膈散加减。

常用药：丹参、郁金、砂仁壳行气化瘀以开郁；沙参、川贝、茯苓生津化痰以散结；荷叶蒂、杵头糠降浊和胃以降逆。

痰盛者，可加全瓜蒌、陈皮以增化痰之力；嗳气呕吐明显者，可加旋覆花、代赭石；津伤便秘，可选用增液汤加白蜜以助生津润燥之功。

2. 津亏热结

临床表现：① 吞咽梗涩而痛，水饮可下，固体食物难进；② 形体消瘦，口燥咽干，五心烦热，大便干结；③ 舌质红干，或有裂纹，脉弦细数。

证候辨析：胃津亏耗，食道失于濡润，故吞咽时梗涩而痛，尤以进食固体食物为甚。热结灼津，胃肠枯槁，则口燥咽干，大便干结；津亏日久，致肝肾之源不足，故五心烦热，形体消瘦。舌质红而干，或有裂纹，脉弦细数，均为津亏热盛之象。临床具备①＋②或①＋③均可辨为津亏热结型。

治法：生津养阴，泻热润燥。

代表方：五汁安中饮加减。

常用药：梨汁、藕汁、牛乳养胃生津；生姜汁和胃降逆，韭汁活血行瘀。

可加沙参、石斛、生地黄、熟地黄等，双补胃肾之阴，以增疗效；肠中燥结，大便不通者，可酌用大黄甘草汤泻热存阴，但应中病即止，以免重伤津液；胃火炽盛，格拒不入者，可用黄芩、黄连、栀子、竹茹、枇杷叶降火止吐。

3. 瘀血内结

临床表现：① 胸膈疼痛，饮食不下，食入即吐，甚则滴水难进，大便坚如羊屎，或吐出物如赤豆汁；② 面色晦暗，肌肤枯燥，形体消瘦；③ 舌质青紫，或黯红少津，脉细涩。

证候辨析：痰瘀内结日久，阻于食道，食道狭窄，甚则闭塞不通，故胸膈疼痛，食不得下，食入即吐，甚至滴水难进。阴伤肠燥，故大便干结，坚如羊屎。瘀热伤络，血渗脉外，则吐出物如赤豆汁。长期饮食不入，化源不足，故形体消瘦，肌肤枯燥。面色晦暗，舌质青紫或黯红，脉细涩，为血亏瘀结之象。临床具备①＋②或①＋③均可辨为瘀血内结型。

治法：滋阴养血，破结行瘀。

代表方：通幽汤加减。

常用药：生地黄、熟地黄、当归滋阴养血；桃仁、红花破结行瘀；升麻升清降浊。

瘀阻重者，可酌加丹参、赤芍、三七、乳香、没药以活血通络；痰瘀互结者，加海藻、昆布、贝母、瓜蒌、黄药子、三棱、莪术、炙穿山甲、急性子以破结消瘀；若服药艰难，难以下咽，可先含服玉枢丹以开膈降逆，其后再服汤剂。

4. 气虚阳微

临床表现：① 长期吞咽受阻，水饮不下，泛吐清涎，面色㿠白，精神疲惫；② 偏脾阳虚者，兼腹胀便溏，舌质淡，苔白，脉细弱；③ 偏肾阳虚者，兼形寒气短，面浮足肿，舌淡胖，苔白，脉沉细或沉迟无力。

笔记栏

证候辨析：久病阴损及阳，脾胃之阳气衰微，饮食无以受纳和运化，浊气上逆，故吞咽受阻，饮食不下，泛吐清涎，腹胀便溏。脾肾之阳气衰微，则气化功能丧失，寒湿停滞，故精神疲惫，面色㿠白，形寒气短，面浮肢肿。舌质淡，苔白，脉细弱或沉迟无力，为气虚阳微之象。临床具备①可辨为气虚阳微型；①＋②为偏脾阳虚型；①＋③为偏肾阳虚型。

治法：温补脾肾，益气回阳。

代表方：温脾用补气运脾汤加减；温肾用右归丸加减。

常用药：人参、黄芪、白术、茯苓、甘草补脾益气；砂仁、陈皮、半夏和胃降逆；附子、肉桂、鹿角胶、杜仲、菟丝子补肾助阳；熟地黄、山茱萸、山药、枸杞子、当归补肾滋阴。

呃逆不能食者，加旋覆花、代赭石以降逆止呕；若伴明显口咽干燥，形体消瘦者，为气阴两虚，加石斛、麦冬、沙参以滋阴生津。

噎膈至脾肾俱败阶段，一般宜先进温脾益气之剂，以救后天生化之源，待能稍进饮食与药物，再以暖脾温肾之方，汤丸并进，或两方交替服用。

【其他治法】

一、中成药

六神丸　口服，一次 10 粒，一日 2 次。具有清热解毒，消肿止痛的功效。适用于噎膈有热毒郁结者。

二、针灸

选择内关、膈俞、膈关等基本穴位。针用平补平泻法。适用于噎膈梗阻，吞咽困难者。

三、饮食辅助疗法

枸杞子 50 g，粳米 100 g，蜂蜜适量。以枸杞子与粳米同入锅中，加水适量煮粥，待煮熟后，加入蜂蜜调味食用，每日三餐温热服食。适用于食道癌术后及放、化疗期间出现噎膈者。

【转归预后】

若只出现噎证的表现，病情表现较轻而偏实，预后良好。若由实转虚，由噎至膈，则病情较重，预后不良，甚则脾肾衰败，阳竭于上而水谷不入，阴竭于下而二便不通，则转为关格，为阴阳离决的一种表现，危及生命。

【预防调护】

(1) 改变不良饮食习惯，戒烟酒，避免进食过快，咀嚼不足；不吃过烫、辛辣、变质、发霉食物；多吃新鲜蔬菜、水果；宜进食营养丰富的食物。

(2) 及时治疗食管及胃的慢性疾病，如食管炎、食管溃疡、食管白斑、贲门失弛缓症等疾病，防止癌变。也可对高危人群进行癌前预防性治疗。

(3) 加强护理，嘱患者每次进食后喝少量温开水或淡盐水冲洗食道，防止残留物对食管损伤。后期可进食牛奶、羊奶、肉汁、蜂蜜、藕汁、梨汁等流质饮食。做好心理工作，树立战胜疾病的信心。

【临证备要】

笔记栏

一、辨病思路

噎膈主要见于西医学中的食道癌、贲门癌、食道贲门失弛缓症、食道憩室、食道炎、胃神经官能症等疾病。如食管周围器官病变：食管裂孔疝、纵隔肿瘤、主动脉瘤、心脏增大等压迫食管，而出现吞咽困难，则不属于“噎膈”的治疗范畴。

1. 食管癌　发生在食管上皮组织的恶性肿瘤。主要表现为进行性吞咽困难,初期不显,中后期可有食物滞留感,咽喉部干燥和紧缩感,咽下干燥食物尤为明显,常伴有胸骨后疼痛及嗳气等症状。

2. 贲门癌　发生在食管胃交界线下约 2 cm 范围内的腺癌,是胃癌的特殊类型。早中期表现与食道癌相似,晚期则伴有胃癌的全部症状:吞咽障碍,上腹部沉重感,胃痛,恶心,呕吐,逐渐消瘦。贲门癌另一始发症状是上消化道出血,表现为呕血或柏油便。

3. 食道贲门失弛缓症　又称贲门痉挛,主要特征是食管缺乏蠕动,食管下端括约肌高压和对吞咽动作的松弛反应减弱。本病的典型表现为吞咽困难,胸骨后疼痛,食物反流及体重减轻。

4. 食道憩室　是指与食管腔相连的覆盖有上皮的盲袋。主要表现为缓慢的进行性吞咽困难,打嗝,反胃,反流出未经消化的食物及黏液,并与体位改变有一定关系。X 线检查可确诊。

5. 食道炎　食道黏膜浅层或深层组织发生水肿和充血而引发的炎症。主要以吞咽疼痛、困难,心口灼热及胸骨后疼痛居多,严重时还可引起食道痉挛及食道狭窄。内窥镜检查可查到食道黏膜的炎症状态。

6. 胃神经官能症　自主神经系统功能失常所致胃的运动与分泌功能失调。常有反酸、嗳气、厌食、恶心、呕吐、剑突下灼热感、食后饱胀、上腹不适或疼痛等症,可伴有神经官能症的其他常见症状,如倦怠、健忘、头痛、心悸、胸闷、盗汗、遗精和忧虑等。常见的临床类型有:神经性呕吐、神经性嗳气(吞气症)、神经性厌食等。

二、辨证思路

噎膈初期多为实证,日久则多为本虚标实之证。其标实为气滞、痰凝、血瘀,往往兼杂互见;其本虚表现为津亏血耗、阴损及阳、气虚阳微。临证单一证型出现的机会很少,须查清虚实,分清标本缓急,统筹兼顾,灵活施治。

三、治疗注意

1. 初起以标实为主,重在治标　使用理气、化痰、行瘀药物时,不可图一时之快,过用辛散香燥之品,以致耗气、伤阴、燥血、动火,促使败证丛生,可少佐滋阴养血润燥之品。

2. 后期以正虚为主,或虚实并重,治疗重在扶正　使用滋补药时,不可壅滞,用药总宜清润和降,务必以顾护胃气为念,可少佐理气开郁,化痰消瘀之品。

3. 保护胃气　本病病程长,用药时须保护胃气,顾护津液,防止用药不当而损伤脾胃。

【文献摘录】

《景岳全书·噎膈》:“凡治噎膈之法,当以脾肾为主。盖脾主运化,而脾之大络布于胸膈;肾主津液,而肾之气化主乎二阴。故上焦之噎膈,其责在脾;下焦之闭结,其责在肾。治脾者宜从温养,治肾者宜从滋润,舍此二法,他无捷径矣。”

《医贯·噎膈》:“噎膈者,饥欲得食,但噎塞迎逆于咽喉胸膈之间,在胃口之上,未曾入胃,即带痰涎而出,若一入胃下,无不消化,不复出矣,惟男子年高者有之,少无噎膈。”

《医学心悟·噎膈》:“噎膈,燥症也,宜润。经云:三阳结谓之膈,结,结热也。热甚则物干,凡噎膈症,不出胃脘干槁四字。槁在上脘者,水饮可行,食物难入。槁在下脘者,食虽可入,久而复出。”

(张　慧)

附

反　胃

反胃(regurgitation)是指饮食入胃,宿谷不化,经过良久,由胃反出的病证。西医学中的幽门痉挛、幽门梗阻等疾病可参考本病辨证论治。

本病多因饮食不当,饥饱不匀,恣食生冷,损伤脾阳;或素体脾胃虚弱;或忧愁思虑,损伤肝脾;或房室劳倦,损伤脾肾,均可导致脾胃虚寒,失其腐熟、运化水谷之职,饮食不化,停滞胃中,终至胃气上逆,尽吐而出,形成反胃。若反复呕吐,致津气并虚,日久不愈,则脾虚及肾,导致肾阳亦虚,命门火衰,犹如釜底抽薪,不能温脾以腐熟消化水谷,则

笔记栏

病情更为严重。

脾胃虚寒

临床表现：① 食后胃脘胀满，朝食暮吐，暮食朝吐，宿谷不化，吐后转舒；② 神疲乏力，面色少华，手足不温，大便溏少；③ 舌淡苔白滑，脉细缓无力。

证候辨析：中虚有寒，宿食停留不化，故食后脘腹胀满，吐出宿谷，即觉舒适。由于久吐伤气，食物又不能化生精微，故神疲乏力，面色少华。舌淡苔薄，脉象细缓无力，乃脾胃虚寒之象。临床具备①＋②或①＋③均可辨为脾胃虚寒型。

治法：温中健脾，降气和胃。

代表方：丁香透膈散加减。

常用药：人参、白术、炙甘草健脾益气；丁香、半夏、木香、香附降气和胃；砂仁、白豆蔻、神曲、麦芽醒脾化食。

若吐甚，可加旋覆花、代赭石降逆止呕；若脾胃虚寒，四肢不温者，加附子、干姜温运脾阳，或用附子理中汤加吴茱萸、丁香温中降逆；若面色㿠白，四肢清冷，腰膝酸软，肾阳不足者，可用右归丸之类。

（张　慧）

第五节　呃　　逆

【概述】

一、定义

呃逆(hiccup)是指胃气上逆动膈，以气逆上冲，喉间呃呃连声，声短而频，难以自制为主要表现的病证。

二、源流

《内经》无呃逆之名，其记载的“哕”即指本病，如《素问・宣明五气》说：“胃为气逆，为哕”。该书已认识本病的病机为胃气上逆，还认识到呃逆发病与寒气及胃、肺有关，如《灵枢・口问》说：“谷入于胃，胃气上注于肺，今有故寒气与新谷气，俱还入于胃，新故相乱，真邪相攻，气并相逆，复出于胃，故为哕”，且认识到呃逆是病危的一种征兆，如《素问・宝命全形论》曰：“病深者，其为哕。”在治疗方面，《内经》提出了三种简易疗法，如《灵枢・杂病》曰：“哕，以草刺鼻，嚏，嚏而已；无息，而疾迎引之，立已；大惊之，亦可已。”

汉代，张仲景在《金匮要略・呕吐哕下利病脉证治》中将呃逆分为三种：一为实证，即“哕而腹满，其前后，知何部不利，利之则愈”；二为寒证，即“干呕哕，若手足厥者，橘皮汤主之”；三为虚热证，即“哕逆者，橘皮竹茹汤主之。”这为后世寒热虚实辨证分类奠定了基础。

本病自唐宋以来，有以咳逆为哕，有以干呕为哕，亦有以噫气为哕。至明代，张介宾进一步把呃逆病名确定下来，如《景岳全书・呃逆》说：“哕者呃逆也，非咳逆也；咳逆者咳嗽之甚者也，非呃逆也；干呕者无物之吐，即呕也，非哕也；噫者饱食之息，即嗳气也，非咳逆也。后人但以此为鉴，则异说之疑可尽释矣。”

《景岳全书・杂证谟・呃逆》曰：“寒呃可温可散，寒去则气自舒也。热呃可降可清，火静而气自平也”，将呃逆治法简明扼要地归纳出来。另提到脉证与治法：“凡声强气盛而脉见滑实者，多宜清降；若声小息微而脉见微弱者，多宜温补。”

三、范围

西医学中的单纯性膈肌痉挛属于本病范畴。其他疾病如胃肠神经官能症、胃炎、胃扩张、肝硬化晚期、脑血管病、尿毒症，以及胃、食管手术后或其他原因引起的膈肌痉挛，均可参考本篇辨证论治。

笔记栏

【病因病机】

1. 饮食不当　进食太快太饱，过食生冷，或因病而过服寒凉药物，寒气蕴蓄中焦，损伤胃阳，胃失温煦,气机不利,气逆动膈,上冲于喉,发出呃呃之声,不能自制;或过食辛辣醇酒厚味,或因病过用温补之剂,燥热内生,腑气不通,气失和降,反作上逆,发为呃逆。

2. 情志不遂　恼怒伤肝,气机不利,以致肝气横逆犯胃,胃失和降,气逆动膈;或因忧思伤脾,脾失健运,蕴生痰湿;或因气郁化火,灼津成痰;或素有痰饮内停,复因恼怒,皆可致逆气挟痰浊上逆动膈而发生呃逆。

3. 正气亏虚或素体不足　年高体弱,或大病久病,正气未复,或吐下太过,虚人误攻等,均可损伤中气,使脾胃虚弱,胃失和降;或热病耗伤胃阴,或汗吐下太过,损伤胃津,以致胃中津液不足,失于濡润,胃失和降,虚火挟胃气上逆动膈而成呃逆。若病深及肾,肾失摄纳,冲气上乘,挟胃气上逆动膈,也可导致呃逆(图 6-5)。

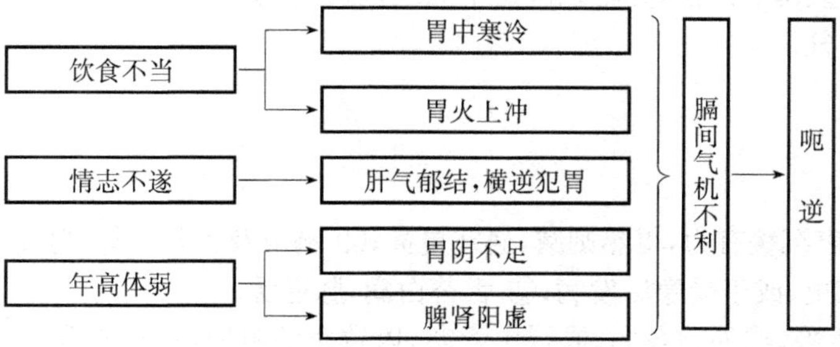

图 6-5　呃逆病因病机示意图

呃逆总由胃气上逆动膈而成。病变脏腑在膈,病变关键脏腑在膈与胃,并与肺、肝、肾有关。手太阴肺之经脉,还循胃口,上膈、贯肺,且膈位于肺、胃之间,肺胃气逆,可致膈间气机不利,逆气上出于喉间,而生呃逆;肺胃之气的和降尚有赖于肾气摄纳功能的正常,若久病及肾,肾失摄纳,则肺胃之气不能顺降,上逆动膈发为呃逆;气机条畅与否还赖于肝之条达,若肝气怫郁,横逆犯胃,气逆动膈,亦成呃逆。

【诊断】

诊断要点

(1) 以气逆上冲,喉间呃呃连声,声短而频,不能自止为主症,其呃声或高或低,或疏或密,间歇时间不定。

(2) 常伴有胸脘膈间不舒,腹中不适,情绪不安等症状。

(3) 多有受凉、饮食不调、情志不畅等诱发因素。起病多较急。

(4) 相关检查:呃逆控制后可行胃肠钡剂 X 线透视及内镜检查,有助于诊断。

【鉴别诊断】

1. 干呕　两者同属胃气上逆的表现,干呕属于有声无物的呕吐,乃胃气上逆,冲咽而发出呕吐之声。呃逆则指气从膈间上逆,气冲喉间,呃呃连声,声短而频,不能自制。

2. 嗳气　两者均为胃气上逆,嗳气乃胃气阻郁,气逆于上,冲咽而出,发出沉缓的嗳气声,常伴酸腐气味,食后多发,故张介宾称之为"饱食之息",与喉间气逆而发出的呃呃之声不难区分。

在预后方面,干呕与嗳气只是胃肠疾病的症状,与疾病预后无明显关系,而呃逆若出现于危重患者,往往为临终先兆,应予警惕。

【辨证论治】

一、辨证要点

1. 辨生理病理　呃逆一证在辨证时应首先分清是生理现象,还是病理反应。若一时性气逆而作呃

笔记栏

逆,且无明显兼证者,属暂时生理现象,可不药而愈。若呃逆持续或反复发作,兼症明显,或出现在其他急慢性病证过程中,可视为呃逆病证,需服药治疗才能止呃。

2. 辨虚、实、寒、热　呃声洪亮,冲逆而出,多属热证;呃声沉缓有力,得寒则甚,得热则减,多属寒证;如呃逆声高,气涌有力,连续发作,多属实证;呃逆时断时续,气怯声低乏力,多属虚证。

3. 辨病情深危　老年正虚,重证后期,急危患者,呃逆断续不继,呃声低微,气不得续,饮食难进,脉细沉伏,是元气衰败、胃气将绝之候。

二、治疗要点

呃逆一证,总由胃气上逆动膈而成,所以理气和胃,降逆止呃为基本治法。止呃要分清寒热虚实,分别施以祛寒、清热、补虚、泻实之法,并辅以降逆平呃之剂,以利膈间之气。对于重危病证中出现的呃逆,急当大补元气,救护胃气。

三、分证论治

1. 胃中寒冷

临床表现:① 呃声沉缓有力,得热则减,遇寒更甚;② 胸膈及胃脘不舒,恶食冷饮,喜食热食,口淡不渴;或有过食生冷寒凉史,或于受寒后发病;③ 舌苔白润,脉迟缓。

证候辨析:过食生冷,或外感寒邪,或胃中积寒,以致寒邪阻遏,胃气不降,上逆作呃,呃声沉缓。胃气不和,则脘膈痞闷不舒。寒气得温则行,遇寒则凝,故呃逆及脘闷不适遇寒更甚。阳气受遏,四肢不得温养,故肢冷。口淡不渴,舌苔白,脉迟缓,均属胃中有寒之象。临床具备①+②或①+③均可辨为胃中寒冷型。

治法:温中散寒,降逆止呃。

代表方:丁香散加减。

常用药:丁香暖胃降逆;柿蒂温中下气;良姜温中散寒,宣通胃阳;炙甘草和胃。

若寒气较重,脘腹胀痛者,加吴茱萸、肉桂、乌药散寒降逆;若寒凝食滞,脘闷嗳腐者,加莱菔子、槟榔、半夏行气导滞;若气逆较甚,呃逆频作者,加刀豆子、旋覆花、代赭石以理气降逆。

2. 胃火上逆

临床表现:① 呃声洪亮,冲逆而出;② 口臭烦渴,多喜冷饮,大便秘结,小便短赤;③ 舌质红,苔黄或黄燥,脉滑数。

证候辨析:胃肠蕴蓄积热,郁而化火,胃火上冲,故呃声洪亮,冲逆而出。阳明热重,灼伤胃津,故口臭烦渴而喜冷饮。热邪内郁,肠间燥结,故大便秘结,小便短赤。舌苔黄,脉滑数,均为胃热内盛之象。临床具备①+②或①+③均可辨为胃火上逆型。

治法:清热和胃,降逆止呃。

代表方:竹叶石膏汤加减。

常用药:竹叶、生石膏辛凉甘寒,清泻胃火;麦冬滋养津液;人参、粳米、甘草益胃和中;法半夏降逆和胃。

胃气不虚者,去人参,可加柿蒂、竹茹顺气降火平呃;便秘者则合小承气汤,用大黄、枳实、厚朴通利大便,釜底抽薪,上病下治。

3. 气机郁滞

临床表现:① 呃逆连声,常因情志不畅而诱发或加重;② 胸胁满闷,脘腹胀满,嗳气纳减,肠鸣矢气;③ 舌苔薄白,脉弦。

证候辨析:肝气郁滞,横逆犯胃,胃气上逆动膈,而成呃逆,因情志不畅而诱发或加重。肝经循行走两胁,肝郁气滞,故胸胁胀满不舒。气机不畅,故脘腹胀满,嗳气,肠鸣矢气。肝木克脾土,故纳减。舌苔薄白,脉弦,为气机郁滞之象。临床具备①+②或①+③均可辨为气机郁滞型。

治法:顺气解郁,和胃降逆。

代表方:五磨饮子加减。

常用药:木香、乌药解郁顺气;枳壳、沉香、槟榔宽中降气。

可加丁香、代赭石降逆止呕;肝郁明显者,加香附、郁金疏肝解郁;若心烦口苦,气郁化热者,加栀子、

笔记栏

黄连泄肝和胃;若气逆痰阻,昏眩恶心者,可用旋覆代赭汤加陈皮、茯苓,以顺气降逆,化痰和胃;若气滞日久及瘀,久呃不止,胸胁刺痛者,可用血府逐瘀汤活血化瘀。

4. 脾胃阳虚

临床表现:① 呃声低沉无力,气不得续;② 面色苍白,手足欠温,食少乏力,泛吐清水,或便溏久泻;③ 舌质淡或淡胖,边有齿痕,苔白润,脉沉细弱。

证候辨析:脾胃为后天之本,同居中焦。若饮食不节,或劳倦伤中,或素体阳虚,脾胃失于温养,脾难主升,胃难主降,则虚气上逆,发为呃逆,呃声低弱无力,气不得续。脾胃阳虚,失于温运,则食少乏力,便溏久泻。阳虚则水饮停胃,故泛吐清水。手足不温,舌质淡,苔白润,脉细弱,均为阳虚之象。临床具备①+②或①+③均可辨为脾胃阳虚型。

治法:温补脾胃,和中降逆。

代表方:理中丸加减。

常用药:干姜温中祛寒,人参、白术、甘草健脾益胃。

可加吴茱萸、丁香温胃平呃;若寒甚者,加附子温肾祛寒;若呃声难续,气短乏力,中气大亏者,可用补中益气汤;若病久及肾,肾失摄纳,腰膝酸软,呃声难续者,可用金匮肾气丸、七味都气丸。

5. 胃阴不足

临床表现:① 呃声短促,口干咽燥;② 烦渴少饮,不思饮食,或食后饱胀,大便干燥;③ 舌质红而干,或有裂纹,舌苔少而干,脉细数。

证候辨析:由于热病耗伤胃阴,或郁火伤阴,或辛温燥热之品耗损津液,致胃中津液不足,胃失濡养,气机不得顺降,故呃声短促,气不连续;口干舌燥,烦渴而不多饮,不思饮食,食后饱胀,大便干燥,为津液耗伤、虚热内扰所致。舌质红,苔少而干,脉细数,均为阴虚之象。临床具备①+②或①+③均可辨为胃阴不足型。

治法:益气养阴,和胃止呃。

代表方:益胃汤加减。

常用药:沙参、麦冬、玉竹、生地黄、冰糖皆属甘润养阴益胃之品。

可酌加陈皮、竹茹、枇杷叶等顺气降逆之品,以达养胃阴而止呃逆之功。

【其他治法】

一、针灸

1. 体针 选择足三里、天突、内关、中脘、胃俞、膈俞等穴。

2. 耳针 选择耳中、胃;配穴选肝、脾、交感、神门、皮质下、肾上腺等穴。

二、按摩

合谷、人迎、翳风、天突,任选一穴。

三、取嚏法

用胡椒粉刺激使打喷嚏。

四、深吸气后屏气法

患者深吸气后迅速用力屏气,然后缓缓呼气即可。此法可反复使用,多用于由精神刺激和进食过快引发者。

五、按压眼球法

患者闭目,术者将双手拇指置于患者双侧眼球上,按顺时针方向适度揉压眼球上部,直到呃逆停止。青光眼、高度近视患者忌用,心脏病患者慎用。

笔记栏

六、饮食疗法

1. 橘柿汤　橘皮 15 g，柿蒂 10 g，姜汁适量。水煮，取汁，顿服。具有通郁滞，理气机，降逆止呕的功效。适用于气机郁滞型呃逆。

2. 柿蒂饮　柿蒂 7 g，刀豆子 12 g。柿蒂、刀豆子放入锅内，加水适量煮至熟烂，取汁，顿服，一日 1～2 次。具有和胃下气，调肝止呃的功效。适用于气机郁滞型呃逆。

【转归预后】

呃逆之证，轻重预后差别较大。如属单纯性呃逆，偶然发作，大都轻浅，预后良好；若在急、慢性疾病过程中，病情多较重；如见于重病后期，正气甚虚，呃逆不止，呃声低微不得续，饮食不进，脉沉细伏者，多属胃气将绝，元气欲脱的危候，极易生变，预后不良。

【预防调护】

(1) 保持精神舒畅，避免过喜、暴怒等精神刺激。

(2) 注意避免外邪侵袭。

(3) 饮食宜清淡，忌食生冷、辛辣，避免饥饱失常。发作时应进食易消化饮食，半流饮食。

(4) 若呃逆并发于一些急慢性疾病过程中，要积极治疗原发病。

(5) 患者病情危重时出现呃逆，是一种凶险的征兆，采用见呃止呃的对症处理往往无效，应积极进行抢救，挽救患者生命。

【临证备要】

一、辨病思路

1. 自限性呃逆　见于健康人群。常发生于进食过快、过饱，或食物过冷、过热、过度辛辣，酗酒或大量喝碳酸饮料等。气温急剧变化，情感因素刺激也可触发。

2. 持续性呃逆

(1) 神经性呃逆：见于颅内疾患。多见于急性脑血管病，其中尤其以重症脑出血、脑室出血以及大面积脑梗死、脑干梗死、延髓背外侧综合征和小脑卒中等为多见。颅内其他疾患如炎症、肿瘤、多发性硬化以及颅后凹病变、外伤等直接或间接累及延髓呼吸中枢以及各种原因所致的脑水肿、颅内高压等均可为呃逆的原因。临床上一般有明确的原发病病史，查体可见神经系统症状及体征。脑脊液检查可发现异常，脑电图、CT、MRI 或脑血管造影有助于明确诊断。

(2) 中毒性呃逆：可见于酒精中毒、环内烷、铅、巴比妥类中毒，或服用甲基多巴、皮质激素药物等；全身感染而伴有显著毒血症者，如伤寒等；尿毒症的晚期、电解质平衡紊乱等可引起呃逆。诊断依据有毒物接触史，近期服药史以及原发疾病的病史，结合有关检查，特别应注意有无水电解质紊乱、酸碱失衡的情况。

(3) 精神性呃逆：见于癔症、神经症患者，可因精神刺激而诱发频繁性呃逆。

3. 周围性呃逆

(1) 胸部疾病：可见于胸腔脏器如肺、支气管、食管、心脏等的疾患。临床上可见胸肺疾病的临床表现如咳嗽、咳痰、胸痛等，查体可见相应疾病的体征，X 线可见肺部疾患、胸膜病变、纵隔病变等的特异性改变，必要时可行 CT、MRI 等进一步明确诊断。

(2) 膈肌病变：见于各种类型的膈疝、膈胸膜炎等，X 线有助于明确诊断。

(3) 腹部病变：见于膈下脓肿，及肝、胆、胰等疾病。临床上可见相应疾病的症状及体征。B 超、CT、MRI 有助于明确诊断。

笔记栏

二、辨证思路

顽固性呃逆病机总由胃气上逆动膈所致。辨证不外虚、实、寒、热四方面：凡寒积于胃，或燥热内盛，或气逆痰阻等，皆属于实证范畴；而胃阴不足，或脾胃阳虚者，皆为虚证。实证呃声响亮有力、连续不断，脉多弦滑。兼食滞者，则呃而脘闷嗳腐；如属气滞者，则呃而胸胁胀满；痰饮内停者，则呃而胸闷痰多，或心悸，或目眩。虚证呃声低沉无力，时断时续；若属阳虚可兼畏寒，食少便溏，腰膝酸软，手足欠温；若为阴虚，可见心烦不安，口舌干燥等证。寒证呃声沉缓，胃脘不舒，得热减，遇寒甚，舌苔白润；热证呃声响亮，面赤，口臭烦渴，溺赤便秘。

三、治疗注意

1. 治疗呃逆勿忘宣通肺气　手太阴之脉还循胃口，上膈，属肺。肺胃之气又同主于降，故两脏在功能上相互促进，在病理变化时亦互为影响。膈居肺胃之间，当致病因素乘袭肺胃之时，易使膈间之气不畅，而发呃逆。《内经》中早有取嚏使肺及膈间之气通，以助胃气复降的治法。《医部全录·呃门》陈梦雷注："阳明所受谷气，欲从肺达表，肺气逆还于胃，气并相逆，复出于胃，故为哕。以草刺鼻，取嚏以通肺，肺气疏通，则谷气得以转输而呃逆止矣。"故治疗呃逆一定要注意治肺。

2. 顽固性呃逆勿忘活血　呃逆一证，总由胃气上逆动膈而成，故临床治疗时总以理气、降气为法。但久病及瘀，由于气为血帅，久呃气机不畅日久，必影响血运而生瘀血。所以临床治疗久治不愈的顽固性呃逆，除理气和胃，降逆平呃之外，还需加以活血祛瘀，如逐瘀汤之属，亦可少佐通络之品，如地龙、蜈蚣等。

【文献摘录】

《景岳全书·呃逆》："然病在气分，本非一端，而呃之大要，亦惟三者而已，则一曰寒呃，二曰热呃，三曰虚脱之呃。寒呃可温可散，寒去则气自舒也；热呃可降可清，火静而气自平也；惟虚脱之呃，则诚危殆之证，其或免者亦万幸矣。"

《证治汇补·呃逆》："火呃，呃声大响，乍发乍止，燥渴便难，脉数有力；寒呃，朝宽暮急，连续不已，手足清冷，脉迟无力；痰呃，呼吸不利，呃有痰声，脉滑有力；虚呃，气不接续，呃气转大，脉虚无力；瘀呃，心胸刺痛，水下即呃，脉芤沉涩。"

《类证治裁·呃逆》："呃逆皆是寒热错杂，二气相搏，故治之亦多寒热相兼之剂，如丁香、柿蒂并投之类。"

（马剑颖）

第六节　腹　痛

【概述】

一、定义

腹痛（abdominal pain）是指胃脘以下、耻骨毛际以上部位发生疼痛为主要表现的病证，多由脏腑气机不利，或经脉失养而成。本节主要讨论内科腹痛。

二、源流

《内经》提出外邪客于肠胃可引起腹痛。《素问·气交变大论》说："岁土太过，雨湿流行，肾水受邪，民病腹痛"。《素问·举痛论》曰："寒气客于肠胃之间，膜原之下，血不得散，小络急引故痛。""热气留于小肠，肠中痛，瘅热焦渴，则坚干不得出，故痛而闭不通矣。"

《金匮要略·腹满寒疝病宿食病脉证治》对腹痛的辨证论治作了较为全面的论述，“病者腹满，按之不痛为虚，痛者为实，可下之。舌黄未下者，下之黄自去”，对“腹中寒气，雷鸣切痛，胸胁逆满、呕吐”的脾胃虚寒、水湿内停证及寒邪攻冲证，分别提出用附子粳米汤及大建中汤治疗等，开创了腹痛证治先河。

《诸病源候论》始将腹痛独立辨证，对其病因、证候进行详细表述，“凡腹急痛，此里之有病”“由腑脏虚，寒冷之气客于肠胃膜原之间，结聚不散，正气与邪气交争，相击故痛。”《仁斋直指方》将腹痛分寒热、死血、食积、痰饮、虫积等几类，并对不同腹痛提出鉴别，“气血、痰水、食积、风冷诸症之痛，每每停聚而不散，惟虫痛则乍作乍止，来去无定，又有呕吐清沫之可验。”

金元时期，李杲将腹痛按三阴经及杂病进行辨证论治，李氏在《医学发明》强调“痛则不通”的病理学说，并在治疗原则上提出“痛随利减，当通其经络，则疼痛去矣”，对后世产生很大影响。

三、范围

腹痛是临床上极为常见的一个症状，西医学中的急慢性胰腺炎、肠易激综合征、消化不良、胃肠痉挛、不完全性肠梗阻、肠粘连、肠系膜和腹膜病变、泌尿系结石、肠道寄生虫等疾病，以腹痛为主要表现者，均可参照本节内容辨证论治。

【病因病机】

腹内有肝、胆、脾、肾、大肠、小肠、膀胱等脏腑，为足三阴经、足少阳经、手足阳明经、冲脉、任脉、带脉等经脉循行之处。外感时邪、饮食所伤、情志失调及素体阳虚等可导致脏腑气机不利，经脉运行不畅，或脏腑经脉失养而发生腹痛(图6-6)。

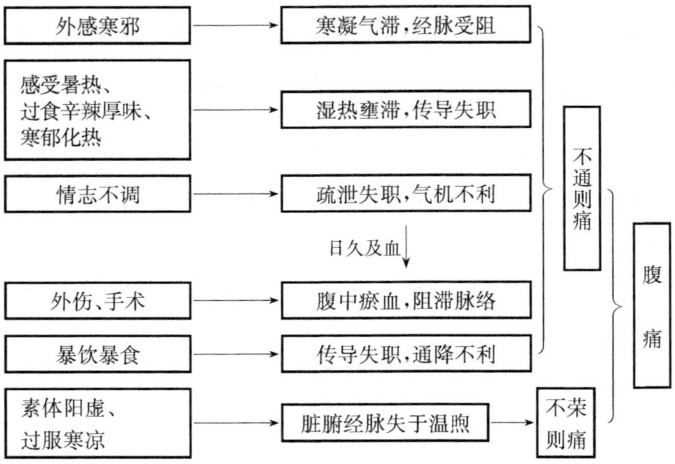

图6-6　腹痛病因病机示意图

1. 感受外邪，内传于里　六淫之邪，侵入腹中，均可引起腹痛。寒主收引，寒主凝滞，伤于风寒则经脉受阻，气血运行失畅，不通而痛。腑以通为顺，以降为和，如伤于暑热，或寒邪不解，郁而化热，或湿热壅滞，均可导致传导失职，腑气不通而发生腹痛。

2. 饮食不节，损伤肠胃　暴饮暴食，饮食停滞；或过食肥甘厚腻或辛辣，酿生湿热，蕴积胃肠；或过食生冷，寒湿内停；或饮食不洁，肠虫滋生，均可损伤脾胃，气机通降不利而发生腹痛。

3. 情志失调，气滞血瘀　抑郁恼怒，肝失疏泄条达，气机不畅，不通而痛。或气滞日久，血行不畅，瘀血内生，阻滞脉络而腹痛。此外跌仆损伤，腹部手术，亦可形成腹中瘀血，脉络不通，导致腹痛。

4. 阳气素虚，失于温养　素体脾阳亏虚，虚寒中生，或过服寒凉之品，损伤脾阳，或病久肾阳不足，相火失于温煦，均可导致腹部脉络、气血失于温养，不荣则痛。

笔记栏

腹痛的成因，不外寒、热、虚、实四端，其病机要点是“不通则痛”或“不荣则痛”。各病因之间常相互联系，或相兼为病。外感寒热、内伤饮食、情志，以及虫积、跌仆等病因，皆可导致脏腑气机不利，气血运行不畅，经脉阻滞而出现实痛；气血不足，阳气虚弱，则脏腑经脉失于温养，气血运行无力而成虚痛。

【诊断】

诊断要点

(1) 以胃脘以下,耻骨毛际以上部位疼痛为主要表现。

(2) 其疼痛性质各异,但一般不甚剧烈,腹软,压痛较轻,无腹肌紧张及反跳痛。

(3) 起病多缓慢,其痛发或加剧常与饮食、情志、受凉等因素有关。

(4) 相关检查:腹部X线、B超检查,血常规、尿常规、血淀粉酶、尿淀粉酶、CT、心电图等有助于诊断及鉴别诊断。

(5) 应注意排除外科腹痛、妇科腹痛,以及其他内科疾病所引起的腹痛。

【鉴别诊断】

1. 胃痛 胃脘与腹相邻,腹痛常伴有胃痛的症状,胃痛亦时有腹痛的表现,常需鉴别。胃痛部位在心下胃脘之处,常伴有恶心、嗳气等胃病见症;腹痛部位在胃脘以下,耻骨毛际以上,多伴有便秘、泄泻等肠病症状。如两症同时出现时,须辨明主症与兼次症。

2. 其他内科疾病中的腹痛症状 许多内科疾病常见腹痛的表现,但均以其本病特征为主,此时的腹痛只是该病的症状。如痢疾之腹痛,伴有里急后重,下痢赤白脓血;积聚之腹痛,以腹中包块为特征;鼓胀之腹痛,以腹部外形胀大为特点,而腹痛病证,当以腹部疼痛为主要表现。

3. 外科腹痛、妇科腹痛 内科腹痛常先发热后腹痛,疼痛一般不剧,腹软,压痛不明显;外科腹痛多后发热,疼痛剧烈,痛有定处,压痛明显,伴有肌紧张和反跳痛等。妇科腹痛多在小腹,与经、带、胎、产有关,如痛经、先兆流产、宫外孕、输卵管破裂等,应及时进行妇科检查,以明确诊断。

【辨证论治】

一、辨证要点

1. 辨腹痛性质 腹痛拘急,或坚满急痛,遇冷痛剧,得热则减者,为寒痛;腹痛急迫,痛处灼热,常伴腹胀便秘,得凉痛减者,为热痛;腹痛时轻时重,痛处不定,攻冲作痛,伴胸胁不舒,腹胀,嗳气或矢气则胀痛减轻者,属气滞痛;腹部刺痛,固定不移,痛处拒按,入夜尤甚,或伴面色晦暗者,为血瘀痛;因饮食不节,脘腹胀痛,嗳腐吞酸,痛甚欲便,便后痛减者,为伤食痛;暴痛多实,伴腹胀,呕逆,拒按等;久痛多虚,痛势绵绵,喜揉喜按。

2. 辨腹痛部位 胁腹、少腹疼痛,多为肝经受病;大腹疼痛,多为脾胃、大小肠受病;小腹疼痛,多为膀胱、胞宫受病;脐腹疼痛,多为大小肠受病,或虫积。

二、治疗要点

六腑以通为顺,以降为和,腹痛以"不通则痛"为病机特征,所以治疗腹痛多以"通"字立法,"通则不痛",但通法并非单纯泻下,应根据证候的虚实寒热、在气在血辨证论治。实证腹痛,重在祛邪疏导;虚证腹痛,重在温中补虚,益气养血;而对于"久痛入络",绵绵不愈之腹痛,可采取辛温活血通络之法。

三、分证论治

1. 寒邪内阻

临床表现:① 腹痛拘急,得温痛减,遇寒痛甚;② 口淡不渴,形寒肢冷,小便清长,大便清稀或秘结;③ 舌质淡,苔白腻,脉沉紧。

证候辨析:寒主收引,主凝滞,寒邪入侵,阳气不运,气血受阻,故腹痛拘急,得温则寒散而痛减,遇冷则寒凝而痛甚。中阳受伤,运化失健,则大便清稀或秘结,口淡不渴,小便清长,舌质淡,苔白腻,脉沉紧,

笔记栏

为里寒之象。临床具备①+②或①+③均可辨为寒邪内阻型。

治法：散寒温里，理气止痛。

代表方：良附丸合正气天香散加减。

常用药：高良姜、干姜、紫苏温中散寒；乌药、香附、陈皮理气止痛。

寒甚者，加附子温里散寒；腹胀者，加木香、厚朴行气导滞；四肢不温者，加桂枝调和营卫；恶心呕吐者，加半夏降逆止呕；若寒实积聚，大便不通者，用大黄附子汤泻积散寒；寒滞肝脉，少腹拘急冷痛者，用暖肝煎暖肝散寒。

2. 湿热壅滞

临床表现：① 腹部胀痛，痞满拒按；② 口干，口苦，或身热，大便秘结，或溏滞不爽，小便黄赤；③ 舌苔黄腻或黄燥，脉滑数。

证候辨析：六腑以通为顺，以降为和。湿热内结，气机壅滞，腑气不通，故腹痛拒按。传导失常，故大便秘结，或溏滞不爽。热伤津液，故自汗，烦渴引饮。尿赤，身热，苔黄，脉滑数均为湿热之象。临床具备①+②或①+③均可辨为湿热壅滞型。

治法：泻热通腑，行气导滞。

代表方：大承气汤加减。

常用药：大黄苦寒泄热，攻下燥屎；芒硝咸寒软坚，润燥破结；厚朴、枳实破气导滞，消痞除满。

湿热重，燥结不甚者，去芒硝，加栀子、黄芩、黄柏；身热口渴烦躁者，加生石膏、黄连、天花粉生津清热止渴；腹痛剧烈，寒热往来，恶心呕吐，大便秘结者，为少阳、阳明合病，改用大柴胡汤表里双解；若转移性小腹右侧疼痛，为肠痈者，用大黄牡丹皮汤。

3. 饮食积滞

临床表现：① 脘腹胀满，疼痛拒按，嗳腐吞酸；② 厌食，痛而欲泻，泻后痛减，粪便奇臭，或大便秘结；③ 舌苔厚腻，脉滑。

证候辨析：饮食停滞肠胃，故脘腹胀痛拒按。浊气上逆，故嗳腐吞酸。食滞中阻，运化无权，故腹痛而泻，泻后痛减。宿食燥结生热，故大便秘结。舌苔厚腻，脉滑，为食积之象。临床具备①+②或①+③均可辨为饮食积滞型。

治法：消食导滞。

代表方：枳实导滞丸加减。

常用药：大黄、枳实、神曲消食导滞；黄芩、黄连、泽泻清热化湿；白术、茯苓健脾和胃。

腹痛胀满者，加厚朴、木香行气消胀；兼大便自利，恶心呕吐者，去大黄，加陈皮、苍术理气燥湿，降逆止呕；如食滞不重，腹痛较轻者，用保和丸。

4. 肝郁气滞

临床表现：① 脘腹疼痛，胀满不舒，痛无定处；② 痛引少腹、两胁，得嗳气矢气则舒，遇忧思恼怒则剧；③ 舌苔薄白，脉弦。

证候辨析：肝主疏泄，肝气郁滞，气机条畅失职，故脘腹胀痛。嗳气或矢气后则气机稍得舒通，故胀痛酌减。情志不畅则气郁更甚，故胀痛加剧。肝经循行走两胁、少腹，故痛引少腹、两胁。舌苔薄白，脉弦，为肝郁气滞之象。临床具备①+②或①+③均可辨为肝郁气滞证。

治法：疏肝解郁，理气止痛。

代表方：柴胡疏肝散加减。

常用药：柴胡、枳壳、香附、陈皮疏肝理气；芍药、甘草缓急止痛；川芎行气活血。

气滞较重，胸肋胀痛者，加川楝子、延胡索、郁金；痛引少腹睾丸者，加橘核、荔枝核、川楝子；腹痛肠鸣，气滞腹泻者，加用痛泻要方；日久伤阴者，加麦冬、生地黄滋阴润燥；肝郁化热者，加牡丹皮、山栀子、川楝子清肝泄热。

5. 瘀血阻滞

笔记栏

临床表现：① 少腹疼痛，痛如针刺，痛处固定不移，拒按，腹痛经久不愈；② 腹部包块，大便色黑，肌肤甲错；③ 舌质紫黯或有瘀斑，脉细涩。

证候辨析：气滞日久，气滞血瘀，血属有形，则少腹痛势较剧，痛如针刺，甚则积聚不散而成包块，经久不愈。舌质紫黯，脉细涩，为瘀血之象。临床具备①+②或①+③均可辨为瘀血阻滞证。

治法：活血化瘀。

代表方：少腹逐瘀汤加减。

常用药：当归、川芎、赤芍养血活血；蒲黄、五灵脂、没药、延胡索化瘀止痛；小茴香、肉桂、干姜温经止痛。

腹部术后腹痛，久治不愈者，加泽兰、红花；跌仆损伤，加丹参、王不留行，或吞服三七粉、云南白药；下焦蓄血，大便色黑者，用桃核承气汤。

6. 中脏虚寒

临床表现：① 腹痛绵绵，时作时止，喜温喜按，饥饿劳累后加重，得食休息后减轻；② 神疲乏力，气短懒言，形寒肢冷，面色无华，大便溏薄；③ 舌淡，苔薄白，脉沉细。

证候辨析：中阳不足，脾胃脉络失于温养，故腹痛绵绵，时作时止，遇温得食则阳气得助，疼痛减轻，脾阳不振，运化无权，故大便溏薄。阳气不足，则神疲乏力，气短懒言。舌淡，苔薄白，脉沉细，皆为虚寒之象。临床具备①+②或①+③均可辨为中脏虚寒证。

治法：温中补虚，缓急止痛。

代表方：黄芪建中汤加减。

常用药：黄芪、桂枝、饴糖、生姜、大枣温中补虚；芍药、甘草缓急止痛。

腹中大寒痛，呕吐肢冷，加大建中汤温中散寒；腹痛下痢，脉微肢冷，脾肾阳虚者，加附子理中汤；大肠虚寒，积冷便秘者，加温脾汤；中气大虚，少气懒言者，用补中益气汤。

【其他治法】

一、中成药

1. 逍遥丸　口服，一次 6～9 g，一日 2 次。具有疏肝理气的功效。适用于肝郁气滞型腹痛。

2. 香砂养胃丸　口服，一次 6～9 g，一日 2 次。具有健脾理气的功效。适用于脾虚气滞型腹痛。

3. 附子理中丸　口服，一次 6～9 g，一日 2 次。具有温中健脾的功效。适用于中脏虚寒型腹痛。

4. 保和丸　口服，一次 6～9 g，一日 2 次。具有消食导滞的功效。适用于饮食积滞型腹痛。

二、针灸

取中脘、足三里、天枢、脾俞、胃俞、气海、关元等穴。实证针用泻法，虚证针用补法或加灸法。

三、饮食疗法

1. 白术猪肚粥　白术 30 g，生姜 2 g，槟榔 10 g，猪肚 1 个，粳米 100 g，煮粥。适用于中脏虚寒腹痛。

2. 当归生姜羊肉汤　当归 30 g，生姜 30 g，羊肉 500 g，炖汤。适用于中脏虚寒型腹痛。

【转归预后】

体质好，病程短，正气足者，预后良好；体质差，病程长，正气不足者，预后差；身体羸瘦，正气日衰，难治；腹痛暴急，伴大汗淋漓，四肢厥冷，脉微欲绝为虚脱，当积极抢救。

【预防调护】

(1) 宜饮食有节。食积者忌暴饮暴食；寒痛者忌食生冷食物，注意保暖；热痛者忌食肥甘厚腻，醇酒辛辣；虚痛者，宜进食易消化食物。

(2) 气滞腹痛者要保持心情舒畅。

(3) 疼痛剧烈者需卧床休息，医生须密切注意患者的面色，腹痛部位、性质、程度，腹诊情况，二便及其伴随症状。如患者出现腹痛剧烈、拒按、冷汗淋漓、四肢不温、呕吐不止等症状，须警惕出现厥脱证，立即处理，以免贻误病情。

笔记栏

【临证备要】

一、辨病思路

急性腹痛是临床常见急症之一，占急诊就治患者的10%以上。它可涉及多科疾病，由于病因繁多，病情复杂，而且起病急、变化快，常常容易漏诊或误诊，甚至可能短时间内危及生命。因此，临床一定要及早诊断，及早治疗。如腹痛伴呕吐者，常见于食管、胃肠病变。呕吐量大者提示胃肠道梗阻；呕吐宿食者提示幽门梗阻；腹痛伴反酸、嗳气者，常见于胃炎或胃十二指肠溃疡；腹痛伴血尿者，常见于泌尿系疾病，如尿道结石等；腹痛伴呕吐，腹胀，排便、排气停止，提示肠梗阻；腹痛伴发热、寒战者，常见于急性胆道感染、胆囊炎、肝脓肿、腹腔脓肿，或右下大叶肺炎；腹痛伴黄疸者，常见于肝炎、胆囊炎、胆石症、胰头癌、急性溶血性贫血；腹痛伴休克、贫血者，注意排除腹腔脏器如肝、脾或异位妊娠破裂，无贫血者，注意排除胃肠穿孔、绞窄性肠梗阻、肠扭转或急性坏死性胰腺炎。心肌梗死、肺炎也可有腹痛伴休克，应特别警惕。

二、辨证思路

腹痛的不同性质特征具有不同的辨证意义。腹部隐痛见于胃气虚、胃阴虚、肾气虚等虚证；腹部剧痛见于寒滞胃肠、虫积肠道等实证；腹部窜痛见于肝郁气滞、胃肠气滞等气滞证；腹部固定痛见于瘀血阻络；腹部冷痛见于脾胃阳虚、寒滞胃肠、肾虚寒凝、寒滞肝脉等证型；腹部灼痛见于胃阴虚、胃热炽盛、肝火犯胃、脾胃湿热等证型；腹部胀痛见于肝郁气滞、食滞胃肠、胃肠气滞等证型；腹部刺痛见于瘀血阻络患者；腹部拘急痛见于寒凝或瘀血患者；腹部绞痛见于瘀血阻络或虫积肠道。腹痛的影响因素对于证候的诊断也具有重要意义。如腹痛夜间发生多提示瘀血停滞；腹痛空腹加重，得食缓解者提示脾胃虚寒；腹痛排大便缓解多提示食滞胃肠；腹痛排小便诱发提示膀胱湿热；腹痛矢气缓解提示胃肠气滞；腹痛按压诱发提示胃热炽盛、瘀血阻络或食滞胃肠等实证；腹痛按压缓解提示胃气虚、脾胃阳虚等虚证；腹痛得温缓解多提示脾胃阳虚、寒滞胃肠、寒滞肝脉等虚寒证；情志不舒诱发腹痛多提示肝火犯胃或肝郁气滞。

三、治疗注意

1. 清热通腑法在急性腹痛治疗中的应用　六腑以通为顺，以降为和。临床上因湿热壅滞，腑气不通导致的急性腹痛，通腑泻下常为最重要的治疗方法。其代表方为“承气汤类”。通腑泻下药如大黄等能解除肠麻痹，减轻胃肠压力及腹压，改善呼吸功能，降低胰管、胆总管的压力，有利于胰液、胆汁的排泄，并可直接清除肠源性毒素，保护胃肠黏膜屏障，防止肠道菌群移位，防治内毒素血症等，在治疗急性胰腺炎、不完全性肠梗阻、急性阑尾炎、急性胆囊炎等，均有着良好的效果。

2. 虫积肠道证　常见于小儿。症见腹痛时作时止，面色乍白乍青，痛时口吐清水，胃脘嘈杂，得食即止，饥饿又作，按之腹软，或可触及条索状虫团，脉浮洪或乍大乍小。刘弼臣教授提出诊断蛔虫病的“腹诊三候”，即“以指久按，其硬移他处，又就所移者按之，其硬又移他处，或大腹，或脐旁，或小腹，无定处，是一候也；右手轻轻按腹，为时稍久，潜心候之，有物如蚯蚓蠢动，隐然应手，甚至腹底微鸣，是二候也；高低凹凸如畎亩者，熟按之，起伏聚散，上下往来，浮沉出没，是三候也。”虫痛在治法上应以安虫为主，因为虫不扰动，其痛自止，可选用乌梅丸治之。痛剧之时，只可安蛔，不可妄用攻下，因为攻下的方法使虫受到药物刺激后，不但不能下虫，反更使虫扰动不安，聚结成团，阻塞在肠间或其他的地方，导致不良后果，临床上应加以注意。

【文献摘录】

《诸病源候论·腹痛病诸候》：“久腹痛者，脏腑虚而有寒，客于腹内，连滞不歇，发作有时，发则肠鸣而腹绞痛，谓之寒中。是冷搏于阴经，令阳气不足，阴气有余也。”

《医学入门》：“大腹痛多食积外邪，脐腹痛多积热痰火，小腹痛多瘀血及痰与溺涩，脐下卒大痛，人中黑者，中恶客忤，不治。”

《医学传真》：“夫通则不痛，理也。但通之之法各有不同，调气以和血，调血以和气，通也。下逆者使之上行，中结者使之旁达，亦通也。虚者助之使之通，寒者温之使通，无非通之之法也。若必以下泄为通，

笔记栏

则妄矣。”

（马剑颖）

第七节 泄 泻

【概述】

一、定义

泄泻(diarrhea)是指由于脾胃运化功能失调，湿邪内盛所致的排便次数增多，粪质稀薄，甚至泻出如水样为主症的病证。泄指泄漏，大便稀薄势缓者为泄；泻指倾泻，大便清稀如水直下者为泻。两者病情稍有差别，但临床表现难以截然分开，故泄泻常并称。本病是一种常见病，一年四季均可发生，但以夏秋两季较为多见。

二、源流

本病在《内经》称“泄”，亦称“鹜溏”“飧泄”“濡泄”“洞泄”“注泄”等，汉唐时代称“下利”，宋代以后统称“泄泻”，亦有称本病为“暑泄”“大肠泄”。

《素问·生气通天论》曰：“因于露风，乃生寒热，是以春伤于风，邪气留连，乃为洞泄。”《素问·举痛论》曰：“寒气客于小肠，小肠不得成聚，故后泄腹痛矣。”《素问·至真要大论》曰：“诸呕吐酸，暴注下迫，皆属于热”。《素问·阴阳应象大论》曰：“清气在下，则生飧泄……湿胜则濡泄”，说明风、寒、热、湿均可引起泄泻。《素问·太阴阳明论》指出：“饮食不节，起居不时者，阴受之……阴受之则入五脏……入五脏则䐜满闭塞，下为飧泄。”《素问·举痛论》指出：“怒则气逆，甚则呕血及飧泄”，说明饮食、起居、情志失调，亦可发生泄泻。此外《素问·脉要精微论》曰：“胃脉实则胀，虚则泄。”《素问·脏气法时论》曰：“脾病者……虚则腹满肠鸣，飧泄食不化。”《素问·宣明五气》谓：“五气所病……大肠小肠为泄”，说明泄泻的病变脏腑与脾胃大小肠有关。《内经》详细地论述了泄泻的病因病机，为后世奠定了理论基础。

汉代，张仲景在《金匮要略·呕吐哕下利病脉证治》中将本病分为虚寒、实热积滞和湿阻气滞三型，并且提出了具体的证治。如“下利清谷，里寒外热，汗出而厥者，通脉四逆汤主之”，“气利，诃梨勒散主之”，指出了虚寒下利的症状，以及治疗当遵温阳和固涩二法。又说：“下利三部脉皆平，按之心下坚者，急下之，宜大承气汤”，“下利谵语，有燥屎也，小承气汤主之”，提出对实热积滞所致的下利，采取攻下通便法，即所谓“通因通用”法。篇中还对湿邪内盛，阻滞气机，不得宣畅，水气并下而致“下利气者”，提出“当利其小便”，以分利肠中湿邪，即所谓“急开支河”之法，为泄泻的辨证论治奠定了基础。

宋代，陈言在《三因极一病证方论·泄泻叙论》中提出：“喜则散，怒则激，忧则聚，惊则动，脏气隔绝，精神夺散，以致溏泄”，认为情志失调亦可引起泄泻。

明代，张介宾在《景岳全书·泄泻》说：“凡泄泻之病，多由水谷不分，故以利水为上策”，提出分利之法治疗泄泻的原则。李中梓在《医宗必读·泄泻》中提出了著名的治泄九法，即淡渗、升提、清凉、疏利、甘缓、酸收、燥脾、温肾、固涩，其论述系统而全面，是对泄泻治法的一次全面概括，并一直沿用至今。

三、范围

西医学中凡属消化器官发生功能性或器质性病变导致的腹泻，如急慢性肠炎、肠结核、肠道肿瘤、肠道易激综合征、小肠吸收不良综合征等肠道疾病，都属本病治疗范畴。如其他脏器病变影响消化吸收功能，并以泄泻为主症时，也可参考本节辨证论治。

笔记栏

【病因病机】

泄泻的病因有外感、内伤之分，外感指感受外邪，内伤包括饮食所伤、情志失调、脾胃虚弱、命门火衰等。外感之中湿邪最为重要,内伤之中脾虚最为关键。这些病因导致脾失健运,大小肠传化失常,升降失调,清浊不分,而成泄泻。病机关键在于脾虚湿盛(图6-7)。

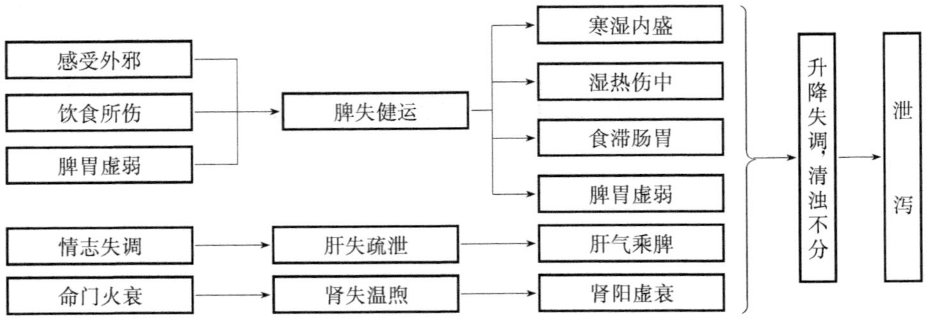

图6-7　泄泻病因病机示意图

1. 感受外邪　以外感暑、湿、寒、热之邪常见,其中感受湿邪最为多见。湿邪最易困脾而致脾虚,使其升降功能失调,清浊不分,水谷杂下而发生泄泻。寒邪和暑热之邪,也可困于脾胃与大小肠,但若引起泄泻,必夹湿邪才能为患,即所谓"无湿不成泄"。

2. 饮食所伤　饮食过量,则宿食内停;过食肥甘,易助生湿热;多食生冷,则寒客脾胃;误食不洁食物,则损伤脾胃,均可导致脾胃运化功能失职,升降失调,清浊不分而致泄泻。

3. 情志失调　情志郁怒,肝气不舒,横逆克脾;忧思气结,脾虚木乘;或素体脾虚,逢怒进食,导致脾失健运,升降失调,清浊不分,而成泄泻。

4. 脾胃虚弱　长期饮食失调,劳倦内伤,或久病体虚,或素体脾胃肠虚弱,不能正常受纳水谷和运化水谷精微,反聚水成湿,积谷为滞,致脾胃升降失司,清浊不分,混杂而下,而成泄泻。

5. 命门火衰　年老体弱,肾气不足;或久病之后,肾阳受损;或房室无度,命门火衰,致脾失温煦,运化失职,清浊不分,而成泄泻。

泄泻病变之腑在肠,病变主脏为脾。小肠的分清泌浊和大肠的传导功能都依赖于脾胃的运化和升清降浊功能,尤以脾的运化功能为主,脾虚失运,则水谷不化,清浊不分,易成泄泻。在病情发展过程中,外湿与内湿之间常相互影响,外湿最易伤脾,脾虚又易生湿,互为因果。

此外脾胃之升降又赖于肝气之疏泄,若肝郁气滞,横犯脾胃,则升降失职,清浊不分而致泄泻;脾气的运化又赖于肾阳之温煦,若肾阳不足,失于温煦,则脾失健运,水湿内停而生泄泻。因此本病的发生机理除与脾胃密切相关,尚与肝、肾有关。

【诊断】

诊断要点

(1) 以粪便清稀为主要诊断依据。或排便次数增多,粪质清稀,或完谷不化,甚则泻出如水样。常伴有腹胀、腹痛、肠鸣、纳呆等症状。

(2) 起病或缓或急,常有反复发作史。常因外感寒湿热邪、内伤饮食、情志、劳倦、脏腑功能失调等诱因而加重。

(3) 相关检查:大便常规、大便细菌培养、结肠X线及内镜等检查有助于诊断和鉴别诊断。

(4) 需除外其他病证中出现的泄泻症状。

【鉴别诊断】

笔记栏

1. 痢疾　痢疾以腹痛,里急后重,便下赤白脓血为主症,而泄泻以大便次数增多,粪质稀薄,甚至泻出如水样为主症。痢疾除粪质稀薄外还夹有脓血便,其腹痛与里急后重同时出现,且便后痛不减。而泄泻大便中无脓血,也无里急后重,便后则痛减。

2. 霍乱　霍乱的发病特点是起病急,变化快,病情凶险,起病时常突然腹痛,继则吐泻交作,常伴恶寒发热。因其吐泻,津液过量丧失,故在短时间内,即可出现形容憔悴,目眶下陷,筋脉挛急,手足厥冷等危重证候。而泄泻仅以排便次数增多,粪质稀薄为主要表现,腹痛不甚,不伴有呕吐,无危证。

【辨证论治】

一、辨证要点

1. 辨寒热虚实　粪质清稀如水,或稀薄清冷,完谷不化,腹中冷痛,肠鸣,畏寒喜温,常因饮食生冷而诱发者,多属寒证;粪便黄褐,臭味较重,泻下急迫,肛门灼热,常因进食辛辣燥热食物而诱发者,多属热证;病程较长,腹痛不甚且喜按,小便利,口不渴,稍进油腻或饮食稍多即泻者,多属虚证;起病急,病程短,脘腹胀满,腹痛拒按,泻后痛减,泻下物臭秽者,多属实证。

2. 辨泻下物　大便清稀,或如水样,泻物腥秽者,多属寒湿之证;大便稀溏,其色黄褐,泻物臭秽者,多系湿热之证;大便溏垢,完谷不化,臭如败卵,多为伤食之证。

3. 辨轻重缓急　泄泻而饮食如常为轻证;泄泻而不能食,消瘦,或暴泻无度,或久泄滑脱不禁为重证;急性起病,病程短为暴泻;病程长,病势缓为久泻。

4. 辨脾、肝、肾　稍有饮食不慎或劳倦过度泄泻即作或复发,食后脘闷不舒,面色萎黄,倦怠乏力,多属病在脾;泄泻反复不愈,每因情志因素使泄泻发作或加重,腹痛肠鸣即泻,泻后痛减,矢气频作,胸胁胀闷者,多属病在肝;五更泄泻,完谷不化,小腹冷痛,腰酸肢冷者,多属病在肾。

二、治疗要点

1. 治疗原则　本病应以健脾化湿为治疗原则。

2. 暴泻重用祛湿　暴泻以湿盛为主,重用祛湿,辅以健脾,再依寒湿、湿热的不同,分别采用温化寒湿与清化湿热之法。兼夹表邪、暑邪、食滞者,又应分别佐以疏表、清暑、消导之剂。

3. 久泻重在补脾　久泻以脾虚为主,当予运脾补虚,辅以祛湿,并根据不同证候,分别施以益气健脾升提、温肾健脾、抑肝扶脾之法,久泻不止者,尚宜固涩。

三、分证论治

(一) 暴泻

1. 寒湿内盛

临床表现:① 粪便清稀,甚则如水样,腹痛肠鸣,纳呆脘闷;② 或伴有恶寒发热头痛,肢体酸痛,③ 苔薄白或白腻,脉濡缓或浮缓。

证候辨析:本证以外感寒湿,或过食生冷,致寒湿内盛,损伤脾胃。脾运失常,则水谷不化,清浊不分,传导失司,则大便清稀。寒湿困于脾胃,则升降失职,纳呆脘闷。寒湿阻于肠腑,则腑气不通,腹痛肠鸣。若兼风寒袭表,则恶寒发热头痛,肢体酸痛,脉浮。苔白腻,脉濡缓,为寒湿内盛之象。临床具备①+②或①+③均可辨为寒湿内盛型。

治法:芳香化湿,解表散寒。

代表方:藿香正气散加减。

常用药:藿香辛温散寒,芳香化湿;白术、茯苓、陈皮、半夏健脾除湿;大腹皮理气除满;紫苏、白芷解表散寒;桔梗宣肺以化湿。

若表寒偏重,寒热身痛,可加荆芥、防风以增疏风散寒之力;若湿邪偏重,或寒湿在里,腹胀肠鸣,小便不利,苔白厚腻,可用胃苓汤健脾燥湿,化气利湿;若寒重于湿,腹胀冷痛者,可用理中丸加味。

2. 湿热伤中

临床表现:① 泄泻腹痛,泻下急迫;② 或泻而不爽,粪色黄褐,气味臭秽,肛门灼热,烦热口渴,小便短黄;③ 苔黄腻,脉滑数或濡数。

证候辨析:感受湿热之邪,或夏令暑湿伤及肠胃,传化失常,而发生泄泻。暴注下迫,皆属于热,肠中有热,故泻下急迫。湿热互结,则泻下不爽。湿热下注,故肛门灼热,粪便色黄褐而臭,小便短黄。烦热口渴,舌苔黄腻,脉滑数或濡数,均为湿热内盛之象。临床具备①+②或①+③均可辨为湿热伤中型。

笔记栏

治法：清热利湿。

代表方：葛根芩连汤加减。

常用药：葛根解肌清热，升清止泻；黄芩、黄连苦寒清热燥湿；甘草甘缓和中；木香理气止痛；茯苓、车前子清利湿热。

若热偏重，可加金银花、马齿苋以增清热解毒之力；若湿偏重，症见胸脘满闷，口不渴，苔微黄厚腻者，可加薏苡仁、厚朴、茯苓、泽泻、车前子以增清热利湿之力；夹食滞者，可加神曲、山楂、麦芽；如有发热头痛，脉浮等风热表证，可加金银花、连翘、薄荷；如在夏暑期间，症见发热头重，烦渴自汗，小便短赤，脉濡数等，为暑湿侵袭，表里同病，可用新加香薷饮合六一散以解暑清热，利湿止泻。

3. 食滞肠胃

临床表现：① 泻下稀便，臭如败卵，伴有不消化食物，腹痛肠鸣，泻后痛减；② 脘腹胀满，嗳腐酸臭，不思饮食；③ 舌苔垢浊或厚腻，脉滑。

证候辨析：饮食不节，宿食内停，阻滞肠胃，传化失常，故腹痛肠鸣，脘腹痞满。宿食不化，则浊气上逆，故嗳腐酸臭。宿食未化而下注，则泻下臭如败卵。泻后腐浊外泄，故腹痛减轻。舌苔厚腻，脉滑，是为宿食内停之象。临床具备①+②或①+③均可辨为食滞肠胃型。

治法：消食导滞。

代表方：保和丸加减。

常用药：神曲、山楂、莱菔子消食和胃，宽中除满；半夏、陈皮和胃降逆；茯苓健脾祛湿；连翘消食积郁热。

若食滞较重，脘腹胀满，泻而不畅者，可因势利导，采用“通因通用”之法，加大黄、枳实、槟榔，或用枳实导滞丸，消导积滞；食积化热可加黄连清热燥湿止泻；兼脾虚可加白术、扁豆健脾祛湿。

（二）久泻

1. 脾胃虚弱

临床表现：① 大便时溏时泻，迁延反复，稍进油腻食物或饮食稍多，大便次数即增多，并伴有不消化食物；② 饮食减少，脘腹胀闷不舒，面色萎黄，神疲倦怠；③ 舌淡苔白，脉细弱。

证候辨析：脾胃虚弱，运化无权，水谷不化，清浊不分，故大便溏泄。脾阳不振，运化失常，则饮食减少，脘腹胀闷不舒，稍进油腻之物，大便次数增多。久泻不止，脾胃虚弱，气血来源不足，故面色萎黄，肢倦乏力。舌淡苔白，脉细弱，乃脾胃虚弱之象。临床具备①+②或①+③均可辨为脾胃虚弱型。

治法：健脾益气，化湿止泻。

代表方：参苓白术散加减。

常用药：人参、茯苓、白术、甘草补气健脾为主；砂仁、陈皮、桔梗、扁豆、山药、莲子肉、薏苡仁，既可健脾，又能渗湿止泻。

若脾阳虚衰，阴寒内盛，症见腹中冷痛，喜温喜按，手足不温，大便腥秽者，可用附子理中汤以温中散寒；若久泻不愈，中气下陷，症见短气肛坠，时时欲便，解时快利，甚则脱肛者，可用补中益气汤益气升清，健脾止泻。

2. 肾阳虚衰

临床表现：① 每于黎明之前，脐腹作痛，肠鸣即泻，泻下完谷，泻后即安；② 小腹冷痛，形寒肢冷，腰膝酸软；③ 舌淡苔白，脉沉细。

证候辨析：泄泻日久，肾阳虚衰，不能温养脾胃，运化失常，黎明之前阳气未振，阴寒较盛，故腹部作痛，肠鸣即泻，又称为“五更泻”。泻后则腑气通利，故泻后则安。形寒肢冷，腰膝酸软，舌淡苔白，脉沉细，为脾肾阳气不足之象。临床具备①+②或①+③均可辨为肾阳虚衰型。

治法：温肾健脾，固涩止泻。

代表方：四神丸加减。

常用药：补骨脂温阳补肾；吴茱萸、肉豆蔻温中散寒；五味子涩肠止泻。

笔记栏

腰膝冷痛甚者，可加制附子、炮姜增强温肾暖脾之力；若脐腹冷痛，可加附子理中汤温中健脾；若年老体弱，久泻不止，脱肛，为中气下陷，加黄芪、党参、白术、升麻益气升阳，亦可合桃花汤固涩止泻；若脾肾虚寒不显，反见心烦嘈杂，大便夹有黏冻，表现为寒热错杂证时，可改服乌梅丸。

3. 肝气乘脾

临床表现：① 腹中雷鸣，攻窜作痛，矢气频作，腹痛即泻，泻后痛减，每逢抑郁恼怒，或情绪紧张之时发生；② 平素常有胸胁胀闷，嗳气食少；③ 舌淡红，脉弦。

证候辨析：恼怒抑郁，情绪紧张时气机不利，肝失疏泄，木郁克土，脾胃不运，气滞于中，则腹痛。腹中肠鸣，攻窜作痛，矢气频作，泻后痛缓。脾运失职，清浊相杂，则生泄泻。肝失疏泄，脾虚不运，故胸胁胀闷，嗳气少食。舌淡红，脉弦，为肝旺之象。临床具备①＋②或①＋③均可辨为肝气乘脾型。

治法：抑肝扶脾。

代表方：痛泻要方加减。

常用药：白芍养血柔肝；白术健脾补虚；陈皮理气醒脾；防风升清止泻。

若肝郁气滞，胸胁脘腹胀痛，可加柴胡、枳壳、香附；若夹有湿热，大便中有黏液，可加黄连、黄芩；若脾虚明显，神疲食少者，加黄芪、党参、扁豆；若久泻不止，可加酸收之品，如乌梅、五倍子、石榴皮等。

【其他治法】

一、中成药

1. 藿香正气软胶囊 口服，一次2～4粒，一日3次。具有解表化湿，理气和中的功效。适用于寒湿内盛型泄泻。

2. 穿心莲片 口服，一次5片，一日3次。具有清热解毒，凉血，消肿的功效。适用于湿热伤中型泄泻。

3. 四神丸 口服，一次9 g，一日1～2次。具有温肾暖脾，固肠止泻的功效。适用于肾阳虚衰的久泻。

4. 连番止泻胶囊 口服，一次5粒，一日3次。具有清热解毒，燥湿止泻的功效。适用于急性湿热伤中型泄泻(用于轮状病毒性肠炎、致泻性大肠杆菌性肠炎所致的急性感染性腹泻)。

5. 补脾益肠丸 口服，一次6 g，一日3次。具有补中益气，健脾和胃，涩肠止泻，止痛止血，生肌消肿的功效。适用于脾胃虚弱型泄泻，以及慢性结肠炎、溃疡性结肠炎、结肠过敏见有腹泻腹痛、腹胀、肠鸣、黏液血便等证候者。

二、针灸

1. 暴泻 针刺中脘、天枢、足三里、阴陵泉。偏寒者可留针，并用艾条灸或隔姜灸，偏热者针刺多用泻法。

2. 久泻 针刺脾俞、中脘、章门、天枢、足三里，肾虚泄泻配命门、关元，针用补法。中脘、天枢、关元、命门等穴皆可用灸法，以温运脾肾之阳。

三、饮食辅助疗法

1. 鲜黄瓜叶汤 鲜黄瓜叶、白糖各适量。将鲜黄瓜叶水煎1小时，去渣，加白糖调服。适用于湿热伤中型泄泻。

2. 莲子芡实粥 芡实粉、莲子粉各50 g，粳米100 g。先将粳米煮成稀粥，芡实粉、莲子粉加水调成糊，入粳米粥中搅拌煮2～3沸即成，加白糖适量调味，可常服。适用于脾胃虚弱型泄泻。

四、验方

番石榴叶10 g，绿茶5 g，开水泡后代茶饮，每日1～2次，对轻、中度急性泄泻有效。

【转归预后】

笔记栏

暴泻经过恰当治疗，绝大多数患者能够治愈。少数患者由于失治误治，或反复发作者，导致病程迁延，日久不愈，由实转虚，变为久泻。极少数患者因暴泻无度，耗气伤津，会造成亡阴亡阳之变。久泻一般经正确治疗，可获痊愈；部分病例反复发作，可由脾虚而致中气下陷；脾虚可以及肾，或脾肾相互影响，以致脾肾同病，则病情趋向加重。

【预防调护】

(1) 起居有常，注意调畅情志，保持乐观心态，同时要注意腹部保暖。

(2) 饮食有节，宜以清淡、富营养、易消化食物为主。多食有健脾和胃的山楂、山药、莲子、扁豆、芡实等食物。不暴饮暴食，不吃生冷不洁及油腻难消化的食物。

(3) 暴泻患者可暂禁食，或给予流质或半流质饮食，以利于病情的恢复；重度泄泻者，及时补充体液，防止津液亏损。

【临证备要】

一、辨病思路

泄泻常见于西医学中的急慢性肠炎、肠结核、肠道肿瘤、肠道易激综合征、小肠吸收不良综合征等肠道疾病。

1. 急慢性肠炎 包括急性肠炎、慢性肠炎。急性肠炎多表现为恶心、呕吐在先，继以腹泻，每天3～5次，甚至数十次不等，大便呈水样，深黄色或带绿色，恶臭，可伴有腹部绞痛、发热等症状。慢性肠炎常呈现间断性腹部隐痛、腹胀、腹痛、腹泻。遇冷、进油腻之物或遇情绪波动、或劳累后容易发作。

2. 肠结核 右下腹或脐周慢性疼痛。腹泻，便秘或腹泻、便秘交替。腹泻时粪便呈黄色稀粥状，带黏液而少脓血。有午后低热、盗汗，食欲不振，营养不良，消瘦等表现。

3. 肠道肿瘤 常见大小肠良性肿瘤有平滑肌瘤、脂肪瘤和腺瘤等。恶性肿瘤以恶性淋巴瘤、腺癌、平滑肌肉瘤等多见。小肠良性或恶性肿瘤表现为轻重不等的腹痛、肠道出血、肠梗阻、腹部肿块及体重减轻等。大肠良性肿瘤表现为小量便血、腹泻或腹泻与便秘交替，恶性肿瘤还可有腹部肿块、腹痛、大便习惯改变、发热、贫血和消瘦等症状。

4. 肠道易激综合征 腹痛、腹泻或便秘，或腹泻与便秘交替，有时粪中带有大量黏液。肠道无器质性病变但功能异常，对进食、药物、情绪波动等反应过度。

5. 小肠吸收不良综合征 主要表现为脂肪泻，腹痛、腹胀不明显。大便颜色淡棕或黄色，便不成形，味恶臭，表面有油腻状的光泽或如泡沫状，常可漂浮在便盆表面。伴见体重减轻、倦怠乏力。

二、辨证思路

1. 辨脏腑 临证辨证应先辨清病位在脾胃、在肝或在肾。同时，还应重视脾胃、肝和肾等脏腑之间的生克制化的关系，从而在治疗时予以兼顾。此外，还要注意根据病程及症状辨明阴阳寒热虚实。

2. 正确辨证分型 泄泻的类型较多，故辨证时应抓住泄泻发病的新久、病势、季节和粪便的气味、颜色、形质以及舌苔、脉象等进行辨证分型。

3. 掌握泄泻的本质 ① 脾虚是本：《幼幼集成·泄泻证治》说："夫泄泻之本，无不由于脾胃"。因脾虚而致泄，泄则愈虚，如此互为因果；且脾虚久泻，有久泻无火与泻多亡阴两种不同的演变结果。再者，脾虚日久，则势将脾肾两虚，两脏受病，且可相互影响、致使病程迁延难愈。② 湿邪为害：脾虚则生湿，湿盛则脾困，无湿不作泻。不论虚、实、寒、热诸证，均可出现湿的兼证。此外，久泻不止者，亦重在补脾。

三、治疗注意

1. "健脾益气"和"运脾化湿"的灵活应用 对于脾虚生湿之泄泻，应使用"健脾益气"的方法，脾气足则津液输布正常，湿不内生，用药以益气之品为主，如党参、黄芪、山药，或四君子汤；对于湿邪困脾之泄泻，则应用"运脾化湿"的原则，使用芳香化湿之品，如苍术、厚朴、藿香、白豆蔻等，通过芳香化湿，燥能胜湿的作用，达到行气除湿的目的，但由于脾虚和湿困往往兼见，因此两类药常相伴应用，临床可根据虚实偏重不同，灵活应用。

笔记栏

2. “淡渗利湿”和“芳香化湿”的不同应用　湿邪为泄泻发生的主要病因，“淡渗利湿”法可分利水湿，达到引湿下行，导邪外出的目的，即所谓“利小便以实大便”。一般用于湿盛之时，久用可伤阴；“芳香化湿”法既能行气化湿，又兼燥能胜湿之功，同时配合健脾升阳药，达到升散水湿的目的，使湿从上升而散之。一般湿困脾土或兼脾虚常用，内有热者应慎用。

3. 久泻并非皆是虚证　久泻多虚，常理也，久泻虽然正气已伤，然而并非皆是虚证，只要湿邪未尽，或夹寒、热、痰、瘀、郁、食等病因，则不能急于进补，以防闭门留寇而致变证发生。

4. 治疗禁忌　暴泻不可骤用补涩，以免闭留邪气；久泻不可分利太过，以防耗其津气；清热不可过用苦寒，以免损伤脾阳；补虚不可纯用甘温，以免助湿。

【文献摘录】

《景岳全书·泄泻》：“泄泻之病，多见小水不利，水谷分则泻自止，故曰：治泻不利小水，非其治也。”

《医学入门·泄泻》：“凡泻皆兼湿，初宜分理中焦，渗利下焦，久则升提，必滑脱不禁，然后用药涩之。其间有风胜兼以解表，寒胜兼以温中，滑脱涩住，虚弱补益，食积消导，湿则淡渗，陷则升举，随证变用，又不拘于次序，与痢大同。且补虚不可纯用甘温，太甘则生湿，清热亦不可太苦，苦则伤脾。每兼淡剂利窍为妙。”

（张　慧）

第八节　痢　　疾

【概述】

一、定义

痢疾(dysentery)是指外感时邪疫毒，内伤饮食所致邪蕴肠腑，气血壅滞，传导失司，脂膜血络受伤，腐败化为脓血而成，表现以腹痛腹泻，里急后重，下痢赤白脓血便为主症的一类病证。本病具有传染性，多发于夏秋季节。

二、源流

《内经》称本病为“肠澼”、“赤沃”，《素问·太阴阳明论》说：“食饮不节，起居不时者，阴受之……阴受之则入五脏……入五脏则䐜满闭塞，下为飧泄，久为肠澼。”指出本病病因与饮食不节有关。《难经》称之为“大瘕泄”，指出“大瘕泄者，里急后重，数至圊而不能便”。

汉代，张仲景在《伤寒论》和《金匮要略》中将泄泻与痢疾合称“下利”，并制订了寒热不同的白头翁汤和桃花汤治疗本病。

隋代，巢元方在《诸病源候论·痢病诸候》中根据病因病机及临床表现的不同，记载了“赤白痢”“血痢”“脓血痢”“热痢”等二十一种痢候。唐代，孙思邈在《备急千金要方》中称本病为“滞下”，并收载治痢方一百余首。

“痢疾”之病名首见于宋代严用和《济生方·痢疾论治》：“今之所谓痢疾者，古所谓滞下是也。”

金元时期，朱震亨在《丹溪心法》中明确指出本病具有流行性、传染性。“时疫作痢，一方一家之内，上下传染相似”，并论述痢疾的病因以“湿热为本”。刘完素提出“调气则后重自除，行血则便脓自愈”的治法沿用自今。

至明清时期，对痢疾的认识更趋深入。明代张介宾特别强调，治疗痢疾“最当察虚实，辨寒热”。李中梓在《医学必读·痢疾》中指出：“至治法，须求何邪所伤，何脏受病。如因于湿热者，去其湿热；因于积滞者，去其积滞。因于气者调之；因于血者和之。新感而实者，可以通因通用；久病而虚者，可以塞因塞用。”皇甫中在《明医指掌·痢疾》中指出：“善治者，审其冷、热、虚、实、气、血之证，而行汗、吐、下、清、温、补、

笔记栏

兜、涩之法可也”。这些治法,至今一直指导着临床。

清代,李用粹在《证治汇补・痢疾》中指出:“无积不成痢……痢起夏秋,湿热交蒸,本乎天也。因热求凉,过吞生冷,由于人也。气壮而伤于天者,郁热为多。气弱而伤于人者,阴寒为甚。湿土寄旺四时,或从火化,则阳土有余,而湿热为病。或从水化,则阴土不足,而寒湿为病。”明确提出了痢有伏积,所谓“无积不成痢也”。此外,喻昌创“逆流挽舟”之法,用活人败毒散治疗痢疾。

三、范围

西医学中的细菌性痢疾、阿米巴痢疾及溃疡性结肠炎、局限性肠炎、结肠直肠癌等疾病,出现类似本病症状者,均可参照本节辨证治疗。

【病因病机】

痢疾的病因多由外感时邪疫毒和内伤饮食等。这些因素导致湿热或寒湿、疫毒之邪壅塞肠间,与气血相搏结,使肠道传导失司,脂膜血络受伤,腐败化为脓血而成痢疾(图 6－8)。

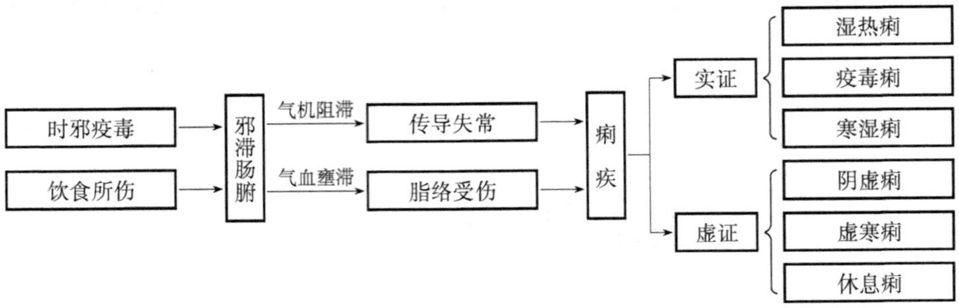

图 6－8　痢疾病因病机示意图

1. 外感时邪疫毒　夏秋之际,感受湿热或寒湿之邪,内侵人体,蕴于肠腑,与气血相搏结而发为痢疾。感受疫毒之邪侵及阳明气分,内窜营血,进而伤及下焦厥阴、少阴,而致疫毒痢。

2. 内伤饮食　饮食不节,过食肥甘厚味,误食不洁食物,酿生湿热;或夏月恣食生冷瓜果,寒湿内生。湿热或寒湿、食积之邪内蕴,与气血相搏结,腐败化为脓血而成痢疾。

本病病变脏腑在肠,与脾胃密切相关。湿热或寒湿、疫毒之邪滞于肠腑,则气机阻滞,通降不利,故腹痛腹泻,里急后重;脂膜血络受损,则化为脓血下痢。湿热积滞于大肠,伤于气分,发为白痢;伤于血分,发为赤痢;气血俱伤,则发为赤白痢。

由于感邪有湿热、寒湿之异,体质有阴阳盛衰之不同,病机转化又有不同,故临床表现不同。病邪以湿热为主,或为阳盛之体受邪,邪从热化则为湿热痢;病邪以寒湿为主,或阳虚之体受邪,邪从寒化则为寒湿痢。若久痢不止,损伤脾肾之阳,或过用寒凉,克伐中阳,则形成虚寒痢;若因热毒损伤阴津,或久痢耗伤阴血,再感湿热之邪,则为阴虚痢;若痢疾迁延,失治误治,或收涩过早,关门留寇,致正虚邪恋,时发时止则为休息痢。若疫毒之邪熏灼肠道或毒邪内陷,而逆传心肝,扰乱神明或引动肝风,则发为疫毒痢;若影响胃失和降,而不能进食,则为噤口痢。

【诊断】

诊断要点

(1) 夏秋流行季节发病,发病前有不洁饮食史,或有接触痢疾患者史。

(2) 多起病急骤,主要表现为腹痛腹泻,里急后重,下痢赤白黏液或脓血便。大便次数增多而量少不爽,或伴有不同程度的恶寒,发热等症。疫毒痢病情严重而病势凶险,以儿童为多见,急骤起病,在腹痛、腹泻尚未出现之时,即有高热神疲,四肢厥冷,面色青灰,呼吸浅表,神昏惊厥。

(3) 相关检查:大便镜检可见大量红细胞、脓细胞,并有巨噬细胞;或新鲜大便中发现有阿米巴滋养体、阿米巴包囊;大便或病变部位分泌物培养可有痢疾杆菌生长,或阿米巴培养阳性;血常规白细胞计数

笔记栏

及中性粒细胞增高；儿童在夏秋季节出现高热惊厥等症，而未排大便时，应清洁灌肠，取便送常规检查和细菌培养。必要时，作X线钡剂造影及直肠、结肠镜检查，有助于鉴别诊断。

【鉴别诊断】

泄泻　泄泻主要表现为粪质稀薄量多，或完谷不化为主症，无赤白脓血，无里急后重感，腹痛不显且多伴肠鸣，泻后痛减。痢疾虽排便次数多但量少，痢下赤白脓血，腹痛、里急后重明显，泻后痛不减。两病在一定条件下又可相互转化，一般认为先泻后痢病情加重，病机由浅入深；先痢而后泻为病情减轻，病机由深出浅。

【辨证论治】

一、辨证要点

1. 辨实痢、虚痢　一般说来，起病急骤，病程短者属实；起病缓慢，病程长者多虚。形体强壮，脉滑实有力者属实；形体薄弱，脉虚弱无力者属虚。腹痛胀满，痛而拒按，痛时窘迫欲便，便后里急后重暂时减轻者为实；腹痛绵绵，痛而喜按，便后里急后重不减，坠胀甚者为虚。

2. 识寒痢、热痢　痢下脓血鲜红，或赤多白少者属热；痢下白色黏冻涕状，或赤少白多者属寒。痢下黏稠臭秽者属热；痢下清稀而不甚臭秽者属寒。身热面赤，口渴喜冷饮者属热；面白肢冷形寒，口淡不渴者属寒。舌红，苔黄腻，脉滑数者属热；舌淡苔白，脉沉细者属寒。

二、治疗要点

1. 治疗原则　根据病证的寒热虚实，确定治疗原则。热痢清之，寒痢温之，初痢实则通之，久痢虚则补之，寒热交错者，清温并用，虚实夹杂者，通涩兼施。

2. 调和气血　即所谓“调气则后重自除，行血则便脓自愈”。赤多者重用血药，白多者重用气药。

3. 治疗禁忌　忌过早补涩，忌峻下攻伐，忌分利小便。

三、分证论治

1. 湿热痢

临床表现：① 腹痛频作，里急后重，下痢赤白脓血；② 大便腥臭，肛门灼热，小便短赤；③ 舌红，苔腻微黄，脉滑数。

证候辨析：湿热之邪蕴结肠腑，与肠中气血搏结，气机不畅，传导失常，故腹痛，里急后重。湿热熏灼肠道，脂络受伤，气血瘀滞，化为脓血，故下痢赤白，大便腥臭。湿热下注，则肛门灼热，小便短赤。苔黄腻，脉滑数，为湿热之象。临床具备①＋②或①＋③均可辨为湿热痢。

治法：清热利湿解毒，调气行血导滞。

代表方：芍药汤加减。

常用药：黄芩、黄连、大黄清热利湿解毒，兼以推荡积滞；木香、槟榔调气行滞，为“通因通用”之法。当归、芍药、甘草行血和营，缓急止痛；少佐肉桂辛温通结，共成辛开苦降之势。

若痢疾初起，发热恶寒，头身重痛，见表证者，可用解表法，方用活人败毒散；方中以人参坐镇中州，为督帅之师；以二活(羌活、独活)二胡(柴胡、前胡)合川芎从半表半里之际领邪外出，并以枳壳宣中焦之气，茯苓渗下焦之湿，桔梗开上焦之痹，甘草调和诸药，乃“陷者举之”之法，不治痢而治致痢之源，此即喻昌所谓逆流挽舟之法；若湿热盛者，还可加苦参、牡丹皮、地榆、穿心莲、马齿苋等以增强清利湿热之功；若身热汗出，脉象急促，表邪未解而里已盛者，则用葛根芩连汤以解表清里；若表证已减，而痢未止者，可加香连丸以调气清热；夹食者，可加木香槟榔丸或枳实导滞丸，以行气导滞，破积泻热。

2. 疫毒痢

临床表现：① 发病急骤，腹痛剧烈，里急后重明显，痢下鲜紫脓血；② 壮热烦渴，头痛烦躁，神昏惊厥；③ 舌质红绛，苔黄腻或燥，脉弦数或微细欲绝；④ 亦可见下痢量少，而突然出现高热，神昏谵语，呕吐，

笔记栏

喘逆,四肢厥冷,舌红绛,苔黄燥,脉弦数。

证候辨析:疫毒之气盛于湿热之邪,其性猛烈,发病急骤,疫毒熏灼肠道,脂络受损较重,故下痢鲜紫脓血;气血壅滞,则腹痛里急后重明显。疫毒助热伤津,故壮热烦渴。热毒内扰心营,则烦躁。蒙蔽心窍,则神昏。热极生风,则痉厥。舌红绛,苔黄燥,脉弦数,均为疫毒内盛之象。临床具备①+②、①+③或①+④均可辨为疫毒痢。

治法:清热凉血,解毒清肠。

代表方:白头翁汤加减。

常用药:白头翁清热解毒凉血;黄连、黄柏、秦皮清热解毒化湿。

热盛,可加金银花、连翘、牡丹皮、赤芍等,增强清热解毒之功;兼湿热者,加芍药汤增强调气行血,清热解毒之力;高热神昏,热入营血者,合犀角地黄汤,另服神犀丹或紫雪丹以清营开窍;痉厥抽搐者,加羚羊角、钩藤、石决明、生地黄等息风镇痉;壮热神昏,烦躁惊厥而下痢不甚者,合大承气汤清热解毒,荡涤内闭。

疫毒痢若见高热神昏,烦躁惊厥者,或出现下痢量少或无,而高热,神昏谵语,喘逆,四肢厥冷者,为危重之证,应中西医结合积极抢救。亦可用白头翁汤加大黄等,煎水保留灌肠,以增强祛邪解毒之功。

3. 寒湿痢

临床表现:① 腹痛拘急,痢下赤白黏冻,白多赤少,或纯为白冻,里急后重;② 脘痞腹胀,头身困重;③ 舌淡,苔白腻,脉濡缓。

证候辨析:寒湿皆为阴邪,均易阻滞气机,致传导失常,故见下痢腹痛,里急后重。寒湿客于气分,故痢下白多赤少或为白冻。困阻脾胃,则脘痞腹胀,头身困重。舌淡,苔白腻,脉濡缓,均主寒湿中阻之象。临床具备①+②或①+③均可辨为寒湿痢。

治法:温化寒湿,行气导滞。

代表方:胃苓汤加减。

常用药:苍术、白术、厚朴燥湿运脾;桂枝、茯苓温化寒湿;陈皮理气除满。因痢疾忌利小便,故去泽泻、猪苓。本证亦可用不换金正气散。

腹痛里急后重,加木香、芍药、当归调气和血;兼有表证者,加荆芥、苏叶、葛根解表祛邪;寒湿偏重,白痢如胶冻,腰膝酸软,腹胀满,里急后重甚者,加木香、肉桂、槟榔、炮姜以散寒调气。

4. 阴虚痢

临床表现:① 痢下赤白脓血,或下痢鲜血黏稠,脐腹灼痛,虚坐努责,量少难出;② 午后低热,口干食少,心烦;③ 舌红绛或光红少津,脉细数。

证候辨析:素体阴虚,感邪而下痢,或久痢伤阴,而成阴虚痢。邪滞肠间,阴血不足,则下痢赤白脓血或鲜血黏稠。阴亏热灼,故脐腹灼痛。营阴不足,则虚坐努责。胃阴亏虚,则食少,阴虚火旺,则心烦。口干,舌红绛或光红少津,脉细数,均为阴津亏耗之象。临床具备①+②或①+③均可辨为阴虚痢。

治法:凉血养阴,清热化湿。

代表方:驻车丸加减。

常用药:黄连清热化湿止痢;阿胶、当归养阴和血;炮姜佐制黄连苦寒之性。

虚热灼津而见口渴,尿少,舌干者,加沙参、石斛以养阴生津;痢下血多者,可加牡丹皮、赤芍、墨旱莲、地榆炭以凉血止血;湿热未清,而见口苦、肛门灼热者,可加黄柏、秦皮以清解湿热。

5. 虚寒痢

临床表现:① 久痢缠绵不已,痢下赤白清稀或白冻,无腥臭,甚则滑脱不禁;② 偏脾阳虚者,兼腹部隐痛,喜温喜按,肛门坠胀,便后更甚,舌淡,苔薄白,脉细弱;③ 偏肾阳虚者,兼食少神疲,形寒畏冷,四肢不温,腰膝酸软,舌淡,苔薄白,脉沉细。

证候辨析:久痢伤脾,气虚日久而伤阳,致脾肾阳虚,寒湿留滞肠中,气机不畅,故缠绵不已,排便不畅,下痢清稀或为白冻。阳虚失于温养,则腹隐痛喜温喜按,四肢不温。腰膝酸软,滑脱不禁,则为肾阳不足,命门火衰之征。舌淡,苔薄白,脉沉细,均为脾肾阳虚之象。临床具备①可辨为虚寒痢,①+③为偏肾阳虚型;①+②为偏脾阳虚型。

治法:温补脾肾,收涩固脱。

代表方:桃花汤合真人养脏汤加减。

笔记栏

常用药：人参、白术、粳米益气健脾；干姜、肉桂温阳散寒；当归、芍药和血缓急止痛；木香行气导滞；赤石脂、诃子、罂粟壳、肉豆蔻收涩固脱。

偏脾阳虚为主者，可用附子理中汤；偏肾阳虚者，加附子、补骨脂温补肾阳；肛门下坠者，去木香，加黄芪、升麻益气举陷；下痢不爽者，减用收涩之品；滑脱不禁者，加芡实、莲子、龙骨、牡蛎收敛固脱；久痢脱肛者，可用补中益气汤。

6. 休息痢

临床表现：① 下痢时发时止，日久难愈，常因饮食不当、感受外邪或劳累而诱发，发时大便次数增多，便中带有赤白黏冻，腹痛，里急后重；② 腹胀纳少，倦怠怯冷；③ 舌质淡，苔腻，脉濡软或虚数。

证候辨析：下痢日久，正虚邪恋，寒热错杂，脾胃功能受损，胃肠传导失司，故时发时止，日久不愈。余邪未尽，滞于肠腑，故发时大便赤白黏冻，里急后重。痢久脾胃虚弱，中阳失运，则腹胀纳少，倦怠怯冷。舌质淡，苔腻，脉濡软或虚数，乃湿热未尽，正气虚弱之象。临床具备①＋②或①＋③均可辨为休息痢。

治法：温中清肠，佐以调气化滞。

代表方：连理汤加减。

常用药：人参、白术、茯苓、干姜、甘草温中健脾；黄连清除肠中湿热余邪。

腹痛而后重者，可加木香、槟榔、枳实调气行滞；发作期，偏湿热者，加白头翁、黄柏清湿热；偏寒湿者，加苍术、草果温中化湿；若脾阳虚极，肠中寒积不化，遇寒即发，下痢白冻，倦怠少食，舌淡苔白，脉沉，可用《千金》温脾汤以温中散寒，消积导滞；下痢时作，大便稀溏，心中烦热，饥不欲食，四肢不温，证属寒热错杂者，可用乌梅丸加减。

临床上，还可见噤口痢，即下痢而不能进食，或下痢呕恶不能食者。其证有虚有实，实证者，多由湿热或疫毒蕴结肠中，上攻于胃，胃失和降所致；症见下痢，胸闷，呕恶不食，口气秽臭，舌苔黄腻，脉滑数；治宜泄热和胃，苦辛通降，方用开噤散加减。药取黄连、石菖蒲、茯苓、冬瓜仁苦辛通降，泄热化湿；陈皮、陈仓米、石莲子、荷叶蒂健脾养胃。全方合用，升清降浊，清热化湿，降逆和中，开噤进食。虚证者，多由脾胃素虚，或久痢伤胃，胃虚气逆所致；症见下痢频频，呕恶不食，或食入即吐，神疲乏力，舌淡苔白，脉弱无力；治宜健脾和胃，方用六君子汤健脾和胃，再加石菖蒲、姜汁醒脾降逆。若下痢无度，饮食不进，肢冷脉微，当急用独参汤或参附汤以益气固脱。

【其他治法】

一、中成药

1. 附子理中丸　口服，一次 1 丸，一日 2 次。具有温中健脾的功效。适用于脾阳虚之久痢。

2. 穿心莲片　口服，一次 5 片，一日 3 次。具有清热解毒，凉血，消肿的功效。适用于治疗肠炎、细菌性痢疾属湿热痢者。

二、针灸

以大肠的募穴、下合穴为主，选合谷、天枢、上巨虚、阴陵泉为主穴。配穴：寒湿加关元、三阴交温化寒湿；湿热加曲池、内庭清利湿热；疫毒痢加大椎、中冲、水沟泻火解毒；久痢脱肛加气海、百会益气固脱。实证用泻法，虚证用补法或针灸并施。

三、饮食辅助疗法

1. 金针菜汤　金针菜 100 g，马齿苋 100 g，水煎取汁，加白糖适量，顿服。用于治疗湿热痢。

2. 椒梅茶　胡椒 10 粒，乌梅肉 6 g，茶叶 5 g，共研细末，开水冲服。用于治疗寒湿痢。

【转归预后】

笔记栏

痢疾的转归预后取决于患者体质的强弱、感邪的轻重与治疗是否及时正确。感受湿热或寒湿之邪而患急性痢疾者，只要治疗及时得当，患者体质强壮，一般在2周左右痊愈，发热、腹痛、里急后重、便脓血等症状在3～7天消失。若病邪重，或素体正气亏虚，或失治误治，致使痢疾迁延不愈，则转为慢性痢疾。感受疫毒之邪较重者，如失治误治，常可出现高热神昏、手足厥逆的内闭外脱之危证。本病在儿童和老年患者中，常因急骤发病，高热惊厥，厥脱昏迷而导致死亡，故须积极防治。

【预防调护】

(1) 切断传染途径。痢疾是一种急性传染病，在夏秋季节采取积极有效的预防措施，如做好水、粪的管理，注意饮食卫生，消灭苍蝇等以控制痢疾的流行。

(2) 加强药物预防。在流行季节，可适当食用生蒜瓣，每次1～3瓣，每日2～3次，或将大蒜瓣放入菜食之中食用。亦可用马齿苋、绿豆适量，煎汤饮用，或马齿苋、陈茶叶共研细末，大蒜瓣捣泥拌和，入糊为丸，如龙眼大小，每次1丸，每日2次，连服1周。

(3) 重视饮食调护。已患痢疾者，应作好床旁隔离，视病情适当休息，饮食宜清淡易消化之品，忌食荤腥油腻之物。如不重视饮食调摄，常使病情迁延难愈。

【临证备要】

一、辨病思路

痢疾主要见于西医学中的细菌性痢疾、阿米巴痢疾。此外还包括溃疡性结肠炎、局限性肠炎、结肠直肠癌等疾病。

1. 细菌性痢疾　简称菌痢。包括急性菌痢、急性中毒型菌痢、慢性菌痢。①急性菌痢表现为：急性腹泻，伴有发冷、发热、腹痛、里急后重、排黏液脓血便，全腹压痛、左下腹压痛明显。② 急性中毒型菌痢(多见于2～7岁儿童)：起病急骤，突然高热，反复惊厥，嗜睡、昏迷，迅速发生循环衰竭和呼吸衰竭。肠道症状轻或阙如。③ 慢性菌痢：有持续轻重不等的腹痛、腹泻、里急后重，排黏液脓血便的痢疾症状，病程超过2个月。

2. 阿米巴痢疾　由致病性溶组织内阿米巴原虫所致。典型表现为果酱色、鱼冻样、血腥恶臭且粪质较多的大便，可混有滋养体或包囊。

3. 溃疡性结肠炎　多为血性腹泻或脓血便，严重者血水样便，每日10次以上。有左下腹或下腹部阵发性痉挛性绞痛，伴有便意或里急后重。

4. 局限性肠炎　又称节段性回肠炎、克罗恩病。一种原因不明的慢性炎性回肠病，急性症状为下腹部疼痛、发热、便秘或腹泻，腹肌紧张；慢性症状常表现为肠梗阻，呈渐进性加重。除胃肠道症状外，还可有口腔溃疡、关节炎、眼虹膜睫状体炎、结节性红斑等与免疫有关的肠道外表现。

5. 结肠直肠癌　早期症状不明显，随着癌肿的增大而表现排便习惯改变、便血、腹泻、腹泻与便秘交替、局部腹痛等症状，晚期则表现贫血、体重减轻等全身症状。

二、辨证思路

1. 辨痢疾之轻重知预后　一般下痢有粪者轻，无粪者重；痢下纯白脓或纯红血或紫血块者重；便血长久不止者重；胃气尚存，能食者轻，反之出现噤口痢者重。下痢兼见发热不休，口渴烦躁，气息迫促，甚或神错谵语，或虽见下痢次数减少，但腹胀如鼓，多是疫毒痢和湿热痢邪毒炽盛，热入营血，邪陷厥阴，如不及时救治，易发展为内闭外脱证。以疫毒痢和噤口痢病情最为凶险，且易生变证。

2. 审痢病之虚实定治法　初痢多实，久痢多虚，但久痢并非均是虚证，常常存在虚实错杂之证。若单纯补益，则滞积不去，贸然予以通导，又恐损伤正气，故应明辨虚实，才能正确运用治疗法则。

三、治疗注意

1. 祛邪气应兼顾调气和血　痢疾的病机为邪滞于肠，并与气血相搏结，从而导致脂络受伤，大肠传导失司。在治疗过程中，通过调和气血的方法可促进邪气外出，即刘完素所言："调气则后重自除，行血则

笔记栏

便脓自愈”。痢疾初起，以实证、热证为多见，应以祛邪为主，清热解毒化湿，兼以调气和血，如代表方芍药汤。即使是久痢，虚实夹杂、寒热并见者，亦需要兼以调气和血。

2. 配合使用中药灌肠疗法　慢性痢疾病情反复发作，迁延难愈。此时，在内服中药的基础上，配合中药保留灌肠，可促进疾病痊愈。取黄连、黄柏、马齿苋、白头翁各 30 g，水煎，收滤液150 mL，保留灌肠；或用蒲公英、败酱草、红藤、穿心莲等份，黄柏适量，煎至 150 mL，保留灌肠。疗程一般 7 天，以脓血尽、里急后重除为度。

3. 顾护胃气　治疗实证初期、湿热痢、疫毒痢的方药之中，苦寒之品较多，长时间大剂量使用，有损伤胃气之弊。治疗时应注意顾护胃气，并贯穿于治痢的始终。同时还要防止苦寒伤阳，峻下伤正，分利伤津。

【文献摘录】

《证治要诀·痢》：“痢疾古名滞下，以气滞成积，积之成痢。治法当以顺气为先，须当开胃，故无饱死痢病也。”

《济生方·痢疾》：“余每遇此证，必先荡涤肠胃，次正其根本，然后辨其风冷暑湿而为治法。故伤热而赤者清之，伤冷而白者温之，伤风而纯下清血者祛逐之，伤食而下如豆羹者分利之。又如冷热交并者，则温凉以调之。伤损而成久毒痢者，则化毒以保卫之。”

《寿世保元·痢疾》：“凡痢初患，元气未虚，必须下之，下后未愈，随症调之。痢稍久者，不可下，胃气败也。痢多属热，亦有虚与寒者，虚者宜补，寒者宜温。年老及虚弱人，不宜下，大便了而不了者，血虚也，数至圊而不便者，气虚也。”

（张　慧）

第九节　便　秘

【概述】

一、定义

便秘(constipation)是指大肠传导功能失常，导致大便秘结，排便周期延长，或周期不长，但粪质干结，排出艰难，或粪质不硬，虽有便意，但便而不畅的临床病证。

二、源流

《内经》称便秘为“后不利”、“大便难”，认为其发生与脾胃受寒、肠中有热等有关。《素问·厥论》曰：“太阴之厥，则腹满䐜胀，后不利。”《素问·举痛论》曰：“热气留于小肠，肠中痛，瘅热焦渴，则坚干不得出，故痛而闭不通矣。”

《伤寒论》提出便秘当从阴阳分类，“其脉浮而数，能食不大便者，此为实，名曰阳结也……其脉沉而迟，不能食，身体重，大便反硬，名曰阴结也。”并阐述了脾约证的病机与证治。《金匮要略·五脏风寒积聚病脉证并治》：“趺阳脉浮而涩，浮则胃气强，涩则小便数，浮涩相搏，大便则难，其脾为约，麻仁丸主之。”对于便秘的治疗也有诸多论述，制订了苦寒泻下的承气汤、温里泻下的大黄附子汤、养阴润下的麻子仁丸、理气通下的厚朴三物汤，以及蜜煎导、猪胆汁方等外用塞肛法。

宋代，《圣济总录·卷第九十七·大便秘涩》指出：“大便秘涩，盖非一证，皆荣卫不调，阴阳之气相持也。若风气壅滞，肠胃干涩，是谓风秘；胃蕴客热，口糜体黄，是谓热秘；下焦虚冷，窘迫后重，是谓冷秘。或肾虚小水过多，大肠枯竭，渴而多秘者，亡津液也。或胃实燥结，时作寒热者，有宿食也。”将本病的证治分类概括为寒、热、虚、实四个方面。

笔记栏

金元时期，张元素首倡实秘、虚秘之别，《医学启源·六气方治》说：“凡治脏腑之秘，不可一例治疗，有虚秘,有实秘。有胃实而秘者,能饮食,小便赤。有胃虚而秘者,不能饮食,小便清利。”且主张实秘责物,虚秘责气。这种虚实分类法,经后世不断充实和发展,至今仍是临床论治便秘的纲领。

清代,《石室秘录》曰:“大便秘结,人以为大肠燥甚,谁知是肺气燥乎?肺燥则清肃之气不能下行于大肠。”《杂病源流犀烛》:“大便秘结,肾病也”,提出便秘的发生与脏腑失调有关。

三、范围

西医学中的功能性便秘,同时肠易激综合征、肠炎恢复期肠蠕动减弱引起的便秘、直肠及肛门疾患引起的便秘、药物性便秘、内分泌及代谢性疾病的便秘,以及肌力减退所致的排便困难等均可参考本病辨证论治。

【病因病机】

便秘的病因包括饮食不节、情志失调、年老体虚、感受外邪等。上述病因可导致肠胃热结,或气滞,或寒凝,或气血阴阳亏虚引起肠道传导失司而致便秘(图 6-9)。

1. 饮食不节 饮酒过多,过食辛辣肥甘厚味,导致肠胃积热,大便干结;或恣食生冷,致阴寒凝滞,胃肠传导失司,造成便秘。

2. 情志失调 忧愁思虑过度,或久坐少动,每致气机郁滞,不能宣达,通降失常,传导失职,糟粕内停,不得下行,而致大便秘结。

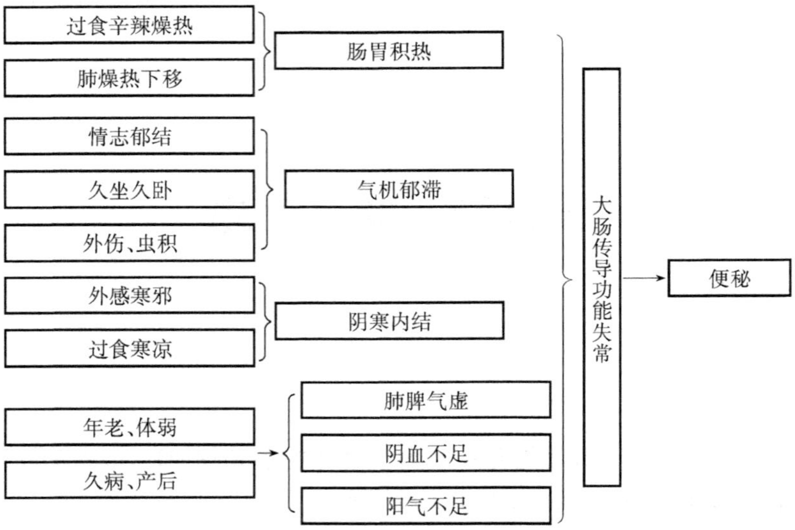

图 6-9 便秘病因病机示意图

3. 年老体虚 素体虚弱,或病后、产后及年老体虚之人,气血两亏,气虚则大肠传送无力,血虚则津枯肠道失润,甚则致阴阳俱虚,阴亏则肠道失荣,导致大便干结,便下困难,阳虚则肠道失于温煦,阴寒内结,导致便下无力,大便艰涩。

4. 感受外邪 外感寒邪可导致阴寒内盛,凝滞胃肠,失于传导,糟粕不行而成冷秘。热病之后,肠胃燥热,耗伤津液,大肠失润,可致大便干燥,排便困难。

便秘的病性可概括为寒、热、虚、实四个方面。燥热内结于肠胃者,属热秘;气机郁滞者,属气秘;气血阴阳亏虚者,为虚秘;阴寒积滞者,为冷秘或虚寒秘。四者之中,又以虚实为纲,热秘、气秘、冷秘属实,阴阳气血不足的便秘属虚。寒、热、虚、实之间,常又相互兼夹或相互转化。气机郁滞,久而化火,则气滞与热结并存。热秘久延不愈,津液渐耗,可致阴津亏虚,肠失濡润,由实秘转为虚秘。

便秘的基本病机为大肠传导失常,同时与肺、脾、胃、肝、肾等脏腑功能失调有关。肺气的肃降、脾气的运化、胃气的和降、肝的疏泄以及肾阴的滋润和肾阳的温煦均会影响大肠的传导功能。如肺脾气虚,则大肠传送无力;肝气郁结,气机不畅,则传导失职,或气郁化火伤津,则腑失通利;肾阴不足,则肠道失润;肾阳不足,则温运无权,阴寒凝滞,皆可影响大肠的传导,而发为本病。

笔记栏

【诊断】

诊断要点

（1）排便次数减少，排便周期延长；或粪质坚硬，便下困难；或排便无力，出而不畅。
（2）常伴腹胀，腹痛，口臭，纳差及神疲乏力，头眩心悸等症。
（3）多起病缓慢，常与外感寒热、饮食情志、脏腑失调、坐卧少动、年老体弱有关。
（4）相关检查：大便常规、潜血试验是常规检查的内容；肛门指检可以有效提供肛门括约肌压力、不协调排便和粪便嵌顿的信息；结肠传输试验是诊断慢传输便秘的主要手段；排粪造影和括约肌肌电图检查有助于诊断功能性出口梗阻型便秘；腹部平片可有助于确定肠梗阻的部位，对假性肠梗阻的诊断尤有价值；钡剂灌肠用于了解钡剂通过胃肠道的时间、小肠与结肠的功能状态，亦可明确器质性病变的性质、部位与范围。此外，可根据临床估计器质性病变部位的高低，选用直肠镜、乙状直肠镜或纤维结肠镜进行检查。

【鉴别诊断】

肠积　少数患者便秘日久，腹部可扪及包块，但其包块多位于左下腹，或为条索状，或大小不等，通下之后，位置改变或消失。而肠积之包块形态、位置固定不移，通下之后，依旧不变。钡灌肠可资鉴别。

【辨证论治】

一、辨证要点

便秘的辨证当分清虚实，实者包括热秘、气秘和冷秘，虚者当辨气虚、血虚、阴虚、阳虚的不同。

二、治疗要点

便秘的治疗应以通下为主，但决不可单纯用泻下药，而应辨证论治。实证便秘以祛邪为主，给予泻热、温散、通导之法；虚证便秘为肠失润养，推动无力而致，故以扶正为先，予益气温阳、滋阴养血之法。如《景岳全书·秘结》曰："阳结者邪有余，宜攻宜泻者也；阴结者正不足，宜补宜滋者也。知斯二者即知秘结之纲领矣。"

三、分证论治

（一）实秘

1. 肠胃积热

临床表现：① 大便干结，腹中胀满，口干口臭；② 面红身热，小便短赤，心烦不安，时欲饮冷；③ 舌红干，苔黄燥或焦黄起芒刺，脉滑数。

证候辨析：肠胃积热，或热病余邪未清，热盛伤津，肠道津液枯燥，故大便干结，腹中胀满。积热熏蒸于上，故口干口臭。热盛于内，故面红身热，心烦不安，汗出，时欲冷饮。热移于膀胱，故小便短赤。舌红干，苔黄燥或焦黄起芒刺，均为热盛伤津化燥之象；脉滑数为里热之象。临床具备①+②或①+③均可辨为肠胃积热型。

治法：泻热导滞，润肠通便。

代表方：麻子仁丸加减。

常用药：火麻仁润肠通便；大黄泻热通便；杏仁降气润肠；白芍养阴和里；枳实、厚朴下气破结，加强通便之力。

大便干结者，加芒硝软坚通便；若津液已伤，可加生地黄、玄参、麦冬以滋阴生津；若肺热气逆，咳喘便秘者，可加瓜蒌仁、苏子、黄芩清肺降气以通便；肝火旺，则心烦易怒，面红耳热耳鸣，加龙胆草、栀子，或用

笔记栏

当归龙荟丸清肝泻火；便后痔疮出血，加地榆、槐花以清肠止血；急性热病便秘，可改用大、小承气汤急下存阴。

2. 气机郁滞

临床表现：① 大便秘结，欲排不得，腹中胀满；② 胸胁满闷，嗳气呃逆，肠鸣矢气，纳差；③ 舌苔薄白或薄黄或薄腻，脉弦。

证候辨析：情志失和，肝气郁结，导致传导失常，故大便干结，欲便不出，腹中胀满。腑气不通，则气不下行而上逆，故胸胁满闷，嗳气呃逆。糟粕内停，脾气不运，故肠鸣矢气，食欲不振。由于气滞夹寒、夹热、夹湿的不同，故舌苔可见薄白，或薄黄，或薄腻。临床具备①＋②或①＋③均可辨为气机郁滞型。

治法：顺气导滞，降逆通便。

代表方：六磨汤加减。

常用药：木香调气；乌药顺气；沉香降气；大黄、槟榔、枳实破气行滞。

若腹部胀痛甚，可加厚朴、莱菔子以助理气；气郁日久化火者，见口苦咽干，苔黄，脉弦数，加栀子、龙胆草清肝泻火；七情郁结，郁郁寡欢者，加柴胡、白芍、合欢皮疏肝解郁；跌仆损伤或术后肠粘连者，属气滞血瘀，加桃仁、红花、赤芍以活血祛瘀。

3. 阴寒积滞

临床表现：① 大便艰涩，腹痛拘急，胀满拒按；② 手足不温，呃逆呕吐；③ 舌苔白腻，脉弦。

证候辨析：阴寒内盛，凝滞胃肠，大肠失于传导，糟粕不行，故大便艰涩。传导失司，气机失畅，故见腹痛拘急，胀满拒按，呃逆呕吐。阴寒凝滞，阳气被遏，故见手足不温。舌苔白腻，脉弦，均为阴寒积滞之象。临床具备①＋②或①＋③均可辨为阴寒积滞型。

治法：温里散寒，导滞通便。

代表方：大黄附子汤加减。

常用药：附子温里散寒；大黄荡除积滞；细辛散寒止痛。

可加枳实、厚朴、木香助泻下之力，加干姜、小茴香增温里散寒之功；若心腹绞痛，口噤暴厥，属大寒积聚者，可用三物备急丸攻逐寒积。本证如阴寒内盛者，可用温脾汤。

（二）虚秘

1. 气虚便秘

临床表现：① 虽有便意，临厕努挣乏力，难以排出，便后乏力；② 汗出短气，面白神疲，肢倦懒言；③ 舌淡胖，或边有齿痕，苔薄白，脉细弱。

证候辨析：肺脾气虚，运化失职，大肠传导无力，故虽有便意，但临厕努挣乏力，难以排出。气虚，故便后乏力，汗出气短，面白神疲，肢倦懒言。舌淡胖，或边有齿痕，脉细弱，均为气虚之象。临床具备①＋②或①＋③均可辨为气虚便秘。

治法：补气健脾，润肠通便。

代表方：黄芪汤加减。

常用药：黄芪补肺脾之气；火麻仁、白蜜润肠通便；陈皮理气。

若乏力汗出者，可加白术、党参补中益气；若排便困难，腹部坠胀者，可合用补中益气汤升提阳气；若肢倦腰酸者，可用大补元煎滋补肾气；若脘腹痞满，舌苔白腻者，可加白扁豆、生薏苡仁健脾祛湿。

2. 血虚便秘

临床表现：① 大便干结；② 面色苍白，头晕目眩，心悸，失眠多梦，健忘；③ 舌质淡，苔白，脉细。

证候辨析：营血亏虚，不能濡润大肠，肠道干涩，故大便干结，努挣难下。血虚不能上荣，故面色苍白，头晕目眩。血不养心，故心悸气短，失眠健忘。舌质淡，苔白，脉细，均为血虚之象。临床具备①＋②或①＋③均可辨为血虚便秘。

治法：养血润燥。

代表方：润肠丸加减。

常用药：当归、生地黄滋阴养血；麻仁、桃仁润肠通便；枳壳引气下行。

若面白，眩晕甚，重用当归，加玄参、何首乌养血润肠；若手足心热，午后潮热者，可加知母、胡黄连等以清虚热；若阴血已复，便仍干燥，可用五仁丸润滑肠道。

笔记栏

3. 阴虚便秘

临床表现：① 大便干结，甚如羊屎状；② 形体消瘦，头晕耳鸣，两颧红赤，心烦少眠，潮热盗汗，腰膝酸软；③ 舌红少苔，脉细数。

证候辨析：阴亏津少，肠道干涩，故大便干结，甚如羊屎状。若阴虚内热，虚热内扰，故口干心烦，潮热盗汗。肾阴亏虚，则耳鸣，腰膝酸软。舌红少苔，脉细数，均为阴虚之象。临床具备①＋②或①＋③均可辨为阴虚便秘。

治法：滋阴通便。

代表方：增液汤加减。

常用药：玄参、麦冬、生地黄滋阴生津。

大便干结如栗状，合芍药甘草汤治疗。腹胀脘痞明显者，加厚朴以增强行气之力。口干心烦，舌质红，少苔，脉细数，加何首乌、玉竹、知母清热养阴生津。若津液已复，大便仍干结如球者，加五仁丸润肠通便。若胃阴不足，口干口渴者，可用益胃汤；若肾阴不足，腰膝酸软者，可合用六味地黄丸。

4. 阳虚便秘

临床表现：① 大便艰涩，排出困难；② 面色皖白，四肢不温，喜热怕冷，小便清长，或腹中冷痛，或腰膝冷痛；③ 舌质淡，苔白或薄腻，脉沉迟或沉弦。

证候辨析：阳气虚衰，肠道传送无力，故大便艰涩，排出困难。阳虚内寒，温煦无权，则面色皖白，四肢不温，喜热怕冷，小便清长。阴寒内盛，寒主凝敛收引，故腹中冷痛，拘急拒按。肾阳亏虚，故腰膝冷痛。舌质淡，苔白或薄腻，脉沉迟或沉弦，为阳虚或兼寒湿之象。临床具备①＋②或①＋③均可辨为阳虚便秘。

治法：温阳通便。

代表方：济川煎加减。

常用药：肉苁蓉温补肾阳，润肠通便；当归养血和血，润肠通便；牛膝强腰肾，引药下行；枳壳宽肠下气；泽泻引药下行；升麻轻宣升阳。

若寒凝气滞、腹痛较甚，加肉桂、木香温中行气止痛；胃气不和，恶心呕吐，可加半夏、砂仁和胃降逆。

【其他治法】

一、中成药

1. 麻仁润肠丸　口服，一次 6～9 g，一日 2 次。具有润肠通便的功效。适用于阴虚便秘患者。

2. 苁蓉通便口服液　口服，一次 10 mL，一日 2 次。具有健脾益气，润肠通便的功效。适用于阳虚便秘。

二、针灸

取足三里、天枢、大肠俞、脾俞、胃俞、合谷等穴。实证针用泻法，虚证针用补法或加灸法。

三、饮食治疗

安排合理的饮食结构，增加富含纤维素的食物，如蔬菜、水果，每日膳食纤维摄入量应达30 g～40 g或更多。增加饮水量，忌烟酒和辛辣食物。

1. 肉苁蓉粥　肉苁蓉 30 g，精羊肉 60 g，粳米 50 g，煮粥。适用于阳虚便秘。

2. 葱白阿胶煮蜜糖　葱白 5 茎，阿胶 10 g，蜂蜜 50 g。适用于血虚便秘，老人习惯性便秘。

四、行为治疗

训练定时排便，逐步建立直肠的排便反射，可在餐后 0.5～1 小时进行锻炼，尤以早餐后为宜，将双手压住腹部，做咳嗽动作，增加腹压以助排便，应集中注意力，不要阅读或吸烟。

五、心理治疗

精神心理因素与便秘的发病明显相关，心理障碍越严重，肛门直肠动力和感觉异常越显著。因此，应

笔记栏

注重心理健康，及时对患者进行心理评估、心理疏导，鼓励患者增强治疗的信心，缓解压力与紧张，必要时可使用一定的抗焦虑药物。

【转归预后】

关于本病的预后，单纯性便秘，只需用心调治，则其愈较易，预后较佳。若属他病兼便秘者，则须察病情的新久轻重。老年性便秘和产后便秘，多属虚证，治疗时难求速效，需慢性调治。

【预防调护】

(1) 消除病因，避免过食辛辣、煎炸、寒凉之物，多食粗粮蔬菜，多饮水。
(2) 避免久坐少动，养成定时大便的习惯。
(3) 调摄情志，保持心情舒畅。
(4) 不可滥用泻药。

【临证备要】

一、辨病思路

功能性便秘是临床常见的功能性胃肠病之一。国际上多采用根据结肠动力学特点和肛门直肠功能改变来分型，分为慢传输型便秘、出口梗阻型便秘和混合型便秘。

1. 慢传输型便秘　系指由于结肠动力障碍，引起肠内容物滞留于结肠或结肠通过缓慢引起的便秘，它是功能性便秘常见的类型，国内报道此型占功能性便秘的10.3%～45.5%。患者症状多为排便次数少，粪便质地坚硬，少有便意。肛门指检和直肠测压缺乏出口梗阻的证据。

2. 出口梗阻型便秘　具有正常的结肠传输功能，但肛门、直肠功能异常，如排便反射阙如，盆底肌痉挛综合征或排便时肛门括约肌不协调等。国内报道此型占25%～36%。临床症状以排便困难、排便不尽感、排便时程延长、肛门直肠下坠为主，粪质较硬或呈成形软便，多发生于儿童、妇女和老年人。

3. 混合性便秘　具备上述两者的特点，可能由于慢传输型便秘病情进展，引起直肠感觉阈值逐步升高；或者长期出口梗阻型便秘影响结肠排空，继发结肠动力障碍。

二、辨证思路

1. 审病因　详细询问饮食、生活习惯及诱因等，有助于便秘的辨证。如平素喜食辛辣厚味，煎炒之品常致胃肠积热而成便秘；长期忧郁思虑过度或久坐、久卧少动者常致气机郁滞而成便秘；而因外伤或腹部手术致便秘者，多与气滞血瘀有关。年老体弱、产后便秘常因气血阴阳不足而致。

2. 辨排便情况和大便性状　大便干燥坚硬，伴口干口苦，口臭，面红身热，尿赤者，常为燥热内结；大便排出艰难，苔白润滑，肢冷畏寒者，多为阴寒内结；大便不甚干结，欲便不出，胁腹胀满者，多为气机郁滞；大便干结如栗状，舌红少津，无苔或苔少者多为血虚津枯；大便排出无力，便后乏力，伴肢倦懒言，腹胀喜按者，多为气虚便秘。

三、治疗注意

1. 治疗便秘勿忘宣通肺气　肺主一身之气，主宣发、肃降，与大肠相表里，肺的功能正常与否与大肠的传导息息相关。肺气壅滞或肺气不足，均可导致大肠传导失常。临床常见咳嗽，气喘，甚至胸闷气逆，伴腹胀满，大便干结，治疗以肃肺平喘，降气通腑。即所谓“上道开，下窍泄，开天气以通地道”。方选苏子降气汤加桔梗、枳壳、制大黄。如《杂病源流犀烛·大便秘结源流》说：“有由气秘者，气不升降，谷气不行，善噫，宜苏子降气汤加枳壳”。又说：“肺气壅蔽不能下降大肠，而诸气之道路因以闭塞，噫逆泛满，此由气失升降之常者也。”充分阐明了肺失肃降，腑气不行，而致便秘的病机和治法。叶桂主张用紫菀、枇杷叶降气以通秘结；李梃主张以陈皮、杏仁为蜜丸治便秘；董建华用皂角子为主药，加大腹皮、枳壳而通便，以皂

笔记栏

角子辛能通上下二窍，而无攻伐伤正之弊，皆遵此旨。

2. 通下法的应用 治疗便秘以“通”为法，但通之得法，却有寒下、温下、润下等法。寒下法应用于肠胃积热，燥屎内结之实证；里实证中如有下焦阳虚阴盛者，则不宜徒用攻下，以防更损阳气，但若单用温阳之法，又会便结难开，故宜温阳与攻下并投，以温下法治之，方可奏效；润下法适用于“无水舟停”之肠燥便秘，但在应用中需考虑患者多有津血不足存在，可配以益气或养血之品。而年老体虚，便结较甚，服药不应之患者，应从多方面调治，不可单纯依赖药物，可配合应用外导法。治疗便秘不能滥用泻法，长期大量使用刺激性泻药会损伤肠道的蠕动、分泌功能，一旦停药不仅会加重便秘症状，而且还会导致结肠黑病变，增加大肠癌的发病风险。

【文献摘录】

《证治汇补·秘结》：“如少阴不得大便以辛润之，太阴不得大便以苦泄之，阳结者清之，阴结者温之，气滞者疏导之，津少者滋润之。大抵以养血清热为先，急攻通下为次。”

《万病回春·大便闭》：“身热烦渴，大便不通者，是热闭也；久病人虚，大便不通者，是虚秘也；因汗出多大便不通者，精液枯竭而闭也；风证大便不通者，是风闭也；老人大便不通者，是血气枯燥而闭也；虚弱并产妇及失血，大便不通者，血虚而闭也；多食辛热之物，大便不通者，实热也。”

（马剑颖）

笔记栏

第七章　肝胆系疾病

导　学

本章主要介绍胁痛、黄疸、积聚、鼓胀、瘿病、疟疾等肝胆系疾病的概述、病因病机、诊断、鉴别诊断、辨证论治、其他治法、转归预后、预防调护、临证备要和文献摘录等内容。

目的要求

1. 掌握胁痛的定义、辨证要点、治疗要点及分证论治；黄疸的定义、病因病机、辨证要点、治疗要点及阳黄与急黄的分证论治；积聚的定义，积证初、中、末三期的辨证要点、治疗要点及积聚的分证论治；鼓胀的定义、病因病机、辨证要点、治疗要点及分证论治；瘿病的定义、辨证要点、治疗要点及分证论治；疟疾的定义、治疗要点。

2. 熟悉胁痛的病因病机及其与胃痛、胸痛、悬饮的鉴别诊断；黄疸的诊断要点，阴黄的分证论治，阳黄、阴黄与急黄的区别及相互关系；积聚的病因病机、诊断要点及其与痞满和鼓胀的鉴别诊断，积与聚的区别及相互关系；鼓胀的诊断要点及其与水肿、积证、痞满的鉴别诊断，鼓胀晚期出现的合并症；瘿病的病因病机、诊断要点及其与瘰疬的鉴别诊断；疟疾的诊断要点、辨证要点、分证论治。

3. 了解胁痛、黄疸、积聚、鼓胀、瘿病、疟疾等肝胆系疾病在西医学中的范围、其他治法、转归预后、预防调护。

肝胆疾病常见的有胁痛、黄疸、积聚、鼓胀、瘿病、疟疾等。肝在胁下，胆附于肝，肝胆有经脉络属而互为表里。肝主疏泄，主藏血，主筋，开窍于目。若肝失疏泄，气机郁结，气滞血瘀，或血不养肝，肝络失和，可致胁痛；肝郁日久，气滞血瘀，可致癥瘕积聚；血瘀水停，气血水瘀结于内，可成鼓胀；湿热内蕴，致肝失疏泄，胆汁外溢，而成黄疸；肝郁气滞，痰瘀互结，颈前喉结两旁结块肿大，则为瘿病；疟邪伏于少阳，出入营卫，邪正相争，发为疟疾。

肝为风木之脏，体阴而用阳，主升主动，若肝阴暗耗，肝阳偏亢，化风内动，上扰清窍，或肾水素亏，肝失滋养，肝阳上亢，均可发为头痛、眩晕；若肝肾阴亏于下，肝阳暴张于上，血随气逆，挟痰挟火，横窜经脉，蒙蔽清窍，则发中风。本书将头痛、眩晕、中风归属心脑系疾病讲述。

肝与其他脏腑密切相关，肝气郁结，肝木侮土，可导致肝脾不和。肾藏精，肝藏血，精血互生，若肾精不足，肝失濡养，可导致肝阳上亢；脾生血，心主血，若心脾不足，肝血亦可亏虚，致血不养筋，血虚生风。临床应注意脏腑之间的关联，随证处理。

第一节　胁　　痛

【概述】

笔记栏

一、定义

胁痛（hypochondriac pain）是以一侧或两侧胁肋部疼痛为主要表现的病证，是临床比较多见的一种自觉症状。胁，指侧胸部，为腋以下至第十二肋骨部的总称。

二、源流

本证早在《内经》已有记载，并明确指出胁痛的发生主要是由于肝胆病变。如《灵枢·五邪》篇说：“邪在肝，则两胁中痛。”《素问·脏气法时论》说：“肝病者，两胁下痛引少腹。”《素问·缪刺》也说：“邪客于足少阳之络，令人胁痛不得息。”

关于胁痛的病因，《内经》认为有寒、热、瘀等方面。如《素问·举痛论》说：“寒气客于厥阴之脉，厥阴之脉者，络阴器，系于肝，寒气客于脉中，则血泣脉急，故胁肋与少腹相引痛矣。”《素问·刺热》说：“肝热病者……胁满痛，手足躁，不得安卧。”《灵枢·五邪》说：“胁在肝，则两胁中痛……恶血在内。”其后，历代医家对胁痛的病因在《内经》的基础上，逐步有了发展。《景岳全书·胁痛》从临床实际出发，将病因分为外感和内伤两大类，并提出以内伤者多见。如“胁痛有内伤外感之辨……有寒热表证者方是外感，如无表证，悉属内伤。但内伤胁痛者十居八九，外感胁痛则间有之耳”。同时又对内伤胁痛发病原因进行归纳，认为有郁结伤肝、肝火内郁、痰饮停伏、外伤血瘀以及肝肾亏损等。《证治汇补·胁痛》对胁痛的病因亦提出：“因暴怒伤触，悲哀气结，饮食过度，风冷外侵，跌仆伤形……或痰积流注，或瘀血相搏，皆能为痛。至于湿热郁火，劳役房色而病者，间亦有之”，这样就使胁痛的病因认识更趋完善。

对于胁痛的治疗原则，《证治汇补·胁痛》也进行了较为系统的叙述：“治宜伐肝泻火为要，不可骤用补气之剂，虽因于气虚者，亦宜补泻兼施……故凡木郁不舒，而气无所泄，火无所越，胀甚惧按者，又当疏散升发以达之，不可过用降气，致木愈郁而痛愈甚也。”

三、范围

本篇所述，主要为内伤胁痛。西医学中的很多疾病均可导致胁痛，如急慢性肝炎、急慢性胆囊炎、肋间神经痛等，凡引起胁痛为主要临床表现者，可参考本篇论治。

【病因病机】

胁痛的病因主要有情志失调、饮食不节、跌仆损伤、外感湿热、劳欲久病等多种因素。这些病因致肝气郁结，肝失条达；瘀血停着，痹阻胁络；湿热蕴结，肝失疏泄；肝阴不足，络脉失养等病理变化，从而导致胁痛(图 7－1)。

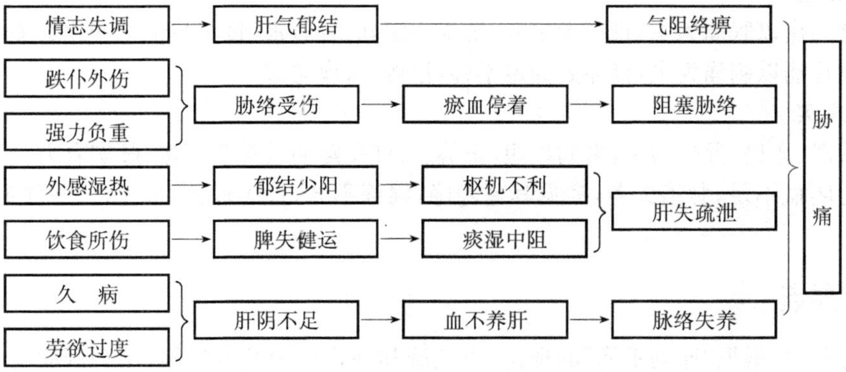

图 7－1　胁痛病因病机示意图

1. 情志失调，肝气郁结　情志抑郁，或暴怒伤肝，肝失条达，疏泄不利，气阻络痹，而致胁痛。

2. 饮食不节，湿热蕴结　饮食不节，过食肥甘，损伤脾胃，湿热内生，郁于肝胆，脾失健运，痰湿中阻，气郁化热，肝失疏泄条达，导致胁痛。

3. 跌仆损伤，瘀血停着　跌仆外伤，或强力负重，胁络受伤，瘀血停留，阻塞胁络，致使胁痛。

4. 外感湿热，郁结少阳　湿热之邪外袭，郁结少阳，枢机不利，肝胆经气失于疏泄，以致胁痛。

5. 劳欲久病，肝阴不足　久病或劳欲过度，精血亏损，肝阴不足，血虚不能养肝，脉络失养，亦能导致胁痛。

胁痛的病变脏腑涉及肝胆、脾胃、肾。基本病机为肝络失和，病理变化可归结为“不通则痛”与“不荣则痛”两类。其病证有虚实之分，以实证多见。实证以气滞、血瘀、湿热为主，三者又以气滞为先。虚证多

笔记栏

属阴血亏损，肝失所养。此外，实证日久，化热伤阴，肝肾阴虚，亦可出现虚实夹杂之证。

【诊断】

诊断要点

(1) 以一侧或两侧胁肋部疼痛为主要临床表现。
(2) 可为刺痛、胀痛、灼痛、隐痛、钝痛等。
(3) 常伴有情志所伤、饮食不节、感受外邪、跌仆损伤、劳欲久病等病史。
(4) 相关检查：血象、肝功能、B超等，有助于诊断。

【鉴别诊断】

1. 胸痛 胸痛与胁痛均可因情志不舒，肝气郁结所致，但胸痛病位主要在心肺，其表现以胸痛并兼见心悸，胸闷，少寐等，而胁痛位于肝胆，疼痛在胁肋，并有口苦，目眩等。

2. 胃痛 胃痛疼痛部位在胃脘部，兼见嗳气，反酸等。胁痛疼痛部位在胁肋，常伴口苦，目眩等。

3. 悬饮 悬饮因饮停胸胁亦可见胁痛，但其表现为饮留胁下，胸胁胀痛，持续不已，伴见咳嗽，咯痰，呼吸时疼痛加重，患侧肋间饱满，或兼见发热，一般不难鉴别。

【辨证论治】

一、辨证要点

1. 辨外感内伤

外感胁痛：乃湿热外邪侵犯肝胆，肝失疏泄条达。起病急骤，症见喜热恶寒，恶心呕吐，目睛发黄，舌红，苔黄腻，脉浮数。

内伤胁痛：由肝郁气滞、瘀血内阻、肝阴不足所致。不具有发热恶寒之表证，且起病缓，病程长。

2. 辨在气在血

在气：气滞疼痛以胀痛为主，且痛无定处，游走不定，时轻时重，每每与情绪变化有关。

在血：瘀血疼痛以刺痛为主，且痛处固定不移，拒按，入夜尤甚。

3. 辨证候虚实

实证：以气滞、血瘀、湿热为主，多病程短，来势急，症见疼痛较重而拒按，脉实有力。

虚证：多为阴血不足，脉络失养，症见其痛隐隐，绵绵不休，且病程长，来势缓，并伴见全身阴血亏耗之征。

二、治疗要点

1. 治疗原则 当根据“通则不痛”的理论，以疏肝和络止痛为基本治则，结合肝胆的生理特点，灵活运用。

2. 虚实分治 实证之胁痛，宜用理气、活血、清利湿热之法；虚证之胁痛，宜补中寓通，采用滋阴、养血、柔肝之法。

三、分证论治

1. 肝气郁结

临床表现：① 胁痛以胀痛为主，走窜不定，甚则连及胸背；② 疼痛每因情志而增减，胸闷腹胀，纳少，嗳气频作；③ 舌苔薄白，脉弦。

证候辨析：肝气失于条达，阻于胁络，故胁肋胀痛。气属无形，时聚时散，聚散无常，故疼痛走窜不定。情志变化与气之郁结关系密切，故疼痛随情志变化而有所增减。肝经气机不畅，故胸闷腹胀。肝气

笔记栏

横逆，易犯脾胃，故食少嗳气。舌苔薄白，脉弦，为肝郁之象。临床具备①+②或①+③均可辨为肝气郁结型。

治法：疏肝理气。

代表方：柴胡疏肝散加减。

常用药：柴胡疏肝，配香附、枳壳、陈皮以理气；川芎活血；芍药、甘草缓急止痛。

胁痛重者，酌加青皮、川楝子、郁金以增强理气止痛的作用；若气郁化火，症见胁肋掣痛，心急烦躁，口干口苦，尿黄便秘，舌红苔黄，脉象弦数，可去川芎，加牡丹皮、栀子、黄连、川楝子、延胡索等以清肝理气，活血止痛；若气郁化火伤阴，症见胁肋隐痛，遇劳加重，心烦头晕，睡眠欠佳，舌红苔薄，少津，脉弦细，可去川芎，加当归、何首乌、枸杞子、牡丹皮、栀子、菊花等以滋阴清热；若肝气横逆，脾运失常，症见胁痛肠鸣腹泻者，可加白术、茯苓、泽泻、薏苡仁等以健脾止泻；若兼胃失和降，症见恶心呕吐者，可加陈皮、半夏、藿香、砂仁、生姜等以和胃止吐。

2. 湿热蕴结

临床表现：① 胁肋胀痛，牵引肩背，触痛明显，拒按；② 口苦口干，胸闷纳呆，恶心呕吐，目赤或目黄、身黄、小便黄赤；③ 舌苔黄腻，脉弦滑数。

证候辨析：湿热蕴结于肝胆，肝失疏泄，气机郁滞，故胁肋胀痛，牵引肩背，触痛明显，拒按，口干口苦。湿热中阻，升降失常，故胸闷纳呆，恶心呕吐。肝开窍于目，肝火上炎，则目赤。湿热交蒸，胆汁不循常道而外溢，可出现目黄，身黄，小便赤黄。舌苔黄腻，脉弦滑数，均是肝胆湿热之象。临床具备①+②或①+③均可辨为湿热蕴结型。

治法：清利湿热。

代表方：龙胆泻肝汤加减。

常用药：龙胆草泻肝胆湿热；栀子、黄芩清热泻火；木通、泽泻、车前子清热利湿。可酌加川楝子、青皮、郁金、半夏等以疏肝和胃，理气止痛。

若发热、黄疸者，可加茵陈、黄柏以清热利湿退黄；若胁肋剧痛，呕吐蛔虫者，先以乌梅丸安蛔，继则除蛔；若湿热煎熬，结成砂石，阻滞胆道，症见胁肋剧痛，连及肩背者，可加金钱草、海金沙、郁金及硝石矾石散等以利胆排石；若热盛伤津，大便秘结，腹部胀满者，可加大黄、芒硝以泻热通便。

3. 瘀血停着

临床表现：① 胁肋刺痛，痛有定处；② 入夜更甚，胁肋下或面色晦暗；③ 舌质紫黯，脉象沉涩。

证候辨析：瘀血停着，阻塞胁络，故胁肋刺痛，痛有定处；瘀结胁下，故或见癥块；面色晦暗，舌质紫黯，脉象沉涩，亦为瘀血停着之象。临床具备①+②或①+③均可辨为瘀血停着型。

治法：祛瘀通络。

代表方：旋覆花汤加减，亦可用复元活血汤加减。

常用药：新绛(或用茜草代替)活血通经；旋覆花理气止痛。方中亦可酌加郁金、桃仁、延胡索、归尾等以增强理气活血之力。

若瘀血较重者，可用复元活血汤加减以活血祛瘀，通经活络；若胁肋下有癥块，而正气未衰者，可加三棱、莪术、地鳖虫等以增强破瘀消坚之力，或配合服用鳖甲煎丸。

4. 肝阴不足

临床表现：① 胁肋隐痛，悠悠不休，遇劳加重；② 口干咽燥，心中烦热，头晕目眩；③ 舌红少苔，脉细弦而数。

证候辨析：肝郁日久化热，耗伤肝阴，或久病体虚，精血亏损，不能濡养肝络，故胁肋隐痛，悠悠不休，遇劳加重。阴虚易生内热，故口干咽燥，心中烦热。精血亏虚，不能上荣，故头晕目眩。舌红少苔，脉细弦而数，均为阴虚内热之象。临床具备①+②或①+③均可辨为肝阴不足型。

治法：养阴柔肝。

代表方：一贯煎加减。

常用药：生地黄、枸杞子滋养肝肾；沙参、麦冬、当归养阴柔肝；川楝子疏肝理气止痛。

心中烦热，可加炒栀子、酸枣仁以清热安神；头晕目眩，可加黄精、女贞子、菊花以益肾清肝；若阴虚火旺，可加黄柏、知母、地骨皮等。

笔记栏

【其他治法】

一、中成药

1. 龙胆泻肝丸　口服,一次 3～6 g,一日 2 次。具有清肝胆,利湿热的功效。适用于湿热蕴结之胁痛等。

2. 六味地黄丸　口服,一次 8 粒,一日 2 次。具有滋补肝肾功效。适用于肝阴不足之胁痛。

3. 血府逐瘀丸　口服,一次 1～2 丸,一日 2 次,空腹用红糖水送服。具有活血祛瘀,行气止痛的功效。适用于瘀血停着之胁痛。

4. 消炎利胆片　口服,一次 6 片,一日 3 次。具有清热,祛湿,利胆的功效。适用于湿热蕴结引起的口苦、胁痛(急性胆囊炎、胆管炎等)。

二、针灸

(1) 主穴取肝俞、胆俞、足三里;有黄疸,配至阳、阴陵泉、大椎;胁痛甚,配支沟、期门、阳陵泉。实证多针用泻法,虚证多针用补法或加灸法。

(2) 主穴取外关、丘墟、阳陵泉、太冲、足三里、胆俞;配穴取曲池、合谷、中脘、上脘。实证多针用泻法,虚证多针用补法或加灸法。

三、单方

鲜葡萄根 90 g,水煎服,每日 1 剂。治疗慢性肝炎胁痛。

【转归预后】

胁痛无论外感或内伤,只要治疗将养得法,一般预后良好。但也有部分患者迁延不愈,成为慢性。若治疗不当,病情加重而演变为黄疸、积证、鼓胀等病证,则预后不佳。

【预防调护】

(1) 情志抑郁、所愿不遂,在胁痛的发生发展及疗效中占有举足轻重的地位,故应节情欲,远忧愁,戒嗔怒。

(2) 饮食应避免膏粱厚味,辛辣炙煿,切莫以酒为浆,饮酒无度,肝胆湿热者尤宜审慎。

(3) 肝为罢极之本,虚证胁痛应注意起居有时,劳逸结合,以防因劳加重病情。

【临证备要】

一、辨病思路

胁痛常见于西医学中的肝脏疾病、胆囊及胆道系统疾病、肋间神经痛等。

1. 肝病胁痛　包括各种原因所致急、慢性肝炎,脂肪肝等。表现为右胁隐痛或胀闷不适。伴有各种慢性肝病病史以及肝功能损害的体征和实验室指标变化。

2. 胆病胁痛　包括急、慢性胆囊炎,胆道系统结石,胆囊术后胆管功能障碍等。表现为右胁疼痛,牵引肩背,常因油腻饮食诱发。B 超检查提示胆壁增厚,或胆囊(胆管)结石,或有胆囊切除史。

3. 肋间神经痛　原发性肋间神经痛极少见,继发性者多与病毒感染、毒素刺激、机械损伤及异物压迫等有关。其疼痛性质多为刺痛或灼痛,并沿肋间神经分布。

笔记栏

二、辨证思路

临证辨证应结合辨病,配合针对性药物。经检查,如属病毒性肝炎,病初多以湿热蕴结证为主,病久可出现脾虚、阴虚、血瘀等证，同时兼夹不同程度湿热之征，可用清热解毒、疏肝运脾、化湿行瘀等治法，结合临床经验和药理研究，选择具有抗病毒、改善肝功能、调节免疫及抗肝纤维化的药物。如胁痛见有砂石积聚者，治疗应当注意通腑、化石、排石药的应用。若兼有湿热阻滞，肝胆气机失于通降，出现右胁部绞痛难忍，恶心呕吐，口苦纳呆，治疗当清利肝胆，通降排石，方剂常用大柴胡汤加减。通腑泻下常用大黄、芒硝；化石排石药物可选用鸡内金、海金沙、金钱草、郁金、茵陈、枳壳、莪术、皂角刺、煅瓦楞子等。

三、治疗注意

1. 治疗胁痛宜疏肝柔肝并举，以防辛燥劫阴之弊　胁痛之病机以肝经气郁，肝失条达为先，故疏肝解郁，理气止痛是治疗胁痛常用之法。然肝为刚脏，体阴而用阳，治疗之时宜柔肝而不宜伐肝。疏肝理气药大多辛温香燥，若久用或配伍不当，易耗伤肝阴，甚至助热化火。故临证使用疏肝理气药时，一要选用轻灵平和之品，如香附、苏梗、佛手、香橼之类；二要注意配伍柔肝养阴药物，以顾护肝阴，以利肝体。

2. 病毒性肝炎治疗经验　① 湿热疫毒为病毒性肝炎致病关键，湿性缠绵，也是疾病迁延不愈的重要因素，因此，清热解毒除湿法应贯穿治疗始终。② 适时加用健脾益气药，如白术、茯苓、薏苡仁、山药、白扁豆、党参、黄芪、黄精、太子参等。③ 滋阴柔肝不可忽略。肝阴不足是慢性病毒性肝炎迁延不愈的又一重要因素，临床只要见有肝阴不足的征象，就应及早运用养阴柔肝药。④ 正确应用活血化瘀药。对慢性肝炎的各个阶段，均酌情加用活血化瘀药。湿热较重者，加用凉血活血药，如赤芍、丹参、牡丹皮等；气血虚者，常用养血活血药，如当归、白芍、何首乌、女贞子、鸡血藤、姜黄、郁金、三七等；在疾病后期又常用活血利水药泽兰、益母草和活血软坚药土鳖虫、穿山甲、鳖甲等。⑤ 走出囿于肝理化指标的误区。应将理化检测作为了解病情的手段，治疗仍应以辨证为主。

3. 丹柏四逆散(牡丹皮、黄柏、枳实、白芍、柴胡、甘草)治疗胆病胁痛　肝气郁结证是胆病胁痛的基本证型，疏肝解郁利胆是基本治法，在临床治疗中常将疏肝利胆辅以清热除湿作为基础治疗。临床证明，丹柏四逆散为治疗急、慢性胆囊炎，胆囊术后胆管功能障碍的有效方剂。疼痛甚者加大白芍和甘草剂量，或加川楝子、延胡索。伴有结石者常加郁金、金钱草、鸡内金、海金沙、威灵仙、王不留行、滑石、皂角刺等，一般不用大剂通里攻下药，以免重伤正气。

【文献摘录】

《素问·脏气法时论》："肝病者，两胁下痛。"

《灵枢·经脉》："胆足少阳之脉，是动则病口苦，善太息，心胁痛，不能转侧。"

《景岳全书·胁痛》："胁痛有内伤外感之辨，凡寒邪在少阳经，乃病为胁痛，耳聋而呕，然必有寒热表证者，方是外感，如无表证，悉属内伤。但内伤胁痛者十居八九，外感胁痛则间有之耳。"

《古今医鉴·胁痛》："胁痛者……若因暴怒伤触，悲哀气结，饮食过度，冷热失调，颠仆伤形，或痰积流注于血，与血相搏，皆能为痛……治之当以散结顺气，化痰和血为主，平其肝而导其气，则无有不愈矣。"

（汪　静）

第二节　黄　　疸

【概述】

一、定义

黄疸(jaundice)是以目黄、身黄、小便黄为主症的一种病证，其中目睛黄染尤为本病的必备特征。主因感受湿热疫毒，肝胆气机受阻，疏泄失常以致胆液不循常道而外溢所致。

二、源流

《内经》中始见黄疸病的论述。如《素问·平人气象论》说："溺黄赤，安卧者，黄疸……目黄者曰黄

笔记栏

疸。”又《灵枢·论疾诊尺》说:“身痛面色微黄,齿垢黄,爪甲上黄,黄疸也。”

黄疸的分类,始自汉代张仲景《伤寒杂病论》,分为黄疸、谷疸、酒疸、女痨疸和黑疸,称为五疸。《诸病源候论·黄疸诸候》根据本病发病情况和所出现的不同症状,区分为二十八候,《圣济总录·黄疸门》又分为九疸、三十六黄,两书还都把黄疸的危重证候称之为“急黄”,并都提出了“阴黄”一证。宋代,韩祗和著《伤寒微旨论》除论述了黄疸的“阳证”外,还特设阴黄证篇:“伤寒病发黄者,古今皆为阳证治之……无治阴黄法”,并详述了阴黄也可由阳黄服下药太过转化而来,还提出了阴黄的辨证施治。元代,罗天益《卫生宝鉴》则进一步把阳黄与阴黄辨证施治系统化,对临床实践具有重要的指导意义,至今仍被人们所采用。

《景岳全书·黄疸》提出了“胆黄”这一病名,认为“胆伤则胆气败,而胆液泄,故为此证”,初步认识到黄疸的发生与胆液外泄有关。

对某些黄疸的传染性及严重的预后转归,清代,沈金鳌所著《沈氏尊生·黄疸》中就已有认识,他指出:“又有天行疫疠,以致发黄者,俗称之瘟黄,杀人最急”。

三、范围

西医学中的病毒性肝炎、肝硬化、胆囊炎、胆囊结石、钩端螺旋体病及肝癌、胰头癌、胆囊癌等引起的黄疸,可参考本篇论治。

【病因病机】

黄疸的病因有内外两方面,外因有外感湿热疫毒,饮食不节;内因为脾胃虚寒,胁痛或积聚等他病转化。这些病因均可导致湿阻中焦,脾胃升降功能失常,影响肝的疏泄,以致胆液不循常道而外溢,发生黄疸(图 7-2)。

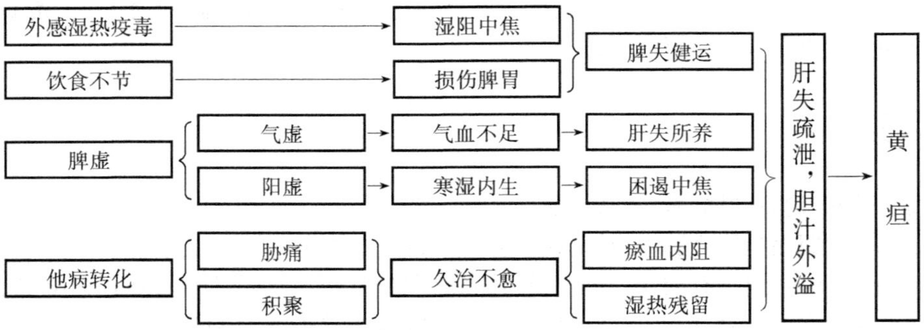

图 7-2　黄疸病因病机示意图

1. 外感湿热疫毒,内阻中焦　外感湿热疫毒,从表入里,郁而不达,内阻中焦,脾胃运化失常,湿热交蒸于肝胆,不能泄越,以致肝失疏泄,胆汁外溢,浸淫肌肤,下流膀胱,使身目小便俱黄。若湿热挟时邪疫毒伤人者,其病势尤为暴急,具有传染性,表现热毒炽盛,伤及营血的严重现象称急黄。

2. 饮食不节,湿热内蕴　饥饱失常,或嗜酒过度,皆能损伤脾胃,以致运化功能失常,湿浊内生,郁而化热,熏蒸肝胆,胆汁不循常道,浸淫肌肤而发黄。

3. 脾胃虚寒,寒湿中阻　素体脾胃阳虚,或病后脾阳受伤,湿从寒化,寒湿阻滞中焦,壅塞肝胆,致使胆汁不循常道,外溢肌肤而发黄。

4. 胁痛或积聚日久,湿遏瘀阻　胁痛或积聚日久不愈,瘀血阻滞,湿热残留,湿遏瘀阻,肝失疏泄,胆汁外溢而产生黄疸。

黄疸的病理因素,主要有湿邪、热邪、寒邪、疫毒、瘀血。从脏腑来看,不外脾胃肝胆,且往往由脾胃涉及肝胆。黄疸之病理属性与脾胃功能的强弱(即中气盛衰)有关。若中气实,阳气偏盛,则湿从热化而致湿热为患,则发为阳黄。由于湿和热常有所偏盛,故阳黄在病机上有湿重于热或热重于湿之别。火热极盛谓之毒,如热毒壅盛,邪入营血,内陷心包,则发为急黄。若中气虚,中阳不足,湿从寒化而致寒湿为患,则发为阴黄。此外,阳黄日久,或用寒凉之药过度,损伤脾阳,湿从寒化,亦可转为阴黄。此外,常有因砂石、虫体阻滞胆道而导致胆汁外溢发黄者,病一开始即见肝胆症状,其表现常以热证为主,属于阳黄范围。

笔记栏

【诊断】

诊断要点

(1) 主要表现为目黄、身黄、小便黄,其中目睛黄染为重要特征。
(2) 常伴乏力,纳差,厌油,恶心欲吐,脘痞,腹胀等症。
(3) 常有外感湿热疫毒,酒食不节,或有胁痛、癥积等病史。
(4) 相关检查:肝功能、血常规、B超、CT、MRI 等检查有助于诊断。

【鉴别诊断】

萎黄　萎黄无目黄,主要表现为肌肤呈淡黄色,干萎无光,且常伴有眩晕耳鸣、心悸少寐等症状。而黄疸以身黄、目黄、小便黄为主要特征,随着湿热、寒湿和瘀血内阻等的不同病机,黄色可出现鲜明、晦暗的不同。萎黄多有脾胃病史,是由于虫积食滞,致脾土虚弱,气血生化不足,或失血、病后血气亏虚,肌肤呈现黄色。黄疸多有肝病史,因感受外邪,饮食所伤,脾胃虚寒以及胁痛或积聚等转化,湿邪、瘀、毒阻滞中焦,以致肝失疏泄,胆液不循常道,溢于肌肤而发黄。

【辨证论治】

一、辨证要点

1. 辨阳黄与阴黄

(1) 阳黄:湿热为患,起病急,病程短,黄色鲜明如橘色,发热口干,纳呆,便秘,小便短赤,舌苔黄腻,脉弦数。预后良好。

(2) 阴黄:寒湿为患,起病缓,病程长,黄色晦暗如烟熏,畏寒神疲不渴,脘闷腹胀,舌苔白腻,脉濡缓。缠绵难愈。

2. 辨湿热轻重

(1) 热重于湿:身目俱黄,黄色鲜明,发热口渴,便秘,小便短赤,舌苔黄腻,脉弦数。

(2) 湿重于热:身目俱黄,黄色稍次于热重于湿者,口黏不渴,厌食油腻,脘痞身重,舌苔微黄或白厚腻,脉濡缓。

二、治疗要点

1. 治疗原则　祛湿利小便。《金匮要略》:"诸病黄家,但利其小便。"早期以清热利湿为主,后期应扶助正气。

2. 阳黄　湿热为主,当清热化湿,必要时还当同时通利腑气,以使湿热下泄。

3. 阴黄　寒湿为主,治宜温中化湿。

4. 急黄　热毒炽盛,邪入心营,治以清热解毒,凉营开窍。

三、分证论治

(一) 阳黄

1. 热重于湿

临床表现:① 身目俱黄,黄色鲜明,发热口渴;② 心中懊侬,腹部胀满,口干而苦,恶心呕吐,小便短少黄赤,大便秘结;③ 舌苔黄腻,脉象弦数。

证候辨析:湿热蕴蒸,胆汁外溢肌肤,因热为阳邪,故黄色鲜明。发热口渴,小便短少黄赤,是湿热之邪方盛,热耗津液,膀胱为邪热所扰,气化不利所致。阳明热盛,则大便秘结;腑气不通,则腹部胀满。湿热蕴结,肝胆热盛,故苔黄腻,脉象弦数。心中懊侬,恶心欲吐,口干而苦,均为湿热熏蒸,胃浊和胆汁上逆

笔记栏

所引起。临床具备①+②或①+③均可辨为热重于湿型。

治法：清热利湿，佐以泻下。

代表方：茵陈蒿汤加减。

常用药：茵陈为清热利湿、除黄之要药，用量宜偏重；栀子清泄三焦湿热；大黄泻热逐瘀，荡涤胃肠瘀热，与茵陈相配，可使瘀热从大便而解。

如胁痛较甚，可加柴胡、郁金、川楝子等疏肝理气之品；如恶心欲吐，可加橘皮、竹茹；如心中懊憹，可加黄连、龙胆草，还可加黄柏、连翘、垂盆草、蒲公英清热泻下；茯苓、猪苓、滑石等渗湿之品，使湿热之邪从二便而去。

2. 湿重于热

临床表现：① 身目俱黄，但不如前者鲜明，头重身困；② 嗜卧乏力，胸脘痞闷，纳呆呕恶，厌食油腻，口黏不渴，大便溏垢；③ 舌苔厚腻微黄，脉象弦滑或濡缓。

证候辨析：湿遏热壅，胆汁不循常道，溢于肌肤，故身目色黄。因湿重于热，湿为阴邪，故其色不如前者鲜明。头重身困，为湿邪内阻，清阳不得发越之故。胸脘痞闷，纳呆呕恶，厌食油腻，口黏不渴，便溏，乃湿困脾胃，浊邪不化，脾胃运化功能减退所致。舌苔厚腻微黄，脉象弦滑或濡缓，均为湿重于热之象。临床具备①+②或①+③均可辨为湿重于热型。

治法：利湿化浊，佐以清热。

代表方：茵陈五苓散合甘露消毒丹加减。

常用药：茵陈、连翘、木通、滑石清热利湿；茵陈为退黄要药；白术健脾燥湿；茯苓、猪苓、泽泻淡渗利湿；藿香、石菖蒲、豆蔻、薄荷芳香化浊，行气悦脾；射干、知母利咽，清降肺气。

湿困脾胃加厚朴、苍术、鸡内金。阳黄初起见表证者，宜先用麻黄连翘赤小豆汤以解表利湿；如热留未退，乃因湿热未得透泄，可加用栀子柏皮汤以增强泄热利湿作用；在病程中如见阳明热盛，灼伤津液，积滞成实，大便不通，宜用大黄硝石汤泻热去实，急下存阴。

3. 胆腑郁热

临床表现：① 身目发黄，黄色鲜明，右胁胀闷、疼痛，牵引肩背，便秘，尿黄；② 身热不退，或寒热往来，口苦咽干，呕吐呃逆；③ 舌红苔黄，脉弦滑数。

证候辨析：湿热砂石阻滞中焦，脾胃不和，肝胆失疏，胆汁运行不循常道，而见身目发黄，尿黄，便秘，口苦咽干，呕吐呃逆等症。肝失条达，不通则痛，故右胁胀闷、疼痛，牵引肩背。少阳枢机不利，故身热不退，或寒热往来。舌红苔黄，脉弦滑数，均为胆腑郁热之象。临床具备①+②或①+③均可辨为胆腑郁热型。

治法：疏肝泻热，利胆退黄。

代表方：大柴胡汤加减。

常用药：柴胡、黄芩、半夏和解少阳；枳实、大黄泻热散结；白芍、甘草柔肝缓急止痛。

湿热重者，加茵陈、金钱草、郁金以疏肝利胆，清热退黄；胁痛重者，加木香、佛手、郁金以理气止痛；若沙石阻滞，可加鸡内金、金钱草、海金沙利胆化石；如因虫体阻滞胆道，突然出现黄疸，胁痛时发时止，痛而有钻顶感，宜用乌梅丸加茵陈、栀子以安蛔止痛，利胆退黄。

4. 疫毒炽盛(急黄)

临床表现：① 发病急骤，黄疸迅速加深，其色如金，高热烦渴，胁痛腹满，烦躁不安；② 神昏谵语，或见衄血、便血，或肌肤出现瘀斑；③ 舌质红绛，苔黄而燥，脉弦滑数或细数。

证候辨析：湿热夹毒，郁而化火，热毒炽盛，故发病急骤，高热烦渴，烦躁不安。热毒迫使胆汁外溢肌肤，则黄疸迅速加深，其色如金。热毒内盛，气机失调，故胁痛腹满。神昏谵语，为热毒内陷心营。如热毒迫血妄行，则见衄血、便血，或肌肤出现瘀斑。舌质红绛，苔黄而燥，脉弦滑数或细数，均为肝胆热盛，灼伤津液之象。临床具备①+②或①+③均可辨为疫毒炽盛型(急黄)。

治法：清热解毒，凉营开窍。

笔记栏

代表方：犀角散加减。

常用药：水牛角、黄连、升麻、栀子清热凉营解毒；茵陈清热退黄。可加生地黄、牡丹皮、玄参、石斛等药以增强清热凉血之力。

如神昏谵语，可配服安宫牛黄丸或至宝丹以凉开透窍；如衄血、便血或肌肤瘀斑重者，可加地榆炭、柏叶炭等凉血止血之品；如小便短少不利，或出现腹水者，可加白茅根、车前草、大腹皮等清热利尿之品。

（二）阴黄

1. 寒湿阻遏

临床表现：① 身目俱黄，黄色晦暗，或如烟熏；② 纳少脘闷，或见腹胀，大便不实，神疲畏寒，口淡不渴；③ 舌质淡，苔腻，脉濡缓或沉迟。

证候辨析：由于寒湿阻滞脾胃，阳气不宣，胆汁外泄，因寒湿为阴邪，故黄色晦暗，或如烟熏。纳少、脘闷、腹胀，大便不实、口淡不渴等症，都是湿困中焦，脾阳不振，运化功能失常的表现。神疲畏寒，是阳气已虚，气血不足之象。舌质淡，苔腻，脉濡缓或沉迟，系阳虚湿浊不化，寒湿留于阴分之象。临床具备①＋②或①＋③均可辨为寒湿阻遏型。

治法：健脾和胃，温化寒湿。

代表方：茵陈术附汤加减。

常用药：茵陈、附子并用，以温化寒湿退黄；白术、干姜、甘草健脾温中。

若脘腹胀满，胸闷、呕恶显著者，加苍术、厚朴、半夏、陈皮以健脾燥湿，行气和胃；若胁痛明显，加泽兰、郁金、赤芍活血止痛；便溏者加茯苓、泽泻、车前子利湿。

2. 脾虚湿滞

临床表现：① 面目及肌肤淡黄，甚则晦暗不泽；② 纳呆，腹胀，神疲乏力；③ 舌淡，苔白腻，脉濡细。

证候辨析：阳黄失治，迁延日久，或过用苦寒药物，以致脾胃阳气受伤，寒湿内生，寒为阴邪，故面目及肌肤淡黄，甚则晦暗不泽。寒湿困遏中焦，以致纳呆，腹胀，神疲乏力。舌淡，苔白腻，脉濡细，为脾虚湿滞之象。临床具备①＋②或①＋③均可辨为脾虚湿滞型。

治法：健脾养血，利湿退黄。

代表方：黄芪建中汤加减。

常用药：黄芪、桂枝、生姜、白术益气温中；当归、白芍、甘草、大枣补益气血；茵陈、茯苓利湿退黄。

如气虚乏力明显者，应重用黄芪，并加党参，增强补气作用；畏寒肢冷，加附子温阳祛寒；心悸不宁，脉细弱者，加熟地黄、首乌、当归、枣仁等补血养心。

【其他治法】

一、中成药

茵栀黄颗粒 开水冲服，一次 2 袋，一日 3 次。1 个月为 1 个疗程。具有清热解毒，利湿退黄的功效。适用于急、慢性病毒性肝炎所致黄疸及转氨酶升高，属于阳黄的患者。

二、中药保留灌肠

常用药物 茵陈、栀子、生大黄、枳实、蒲公英、败酱草、乌梅等，水煎取汁 150～200 mL 保留灌肠，每日 1～2 次。具有通腑泄热作用，可促进黄疸消退，改善腹胀、便秘等症状。适用于阳黄。

三、饮食辅助疗法

西瓜皮、冬瓜皮、黄瓜皮共 30 g，水煎服，每日 1 次，共服 15 天。具有利水退黄的功效。适用于阳黄。

【转归预后】

黄疸属常见病，经恰当治疗，预后良好，其转归与黄疸性质、患者体质、病情程度及经治过程密切相关。

阳黄者，身体强壮且得正确之治疗，黄疸能在短期消退；若素体虚弱，失治者，易转为阴黄。急黄者，起病急骤，病势凶，若年高体弱，易致邪毒内陷心营，而难以再现生机，若体强，治疗及时，可转危为安，也可转为阴黄。

阴黄者，起病缓，多有脾阳损伤，使湿从寒化，若迁延，易转为积聚、鼓胀，从而使其加剧，预后不良。

笔记栏

【预防调护】

(1) 黄疸期间应卧床休息,疾病恢复期,适当下床活动,病室环境宁静。

(2) 饮食清淡,富含营养,避免不洁食物,少食肥甘,戒烟戒酒。

(3) 注意药物损伤肝脾,应用前咨询医师。

(4) 黄疸流行地区人员,应注意隔离及加强疫苗注射。

(5) 对黄疸患者护理,宜从调节精神、调理饮食、规律起居等,保持心情舒畅。

(6) 对急黄者,务必精心护理,绝对卧床。

(7) 病情缓解后应注意长期随访,定期复查。

【临证备要】

一、辨病思路

黄疸常见于西医学中的肝细胞性黄疸、阻塞性黄疸、溶血性黄疸及先天性黄疸。

1. 肝细胞性黄疸 见于各种肝脏疾病,如病毒性肝炎、中毒性肝炎、药物性肝炎、肝硬化、原发与继发性肝癌、败血症及钩端螺旋体病等,因肝细胞发生弥漫损害而引起黄疸。

2. 阻塞性黄疸 根据阻塞的部位可分为肝外胆管及肝内胆管阻塞两类。① 引起肝外胆管阻塞的常见疾病,有胆总管结石、狭窄、炎性水肿、蛔虫、肿瘤及先天性胆道闭锁等;引起胆管外压迫而导致胆总管阻塞的常见疾病或原因,有胰头癌、胰头增大的慢性胰腺炎、乏特壶腹癌、肝癌以及肝门部或胆总管周围肿大的淋巴结(癌肿转移)等。② 肝内胆管阻塞又可分为肝内阻塞性胆汁郁积与肝内胆汁郁积。前者常见于肝内胆管泥沙样结石、癌栓(多为肝癌)、华支睾吸虫病等;后者常见于病毒性肝炎、药物性胆汁郁积症(如氯丙嗪、甲睾酮、口服避孕药等)、细菌性脓毒血症、妊娠期复发性黄疸、原发性胆汁性肝硬化及少数心脏或腹部手术后等。

3. 溶血性黄疸 凡能引起红细胞大量破坏而产生溶血的疾病,都能引起溶血性黄疸。常见疾病有以下两大类。① 先天性溶血性贫血:如珠蛋白生成障碍性贫血、遗传性球形红细胞增多症。② 后天性获得性溶血性贫血:如自身免疫性溶血性贫血,遗传性葡萄糖-6-磷酸脱氢酶缺乏(蚕豆病),异型输血后溶血,新生儿溶血,恶性疟疾,伯氨奎林等药物、蛇毒、毒蕈中毒,阵发性睡眠性血红蛋白尿等。

4. 先天性非溶血性黄疸 见于 Gilbert 综合征(又称为体质性肝功能不良性黄疸)、Dabin-Johnson 综合征、Rotor 综合征(遗传性结合胆红素增高Ⅱ型)、Crigler-Najjar 综合征(又称为先天性葡萄糖醛酸转移酶缺乏症、先天性非梗阻性非溶血性黄疸)等。由于胆红素的代谢有先天性的缺陷,发病多见于婴、幼儿和青年,常有家族史。黄疸可反复出现,常在感冒或运动、感染、疲劳后诱发,但患者一般健康状况良好。

二、辨证思路

1. 黄疸的辨证应以阴阳为纲 阳黄以湿热疫毒为主,其中有热重于湿、湿重于热、胆腑郁热与疫毒炽盛的不同;阴黄以脾虚湿滞为主,注意有无血瘀。临证应根据黄疸的色泽,结合病史、症状,区别阳黄与阴黄。

2. 注意病程的阶段性与病证的动态变化 在黄疸的诊治过程中,应区别病证偏表与偏里、湿重与热重、阳证与阴证。阳黄有短、明、热的特征,即病程短,黄色鲜明,有烦热、口干、舌红、苔黄等热象;阴黄有长、暗、寒、虚的特征,即病程长,黄色晦暗,常有纳少、乏力、便溏、心悸、气短等虚象和肢冷、畏寒、舌淡、苔白等寒象。应及时掌握阴黄与阳黄之间的转化,以作相应的处理。切不可不顾病情变化,墨守成规,贻误病情。

笔记栏

3. 淤胆型肝炎的辨证 淤胆型肝炎以肝内胆汁淤积为特征,黄疸持续时间较长,血清胆红素明显增高,但临床症状较轻,常伴皮肤瘙痒。其病机特点为痰湿瘀结,肝胆络脉阻滞。本病见于阳黄或阴黄,初期多属阳黄,系湿热与痰瘀蕴结,胆汁泛溢;后期多属阴黄,为寒湿痰瘀胶结,正气渐损。

三、治疗注意

1. 黄疸病应早发现,早治疗　《金匮要略》指出:“黄疸之病,当以十八日为期,治之十日以上瘥,反剧为难治。”这说明黄疸病经过妥善治疗,一般在短期内,黄疸即可消退,如果正不胜邪,病情反而加剧者,则较为难治。

2. 注意苦寒药物的应用　对于苦寒药的应用,要随时注意热的程度和变化,如苦寒太过或日久失治,可转为湿重于热或寒湿偏胜,甚至成为阴黄。

3. 关于大黄的应用　吴又可谓“退黄以大黄为专功”。患者服用后,大便每日不超过3次为宜。若大便溏,可用制大黄。大黄除有清热解毒,通下退黄作用外,还有止血,消瘀,化癥之功,不仅急性黄疸型肝炎可用大黄,即使慢性肝炎或肝硬化出现黄疸,亦可配伍使用大黄。

4. 其他治法的配合运用　在参照黄疸辨证施治的基础上,常配合活血化瘀、化痰散结、利胆通络之法。常用活血化瘀药物有赤芍、桃仁、莪术、丹参、当归等;化痰散结药物如法半夏、橘红、莱菔子、胆南星、苍术等;利胆通络药物有炮山甲、郁金、金钱草、路路通、鸡内金等。此外,黄疸日久不退,只要热象不显著,即可酌加桂枝、干姜、附子等温通之品,有助于化痰湿,通胆络,退黄疸。黄疸后期,临床常见伤阴之象,可加用麦冬、生地黄等养阴之品。

5. 黄疸消退后的调治　黄疸的消退,有时并不代表疾病痊愈。如湿邪不清,肝脾气血未复,可导致病情迁延不愈,或黄疸反复发生,甚至转成癥积、鼓胀。因此,黄疸消退后,仍须根据病情继续调治。症见脘痞腹胀,胁肋隐痛,饮食减少,口中干苦,小便黄赤,苔腻,脉濡数,证属湿热留恋,治以茵陈四苓散加减;症见脘腹痞闷,肢倦乏力,胁肋隐痛不适,纳食无味,大便不调,舌苔薄白,脉细弦,证属肝脾不调,可治以柴胡疏肝散或归芍六君子汤加减;症见胁下结块,隐痛、刺痛不适,胸胁胀闷,面颈部见赤丝红缕,舌有紫斑或紫点,脉涩,证属气滞血瘀,治以逍遥散合鳖甲煎丸。

【文献摘录】

《伤寒论·阳明病脉证并治》:“阳明病,发热、汗出者,此为热越,不能发黄也。但头汗出,身无汗,剂颈而还,小便不利,渴引水浆者,此为瘀热在里,身必发黄,茵陈蒿汤主之。”“伤寒七八日,身黄如橘子色,小便不利,腹微满者,茵陈蒿汤主之。”

《诸病源候论·急黄候》:“脾胃有热,谷气郁蒸,因为热毒所加,故卒然发黄,心满气喘,命在顷刻,故云急黄也。有得病即身体面目发黄者,有初不知是黄,死后乃身面黄者,其候得病但发热心战者,是急黄也。”

《景岳全书·黄疸》:“阳黄证多以脾湿不流,郁热所致,必须清火邪,利小水。火清则溺自清,溺清则黄自退。”“阴黄证,多由内伤不足,不可以黄为意,专用清利。但宜调补心脾肾之虚以培血气,血气复则黄必尽退。”

(汪　静)

第三节　积　　聚

【概述】

一、定义

积聚(accumulation disease)是由于正气亏虚、脏腑失和、气滞血瘀,引发腹内结块,或胀或痛的一类病证。积属有形,固定不移,痛有定处,病在血分,是为脏病;聚属无形,聚散无常,痛无定处,病在气分,是为腑病。因积与聚病证相关,故统称为积聚。

笔记栏

二、源流

积聚病名首见于《内经》,《灵枢·五变》曰:“人之善病肠中积聚者……如此则肠胃恶,恶则邪气留止,积聚乃伤。”《难经·五十五难》对积聚作了明确的区分:“积者五脏所生,聚者六腑所成。”汉代,张仲景在《金匮要略·五脏风寒积聚病脉证并治》进一步明确了积与聚的不同证候特征:“积者,脏病也,终不移;聚者,腑病也,发作有时”。所创鳖甲煎丸、大黄䗪虫丸,至今仍为治疗积聚行之有效的方剂。

隋代,巢元方《诸病源候论·积聚病诸候》认为积聚的形成有一个渐积成病过程,如“诸脏受邪,初未能为积聚,留滞不去,乃成积聚”。

明代,张介宾《景岳全书·积聚》认为积聚的治疗:“总其要不过四法,曰攻曰消曰散曰补,四者而已”。李中梓在《医宗必读·积聚》把攻补两大法则有机地应用于积聚病程的初、中、末三期,颇受后世医家重视。古代文献中记载的癥瘕、痃癖等病名,皆属积聚范畴。

三、范围

西医学中多种原因引起的肝脾肿大、腹腔肿瘤,以及胃肠功能紊乱、不完全性肠梗阻等疾病,出现类似积聚的证候时,可参考本节内容进行辨证论治。

【病因病机】

积聚的主要病因有情志失调、饮食所伤、感受寒湿及黄疸、疟疾等经久不愈,以上病因均可导致肝脾受损,脏腑失和,气机阻滞,瘀血内结,而成积聚(图7-3)。

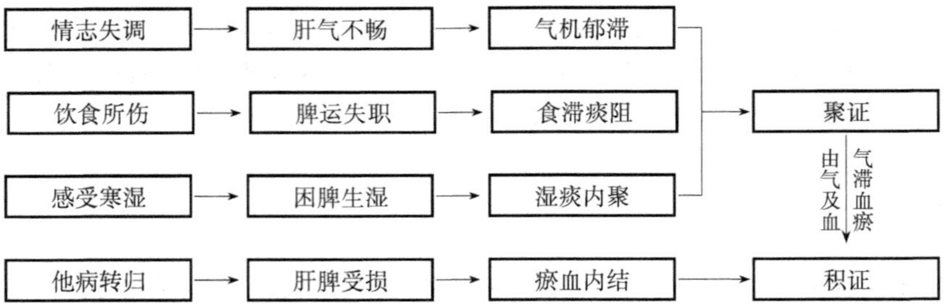

图7-3　积聚病因病机示意图

1. 情志失调　情志抑郁,肝气不畅,脏腑失和,气机阻滞,聚而不散,则成聚证;气为血帅,血随气行,气滞则血瘀,瘀血内停,脉络受阻,结而成块,形成积证。

2. 饮食所伤　酒食不节,饥饱失宜,或过食肥甘,恣食生冷,损伤脾胃,脾失健运,食滞内停,痰湿内生,食滞痰阻,气机壅滞,则成聚证;若痰浊与气血相搏,结而成块,则成积证。

3. 感受寒湿　寒湿入侵,脾阳不运,湿痰内聚,阻滞气机,壅而不畅,则成聚证;气滞痰阻,血不畅行,脉络瘀滞,则成积证。

4. 他病转归　黄疸病后,湿浊留恋,气血蕴结;或久疟不愈,湿痰凝滞,脉络瘀阻;或感染血吸虫后,肝脾受损,气血凝滞,均可导致瘀血内结而形成积证。

积聚病变脏腑涉及肝脾两脏。肝主疏泄,脾主运化,若肝气不畅,脾运失职,肝脾失调,则气机阻滞,瘀血内结,而形成积聚。积聚的主要病机为气滞血瘀,气机阻滞多为聚证,瘀血内结则为积证。部分聚证日久不愈,气病及血,可转化为积证。本病初起邪气壅实,正气未虚;日久正气耗伤,邪实正虚,虚实夹杂;病至后期,气血衰少,体质羸弱,以正虚为主。

积聚的形成,各种病因多交错夹杂,合邪致病。其形成与演变均与正气的强弱密切相关,正气充盛,则气血流通,不致郁滞为患,积聚无由所生;若正气不足,血运迟缓,每遇邪犯,则易使气血郁滞而形成积聚。

【诊断】

笔记栏

诊断要点

(1) 聚证:具有腹中气聚,攻窜胀痛,时作时止的临床特征。其发作时可见病变部位有气聚胀满的现象，缓解时则气聚胀满的现象消失。

（2）积证：腹部可扪及或大或小，质地或软或硬的包块，常有胀痛或刺痛。

（3）常有情志失调，饮食不节，感受寒湿或胁痛、黄疸、虫毒、久疟等病史。

（4）相关检查：X线、B超、CT及纤维内镜检查有助于诊断。怀疑肝脏疾病时，增加肝功能、肝炎病毒血清标志物及甲胎蛋白等项目的检测，必要时行肝穿刺活组织检查。

【鉴别诊断】

1. 痞满　积聚与痞满均有胀满的临床表现，但痞满以自觉脘腹部痞塞胀满为主症，既无气聚之形可见，更无包块可及，以此与积聚进行鉴别。

2. 鼓胀　积聚与鼓胀皆有胀满、疼痛、积块等临床表现，但鼓胀更有腹大如鼓，水液停聚，且积块多位于胁肋部。因而积证与鼓胀鉴别的关键是腹中有无水液停聚。

【辨证论治】

一、辨证要点

1. 辨积与聚　积聚虽然合称，但主症及病机不同。

聚证：触之无形，聚散无常，痛无定处，病在气分，主要病机为气机阻滞。

积证：触之有形，固定不移，痛有定处，病在血分，主要病机为瘀血内结。

2. 辨积块的部位　积块的部位不同，标志着所病的脏腑不同。右胁腹积块，伴胁肋刺痛、腹胀、纳呆、黄疸等症状，病在肝；上腹部积块，伴脘腹不适、呕吐、呕血、便血等症状，病在胃；左腹或右腹积块，伴便意频繁、便下脓血、腹泻或便秘、消瘦等症状，病在肠。

3. 辨积证初、中、末三期　主要根据积块特征及其伴随症状，明辨正邪盛衰，分清虚实主次。

初期：正气未伤，邪实为主，表现为积块形小，软而不坚，胀痛不适，少见其他伴随症状。

中期：正气已伤，邪实正虚，表现为积块增大，按之较硬，疼痛持续，伴见面黯，纳差，乏力，消瘦。

末期：正气大伤，邪盛正衰，表现为积块明显，按之坚硬，疼痛剧烈，伴见面色萎黄，饮食大减，消瘦脱形。

二、治疗要点

1. 治疗原则　调气活血为治疗积聚的基本原则。聚证病在气分，重在调气，治宜疏肝理气，行气消聚；积证病在血分，重在活血，以活血化瘀，软坚散结为其基本治法。

2. 积证需根据邪正盛衰，把握攻补法度　一般初期邪实为主，重在攻邪；中期邪实正虚，宜攻补兼施；末期正虚为主，宜养正除积。

三、分证论治

（一）聚证

1. 肝气郁滞

临床表现：① 腹中气聚，攻窜胀痛，时聚时散；② 脘胁之间时或不适，常随情志变化而加重或减轻；③ 苔薄，脉弦。

证候辨析：情志失和，肝失疏泄，肝气郁结或气机逆乱，故腹中气聚，攻窜胀痛。气结则聚，气顺则散，故时聚时散，常随情志变化而起伏。脘胁之间时或不适，脉弦，均为肝气不舒，气机不利之象。临床具备①＋②或①＋③均可辨为肝郁气滞型。

治法：疏肝解郁，行气消聚。

代表方：逍遥散合木香顺气散加减。

常用药：柴胡、白芍、当归、香附疏肝解郁；木香、青皮、枳壳、乌药、川芎行气消聚；陈皮、厚朴、砂仁调理脾胃气滞。

笔记栏

胀痛甚者,加川楝子、延胡索理气止痛;若口苦,舌红,苔黄,兼有热象者,加栀子、黄芩清肝泄热;若兼有瘀象,可选加桃仁、红花、丹参、赤芍、莪术等活血化瘀。

2. 食滞痰阻

临床表现:① 腹胀或痛,腹部时有条索状物聚起,重按则胀痛更甚;② 便秘,纳呆;③ 舌苔腻,脉弦滑。

证候辨析:饮食内伤,损伤脾胃,脾失健运,食浊中阻,湿痰内生,痰食滞结不行,腑气不通,故腹胀或痛,便秘,纳呆。痰食阻滞,气聚不散,故腹部时有条索状物聚起。实邪壅滞,故按之胀痛更甚。舌苔腻,脉弦滑,为痰食交阻,气机壅结之象。临床具备①+②或①+③均可辨为食滞痰阻型。

治法:理气化痰,导滞通腑。

代表方:六磨汤加减。

常用药:大黄、槟榔、枳实导滞通腑;沉香、木香、乌药通利气机,消聚除滞。

食积较甚者,加山楂、莱菔子消食化积;痰湿偏盛者,加半夏、陈皮化痰降逆;若气郁痰结,咽梗不利者,加厚朴、紫苏、茯苓、半夏行气化痰散结;因于蛔虫结聚,阻于肠道者,可酌加使君子、雷丸等驱蛔杀虫药;若反复发作,脾胃气虚,痰阻气滞者,可用香砂六君子汤以健脾和中,行气化痰。

(二)积证

1. 气滞血阻

临床表现:① 腹部积块软而不坚,固定不移;② 胀痛不适;③ 苔薄白,或见瘀斑,脉弦。

证候辨析:气滞血阻,脉络不畅,气血凝结,故积块固定不移。因病属初起,瘀结不甚,故积块软而不坚。脉络瘀阻,气血不通,故胀痛不适。苔薄白,或见瘀斑,脉弦,均为气滞血阻之象。临床具备①+②或①+③均可辨为气滞血阻型。

治法:理气活血,通络消积。

代表方:金铃子散合失笑散加减。

常用药:川楝子、延胡索理气活血止痛;蒲黄、五灵脂活血化瘀。

肝气郁滞者,加柴胡、郁金、香附疏肝解郁;胃气壅滞者,加陈皮、砂仁、香橼、佛手、木香、青皮理气和胃,行气散结;血瘀甚者,加丹参、桃仁、三棱、莪术活血通络,化瘀消积;兼有肝火者,加柴胡、黄芩、牡丹皮清肝泻火;兼有寒象者,加桂枝、乌药以温通经络。

2. 瘀血内结

临床表现:① 腹部积块明显,硬痛不移;② 面黯消瘦,纳减乏力,女子或见月事不下;③ 舌质紫黯,或见瘀斑,脉细涩。

证候辨析:瘀结不消,血瘀日甚,故积块增大,硬痛不移。脉络瘀阻,故面色晦暗,女子或见月事不下。瘀结日久,正气已伤,脾胃已虚,化源不足,故纳减乏力,形体消瘦。舌质紫黯,边有瘀斑,脉细涩,均为瘀血内结之象。临床具备①+②或①+③均可辨为瘀血内结型。

治法:祛瘀软坚,调理脾胃。

代表方:膈下逐瘀汤合六君子汤加减。

常用药:当归、川芎、赤芍、桃仁、红花、五灵脂、牡丹皮、延胡索活血化瘀;香附、乌药、枳壳行气止痛,使气行则血行;人参、白术、甘草益气健脾,扶助正气。

瘀结甚者,可酌加石见穿、鳖甲、牡蛎、穿山甲、地鳖虫等软坚散结,破瘀消积;积块大而坚硬作痛,可服用鳖甲煎丸以化瘀软坚;兼气虚者,加黄芪、黄精等补气健脾;气阴两虚者,加太子参、黄芪、黄精、白芍、女贞子等益气养阴。

3. 正虚瘀结

临床表现:① 腹部积块坚硬,疼痛加剧;② 面色萎黄或黧黑,消瘦脱形,饮食大减;③ 舌质淡紫,无苔,脉弦细或细数。

证候辨析:积渐日久,血络瘀滞日甚,故积块坚硬,疼痛加剧。瘀血内停,气血耗伤,失于充养,故消瘦脱形,面色萎黄或黧黑。中气大伤,运化无权,故饮食大减。舌质淡紫,无苔,脉弦细或细数,皆为正虚瘀结之象。临床具备①+②或①+③均可辨为正虚瘀结型。

治法:补益气血,化瘀散结。

代表方:八珍汤合化积丸加减。

常用药:人参、白术、茯苓、甘草益气健脾;熟地黄、当归、白芍、川芎养血活血;三棱、莪术、苏木、五灵

笔记栏

脂化瘀软坚;香附、槟榔行气散结。

气虚甚者,加黄芪、山药益气健脾;血虚甚者,加阿胶、何首乌养血补血;阴伤津亏者,加生地黄、沙参、石斛养阴生津;阳虚水泛者,加附子、肉桂、泽泻温阳利水;积块坚硬见鼻衄,牙龈出血,加仙鹤草、白茅根、茜草、三七凉血化瘀止血。

【其他治法】

一、中成药

1. 木香顺气丸　口服,一次 9 g,一日 2 次。具有行气导滞,燥湿健脾的功效。适用于肝气郁滞之聚证。

2. 逍遥丸　口服,一次 6～9 g,一日 2 次。具有疏肝健脾,养血调经的功效。适用于肝气郁滞兼有脾虚者。

二、针灸

选择中脘、天枢、足三里、上巨虚、下巨虚等基本穴位。重刺激,用泻法。用于缓解积聚引起的腹痛、腹胀。

【转归预后】

聚证易治,积证难医是积聚预后的一般规律。聚证若治疗得当,可获治愈。若反复发作,或失治误治,日久可由气及血,转化为积证。积证在腹部扪到积块之前,大多经历了一段病程,随着病邪的深入,正气已有较大程度的损伤。如果能正确把握初、中期的治疗,尚有治愈的希望。病至末期,若治疗得当,部分患者仍能改善症状,缓解病情,带病延年;若不能获得有效治疗,控制病情发展,则易出现多种变化,或肝脾肾俱损,使水液停聚腹中而形成鼓胀;或肝胆失于疏泄,胆汁外溢而出现黄疸;或脾不摄血,瘀阻脉络,血液外溢而见出血,如此则病情凶险,预后不良。

【预防调护】

(1) 饮食有节,起居有时,注意冷暖,调畅情志,保持正气充沛,气血流畅,是预防积聚的重要措施。

(2) 积极治疗可引起积聚的原发病,在血吸虫流行地区,要杀灭钉螺,整治疫水,做好防护工作,避免感染虫毒。黄疸、疟疾等患者病情缓解后,要彻底清除余邪,疏畅气血,调肝健脾,防止邪气残留,气血瘀结成积。

(3) 酒能积湿生热,最易伤及肝脾。因此,在未病之时应尽量限酒,已病之后应终身戒酒。

(4) 饮食方面要忌食生冷油腻,辛辣燥热之品,避免饮食过量及高脂饮食,宜以营养丰富,易于消化的食物为主。

(5) 积证患者病情严重时宜卧床休息,病情发生变化时,应严密观察、详细记录,并及时做好必要的抢救准备工作。

【临证备要】

一、辨病思路

积证常见于西医学中的肝脾肿大、腹腔肿瘤;聚证常见于胃肠功能紊乱、不完全性肠梗阻等疾病。

1. 肝脾肿大　肝脾肿大为临床常见体征,可出现在多系统疾病中。然而,符合积证病变发展规律的主要见于代偿期肝硬化和原发性肝癌。代偿期肝硬化肝脾肿大,肝脏质地中等硬度,表面光滑,肝病面容,肝掌,蜘蛛痣等。失代偿期肝脏可缩小,出现腹水,腹壁及食管静脉曲张,或见神昏、出血等多种并发

笔记栏

症(属于中医“鼓胀”范畴)。

2. 腹腔肿瘤 从临床发病情况来看,多见于胃、肝和肠的恶性肿瘤。胃癌可在上腹偏右触及质地坚硬的肿块,常有压痛;原发性肝癌肝脏呈进行性肿大、质硬、明显压痛,或有慢性肝病史;结肠癌表现为两侧腹部肿块,多有大便习惯和形状的改变。

3. 胃肠功能紊乱 常表现为持续或间歇发作的腹痛,腹胀,嗳气及恶心呕吐,或见排便习惯改变和大便性状异常,可有情绪波动的诱发因素,但各项辅助检查多无特殊发现。部分患者可伴有全身性神经官能症状。

4. 不完全性肠梗阻 主要表现为腹痛,呕吐和腹胀,肛门仍可排气排便,不能因此而否定诊断。腹痛是在肠道梗阻后最先出现的症状,腹痛发作时,患者自觉有气体在肠内窜行,达到梗阻部位而不能通过时,疼痛最重。机械性肠梗阻常可见肠型和蠕动波;蛔虫性肠梗阻时,常在脐周触及条索状肿块。

二、辨证思路

1. 详察病因,注重兼夹证候 积聚的形成,情志、饮食、寒湿等多种病因非单一为患,多交互错杂,合邪致病。聚证病在气分,主要病机为气机阻滞,临证时首先应辨别气因何而阻,因何而滞,然后根据不同致病因素,有针对性地辨证用药;积证病在血分,为瘀血内结而成,随着病程的进展,邪实正虚的临床表现尤为突出,临证应根据不同病期,明辨邪正盛衰,分清虚实主次,既要发现兼夹郁热、湿热、寒湿、痰浊等病理表现,又要分析气、血、阴、阳的不同亏虚。根据邪气兼夹与阴阳气血亏虚的不同,相应地调整治法方药。

2. 视正气强弱,合理应用扶正祛邪 积聚的形成与演变均与正气的强弱密切相关,正气充盛,则血脉流畅,纵有外邪入侵,难以成积为聚;若正气不足,血运迟缓,复受外邪侵袭,则易气滞血瘀而成积聚。聚之为病,一般病情较轻,正气未损,以实证居多,治以祛邪为主,如果反复发作,脾气易损,则应培脾运中。积之为病,非朝夕所致,系日积月累而成,病变的形成与发展,体现出正邪交争,邪气日盛,正气日衰的病理过程;病理特征为邪实于局部,正虚于全身;病理性质总属本虚标实。此时,徒攻其积则正愈虚,纯补其虚则积不去,故治当明辨邪正盛衰,把握攻补的法度。临证可根据积块的形征及正气的强弱,在疾病的动态变化中权衡标本,把握虚实,确定病位,辨析病情,灵活应用祛邪与扶正两大法则。遣方用药须谨记治实当顾其虚,补虚不忘其实。

三、治疗注意

1. 重视辨病用药 针对积证的治疗,首先应根据积块部位,结合西医学检查手段,明确积块的性质及脏腑所属,然后根据不同病变脏腑,确定治疗方案并估计预后。如积块系病毒性肝炎所致的肝脾肿大,在辨证论治基础上可酌加具有抗病毒、护肝降酶、调节免疫、抗纤维化等作用的药物;如果是恶性肿瘤,宜加入扶正固本、调节免疫功能,或经实验筛选和临床证实有一定抗肿瘤作用的药物。

2. 攻伐药物不可过用 积证系有形之瘀血内结,日积月累而成,故临证治之,难收速效。如急于求成,过用或久用攻伐之品,易损正伤胃;过用破血、逐瘀药物,易损络出血;过用香燥理气之品,则易耗气伤阴,加重病情。

3. 视病情变化,治分缓急 积证后期时有变生鼓胀,并发黄疸、出血之可能,预后凶险,不可不知,治疗应遵循急则治标的原则。

【文献摘录】

《景岳全书·杂证谟·积聚》:“积聚之病,凡饮食、血气、风寒之属,皆能致之,但曰积曰聚,当详辨也。盖积者,积垒之谓,由渐而成者也。聚者,聚散之谓,作止不常者也。由此言之,是坚硬不移者,本有形也,故有形者曰积;或聚或散者,本无形也,故无形者曰聚。”

《医宗必读·积聚》:“积之成也,正气不足,而后邪气踞之……初中末之三法不可不讲也。初者,病邪初起,正气尚强,邪气尚浅,则任受攻;中者,受病渐久,邪气较深,正气较弱,任受且攻且补;末者,病魔经久,邪气侵凌,正气消残,则任受补。”

笔记栏

(郭晓萍)

第四节　鼓　　胀

【概述】

一、定义

鼓胀(tympanites)是由于肝脾肾功能失调，气、血、水瘀积腹内，以致腹部胀大如鼓，皮色苍黄，脉络暴露为特征的病证。

二、源流

鼓胀病名首见于《内经》，《灵枢·水胀》较详细地描述了本病的特征："鼓胀何如？岐伯曰：腹胀，身皆大，大与肤胀等也，色苍黄，腹筋起，此其候也"。汉代，张仲景在《金匮要略·水气病脉证并治》中所论之肝水、脾水、肾水，皆以腹大胀满为主要表现，与鼓胀病极为相似。

隋代，巢元方认为鼓胀的病因与感受"水毒"有关，《诸病源候论·水蛊候》明确指出："此由水毒气结聚于内，令腹渐大，动摇有声……名水蛊也"。《诸病源候论·水癥候》提出鼓胀的病机为"经络痞涩，水气停聚，在于腹内"。

明代医家根据鼓胀病特征，对其进行了多种命名，称本病为"蛊胀""膨脝""蜘蛛蛊""单腹胀"。戴思恭《证治要诀·蛊胀》认为："盖蛊与臌同，以言其急实如鼓……俗称之为膨脝，有谓之蜘蛛病"。张介宾在《景岳全书·气分诸胀论治》中指出："单腹胀者，名为鼓胀，以外虽坚满，而中空无物，其象如鼓，故名鼓胀。又或以血气结聚，不可解散，其毒如蛊，亦名蛊胀。且肢体无恙，胀惟在腹，故又名为单腹胀"。同时认为鼓胀的形成多与情志抑郁，饮食不节，或饮酒过度有关，明确指出"少年纵酒无节，多成水鼓"，提出"治胀当辨虚实"。李中梓《医宗必读·水肿胀满》认为："在病名有鼓胀与蛊胀之殊。鼓胀者，中空无物，腹皮绷急，多属于气也。蛊胀者，中实有物，腹形充大，非虫即血也"。

清代，喻昌认为癥积日久可成鼓胀，其病机不外乎气血水瘀积腹内，在《医门法律·胀病论》中指出："胀病亦不外水裹、气结、血凝……凡有癥瘕、积块、痞块，即是胀病之根。"至此，对鼓胀病因的认识更加全面，并确立了鼓胀病机的气、血、水病理观。

三、范围

本病类似于西医学中的由病毒性肝炎、血吸虫病等引起的腹水。其他疾病如腹腔内恶性肿瘤、结核性腹膜炎等形成的腹水，可参考本节内容进行辨证论治。

【病因病机】

鼓胀病因比较复杂，主要有情志失调、酒食不节、虫毒感染以及黄疸、积聚久治不愈等，以上病因均可导致肝脾肾三脏功能失调，气、血、水瘀积腹内，而成鼓胀(图7－4)。

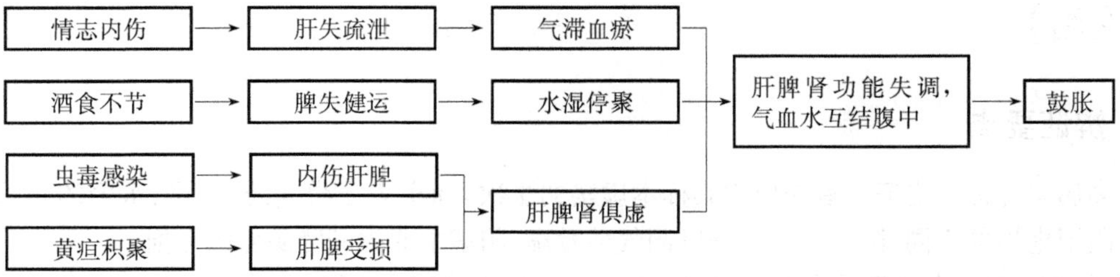

图7－4　鼓胀病因病机示意图

1. 情志所伤　肝为藏血之脏，性喜条达。若情志抑郁，则肝失疏泄，气机郁滞，日久由气及血，可致脉络瘀阻；肝气横逆，克伐脾胃，脾失健运，则水湿停留，气血水壅结，而成鼓胀。

笔记栏

2. 酒食不节　嗜酒过度,饮食不节,损伤脾胃,脾失健运,则湿浊内生,湿阻气机不利,肝气不畅,而致气血郁滞,水湿与气血交阻日久,遂成鼓胀。

3. 虫毒感染　接触疫水,感染血吸虫,久延失治,内伤肝脾,气滞络瘀,水液停聚,而成鼓胀。

4. 他病续发　黄疸迁延失治,湿邪留恋,阻滞气血,损伤肝脾,气滞血瘀,水湿停聚;积聚日久不愈,气血瘀阻,脉络壅滞,肝脾受损,水液停留,而渐成鼓胀。

鼓胀病变脏腑涉及肝、脾、肾三脏,病理因素不外乎气滞、血瘀、水聚,病理性质总属本虚标实。病变之初,肝脾失调,久则肝脾肾俱虚。因肝主疏泄,肝气久郁,则气血不得调畅,血因气滞而瘀,进而横逆乘脾;脾主运化,酒食伤脾,则脾运失职,水湿内聚,进而土壅木郁,两者互为相因,以致肝脾同病。久病及肾,肾关开合不利,水湿不化,则胀满愈甚。

本病初起,肝脾失调,气滞湿阻;进而湿从寒化,致寒湿困脾,湿从热化,则湿热蕴结;继则气血瘀阻,脉络壅滞,可致肝脾血瘀;肝脾日虚,久病及肾,肾火虚衰,无力温助脾阳,蒸化水湿,且开阖失司,气化不利,而致阳虚水盛;若湿热内盛,湿聚热郁,热耗阴津,则肝肾之阴亏损,肾阴既虚,阳无以化,则水津失布,阴虚水聚;若阴虚血热,络脉瘀损,可致出血;若肝肾阴虚,内生虚热,蒸液生痰,或脾肾阳虚,湿浊不化,聚而成痰,痰蒙心窍,而致神昏。终至邪陷正虚,气阴耗竭,由闭转脱,病情极为凶险。

【诊断】

诊断要点

(1) 初起脘腹作胀,食后尤甚,继而腹部胀大如鼓,重者腹壁青筋暴露,脐心突起。

(2) 常伴乏力,纳差,尿少及齿鼻衄血,皮肤紫斑等出血现象。可见面色萎黄,黄疸,手掌赤痕,面颈胸部红痣血缕等。

(3) 本病常有胁下癥积、黄疸、胁痛,或情志内伤、酒食不节、感染虫毒等病史。

(4) 相关检查:肝功能、B超、CT、MRI、腹腔镜、肝脏穿刺等检查有助于腹水原因的鉴别。X线食管钡餐造影可显示食道、胃底静脉曲张情况。因病毒性肝炎所致者,可行肝炎病毒血清标志物检测,以确定感染源。血吸虫性肝硬化可作粪检、皮内试验、环卵沉淀反应等进行确诊。

【鉴别诊断】

1. 水肿　水肿为肺脾肾功能失调,水湿泛溢肌肤。其浮肿多从眼睑开始,继则延及头面四肢,或下肢先肿,后及全身,严重者可伴见腹水。鼓胀为肝、脾、肾功能失调,气血水互结于腹中。以腹部胀大为主,四肢一般不肿,多兼面色青晦,面颈部血痣赤缕,胁下癥积坚硬,腹壁青筋暴露等,晚期可见肢体浮肿。

2. 积证　积证以腹内结块,或胀或痛为主症,又是诱发鼓胀的主要原因。鼓胀以腹大胀满,腹壁青筋暴露为特征。

3. 痞满　痞满为自觉腹部胀满,外无胀形可见。鼓胀兼有腹部胀满,且腹大如鼓,皮色苍黄,脉络暴露。

【辨证论治】

一、辨证要点

本病多属本虚标实之证。首先应辨其标本虚实的主次,标实者当辨气滞、血瘀、水聚的侧重,本虚者当辨脏腑阴阳虚损的不同,阳虚主要为脾肾阳气的亏虚,阴虚主要为肝肾阴血的亏损。

笔记栏

1. 辨虚实主次　本病虽属本虚标实,虚实错杂之证,但虚实在不同阶段各有侧重。一般初起肝脾失调,肝郁脾虚;继则肝脾损伤,正虚邪实;终则肝、脾、肾三脏俱虚。

2. 辨标实

气滞为主:腹部膨隆,脐突皮光,叩之如鼓,胁下胀满或疼痛,腹胀得嗳气后稍减。

血瘀为主：腹部胀大，青筋暴露，内有癥积疼痛，外有赤丝血缕。

水聚为主：腹大状如蛙腹，按之如囊裹水，腹中有振水音。

3. 辨本虚

脾肾阳虚：腹大胀满，形似蛙腹，朝宽暮急，面色苍黄，脘闷纳呆，畏寒肢冷，腰膝冷痛，下肢浮肿，小便不利，舌淡体胖，脉沉细无力。

肝肾阴虚：腹大胀满，形体消瘦，面色晦滞，心烦少寐，口燥咽干，头晕耳鸣，腰膝酸软，齿鼻衄血，舌红少苔，脉弦细数。

二、治疗要点

1. 治疗原则　因本病的病理性质总属本虚标实，故治当标本兼顾，以扶正祛邪为其基本治则。早期以祛邪为主，中后期宜攻补兼施，晚期应重视并发症的防治。

2. 标本兼顾　标实为主者，当根据气、血、水的偏盛，分别采用行气、活血、利水或暂用攻逐之法，同时配以疏肝健脾；本虚为主者，当根据阳虚和阴虚的不同，分别采用温补脾肾或滋养肝肾之法，同时配合行气活血利水。谨记治实当顾其虚，补虚不忘其实。

三、分证论治

1. 气滞湿阻

临床表现：① 腹部胀大，按之不坚，叩之如鼓；② 胁下胀满或疼痛，饮食减少，食后胀甚，嗳气不适，小便短少；③ 舌苔白腻，脉弦。

证候辨析：肝郁气滞，脾失健运，湿浊中阻，浊气壅塞，故腹胀按之不坚，叩之如鼓，饮食减少，食后胀甚。肝失条达，疏泄不利，气阻络痹，故胁下胀满或疼痛，嗳气不适。气壅湿阻，水道不利，故小便短少。舌苔白腻，脉弦，为气滞湿阻之象。临床具备①+②或①+③均可辨为气滞湿阻型。

治法：疏肝理气，除湿散满。

代表方：柴胡疏肝散合胃苓汤加减。

常用药：柴胡、香附、枳壳、川芎疏肝理气；苍术、厚朴、陈皮行湿散满；茯苓、猪苓、泽泻健脾利湿。

气滞偏甚，脘闷腹胀，噫气为快者，加佛手、木香、沉香调畅气机；湿浊偏甚，尿少，腹胀，苔腻者，加砂仁、大腹皮、车前子化湿行气，利水消胀；胁腹痛甚，气滞血瘀者，酌加郁金、青皮、延胡索、丹参、莪术等理气活血止痛。

2. 寒湿困脾

临床表现：① 腹大胀满，按之如囊裹水；② 脘腹痞胀，得热稍舒，精神困倦，怯寒懒动，甚则颜面微浮，下肢浮肿，小便少，大便溏；③ 舌苔白腻，脉缓。

证候辨析：脾阳不振，寒湿停聚，水蓄不行，故腹大胀满，按之如囊裹水。水湿泛溢肌肤，故面浮肢肿，小便少。脾为湿困，阳气失展，故精神困倦，怯寒懒动。中阳不运，故脘腹痞胀，得热稍舒，大便溏。舌苔白腻，脉缓，为寒湿内盛，脾阳不振之象。临床具备①+②或①+③均可辨为寒湿困脾型。

治法：温中健脾，行气利水。

代表方：实脾饮加减。

常用药：附子、干姜、白术振奋脾阳，温化水湿；木香、厚朴理气宽中；茯苓、草果、木瓜健脾除湿。

脘痞腹胀，加砂仁、陈皮、大腹皮行气消胀；浮肿甚，小便少，阳虚湿盛者，加肉桂、猪苓、泽泻、车前子温阳化气，利水消肿；胁痛甚者，加青皮、香附、郁金、延胡索等理气和络止痛；气虚息短，倦怠乏力者，加黄芪、党参、黄精等补气健脾，扶助正气。

3. 湿热蕴结

临床表现：① 腹大坚满，脘腹撑急；② 烦热口苦，渴不欲饮，小便赤涩，大便秘结或溏垢，或有面目皮肤发黄；③ 舌边尖红，苔黄腻，脉象弦数。

证候辨析：湿热互结，浊水停聚，故腹大坚满，脘腹撑急。湿热上蒸，浊水内停，故烦热口苦，渴不欲饮。湿热熏蒸，胆汁泛溢，故面目皮肤发黄。湿热阻于肠胃，故大便秘结或溏垢。湿热下注，气化不利，故小便赤涩。舌边尖红，苔黄腻，脉象弦数，均为湿热蕴结之象。临床具备①+②或①+③均可辨为湿热蕴结型。

笔记栏

治法：清热利湿，攻下逐水。

代表方：中满分消丸合茵陈蒿汤加减。

常用药：茵陈、栀子、黄芩、大黄清利湿热，导热下行；厚朴、砂仁、陈皮行气消胀，运脾化湿；白术、茯苓、泽泻、车前子健脾利湿。

热势较重者，加连翘、龙胆草、半枝莲清热解毒；水湿较甚者，加白茅根、通草清热利水；腹部坚胀撑急者，可暂用舟车丸攻下逐水，得泄即止。

4. 肝脾血瘀

临床表现：① 腹大坚满，青筋暴露，胁腹刺痛；② 面色黯黑，面颈胸臂出现血痣呈丝纹状，手掌赤痕，口干不欲饮水，或见大便色黑；③ 舌质紫黯或有瘀斑，脉细涩。

证候辨析：瘀血阻于肝脾脉络，隧道不通，故腹大坚满，青筋暴露，胁腹刺痛；瘀热互结脉络，故面颈胸臂出现血痣，手掌赤痕。络伤血溢，故见大便色黑。水浊聚而不行，津不上承，故口干不欲饮水。面色黯黑，舌质紫黯或有瘀斑，脉细涩，乃瘀血之象。临床具备①＋②或①＋③均可辨为肝脾血瘀型。

治法：活血化瘀，行气利水。

代表方：调营饮加减。

常用药：当归、川芎、赤芍、延胡索、莪术活血化瘀；大腹皮、茯苓、葶苈子行气利水。

瘀水互结，腹胀甚者，加丹参、泽兰、王不留行、泽泻、防己活血通络利水；胁下有癥块者，加生牡蛎、地鳖虫、穿山甲、鳖甲化瘀消癥；若久病脾气虚弱者，酌加黄芪、白术、人参、山药、黄精等补脾运中；见齿鼻衄血，或大便色黑者，加参三七、茜草根、侧柏叶等化瘀止血。

5. 脾肾阳虚

临床表现：① 腹大胀满，形似蛙腹，朝宽暮急；② 面色苍黄或白，神倦怯寒，脘闷纳呆，肢冷或下肢浮肿，小便短少不利；③ 舌体胖，舌淡紫，脉沉细无力。

证候辨析：脾肾阳虚，温运失职，水湿内聚，故腹大胀满，形似蛙腹，朝宽暮急。阳虚则阳气不能敷布于内外，故神倦怯寒肢冷。阳虚气化不利，故小便短少。气不化水，水湿泛溢，故下肢浮肿；脾阳虚不能运化水谷，故脘闷纳呆。脾肾阳虚，阳气不能温煦上荣，故见面色苍黄或㿠白。舌体胖，舌淡紫，脉沉细无力，均为脾肾阳虚兼血瘀之象。临床具备①＋②或①＋③均可辨为脾肾阳虚型。

治法：温补脾肾，化气利水。

代表方：附子理苓汤或济生肾气丸加减。

常用药：附子、肉桂、干姜、人参、白术温补脾肾；白术、茯苓、猪苓、泽泻、车前子健脾利水。

偏于肾阳虚，症见面色㿠白，怯寒肢冷，腰膝酸软，下肢浮肿，酌加仙茅、淫羊藿、巴戟天、肉苁蓉、鹿角片等温补肾阳；少气乏力，便溏者，加黄芪、山药、薏苡仁、扁豆等益气健脾；脘闷纳呆者，加砂仁、鸡内金、谷芽、麦芽健脾消食和胃；腹胀较甚者，加厚朴、大腹皮行气消胀。

6. 肝肾阴虚

临床表现：① 腹大胀满，或见青筋暴露；② 面色晦滞，唇紫，口干而燥，心烦不寐，时或鼻衄，牙龈出血，小便短少；③ 舌质红绛少津，脉弦细数。

证候辨析：肝肾阴虚，津液不能输布，水湿停聚于内，故腹大胀满，小便短少。血行滞涩，瘀阻脉络，故见青筋暴露，面色晦滞，唇紫。阴虚内热，故口干而燥，心烦不寐。热伤阳络，则鼻衄，牙龈出血。舌质红绛少津，脉弦细数，均为肝肾阴虚之象。临床具备①＋②或①＋③均可辨为肝肾阴虚型。

治法：滋肾柔肝，养阴利水。

代表方：六味地黄丸合一贯煎加减。

常用药：沙参、麦冬、生地黄、枸杞子、当归滋肾柔肝；茯苓、泽泻健脾利水。

津伤口干明显者，酌加石斛、玄参、麦冬养阴生津；青筋暴露，唇舌紫黯，小便短少明显者，加丹参、泽兰、益母草、鸡血藤化瘀通络利水；腹胀甚者，加枳壳、大腹皮行气消胀；齿鼻衄血者，酌加白茅根、仙鹤草、茜草根等凉血化瘀止血；兼有潮热烦躁者，酌加地骨皮、银柴胡、栀子以清虚热；阴虚阳浮，耳鸣，面赤颧红者，加龟甲、鳖甲、牡蛎滋阴潜阳。

7. 合并症

（1）瘀热伤络

临床表现：① 腹大胀满，骤然大量呕血，血色鲜红，大便下血，黯红或油黑；② 身热烦躁；③ 舌质红

笔记栏

绛,脉弦细数。

证候辨析：阴虚血热,瘀热互结,脉络瘀损,热迫血溢而致大量呕血,便血。瘀热互结,热入营血,故身热烦躁。舌质红绛,脉弦细数,均为瘀热伤络之象。临床具备①+②或①+③均可辨为瘀热伤络型。

治法：清热凉血,化瘀止血。

代表方：犀角地黄汤合十灰散加减。

常用药：水牛角、生地黄、牡丹皮清热凉血;侧柏叶、茜草根、大黄炭凉血化瘀止血。

出血量多,加仙鹤草、参三七、地榆炭以增强凉血化瘀止血之功;若出血不止,可采用综合治疗方法进行止血,先用三腔管经鼻或口腔插入胃内,将胃气囊充气后,牵引固定,再服中药糊剂(五倍子粉 3 g、白及粉 3 g,调成糊状),然后用食管气囊充气压迫;若大出血之后,气随血脱,阳气衰微,汗出如油,四肢厥冷,呼吸微弱,脉细微欲绝,治以大剂独参汤益气固脱。

(2) 痰蒙心窍

临床表现：① 腹大胀满,神识昏迷;② 烦躁不宁,或语无伦次,逐渐嗜睡;③ 舌质红,苔黄腻,或舌质淡红,苔白腻,脉弦滑数,或弦滑。

证候辨析：阴虚内热,蒸液生痰;或脾肾阳虚,湿浊不化,聚而成痰,痰蒙心窍,而致神昏。痰热内扰,蒙蔽心窍,故烦躁不宁;痰浊壅盛,蒙蔽心窍,故语无伦次。舌质红,苔黄腻,或舌质淡红,苔白腻,脉弦滑数,或弦滑,均为痰蒙心窍之象。临床具备①+②或①+③均可辨为痰蒙心窍型。

治法：豁痰醒神开窍。

代表方：安宫牛黄丸或苏合香丸。

痰热蒙蔽心窍者,用安宫牛黄丸研化吞服或鼻饲,以清热凉开透窍,亦可用清开灵注射液静脉滴注;痰浊蒙蔽心窍者,用苏合香丸研化吞服或鼻饲,芳香温开透窍;若昏迷加深,汗出肤冷,气促,撮空,两手抖动,脉细微弱者,为气阴耗竭,正气衰败,急予生脉散、参附汤益气敛阴,回阳固脱。

【其他治法】

一、中成药

1. 木香顺气丸　口服,一次 9 g,一日 2 次。具有行气导滞,燥湿健脾的功效。适用于气滞湿阻之腹胀满、胁痛等症。

2. 安宫牛黄丸　口服,一次 1 丸,一日 1～2 次。具有清热解毒,化痰开窍的功效。适用于痰蒙心窍之鼓胀神昏。

3. 苏合香丸　口服,一次 1 丸,一日 1～2 次。具有芳香温通开窍的功效。适用于痰蒙心窍之鼓胀神昏。

4. 清开灵注射液　一次 20～40 mL,加入 10%的葡萄糖注射液 250 mL 静脉滴注,一日 1 次。具有清热解毒,镇静安神的功效。适用于瘀热伤络证。

二、针灸

选择肝俞、脾俞、肾俞、阴陵泉、三阴交、足三里等基本穴位。针用平补平泻法。

三、饮食辅助疗法

山药桂圆炖甲鱼　山药片 30 g,桂圆肉 20 g,甲鱼 1 只(约重 500 g)。将甲鱼宰杀,洗净去杂肠,连甲带肉加适量水,与山药桂圆肉清炖至烂熟,吃肉喝汤。适用于鼓胀证属肝肾阴虚者。

【转归预后】

鼓胀因邪盛而正衰,病情易于反复,治疗颇为棘手,一向被视为难治之病,预后一般较差。若病在早期,一般体无大虚,如能把握时机,合理治疗,可使腹水消退,病情得以控制。若延至晚期,肝脾肾俱损,气血水互结,正虚邪实,腹水反复发生,病情不易稳定。若药食不当,或复感外邪,病情可迅速恶化,待出血和神昏等危象出现，多预后不良。

【预防调护】

(1) 精神方面的调摄与本病的治疗和预后密切相关，抑郁忿怒，情志失调，易于损肝碍脾，加重病情，气火伤络，甚则引起呕血，便血，使病情危重。因此，本病患者要调节情志，保持情绪稳定，避免精神刺激，消除恐惧心理，增强治疗信心，安心休养，避免过劳。

(2) 避免饮酒过度；防止血吸虫感染；积极治疗积聚、黄疸、胁痛等原发病。

(3) 宜进低盐饮食，下肢肿甚，小便量少时，则应忌盐。饮食宜清淡、富于营养而且易于消化。过食生冷寒凉易损伤脾阳，过食辛辣油腻易蕴湿生热，粗硬食物易损络动血，均属禁忌。

(4) 病重患者以卧床休息为主，腹水较多时可取半卧位，每日记录出入量，并详细观察小便颜色及内容物，每周测量体重、腹围1～2次，以了解水湿消退情况，帮助判定病情，对患者呕吐物的颜色亦需细致观察。对昏迷患者要进行特别护理，密切观察神志、血压、呼吸、脉搏及出血情况。

【临证备要】

一、辨病思路

鼓胀常见于西医学的腹水，包括病毒性肝炎、血吸虫病等多种原因导致的肝硬化腹水，以及腹腔内恶性肿瘤、结核性腹膜炎等形成的腹水。

1. 肝硬化腹水　腹水一般清亮，为浅黄色，如浑浊或血性时可考虑合并原发性腹膜炎或癌性腹水，可伴有脾大、腹壁静脉曲张、肝掌、蜘蛛痣等体征，有病毒性肝炎、血吸虫病等多种病因存在，钡餐透视可见食管静脉曲张。

2. 恶性肿瘤性腹水　腹水生长迅速，呈血性，部分患者腹部可触及肿块，放腹水后更容易触及，临床表现多有原发癌症状和恶病质，腹水细胞学检查可查到肿瘤细胞。

3. 结核性腹膜炎　腹水常为草黄色渗出液；常伴有肺结核、肠结核或胸膜结核等腹膜外结核病灶，临床表现有低热、盗汗、乏力等结核中毒症状，抗结核治疗有效。

二、辨证思路

1. 辨明虚实，分清标本缓急　鼓胀病机复杂，病变易于反复，难于根除。本病多起病缓慢，病程缠绵，长期邪正相搏，导致病情虚实错杂，形成肝脾肾俱损，气、血、水互结的复杂局面。在整个病程中，正虚与邪实相兼，在疾病的动态变化中，反映出不同阶段的证候特征，初起肝脾失调，肝郁脾虚，继则肝脾损伤，正虚邪实，终则肝、脾、肾三脏俱损，气血水瘀结腹中。所以，治疗本病要根据病变发展的不同阶段，权衡标本，把握虚实，掌握好急则治标，缓则治本的原则，正确处理好攻补的关系，实者先攻后补，使患者腹水消退后能够巩固；虚者先补后攻，待患者胜攻时再攻；实中兼虚或虚中夹实者，宜攻补兼施。

2. 峻下逐水，急则治其标实　当腹水严重，腹胀难忍，脘腹撑急，呼吸困难时，则急当攻下逐水，以缓其胀急。逐水剂的应用，适用于腹水增长较快，邪实而正气未至大虚，非逐水不足以缓其急迫的患者，实为权宜之计。临证时可酌情选用牵牛子粉1.5～3 g，或甘遂末0.5～1.0 g，吞服，每日1～2次；或舟车丸每服3～6 g，每日1次，清晨空腹温开水送下。一般以2～3天为1个疗程，必要时停3～5天后再用。逐水剂因其功效峻猛，副作用大，因此对适应证和剂量必须严格掌握和控制，临床使用应注意以下几个方面：① 中病即止：遵循“衰其大半而止”的原则；② 密切观察：注意药后反应及病情变化；③ 明确禁忌：正虚体弱，或出现发热，黄疸及出血倾向者，均不宜使用。

三、治疗注意

笔记栏

1. 防变证重养护肝肾　本病发展至后期，证候多表现为肝肾阴虚，同时又有瘀血水湿停聚，病属晚期，治疗颇为棘手。利水恐伤阴，滋阴又碍水，故一向认为“阳虚易治，阴虚难调”。肝以阴血为养，肝肾同源，且久病之体，肝肾既虚，更宜注重其养护，有一份阴存，便有一份生机。临证之时应时时以养护肝肾之阴为先,缓缓图治,切不可急于求功,图一时利水之快。否则真阴耗尽,极易变生他证,如出血、神昏等。养护肝肾之阴,以龟甲、鳖甲、石斛、白芍之类为佳,不宜过于滋腻;或可选用甘寒淡渗之品,如沙参、麦冬、生地黄、楮实子、白茅根、茯苓、猪苓、泽泻、车前草等,或在滋阴药中少佐桂枝等温化之品,既有助于通阳化气,又可防止太过滋腻。

2. 重扶脾以巩固治疗　本病乃沉疴痼疾,难速愈而易复发,当经过有效治疗,腹水消退或消除大半后,患者体质多虚,故当扶正固本以巩固疗效。因为脾居中州,为后天之本,气血之源,运湿之枢纽,又为肝病波及之要害,“见肝之病,知肝传脾,当先实脾”。所以,调理肝脾肾脏腑功能又当以健运脾胃为主,脾气得以运化,腹水无从再生;且肝之阴血有赖于脾之滋生,故治肝当以扶脾为先。

3. 危重症应中西医结合治疗　鼓胀常见于西医学的肝硬化腹水,出现在肝功能的失代偿阶段,无论中医或西医学都视为难治之病,在治疗上缺乏行之有效、药到病除的措施。至于晚期并发症的出现,不论上消化道出血、肝性脑病、合并感染、肝肾综合征等,都应积极采取中西医结合治疗方法,以便更快速地控制病情,抢救患者于危急之中。

【文献摘录】

《丹溪心法·鼓胀》:“鼓胀又名单臌……七情内伤,六淫外侵,饮食不节,房劳致虚,脾土之阴受伤,转输之官失职……清浊相混,隧道壅塞,郁而为热。热留为湿,湿热相生,遂成胀满,经曰鼓胀是也,以其外虽坚满,中空无物,有似于鼓。其病胶固,难以治疗。”

《医学入门·鼓胀》:“凡胀初起是气,久则成水……治胀必补中行湿,兼以消积,更断盐酱。”

《张氏医通·腹满》:“嗜酒之人,病腹胀如斗,此得之湿热伤脾。胃虽受谷,脾不输运,故成痞胀……蓄血成臌,腹上青筋见,或手足有红缕赤痕。”

(郭晓萍)

第五节　瘿　　病

【概述】

一、定义

瘿病(goiter)是由于气滞、痰凝、血瘀壅结颈前,以致颈前喉结两旁结块肿大为特征的一类病证。

二、源流

古代文献中有将瘿病称之为“瘿”“瘿气”“瘿囊”“瘿瘤”和“影袋”者。早在公元前3世纪,已有关于瘿病的记载。战国时期的《庄子·德充符》即有“瘿”的病名。而《吕氏春秋·季春纪》所说的“轻水所,多秃与瘿人”。不仅记载了瘿病的存在,而且观察到瘿的发病与地理环境密切相关。隋代,巢元方《诸病源候论·瘿候》认为:“瘿者由忧恚气结所生,亦曰饮沙水,沙随气入于脉,搏颈下而成之”,“诸山水黑土中,山泉流者,不可久居,常食令人作瘿病,动气增患”,进一步指出了瘿病的病因主要是情志内伤及水土因素。

唐代,孙思邈《备急千金要方》及王焘《外台秘要》记载了数十个治疗瘿病的方剂,其中常用到海藻、昆布、羊靥、鹿靥等药,表明此时对于含碘药物及用甲状腺作脏器疗法已有相当认识。宋代,《圣济总录·瘿瘤门》从病因角度对瘿病进行了分类,“石瘿、泥瘿、劳瘿、忧瘿、气瘿是为五瘿。石与泥则因山水饮食而得之;忧、劳、气则本于七情”。陈言《三因极一病证方论·瘿瘤证治》提出更切合临床实际的五瘿分类:“坚硬不可移者,名曰石瘿;皮色不变,即名肉瘿;筋脉露结者,名筋瘿;赤脉交络者,名血瘿;随忧愁消长者,名气瘿”。

明代,李时珍《本草纲目》明确指出黄药子有“凉血降火,消瘿解毒”的功效。陈实功在《外科正宗·瘿瘤论》中提出瘿瘤的主要病理是气、痰、瘀壅结的观点，“夫人生瘿瘤之症，非阴阳正气结肿，乃五脏瘀血、浊气、痰滞而成”。采用的治法主要有“行散气血”“行痰顺气”“活血消坚”，该书所载的海藻玉壶汤等方，至今仍为临床所习用。清代，沈金鳌《杂病源流犀烛·瘿瘤》指出：“瘿瘤者，气血凝滞、年数深远、渐长渐大之症。何谓瘿，其皮宽，有似樱桃，故名瘿，亦名瘿气，又名影袋”。强调瘿病多因气血凝滞，日久渐结而成。

三、范围

西医学中以甲状腺肿大为主要临床特征的疾病，如单纯性甲状腺肿、甲状腺功能亢进症、甲状腺炎、甲状腺腺瘤及甲状腺癌等，均可参考本节内容进行辨证论治。

【病因病机】

瘿病的主要病因有情志内伤、饮食及水土失宜，但也与体质因素有密切关系，以致气滞、痰凝、血瘀壅结颈前，而成瘿病（图 7－5）。

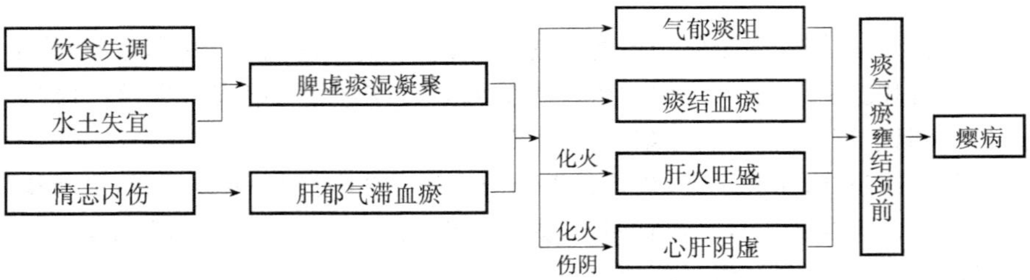

图 7－5　瘿病病因病机示意图

1. 情志内伤　忿郁恼怒或忧愁思虑日久，使肝气失于条达，气机郁滞，则津液不得正常输布，易于凝聚成痰，气滞痰凝，壅结颈前，则形成瘿病。

2. 饮食或水土失宜　饮食失调，或居住在高山地区，水土失宜，一则影响脾胃的功能，使脾失健运，不能运化水湿，聚而生痰；二则影响气血的正常运行，致气滞、痰凝、血瘀壅结颈前而发为瘿病。

3. 体质因素　妇女的经、孕、产、乳等生理特点与肝经气血密切相关，若遇情志、饮食等致病因素，常易引发气郁痰结、气滞血瘀及肝郁化火等病理变化，故女性易患瘿病。另外，素体阴虚之人，痰气郁结之后易于化火，而加重阴伤，常使病变缠绵。

瘿病的病变脏腑主要涉及肝、脾，与心相关。肝郁则气滞，脾伤则气结，气滞易使津停，脾虚则酿生痰湿，痰气交阻，血行不畅，则气血痰壅结而成瘿病。瘿病日久，郁火伤阴，在损伤肝阴的同时，也会伤及心阴，出现心悸、烦躁、脉数等症。

本病之初气机郁滞，津凝痰聚，而致气郁痰阻；痰气搏结日久，血脉瘀滞，形成痰结血瘀之候；若痰气郁结，郁久化火，可致肝火旺盛；火热内盛，耗伤阴津，形成阴虚火旺之证，尤以心肝阴虚最为常见。

【诊断】

诊断要点

（1）颈前喉结两旁结块肿大，可随吞咽动作而上下移动。

（2）颈部肿块大小不一，初起可如樱桃或指头大小，一般生长缓慢。大者可如囊如袋，触之多柔软，光滑，病程日久则质地较硬，或可扪及结节。

（3）多发于女性，常有情志不畅或饮食不节的病史，或发病有一定的地区性。早期多无明显的兼症，发生阴虚火旺的病机转化时，可见低热、多汗、心悸、眼突、手抖、多食易饥、面赤、脉数等表现。

（4）相关检查：甲状腺B超及核素扫描检查，有助于确定甲状腺的位置、外形、大小及结节性质；抗甲状腺球蛋白抗体、抗微粒体抗体等检查，有助于甲状腺疾病的鉴别诊断。用于甲状腺功能测定的实验室检查项目有：血清甲状腺激素测定，包括总三碘甲状腺原氨酸（TT_3）、总甲状腺素（TT_4）、游离三碘甲状

笔记栏

腺原氨酸(FT_3)、游离甲状腺素(FT_4);促甲状腺激素(TSH)测定;促甲状腺激素释放激素(TRH)兴奋试验;甲状腺摄^{131}I率。

【鉴别诊断】

1. 瘰疬　瘰疬和瘿病均可在颈部出现肿块,但瘰疬是在颈项的两侧,肿块一般较小,约黄豆大,个数多少不等;而瘿病是在颈部正前方,肿块一般较大。

2. 消渴　消渴以多饮、多食、多尿及消瘦为主要临床表现;阴虚火旺所致之瘿病虽可见多食易饥,但无多饮、多尿,且颈前有瘿肿,常伴心悸、眼突、急躁易怒。

【辨证论治】

一、辨证要点

1. 辨在气与在血

病在气分:颈前肿块柔软,光滑,属气郁痰阻。

病在血分:肿块质地较硬,甚则坚硬,表面高低不平,属痰结血瘀。

2. 辨火旺与阴伤

肝火旺盛:烦热汗出,性情急躁易怒,眼球突出,手指颤抖,面红口苦,舌红,苔黄,脉数。

心肝阴虚:心悸不宁,心烦少寐,多汗,手指颤动,头晕目眩,倦怠乏力,舌红,脉弦细数。

二、治疗要点

理气化痰,消瘿散结为治疗瘿病的基本原则。瘿肿质地较硬及有结节者,配合活血化瘀;若见肝火旺盛者,清肝泻火;心肝阴虚者,滋阴降火。

三、分证论治

1. 气郁痰阻

临床表现:① 颈前喉结两旁结块肿大,质软不痛,颈部觉胀;② 胸闷,喜太息,或胸胁窜痛,病情常随情志波动;③ 苔薄白,脉弦。

证候辨析:气机郁滞,痰浊壅阻颈部,故颈前喉结两旁结块肿大,质软不痛,颈部觉胀。情志失调,肝气郁滞,故胸闷,喜太息,或胸胁窜痛,病情常随情志波动。脉弦为肝郁气滞之象。临床具备①+②或①+③均可辨为气郁痰阻型。

治法:理气舒郁,化痰消瘿。

代表方:四海舒郁丸加减。

常用药:昆布、海藻、海带、海螵蛸、海蛤壳化痰软坚,消瘿散结;青木香、陈皮理气化痰。

胸闷,胁痛者,加柴胡、香附、郁金、枳壳、川楝子、延胡索疏肝解郁,理气止痛;咽部不适,声音嘶哑者,加桔梗、牛蒡子、木蝴蝶、射干利咽消肿。

2. 痰结血瘀

临床表现:① 颈前喉结两旁结块肿大,按之较硬或有结节,肿块经久不消;② 胸闷,纳差;③ 舌质黯或紫,苔薄白或白腻,脉弦或涩。

证候辨析:气机郁滞,津凝成痰,痰气交阻,久则血行不畅,血脉瘀滞。痰气瘀壅结颈前,故瘿肿较硬,或有结节,经久不消。气郁痰阻,脾失健运,故胸闷,纳差。舌质黯,苔白腻,脉弦或涩,为内有痰湿及气滞血瘀之象。临床具备①+②或①+③均可辨为痰结血瘀型。

治法:理气活血,化痰消瘿。

代表方:海藻玉壶汤加减。

常用药:海藻、昆布、海带化痰软坚,消瘿散结;青皮、陈皮、半夏、胆南星、浙贝母、连翘理气化痰散结;当归、川芎养血活血。

笔记栏

胸闷不舒,加郁金、香附、枳壳理气开郁;郁久化火见烦热,舌红苔黄,脉数者,加栀子、牡丹皮、夏枯草清肝泻火散结;纳差,便溏者,加白术、茯苓、山药健脾益气;结块较硬或有结节者,酌加黄药子、三棱、莪术、丹参、露蜂房、僵蚕、穿山甲等活血软坚,消瘿散结;结块坚硬且不可移者,酌加山慈菇、天葵子、半枝莲等,或配合犀黄丸解毒消肿,散瘀通络。

3. 肝火旺盛

临床表现:① 颈前喉结两旁轻度或中度肿大,一般柔软光滑;② 烦热汗出,急躁易怒,眼球突出,手指颤抖,面部烘热,口苦咽干,多食易饥;③ 舌质红,苔薄黄,脉弦数。

证候辨析:痰气壅结颈前,故见瘿肿。气郁化火,肝火旺盛,故烦热,口苦,面部烘热,急躁易怒。热迫津液外泄,故见汗出;肝火上炎,风阳内盛,则手指颤抖,眼球突出。肝火犯胃,胃热消谷,则多食易饥。舌质红,苔薄黄,脉弦数,均为肝火旺盛之象。临床具备①+②或①+③均可辨为肝火旺盛型。

治法:清肝泻火,消瘿散结。

代表方:栀子清肝汤合消瘰丸加减。

常用药:柴胡疏肝解郁;当归、白芍养血柔肝;栀子、牡丹皮清泻肝火;牛蒡子散热利咽消肿;生牡蛎、浙贝母化痰软坚散结;玄参滋阴降火。

肝火旺盛,急躁易怒者,加龙胆草、夏枯草清肝泻火;肝火扰动心神,见心烦不寐者,加合欢皮、酸枣仁、首乌藤解郁安神;手指颤抖者,加石决明、钩藤、白蒺藜平肝息风;兼有胃热内盛而见多食易饥者,加生石膏、知母清泄胃热;火郁伤阴,阴虚火旺,见烦热,多汗,消瘦乏力,舌红少苔,脉细数者,可用二冬汤合消瘰丸加减。

4. 心肝阴虚

临床表现:① 颈前喉结两旁结块或大或小,质软,病起缓慢;② 心悸不宁,心烦少寐,易出汗,手指颤动,眼干,目眩,倦怠乏力;③ 舌质红,苔少或无苔,舌体颤动,脉弦细数。

证候辨析:痰气郁结颈前,故渐起瘿肿;气火郁结日久,火盛伤阴,心阴亏虚,心失所养,故心悸不宁,心烦少寐。阴虚心液不守,而见出汗。肝阴亏虚,筋脉失养,故倦怠乏力。肝开窍于目,阴血亏虚,目失所养,故见眼干目眩。虚风内动,故见手指颤动。舌质红,苔少或无苔,舌体颤动,脉弦细数,均为心肝阴虚之象。临床具备①+②或①+③均可辨为心肝阴虚型。

治法:滋阴降火,宁心柔肝。

代表方:天王补心丹或一贯煎加减。

常用药:生地黄、沙参、玄参、麦冬、天冬滋阴降火;人参、茯苓益气宁心;枸杞子、当归养肝补血;丹参、酸枣仁、柏子仁、五味子、远志养心安神;川楝子疏肝理气。

虚风内动,手指及舌体颤动者,加白蒺藜、钩藤、白芍平肝息风;脾胃运化失调,致大便稀溏,便次增加者,加白术、薏苡仁、山药、麦芽健运脾胃;肾阴亏虚见耳鸣,腰膝酸软者,酌加龟甲、桑寄生、牛膝、菟丝子等滋补肾阴;病久正气伤耗,精血不足,见消瘦乏力,妇女月经量少或经闭,男子阳痿者,可酌加黄芪、太子参、山茱萸、熟地黄、枸杞子、制首乌等补气健脾,扶助正气,滋养精血。

【其他治法】

一、中成药

天王补心丸　口服,一次 6 g,一日 2～3 次。具有滋阴养血,补心安神的功效。适用于心肝阴虚之证。

二、针灸

选择瘿肿局部、天突、合谷、足三里、丰隆等基本穴位。针用平补平泻法。

笔记栏

三、饮食辅助疗法

将海带 30 g,绿豆 60 g,大米 30 g,陈皮 6 g,红糖 60 g,共放入砂锅内,煮至绿豆开花为宜,加入红糖调匀服食。适用于青春期甲状腺功能亢进、缺碘性甲状腺肿大。

【转归预后】

瘿病的预后大多较好。瘿肿小，质软，治疗及时者，多可治愈。但瘿肿较大者，不易完全消散。若肿块坚硬，移动性差，且增长迅速者，可能恶变，预后较差。肝火旺盛及心肝阴虚症状轻浅者，疗效较好。重证患者阴虚火旺的各种症状常随病程的延长而加重，当出现烦躁不安，神昏，高热，脉疾等症状时，为病情危重的表现。

【预防调护】

(1) 因水土失宜所致者，应注意饮食调摄，在瘿病的易发地区，多食海带、海虾、紫菜等食物，使用加碘食盐(食盐中加入万分之一的碘化钠或碘化钾)。

(2) 保持精神愉快，避免情志内伤。

(3) 密切观察瘿肿的形态、大小、质地软硬及活动度等方面的变化。若瘿肿经治不消，增大变硬，应高度重视，防止恶变。

(4) 多进清淡而富有营养的食物，忌食肥腻、香燥、辛辣之物。

【临证备要】

一、辨病思路

瘿病常见于西医学中以甲状腺肿大为主要临床特征的疾病，如单纯性甲状腺肿、甲状腺炎、甲状腺功能亢进症、甲状腺腺瘤及甲状腺癌等。

1. 单纯性甲状腺肿　甲状腺常呈轻度或中度弥漫性肿大，质地较软，无压痛。可呈地方性分布，常为缺碘所致。随着病情的发展，甲状腺可逐渐增大，甚至引起压迫症状。

2. 甲状腺炎　甲状腺炎的临床分类多样，以亚急性甲状腺炎多见，甲状腺肿大，结节，明显压痛，起病急，起病前常有上呼吸道感染，伴有全身症状。

3. 甲状腺功能亢进症　主要表现为甲状腺肿大，食欲亢进，体重减轻，心动过速，情绪容易激动，怕热，出汗，手抖。多见于中青年女性。

4. 甲状腺腺瘤　腺瘤呈圆形或椭圆形的单发结节，多个者少见，直径常在 3 cm 以内，质地较周围甲状腺组织稍硬，无压痛，随吞咽上下活动，生长缓慢，一般在无任何症状时发现。

5. 甲状腺癌　结节表面不平，质地较硬，吞咽时活动度小，且在短期内生长较快。有时虽然甲状腺内结节较小，但可扪及同侧颈部有肿大淋巴结。本病须由病理检查确诊。

二、辨证思路

1. 注意瘿囊、瘿瘤、瘿气的辨别　瘿肿是本病最主要的临床特征，皆由气、血、痰壅结而成。临证首先要根据瘿肿的性状，区别瘿囊、瘿瘤和瘿气。瘿囊为颈前肿块较大、光滑、柔软，两侧比较对称，主要病机为气郁痰阻，若日久痰结血瘀者，局部可出现结节。瘿瘤为颈前肿块偏于一侧，或一侧较大，或两侧均大，瘿肿大小如核桃，质地较硬，而病情严重者，肿块可迅速增大，质地坚硬，表面高低不平，主要病机为气滞痰结血瘀。瘿气为颈前轻度或中度肿大，两侧对称，肿块光滑、柔软，一般有较明显的阴虚火旺症状，主要病机为痰气壅结，气郁化火，火热伤阴。

2. 局部与整体相结合　在瘿病的发病过程中，随着病机的转化，证候表现也会发生明显的变化，然而颈部结块肿大之“实”邪却贯穿瘿病始终，初期多为气郁痰阻和痰结血瘀，以瘿肿局部症状为主，治疗重在理气化痰，活血软坚，消瘿散结；病变后期邪盛伤正，可见本虚标实或虚实夹杂之证，如痰气郁结日久，可化火伤阴，形成肝火旺盛或心肝阴虚之证。此时，不仅可见局部瘿肿，而且阴虚火旺的全身症状也表现突出，故治疗应侧重于滋阴降火；若火旺日久耗伤气阴，则宜益气养阴。亦有部分甲状腺功能亢进的患者，甲状腺并不肿大，仅见肝火旺盛或阴虚火旺的证候表现，亦可参照本病进行治疗。

笔记栏

三、治疗注意

1. 化痰散结药的区别应用　中医治疗瘿病的许多化痰散结药物，对于消减局部瘿肿，效果明显，如四海舒郁丸中的海带、海藻、昆布、海螵蛸等，但其含碘量都较高，临证应在明确诊断的前提下，合理使用。此类药物主要用于缺碘引起的单纯性甲状腺肿，若甲状腺功能亢进，则需慎重使用。治疗应以具有化痰散结作用而不含碘或含碘量低的中药为主，如夏枯草、贝母、连翘、玄参、牡丹皮、白僵蚕、炮山甲、山慈菇、海浮石、海蛤壳、牡蛎、龟甲等，此类药物在临床的应用更为广泛。

2. 黄药子的应用　黄药子具有消痰软坚，凉血解毒的功效，治疗瘿病有一定的疗效。但黄药子有小毒，长期服用对肝脏有损害，故需谨慎用药，用量一般不超过 10 g。

【文献摘录】

《外台秘要·弊病方》："瘿病者，始作与瘿核相似，其瘿病喜当颈下，当中央不偏两边也。"

《儒门事亲·瘿》："夫瘿囊肿闷，稽叔夜《养生论》云：颈如险而瘿，水土之使然也，可用人参化瘿丹，服之则消也。又以海带、海藻、昆布三味，皆海中之物，但得三味，投之于水瓮中，常食亦可消矣。"

《医学入门·瘿瘤》："瘿……原因忧恚所生，故又曰瘿气，今之所谓影囊者是也……总皆气血凝结成。惟忧恚耗伤心肺，故瘿多著颈项。"

（郭晓萍）

第六节　疟　　疾

【概述】

一、定义

疟疾(malaria)是由于感受疟邪而引起的以寒战、壮热、头痛、汗出、休作有时为临床特征的一种疾病。多发于夏秋季节。

二、源流

中国古代对疟疾的认识甚早。远在殷墟甲骨文中已有记载。在《素问》里，就有《疟论》、《刺疟》等篇。对疟疾的病因、病机、症状、针灸治法等，作了系统而详细的讨论。足见当时对疟疾已有深刻的研究。传染病在古代医籍中记载以疟疾为最详细。《素问·疟论》指出疟疾的病因为疟气，谓"疟气随经络沉以内薄，故卫气应乃作"。发作时的临床症状是："疟之始发也，先起于毫毛，伸欠乃作，寒栗鼓颔，腰脊俱痛，寒去则内外皆热，头痛如破，渴欲冷饮。"根据寒热偏盛的不同，而有寒疟、温疟、疟之分别。在治疗时机的选择上。《素问·刺疟》指出："凡治疟，先发如食顷，乃可以治，过之则失时也。"

《神农本草经》明确记载常山有治疟的功效。《金匮要略》以蜀漆治疟，并在《内经》的基础上，补充了疟母这一证型。《金匮要略》用以治疗温疟的白虎加桂枝汤和治疟母的鳖甲煎丸，一直沿用至今。《肘后备急方·治寒热诸疟方》首先提出了瘴疟的名称。在治疗方面，除以常山作为多个治疟方剂的主药外，并最早提出用砒石及青蒿治疟。因砒石毒性较剧，近代多不采用。《备急千金要方》提出除以常山、蜀漆为主药的截疟诸方外，还用马鞭草治疟。

《诸病源候论·间日疟候》明确提出间日疟的病证名称。《诸病源候论·山瘴疟候》指出瘴疟多发于岭南，由瘴湿毒气所致，其病重于一般的疟疾。又在《诸病源候论·劳疟候》里补充了劳疟这一证型。

《三因极一病证方论·疟病不内外因证治》指明了疫疟的特点："一岁之间，长幼相若，或染时行，变成寒热。名曰疫疟"。

《儒门事亲·疟非脾寒及鬼神辨》指出疟疾因食而作的说法是错误的，其中提到"又或因夏日饮冷过

笔记栏

常，伤食生硬瓜果梨枣之属，指为食疟，此又非也”，并记载了公元1206年一次疟疾大流行的情况。《脉因症治·疟》提出了传染的概念，谓“母疟有母，传染者”。

对疟疾病因的认识上，张介宾进一步肯定疟疾因感受疟邪所致，而并非痰、食引起，对“无痰不作疟”及“无食不成疟”的说法，做了反驳。他在《质疑录·论无痰不作疟》说：“疟邪随人身之卫气为出入，故有迟早、一日间日之发，而非痰之可以为疟也……痰本因疟邪以生，而非因痰以有疟邪者。”《景岳全书·疟疾》说：“疟疾之作……无非外邪为之本，岂果因食因痰有能成疟者耶。”

《症因脉治·疟疾总论》对瘴疟有较好的论述，谓“瘴疟之症，疟发之时，神识昏迷，狂妄多言，或声音哑喑”。其病机为“瘴气入人脏腑，血聚上焦，败血淤于心窍。毒涎聚于肝脾，则瘴毒疟疾之症作也”。并将间二日而发之疟疾称为三日疟。“三疟之症，三阴经疟也……以其间两日而发。故名三疟症也……乃邪入三阴，其经深，其发迟，是以三日一发也”。

近年来，对疟疾有关的理、法、方、药进行了系统的发掘整理和临床研究，使中医关于疟疾的理论更为充实和丰富。在疟疾的防治工作中，开展了关于青蒿素治疗疟疾的研究，证实其作用效果优于氯喹，这一科研成果，显示和发扬了中医治疗疟疾的优势。

三、范围

本节讨论内容主要是西医学中的疟疾。至于非感受“疟邪”而表现为寒热往来，似疟非疟的类疟疾患，如回归热、黑热病、病毒性感染以及部分血液系统疾病等，可参照本节辨证论治。

【病因病机】

疟邪是引起疟疾的病因，在《内经》亦称为疟气。

疟邪侵入人体之后，伏于半表半里，内搏五脏，横连募原。由于疟邪与正气相争，虚实更作，阴阳相移，而发生疟疾的一系列症状。疟邪与营卫相搏，入与阴争，阴盛阳虚，以致恶寒战栗；出与阳争，阳盛阴虚，则壮热汗出；疟邪与营卫相离，则发作停止，当疟邪再次与营卫相搏时，又引起再一次发作(图7-6)。

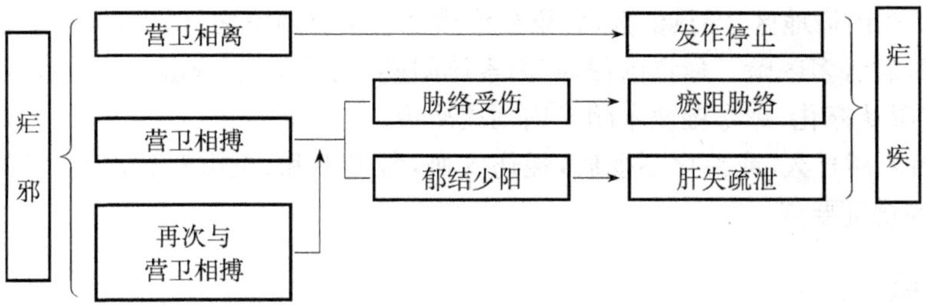

图7-6　疟疾病因病机示意图

本病以正疟最为多见。而热偏盛者即为温疟，寒偏盛者即是寒疟。由瘴毒所致者，则是瘴疟。瘴毒亦属疟邪，但多见于岭南，临床症状严重。疟邪久留，耗伤气血，遇劳即发，则形成劳疟，疟久不愈，血瘀痰凝，结于胁下，则形成疟母。

疟疾总因感受疟邪所致，故病理性质以邪实为主。但疟邪久留，屡发不已，气血耗伤，不时寒热，可成为遇劳即发的劳疟。或久疟不愈，气血瘀滞，痰浊凝结，壅阻于胁下，而形成疟母。且常兼有气血亏虚之象，表现为邪实正虚。

【诊断】

诊断要点

(1) 周期性发作的寒战，发热，出汗，在间歇期症状消失。

(2) 多发于夏秋季节，有传染及流行病史，居住或近期到过疟疾流行地区。

(3) 相关检查：血涂片检查疟原虫阳性。

笔记栏

【鉴别诊断】

疟疾需要与其他有寒热往来表现的疾病相鉴别。

1. 虚劳中的阴虚内热 上午发热不明显,以午后或夜间潮热为特征。发热虽然朝轻暮重,但与疟疾寒热往来,休作有时者迥异,且常有五心烦热、盗汗、失眠等症状。一般来说,阴虚内热者多由情志内伤所致,病情较重,严重者往往缠绵日久,一时不易退热,疟疾只要治疗及时,一般可以较快痊愈。

2. 风温发热 当邪在卫分时,可见寒战发热,无汗或微汗,如邪热壅盛,转入气分,则卫分症状消失,而见壮热有汗不解,兼见咳嗽,口渴,烦躁,便秘等肺胃两经症状。总之,风温初起,病在肺卫,疟疾则邪踞少阳;风温在卫分时,汗之可以退热,若邪势炽盛,进入气分,则壮热有汗不解;疟疾汗出后热可暂退而复起;风温多见于冬春,疟疾常发于夏秋。

3. 淋证发热 淋证初起,湿热蕴蒸,邪正相搏,亦常见畏寒或寒战发热,但多兼腰痛,小便频涩,滴沥刺痛等,可与疟疾作鉴别。

【辨证论治】

一、辨证要点

对疟疾的辨证,应着重根据病情的轻重,寒热的偏盛,正气的盛衰及病程的久暂等,而确定属于正疟、温疟、寒疟、瘴疟、劳疟的何种类型。

1. 正疟 临床应抓住寒战—高热—汗出—热退周期性发作特征,且寒热均等为辨证要点。

2. 温疟 多因素体阳盛复感疟邪,或暑夏感受疟邪,暑热内蕴,里热过甚,虽周期性发作,但以热多寒少,或但热不寒为辨证要点。

3. 寒疟 多因素体阳虚,感受疟邪,里寒极盛,复因风寒侵袭,阳气运行失常而不能外达,故以寒多热少,或但寒不热为辨证要点,同时还应注意其多挟湿为患,而见寒湿内阻,疟邪内伏阴分之象。

4. 瘴疟 多发在山瘴地区,湿热郁蒸,感染疫疟秽浊或山岚瘴毒之气,邪郁于内,或蒙闭心窍而发为瘴疟。其发病急骤,病势多凶险。瘴毒内侵,有因素体阳盛,热重于湿,或湿从热化而成热瘴者;有因素体阳虚,湿重于热,或湿从寒化,瘴毒湿浊壅闭于内则成冷瘴。

5. 劳疟 多因疟病日久,或治疗不彻底,耗伤气血,营卫不和,正虚邪恋而致。以疟疾日久不愈,寒热时作,遇劳易发为辨证要点。

二、治疗要点

1. 治疗原则 祛邪截疟。
2. 寒热分治 温疟兼清,寒疟兼温。
3. 虚实异治 瘴疟解毒除瘴,劳疟则以扶正为主。如属虐母,又当祛瘀化痰软坚。

三、分证论治

祛邪截疟是治疗疟疾的基本原则。在确定诊断为疟疾后即可截疟。在此基础上,根据具体证候的不同,适当结合其他治则进行治疗。疟疾的服药时间,以症状发作的 2 小时前为宜。

(一) 正疟

临床表现:① 寒战壮热,休作有时,先有哈欠乏力,继则寒栗鼓颌,寒罢则内外皆热;② 头痛面赤,口渴引饮,终则遍身汗出,热退身凉;③ 舌红,苔薄白或黄腻,脉弦。

证候辨析:疟邪侵入,伏于半表半里,若疟邪与营卫相搏,正邪相争,而引起疟疾症状的发作。病邪入与阴争,阴盛阳虚,阳气被遏,故致哈欠乏力,寒战鼓颌;出与阳争,阳盛阴虚,则壮热,汗出,口渴引饮;终则疟邪与营卫相离,邪气伏藏,发作停止。病初苔多薄白,化热则见苔黄腻,疟脉自弦,弦紧主寒盛,弦数主热盛。临床具备①+②或①+③均可辨为正疟。

治法:祛邪截疟,和解表里。

笔记栏

代表方：柴胡截疟饮加减。

常用药：小柴胡汤和解表里，导邪外出；常山、槟榔祛邪截疟；乌梅生津和胃，以减轻常山致呕吐的副作用。

口渴甚者，可加葛根、石斛生津止渴；胸脘痞闷，苔腻者，去参、枣之滞气碍湿，加苍术、厚朴、青皮理气化湿；烦渴、苔黄、脉弦数，为热甚于里，去参、姜、枣之辛温补中，加石膏、天花粉清热生津。

本证亦可用截疟七宝饮加减治疗。方中以常山祛邪截疟为主药；草果、槟榔辛香理气，化痰散结；厚朴、陈皮、青皮理气和中，化湿祛痰；甘草调和诸药。

（二）温疟

临床表现：① 热多寒少，汗出不畅；② 头痛，骨节酸疼，口渴引饮，便秘尿赤；③ 舌红，苔黄，脉弦数。

证候辨析：由于素体阳盛而复感疟邪，暑热内蕴，里热炽盛，故表现为热多寒少，口渴引饮，便秘尿赤。夏暑贪凉，兼感风寒，外束肌表，营卫失和，以致汗出不畅，头痛，骨节酸痛。舌红，苔黄，脉弦数，均属热盛于里之象。临床具备①＋②或①＋③均可辨为温疟。

治法：清热解表，和解祛邪。

代表方：白虎加桂枝汤加味。

常用药：白虎汤清热生津；桂枝疏风散寒。

可加青蒿、柴胡和解祛邪；若热多寒少，气短，胸中烦闷不舒，汗多，且无骨节酸痛者，为热势较盛而津气两伤，可改用清热生津益气之白虎加人参汤加味治疗；津伤较甚，口渴引饮者，斟酌加生地黄、麦冬、石斛、玉竹养阴生津。

（三）寒疟

临床表现：① 热少寒多，口不渴，神疲体倦；② 胸脘痞闷；③ 苔白腻，脉弦。

证候辨析：素体阳虚而复感疟邪，或兼感寒湿，寒湿内盛，郁遏中阳，阳气不能外达，故致热少寒多，口不渴，神疲体倦。寒湿内困，脾胃失于健运，气机不畅，故致胸闷痞脘。苔白腻，脉弦，为寒湿内阻之象。临床具备①＋②或①＋③均可辨为寒疟。

治法：和解表里，温阳达邪。

代表方：柴胡桂枝干姜汤合截疟七宝饮加减。

常用药：柴胡、黄芩和解表里；桂枝、干姜、甘草温阳达邪；常山、草果、槟榔、厚朴、青皮、陈皮散寒燥湿，化痰截疟。

但寒不热者可去黄芩苦寒之品；寒郁日久化热，心烦口干，去桂枝、草果，加石膏、知母。

（四）瘴疟

1. 热瘴

临床表现：① 热甚寒微，或壮热不寒；② 头痛，肢体烦疼，面红目赤，胸闷呕吐，烦渴饮冷，大便秘结，小便热赤，甚至神昏谵语；③ 舌质红绛，苔黄腻或垢黑，脉洪数或弦数。

证候辨析：瘴毒疟邪侵入人体，由于素体阳盛，或热重于湿，或湿从热化，热毒内郁，蒙蔽心神而发为热瘴。由于热盛于内，故热盛寒微，或壮热不寒，肢体疼痛。热毒上蒸，则头痛，面红目赤。热毒内蕴中焦，致使胃气上逆，故胸闷呕吐。热盛伤津，故烦渴喜饮，大便秘结。热移膀胱，则小便热赤。热毒上蒙心窍，神明失司，故神昏谵语。舌质红绛，苔黄腻或垢黑，脉洪数或弦数，均为热毒内盛之象。临床具备①＋②或①＋③均可辨为热瘴。

治法：解毒除瘴，清热保津。

代表方：清瘴汤加减。

常用药：黄芩、黄连、知母、柴胡清热解毒；青蒿、常山祛邪除瘴；竹茹、枳实、半夏、陈皮、茯苓清胆和胃；益元散清暑利湿安神。

壮热不寒者，可加石膏清热泻火；热盛津伤，口渴心烦，舌红少津者，加生地黄、玄参、石斛、玉竹；神昏谵语者，急用紫雪丹或至宝丹清心开窍。

2. 冷瘴

临床表现：① 寒甚热微，或但寒不热；② 或呕吐腹泻，甚则神昏不语；③ 苔白厚腻，脉弦。

证候辨析：感受瘴毒疟邪，而素体阳虚，或湿重于热，或湿从寒化，以致瘴毒湿浊壅闭，寒湿内盛，蒙蔽心神而发为冷瘴。寒湿壅闭，阳气郁遏不能宣达，故寒甚热微，或但寒不热。寒湿内困脾胃，升降失司，运化失调，故呕吐腹泻。瘴毒湿浊蒙蔽心神，神明失司，故神昏不语。苔白厚腻，脉弦，为寒湿内阻之象。临床具备①+②或①+③均可辨为冷瘴。

治法：解毒除瘴，芳化湿浊。

代表方：加味不换金正气散。

常用药：苍术、厚朴、陈皮、甘草、藿香、半夏、佩兰、荷叶健脾理气，燥湿化浊；槟榔、草果截疟理气除湿；菖蒲豁痰宣窍。

瘴毒湿浊，蒙蔽心窍而见神昏不语者，可加服苏合香丸芳香开窍。

（五）劳疟

临床表现：① 寒热时作，倦怠乏力，短气懒言，遇劳则复发疟疾；② 食少，面色萎黄，形体消瘦；③ 舌质淡，脉细无力。

证候辨析：疟疾日久，气血耗伤，加之脾胃虚弱，气血生化之源不足，故致倦怠乏力，短气懒言，食少，面色萎黄，形体消瘦。疟疾日久，正气亏虚，而疟邪未除，若遇过度劳累，伤耗正气，则易复发疟疾，寒热时作，而成劳疟。正如《诸病源候论·劳疟候》说："凡疟，积久不瘥，则表里俱虚，客邪未散，真气不复，故疾虽暂间，小劳便发。"舌质淡，脉细无力，为脾胃虚弱，气血不足之象。临床具备①+②或①+③均可辨为劳疟。

治法：益气养血，扶正祛邪。

代表方：何人饮加减。

常用药：人参益气扶正；制何首乌、当归补益精血；陈皮、生姜理气和中。

在疟发之时，加青蒿或常山祛邪截疟。此外，久疟不愈，气机郁滞，血行不畅，瘀血痰浊，结于左胁之下，形成痞块，此即《金匮要略》所称之疟母，治宜软坚散结，祛瘀化痰，用鳖甲煎丸。有邪祛亏虚之证候者，当配合八珍汤或十全大补汤等补益气血，以虚实兼顾，扶正祛邪。

此外，目前提纯的青蒿素，对各种疟疾，有良好的疗效。

【其他治法】

一、单方、验方

(1) 马鞭草 30～60 g，水煎服。于疟疾发作前 2 小时、4 小时各服一次，疟止后连服 3 日。适用于正疟。

(2) 青蒿 30 g，水煎服。于发作前 2 小时服，连服 3 日。适用于正疟。

(3) 常山、槟榔、半夏、乌梅各 9 g，水煎服，连服 3 日。适用于正疟。

二、外治法

旱莲草、紫苏叶各 3 g，研末，纱布包裹。于发作前 3 小时塞鼻孔，连用 3 次。

三、针灸

(1) 主穴：大椎、合谷；配穴：内关、脾俞、列缺、复溜(每次取 1～2 穴)，双侧轮流，只刺不灸。

(2) 于发作前 2 小时，先针后溪(约 1.5 cm 深)，次针间使(约 2.5 cm 深)，最后针足三里(约 2.5 cm 深)，均取一侧，留针 15～30 分钟。

四、饮食辅助疗法

赤小豆 100 g，红鲤鱼 1 条，枣 10 个，陈皮 5 g，生姜 50 g。将小豆洗净，鱼去内杂，加盐，与陈皮、生姜共煮烂熟，顿服。适用于间日疟、三日疟或久治不愈的疟疾。

笔记栏

【转归预后】

除瘴疟感受瘴毒以外，其他疟邪致病者，经过及时治疗，大多能较快痊愈，预后一般良好。若胁下结块,形成疟母,则需要耐心治疗。感受瘴毒而病者,预后较差,因阴阳极度偏盛,心神蒙蔽,需要采取综合措施及时治疗。

【预防调护】

(1) 防止感受疟邪,是预防疟疾的根本措施,尤其在夏秋季节,注意防蚊、灭蚊,很大程度上能够控制疟疾的传播。

(2) 护理方面,应注意冷暖适宜,寒战时不宜衣被过多,发热时不宜风吹。汗出较多,注意擦干,更换衣物,间歇期可适当户外运动。饮食上应富于营养和便于消化的食物,调理患者心态,积极做好急救措施。

【临证备要】

一、辨病思路

本节讨论内容主要是西医学中的疟疾。有在疟疾流行区生活或旅游史,近年有疟疾发作史或近期接受过输血。临床表现为典型的周期性寒热发作,伴有脾大和贫血。血涂片染色查疟原虫是确诊的最可靠方法。另外,可做骨髓穿刺涂片染色查疟原虫。

二、辨证思路

疟疾以寒战壮热,休作有时为特征,临证时应根据寒热的多少,病情的轻重,阴阳的盛衰,正邪的消长以及风、寒、暑、湿、痰诸邪的偏盛等来辨证施治。若寒热均等,发作有时为正疟,其有一日一发,两日一发和三日一发。若热多寒少称为温疟。但热不寒称为瘅疟。若寒多热少或但寒不热称为牝疟。若因瘴毒所致称为瘴疟(疫疟),其发病急骤,病情深重,根据其寒热性质又分热瘴和冷瘴。久疟不愈,遇劳即发,称为劳疟。胁下结块,谓之疟母。

三、治疗注意

(1) 疟疾伏藏于半表半里,属少阳经脉部位,故历来有“疟不离少阳”之说。在治疗上,一般多用柴胡之剂,但须辨证,不能见到疟疾一概使用之,临床应掌握寒热往来的症状特点使用为宜。

(2) 疟疾的治疗可在辨证的基础上选加截疟药物,常用的药物如常山、青蒿、槟榔、马鞭草、豨签草、乌梅等。此外,服药时间一般以疟发前 2 小时为宜。若在疟发之际服药,容易发生呕吐不适,且难以控制发作。

(3) 瘴疟来势凶猛,病情险恶,治疗宜重视解毒除瘴。如出现神昏谵语、痉厥抽风等严重症状时,宜早投清心开窍药物,必要时进行中西医结合治疗。

【文献摘录】

《素问·疟论》:“夫风之与疟也,相似同类,而风独常在,疟得有时而休者,何也?岐伯曰:风气独留其处,故常在;疟气随经络沉以内薄。故卫气应乃作。”

《金匮要略》:“温疟者,其脉如平,身无寒但热,骨节疼烦,时呕,白虎加桂枝汤主之。”“疟多寒者,名曰牝疟,蜀漆散主之。”

《普济方·诸疟门》:“劳疟者,以久疟不瘥,气血俱虚,故虽间歇,劳动则发,故谓之劳疟。邪气日深,真气愈耗,表里既虚,故食减肌瘦,色悴力劣,而寒热如故也。”

《肘后备急方》:治疟疾寒热,“青蒿一握,以水二升渍,绞取汁,尽服之。”

(汪　静)

笔记栏

第八章　肾 系 疾 病

导　学

本章主要介绍水肿、淋证、癃闭、阳痿、遗精、耳鸣、耳聋等肾系疾病的概述、病因病机、诊断、鉴别诊断、辨证论治、其他治法、转归预后、预防调护、临证备要和文献摘录等内容。

目的要求

1. 掌握水肿的定义、病因病机、辨证要点、治疗要点及分证论治，阴水与阳水的区别及相互关系；淋证的定义、病因病机、辨证要点、治疗要点，热淋、血淋、劳淋的分证论治；癃闭的定义、辨证要点及分证论治；阳痿的定义及分证论治；遗精的定义及分证论治；耳鸣、耳聋的定义、病因病机及分证论治。

2. 熟悉水肿的诊断要点及其与鼓胀的鉴别诊断；淋证的诊断要点、淋证与癃闭的鉴别诊断、血淋与尿血的鉴别诊断、膏淋与尿浊的鉴别诊断；癃闭的病因病机、诊断要点、治疗要点及其与淋证和关格的鉴别诊断；阳痿的病因病机、诊断要点、治疗要点及其与早泄的鉴别诊断；遗精的病因病机、诊断要点、治疗要点及其与遗精、早泄、精浊的鉴别诊断；耳鸣、耳聋的诊断要点、辨证要点、治疗要点及其与聋哑的鉴别诊断。

3. 了解水肿、淋证、癃闭、阳痿、遗精、耳鸣、耳聋等肾系疾病在西医学中的范围、其他治法、转归预后、预防调护。

肾系疾病常见的有水肿、淋证、尿浊、癃闭、关格、阳痿、遗精、早泄、耳鸣、耳聋等。肾所藏之精是机体生长、发育和生殖的主要物质基础，故肾的藏精功能减退，不仅可因精关不固而致遗精、早泄，还可由于精气不足而影响机体的生殖能力，导致阳痿、不育。肾主水，在调节人体水液平衡方面起着极为重要的作用。若肾中精气的蒸腾气化失司，可导致水液的运化障碍，出现水肿、癃闭等病证；肾与膀胱相通，若肾与膀胱的气化失司，水道不利，可导致小便频急、淋沥不尽、尿道涩痛的淋证。此外，肾与其他脏腑的关系也非常密切，肾阴亏虚，水不涵木，肝阳上亢，可致眩晕；肾水不足，阴不济阳，虚火上越，心肾不交，可致心悸、不寐；肾不纳气，气不归原，可致哮喘；肾阳虚衰，火不燠土，可致五更泄泻；肾精亏损，脑髓失充，可致健忘、痴呆。临床应注意脏腑之间的关联，随证处理。

第一节　水　　肿

【概述】

一、定义

水肿（edema）是由于肺失通调、脾失转输、肾失开合、膀胱气化不利，导致体内水液潴留，泛滥肌肤，表现以头面、眼睑、四肢、腹背甚至全身浮肿为特征的一类病证。

笔记栏

二、源流

本病《内经》称为“水”。根据不同症状分为风水、石水、涌水。《灵枢·水胀》对其症状作了详细的描述，如“水始起也，目窠上微肿，如新卧起之状，其颈脉动，时咳，阴股间寒，足胫肿，腹乃大，其水已成矣。以手按其腹，随手而起，如裹水之状，此其候也。”《内经》认为水肿的发病与肺、脾、肾有关。如《素问·水热穴论》指出：“勇而劳甚，则肾汗出，肾汗出，逢于风，内不得入于脏腑，外不得越于皮肤，客于玄府，行于肉里，传为胕肿”“故其本在肾，其末在肺”。《素问·至真要大论》又指出“诸湿肿满，皆属于脾”。对于水肿的治疗，《素问·汤液醪醴论》提出“平治于权衡，去菀陈莝……开鬼门，洁净府”的治疗原则。

汉代，张仲景在《金匮要略》中将水肿分为风水、皮水、正水、石水、黄汗五类，又按五脏发病的机制及其证候，分为心水、肝水、肺水、脾水、肾水。在治疗上提出“诸有水者，腰以下肿，当利小便，腰以上肿，当发汗乃愈”。

隋代，巢元方《诸病源候论·水肿候》凡二十二条，始将“水肿”作为各种水病的总称。并重视脾胃虚弱在发病中的作用，如“肾者主水，脾胃俱主土，土性克水，脾与胃合，相为表里，胃为水谷之海，今胃虚不能传化水气，使水气渗溢经络，浸渍府脏……故水气溢于皮肤而令肿也”。

宋代，严用和在《济生方·水肿门》中将水肿分为阴水、阳水两大类。“阴水为病，脉来沉迟，色多青白，不烦不渴，小便涩少而清，大腑多泄，此阴水也，则宜用温暖之剂，如实脾散、复元丹是也；阳水为病，脉来沉数，色多黄赤，或烦或渴，小便赤涩，大腑多闭，此阳水也，则宜用清平之药，如疏凿饮子、鸭头丸是也”。这一分类法，区分了虚实两类不同性质的水肿，为其后水肿病的临床辨证奠定了基础。对于水肿的治疗，严用和又倡导温脾暖肾之法，创立了济生肾气丸和温脾汤，在前人汗、利、攻的基础上开创了温补治法。杨士瀛在《仁斋直指方·虚肿方论》创用了活血利水法治疗瘀血水肿。

明代，李士材和张介宾都认为水肿是肺、脾、肾三脏相干之病。张介宾《景岳全书》根据水气互化的理论，提出了水肿与气肿的相互区别与联系。李梴在《医学入门·水肿》中又提出疮毒致水肿的病因学说，对水肿的认识日趋成熟。

清代，唐容川的《血证论》中提出“瘀血化水，亦发水肿，是血病而兼水也”，为活血化瘀法治疗水肿提供了理论依据。

三、范围

西医学中的肾性水肿、心性水肿、肝性水肿、营养不良性水肿、功能性水肿、内分泌失调引起的水肿等均可参考本节内容进行辨证论治。

【病因病机】

水肿一证，其病因包括风邪袭表、疮毒内犯、外感水湿、饮食不节及禀赋不足等多方面。这些病因均可导致肺失通调、脾失转输、肾失开阖，终至三焦、膀胱气化不利，水液停聚，泛滥肌肤，而成水肿(图8-1)。

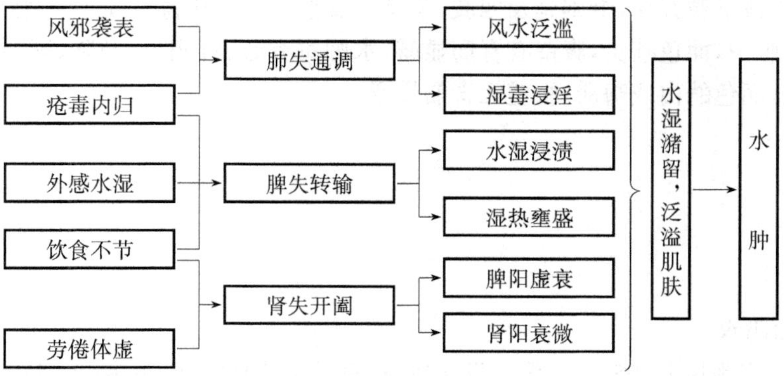

图8-1　水肿病因病机示意图

1. 风邪袭表，肺失通调　风邪为六淫之首，每夹寒或夹热，侵袭肺卫，肺失通调，风水相搏，发为水肿。

2. 湿毒浸淫，内归脾肺　肌肤因痈疡疮毒，未能清解消透，疮毒内归脾肺，导致水液代谢受阻，溢于肌肤，发为水肿。

笔记栏

3. 水湿浸渍,脾气受困 久居湿地,或冒雨涉水,水湿之气内侵,或平素饮食不节,过食生冷,均可使脾为湿困,而失其健运之职,致水湿不得下行,泛于肌肤,而成水肿。

4. 湿热内盛,三焦壅滞 湿热久羁,或湿郁化热,中焦脾胃失其升清降浊之能,三焦为之壅滞,水道不通,而成水肿。

5. 饮食劳倦,伤及脾胃 饮食失调,或劳倦过度,脾气受损,运化失司,水液代谢失常,引起水湿停聚不行,泛滥肌肤,而成水肿。

6. 瘀水互结,气化不利 各种原因引起的瘀血阻滞,三焦水道不利,亦可导致水肿或可使水肿顽固难愈。

水肿的病变脏腑涉及肺、脾、肾三脏,且三者相互联系、相互影响,其中以肾为本,以肺为标,以脾为制水之脏。在肺与肾的关系上是母子相传,若肾虚水泛,上逆于肺,则肺气不降,而失其通调水道的功能,可促使肾气更虚而加重水肿;反之,肺受邪而传入肾时,亦能引起同样的结果。在脾与肾的关系上是相制相助,如脾虚不能制水,水湿壅盛,必损其阳,故脾虚的进一步发展,必然导致肾阳亦衰;反之,如果肾阳衰微,不能温养脾土,脾肾俱虚,亦可使水肿更加严重。另外,肝主疏泄,调畅人体气机和血液循环,气行血亦行,气滞则水停,气虚则血运无力,瘀血内阻,亦可致水肿,故应重视肝与水肿的关系。

【诊断】

诊断要点

(1) 水肿先从眼睑或下肢开始,继及四肢全身。

(2) 轻者仅眼睑或足胫浮肿,重者全身皆肿;甚则腹大胀满,气喘不能平卧;更严重者可伴见尿闭或尿少,恶心呕吐,口有秽味,鼻衄牙宣,头痛,抽搐,神昏谵语等危象。

(3) 可有乳蛾、心悸、疮毒、紫癜以及久病体虚病史。

(4) 相关检查:水肿患者一般可先检查血常规、尿常规、肾功能、肝功能(包括血浆蛋白)、心电图、肝肾B超。如怀疑心性水肿可再检查心脏超声、胸片,明确心功能级别。肾性水肿可再检查24小时尿蛋白总量、蛋白电泳、血脂、补体C3、C4及免疫球蛋白,肾穿刺活检有助于明确病理类型,鉴别原发性或继发性肾脏疾病。女性患者尤须注意排除狼疮性肾炎所致水肿,须查抗核抗体、双链DNA抗体,必要时进行肾穿刺活检。此外还可查T_3、T_4及FT_3、FT_4,以排除黏液性水肿。

【鉴别诊断】

鼓胀 鼓胀的主症是单腹胀大如鼓,四肢多不肿,反见瘦削,后期或可伴见轻度肢体浮肿。而水肿多周身皆肿,先从眼睑或下肢开始,继则延及四肢、全身。鼓胀多每有肝病史,是由于肝、脾、肾功能失调,导致气滞、血瘀、水聚腹中,面色苍黄,腹壁有青筋显露;水肿每有心、肾病史,乃肺、脾、肾三脏相干为病,而导致水液泛滥肌肤,面色㿠白或晦滞,腹壁无青筋暴露。

【辨证论治】

一、辨证要点

1. 辨别阳水和阴水

(1) 阳水:病因多为风邪、疮毒、水湿。发病较急,每成于数日之间,肿多由面目开始,自上而下,继及全身,肿处皮肤绷急光亮,按之凹陷即起,兼见烦热,口渴,小便赤涩,大便秘结等表、热、实证,一般病程较短。

(2) 阴水:病因多为饮食劳倦、先天或后天因素所致的脏腑亏损。发病缓慢,或由阳水转化而来,肿多由下而上,继及全身,肿处皮肤松弛,按之凹陷不易恢复,甚则按之如泥,兼见不烦渴,小便少但不赤涩,大便稀薄,神疲气怯等里、虚、寒证,病程较长。

阴水与阳水虽有区别,但在一定程度上又可互相转化。如阳水久延不退,正气日渐耗伤,水邪日盛,可转为阴水;若阴水复感外邪,水肿增剧,也可急则治其标,先按阳水论治。

2. 辨别外感和内伤　外感常有发热、恶寒、头身疼痛、脉浮等表证。内伤多由内脏亏虚,正气不足,或反复感邪,损伤正气所致。外感多实,内伤多虚,但外感日久不愈,也可由实转虚;内伤正气不足,表卫虚弱,又易招致外感。

二、治疗要点

1. 治疗原则　发汗、利小便、泻下逐水为治疗水肿的基本原则,具体应用视阴阳虚实等不同而各异。

2. 上下异治　上半身肿甚,以发汗为主;下半身肿甚,以利小便为主。

3. 阴阳分治　阳水表现为表、热、实证,可发汗、利小便或泻下逐水,以祛邪为主。阴水表现为里、虚、寒证,治以健脾、温肾,以扶正为主。此外,肝主疏泄,脾主运化水湿,气行则水行,气滞则水停,故应重视调理肝脾与气血。

三、分证论治

(一) 阳水

1. 风水相搏

临床表现:① 眼睑浮肿,继则四肢及全身皆肿,来势迅速,多有恶寒,发热,肢体酸重,小便不利等;② 偏于风寒者,兼恶寒,哮喘,舌苔薄白,脉浮滑或浮紧;③ 偏于风热者,伴咽喉肿痛,舌质红,脉浮滑数。

证候辨析:风邪外袭,肺气失宣,不能通调水道,故全身浮肿,小便不利。风邪属阳,其性轻扬,善行数变,风水相搏,风助水势,故水肿起于面目,很快遍及肢体。邪在肌表,卫气受遏,故恶寒,发热,肢节酸重。水气侵犯肺脏,宣降功能失职,故咳嗽而喘。舌苔薄白,脉浮滑或浮紧,是风水偏寒之象。咽喉红肿疼痛,舌质红,脉浮滑数,是风水偏热之象。临床具备①可辨为风水相搏型;①+②为偏风寒型;①+③为偏风热型。

治法:散风清热,宣肺行水。

代表方:越婢加术汤加减。

常用药:麻黄、杏仁、防风、浮萍疏风宣肺;白术、茯苓、泽泻、车前子淡渗利水;石膏、桑白皮、黄芩清热宣肺。

风寒偏盛,去石膏,加苏叶、桂枝、防风以祛风散寒;风热偏盛,可加连翘、桔梗、板蓝根、鲜芦根以清热利咽,解毒散结;若咳喘较甚,可加杏仁、前胡以降气定喘;如有汗出恶风,可用防己黄芪汤加减以益气行水。

2. 湿毒浸淫

临床表现:① 眼睑浮肿,延及周身,身发疮痍,甚者溃烂;② 恶风发热、尿少色赤,大便不爽;③ 舌质红,苔薄黄,脉浮数或滑数。

证候辨析:风为百病之长,故病之初起,多兼风邪,故肿起眼睑,延及周身,有恶风发热之象。湿毒未能及时清解消散,内归肺脾,致肺不能通调水道,脾不能运化水湿而身发疮痍,尿少色赤,大便不爽。舌质红,苔薄黄,脉浮数或滑数,是风邪夹湿毒所致。临床具备①+②或①+③均可辨为湿毒浸淫型。

治法:宣肺解毒,利湿消肿。

代表方:麻黄连翘赤小豆汤合五味消毒饮加减。

常用药:麻黄、杏仁、赤小豆、桑白皮宣肺利水;金银花、野菊花、紫花地丁、蒲公英、紫背天葵清热解毒。

脓毒甚者,应重用蒲公英、紫花地丁;湿盛而糜烂者,加苦参、土茯苓;风盛而瘙痒者,加白鲜皮、地肤子;血热盛而红肿者,加牡丹皮、赤芍;大便不通,加大黄、芒硝。

3. 水湿浸渍

临床表现:① 全身水肿,按之没指,身体困重;② 胸闷,纳呆,泛恶,小便短少;③ 苔白腻,脉沉缓。

证候辨析:水湿之邪,浸渍肌肤,壅滞不行,以致肢体浮肿不退。水湿内聚,三焦决渎失司,膀胱气化失常,故小便短少,水湿日增而无出路,横溢肌肤,故肿势日甚,按之没指。脾为湿困,阳气不得舒展,故身重神疲,胸闷,纳呆,泛恶。苔白腻,脉沉缓,亦为湿盛脾弱之象。临床具备①+②或①+③均可辨为水湿浸渍型。

治法：健脾化湿，通阳利水。

代表方：五皮散合胃苓汤加减。

常用药：桑白皮、大腹皮、茯苓皮、陈皮、生姜皮化湿行水；白术、茯苓健脾化湿；苍术、厚朴燥湿健脾；猪苓、泽泻利尿消肿；肉桂温阳化气行水。

肿甚而喘，可加麻黄、杏仁、葶苈子宣肺泻水而平喘。

4. 湿热壅盛

临床表现：① 遍体浮肿，皮肤绷紧光亮，胸脘痞闷；② 烦热口渴，小便短赤，或大便干结；③ 苔黄腻，脉沉数或濡数。

证候辨析：水湿之邪，郁而化热，或湿热之邪壅滞于肌肤经隧之间，故遍身浮肿而皮肤绷紧光亮。由于湿热壅滞三焦，气机通降失常，故见胸脘痞闷。若热邪偏重者，津液被耗，故见烦渴，小便短赤，大便干结。苔黄腻，脉沉数或濡数，均为湿热之象。临床具备①＋②或①＋③均可辨为湿热壅盛型。

治法：分利湿热。

代表方：疏凿饮子加减。

常用药：羌活、秦艽、防风、茯苓皮、大腹皮、生姜皮疏风解表，发汗消肿；猪苓、茯苓、泽泻、椒目、赤小豆、黄柏清热利尿消肿；槟榔、生大黄通便逐水消肿。

尿痛、尿血可酌加凉血止血药，如大小蓟、白茅根等；若腹满不减，大便不通者，可合己椒苈黄丸，以助攻泻之力，使水从大便而泻；若湿热久羁，化燥伤阴，症见口燥咽干，大便干结，可用猪苓汤以滋阴清热利水。

（二）阴水

1. 脾阳虚衰

临床表现：① 身肿，腰以下为甚，按之凹陷不易恢复；② 脘腹胀闷，面色萎黄，纳减便溏，神倦肢冷，劳累后加重，小便短少；③ 舌质淡，苔白腻或白滑，脉沉缓或沉弱。

证候辨析：中阳不振，健运失司，气不化水，以致下焦水邪泛滥，故身肿，腰以下尤甚，按之凹陷不起。脾虚运化无力，脘腹胀闷，纳减便溏。脾虚气血生化乏源，阳不温煦，故面色萎黄，神疲肢冷。阳不化气，则水湿不行而小便短少。舌质淡，苔白腻或白滑，脉沉缓或沉弱，是脾阳虚衰，水湿内聚之象。临床具备①＋②或①＋③均可辨为脾阳虚衰型。

治法：温运脾阳，以利水湿。

代表方：实脾饮加减。

常用药：干姜、附子、草果仁、桂枝温阳散寒利水；白术、茯苓、炙甘草、生姜、大枣健脾益气；茯苓、泽泻、车前子、木瓜利水消肿；木香、厚朴、大腹皮行气利水。

如气短声弱，气虚甚者，可加人参、黄芪健脾补气；若小便短少，可加桂枝、泽泻，以助膀胱化气行水。

2. 肾阳衰微

临床表现：① 面浮身肿，腰以下尤甚，按之凹陷不起；② 心悸，气促，腰部冷痛酸重，尿量减少或增多，四肢厥冷，怯寒神疲；③ 面色㿠白或晦滞，舌质淡胖，苔白，脉沉细或沉迟无力。

证候辨析：腰膝以下，肾气主之，肾气虚衰，阳不化气，水湿下聚，故见腰以下肿甚，按之凹陷不起。水气上凌心肺，故见心悸，气促。腰为肾之府，肾虚而水气内盛，故腰痛酸重。肾与膀胱相表里，肾阳不足，膀胱气化不行，故尿量减少，或因下元不固而多尿，故有浮肿与多尿并见。肾阳亏虚，命门火衰，不能温养四末，故四肢厥冷，怯寒神疲。阳气不能温煦上荣，故面色晦滞或㿠白。舌质胖淡，苔白，脉沉细或沉迟无力，均为阳气虚衰，水湿内盛之象。临床具备①＋②或①＋③均可辨为肾阳衰微型。

治法：温肾助阳，化气行水。

代表方：济生肾气丸合真武汤加减。

常用药：附子、肉桂、巴戟天、淫羊藿温补肾阳；白术、茯苓、泽泻、车前子通利小便；牛膝引药下行。

小便清长量多，去泽泻、车前子，加菟丝子、补骨脂以温固下元；若以面部浮肿为主，表情淡漠，动作迟缓，形寒肢冷，治以温补肾阳为主，方用右归丸加减；病至后期，因肾阳久衰，阳损及阴，可导致肾阴亏虚，出现肾阴虚为主的病证，如水肿反复发作，精神疲惫，腰酸遗精，口渴干燥，五心烦热，舌红，脉细弱等，治当滋补肾阴为主，兼利水湿，但养阴不宜过于滋腻，以防伤害阳气，反助水邪，方用左归丸加茯苓、泽泻、冬葵子等；肾虚肝旺，头昏头痛，心慌腿软，肢困者，加鳖甲、牡蛎、杜仲、桑寄生、野菊花、夏枯草，如病程缠绵不愈，

笔记栏

正气日衰，复感外邪，症见发热恶寒，肿势增剧，小便短少，此为虚实夹杂，本虚标实之证，治当急则治标，先从风水论治，但应顾及正气虚衰一面，不可过用解表药，以越婢汤为主，酌加党参、菟丝子等补气温肾之药，扶正与祛邪并用。

3. 瘀水互结

临床表现：① 水肿肿势轻重不一，四肢或全身浮肿，久治不愈；② 皮肤瘀斑，腰部刺痛，或见血尿，久治不愈；③ 舌紫黯有瘀点，苔白，脉沉细涩。

证候辨析：水肿日久不退，则气机郁滞，导致血脉不利，瘀水互结，致三焦气化不利，故而加重水肿。瘀水互结于肾，肾气受阻，则出现腰部刺痛，或伴血尿；瘀阻于皮肤脉络，则可见皮肤瘀斑，脉络显露。面色暗滞，舌质紫黯有瘀点，脉沉细涩，均为瘀血阻滞，瘀水互结之象。临床具备①或①+②或①+③均可辨为瘀水互结型。

治法：活血祛瘀，化气行水。

代表方：桃红四物汤合五苓散加减。

常用药：当归、赤芍、川芎、丹参养血活血；益母草、红花、凌霄花、路路通、桃仁活血通络；桂枝、附子通阳化气；茯苓、泽泻、车前子利水消肿。

全身肿甚，气喘烦闷，小便不利，此为血瘀水盛，肺气上逆，可加葶苈子、椒目、泽兰以逐瘀泻肺；下肢肿甚，伴脉络显露者，为脉络瘀阻，可加用虻虫、水蛭、地龙等以破血除瘀；腰膝酸软，神疲乏力，乃为脾肾亏虚之象，可合用济生肾气丸以温补脾肾，利水肿；对气阳虚者，可配黄芪、附子益气温阳以助化瘀行水之功。

对于久病水肿者，虽无明显瘀阻之象，临床上亦常合用桃仁、红花、益母草、泽兰等药，以加强利尿消肿的效果。

【其他治法】

一、中成药

金匮肾气丸 口服，一次 6～9 g，一日 2 次。具有温阳补肾，利水消肿的功效。适用于肾阳衰微引起的水肿。

二、针灸

选择脾俞、足三里、三焦俞、复溜、水分、阴陵泉等基本穴位。实证多针用泻法，虚证多针用补法或加灸法。

三、饮食辅助疗法

赤小豆鲤鱼汤 赤小豆 100 g，鲤鱼 250 g，炖汤食用。适用于水肿属湿热壅盛者。

【转归预后】

凡水肿初起不久，或由于营养障碍引起的浮肿，只要及时治疗，合理调养，预后一般较好。若病程较长，反复发作，正虚邪恋，则缠绵难愈。若肿势较甚，症见唇黑，缺盆平，脐突，足下平，背平或见心悸，唇绀，气急喘促不能平卧，甚至尿闭、下血，均属病情危重。如久病正气衰竭，浊邪上泛，肝风内动，预后多不良，每易出现脱证，应密切观察病情变化，及时处理。

【预防调护】

(1) 水肿多为慢性病，需长期诊治，树立战胜疾病的信心，克服悲观情绪，积极配合治疗。

(2) 积极治疗可引起水肿的原发病，避免使用肾毒性药物；避免受寒、湿等外邪侵袭和过度劳累，以免诱发水肿。适当进行体育锻炼，以免体力减弱，抵抗力下降。卫表体虚者，可服玉屏风散等药物提高机体抵抗力。

笔记栏

(3) 若水肿久治不愈,必须长期治疗,以期延缓病情进展。水肿明显时需卧床休息,水肿基本消退后,可以适量地活动。根据病情确定食盐量,严重时禁盐。若因营养障碍而致水肿者,不必过于忌盐,饮食应富含蛋白质,清淡易消化,忌食辛辣肥甘之品。水肿期间,应严格记录每日水液的出入量及体重,以了解水肿的进退消长。若每日尿量少于 500 mL,要警惕癃闭的发生。注意观察用药后的反应,监测机体酸碱平衡及电解质水平,并及时纠正。注意保护皮肤,严防破损感染,长期卧床者应保持皮肤干燥,以防褥疮的发生。

(4) 病情缓解后应注意长期随访,定期复查。

【临证备要】

一、辨病思路

水肿常见于西医学中的肾脏疾病、心脏疾病、肝脏疾病、营养不良、功能性疾病、内分泌失调等疾病。

1. 肾性水肿　包括急慢性肾小球肾炎、肾病综合征等。水肿先发生在组织疏松的部位,如眼睑或颜面部、足踝部,以晨起为明显,严重时可以涉及下肢及全身,为凹陷性水肿。

2. 心性水肿　常以心悸、胸痛、气急为主症,水肿常从下肢逐渐遍及全身。水肿形成的速度较慢,伴有心脏病病史和体征。

3. 肝性水肿　以腹水为主要表现,下肢及皮下水肿一般不明显,头面部及上肢常无水肿,伴有各种慢性肝病病史及肝功能损害的体征和实验室指标变化。

4. 营养不良性水肿　为营养缺乏的特殊表现,慢性消耗疾病、长期营养缺乏、蛋白丢失性胃肠病、重度烧伤等所致低蛋白血症等均可导致水肿。水肿常从足部逐渐蔓延至全身。

5. 功能性水肿　① 特发性水肿:水肿的发生与体位有着密切的关系。在长时间站立或活动、吃盐后出现或加重,平卧位休息后又逐渐减轻至消失。② 经前期水肿:多见于 20～50 岁女性,常呈现周期性的水肿、腹胀,往往于月经前期加重,且多数患者伴有肥胖。

6. 黏液性水肿　由于甲状腺功能不全导致甲状腺素缺少,而在颜面和胫骨前出现蜡样水肿。

二、辨证思路

1. 不同病因的致病特点与不同脏腑病损的特征　一般而言,水肿头面为主,恶风头痛者,多属风;水肿下肢为主,纳呆身重者,多属湿;水肿而伴有咽痛溲赤者,多属热;因疮痍、猩红赤斑而致水肿者,多属疮毒。若水肿较甚,咳喘较急,不能平卧者,病变部位多在肺;水肿日久,纳食不佳,四肢无力,身重苔腻者,病变部位多在脾;水肿反复,消长不已,腰以下为甚,按之凹陷不起,腰膝酸软者,病变部位多在肾;水肿下肢明显,心悸怔忡,胸闷烦躁,甚则不能平卧者,病变部位多在心。

2. 注意多个脏腑同病　水肿病证,病因繁杂,病理变化复杂多变,累及脏腑众多,临床上常出现多个脏腑同病的情况,如脾肾阳虚、肝郁气滞、肝肾阴虚夹湿、肝郁血瘀、肺肾气阴两虚、脾肺气血两虚、肾阴阳两虚等,治疗时可根据辨证,在急则治其标,缓则治其本的原则上,尽量考虑到各个病变脏腑。

3. 重视水肿的严重变证　水肿诸型,久治不愈,或误治失治,都可发展成脾肾衰败,或湿浊蕴结不泄,气机逆乱的各种严重变证。若不及时救治,均可危及生命。临证应不失时机,力挽危局。水肿的严重变证主要有:① 水毒内阻,胃失和降,可用黄连温胆汤加大黄、石菖蒲;② 水凌心肺,阳气衰微,可用真武汤合黑锡丹;③ 虚风扰动,神明不守,可用大补元煎合羚角钩藤汤;④ 邪毒内闭,元神涣散,可用安宫牛黄丸或紫雪丹口服,大黄煎液保留灌肠。

三、治疗注意

1. 正确使用攻下逐水法　攻下逐水法适用于病初体实肿甚,正气尚旺,用发汗、利水法无效,而症见全身高度浮肿,气喘,心悸,腹水,小便不利,脉沉而有力者。可用十枣汤治疗,但应中病即止,水肿衰其大半即应停药,以免过用伤正。俟水退后,即行调补脾胃,以善其后。病至后期,脾肾两亏而水肿甚者,若强攻之,水稍退可暂安一时,但攻逐之药多易伤正,究属病根未除,待水邪复来,势更凶猛,病情反重,故逐水峻药应慎用。

2. 活血化瘀利水法的应用　对于瘀水互结者,单纯采用发汗、利水、行气、温阳之法,水肿往往难除。因此,治疗上常用活血化瘀利水法。① 湿热瘀积者,可选用三妙丸合血府逐瘀汤;② 寒湿瘀结者,可用麻

笔记栏

黄附子细辛汤合桃红四物汤;③ 气虚阳微兼有血瘀者,可用金匮肾气丸合桃红四物汤加黄芪;④ 肝肾阴虚兼有血瘀者,可用六味地黄丸合桃红四物汤加鸡血藤、桑寄生。糖尿病肾病而出现的水肿的病机多为脾肾两虚,水瘀互结,治宜健脾补肾,益气养血,活血利水,可用小四五汤(小柴胡汤、四物汤、五苓散三方合用)加减。

3. 调理气机在水肿治疗中的应用　水肿病的病因、病机多与脏腑气机失调有关。肺气的宣发肃降、心气的化营推动、脾气的健运转输、肝气的疏泄条达、肾气的封藏蒸腾推动、三焦气机调畅和膀胱的气化均与水液代谢关系密切,故治水肿宜从调理脏腑气机着手。尤其是肝主疏泄,调畅三焦气机,气行则水行,故在辨证的基础上,适当疏肝养肝有助于提高疗效。

4. 注意相关药物的使用　① 慎用肾毒性中药。研究发现,植物类中药(马兜铃、关木通、木防己、益母草、雷公藤、厚朴、苦丁茶、苍耳子、苦楝皮、天花粉、柴胡、山豆根、泽泻、侧柏叶等)、动物类中药(蜈蚣、斑蝥、蛇毒、海马等)以及矿物类中药(砒霜、雄黄、朱砂、轻粉等)有一定肾毒性。因此,水肿患者应避免大剂量、长时间使用上述药物。但是,也应该注意到中药复方有通过多途径减轻上述单味药肾毒性的可能。② 肾脏保护作用中药的应用:近来研究显示相当多中药有肾保护作用,如大黄、冬虫夏草、川芎、黄芪、丹参、地榆、牡丹皮、鱼腥草等,临床用药时可根据临床辨证适当加减。

【文献摘录】

《丹溪心法·水肿》:"水肿因脾虚不能制水,水渍妄行,当以参术补脾,使脾气得实,则自健运,自能升降,运动其枢机,则水自行。"

《景岳全书·肿胀》所云:"凡水肿等证,乃肺脾肾三脏相干之病。盖水为至阴,故其本在肾;水化于气,故其标在肺;水唯畏土,故其制在脾。今肺虚则气不化精而化水,脾虚则土不制水而反克,肾虚则水无所主而妄行。"

(罗　仁　谭　为)

第二节　淋　　证

【概述】

一、定义

淋证(stranguria)是指以小便频数短涩,滴沥刺痛,欲出未尽,小腹拘急,或痛引腰腹为主要特征的病证。

二、源流

淋之名称,始见于《内经》。《素问·六元正纪大论》称其为"淋""淋闷"。

汉代,张仲景在《金匮要略·五脏风寒积聚病脉证并治》中称其为"淋秘",将其病机归为"热在下焦",并在《金匮要略·消渴小便不利淋病脉证并治》中描述了本病症状:"淋之为病,小便如粟状,小腹弦急,痛引脐中。"华佗《中藏经》根据淋证表现,分为冷淋、热淋、气淋、劳淋、膏淋、砂淋、虚淋、实淋八种,是为淋证临床分类的雏形。

隋代,巢元方《诸病源候论·诸淋病候》分为石淋、劳淋、气淋、血淋、膏淋、寒淋、热淋七种,对淋证的病机病位症状也进行了高度概括,指出:"诸淋者,由肾虚而膀胱热故也。"

唐代,孙思邈《备急千金要方》提出了石、气、膏、劳、热"五淋"之名;王焘《外台秘要》明确了五淋的内容:"论五淋者,石淋、气淋、膏淋、劳淋、热淋也"。

明清时期,对淋证辨证论治的认识进一步提高。张介宾在《景岳全书·淋浊》中提出:淋证初起,虽多因于热,但由于治疗及病情变化各异,又可转为寒、热、虚等不同证型,从而倡导"凡热者宜清,涩者宜利,下陷者宜升提,虚者宜补,阳气不固者宜温补命门"的治疗原则。清代尤怡(字在京、在泾)在《金匮翼·诸淋》中提出各种淋证可相互转化，或同时存在，如"初则热淋、血淋，久则煎熬水液，稠浊如膏、如砂、如石也"；并且强调治疗石淋、膏淋要"开郁行气，破血滋阴"，对临床具有指导意义。

三、范围

西医学中泌尿系急、慢性感染，泌尿系结核，泌尿系结石，急、慢性前列腺炎，前列腺肥大，乳糜尿以及尿道综合征等病，临床表现有尿频、尿急、尿痛和尿意不尽等淋证特征者，可参照本节辨证论治。

【病因病机】

淋证的病因可归结为外感湿热、饮食不节、情志失调、禀赋不足或劳伤久病四个方面。

1. 外感湿热　因下阴不洁，秽浊之邪从下侵入机体，上犯膀胱，或由小肠邪热、心经火热、下肢丹毒等他处之热邪传入膀胱，发为淋证。

2. 饮食不节　恣食辛辣、炙煿、肥甘厚味之品，或嗜酒太过，脾胃运化失常，积湿生热，下注膀胱而成淋证。宋代严用和《济生方·淋闭论治》云："此由饮酒房劳，或动役冒热，或饮冷逐热，或散石发动，热结下焦，遂成淋闭。"

3. 情志失调　情志不遂，肝气郁结，气郁化火，气火郁于膀胱，导致淋证。清代《冯氏锦囊秘录·杂证大小合参》指出："《内经》言淋，无非湿与热而已；然有因忿怒，气动生火者。"

4. 禀赋不足或劳伤久病　禀赋不足，肾与膀胱先天畸形，或久病缠身，劳伤过度，房室不节，多产多育，或久淋不愈，耗伤正气，或妊娠、产后脾肾气虚，膀胱易感外邪，而致本病。

淋证的基本病机为湿热蕴结下焦，肾与膀胱气化不利。病位主要在膀胱与肾，并与肝脾相关，多以肾虚为本，膀胱湿热为标。湿热等邪蕴结膀胱，或久病脏腑功能失调，均可引起肾与膀胱气化不利，而致淋证。由于湿热导致病理变化的不同与累及脏腑之差异，临床上有六淋之分。湿热客于下焦，膀胱气化不利，小便灼热刺痛者，为热淋；膀胱湿热，热盛化火，火热灼伤血络，迫血妄行，致小便涩痛，尿、血相伴者，为血淋；湿热久蕴，熬尿成石，遂致石淋；湿热蕴结，致肾不能分清泌浊，小便混浊如脂膏者，为膏淋；肝气失于疏泄，气火郁于膀胱，则为气淋；久淋不愈，湿热留恋膀胱，由腑及脏，继则由肾及脾，脾肾俱损，正虚邪弱，遂成劳淋；此外，肾阴不足，虚火扰动阴血，亦可为血淋；肾虚下元不固，不能摄纳精微脂液，亦可为膏淋；中气不足，气虚下陷，膀胱气化无权，亦可成气淋。可见淋证的发生除膀胱与肾外，还与肝脾相关。

病理性质有实有虚，且多见虚实夹杂。初起多因湿热为患，正气尚未虚损，多属实证。淋久湿热伤正，由肾及脾，每致脾肾两虚，而由实转虚。如邪气未尽，正气渐伤，或虚体受邪，则成虚实夹杂之证，且常见阴虚夹湿热、气虚夹水湿等(图 8-2)。

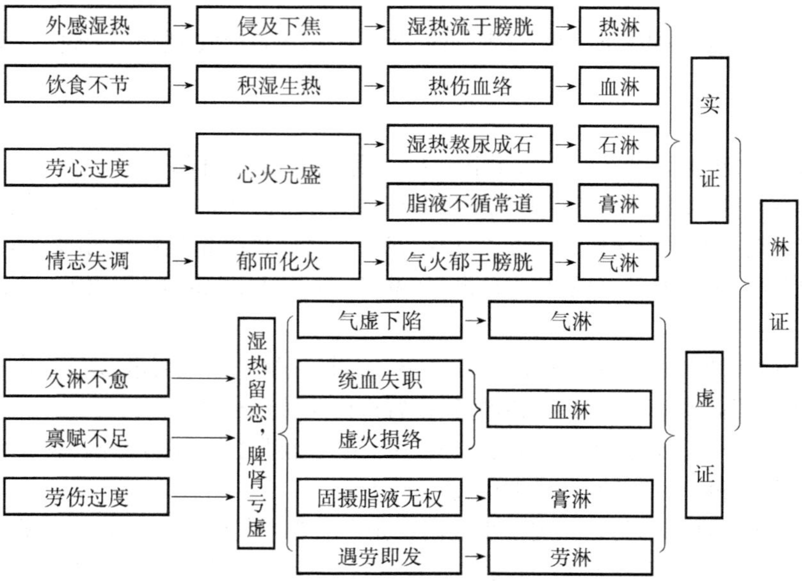

图 8-2　淋证病因病机示意图

笔记栏

【诊断】

诊断要点

(1) 以小便频数,淋沥涩痛,小腹拘急,腰部酸痛等共同特征为诊断淋证的主要依据,并根据各种淋证的不同特征,确定淋证的类型。

(2) 病久或反复发作后,常伴有低热,腰痛,小腹坠胀,疲劳等。

(3) 多见于已婚女性,每因疲劳、情志变化、房室不节而诱发。

(4) 相关检查:结合尿常规、中段尿培养、B超、腹部平片、静脉肾盂造影、膀胱镜、尿流动力学等检查,有助于明确诊断。

【鉴别诊断】

1. 癃闭 淋证与癃闭都有小便量少,排尿困难之症状。但淋证尿频而尿痛,每日排尿总量多为正常;癃闭以小便量少,点滴而出,甚则小便闭塞不通,点滴全无为特征,每日排尿总量明显少于正常,严重者甚至无尿,无小便频数及排尿涩痛等症状。如《医学心悟·小便不通》所说:"癃闭与淋证不同,淋则便数而茎痛,癃闭则小便点滴而难出。"但癃闭复感湿热,常可并发淋证,而淋证日久不愈,亦可发展成癃闭。

2. 尿血 淋证中的血淋与尿血都有小便出血,尿色红赤,甚至溺出纯血等症状。其鉴别要点是有无尿痛。尿血多无疼痛之感,虽可兼有轻微胀痛或热痛,但终不若血淋之小便滴沥而疼痛难忍。故一般以痛者为血淋,不痛者为尿血。

3. 尿浊 淋证中的膏淋与尿浊均有小便浑浊,白如米泔水等共同特征,然而膏淋以小便频数、涩滞疼痛为主;而尿浊排尿时多无疼痛及滞涩感,尿出自如,可资鉴别。如《临证指南医案·淋浊》所言:"大凡痛则为淋,不痛为浊。"

【辨证论治】

一、辨证要点

淋证有六淋之分,证情有虚有实,且多虚实夹杂,各种淋证又常易转化。临床辨证首先应辨六淋之类别;其次辨证候之虚实;虚实夹杂者,需分清标本虚实之主次,证情之缓急;最后需辨明各淋证的转化与兼夹。

二、治疗要点

治疗原则 实则清利,虚则补益,为淋证的基本治则。实证以膀胱湿热为主者,重在清热利湿;以热灼血络为主者,重在凉血止血;以砂石结聚为主者,重在通淋排石;以气滞不利为主者,重在利气疏导。虚证以脾虚为主者,治以健脾益气;以肾虚为主者,治宜补虚益肾。虚实夹杂者,当通补兼施,审其主次缓急,兼顾治疗。

三、分证论治

1. 热淋

临床表现:① 小便频数短涩,灼热刺痛,溺色黄赤,少腹拘急胀痛;② 或有寒热,口苦,呕恶,或有腰痛拒按,或有大便秘结;③ 舌红,苔黄腻,脉滑数或濡数。

证候辨析:本证以湿热蕴结下焦,膀胱气化失司为主要病机。湿热蕴结下焦,膀胱气化不利,故见小便频数短涩,灼热而刺痛,痛引小腹;邪热伤津或湿热蕴结,阻遏气机,故小便量少黄赤,小腹拘急胀痛;腰为肾府,湿热之邪侵犯于肾,故见腰痛拒按;湿热郁蒸,少阳枢机不利,可见恶寒发热,口干口苦,恶心呕吐;热结于里,津液损伤,肠失濡润,故大便秘结。舌红,苔黄腻,脉滑数或濡数,乃湿热蕴结之象。临床具

笔记栏

备①＋②或①＋③即可诊断为热淋。

治法：清热利湿通淋。

代表方：八正散加减。

常用药：瞿麦、萹蓄、车前子、滑石、萆薢利湿通淋；大黄、黄柏、蒲公英、紫花地丁清热解毒。

恶寒发热，口苦呕恶者，可加柴胡、黄芩、蒲公英或与小柴胡汤合方化裁，以和解少阳；大便秘结，腹胀者，可重用生大黄，加枳实以通腑泄热；阳明热证，加知母、石膏清气分之热；热毒弥漫三焦，用黄连解毒汤合五味消毒饮以清热泻火解毒；腰痛而热盛者，可酌加黄柏、薏苡仁、萆薢、苍术等以清热利湿；气滞者，加青皮、乌药；湿热伤阴者去大黄，加生地黄、知母、白茅根以养阴清热；热证明显者，可加金银花、连翘、蒲公英以增强清热解毒之力。

2. 石淋

临床表现：① 尿中时夹砂石，排尿涩痛，或排尿时突然中断，尿道窘迫疼痛；② 少腹拘急，往往突发，一侧腰腹绞痛难忍，甚则牵及外阴，尿中带血；③ 舌红，苔薄黄，脉弦或弦数。

证候辨析：本证以湿热蕴结下焦，煎熬尿液成石，砂石阻滞尿道，膀胱气化失司为主要病机。湿热蕴结下焦，煎熬尿液，日久结成砂石，刺激尿道，甚至嵌于尿道狭窄部，阻滞气机运行，致使膀胱气化失司；或砂石损伤尿道血络，故小便艰涩或排尿时中断，尿道窘迫疼痛，少腹拘急，腰腹绞痛难忍，尿中带血。舌红，苔薄黄，脉弦或弦数，为湿热内蕴之象。临床具备①＋②或①＋③即可诊断为石淋。

治法：清热利湿，排石通淋。

代表方：石韦散加减。

常用药：瞿麦、萹蓄、通草、滑石清热利湿通淋；金钱草、海金沙、鸡内金、石韦排石化石；穿山甲、虎杖、王不留行、牛膝活血软坚；青皮、乌药、沉香理气导滞。

腰腹绞痛者，加芍药、甘草以缓急止痛；尿中带血者，加小蓟、生地黄、藕节以凉血止血，去穿山甲、王不留行；小腹胀痛者，加木香、乌药行气通淋；石淋日久，见神疲乏力，少腹坠胀者，为虚实夹杂，当标本兼顾，可用补中益气汤加金钱草、海金沙、冬葵子益气通淋；腰膝酸软，腰部隐痛者，加杜仲、续断、补骨脂补肾益气；形寒肢冷，夜尿清长，加巴戟肉、肉苁蓉、肉桂以温肾化气；舌红，口干，肾阴亏耗者，配生熟地黄、麦冬、鳖甲滋养肾阴。

湿热见症明显者，可参照热淋治疗。绞痛缓解，多无明显自觉症状，可常用金钱草煎汤代服。若结石过大，阻塞尿路，肾盂严重积水者，宜手术治疗。

3. 血淋

临床表现：① 实证：小便热涩刺痛，尿色深红，或夹有血块，小腹疼痛满急，或见心烦，舌红，苔黄，脉滑数。② 虚证：尿痛涩滞不显著，尿色淡红，神疲腰酸，舌淡红，脉细数。

证候辨析：本证以湿热下注膀胱，热伤血络，迫血妄行为主要病机。湿热蕴结膀胱，灼伤阴络，迫血妄行，血随小便而出，故见小便出血，尿色深红，甚或夹有血块；血块阻塞尿道，不通则痛，故排尿疼痛，牵引小腹，其疼痛满急加剧。临床具备①可诊断为血淋实证；具备②可诊断为血淋虚证。

治法：实证宜清热通淋，凉血止血；虚证宜滋阴清热，补虚止血。

代表方：实证以小蓟饮子合导赤散加减；虚证以知柏地黄丸加减。

常用药：实证用小蓟、生地黄、白茅根、旱莲草凉血止血；生地黄、甘草梢、栀子、滑石清热泻火通淋；当归、蒲黄、土大黄、三七、马鞭草通络止血。虚证以六味地黄丸滋阴，加知母、黄柏清热泻火。

瘀血征象明显，加三七、牛膝、桃仁以化瘀止血；若出血不止，加仙鹤草、琥珀粉以收敛止血；若久病肾阴不足，虚火扰动阴血，症见尿色淡红，尿痛涩滞不显著，腰膝酸软，神疲乏力者，宜滋阴清热，补虚止血，用知柏地黄丸加小蓟、旱莲草、白茅根、龟甲等以滋阴降火、补血止血；属阴虚湿热，虚实夹杂者，可加滑石、猪苓等；若肾阴亏耗严重，加熟地黄、麦冬、鳖甲、旱莲草滋养肾阴。

4. 气淋

临床表现：① 实证：小便涩滞，淋沥不畅，少腹满痛，苔薄白，脉沉弦；② 虚证：尿后余沥，少腹坠胀，面色皖白，舌淡，脉虚细。

笔记栏

证候辨析：本证以肝失条达，气机郁结，膀胱气化不利为基本病机。肝气郁结，失于条达，膀胱气化不利，则小便涩滞，淋沥不畅，少腹胀满疼痛。虚证气淋以脾虚气陷，膀胱气化无权为基本病机。久病不愈，过用苦寒之品，均可损伤中气，导致脾虚气陷，膀胱气化无权，故出现少腹坠胀，尿有余沥；脾虚运化不足，气血生化无权，机体失于气血之充养，故面色㿠白，舌淡，脉虚细。临床具备①可诊断为气淋实证；具备②可诊断为气淋虚证。

治法：实证宜疏肝理气通淋；虚证宜补中益气通淋。

代表方：实证以沉香散加减；虚证以补中益气汤加减。

常用药：实证以沉香、青皮、乌药、香附疏肝理气；石韦、滑石、冬葵子、车前子利水通淋。虚证以黄芪、白术、党参等补益中气；升麻、柴胡升提中气。

少腹胀满疼痛，引及胁肋者，加郁金、青皮、乌药、小茴香、川楝子以疏肝理气解郁；尿道刺痛明显，伴瘀血征象者，加红花、赤芍、牛膝、益母草等以化瘀止痛行水。中气虚弱，运化无权，而致食少便溏明显者，可加山药、薏苡仁以健脾利湿；兼有肾虚而见腰膝酸软等症，可酌加杜仲、菟丝子、枸杞、怀牛膝以补肾强腰。

5. 膏淋

临床表现：① 实证：小便浑浊如米泔水，或置之沉淀有如絮状，或见尿血，甚至尿中夹有血块，尿道热涩疼痛，舌红，苔黄腻，脉濡数；② 虚证：久病不已，反复发作，淋出如脂，涩痛较轻，神疲乏力，腰膝酸软，舌淡，苔腻，脉细弱无力。

证候辨析：本证以湿热蕴结下焦，阻滞络脉，脂液失其常道而外溢为基本病机。湿热蕴结下焦，膀胱气化不利，脂液失其常道，故见小便浑浊如米泔水，或置之沉淀如絮状，尿道热涩疼痛等症；湿热灼伤络脉，血溢脉外可见尿血甚至尿中夹有血块。临床具备①可诊断为膏淋实证；具备②可诊断为膏淋虚证。

治法：实证宜清利湿热，分清泌浊；虚证宜补虚固涩。

代表方：实证以程氏萆薢分清饮加减；虚证以膏淋汤加减。

常用药：实证以萆薢、石菖蒲、黄柏、车前子清热利湿；飞廉、水蜈蚣、向日葵心分清泌浊；莲子心、连翘心、牡丹皮、灯心清心泄热。虚证以怀山药、党参、芡实、白芍、龙骨及牡蛎等补虚固涩。

小便赤涩热痛明显者，加栀子、龙胆草、甘草梢、竹叶、通草以清心导赤，利湿通淋；尿中带血者，加白茅根、藕节、小蓟以清热凉血止血；小腹胀满，小便涩滞不畅者，加青皮、乌药等以疏利膀胱；尿中夹有血块者，可加三七等以化瘀止血。湿热损伤肾阴明显者，加生地黄、知母、麦冬以滋肾养阴。

6. 劳淋

临床表现：① 小便淋沥不已，赤涩疼痛不甚，时轻时重，时作时止，遇劳即发；② 腰膝酸软，神疲乏力，病程缠绵；③ 舌淡，脉细弱。

证候辨析：本证以湿热留恋，脾肾两虚，膀胱气化无权为基本病机。淋证日久不愈，病情反复，正气耗伤益甚，或过用苦寒清利之品，或久病体虚，或房室劳累等，均可损伤脾肾，致脾肾两虚，气血不足，湿浊留恋不去，故小便淋沥不已，赤涩疼痛不甚，时轻时重，时作时止；气虚，故神疲乏力；劳则耗气，故遇劳即发。临床具备①＋②或①＋③即可诊断为劳淋。

治法：健脾益肾。

代表方：无比山药丸加减。

常用药：党参、黄芪、怀山药、莲子肉补气健脾；茯苓、薏苡仁、泽泻、扁豆衣化湿利水；山茱萸、菟丝子、芡实、金樱子、煅牡蛎益肾固摄。

中气下陷，症见少腹坠胀，尿频涩滞，余沥难尽，不耐劳累，面色㿠白，少气懒言，舌淡，脉细无力，可用补中益气汤加减。若肾阴虚，舌红，苔少，加生地黄、熟地黄、龟甲滋养肾阴；阴虚火旺，面红烦热，尿黄赤伴有灼热不适者，可用知柏地黄丸滋阴降火；低热者，加青蒿、鳖甲清虚热养肾阴；肾阳虚者，加附子、肉桂、鹿角片、巴戟天等温补肾阳。

【其他治法】

一、中成药

笔记栏

1. 三金片　口服，一次3～4片，一日3～4次。具有清热解毒，利湿通淋的功效。适用于热淋。孕妇慎用。

2. 宁泌泰胶囊　口服，一次3～4粒，一日3次。具有清热解毒，利湿通淋，凉血止血的功效。适用于热淋。

二、针灸

选择照海、三阴交、阴陵泉、关冲、合谷、关元、气门、水泉等为主穴。排尿不畅者加水道,心悸失眠加神门、内关。实证多用泻法,虚证多用补法。

三、饮食辅助疗法

冬瓜薏苡仁汤　可用连皮冬瓜 500 g,生薏苡仁 100 g,加水 1 000 mL,煮熟,饮汤及食冬瓜、薏苡仁。适用于热淋。

【转归预后】

淋证虽有六淋之分,但相互之间有一定联系,虚实之间可以转化与兼夹。如实证的热淋、血淋、气淋可转化为虚证的劳淋;虚证的劳淋,可兼夹实证的热淋、血淋、气淋。气淋、血淋、膏淋等本身,也可虚实互相转化。如石淋由实转虚时,若砂石未去,可表现为正虚邪实;热淋可转为血淋,也可诱发石淋;在石淋的基础上,可再发生热淋;血淋、膏淋可并发热淋、血淋等;膏淋日久,精微外泄,可转为虚劳。

淋证初期若治疗及时得当,湿热得除,则病情趋愈;热淋、血淋若发生热毒入血,则可出现高热、神昏等重笃证候。各种淋证若久病迁延不愈,不仅可转变为劳淋,甚则可转变成水肿、癃闭、关格等。

【预防调护】

(1) 淋证应以预防为主,增强体质,消除一切外邪入侵和湿热内生的因素。① 讲究卫生,保持下阴清洁,多饮水,不憋尿,预防各种原因引起的感染。② 养成良好的饮食习惯,注意饮食调节,忌过食肥甘厚味、辛辣香燥之品,避免饮酒过度,以免酿生湿热而诱发本病。③ 注意生活起居,避免纵欲和过度劳累,房事后应排尿,以防止秽浊之邪从尿道上犯膀胱。④ 妇女应注意月经期、妊娠期和产后期的外阴卫生,以免体虚感邪。⑤ 积极治疗消渴、肺痨等疾病,以减少淋证的发生。⑥ 尽量避免导尿及泌尿道的器械检查,以预防外邪带入膀胱。

(2) 淋证患者,饮食宜清淡,多饮水,多食水果。应禁房事,注意休息,保持心情舒畅。急性期应注意休息,避免感受外邪而加重病情。经治疗症状消失后不可立即停药,应进一步巩固疗效,防止复发。高热患者应注意体温、呼吸、脉搏变化,无明显外感表证者不可使用发汗解表退热药物,可用冷敷、酒精浴。对疼痛严重,特别是石淋腰腹绞痛者,可给服止痛剂。

【临证备要】

一、辨病思路

由于淋证涉及西医学中泌尿系急、慢性感染,泌尿系结核,泌尿系结石,急、慢性前列腺炎,前列腺肥大,乳糜尿以及尿道综合征等病,辨病时结合尿常规、中段尿培养、尿沉渣抗酸杆菌检查、尿脱落细胞检查、前列腺液检查、泌尿道B超、静脉肾盂造影、腹部平片、膀胱镜、尿流动力学等检查有助于相应疾病的诊断;各项检查无异常者,多为尿道综合征。

二、辨证思路

1. 辨明淋证类别　每种淋证的病因病机、临床表现和发展变化规律都有所不同,辨别不同的淋证,应抓住辨证要领。① 热淋以小便灼热刺痛为特点;② 石淋以小便排出砂石为特点;③ 血淋以溺血而涩痛为特点;④ 气淋以少腹胀满,小便艰涩疼痛,尿有余沥为特点;⑤ 膏淋以淋证而见小便混浊如米泔水或滑腻如脂膏为特点;⑥ 劳淋以小便淋沥不已,遇劳即发为特点。

2. 审察证候虚实　一般说来,初起或在急性发作阶段属实,以膀胱湿热、砂石结聚、气滞不利为主。久病多虚,病在脾肾,以脾虚、肾虚、气阴两虚为主。同一种淋证,由于受多种因素影响,病机常常并非单

笔记栏

一。如同一气淋，既有实证，又有虚证，实证因于气滞不利，虚证源于气虚下陷，虚实二者，明显有别。同一血淋，因于湿热下注，热盛伤络者属实；源于阴虚火旺，扰动阴血者属虚。热淋治疗后，湿热未尽，又可并见肾阴不足或气阴两伤等虚实兼夹的证候。石淋日久可伤及正气，耗损阴血，出现气血俱虚的证候。

3. 注意标本缓急　各种淋证之间既可相互转化，又可同时存在。一般以正气为本，邪气为标；病因为本，证候为标；旧病为本，新病为标等来分析判断标本关系。如劳淋兼夹热淋，则劳淋正虚是本，热淋邪实为标；热淋的湿热蕴结膀胱为本，而热淋的证候为标。根据急则治标，缓则治本的原则，应以治热淋为急务，从而确立清热通淋利尿的治法，选用相应的方药，待湿热渐清，转以扶正为主。在石淋并发热淋时，如尿道无阻塞等紧急病情，仍应先治热淋，再治石淋；但若石淋不愈，则热淋仍可再发，故治疗热淋之后，必须根治石淋。

三、治疗注意

1. 正确认识淋证“忌汗”“忌补”之说　淋证的治法，古有忌汗、忌补之说，如《金匮要略·消渴小便不利淋病脉证并治》说：“淋家不可发汗”。《丹溪心法·淋》说：“最不可用补气之药，气得补而愈胀，血得补而愈涩，热得补而愈盛。”但临床实际，未必皆如此。如淋证的畏寒发热，一般并非外邪袭表，而是湿热熏蒸，邪正相搏，或因湿热郁于少阳所致，发汗解表，自非所宜。因淋证多属膀胱有热，阴液常感不足，若辛散发表之剂用之不当，不仅不能退热，反有劫伤营阴之弊。若淋证确由外感诱发，或淋家新感外邪，症见恶寒发热，鼻塞流涕，咳嗽咽痛者，仍可适当配合运用辛凉解表之剂。因淋家膀胱有热，阴液不足，即使感受寒邪，亦容易化热，故宜避免辛温之品。至于淋家忌补之说，是指实热之证而言，诸如劳淋，或为脾虚中气下陷，肾虚下元不固之证者，自当运用健脾益气、补肾固涩等法治之，不必过于拘泥于“忌补”之说。

2. 注意辨病治疗　临床治疗淋证时，还应注意针对淋证的辨病治疗。

【文献摘录】

《金匮翼·诸淋》：“清热利小便，只能治热淋、血淋而已。其膏、砂、石淋，必须开郁行气，破血滋阴方可。”

《张氏医通·淋》：“石淋，须清其积热，涤其砂石，宜麦冬、木通、冬葵子、滑石、车前子、连翘、瞿麦、知母。又加味葵子茯苓散，专治石淋之圣药。”“劳淋，有脾肾之分。劳于脾者，宜补中益气汤加车前、泽泻；劳于肾者，宜六味汤加麦冬、五味子。”“血淋，须看血色，分冷热。色鲜紫者为实热，以生牛膝为主，兼用车前子、山栀、生地、犀角、桃仁、藕节；血虚而热者，用生地、黄芩、阿胶、柏叶；若色淡者，属肾与膀胱虚冷也，宜六味丸加肉桂；若尺脉沉弦而数者，必有蓄瘀，宜犀角地黄加紫菀、牛膝。燥利耗气之类禁用。”“气淋，宜沉香、肉桂、茯苓、泽泻，佐以木通、瞿麦、葵子、山栀、石韦。实则气滞不通，脐下妨闷，服利药不效者，沉香降气，四磨汤选用。”“膏淋，精溺俱出，小便阻塞，欲出不能而痛，宜茯苓、秋石、海金沙、泽泻、滑石；如不甚痛者，须固涩其精，宜鹿角霜、苁蓉、菟丝子、莲须、芡实、山药，或桑螵蛸、菟丝子等份，蜜丸，服后，以六味地黄丸合聚精丸调补。”“热淋，烦渴引饮，宜导赤散加黄芩；躁热不渴，宜滋肾丸，或淡竹叶煎汤调辰砂益元散。”

（曹文富）

附

尿　浊

尿浊(turbid urine)是以小便浑浊，白如泔浆，排尿时无疼痛涩滞感为主症的病证。西医学中的乳糜尿，可参考本病证辨证论治。

本病的发生多因湿热下注，脾肾亏虚所致。多由过食肥甘油腻食物，脾失健运，酿湿生热，或某些疾病(如血丝虫病)病后，湿热余邪未清，蕴结下焦，清浊相混，而成尿浊。或热盛灼络，络损血溢，则尿浊伴血。如久延不愈，或屡经反复，湿热邪势虽衰，但精微下泄过多，导致脾肾两伤，脾虚中气下陷，肾虚固摄无权，封藏失职，病情更为缠绵。此外，脾肾气虚阳衰，气不摄血，或阴虚火旺，伤络血溢，还可引起尿浊夹血。多食肥腻(脂肪、蛋白类)食物，或劳累过度，可使本病加重或复发。

笔记栏

本病初起以湿热为多，属实证，治宜清热利湿。病久则脾肾亏虚，治宜培补脾肾，固摄下元。虚实夹杂者，应标本兼顾。

1. 湿热下注

临床表现：① 小便浑浊，色白或黄或红，或夹凝块，上有浮油，或伴血块；② 或尿道有灼热感，口苦，口干；③ 舌质红，苔黄腻，脉濡数。

证候辨析：过食肥甘，中焦湿热，脾失升降，清浊不分。临床具备①+②或①+③均可辨为湿热下注型。

治法：清热利湿，分清泄浊。

代表方：程氏萆薢分清饮加减。

常用药：萆薢、石菖蒲、黄柏、茵陈、滑石、车前子清热利湿泄浊；莲子心、连翘心、牡丹皮、灯心草健脾清心。

小腹胀，尿涩不畅，加台乌药、青皮、郁金疏肝利气；伴血尿，加小蓟、藕节、白茅根凉血止血。

2. 脾虚气陷

临床表现：① 尿浊反复发作，日久不愈，状如白浆；② 小腹坠胀，神倦无力，面色无华，劳累或进食油腻则发作加重；③ 舌淡，苔白，脉虚弱。

证候辨析：病久脾虚气陷，精微下泄。临床具备①+②或①+③均可辨为脾虚气陷型。

治法：健脾益气，升清固摄。

代表方：补中益气汤加减。

常用药：党参、黄芪、白术补益中气；山药、益智仁、金樱子、莲子、芡实健脾固摄；升麻、柴胡升清降浊。

尿浊夹血者，加藕节、阿胶、旱莲草补气摄血；肢冷便溏者，加附子、炮姜温补脾阳。

3. 肾虚不固

临床表现：① 尿浊日久不愈，小便乳白如脂膏，精神委靡，消瘦无力，腰膝酸软，头晕耳鸣；② 偏于阴虚者，烦热，口干，舌质红，脉细数；③ 偏于阳虚者，面色㿠白，形寒肢冷，舌质淡红，脉沉细。

证候辨析：肾虚固摄无权，脂液下漏。临床具备①可辨为肾虚不固型；①+②为阴虚型；①+③为阳虚型。

治法：偏肾阴虚者，宜滋阴益肾；偏肾阳虚者，宜温肾固摄。

代表方：偏肾阴虚者，用知柏地黄丸加减；偏肾阳虚者，用鹿茸补涩丸加减。

常用药：熟地黄、山药、山茱萸、枸杞子滋养肾阴；鹿茸、附子、菟丝子、肉桂、补骨脂温补肾阳；桑螵蛸、龙骨、益智仁、芡实收敛固摄；茯苓、泽泻利湿健脾。

尿浊夹血者，加阿胶、生地黄、旱莲草养血止血；兼夹湿热者，加知母、黄柏清化湿热；兼脾气不足者，加黄芪、党参、白术健脾益气。

治疗本病，要注意清中寓补，补中寓通，做到清利而不伤阴，补益而不涩滞。尿浊患者预后相对较好，但须注意饮食调养，避免辛辣，少饮酒，勿过食油腻之品，避免劳欲过度，适当体育锻炼等。

（曹文富）

第三节 癃 闭

【概述】

一、定义

癃闭(retention of urine)是以小便量少，排尿困难，甚则小便闭塞不通为主症的病证。其中小便不畅，点滴而短少，病势较缓者称为癃；小便闭塞，点滴不通，病势较急者称为闭。

二、源流

癃闭之名，首见于《内经》，该书又称其为“闭癃”，并对其病因、病机、病位有较详细论述。《素问·五常政大论》说：“其病癃闭，邪伤肾也”。《素问·宣明五气》说：“膀胱不利为癃，不约为遗溺。”《素问·标本病传论》说：“膀胱病，小便闭”。《灵枢·本输》称：“三焦者……实则闭癃，虚则遗溺。”

汉代，张仲景《伤寒论》与《金匮要略》中有关淋病和小便不利的记载包含癃闭的内容，提出其病因病机主要有膀胱气化不利、水湿互结、瘀血夹热及脾肾两虚等，并创制了五苓散、猪苓汤、蒲灰散、滑石白鱼散、茯苓戎盐汤等治疗方剂。

隋代,巢元方在《诸病源候论》中认为,小便不通和小便难是因于肾与膀胱有热。

唐代,孙思邈在《备急千金要方》中载有治小便不通方剂 13 首,特别值得指出的是,在该书中记载了用导尿术治小便不通的方法,是世界上最早关于导尿术的记载。王焘在《外台秘要》中记载了用盐及艾灸等外治法治疗癃闭。

金元时期,朱震亨在辨证施治基础上,运用探吐法治疗小便不通。

明代,张介宾始将癃闭与淋证分开论治,并将癃闭的病因病机归为:① 热结膀胱,热闭气化,热居肝肾;② 败精槁血,阻塞水道;③ 真阳下竭,气虚不化;④ 肝强气逆,气实而闭四个方面,并对气虚不化及阴虚不能化阳所致癃闭的治法有独到见解。

清代对本病又有新的认识,李用粹在《证治汇补·癃闭》中指出:"一身之气关于肺,肺清则气行,肺浊则气壅,故小便不通,由肺气不能宣布者居多,宜清金降气为主,并参它症治之。若肺燥不能生水,当滋肾涤热。夫滋肾涤热,名为正治;清金润燥,名为隔二之治;燥脾健胃,名为隔三之治。又有水液只渗大肠,小肠因而燥竭者,分利而已;有气滞不通,水道因而闭塞者,顺气为急。实热者,非咸寒则阴无以化;虚寒者,非温补则阳无以生;痰闭者,吐提可法;瘀血者,疏导兼行;脾虚气陷者,升提中气;下焦阳虚者,温补命门",其理法精当,堪为效法。

三、范围

根据本病的临床表现,类似于西医学中各种原因引起的尿潴留及无尿症,如神经性尿闭、膀胱括约肌痉挛、尿道结石、尿路肿瘤、尿道损伤、尿道狭窄、前列腺增生症、脊髓炎等病所出现的尿潴留以及各种肾功能不全引起的少尿、无尿症,可参照本节内容辨证论治,并注意结合辨病求因治疗。

【病因病机】

癃闭的病因主要有外邪侵袭、饮食不节、情志内伤、瘀浊内停、体虚久病五种(图 8-3)。

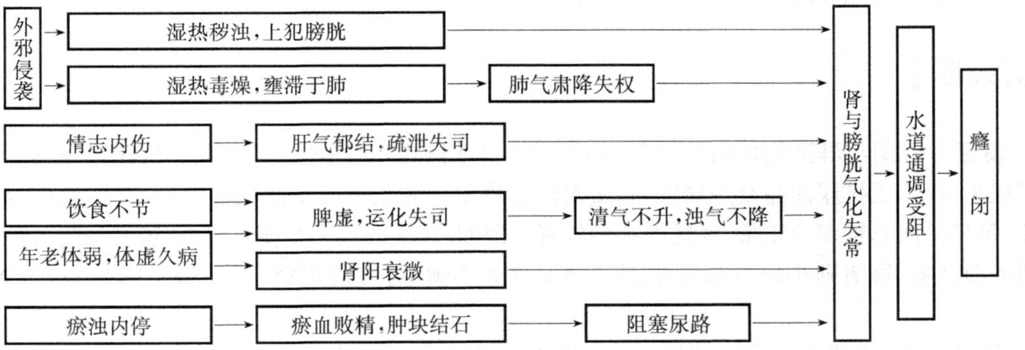

图 8-3　癃闭病因病机示意图

1. 外邪侵袭　下阴不洁,湿热秽浊之邪上犯膀胱,膀胱气化不利,小便不通,则为癃闭;或湿热毒邪犯肺,肺热壅滞,肺气闭塞,肃降失司,水道通调失职,津液不能下输膀胱,而成癃闭;或因燥热犯肺,肺燥津伤,水源枯竭,而成癃闭。如《证治汇补·癃闭》所言:"有热结下焦,壅塞胞内,而气道涩滞者;有肺中伏热,不能生水而气化不施者,均可致癃闭"。

2. 情志内伤　惊恐、忧思、郁怒、紧张等各种情志因素刺激可引起肝气郁结,疏泄失司,三焦水液运行及气化功能失常,则上焦肺不能敷布津液,中焦脾不能运化水湿,下焦肾不能蒸腾气化水液,以致水道通调受阻,形成癃闭。如《灵枢·经脉》所谓:"肝足厥阴之脉……是主肝所生病者……遗溺,闭癃。"

3. 饮食不节　过食辛辣香燥、肥甘厚味之品以及嗜酒过度,导致脾胃运化功能失常,酿湿生热,阻滞中焦,湿热伤肾或下注膀胱,气化不利而发为癃闭;或因饥饱失常,饮食不足,气血生化无源,中焦气虚、甚或下陷,清阳不升,浊阴不降,气化无力而生癃闭。即《灵枢·口问》所谓:"中气不足,溲便为之变。"

4. 尿路阻塞　瘀血败精、痰瘀积块或内生砂石阻塞尿路,以致排尿困难,或点滴而出,或点滴全无,从而形成癃闭。即如《景岳全书·癃闭》所谓:"或以败精,或以槁血,阻塞水道而不通也"。

笔记栏

5. 体虚久病　久病体虚或年老体弱，致肾阳不足，命门火衰，蒸化无力，气不化水，故尿不得出，乃“无阳则阴无以生”；或因久病热病，耗损津液过度，以致肾阴不足，即“无阴则阳无以化”，以致水府枯竭而无尿。

癃闭的基本病机为膀胱气化功能失调，病位主要在膀胱与肾，并与三焦和肺、脾、肝密切相关。《素问・灵兰秘典论》说：“膀胱者，州都之官，津液藏焉，气化则能出焉”，就明确指出膀胱的贮尿和排尿功能。但尿的通畅，有赖于三焦气化正常，而三焦气化主要依靠肺的通调、脾的转输、肾的气化来维持，还需要肝的疏泄来协调。故肺、脾、肾、肝功能失调，亦可致癃闭。若肾阳不足，命门火衰，气化不及州都，则膀胱气化无权，可发生癃闭。肺热壅盛，气不布津，通调失职；或热伤肺津，肾失滋源；或湿热壅阻，下注膀胱；或中气不足，升降失度；或肝气郁结，疏泄不及，以及砂石、痰浊瘀血阻塞尿路，均可导致膀胱气化失常，而成癃闭。

【诊断】

诊断要点

(1) 起病急骤或逐渐加重，以尿量明显减少，排尿困难，小便点滴不畅，甚或小便闭塞不通，点滴全无，尿道无涩痛感为主要临床特征。严重者可出现恶心，呕吐，胸闷，气喘，水肿，头痛头晕，甚至神昏等证候。

(2) 小腹胀满，小便欲解不出，触叩小腹部膀胱区明显膨隆，有振水音者，为尿潴留；小便量少或不通，无排尿感，小腹胀满，触叩小腹部膀胱区无明显充盈征象，亦无振水音者，多属肾衰竭引起的少尿或无尿。

(3) 多见于老年男性或产后妇女及腹部手术后患者，或患有水肿、淋证、消渴等病迁延日久不愈之患者。

(4) 相关检查：泌尿道B超、前列腺B超、尿道及膀胱造影X线摄片、尿流动力学检查、肾功能、血常规、血清电解质等检查有助于诊断导致癃闭的病因。

【鉴别诊断】

1. 淋证　癃闭与淋证均属膀胱气化不利，皆有排尿困难，点滴不畅的证候。癃闭以尿量明显减少，甚至无尿为特征，无排尿涩滞及疼痛感，病重而预后较差。淋证则以小便频数短涩，滴沥刺痛，欲出未尽为特征，每日排尿总量多为正常，病轻而预后较好。即如《医学心悟・小便不通》所说：“癃闭与淋证不同，淋则便数而茎痛，癃闭则小便点滴而难通。”淋证日久不愈，可发展成癃闭，而癃闭感受外邪，常可并发淋证。

2. 关格　癃闭与关格都有小便量少或闭塞不通，但关格常由水肿、淋证、癃闭等经久不愈发展而来，是小便不通与呕吐并见的病证，常伴有皮肤瘙痒，口中尿味，四肢搐搦，甚或昏迷等症状。而癃闭一般不伴呕吐，部分患者有水蓄膀胱之证候，可资鉴别。但癃闭进一步恶化，可转变为关格。

【辨证论治】

一、辨证要点

1. 辨别病之虚实　癃闭的辨证首先要辨别病之虚实。膀胱湿热，肺热壅盛，肝郁气滞，尿路阻塞所致者，多属实证；中气虚陷，肾阳虚衰，膀胱气化无权者，多属虚证。一般起病较急，病程较短，体质较好，尿意急迫，小便短少色黄，涩滞不畅，苔黄腻，脉弦数者，多属实证；起病较缓，病程较长，体质较弱，排尿无力，神疲乏力，舌质淡，脉沉细者，多属虚证。

2. 辨清病情缓急与病势轻重　水蓄膀胱，小便闭塞不通为急病；小便量少，但点滴能出，无水蓄膀胱者为缓证。由“癃”转“闭”为病势加重，由“闭”转“癃”为病势减轻。

笔记栏

二、治疗要点

1. 治疗原则　应根据“腑以通为用”的原则，着眼于通。但通利之法，又需根据证候虚实不同而异。实证以治标为主，宜清湿热，散瘀结，利气机而通水道。虚证以治本为法，当补脾肾，助气化，使气化得行，小便自通。

2. 审因论治　根据病变在肺、在脾、在肾的不同，进行辨证施治，不可滥用通利小便之品。对于水蓄膀胱之急证，应配合针灸、取嚏、探吐、导尿等法急通小便。

三、分证论治

1. 膀胱湿热

临床表现：① 小便点滴不通，或量少而短赤灼热，少腹胀满；② 口苦口黏，或口渴不欲饮，或大便不爽；③ 舌红，苔黄腻，脉数或濡数。

证候辨析：本证以湿热壅结下焦，膀胱气化不利为主要病机。由于饮食不节，损伤脾胃之运化，导致脾胃运化失常，酿生湿热，阻滞中焦，下注膀胱，气化不利，水道不畅，而见小便点滴不通，或小便短赤，量少而灼热，小腹胀满不舒；湿热阻滞，脾胃之气不化，故口黏腻不爽；脾为湿困，健运失司，故见大便溏垢不爽。舌红，苔黄腻，脉数或濡数，皆为湿热内蕴之象。临床具备①＋②或①＋③即可诊断为膀胱湿热型。

治法：清利湿热，通利小便。

代表方：八正散加减。

常用药：黄柏、栀子、大黄、滑石清热利湿；瞿麦、萹蓄、茯苓、泽泻、车前子通利小便。

兼心烦，口舌生疮糜烂者，可合导赤散以清心火，利湿热；湿热久恋下焦，导致肾阴灼伤而见口干咽燥，潮热盗汗，手足心热，舌光红者，可改用滋肾通关丸加生地黄、车前子、牛膝等，以滋肾阴，清湿热，助气化；因湿热蕴结三焦，气化不利，小便量极少或无尿，面色晦滞，胸闷烦躁，恶心呕吐，口中有尿臭，甚则神昏谵语者，宜用黄连温胆汤加车前子、通草、制大黄等，以降浊和胃，清热利湿。

2. 肺热壅盛

临床表现：① 小便不畅，甚或点滴不通；② 咽干，烦渴欲饮，呼吸急促，咳嗽；③ 发热咳嗽，舌红，苔薄黄，脉数。

证候辨析：本证以肺热壅盛，失于肃降及通调水道，水液不能下输膀胱为主要病机。膀胱气化不利，故小便不畅，甚至点滴不通；肺热壅盛，肺气上逆，故呼吸急促甚或咳嗽；热盛津伤，无津上承，则咽干，烦渴欲饮。舌红，苔薄黄，脉数，为内热壅盛之象。临床具备①＋②或①＋③即可诊断为肺热壅盛型。

治法：清泄肺热，通利水道。

代表方：清肺饮加减。

常用药：黄芩、桑白皮、鱼腥草清泄肺热；麦冬、芦根、天花粉、地骨皮清肺生津养阴；车前子、茯苓、泽泻、猪苓通利小便。

伴鼻塞、头痛、脉浮等表证者，加薄荷、桔梗宣肺解表；肺阴不足者加沙参、黄精、石斛等以滋养肺阴；大便不通者，加大黄、杏仁以通腑泄热；心烦，舌尖红者，加黄连、竹叶以清心火；尿赤灼热，小腹胀满者，合八正散上下并治。

3. 肝郁气滞

临床表现：① 小便不通或通而不爽；② 情志抑郁，或多烦善怒，胁腹胀满；③ 舌红，苔薄黄，脉弦。

证候辨析：本证以肝失疏泄，三焦气化失宣，膀胱气化不利为主要病机。因过度情志刺激，肝失疏泄，气机郁阻，三焦气化不利，水道不通，故小便不通或通而不爽；肝气不舒，经脉之气不行，故胁肋胀满，善太息；肝郁化火扰心，故见情志抑郁，多烦易怒。舌红，苔薄黄，脉弦，均为肝郁气滞之象。临床具备①＋②或①＋③即可诊断为肝郁气滞型。

治法：理气解郁，通利小便。

代表方：沉香散加减。

常用药：沉香、橘皮、柴胡、青皮、乌药疏肝理气；当归、王不留行、郁金行下焦气血；石韦、车前子、冬葵子、茯苓通利小便。

胁肋胀满明显者，加柴胡、川芎、香附或与六磨汤合方化裁，以增强疏肝理气之功；肝气郁结，化火生

笔记栏

热，而见目赤，舌红，苔薄黄者，加栀子、牡丹皮、龙胆草等清肝泻火；少腹胀满疼痛，痛引阴器者，加小茴香、川楝子以调畅肝经之气。

4. 浊瘀阻塞

临床表现：① 小便点滴而下，时有排尿中断，或尿如细线，甚则阻塞不通，小腹胀满疼痛；② 有尿路结石、肿瘤或手术史；③ 舌紫黯，或有瘀点、瘀斑，脉涩。

证候辨析：本证以瘀血败精或结石阻塞尿路，水道不通为主要病机。由于瘀血败精或结石阻塞膀胱或尿道，以致排尿不畅或不通，故见小便点滴而出，时有排尿中断，甚则点滴不通；尿液积于膀胱不能排泄，致下焦瘀滞，气机不畅，不通则痛，故小腹急胀疼痛。舌紫黯，或有瘀点、瘀斑，脉涩，均为瘀阻气滞之象。临床具备①＋②或①＋③即可诊断为浊瘀阻塞型。

治法：行瘀散结，通利水道。

代表方：代抵当丸加减。

常用药：当归尾、山甲片、桃仁、莪术活血化瘀，大黄、芒硝、郁金通瘀散结；桂枝助膀胱气化。

瘀血征象较重，加红花、川牛膝以增强活血化瘀，引瘀血下行；尿路有结石，加金钱草、海金沙、冬葵子、瞿麦、石韦以通淋排石利尿；病久气血两虚，面色不华，加黄芪、丹参、当归之类以益气养血行瘀。

5. 脾气不升

临床表现：① 时欲小便而不得出，或量少而不畅，伴小腹坠胀；② 神疲乏力，食欲不振，气短而语声低微；③ 舌淡，苔薄，脉细弱。

证候辨析：本证以脾虚运化无力，中气虚陷，升清降浊失职，膀胱气化无权为主要病机。脾虚气陷不能升清，膀胱气化无权，故见时欲小便而不得出，或小便量少而不爽；中气虚陷，无力升举，故小腹坠胀；脾虚气弱，运化无力，故神疲乏力，少气懒言，食欲不振。舌淡，脉细弱，为脾虚气弱之象。临床具备①＋②或①＋③即可诊断为脾气不升型。

治法：升清降浊，化气行水。

代表方：补中益气汤合春泽汤加减。

常用药：人参、党参、黄芪、白术益气健脾；桂枝通阳以助膀胱气化；升麻、柴胡升提中气；茯苓、猪苓、泽泻、车前子利水渗湿。

气虚及阴，脾阴不足，清气不升，气阴两虚，症见舌红少苔者，可改用参苓白术散加减；若见面色无华，唇甲淡白，头晕心悸等血虚证候，可加熟地黄、白芍药、川芎、鸡血藤、阿胶等以补血养阴；见心悸怔忡，失眠多梦，汗出者，可加酸枣仁、五味子、麦冬等以养心安神。

6. 肾阳衰惫

临床表现：① 小便不通或点滴不爽，排尿无力；② 面白神萎，神气怯弱，畏寒肢冷，腰膝冷而酸软无力；③ 舌淡胖，苔薄白，脉沉细或弱。

证候辨析：本证以肾阳虚衰，膀胱气化无权为主要病机。膀胱气化无权，故见小便点滴不通，或点滴不爽，排尿无力；肾阳虚衰，机体失于充养，故面白神萎，神气怯弱；腰为肾之府，肾阳虚衰，温煦失职，故见畏寒肢冷，腰膝冷而酸软无力。舌淡胖，苔薄白，脉沉细或弱，均为肾阳虚衰之象。临床具备①＋②，或①＋③即可诊断为肾阳衰惫型。

治法：温补肾阳，化气利水。

代表方：济生肾气丸加减。

常用药：附子、桂枝温肾通阳；地黄、山药、山茱萸补肾滋阴；车前子、茯苓、泽泻利尿。

兼有纳差，腹胀，便溏者，属脾肾阳虚，可加党参、黄芪、陈皮、白术健脾益气，或与补中益气汤合方化裁，以温补脾肾；精神委靡，肢冷畏寒，腰膝酸软者，可加仙茅、淫羊藿、补骨脂、红参、狗脊或用香茸丸加减，以补养精血，助阳通窍；肾阳虚衰，肾失蒸化，三焦气化无权，浊阴内蕴，见小便量少，甚至无尿，伴心烦躁扰、恶心呕吐、神昏者，用温脾汤合吴茱萸汤加减，以温补脾肾，和胃降逆。

【其他治法】

笔记栏

一、中成药

前列安通片　口服，一次 4～6 片，一日 3 次。具有清热利湿，活血化瘀功效。适用于膀胱湿热兼见浊瘀阻塞瘀阻者。

二、针灸

选择足三里、中极、三阴交、阴陵泉等为基本穴，针刺时以泻法为主。体虚患者可灸关元、气海、水道等穴。可同时按摩或热熨少腹膀胱区。

三、饮食辅助疗法

利尿黄瓜汤　瞿麦 15 g，水煎去渣，加入黄瓜片适量服。适于膀胱湿热者。

【转归预后】

癃闭的预后及转归，取决于病因、病情轻重与治疗是否及时有效。病情较轻，救治及时，尿量逐渐增多者，为好转的标志。若病情深重，正气衰惫，邪气壅盛者，则可由“癃”至“闭”，更生变证。尿闭不通，水液潴留体内，溢于肌肤可伴发水肿；水气内停，上凌心肺，可并发喘证、心悸；湿浊上逆犯胃，则成呕吐；脾肾衰败，气化不利，湿浊内壅，则可导致关格。即如《景岳全书・癃闭》所云：“小水不通是为癃闭，此最危最急症也。水道不通，则上侵脾胃而为胀，外侵肌肉而为肿，泛及中焦则为呕，再及上焦则为喘。数日不通，则奔迫难堪，必致危殆。”

【预防调护】

(1) 消除外邪入侵和湿热内生的有关因素，保持心情舒畅，切忌忧思恼怒。

(2) 注意起居饮食，积极锻炼身体，勿过食肥甘、辛辣、醇酒，勿忍尿、纵欲。

(3) 积极治疗淋证、水肿、尿路肿块、结石等疾患。

(4) 尿潴留需进行导尿的患者，必须严格执行规范操作。保留导尿管的患者，应保持会阴部卫生，鼓励患者多饮水，保证每日尿量在 2 500 mL 以上，且宜每 4 小时开放一次。当患者能自动解出小便时，尽快拔除导尿管。

【临证备要】

一、辨病思路

癃闭类似于西医学中各种原因引起的尿潴留、少尿及无尿症，进行相关检查有助于引起癃闭的疾病诊断。

(1) 通过体格检查与膀胱 B 超判断有否尿潴留。有尿潴留的癃闭患者，再作尿路影像学及尿流动力学检查，以明确有否尿路阻塞。① 无尿路阻塞者，应考虑脊髓炎、神经性膀胱，可行相应神经系统检查。② 有尿路阻塞者，再通过肛指检查、前列腺 B 超、尿道及膀胱造影 X 线摄片、前列腺癌特异性抗原等检查以明确尿路阻塞的病因，如前列腺肥大、前列腺癌、尿道结石、尿道外伤性狭窄等。

(2) 无尿潴留的癃闭患者应考虑肾衰竭，可进一步查血肌酐、尿素氮、血常规、血钙、血磷、B 超、X 线片等，帮助鉴别急性或慢性肾衰竭。如属前者，还需查尿比重、尿渗透压、尿钠浓度、尿钠排泄分数等以鉴别肾前、肾性或肾后性急性肾衰。慢性肾衰者还应进一步检查以明确其病因。

二、辨证思路

1. 辨别证之虚实　① 实证当辨湿热、浊瘀、肺热、肝郁之偏胜，膀胱湿热、肺热气壅、肝郁气滞、尿路阻塞，以致膀胱气化不利者为实证。② 虚证当辨脾、肾虚衰之不同，阴、阳亏虚之差别。脾气不升，肾阳衰惫，导致膀胱气化无权者为虚证。③ 各种原因引起的癃闭，常互相关联，或彼此兼夹。如肝郁气滞，化火伤阴；湿热久恋，灼伤肾阴；肺热壅盛，损津耗液，均可致水液无以下注膀胱；脾肾虚损日久，气虚无力运化而兼夹气滞血瘀等，均可表现为虚实夹杂之证。

笔记栏

2. 辨别病情缓急,病势轻重　水蓄膀胱,小便闭塞不通为急病;小便量少,但点滴能出,无水蓄膀胱者为缓证。由“癃”转“闭”为病势加重,由“闭”转“癃”为病势减轻。

三、治疗注意

1. 急则治标,速予通利　癃闭为临床急重病证之一,水蓄膀胱,或小便不通,水毒内蓄,可致肿胀、喘促、心悸、关格等危重变证。因此,必须急则治标。① 对水蓄膀胱之证,内服药缓不济急,可急用导尿、针灸、少腹及会阴部热敷等法,急通小便。② 对膀胱无尿之危证,可用中药灌肠方[生大黄 30 g(后下)、生牡蛎 30 g(先下)、六月雪 30 g、丹参 30 g,浓煎至约 150 mL]高位保留灌肠,约 2 小时后,用 300～500 mL 清水清洁灌肠,每日 1 次,10 日为 1 个疗程。此法可从大便排出水毒。但只能治其标证,一旦尿出,或水毒症情有所缓解后,应立即针对不同病因,或排石,或祛瘀,或疏肝,或温补脾肾,缓图其本,防止其旧病复发,死灰复燃。

2. 下病上治,欲降先升　癃闭形成与肾、肺、脾有关。尿的生成与排泄,除了肾的气化外,尚有赖于肺的通调和脾的转输。当急性尿潴留,小便涓滴不下时,常可在辨证论治的基础上稍加开宣肺气,升提中气之桔梗、杏仁、紫菀、升麻、柴胡等,以寓下病上治,提壶揭盖,升清降浊之意。除了内服药外,应用取嚏法、探吐法均是取其旨意。

3. 注意某些中药的肾毒性　关木通、木防己、马兜铃、益母草是中医治疗肾病的常用中药,若大剂量或长时间使用均可产生一定的肾毒性,此类病证尤应慎用。由于上述药物的肾毒性存在个体差异,即使小剂量使用,亦应密切监测肾功能。对癃闭伴血钾高的患者,应慎用含钾高的中药,如牛膝、杏仁、桃仁等。

【文献摘录】

《诸病源候论·小便不通论》:“小便不通,由膀胱与肾俱有热故也……热入于胞,热气大盛,故结涩令小便不通。”

《丹溪心法·小便不通》:“小便不通有气虚、血虚、有痰、风闭、实热……气虚,用参芪、升麻等,先服后吐,或参、芪药中探吐之;血虚,四物汤,先服后吐,或芎归汤中探吐亦可;痰多,二陈汤,先服后吐;若痰气闭塞,二陈汤加木通、香附探吐之。”

《谢映庐医案·癃闭门》:“小便之通与不通,全在气之化与不化,然而气化二字难言之矣。有因湿热郁闭而气不化者,用五苓、八正、禹功、舟车之剂,清热导湿而化之;有因上窍闭而下窍之气不化者,用搐鼻法、探吐法,是求北风开南牖之义,通其上窍而化之;有因阴无阳而阴不生者,用八味丸、肾气汤,引入肾命,熏蒸而化之;有因无阴而阳无以化者,用六味丸、滋肾丸,壮水制阳光而化之;有因中气下陷而气虚不化,补中益气,升举而化之;有因冷结关元而气凝不化,真武汤、苓姜术桂之类,开冰解冻,通阳泄浊而化之;有因脾虚而九窍不和者,理中汤、七味白术散之类,扶土利水而化之。古法森立,难以枚举,总之,治病必求其本。”

(曹文富)

附

关　格

关格(obstruction and rejection)是以脾肾虚衰,气化不利,浊邪壅塞三焦,而致小便不通与呕吐并见为临床特征的危重病证。分而言之,小便不通谓之关,呕吐时作称之格。多见于水肿、淋证、癃闭的晚期,与西医学之尿毒症相关。

关格的发生常由多种疾病反复不愈,迁延日久而引起。基本病理变化为脾肾衰惫,气化不利,湿浊毒邪内蕴三焦。病理性质为本虚标实,脾肾虚衰为本,湿浊瘀毒为标。初起时,病在脾肾,后期可损及多个脏腑。若肾阳衰竭,寒水上犯,凌心射肺,久则转变为心悸、胸痹;若阳损及阴,肾阴亏耗,肝阳上亢,内风自生,则可有眩晕、中风;若浊邪内盛,内陷心包,则致昏迷、谵妄。

关格的辨证,应首辨脾肾虚损程度,次辨浊邪之性质,再辨是否累及他脏。治疗宜攻补兼施,标本兼治。

1. 脾肾阳虚,湿浊内蕴

临床表现:① 小便短少,色清,甚则尿闭,面色晦滞,形寒肢冷,神疲乏力,浮肿腰以下为主;② 纳差,腹胀,泛恶

笔记栏

呕吐,大便溏薄;③ 舌淡体胖,边有齿印,苔白腻,脉沉细。

证候辨析:脾肾阳虚,气化失司,三焦壅滞,湿浊内蕴。临床具备①+②或①+③均可辨为脾肾阳虚,湿浊内蕴证。

治法:温补脾肾,化湿降浊。

代表方:温脾汤合吴茱萸汤加减。

常用药:附子、干姜、淫羊藿温补肾阳;人参、白术、茯苓益气健脾;姜半夏、陈皮、制大黄、六月雪化湿降浊;吴茱萸、生姜降逆止呕。

水气凌心者,加用己椒苈黄丸;尿少或小便不通者,合用滋肾通关丸,以滋肾阴,助气化;皮肤瘙痒者,加用土茯苓、地肤子燥湿止痒。

2. 肝肾阴虚,肝风内动

临床表现:① 小便短少,呕恶频作,面部烘热,手足抽搐;② 头晕头痛,腰膝酸软;③ 舌红,苔黄腻,脉弦细。

证候辨析:肾病日久,肾病及肝,肝肾阴虚,肝风内动。临床具备①+②或①+③均可辨为肝肾阴虚,肝风内动证。

治法:滋补肝肾,平肝息风。

代表方:杞菊地黄丸合羚角钩藤汤加减。

常用药:熟地黄、山药、山茱萸、枸杞子滋补肝肾;羚羊角、钩藤、石决明平肝息风;贝母、竹茹、胆南星、竹沥化痰止呕;制大黄、败酱草、六月雪降浊解毒。

大便秘结者,可加生大黄以通腑降浊;若风阳内动,导致中风者,按中风论治。

3. 肾气衰微,邪陷心包

临床表现:① 少尿或无尿,神识昏蒙或神昏谵语,循衣摸床,口中尿臭;② 全身浮肿,面白唇暗,四肢厥冷;③ 舌淡胖,苔白腻或灰黑,脉沉缓或沉细欲绝。

证候辨析:肾病日久,肾气衰微,三焦壅闭,湿浊毒邪内蕴,上蒙清窍,内陷心包。临床具备①+②或①+③均可辨为肾气衰微,邪陷心包证。

治法:温阳固脱,豁痰开窍。

代表方:急用参附汤合苏合香丸,继用涤痰汤。

常用药:人参、附子回阳固脱;胆南星、石菖蒲、半夏、竹茹豁痰开窍;苏合香丸开窍醒神。

昏迷不醒者,可静脉滴注醒脑静开窍醒神;狂躁痉厥者,可服紫雪丹;心阳欲脱者,急用参附龙牡汤。

此外,关格患者,还可用保留灌肠法加强通腑降浊解毒作用。

治疗关格应遵循《证治准绳·关格》提出的"治主当缓,治客当急"原则。"主"是指关格的本,即脾肾阴阳衰惫,治本当长期调理,徐缓补之;"客"是指关格的标,即湿浊瘀毒,治标当尽快祛除,可应用除湿、化浊、降浊、化瘀、解毒等法。还应注重通腑降浊解毒法的应用,可用降浊灌肠方(生大黄、生牡蛎、六月雪各 30 g,浓煎至 100～150 mL)高位保留灌肠。

关格的预防调摄应注意以下几方面:① 积极治疗水肿、淋证、癃闭等,是预防关格发生的关键;② 给予优质低蛋白、低磷、高钙饮食,并根据肾功能受损程度进行调整;③ 保证维生素的摄入量;④ 注意保暖,预防外邪入侵;⑤ 避免使用肾毒性药物。

(曹文富)

第四节　阳　痿

【概述】

一、定义

阳痿(impotence)是指成年男子性交时,由于虚损、惊恐、情志不遂或湿热等原因,引起阴茎萎软不举或临房举而不坚的病证。

笔记栏

二、源流

阳痿病证首载于《内经》,《灵枢·邪气脏腑病形》称阳痿为"阴痿"。《素问·痿论》指出:"思想无穷,所愿不得，意淫于外，入房太甚，宗筋弛纵，发为筋痿。”《灵枢·经筋》中认为：“足厥阴之筋，其病阴器不用，伤于内则不起，伤于寒则阴缩入，伤于热则纵挺不收”。

至隋唐宋时代，医家多认为阳痿由劳损肾虚所致，如《诸病源候论·虚劳阴痿候》指出：“劳伤于肾，肾虚不能荣于阴器，故萎弱也。”《重订济生方·虚损论治》中亦指出：“五劳七伤，真阳衰惫……阳事不举。”

明清时代，医家对阳痿的认识日趋成熟，认为郁火、忧思、恐惧、湿热亦可致阳痿。如《明医杂著·卷三》中认为：“男子阴茎不起，古方多云命门火衰，精气虚冷，固有之矣。然亦有郁火甚而致痿者”；“阴茎属肝之经络，盖肝者木也，如木得湛露则森立，遇酷暑则痿悴”。《景岳全书·阳痿》认为：“凡思虑焦劳忧郁太过者，多致阳痿，盖阳明总宗筋之会……若以忧思太过，抑损心脾，则病及阳明冲脉……气血亏而阳道斯不振矣。”《类证治裁·阳痿》则认为：“亦有湿热下注，宗筋弛纵而致阳痿者”。

三、范围

西医学中的各种功能性及器质性疾病造成的阳痿，可参考本节进行辨证论治。

【病因病机】

本病病因包括禀赋不足、房劳过度、情志失调、外邪侵袭等方面，这些病因可导致肝、肾、心、脾受损，气机失调，经络失养而致阳痿(图 8-4)。

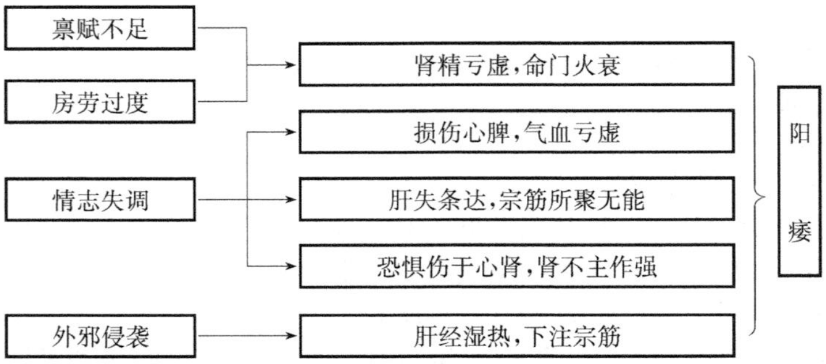

图 8-4　阳痿病因病机示意图

1. 禀赋不足　先天衰弱，精气亏虚，命门火衰，发为阳痿。

2. 房劳过度　频犯手淫、过早婚育、恣情纵欲，以致肾虚精亏，真阳衰微，发为阳痿。

3. 情志失调　思虑忧郁，损伤心脾，则气血亏虚或忧思郁怒，肝失疏泄条达，宗筋所聚无能；或恐惧伤于心肾，恐则气下，心无所主，胆虚精却，肾不主作强，致阳痿不举。

4. 外邪侵袭　久居湿地，外感湿热之邪，蕴结肝经，下注宗筋，阴器不用，发为阳痿。

阳痿多由频繁手淫、恣情纵欲，或先天不足，以致肾虚精亏，命门火衰，或由于忧思郁怒、大惊猝恐，损伤心、脾、肾，亦可因肝失疏泄，湿热下注，宗筋弛纵而成。但临床以命门火衰及情志内伤者多见，湿热下注者少见。其病变脏腑主要与肝、肾、心、脾密切相关。阳痿的病理性质有虚实之分，命门火衰、心脾受损、恐惧伤于心肾属虚，多责之于心、脾、肾；肝郁不舒、湿热下注属实，多责之于肝。

【诊断】

诊断要点

(1) 成年男性性交时，阴茎不能勃起，或举而不坚，或坚而不久，无法进行正常性生活。

(2) 常伴随神疲乏力，畏寒肢冷，小便不畅，淋漓不尽等症状。

(3) 常有房劳太过、久病体虚、频繁手淫史。

(4) 除外性器官发育不良或药物因素。

(5) 相关检查：可行尿常规、前列腺液、血脂等常规检查，还可行夜间阴茎勃起试验，以鉴别精神性与

笔记栏

器质性疾病。如是前者,可行心理干预,以解除心理负担;如是后者应查血糖、睾酮、促性腺激素等,检查有无内分泌疾病。还需作多普勒超声、阴茎动脉测压等检查,确定有无阴茎血流障碍等。

【鉴别诊断】

早泄　早泄的主症是性交不能持久,甚则一触即泄,则阴茎萎软。而阳痿则是性交时阴茎不能正常勃起,或举而不坚,坚而不久,无法完成性交。早泄日久不愈,则可发展成阳痿。

【辨证论治】

一、辨证要点

1. 辨别脏腑虚实　虚证多由禀赋不足,房劳过度,思虑忧郁,大惊猝恐所致;实证则多由惊恐郁怒,外邪侵袭所致。

2. 辨别有火无火　有火的临床表现为烦躁易怒,小便黄赤,苔黄腻,脉濡数或弦数;无火则表现为精神不振,面色无华,舌淡苔白,脉沉细或弦细等症状。

二、治疗要点

1. 治疗原则　虚证当补,实证当泻,有火宜清,无火宜温为治疗阳痿的基本治疗原则。具体应用视阴阳虚实等不同而各异。

2. 虚实异治　虚者补之,实者泄之。命门火衰宜温肾养精;心脾两虚宜补益心脾,调养气血;惊恐伤肾宜益肾宁神;忧思郁怒宜疏肝行气解郁;湿热下注宜清热利湿。

三、分证论治

1. 命门火衰

临床表现:① 阳事不举,或举而不坚,坚而不久,精薄清冷;② 神疲倦怠,面色无华,头晕耳鸣,畏寒肢冷,腰膝酸软;③ 舌淡苔白,脉沉细。

证候辨析:命门内藏真火,乃元阳之本,生命之根,损伤太过,以致命门火衰,则阳事不举,或举而不坚,或坚而不久。阳虚不能振奋精神,温煦形体,故神疲倦怠。面色无华,畏寒肢冷。五脏之精不能荣养清窍,故头晕耳鸣。舌淡苔白,脉沉细,均为肾阳亏虚,命门火衰之象。临床具备①+②或①+③均可辨为命门火衰型。

治法:温肾壮阳。

代表方:右归丸或赞育丹加减。

常用药:鹿角胶、菟丝子、淫羊藿、肉苁蓉、韭菜子、杜仲、附子、肉桂、仙茅、巴戟天、鹿茸温肾助阳;熟地黄、山茱萸、枸杞子、当归阴中求阳,滋阴养血。

若火不甚衰,只因精血薄弱者,左归丸主之。

2. 心脾受损

临床表现:① 阳事不举,精神不振,夜寐欠安;② 面色无华,纳呆食少,腹胀便溏;③ 舌淡,苔薄腻,脉细。

证候辨析:思虑过度,损伤心脾,运化失司,水谷精微无以化生精血,气血不足,故阳事不举,精神不振,面色无华。劳思太过,心血暗耗,神失所养,故夜寐欠安。纳呆食少,腹胀便溏,舌淡,苔薄腻,均为心脾两虚,气血虚弱之象。临床具备①+②或①+③均可辨为心脾受损型。

治法:补益心脾。

代表方:归脾汤加减。

常用药:党参、黄芪、白术、茯苓益气健脾;当归、熟地黄、枣仁、远志养血安神;淫羊藿、补骨脂温补肾阳;木香、香附行气解郁。

失眠多梦,可加首乌藤、合欢皮、柏子仁养心安神;若神疲乏力,少气懒言明显者,可改用补中益气汤

笔记栏

以益气升提;血虚明显者,可加鹿角胶、龟甲胶以补益精血。

3. 肝郁不舒

临床表现:① 阳痿不举,精神抑郁,情绪不宁;② 胁肋胀痛,脘闷不适,食少便溏;③ 苔薄白,脉弦。

证候辨析:情志失调,肝失条达,气失疏泄,致肝气郁结,故精神抑郁,情绪不宁。肝气犯胃,胃失和降,故脘闷不适,食欲不佳。肝气乘脾,则大便溏泄。苔薄白,脉弦,均为肝气郁结,气机不畅之象。临床具备①+②或①+③均可辨为肝郁不舒型。

治法:疏肝解郁。

代表方:逍遥散加减。

常用药:柴胡、白芍、当归疏肝理气,养血和血;白术、茯苓、炙甘草健脾助运,实土御木。

头痛失眠,胁肋刺痛,可加赤芍、桃仁、红花、合欢皮以活血安神;口苦口干,急躁易怒,可加牡丹皮、郁金、龙胆草清肝泻火。

4. 恐惧伤肾

临床表现:① 阳事不兴,举而不刚,胆怯易惊,心悸不安;② 夜寐不宁,常有受惊吓史;③ 苔薄白,脉弦细。

证候辨析:恐则伤肾,恐则气下,可导致阳事不兴,举而不刚。情志所伤,胆伤不能决断,故见胆怯多疑。心伤则神不守舍,故见心悸易惊,夜寐不安。苔薄腻,脉弦细,均为惊恐伤肾,心肾亏虚之象。临床具备①+②或①+③均可辨为恐惧伤肾型。

治法:益肾宁神。

代表方:大补元煎加减。

常用药:熟地黄、杜仲、枸杞子、山茱萸、炒山药补益肾精;人参、当归益气养血。

夜寐不安明显者,可加酸枣仁、远志、首乌藤、龙眼肉以养心安神;若病久入络,夹有瘀滞者,酌加蜈蚣、地龙、川芎,以活血通络。

5. 湿热下注

临床表现:① 阴茎萎软,阴囊潮湿臊臭;② 肢体困倦乏力,小便黄赤,口苦黏腻;③ 舌红,苔黄腻,脉滑数。

证候辨析:湿热下注,宗筋弛纵,故见阴茎萎软。湿阻下焦,故见阴囊潮湿,下肢酸困乏力。热蕴于内,故见阴囊臊臭,小便黄赤,口苦黏腻。舌红,苔黄腻,脉滑数,均为湿热内阻之象。临床具备①+②或①+③均可辨为湿热下注型。

治法:清热利湿。

代表方:龙胆泻肝汤加减。

常用药:龙胆草、黄芩、栀子清热泻火,味苦坚肾;柴胡疏肝达郁;木通、车前子、泽泻清热利湿;当归、生地黄养阴、活血、凉血,与清热泻火药配伍,泻中有补,使泻火药不致苦燥伤阴。

阴囊潮湿瘙痒重者,可加地肤子、苦参、蛇床子以燥湿止痒;大便秘结者,可加大黄通便;小便热赤甚者,可加黄柏、竹叶、滑石清热利湿。

【其他治法】

一、中成药

金匮肾气丸　口服,一次 9 g,一日 2 次。具有温补肾阳的功效。适用于命门火衰证。

二、针灸

选择关元、阳关、气海、肾俞、足三里、三阴交等基本穴位进行针刺。实证多针用泻法或平补平泻法,虚证多针用补法。

笔记栏

三、饮食辅助疗法

牛鞭一根,韭菜子 25 g,淫羊藿 15 g,菟丝子 15 g。将牛鞭置于瓦上文火焙干、磨细;淫羊藿加少许羊油，在文火上用铁锅炒黄(不要炒焦)，再和菟丝子、韭菜子磨成细面；将上药共和混匀。每晚用黄酒冲服一匙，或将一匙粉和用蜂蜜成丸，用黄酒冲服。适用于命门火衰之阳痿。

【转归预后】

阳痿大多数属于功能性病变，经过适当的治疗调养，一般可以得到治愈，预后是良好的。但由器质性病变所致者则难以治愈。

【预防调护】

(1) 节制性欲，戒除手淫，宜清心寡欲，摒除杂念，修身养性。

(2) 少食肥甘厚腻，宜清淡饮食。营养不良，身体疲劳者可适当增加营养，注意劳逸结合，适度参加体育锻炼。

(3) 情绪焦虑、抑郁，遭受惊恐是导致阳痿的主要诱因之一，故应调畅情志，保持心情愉快。

(4) 积极治疗易造成阳痿的原发病，如糖尿病、动脉硬化、甲状腺功能亢进、皮质醇增多症等。

(5) 治疗过程中，要树立战胜疾病的信心，生活规律，夫妇可暂时分床和相互体谅关怀，这些都有辅助治疗的作用。

【临证备要】

一、辨病思路

阳痿的发生常有功能性与器质性之别，功能性阳痿是指由于精神心理因素导致勃起无能，又称为精神性(或心理性)阳痿。器质性阳痿是由于全身代谢和局部病变引起，如血管性、神经性、内分泌、药物性等因素造成的勃起障碍，在临床上多数器质性阳痿患者往往伴发心理因素。

1. 功能性阳痿　精神性因素在阳痿发病中占据重要地位。常常由于生活压力大，精神长期处于压抑紧张状态，或遭受精神刺激，七情不畅，均可导致阳痿，此类患者在行心理干预，解除精神因素后，往往阳痿症状可好转甚或痊愈，预后较好。此外，由于发热、过度疲劳等引起的一时性勃起障碍，大多是一种正常抑制，不能属于病态。

2. 器质性阳痿　高血压、内分泌疾病、中枢及周围神经病变均可引起继发性阳痿，行尿常规、前列腺液、血脂、血糖、睾酮、促性腺激素及夜间阴茎勃起试验等检查，一般即可明确诊断，还可作多普勒超声、阴茎动脉测压等检查，确定有无阴茎血流障碍。积极治疗原发病后，患者阳痿症状亦能向愈，但病程较长，若属先天性生殖器官发育异常致痿者，则多预后不良。

二、辨证思路

1. 不同证候的临床表现特点与病变部位　一般而言，阳痿精冷，伴神疲体倦，头晕耳鸣，畏寒肢冷，腰膝酸软者，多属命门火衰；阳痿伴胆怯易惊，心悸不安，夜寐不宁，且患者常有受惊吓史，多属恐惧伤肾；阳痿伴失眠，精神不振，面色无华，纳呆食少，腹胀便溏者，多属心脾两虚；阳痿伴抑郁，情绪不宁，胁肋胀痛，脘闷不适者，多属肝郁不舒；阳痿伴阴囊潮湿臊臭，肢体困倦，小便黄赤，口苦黏腻者，多属肝经湿热下注。命门火衰病变部位多在肾；恐惧伤肾之病变部位多在心、肾；心脾两虚病变部位多在心、脾；肝郁不舒与肝经湿热之病变部位多在肝。

2. 多个脏腑同病的治疗　阳痿病证，既可由单一脏腑病变导致，临床上又可出现多个脏腑同病的情况，如心脾两虚、心肾不交等，治疗时可根据辨证，尽量考虑到各个病变脏腑。

三、治疗注意

1. 正确使用温肾壮阳法　对于肾虚阳痿，以温肾壮阳治之，但用药不宜过于温补，通常以甘温、咸温，温养兼润为主，切忌纯用刚热燥涩之品，多用血肉有情温润之品，如肉苁蓉、鹿角胶等。

笔记栏

2. 重视疏肝解郁法的应用　"因郁致痿"在阳痿患者中所占比例越来越高，因此重视从肝论治，采用疏肝解郁法，若阳痿日久，还可配合活血通络之药物，以开肝经之气血郁闭，调畅气机，使肝气条达，疏泄正常，经络畅通，辅以心理治疗，解除不良心理因素，则阳痿可愈。

【文献摘录】

《景岳全书·杂证谟·阳痿》："凡男子阳痿不起，多由命门火衰，精气虚冷，或以七情劳倦，损伤生阳之气，多致此证；亦有湿热炽盛，以致宗筋弛缓，而为萎弱者，譬以暑热之极，则诸物绵萎。经云：壮火食气，亦此谓也。然有火无火，脉证可别，但火衰者十居七八，而火盛者仅有之耳。"

《临证指南医案·阳痿》："又有阳明虚则宗筋纵，盖胃为水谷之海，纳食不旺，精气必虚，况男子外肾，其名为势，若谷气不充，欲求其势之雄壮坚举，不亦难乎？治为通补阳明而已"。

《杂病源流犀烛·前阴后阴源流》："有失志之人，抑郁伤肝，肝木不能疏达，亦致阴痿不起"。

（刘学飞）

第五节　遗　　精

【概述】

一、定义

遗精(spermatorrhea)是指不因性生活而出现精液频繁遗泄的病证，有梦而遗精称为梦遗；无梦而遗精，甚至清醒时精液流出，称滑精。

二、源流

本病记载首见于《内经》，《灵枢·本神》："心怵惕思虑则伤神，神伤则恐惧，流淫而不止。恐惧而不解则伤精，精伤骨酸痿厥，精时自下"，明确指出遗精与情志内伤有密切关系。

至汉代，《金匮要略·血痹虚劳病脉证并治》认为："夫失精家，少腹弦急，阴头寒，目眩，发落，脉极虚芤迟，为清谷，亡血，失精"，指出失精是虚寒之证。

至隋唐时期，《诸病源候论·虚劳失精候》指出："肾气虚损，不能藏精，故精漏失。"

宋代以后，医家对遗精的认识更加全面，《普济本事方》中正式提出遗精与梦遗的名称。《济生方》将遗精、白浊二证同论，认为均伤精所致，其病在肾，属心肾不交。

金元时期，朱震亨则认为"梦遗，专主乎热，其因有四：用心过度、色欲不遂、有欲太过、年壮精气满泄"。

至明代，医家对遗精病因病机的认识更加深入。《景岳全书·遗精》指出："治遗精法，凡心火甚者，当清心降火；相火盛者，当壮水滋阴；气陷者，当升举；滑泻者，当固涩；湿热相乘者，当分利；虚寒冷利者，当温补下元；元阳不足，精气两虚者，当专培根本。"

三、范围

西医学中的神经官能症、前列腺炎、生殖器官炎症造成的遗精，均可参照本节内容进行辨证论治。

笔记栏

【病因病机】

本病的病因主要包含思欲不遂、饮食失节、思虑过度、恣情纵欲等，这些因素均可导致肾气不能固摄(图 8-5)。

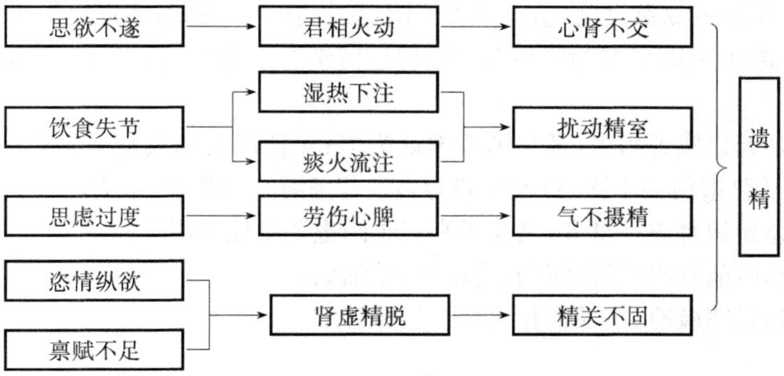

图 8-5　遗精病因病机示意图

1. 君相火动,心肾不交　凡人情志失调,劳神太过,意淫于外,则心阳独亢,心阴被灼,于是寐则神不守舍,淫梦泄精。心火久动,汲伤肾水,则水不济火,于是君火动越于上,肝肾相火应之于下,以致精室被扰,阴精失位,应梦而泻。

2. 湿热下注,扰动精室　脾胃饮食化生而输归于肾,因肾藏精。肥甘厚腻,纵酒过度,损伤脾胃,清阳不升,浊阴不降,内生湿浊,蕴而生热,或痰湿不化,郁久化火而流注于下,热扰精室。

3. 劳伤心脾,气不摄精　思虑过度,损伤心脾,中气不足,气虚无以摄精,而发生遗精。

4. 肾虚精脱,精关不固　先天禀赋不足,或频繁手淫,或房劳太过,日久导致肾虚不能固精,精气滑脱。

遗精的基本病机是正气亏虚,精关不固,或湿热、痰火下扰精室。其病变脏腑在肾,与心、肝、脾三脏密切相关。病理性质虚实夹杂,虚多实少。心、肝、脾、肾诸脏失调,均可引起遗精,但病机演变至后期无不兼见肾虚精关不固,所以各型遗精都与肾有关,若肾虚久遗,则真元下渗,亦可致阴损及阳,阴阳两虚,则泄滑更甚。

【诊断】

诊断要点

(1) 已婚男子有正常性生活,但每周仍有超过 1 次遗精或成年未婚男子频繁出现遗精,每周超过 2 次,或清醒时不因性生活而排泄精液者。

(2) 常伴随头昏、耳鸣、神疲乏力、腰膝酸软、失眠等症状。

(3) 相关检查:直肠指诊,前列腺 B 超,精液抗原检查及前列腺液常规检查可协助病因诊断。

【鉴别诊断】

1. 溢精　成年未婚男子,或婚后久未有夫妻生活者,1 个月遗精 1～2 次,次日并无不适感觉或其他症状,属于正常生理现象,正如《景岳全书・遗精》中说:"有壮年气盛,久节房欲而遗者,此满而溢者也。"

2. 早泄　是指性交时间极短,即发生排精,甚至性交前即泄精的病证。而遗精是在没有进行性交的情况下,精液自行流出。

3. 精浊　是指尿道口时时流溢出白色糊状黏稠物,量少,滴沥不断,茎中作痒作痛,痛甚犹如刀割火灼,见于尿前或尿后。而遗精则无疼痛感,多发生于睡眠当中。

【辨证论治】

一、辨证要点

1. 辨别病位

心:病因为劳心太过,或欲念妄想,致君相火动引起的遗精,多责之于心。(心病)

笔记栏

肾：病因为先天不足或纵欲过度，引起精关不固，无梦滑泄的遗精，多责之于肾。(肾病)

虽然前人有“有梦为心病，无梦为肾病”之说，但还需结合发病新久，以及脉证表现等，才能正确辨别病位。

2. 辨别虚实　初起以实证为多，日久则以虚证为多；实证以君相火动及湿热痰火流注，扰动精室为多；虚证以心脾受损及肾虚精关不固，封藏失职为多。若虚而有热象者，多为阴虚火旺。

3. 辨别阴阳　遗精属肾虚不藏者，又应辨别偏于阴虚还是偏于阳虚。

阴虚：头昏目眩，腰酸耳鸣，形体瘦弱，舌质红，脉细数。

阳虚：面色无华，畏寒肢冷，小便清长，舌质淡，脉沉细。

二、治疗要点

1. 治疗原则　补虚泻实为治疗遗精的基本原则，具体应用视阴阳虚实等不同而各异。

2. 虚实异治　实证以清泄为主，心火亢盛，则清心泻火；湿热痰火流注，则清热利湿，切忌固涩，以防闭门留寇。虚证以补涩为主，心脾亏虚，则益气健脾；肾虚不固，则补肾固精，而肾虚又可分为肾阴虚、肾阳虚两种，肾阴虚以滋阴补肾为主，肾阳虚以温肾助阳为主。

三、分证论治

1. 心肾不交

临床表现：① 少寐多梦，每多梦中遗精；② 头昏且晕，心烦心悸，精神不振，神疲乏力，小便赤热；③ 舌红，苔薄黄，脉细数。

证候辨析：君火亢盛，心阴暗耗，心火不能下交于肾，肾水不能上济于心，水亏火旺，扰动精室，故梦遗。心火内动，神不守舍，故少寐多梦。心火偏亢，火热耗伤心阴，心失所养，故心烦心悸。上不能荣养清窍，故头昏且晕。外不能充养肌体，故精神不振，神疲乏力。心火下移小肠，热入膀胱，故小便赤热。舌红，苔薄黄，脉细数，均为阴虚火旺之象。临床具备①+②或①+③均可辨为心肾不交型。

治法：清心安神，滋阴清热。

代表方：黄连清心饮合三才封髓丹加减。

常用药：黄连清心饮中黄连清泄心火；生地黄、当归滋阴和血；枣仁、茯神、远志安神养心；莲子清心摄精；人参、甘草益气和中。三才封髓丹中天冬、熟地黄滋水养阴；黄柏清热泻火坚阴；砂仁理气健脾，顾护中焦。

若久遗伤肾，阴虚火旺者，可用知柏地黄丸或大补阴丸加减，以滋阴泻火；梦遗日久，心悸心烦，失眠症状明显者，可予安神定志丸加减，以宁心安神。

2. 湿热下注

临床表现：① 遗精频作，或尿时有少量精液流出；② 心烦少寐，口苦或渴，胸闷脘胀，小便热赤浑浊，大便溏臭不爽；③ 舌红，苔黄腻，脉濡数。

证候辨析：湿热下注，扰动精室，故遗精频作，甚则尿时流精。湿热上蒸，扰动心神，故心烦少寐，口苦或渴。湿热痰火蕴结中焦，故胸闷脘胀。湿热下注膀胱，故小便热赤浑浊。湿热蕴阻肠道，传化失常，故大便溏臭不爽。舌红，苔黄腻，脉濡数，均为湿热痰火蕴滞之象。临床具备①+②或①+③均可辨为湿热下注。

治法：清热利湿，化痰清火。

代表方：程氏萆薢分清饮加减。

常用药：萆薢、黄柏、茯苓、车前子清热利湿；莲子心、丹参、菖蒲清心化痰安神；白术健脾利湿，诸药合用，使热清湿去，则遗精自止。

若痰火内盛者，可加黄连、黄芩、苍术、厚朴以加强清热化痰之力；若尿时不爽，少腹及阴部作胀，为病久夹有瘀热之象，可加败酱草、赤芍以化瘀清热；若湿热下注肝经，症见阴囊潮湿瘙痒，小便短赤，口苦胁痛，可用龙胆泻肝汤以清热利湿。应该注意，本型遗精是因湿热痰火下注，疏泄失常所致，故不宜早投固涩之品。

笔记栏

3. 劳伤心脾

临床表现：① 劳则遗精，心悸怔忡，失眠健忘；② 面色萎黄，肢体倦怠乏力，纳差便溏；③ 舌淡苔薄，脉弱。

证候辨析：过劳则损伤中气，气虚则不能摄精，故见遗精。心主藏神，曲运神机，思虑过度，则心神不宁，故心悸怔忡，健忘失眠。脾主运化，脾气不足，水谷精微无以充养四肢，则面黄肢倦，纳少便溏。舌淡苔薄，脉弱，均为心脾两虚之象。临床具备①＋②或①＋③均可辨为劳伤心脾型。

治法：调补心脾，益气摄精。

代表方：妙香散加减。

常用药：人参、黄芪、甘草益气生精；山药、茯苓益气健脾；远志、辰砂清心安神；木香、桔梗理气升清。

若中气下陷明显者，宜加升麻、柴胡或改用补中益气汤加减；若食少便溏甚者，加山楂、神曲、薏苡仁健脾化湿；若心脾血虚明显者，可改用归脾汤加减，以健脾养心。

4. 肾虚不固

(1) 肾阴虚

临床表现：① 梦遗频作，甚至滑精；② 腰膝酸软，眩晕，心烦失眠，耳鸣健忘，低热，颧红，形瘦盗汗；③ 舌红少苔，脉细数。

证候辨析：肾精亏耗，肾虚不藏，而见遗精频作，甚至滑精。腰为肾之府，肾虚故腰膝酸软；肾阴不足，不能生髓上盈脑海，故眩晕耳鸣，健忘失眠。阴虚生内热，故见心烦，低热，颧红，形瘦。阴虚阳浮，逼液外泄，故见盗汗。舌红少苔，脉细数，均为阴虚内热之候。临床具备①＋②或①＋③均可辨为肾阴虚型。

治法：滋阴补肾，固涩生精。

代表方：左归丸加减。

常用药：熟地黄、山药、山茱萸滋补肾阴；菟丝子、枸杞子、鹿角胶、龟甲胶、川牛膝补肾生精壮腰。

(2) 肾阳虚

临床表现：① 滑泄久遗；② 精神不振，面色苍白或枯槁无华，畏寒肢冷，阴部有冷感，夜尿多或尿少浮肿，溲色清白，余沥不尽；③ 舌淡嫩，有齿痕，苔白滑，脉沉细。

证候辨析：遗精日久不愈，下元虚惫，气失所摄，精关因而不固，故滑精频作。元阳亏虚，气血不足，故精神不振，畏寒肢冷，阴部有冷感；不能上荣于面，故面色无华。肾阳既衰，膀胱气化失司，固摄无权，故尿少浮肿或夜尿多，溲色清白，余沥不尽。舌淡嫩，有齿痕，苔白滑，脉沉细，均为肾阳虚衰之象。临床具备①＋②或①＋③均可辨为肾阳虚型。

治法：温肾助阳，固涩止遗。

代表方：右归丸加减。

常用药：肉桂、附子、鹿角胶温养肾阳；熟地黄、山药、山茱萸、枸杞子培补肾阴；杜仲强腰益精；菟丝子补益肝肾；当归补血行血。

应该注意的是，无论是肾阴虚还是肾阳虚，均应在补肾益精的同时，佐以固涩止遗法，可合用金锁固精丸、水陆二仙丹；本证若由心肾不交发展而来，除补肾益精外，还应辅以宁心安神法，可选用斑龙丸、桑螵蛸散。

【其他治法】

一、中成药

1. 六味地黄丸　口服，一次 6 g，一日 2 次。具有滋补肾阴的功效。适用于肾阴虚引起的遗精。

2. 金匮肾气丸　口服，一次 9 g，一日 2 次。具有温阳补肾的功效。适用于肾阳虚引起的遗精。

二、针灸

选择肾俞、关元、气海、志室、八髎穴为基本主穴。虚证多用补法，实证多用泻法。

三、饮食辅助疗法

北五味子 500 g，洗净，水浸，去核，再以水洗，核取尽，余味通置砂锅中，以布滤过，入好冬蜜3 000 g，炭火慢熬成膏。每空腹服一二匙。适用于肾虚不固之遗精。

笔记栏

【转归预后】

遗精初起，一般以实证为多见，日久不愈，可逐渐转变为虚证。在病理演变过程中，还可出现虚实夹杂之证。阴虚者可兼有火旺，肾虚者可兼有湿热痰火。精属阴液，故开始多以伤及肾阴为主；但精与气互生，阴与阳互根，所以病久往往表现为神气虚弱，甚至导致肾阳衰惫。因此，遗精日久，可兼见早泄，或发生阳痿、不育。综观遗精一证，经过适当的调摄治疗，预后良好。

【预防调护】

（1）注意精神调养，排除杂念，清心寡欲。

（2）避免过度脑力劳动，丰富文体活动，适当参加体力劳动，做到劳逸结合。

（3）节制性欲，戒除手淫，睡前用温水泡脚，被褥不宜过厚，衬裤不宜过紧，改变趴睡等不良睡姿。

（4）少食肥甘厚腻及辛辣刺激性食品，如辣椒、油条、浓咖啡、浓茶等，晚餐不宜进食过饱，戒除烟酒，养成良好的生活习惯。

【临证备要】

一、辨病思路

遗精常见于西医学中的神经官能症、前列腺炎、生殖器官炎症等疾病，是指已婚男子有正常性生活，但每周仍有超过1次遗精或成年未婚男子频繁出现遗精，每周超过2次，或清醒时不因性生活而排泄精液者。常伴随头昏、耳鸣、精神委靡、腰膝酸软、失眠健忘等症状。病前常有手淫、恣情纵欲、情志失调、饮食失节等病史，直肠指诊、前列腺B超、精液抗原检查及前列腺液常规检查可协助明确诊断。

二、辨证思路

1. 不同证候的临床表现特点与病变部位 一般而言，每多梦中遗精，头昏且晕，心烦心悸，精神不振，小便赤热者，多属心肾不交，病变部位多在心、肾；遗精频作，心烦少寐，胸闷脘胀，小便热赤浑浊，大便溏臭不爽者，多属湿热下注，病变部位多在脾；劳则遗精，心悸怔忡，面色萎黄，倦怠乏力，纳差便溏者，多属心脾受损，病变部位多在心、脾；滑泄久遗，腰膝酸软，心烦失眠，耳鸣健忘，颧红盗汗，或精神不振，面色苍白，畏寒肢冷，夜尿多或尿少浮肿者，均属肾虚不固，病变部位则在肾。

2. 遗精病理性质的特点 遗精病性有虚实之分，且多虚实夹杂。初起以实证为多，日久则以虚证为多。实证以君相火动及湿热痰火流注，扰动精室为多；虚证以心脾亏虚及肾虚精关不固，封藏失职为多。日久若相火、痰热灼伤肾阴，而致肾阴亏虚，甚或阴损及阳而成阴阳两虚、肾阳衰惫等各种虚证。且在病理演变过程中又常会出现阴虚火旺、阴虚湿热等夹杂之证。因此治疗上应分清虚实，辨证论治。

三、治疗注意

（1）君相火旺，心肾不交所致遗精，本属阴虚火旺，但久则最易耗伤肾阴，转致肾虚不藏，精关不固。故治疗在清心泻火，滋阴清热的同时，应兼顾及肾，但勿专用益肾补精、固涩之法。

（2）湿热痰火下注之遗精，当以清热利湿为主，不可早投固涩之品，恐留滞湿热，反使此证缠绵难愈。

（3）因思虑过度，劳伤心脾，致心脾气虚，清阳下陷，气不摄精，它不是清降收涩所能收效，必须益气升清。若出现心神浮越、心火不宁之变证，其病机与阴损火旺有别，不可妄用清心降火，应重在养血煦脾，以裕心血而安神明。

笔记栏

（4）久病肾亏，阴阳两虚者，用药不能一味滋阴，或纯用温阳，而宜阴中求阳，且应避免刚燥而选用温润之品。

（5）久遗不愈者，常兼夹痰瘀之证，可随证选用化痰祛瘀通络法治疗，往往效果良好。

（6）遗精的治疗要重视调节心理的作用，解除不良心理因素的影响，解除患者思想负担。

【文献摘录】

《金匮要略·血痹虚劳病脉证并治》:“夫失精家少腹弦急,阴头寒,目眩,发落,脉极虚芤迟,为清谷,亡血,失精。脉得诸芤动微紧,男子失精,女子梦交,桂枝龙骨牡蛎汤主之。”

《金匮翼·梦遗滑精》:“动于心者,神摇于上,则精遗于下也。”

《景岳全书·遗精论治》:“治遗精法,凡心火甚者,当清心降火;相火盛者,当壮水滋阴;气陷者,当升举;滑泄者,当固涩;湿热相乘者,当分利;虚寒冷利者,当温补下元;元阳不足,精气两虚,当专培根本。”

(刘学飞)

附

早　泄

早泄(premature ejaculation)是指性交时过早射精,甚至性交前即泄精而影响正常性生活的病证。早泄常与遗精、阳痿等病证并见。西医学中的包皮炎症、尿道炎、阴茎炎、附睾炎、慢性前列腺炎等都可引起早泄,均可参考本病证辨证论治。

本病的发生常因恣情纵欲,情志失调,或频繁手淫,禀赋不足,久病体虚而导致。其基本病机为肾失封藏,精关不固。由于肾藏精,主生殖,司精关开阖,肾之阴阳平衡,则精液藏泄正常,反之则精关开阖功能失司,精液封藏不固,出现早泄。

早泄病位在肾,主要与心、脾、肝关系最为密切。以虚证居多,主要为心、脾、肾虚;实证少见,主要为肝经湿热。因此辨证应分清虚实,虚证宜补,但慎用补涩,以防恋邪;实证宜清,但忌苦寒太过,伤及脾胃。

1. 肝经湿热

临床表现:① 泄精过早;② 阴囊潮湿瘙痒,口苦咽干,胁肋胀痛,小便热赤;③ 舌红,苔黄腻,脉弦滑。

证候辨析:肝经疏泄失常,湿热下注。临床具备①+②或①+③均可辨为肝经湿热型。

治法:清热利湿。

代表方:龙胆泻肝汤加减。

常用药:龙胆草、栀子、黄芩清泻肝火;泽泻、木通、车前子清热利湿;柴胡疏肝理气;当归、生地黄柔肝坚阴。

如少腹及阴部胀痛,尿赤不爽,为久病夹有瘀热,可加败酱草、金银花、淡竹叶、赤芍等清热化瘀。

2. 阴虚火旺

临床表现:① 临房早泄,阳事易举或举而不坚;② 头晕目眩,耳鸣,口燥咽干,失眠心烦,腰膝酸软,梦遗滑精;③ 舌红少苔,脉细数。

证候辨析:相火妄动,扰动精室。临床具备①+②或①+③均可辨为阴虚火旺型。

治法:滋阴降火。

代表方:知柏地黄丸加减。

常用药:知母、黄柏滋阴泻火;熟地黄、山茱萸、山药养阴填精;泽泻、牡丹皮、茯苓清降虚火,淡渗利湿。

若频繁早泄者,可加金樱子、芡实、沙苑子、桑螵蛸等益肾固精。

3. 阴阳两虚

临床表现:① 早泄或伴遗精,阳痿精薄;② 畏寒肢冷,面色苍白少华,精神委靡,腰膝酸软无力;③ 舌淡苔薄,脉沉细。

证候辨析:肾失固摄,精关不固。临床具备①+②或①+③均可辨为阴阳两虚型。

治法:阴阳双补。

代表方:金匮肾气丸加减。

常用药:熟地黄、山药、山茱萸滋阴补肾填精;附子、桂枝温肾助阳;牡丹皮、泽泻、茯苓清泻肝火,以使补而不腻。可酌加龙骨、金樱子、芡实涩精止泻。若精液清冷稀薄,酌加淫羊藿、紫河车、桑椹子以补肾生精。

4. 心脾亏虚

临床表现:① 早泄遗精;② 心慌气短,神疲乏力,面色萎黄,失眠健忘,食欲减退,大便溏薄;③ 舌淡,脉细。

证候辨析:心脾损伤,气不摄精。临床具备①+②或①+③均可辨为心脾亏虚型。

治法:健脾养心。

笔记栏

代表方：归脾汤加减。

常用药：人参、黄芪、白术、甘草、生姜、大枣补脾益气；当归补益肝血；酸枣仁、茯神、龙眼肉、远志补益心脾，宁心安神；木香理气醒脾。

中气下陷明显者，可改用补中益气汤加减，以益气升清；若食少便溏甚者，可加山楂、神曲、薏苡仁以健脾助运。

本病基本病机虽是肾失封藏，精关不固，但其病有虚有实，须注意益肾、健脾、养心、利湿、清热等法的辨证应用，不可一味行补肾之法。早泄患者平时应注重运动锻炼，饮食合理，控制体重，少烟酒，戒除手淫，避免压力过大，保持情绪舒畅，预后相对较好。

（刘学飞）

第六节　耳 鸣、耳 聋

【概述】

一、定义

耳鸣(tinnitus)、耳聋(deafness)都是听觉异常的症状。以患者自觉耳内鸣响，如闻潮声，或细或暴，妨碍听觉的称耳鸣；听力减弱，妨碍交谈，甚至听觉丧失，不闻外声，影响日常生活的称为耳聋。

二、源流

耳鸣、耳聋，最早见于《内经》。《灵枢・口问》说："故上气不足，脑为之不满，耳为之苦鸣，头为之苦清，目为之眩"。《灵枢・决气》指出："精脱者耳聋"。《灵枢・海论》又说："髓海不足，则脑转耳鸣。"《素问・气交变大论》指出："炎暑流行，金肺受邪，民病……耳聋"；"燥气流行，肝木受邪，民病……耳无所闻"。从以上论述中，可见在《内经》成书的年代，耳鸣、耳聋在病因上已可区分为外感、内伤，在辨证上也有虚实不同，为后世认识本病奠定了基础。

至隋唐时期，《诸病源候论・耳病诸候》认为："肾气通于耳，足少阴，肾之经，宗脉之所聚，劳动经血，而血气不足，宗脉则虚，风邪乘虚随脉入耳，与气相击，故为耳鸣"，指出耳鸣、耳聋与肾虚有关。而《济生方・耳论治》则指出疲劳过度，精气内虚，风寒暑湿之邪乘虚而入，以及喜怒忧思七情郁结而致的内伤，均可导致耳鸣、耳聋。对耳鸣、耳聋的病因认识更加全面。

金元时期，《丹溪心法・耳聋》中指出："耳聋皆属于热"。朱震亨认为，少阳厥阴患病而耳聋，亦是热多；还有阴虚火动耳聋。因邪化火耳聋等，即使大病后耳聋亦应降火。《明医杂著・卷三》认为："耳鸣证或鸣甚如蝉，或左或右，或时闭塞，世人多作肾虚治不效，殊不知此是痰火上升，郁于耳中而为鸣，郁甚则壅闭矣；若遇此证，但审其平昔饮酒厚味，上焦素有痰火，只作清痰降火治之。"更是在热的基础上提出了痰火致鸣的理论。

至清代，医家对耳鸣、耳聋的论述更加丰富，如《寓意草》从痰治，《医林改错》从瘀治，等等，对耳鸣、耳聋的认识日趋成熟。

三、范围

耳鸣、耳聋可见于西医学很多疾病中，内科方面如药物中毒、贫血、高血压、脑动脉硬化、内耳眩晕，以及神经官能症等。五官科方面有外耳病变(如外耳道炎等)、鼓膜病变(如鼓膜穿孔、破裂等)、中耳病变(如中耳炎、中耳硬化症等)。以上各种疾病(主要是内科疾病)出现耳鸣、耳聋时，均可参照本节辨证论治。

笔记栏

【病因病机】

本病的发生，多与感受风邪或风热，忧思郁怒，过食肥甘或腻，脾虚久病或先天禀赋不足，恣情纵欲等因素有关(图 8-6)。

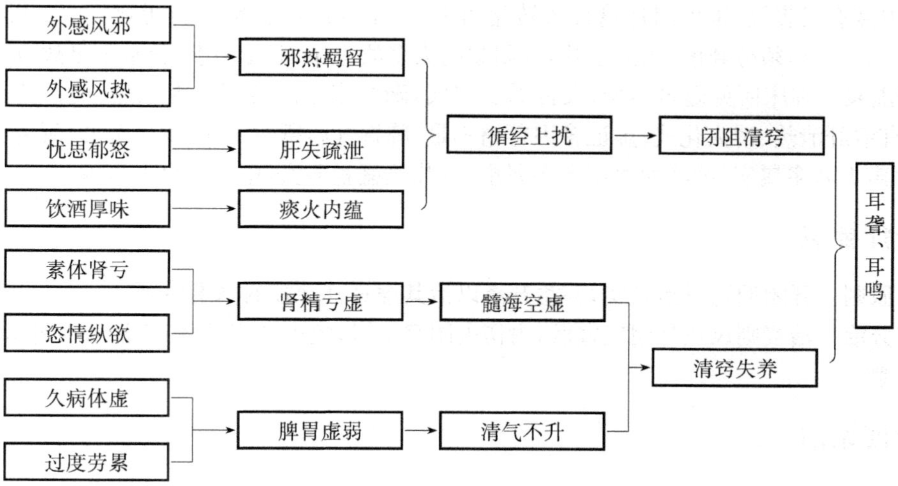

图 8－6　耳鸣、耳聋病因病机示意图

1. 外邪侵袭　感受风邪或风热，循经上扰，壅闭清窍，可致耳鸣、耳聋；或反复感冒，邪热蒙窍，亦可引起耳鸣、耳聋。

2. 情志失调　忧思郁怒，情志不畅，日久肝气失于疏泄条达，郁而化火，或暴怒气逆，肝胆之火循经上扰，引起耳鸣、耳聋。

3. 痰浊阻耳　平素嗜饮酒厚味，痰浊内盛，上阻清窍而致耳鸣、耳聋，或因素有湿热，蕴聚成痰，郁久化火，痰火上扰，壅塞清窍。

4. 肾精亏虚　素体肾虚，或恣情纵欲，或病后精气失充等，均可导致肾精耗伤，髓海空虚，发生本病。

5. 脾胃虚弱　过度劳累或病后脾胃虚弱，气血生化之源不足，清气不升，不能上荣清窍。

本病的发生可由外感、内伤引起。急性热病、反复感冒，可致邪热稽留清窍；由内伤七情所致的耳鸣、耳聋，除先天性耳窍失聪外，多与肝、胆、脾、肾诸脏的功能失调有关，尤其与肾的关系更为密切。故《内经》云："肾气通于耳，肾和则耳闻五音"；此外由于药物因素、烟酒过量、感受暴震、外伤、脓疡等均可导致耳鸣、耳聋的发生。

【诊断】

诊断要点

(1) 耳鸣的表现是经常或间歇性地自觉耳内鸣响，或如蝉声，或如潮声，或如雷鸣，难以忍受。耳聋的表现为听力减退，甚至完全消失，不闻声音。

(2) 可伴随出现耳道阻塞感，耳道疼痛，耳道奇痒，耳郭疼痛，耳道流脓等症状。检查耳部，可有局部压痛，红肿，外耳道有脓血等体征。但亦有耳部无任何改变，一如常人者。

(3) 了解有无应用奎宁、水杨酸钠、链霉素、卡那霉素、庆大霉素等用药史，以及烟酒史可协助诊断。

(4) 注意排除耳部外科疾患引起的耳鸣、耳聋，必要时行相关专科检查。

【鉴别诊断】

聋哑　耳鸣、耳聋多见于成年人，听力虽然下降或失聪，但无口哑；而聋哑多见于幼儿，有先天所致者，亦有后天热病所致，一般先耳聋后口哑。

【辨证论治】

一、辨证要点

1. 辨别新旧　新聋是指突然出现的耳聋，亦称突聋。多由于外邪侵袭或痰火上扰所致。旧聋是指逐渐出现听力减退或丧失，也可因耳鸣日久转化而来，多由肾虚或脾胃虚弱所致。正如《医学入门·耳聋》所说："耳鸣、耳聋，须分新旧，新聋多热，少阳阳明火多故也"；"旧聋多虚，肾常不足故也"。

2. 辨别虚实　临床所见虚多实少，大抵暴发多实，渐起多虚。实证多因风热、痰、火所致，多责在肝胆、阳明，治宜清肝泄热、清火化痰；虚证多因肾精不足、脾胃气虚所致。如《景岳全书》所说："耳鸣当辨虚实，凡暴鸣而声大者多属实，渐鸣而声细者多属虚，少壮热盛者多实，中衰无火者多虚。"

二、治疗要点

1. 治疗原则　开闭通窍以治其实，补益升清以治其虚是其治疗的基本原则。

2. 虚实分治　治实则风热外闭宜宣散，内伤火闭宜清泄，痰火者宜清降，气滞者宜疏导；治虚则补肾填精，益气健脾。

三、分证论治

1. 风热上扰

临床表现：① 外感热病中，猝然耳鸣、耳聋或伴有耳内作痒；② 头痛恶风或有发热，骨节酸痛等表证；③ 舌苔薄白或薄黄，脉浮或浮数。

证候辨析：风邪外袭，循经上扰，正气与邪气相搏，故猝然耳鸣、耳聋。外邪上扰，耳窍被遏，故耳内作痒。风邪束于肌表，故有头痛恶风或有发热，骨节酸痛等表证。舌苔薄白或薄黄，脉浮或浮数，均为外感风邪之象。临床具备①+②或①+③均可辨为风热上扰型。

治法：散风清热。

代表方：银翘散加减。

常用药：金银花、连翘、甘草清热透邪；荆芥穗、豆豉解表疏风；桔梗清热化痰；竹叶、芦根清热生津。

若见发热，咽喉肿甚，可加马勃、玄参、板蓝根、大青叶以清热解毒；兼有胸闷、太息者，可加用香附、柴胡以疏肝行气。

2. 肝胆火盛

临床表现：① 猝然耳鸣、耳聋，头痛面赤、口苦咽干；② 心烦易怒，怒则鸣聋更甚，胸胁胀痛，大便秘结，夜寐不宁；③ 舌红，苔黄，脉弦数。

证候辨析：情志失调，郁怒伤肝，肝胆之火循经上壅于耳，清窍失灵，则猝然耳鸣、耳聋。头痛面赤，口苦咽干，胸胁胀痛皆是肝胆之火上逆之症，怒则火升，鸣聋更甚。肝胆火旺，扰动心神，故心烦易怒，夜寐不宁。肝火内郁，肠中津液被灼，故大便秘结。舌红，苔黄，脉弦数，均为肝胆火盛之象。临床具备①+②或①+③均可辨为肝胆火盛型。

治法：清肝泻火。

代表方：龙胆泻肝汤加减。

常用药：龙胆草、栀子苦泻胆火；柴胡、黄芩疏肝清热；木通、车前子、泽泻导热下行；生地黄、当归滋阴养肝。

胸胁胀痛明显者，可加用白芍、川楝子、桃仁、红花等行气活血；下焦湿热不甚者，可酌减木通、泽泻等药；大便秘结者，可加大黄以通腑泄热。

3. 痰火郁结

临床表现：① 两耳蝉鸣，时轻时重，有时闭塞如聋；② 胸中烦闷，痰多口苦；③ 舌红，苔薄黄而腻，脉弦滑或滑数。

证候辨析：痰火上升，郁于耳中，壅阻清窍，故耳鸣，甚则气闭而失聪。痰火郁结，故见胸中烦闷，痰多口苦。舌红，苔薄黄而腻，脉弦滑或滑数，均为痰火内蕴之象。临床具备①+②或①+③均可辨为痰火郁结型。

治法：化痰清火。

代表方：温胆汤加减。

常用药：陈皮、半夏燥湿化痰；茯苓健脾渗湿；竹茹、枳壳清热化痰除烦。

若痰热重者，可加黄连、胆南星以清热化痰；夜寐不安，心虚胆怯者，可加人参、熟地黄、五味子、酸枣仁、远志以养心安神；若体壮邪实者，可改为礞石滚痰丸加减以祛痰逐邪。

笔记栏

4. 肾精亏虚

临床表现：① 耳鸣耳聋，久延难止；② 偏于肝肾阴虚者，兼有头晕目眩，腰酸遗精，舌红，脉细弱或弦细；③ 偏于肾阳不足者，兼有肢体酸软，腰冷畏寒，阳痿早泄，舌淡苔薄，脉沉细。

证候辨析：精血衰少，不能上充于清窍，故耳鸣、耳聋。若偏阴虚者，以肝肾阴虚为主，精血不足，清窍失养，故见眩晕。肾阴不足，相火妄动，干扰精室，则腰酸遗精。舌红，脉细弱或弦细均为肝肾阴虚之象。若偏阳虚者，以肾阳不足为主，无以温煦肢体，则肢体酸软，畏寒腰冷。肾阳亏虚，失于固摄，则见阳痿早泄。舌淡苔薄，脉沉细，均为肾阳不足之象。临床具备①可辨为肾精亏虚型；①＋② 可辨为偏阴虚型；①＋③ 可辨为偏阳虚型。

治法：偏阴虚型则补肾益精，滋阴潜阳；偏阳虚型则补肾填精，温肾助阳。

代表方：偏阴虚型用耳聋左慈丸加减；偏阳虚型用补肾丸加减。

常用药：耳聋左慈丸中熟地黄、山茱萸、山药共奏滋阴补肾之功；泽泻、茯苓、牡丹皮以防滋补滞腻；五味子滋肾养阴；磁石镇肝。补肾丸中肉苁蓉、菟丝子、巴戟天、羊肾补肾；当归养血；人参、黄芪益气；干生地黄、石斛滋阴；附子、肉桂补阳。

若肝阴亏损明显者，可加女贞子、墨旱莲、枸杞子以滋阴养肝；若见阳痿早泄或腰酸遗精者，可加淫羊藿、阳起石、覆盆子、金樱子、五味子以温肾固涩。

5. 脾胃虚弱

临床表现：① 耳鸣、耳聋，时轻时重；② 休息暂减，烦劳加重，倦怠乏力，神疲食少，大便易溏；③ 舌淡胖有齿痕，苔薄，脉细弱。

证候辨析：久病或过度疲劳，致脾胃虚弱，阳气不能上奉清窍，故耳鸣、耳聋。中气不足，气血生化乏源，则神疲。肢体失养，故倦怠乏力。脾胃运化失司，则食少便溏。舌淡胖有齿痕，苔薄，脉细弱，均为脾胃受损之象。临床具备①＋②或①＋③均可辨为脾胃虚弱型。

治法：益气升清。

代表方：益气聪明汤加减。

常用药：人参、黄芪、升麻益气升提；葛根、蔓荆子引药至耳部；黄柏、芍药反佐和降，以清阴火。

若见心悸、气短、失眠者，可加五味子、远志、酸枣仁、首乌藤以宁心安神；若气虚下陷明显者，亦可改用补中益气汤加减以补气升提。

【其他治法】

一、中成药

耳聋左慈丸 口服，一次 6 g，一日 2 次。具有滋肾平肝之效。适用于耳鸣、耳聋有肝肾阴虚者。

二、针灸

选择风池、翳风、听宫、听会、曲池、外关、合谷、足三里等为基本穴位，随证配伍取穴，如肝胆火盛可加太冲、丘墟，痰火郁结可加丰隆、中渚等穴，效果往往甚佳，实证针用泻法，虚证针用补法；灸法可灸百会、中脘、关元、足三里，用艾炷温和灸或悬灸患部腧穴，适用于耳鸣、耳聋偏阳虚者。

三、饮食辅助疗法

核桃肉 3 只，五味子 3 粒，蜂蜜适量，于睡前嚼服。适用于耳鸣、耳聋属肾精亏虚者。

【转归预后】

耳鸣若治疗不及时或治疗不当，可转化为耳聋。积极查找发病原因，如因药物中毒、暴震或耳疾伤及鼓膜，及老年人生理性听力衰退所致的耳鸣、耳聋，则不易治愈；新聋、暴聋患者若治疗及时得当，则愈后较佳。

笔记栏

【预防调护】

(1) 耳鸣、耳聋的预防,应根据内因采用不同的措施。如产生暴聋的主要原因有外邪侵袭、厥气上逆,因此,注意寒温,增强体质,预防风热、风毒之侵袭,以及怡神养心,少怒气和,经气和平,不致上逆,均可预防暴聋之产生。若痰火素盛者,宜常服化痰清火之品。若肝胆之火偏盛者,宜平时服用清肝之药。产生久聋的重要原因是肾虚、气血不足,因此,避免劳倦,保精培元,对预防本病均有重要意义。

(2) 注意耳道的清洁与干燥,有分泌物及异物应及时清除,耳内进水应禁止挖耳,避免用力擤鼻,以免损伤耳道鼓膜。

(3) 防止噪声损伤,避免长时间戴耳塞听音乐或在强噪声下工作生活;避免烟酒过量,少食煎炸炙烤之品。

【临证备要】

一、辨病思路

耳鸣、耳聋都是患者听觉功能异常的表现,耳鸣是患者自觉耳内鸣响,或高或低,或细或暴;耳聋是患者听力有不同程度的障碍,甚则听力丧失。耳鸣、耳聋可见于西医学很多疾病之中,如药物中毒以及贫血、高血压、脑动脉硬化、内耳眩晕、神经官能症等内科方面或外耳病变、鼓膜病变、中耳病变等外科方面。多与感受风寒或风热、思虑忧郁、暴怒恐惧、嗜食膏粱厚味、体虚久病、脾胃虚弱、劳累过度或恣情纵欲等因素有关,也有因雷炮震伤、跌倒损伤等外在因素所致者。并应了解患者有无应用奎宁、水杨酸钠、链霉素、卡那霉素、庆大霉素等用药史,以及烟酒史。所以明确耳鸣、耳聋的病因、病史对于疾病的诊治具有非常重要的意义。

二、辨证思路

耳鸣、耳聋的证候有虚有实,以虚证尤为多见。一般暴起者多实,渐起者多虚。实证多因风热、痰、火所致,多责在肝胆、阳明;虚证多由肾精不足、脾胃气血虚弱所致。实证表现头痛恶风或有发热,骨节酸痛,耳内作痒,脉浮或浮数者为风热;头痛面赤、口苦咽干,心烦易怒,怒则鸣聋更甚,脉弦数者为火;形体肥胖,两耳蝉鸣,时轻时重,有时闭塞如聋,痰多,舌红,苔黄腻,脉弦滑者属痰。虚证表现头晕目眩,腰酸遗精,肢体酸软,腰冷畏寒,阳痿早泄者属肾精不足;耳鸣、耳聋烦劳加重,倦怠乏力,神疲食少,面色萎黄,大便溏泄,舌淡胖有齿痕,苔薄,脉细弱者为脾胃气血虚弱。耳鸣、耳聋暴起以标实为主,延久不愈以本虚为主,久鸣久聋而又突然加重,则多属本虚标实。

三、治疗注意

1. 正确使用清热之法　外感风邪应治疗有别,若风热所致,宜疏风清热,如需疏上通窍,只可少用微辛凉泄之品,取其轻清透泄之功;若邪热鸣聋,属少阳证者,病在半表半里,治宜和解,可用小柴胡解表透邪,清热和里;风热夹少阳胆火上扰,治宜清泻肝胆之火;若暑热温邪上犯耳道,治宜轻清泄降;若热病后期,或反复感冒后耳鸣、耳聋不愈者,此病后脾胃肝胆余热,不可多用清降之品,可予醒脾和胃、滋阴增液之剂,病可渐愈。

2. 补脾益气法的应用　脾胃虚弱者在补脾益气之时慎用滋腻碍胃之品,因土生金,故脾气不足则肺气亦不足,因此治疗上应脾肺气阴双补,以益气升清;补脾的同时兼顾补肾,往往可收到较好的效果,尤其肾虚者只能缓缓求治,不可急切求功,如果妄用通散之品,反而会加重肾虚的症状,犯"虚虚"之戒。

3. 正确使用清化痰热之法　痰火郁结者宜化痰清火,但如兼夹郁滞不解者要注意调气泄郁,不可一味降痰。痰火之证,后期病机往往向火灼阴伤转变,治法应以清热生津、滋阴补肾为主,不再拘泥于痰火之法。

笔记栏

【文献摘录】

《古今医统大全·耳聋》:"凡人大病之后而耳聋者,多是气虚。若老人耳听渐重,亦是气虚。"

《景岳全书》:“耳鸣当辨虚实,凡暴鸣而声大者多属实,渐鸣而声细者多虚,少壮热盛者多实,中衰无火者多虚。”

《寓意草》:“滚痰丸一方,少壮用之多有效,以黄芩、大黄、沉香之苦,最能下气,而礞石之重坠,又与磁石之用相仿也。”

(刘学飞)

笔记栏

第九章　气血津液疾病

导　学

本章主要介绍郁证、血证、痰饮、消渴、汗证、内伤发热、虚劳、肥胖、癌病等气血津液疾病的概述、病因病机、诊断、鉴别诊断、辨证论治、其他治法、转归预后、预防调护、临证备要和文献摘录等内容。

目的要求

1. 掌握郁证的定义、病因病机、辨证要点、治疗要点及分证论治；血证的定义以及吐血、便血、尿血、紫斑的分证论治；痰饮的定义、治疗要点，痰饮、悬饮的分证论治；消渴的定义、病因病机、诊断要点、辨证要点、治疗要点及分证论治；自汗、盗汗的定义、治疗要点及分证论治；内伤发热的定义、诊断要点、与外感发热的鉴别诊断、治疗要点及分证论治；虚劳的定义、治疗要点及分证论治；肥胖的定义、分证论治；癌病的定义、分证论治。

2. 熟悉郁证的诊断要点及其与虚火喉痹、噎膈、癫病的鉴别诊断，气、血、痰、火、湿、食六郁的特征及其相互关系；血证的诊断要点、辨证要点、治疗要点以及鉴别诊断，鼻衄、齿衄、咳血的分证论治；痰饮的狭义与广义概念、病因病机、诊断要点、鉴别诊断以及辨证要点；消渴的发生与阴虚、燥热、血瘀的关系，上消、中消和下消的区别和相互关系；自汗、盗汗的病因病机、诊断要点、辨证要点，自汗、盗汗与脱汗、战汗、黄汗的鉴别诊断；内伤发热的病因病机、辨证要点；虚劳的病因病机、诊断要点、辨证要点，五脏气血阴阳亏虚的区别及相互关系；肥胖的病因病机、诊断要点、辨证要点、治疗要点；癌病的病因病机、诊断要点、辨证要点、治疗要点。

3. 了解郁证、血证、痰饮、消渴、汗证、内伤发热、虚劳、肥胖、癌病等气血津液疾病在西医学中的范围、其他治法、转归预后、预防调护。

气血津液是维持人体生命活动的重要基础物质，又是脏腑组织生理活动的产物。在外感、内伤等多种致病因素影响下，脏腑功能失调，引起气、血、津液的运行和输布失司、统摄失常、生成不足或耗损太过，发生郁滞、停聚、溢泄、亏虚等多种病理变化，从而导致病证发生。如气机郁滞引起的郁证；血溢脉外引起的血证；水液停留引起的痰饮；阴津亏耗引起的消渴；津液外泄过度引起的汗证；气血水湿郁滞或气血阴阳亏虚引起的内伤发热；气血阴阳亏损，日久不复引起的虚劳；气虚痰湿内盛引起的肥胖；以及气、血、痰、湿、毒蕴结引起的癌病等病证。这些疾病虽由脏腑功能失调所致，但不只局限于单一脏腑，病变涉及脏腑较多，且病变范围较广。此外，积聚、瘿病亦与气滞、血瘀、痰凝密切相关，但本书按脏腑归入肝胆系疾病一章；水肿虽系水液停聚体内所致，但因其病位主要在肾，故本书将其列在肾系疾病一章。

第一节　郁　　证

【概述】

笔记栏

一、定义

郁证（depression syndrome）是指因情志不舒，气机郁滞导致的气滞、血瘀、痰湿凝结、食积、火郁，导致脏腑不和的一类病证。以心情抑郁,情绪不宁,胸部满闷,胁肋胀痛,或易怒易哭,或咽中如有异物梗塞为主要临床表现。

二、源流

先秦时期,对自然界及人体内出现的一切积聚、蓄积、不畅通现象均称为“郁”。《内经》将郁的概念引入医学,对情志失调所引起的人体脏腑、经络、气血津液的阻塞结滞等一系列病变皆归为“郁”,并有怒伤肝,喜伤心,思伤脾,忧伤肺,恐伤肾等情志致病的记载。《素问·举痛论》说:“思则心有所存,神有所归,正气留而不行,故气结矣。”《灵枢·本神》说:“愁忧者,气闭塞而不行。”《灵枢·本病论》说:“人忧愁思虑即伤心”,“人或恚怒,气逆上而不下,即伤肝也”。在治疗方面,《素问·六元正纪大论》说:“木郁达之,火郁发之,土郁夺之,金郁泄之,水郁折之。”达者,条达、通畅之意。《素问·至真要大论》还提出了“疏其气血,令其条达,而致和平”的治疗法则,这对今天的临床实践仍有指导意义。

《金匮要略·妇人杂病脉证并治》对脏躁、梅核气、百合病、奔豚气等病证作了详尽确当的阐述,并观察到这些病证多发于女性,所提出的治疗方药如甘麦大枣汤、半夏厚朴汤等沿用至今。

金元时期将郁证作为一个独立的疾病进行讨论。《丹溪心法·六郁》中说:“气血冲和,万病不生,一有怫郁,诸病生焉。故人身诸病,多生于郁。”朱震亨提出了六郁学说,认为气郁为先,其他郁证相因为病,即气郁而湿滞,湿滞而化热,热郁而成痰,痰滞而血不行,血滞而食不化,并创立了六郁汤、越鞠丸等相应的治疗方剂。

明代之后,已逐渐把情志之郁作为郁证的主要内容。郁证之名首见于明代虞抟《医学正传》。《景岳全书·郁证》将情志之郁称为因郁而病,着重论述了怒郁、思郁、忧郁三种郁证的证治。叶桂在《临证指南医案·郁》中总结了郁证的病因病机,认为“七情之郁居多”“初伤气分,久延血分,延及郁劳沉疴”,并且充分注意到精神治疗对郁病具有重要的意义,认为“郁证全在病者能移情易性”。王清任对郁证中血行郁滞的病机作了必要的强调,对于活血化瘀法在郁证治疗中的应用作出了贡献。

三、范围

西医学中的神经衰弱、癔症、焦虑症、绝经期综合征等均可参考本节内容辨证论治。

【病因病机】

郁证的发生,由情志不畅所引起,肝失疏泄,脾失健运,心失所养,脏腑阴阳气血失调是其主要病机(图 9-1)。

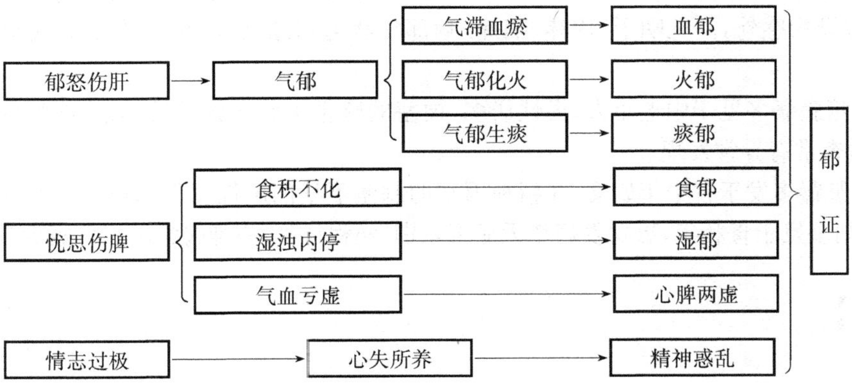

图 9-1　郁证病因病机示意图

1. 愤懑郁怒,肝气郁结　愤懑郁怒,使肝失条达,疏泄不利而致肝气郁结。气滞则血瘀,气郁日久,影响及血,使血液运行不畅而形成血郁。气郁日久化火,而成火郁。肝郁及脾,脾失健运,蕴湿生痰,形成气滞痰郁。湿浊停留,或食滞不消,痰湿化热,则可发展为气、血、痰、火、湿、食并见的复杂证候。火郁可耗伤阴血,导致证候从实转虚。

2. 忧愁思虑,脾失健运　忧愁思虑,精神紧张,或长期伏案思索,使脾气郁结,气失升降,日久胃失腐

笔记栏

熟通降,形成食郁。若运化水湿失司,水湿内停,则形成湿郁。水湿内聚,凝结为痰,则形成痰郁。痰浊可阻碍肝的疏泄功能,引起痰湿气郁。脾伤日久,气血生化不足,则可导致心脾两虚。

3. 五志过极,心失所养 各种负面精神因素刺激强度过大或长期刺激,损伤心神,使心失所养而发生一系列病变,可致心气血阴阳亏损,进而心神失守,以致精神惑乱。心虚还可影响到其他脏腑。

情志内伤是郁证的主要致病原因。但情志因素是否造成郁证,除与精神刺激的强度及持续时间的长短有关之外,也与机体本身对情绪的调节适应能力有极为密切的关系。正如《杂病源流犀烛·诸郁源流》说:"诸郁,脏气病也,其原本于思虑过深,更兼脏气弱,故六郁之病生焉",说明机体的"脏气弱"是郁证发病的内在因素。

郁证的病机主要为肝失疏泄,脾失健运,心失所养及脏腑阴阳气血失调。病变脏腑以肝、心为主,还涉及脾胃、肾。郁证初起,病变以气滞为主,常兼血瘀、化火、痰结、食滞等,多属实证。病久则由实转虚,随其影响的脏腑及损耗气血阴阳的不同,而形成心、脾、肝、肾亏虚的不同病变。如《类证治裁·郁证》说:"七情内起之郁,始而伤气,继必及血,终乃成劳。"

【诊断】

诊断要点

(1) 以忧郁不畅,情绪不宁,胸胁胀满疼痛为主要临床表现,或有易怒易哭,或有咽中如有炙脔,吞之不下,咯之不出,精神恍惚的特殊症状。脏躁的临床表现与西医学的癔症关系密切,主要需与精神分裂症相鉴别,后者具有思维障碍、知觉障碍和性格改变等的症状,如被控制感、被洞悉感、幻听、原发性妄想等。

(2) 患者大多数有忧愁、焦虑、悲哀、恐惧、愤懑等情志内伤的病史。并且郁证病情的反复常与情志因素密切相关。

(3) 多发于青中年女性。

(4) 相关检查:各系统检查及实验室检查正常,除外器质性疾病。如以咽部症状为主要表现时,需作咽部的检查。有吞之不下,咯之不出的症状时,可作食道的X线及内镜检查。

【鉴别诊断】

1. 虚火喉痹 两者的共同点是咽中有异物感。梅核气多见于青中年女性,因情志抑郁而起病,自觉咽中有物梗塞,但无咽痛及吞咽困难,咽中梗塞的感觉与情绪波动有关,当心情抑郁或注意力集中于咽部时,则梗塞感觉加重。虚火喉痹则以青中年男性发病较多,多因感冒、长期烟酒及嗜食辛辣食物而引发,咽部除有异物感外,尚觉咽干、灼热、咽痒,咽部症状与情绪无关,但过度辛劳或感受外邪则易于加重。

2. 噎膈 噎膈病多见于中老年人,男性居多,梗塞的感觉主要在胸骨后部位,吞咽困难的程度日渐加重,作食管检查常有异常发现。

3. 癫病 脏躁多发于青中年妇女,在精神因素的刺激下呈间歇性发作,意识清醒,在不发作时可如常人。而癫病则多发于青壮年,男女发病率无显著差别,病程迁延,心神失常的症状极少自行缓解。

【辨证论治】

一、辨证要点

1. 辨明受病脏腑与六郁的关系 郁证的发生主要为肝失疏泄,脾失健运,心失所养,应依据临床症状,辨明其受病脏腑侧重之差异。郁证以气郁为主要病变,但在治疗时应辨清六郁分属。一般说来,气郁、血郁、火郁主要关系于肝;食郁、湿郁、痰郁主要关系于脾;而虚证则与心的关系最为密切。

2. 辨别证候虚实 六郁病变,即气郁、血郁、化火、食积、湿滞、痰结均属实,而心、脾、肝、肾的气血阴精亏虚所导致的证候则属虚。

笔记栏

二、治疗要点

1. 治疗原则 理气开郁，调畅气机，怡情易性是治疗郁证的基本原则。

2. 虚实论治 对于实证，首当疏肝理气解郁，并应根据是否兼有血瘀、痰结、湿滞、食积等而分别采用活血、祛痰、化湿、消食等法。虚证则应根据损及的脏腑及气血阴精亏虚的不同情况而补之，或养心安神，或补益心脾，或滋养肝肾。对于虚实夹杂或夹有其他疾病者，则需根据病情，辨证处理。

3. 精神治疗 除药物治疗外，精神治疗对郁证有极为重要的作用。解除致病原因，使患者正确认识和对待自己的疾病，增强治愈疾病的信心，可以促进郁证好转、痊愈。

三、分证论治

(一) 实证

1. 肝气郁结

临床表现：① 精神抑郁，情绪不宁，喜太息；② 胁肋胀痛，痛无定处，女子月事不调或经前乳胀；③ 胸部满闷，脘闷嗳气，不思饮食，大便不调，苔薄腻，脉弦。

证候辨析：肝主疏泄，喜条达，恶抑郁，情志内伤，肝失疏泄，故悒郁不畅，情绪不宁，喜太息。肝之经脉布两胁，过膈抵少腹，会冲任，故肝气郁滞，经脉气机不畅，可见胸胁满闷疼痛，女子月事不调或经前乳胀。肝郁乘脾，可见脾失健运、升清之纳呆、脘腹痞胀、大便不调等症。苔薄腻，脉弦，为肝气郁结之象。具备①+②或①+③均可辨为肝气郁结型。

治法：疏肝解郁，理气畅中。

代表方：柴胡疏肝散加减。

常用药：柴胡、香附、枳壳、陈皮疏肝解郁，理气畅中；川芎、芍药、甘草活血定痛，柔肝缓急止痛。

胁肋胀满疼痛较甚者，可加郁金、青皮、佛手疏肝理气；肝气犯胃，胃失和降，而见嗳气频作，脘闷不舒者，可加旋覆花、代赭石、苏梗、法半夏和胃降逆；兼有食滞腹胀者，可加神曲、麦芽、山楂、鸡内金消食化滞；兼有血瘀而见胸胁刺痛，舌质有瘀点、瘀斑，可加当归、丹参、郁金、红花、莪术活血化瘀。

2. 肝郁化火

临床表现：① 性情急躁易怒，胸胁胀满，口苦而干；② 或头痛、目赤、耳鸣；③ 或胃脘灼痛，嘈杂吞酸，大便秘结；④ 舌质红，苔黄，脉弦数。

证候辨析：肝为风木之脏，内寄相火，肝郁气滞，易化热化火，火性炎上，循肝脉上行，可见胸胁胀痛，口苦口干，头痛，目赤，耳鸣。肝火横逆犯胃，可见胃脘灼痛急迫，吞酸嘈杂；郁火伤津耗液，肠腑传化失司则便秘腹胀。舌质红，苔黄，脉弦数，为肝郁化火之象。具备①+②+④或①+③+④均可辨为肝郁化火型。

治法：疏肝解郁，清肝泻火。

代表方：丹栀逍遥散加减。

常用药：柴胡、薄荷、郁金、制香附疏肝解郁；当归、白芍养血柔肝；白术、茯苓健脾去湿；牡丹皮、栀子清肝泻火。

热势较甚，口苦，大便秘结者，可加龙胆草、大黄泻热通腑；肝火犯胃而见胁肋疼痛，口苦，嘈杂吞酸，嗳气，呕吐者，可加黄连、吴茱萸(即左金丸)清肝泻火，降逆止呕；肝火上炎而见头痛，目赤，耳鸣者，加菊花、钩藤、刺蒺藜清热平肝；热盛伤阴，而见舌红少苔，脉细数者，可去原方中当归、白术、生姜之温燥，酌加生地黄、麦冬、山药滋阴。

3. 痰气郁结

临床表现：① 精神抑郁，胸部闷塞，胁肋胀满；② 咽中如有物梗塞，吞之不下，咯之不出；③ 苔白腻，脉弦滑。

证候辨析：肝气郁结，气滞津停，凝聚成痰，气滞痰郁交阻于胸中膈上，阻遏胸肺之气宣达，故致胸闷胁胀，咽中如有物阻，吞之不下，咯之不出之梅核气产生。苔白腻，脉弦滑，为气滞痰郁之象。具备①+②或①+③均可辨为痰气郁结型。

治法：行气开郁，化痰散结。

代表方：半夏厚朴汤加减。

笔记栏

常用药：厚朴、紫苏理气宽胸，开郁畅中；半夏、茯苓、生姜化痰散结，和胃降逆。

湿郁气滞而兼胸脘痞闷，嗳气，苔腻，加香附、佛手、苍术理气除湿；痰郁甚，可加海蛤壳、贝母、紫菀、枇杷叶；痰郁化热而见烦躁，舌红，苔黄者，加竹茹、瓜蒌、黄芩、黄连清热化痰热；病久入络而有瘀血征象，胸胁刺痛，舌质紫黯或有瘀点、瘀斑，脉涩者，加郁金、丹参活血化瘀。

4. 气滞血瘀

临床表现：① 精神抑郁，性情急躁；② 头痛，失眠，健忘；③ 胸胁胀痛，或呈刺痛且痛有定处，或身体某部有发冷发热感；④ 舌质紫黯或舌有瘀点、瘀斑，脉弦或涩。

证候辨析：七情内伤，每多影响及气血。气郁气结，故精神抑郁，性情急躁，胸胁胀痛；气病及血，血行不畅，气滞血瘀，故胸胁疼痛，痛有定处，头痛。血滞不养心神，而见失眠健忘。血瘀阻滞身体局部，局部气失温煦，故局部发冷。瘀而发热则又可有发热感。舌质紫黯或有瘀点、瘀斑，脉弦或涩，为气滞血瘀之象。具备①＋②＋④或①＋③＋④均可辨为气滞血瘀型。

治法：活血化瘀，理气解郁。

代表方：血府逐瘀汤加减。

常用药：柴胡、枳实疏肝解郁，调理气机；桃仁、红花、川芎、赤芍、当归、生地黄活血化瘀而兼养肝血；桔梗、牛膝理气活血，升降气机。

胸胁刺痛甚者，加香附、延胡索、郁金、川楝子以活血通络止痛；失眠，加首乌藤、红景天、丹参。

（二）虚证

1. 心神失养

临床表现：① 精神恍惚，心神不宁，多疑易惊，悲忧善哭，喜怒无常，舌质淡，脉弦；② 时时欠伸，或手舞足蹈，骂詈喊叫等多种症状；③ 舌质淡，苔薄白，脉弦细。

证候辨析：情志过极，忧郁不解，肝郁日久，心之气血耗伤，以致心神失养，神不守舍，故心神恍惚，喜怒无常，手舞足蹈。肝郁筋脉不利，故可见面部、肢体挛搐。舌质淡，苔薄白，脉弦细，为忧郁伤神之象。具备①＋②或①＋③项即可辨为心神失养型。

治法：甘润缓急，养心安神。

代表方：甘麦大枣汤加减。

常用药：甘草甘润缓急；小麦味甘微寒，补益心气；大枣益脾养血。

心悸不寐失眠，神疲纳呆，舌淡脉细者，加酸枣仁、柏子仁、茯神、龙眼肉、首乌藤养心安神；血虚生风而见手足蠕动或抽搐者，加当归、生地黄、珍珠母、钩藤养血息风；表现喘促气逆者，可合五磨饮子开郁散结，理气降逆。

2. 心脾两虚

临床表现：① 多思善疑，心悸胆怯，失眠，健忘；② 腹胀，纳差，便溏；③ 头晕神疲，面色不华，舌质淡，脉细。

证候辨析：忧愁思虑，日久伤及心脾，脾运失司，则纳差；脾失升清，故头晕。气血生化不足，不能养心，心神不安，故心悸，失眠，健忘，神疲乏力。气血不足，不能上荣头面，故面色不华。舌淡，脉细，为气血不足之象。具备①＋③或②＋③均可辨为心脾两虚型。

治法：健脾养心，益气补血。

代表方：归脾汤加减。

常用药：人参、白术、黄芪、甘草益气健脾，以充生化之源；当归、白芍、酸枣仁、龙眼肉养血安神；远志、茯神养心安神；木香理气醒脾，使补而不滞。

心胸郁闷，情志不舒，频繁叹息者，加郁金、佛手、香附理气开郁；失眠多梦者，加合欢皮、五味子、首乌藤安神；心悸胆怯，多梦易惊，加龙骨、牡蛎、珍珠母、灵磁石镇心安神；头痛加川芎、白芷活血祛风而止痛。

3. 心阴亏虚

临床表现：① 情绪不宁，心悸；② 健忘，失眠，多梦，五心烦热，盗汗，口咽干燥；③ 舌红少苔，脉细数。

证候辨析：情志过极，化火伤阴，或思虑太过，暗耗心阴，心失所养，心神不安，故心悸健忘，失眠多梦；心阴不足，虚热内生，则五心烦热，盗汗，口咽干燥。舌红少苔，脉细数，为阴虚内热之象。具备①＋③或②＋③均可辨为心阴亏虚型。

治法：滋阴清热，补血安神。

笔记栏

代表方：天王补心丹加减。

常用药：生地黄、天冬、麦冬、玄参滋心阴；人参、茯苓、五味子、当归益气养血；柏子仁、酸枣仁、远志、丹参养心安神；桔梗载药上行以养心。

腰膝酸软，脑转耳鸣，齿摇发落为肾阴不足，可合用六味地黄丸以养肾阴；心肾不交，而见心烦失眠，多梦遗精者，可合交泰丸(黄连、肉桂)交通心肾；遗精较频者，可加芡实、莲须、金樱子补肾固涩；盗汗严重，加浮小麦、龙骨、牡蛎敛汗；若心阴亏虚，心火偏旺者，可改用二阴煎。

4. 肝阴亏虚

临床表现：① 情绪不宁，急躁易怒；② 眩晕，耳鸣，目干畏光，视物不明，或头痛且胀，面红目赤，或肢体麻木；③ 舌干红，脉细弦数。

证候辨析：气滞日久，郁热伤阴或气血化生不足，致肝阴亏耗，肝阳偏亢易动，故急躁易怒，头晕耳鸣，或头胀痛，面红目赤；肝阴不能上承于目，故目干畏光，视物不明；肝阴虚不能濡养筋脉，故可见肢体麻木。舌干红，脉细弦数，为肝阴亏虚之象。具备①+③或②+③均可辨为肝阴亏虚型。

治法：滋养阴血，补益肝肾。

代表方：滋水清肝饮加减。

常用药：生地黄、山药、山茱萸、枸杞子滋养肝肾；柴胡、白芍疏肝解郁；白术、茯苓、陈皮健脾理气；牡丹皮、栀子清热泻火。

头痛、眩晕、面时潮红，或筋惕肉瞤者，加刺蒺藜、草决明、钩藤、石决明平肝潜阳息风；低热，手足心热者，可加银柴胡、白薇、麦冬以清虚热；月经不调者，可加香附、泽兰、益母草理气开郁，活血调经；失眠，加柏子仁、茯神安神。

【其他治法】

一、中成药

1. 逍遥丸 口服，一次 6～9 g，一日 3 次。具有疏肝解郁，养血健脾的功效。适用于肝郁脾虚者。

2. 归脾丸 口服，一次 9 g，一日 3 次。具有益气补血，健脾养心的功效。适用于心脾两虚，气血不足者。

3. 天王补心丸 口服，一次 6～9 g，一日 3 次。具有滋阴清热，养血安神的功效。适用于心阴亏虚，阴虚火旺者。

二、针灸

选择水沟、内关、太冲、神门等基本穴位。梅核气患者可选刺天突、丰隆等穴位。

三、饮食辅助疗法

(1) 小麦 50 g，大枣 14 枚，甘草 20 g，共煮 1 小时，去甘草，喝汤食枣。适用于心脾两虚者。

(2) 百合 50 g，加蜂蜜 1～2 匙，蒸熟，不拘时服之。适用于有阴虚内热之象者。

【转归预后】

郁病患者的预后一般均良好。初起患者，常出现轻微症状，如偶有失眠、头痛等症，若不良情绪刺激能及时得以解除，症状常可缓解。若病程较长，情志致病的因素不除者，又缺乏必要的休息和睡眠，则症状往往逐渐增多、加重，并变得持久化，此时患者还常产生对疾病的紧张、焦急、顾虑、恐惧情绪，对治疗丧失信心，这些因素又会促使病情进一步加重，而使症状愈加严重和复杂，可持续多年不愈。

【预防调护】

(1) 正确对待身边事物，保持良好心态，避免忧思郁虑，防止情志内伤，是预防郁证发生的重要举措。

笔记栏

郁病经治疗缓解后,精神治疗为首要康复方法,正如《临证指南医案·郁证》所说:"郁症全在病者能移情易性"。所以医务人员应关心患者疾苦,做好思想工作,充分调动患者的积极因素,使其正确对待客观事物,树立乐观主义精神和战胜疾病的信心,有利于早日康复。

(2) 饮食宜清淡,定时定量,少食辛辣肥甘、煎炸烧烤等刺激性食品,戒除烟酒,以免损伤脾胃。

(3) 建立良好有规律的作息习惯,劳逸结合。适当参加劳动及体育锻炼,强健体质。

【临证备要】

一、辨病思路

郁证常见于西医学的神经衰弱、癔症、焦虑症、绝经期综合征等疾病。

1. 神经衰弱　神经衰弱是一种功能障碍性病症,患者常有显著的衰弱或持久的疲劳症状,如经常感到精力不足,委靡不振,不能用脑,记忆力减退,脑力迟钝,学习工作中注意力不能集中,工作效率显著减退,即使是充分休息也不能消除疲劳感;情绪波动大,遇事容易激动,烦躁易怒,担心和紧张不安,因情绪紧张引起紧张性头痛或肌肉疼痛;易兴奋又易疲劳;睡眠障碍,表现为入睡困难,易惊醒,多梦;对学习、工作和社会交往造成不良影响。

2. 癔症　癔症发病者多为16～40岁的青壮年,多见于年轻女性,有高度情感性、暗示性,丰富的幻想,以自我为中心等特有性格。起病急,常有强烈的精神因素或痛苦情感体验等诱因,可有精神症状、运动障碍、感觉障碍及自主神经功能障碍等临床症状,体格检查和化验检查常无异常发现。

3. 焦虑症　焦虑症是一组以焦虑症状为主要临床表现的情绪障碍,往往患者感觉自己处于一种紧张不安、提心吊胆、恐惧、害怕、忧虑的内心体验中;紧张的同时往往会伴有自主神经功能亢进的表现,如心慌、气短、口干、出汗、颤抖、面色潮红等,有时还会有濒死感,严重时还会有失控感。

4. 绝经期综合征　围绝经期是指妇女绝经前后的一段时期(从40岁左右开始至停经后12个月内的时期),绝经期综合征常表现为情绪不稳定、激动易怒、抑郁多烦、记忆力减退、工作能力下降,严重者可出现潮红、阵阵发热、出汗不止;同时伴月经紊乱或停经;皮肤皱纹逐渐增多,有的出现瘙痒、毛发开始变白脱落;骨质疏松;血压易波动,常出现高血压、心前区闷痛不适、心悸、气短,动脉硬化发生率增加,冠心病发病率也上升。

二、辨证思路

气、血、痰、火、湿、食六郁属实,若症见胁痛胸闷善叹息,甚则嗳气,腹胀气攻者,病变以气滞为主;面色黧黑阴郁,胁部刺痛且固定不移,舌紫黯或有瘀斑者,属血瘀内阻;若症见烦躁易怒,口干苦,或目赤者,病性属火;若症见头昏沉思睡,胸闷痞塞,身重懒言者,病性属痰湿。久病心失所养多虚,症见麻木,筋惕肉瞤,头晕目干,神疲健忘,神形恍惚等,病性属阴血虚;若症见忧思多虑,气短懒言,食欲不振,少寐健忘,或心悸胆怯等,则病性属气虚、血虚。

三、治疗注意

1. 注意精神治疗　本病发生主要由精神因素所引起,精神治疗对于本病具有重要意义。除医务人员、患者外,其措施尚应扩大到患者家属、邻居及周围职工,使之认识正确对待患者,避免不良的精神刺激,对促进疾病的好转乃至痊愈都甚有裨益。

2. 常见心理干预治疗方法　① 移情疗法:即通过对患者释疑、顺意、怡悦、暗示等法,消除其焦虑紧张、忧郁等不良情绪。释疑法多采用假释的办法消除患者多疑情绪;顺意法用满足患者积虑日久的意愿来达到消除病因而祛病的方法;怡悦法是通过谈笑、欣赏音乐、书法、种花等方式来改善患者郁闷的心境;暗示法是通过语言、药物或非语言的手势、表情来改变患者不良情绪。② 以情胜情法:根据五志相胜的原理,采用悲哀、喜乐、惊恐、激怒等情绪刺激来纠正相应所胜的情绪,如怒伤肝,悲胜怒等。抑郁者可用喜胜忧的办法治疗。③ 情境疗法:通过改变外界环境来达到改善、消除异常情绪变化的目的。抑郁情绪多采用清洁、热烈、欢快的环境治疗。

3. 治疗禁忌　郁证一般病程较长,证候虚实并见,用药不宜峻猛。在具体治疗中,应注意疏肝理气

笔记栏

而不劫耗肝阴，活血化瘀而不破血，清热而不折中阳，祛痰湿而不伤真阴；在虚证的治疗中，应注意补益心脾而不过燥，滋养肝肾而不过腻。

【文献摘录】

《素问·六元正纪大论》："木郁达之，火郁发之，土郁夺之，金郁泄之，水郁折之。"

《古今医统大全·郁证》："郁为七情不舒，遂成郁结，既郁之久，变病多端。"

《证治汇补·郁证》："郁病虽多，皆因气不周流，法当顺气为先，开提为次，至于降火、化痰、消积，犹当分多少治之。"

《类证治裁·郁证》："七情内起之郁，始而伤气，继必及血，终乃成劳。主治宜苦辛凉润宣通。"

（尹　涛）

第二节　血　　证

【概述】

一、定义

血证(blood syndrome)是由于火热熏灼，迫血妄行及气虚不摄，血溢脉外导致血液不循常道，或上溢于口鼻诸窍，或下泄于前后二阴，或渗出于肌肤，所形成的一类出血性疾患。在古代医籍中，亦称为血病或失血。常见的血证有鼻衄、齿衄，咳血、吐血、便血、尿血、紫斑等多种。

二、源流

《内经》对血的生理及病理有较深入的认识。有关篇章对血溢、血泄、衄血、咳血、呕血、溺血、溲血和便血等病证作了记载，并对引起出血的原因及部分血证的预后有所论述。汉代，张仲景在《金匮要略·惊悸吐衄下血胸满瘀血病脉证治》将数种血证与有关病证列为一个篇章，并最早记载了泻心汤、柏叶汤、黄土汤、赤小豆当归散等治疗吐血、便血的方剂，沿用至今。《金匮要略·百合狐惑阴阳毒病证治》中所言之阴阳毒，"阳毒之为病，面赤斑斑如锦纹"，"阴毒之为病，面目青，身痛如被杖，咽喉痛"是有关紫斑的最早记载。

隋代，巢元方《诸病源候论·血病诸候》将血证称为血病，对各种血证的病因病机作了较详细的论述；鼻衄的病名最早见于《诸病源候论·鼻病诸候·鼻衄候》。唐代，孙思邈《备急千金要方》收载了一些较好的治疗血证的方剂，至今仍广泛应用的犀角地黄汤即首载于该书。

宋代，严用和《济生方·失血论治》认为血证"所致之由，因大虚损，或饮酒过度，或强食过饱，或饮啖辛热，或忧思恚怒"。王怀隐《太平圣惠方·治鼻衄不止诸方》指出："脏腑有热，热乘血气，血性得热，即流溢妄行，发于鼻者为鼻衄也。"

金元时期，刘完素《素问玄机原病式·热类》指出"血泄，热客下焦，而大小便血也"。朱震亨在《丹溪心法·斑疹》中首次明确提出了内伤发斑的概念，"内伤斑者，胃气极虚，一身火游行于外所致"，说明本病以皮肤出现紫斑为突出临床表现。《丹溪心法·下血·肠风脏毒》中指出本病的病位"独在胃与大肠"，符合现代理论。

明代，陈实功《外科正宗·葡萄疫》、清代吴谦《医宗金鉴·外科心法·葡萄疫》将本病类似表现称为葡萄疫。虞抟《医学正传·血证》首次将各种出血病证归纳在一起，并以"血证"之名概之。自此之后，血证之名沿用至今。缪希雍《先醒斋医学广笔记·吐血》提出了治吐血三要诀，"宜行血不宜止血""宜补肝不宜伐肝""宜降气不宜降火"。张介宾《景岳全书·血证》对血证的内容作了比较系统的归纳，将引起出血的病机提纲挈领地概括为"火盛"及"气虚"两个方面。明代龚廷贤《寿世保元·便血》则认为便血"乃脏腑蕴积湿热之毒而成"。

笔记栏

清代,唐容川《血证论》是论述血证的专书,对各种血证的病因病机、辨证论治均有许多精辟论述,该书所提出的止血、消瘀、宁血、补血的治血四法,为通治血证之大纲。

三、范围

血证的范围相当广泛,凡以出血为主要临床表现的内科病证,均属本证的范围。本节讨论内科常见的鼻衄、齿衄、咳血、吐血、便血、尿血、紫斑等血证。西医学中多种急慢性疾病所引起的出血,包括多系统疾病有出血症状者,以及造血系统病变所引起的出血性疾病,均可参考本节辨证论治。

【病因病机】

血证可由感受外邪、情志过极、饮食不节、劳倦过度、久病或热病等多种原因所导致。而其病机可以归结为火热熏灼,迫血妄行及气虚不摄,血溢脉外两方面(图 9-2)。

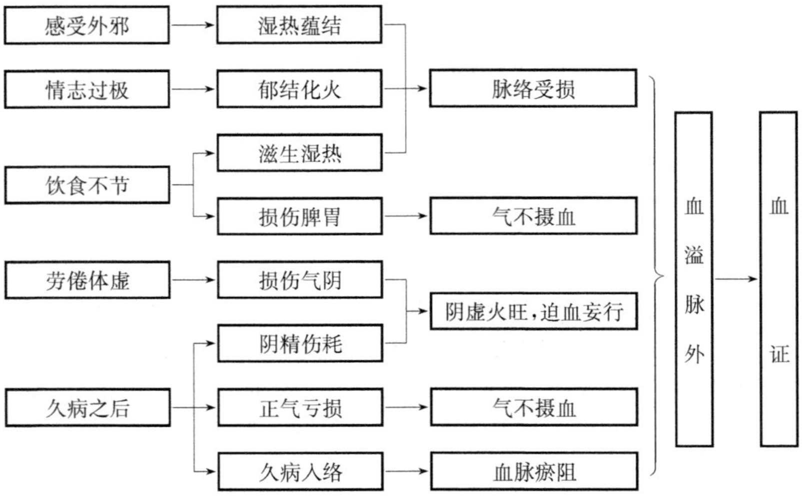

图 9-2　血证病因病机示意图

1. 感受外邪　外邪侵袭,或因热病损伤脉络而引起出血,其中以热邪及湿热所致者为多。如风、热、燥邪损伤上部脉络,则引起衄血、咳血、吐血;热邪或湿热损伤下部脉络,则引起尿血、便血。

2. 情志过极　情志不遂,恼怒过度,肝气郁结化火,肝火上逆犯肺,则引起衄血、咳血;肝火横逆犯胃,则引起吐血。

3. 饮食不节　饮酒过多以及过食辛辣厚味,滋生湿热,热伤脉络,引起衄血、吐血、便血;或损伤脾胃,脾胃虚衰,血失统摄,发为多种出血。

4. 劳倦体虚　神劳伤心,体劳伤脾,房劳伤肾,劳欲过度,导致心、脾、肾气阴的损伤。若损伤于气,则气虚不能摄血,以致血液外溢而形成衄血、吐血、便血、紫斑;若损伤于阴,则阴虚火旺,迫血妄行,而致衄血、尿血、紫斑。

5. 久病之后　久病使阴精伤耗,以致阴虚火旺,迫血妄行而致出血;久病使正气亏损,气虚不摄,血溢脉外而致出血;久病入络,使血脉瘀阻,血行不畅,血不循经而致出血。

各种原因导致出血,其共同的病机可以归结为火热熏灼,迫血妄行和气不摄血,血溢脉外两类。火热又有实火及虚火之分。外感风热燥火,湿热内蕴,肝郁化火等,均属实火,而阴虚火旺之火,则属虚火。气虚又有气虚和阳气虚之别。

从证候的虚实来说,由气火亢盛所致者属于实证;由阴虚火旺及气虚不摄所致者,则属于虚证。实证和虚证虽各有其不同的病因病机,但在疾病发展变化的过程中,又常发生实证向虚证的转化。如开始为火盛气逆,迫血妄行,但在反复出血之后,则会导致阴血亏损,虚火内生;或因出血过多,血去气伤,以致气虚阳衰,不能摄血。随着疾病的发展,阴虚火旺及气虚不摄,既是引起出血的病理因素,又是出血所导致的结果。

此外,出血之后,已离经脉而未排出体外的血液,留积体内,蓄结而为瘀血,瘀血又会妨碍新血的生长

笔记栏

及气血的正常运行，使出血反复难止。

【诊断】

诊断要点

1. 鼻衄 凡不因外伤或女性不因逆经所致血自鼻道外溢者，均可诊断为鼻衄。

2. 齿衄 血自齿龈或齿缝外溢，并排除外伤所致者，即可诊断为齿衄。

3. 咳血 血由肺、气道而来，经咳嗽而出，或觉喉痒胸闷，一咯即出，血色鲜红，或夹泡沫，或痰血相兼，痰中带血。多有慢性咳嗽、痰喘、肺痨等病史。必要时可行X线、CT检查，支气管镜或造影检查，血细胞计数及分类，血沉，痰细菌培养，痰抗酸杆菌检查和脱落细胞病理检查，以明确咳血原因。

4. 吐血 发病急骤，吐血前多有恶心、胃脘不适、头晕等症。血随呕吐而出，常伴有食物残渣等胃内容物，血色多为咖啡色或紫黯色，也可为鲜红色，大便色黑如漆，或呈黯红色。有胃痛、胁痛、黄疸、癥积等病史。纤维胃镜、上消化道钡餐造影、B超、胃液分析等检查可进一步明确引起吐血的病因。

5. 便血 大便色鲜红、黯红或紫黯，甚至黑如柏油样，次数增多。多有胃肠或肝病病史。呕吐物及大便潜血试验、大便常规检查、直肠指检、直肠乙状结肠镜检查等有助于进一步明确便血的病因。

6. 尿血 小便中混有血液或夹有血丝，排尿时无疼痛。可行尿常规、尿沉渣、尿液细菌学、尿红细胞位相、泌尿系X线、超声、膀胱镜和肾穿刺等检查有助于诊断。

7. 紫斑 肌肤出现青紫斑点，小如针尖，大者融合成片，压之不退色。紫斑好发于四肢，尤以下肢为甚，常反复发作。重者可伴有鼻衄、齿衄、尿血、便血及崩漏。小儿及成人皆可患此病，但以女性为多见。可行血常规、凝血功能、束臂实验等检查，必要时作骨髓穿刺以进一步明确诊断。

8. 对每一位血证患者应将血象作为常规检查，在此基础上根据各种血证的不同情况进行相应的检查。必要时尚需进行骨髓穿刺，以协助诊断。

【鉴别诊断】

一、鼻衄

1. 内科鼻衄与外伤鼻衄 因碰伤、挖鼻等引起鼻腔内血管破裂而致鼻衄者，出血多在损伤的一侧，且经局部止血治疗不再出血，没有全身症状，与内科所论鼻衄有别。

2. 内科鼻衄与经行衄血 经行衄血又名倒经、逆经，其发生与月经周期有密切关系，多于经行前期或经期出现，与内科所论鼻衄机理不同。

二、齿衄

舌衄 齿衄为血自齿缝、牙龈溢出；舌衄为血出自舌面，舌面上常有如针眼样出血点，与齿衄不难鉴别。

三、咳血

1. 吐血 咳血与吐血血液均经口出，但两者截然不同。咳血是血由肺来，经气道随咳嗽而出，血色多为鲜红，常混有痰液，咳血之前多有咳嗽、胸闷、喉痒等症状，大量咳血后，可见痰中带血数天，大便一般不呈黑色。吐血是血自胃而来，经呕吐而出，血色紫黯，常夹有食物残渣，吐血之前多有胃脘不适或胃痛、恶心等症状，吐血之后无痰中带血，但大便多呈黑色。

2. 口腔出血 鼻咽部、齿龈及口腔其他部位出血的患者，常为纯血或随唾液而出，血量少，并有口腔、鼻咽部病变的相应症状可寻，可与咳血相区别。

四、吐血

鼻腔、口腔及咽喉出血 吐血经呕吐而出，血色紫黯，夹有食物残渣，常有胃病史。鼻腔、口腔及咽喉

笔记栏

出血，血色鲜红，不夹食物残渣，在五官科行相关检查即可明确具体部位。

五、便血

1. 痢疾　痢疾初起有发热、恶寒等症，其便血为脓血相兼，且有腹痛、里急后重、肛门灼热等症。便血无里急后重，无脓血相兼，与痢疾不同。

2. 痔疮　痔疮属外科疾病，其大便下血特点为便时或便后出血，常伴有肛门异物感或疼痛，作肛门直肠检查时，可发现内痔或外痔，与内科所论之便血不难鉴别。

3. 远血与近血　便血之远近是指出血部位距肛门的远近而言。远血病位在胃、小肠(上消化道)，血与粪便相混，血色如黑漆色或黯紫色。近血来自乙状结肠、直肠、肛门(下消化道)，血便分开，或是便外裹血，血色多鲜红或黯红。

4. 肠风与脏毒　两者均属便血。肠风血色鲜泽清稀，其下如溅，属风热为患。脏毒血色黯浊黏稠，点滴不畅，因湿热(毒)所致。

六、尿血

1. 血淋　血淋与尿血均表现为血由尿道而出，两者以小便时痛与不痛为其鉴别要点，不痛者为尿血，痛(滴沥刺痛)者为血淋。

2. 石淋　两者均有血随尿出。但石淋尿中时有砂石夹杂，小便涩滞不畅，时有小便中断，或伴腰腹绞痛等症，若砂石从小便排出则痛止，此与尿血不同。

七、紫斑

1. 出疹　紫斑与出疹均有局部肤色的改变，紫斑呈点状者需与出疹的疹点区别。紫斑隐于皮内，压之不退色，触之不碍手；疹高出于皮肤，压之退色，摸之碍手。且两者成因、病位均有不同。

2. 温病发斑　紫斑与温病发斑在皮肤表现的斑块方面，有时虽可类似，但两者病情、病势、预后迥然有别。温病发斑发病急骤，常伴有高热烦躁，头痛如劈，昏狂谵语，四肢抽搐，鼻衄、齿衄、便血、尿血，舌质红绛等，病情险恶多变。紫斑一般不如温病发斑急骤，常有反复发作史，也有突然发生者，虽时有热毒亢盛表现，但一般舌不红绛，不具有温病传变急速的特点。

3. 丹毒　丹毒属外科皮肤病，以皮肤色红如红丹得名，轻者压之退色，重者压之不退色，但其局部皮肤灼热肿痛，与紫斑有别。

【辨证论治】

一、辨证要点

1. 辨病证的不同　血证具有明确而突出的临床表现——出血，一般不易混淆。但由于引起出血的原因及出血部位的不同，应注意辨清不同的病证。如从口中吐出的血液，有吐血与咳血之分；小便出血有尿血与血淋之别；大便下血则有便血、痔疮之异。应根据临床表现、病史等加以鉴别。

2. 辨脏腑病变之异　同一血证，可以由不同的脏腑病变而引起。例如同属鼻衄，但病变脏腑有肺、胃、肝的不同；吐血有病在胃、肝之别；齿衄有病在胃、肾之分；尿血则有病在膀胱、肾或脾的不同。

3. 辨证候之虚实　一般初病多实，久病多虚；由火热迫血所致者属实，由阴虚火旺、气虚不摄，甚至阳气虚衰所致者属虚。血证以出血为突出表现，随其病因、病位的不同，原有疾病的不同，症状及体征有火热亢盛、阴虚火旺及气虚不摄之分，所以掌握这三种证候的特征，对于血证的辨证论治具有重要意义。

(1) 热盛迫血证：多发生在血证的初期，大多起病较急，出血的同时，伴有发热，烦躁，口渴欲饮，便秘，尿黄，舌质红，苔黄少津，脉弦数或滑数等症。

(2) 阴虚火旺证：一般起病较缓，或由热盛迫血证迁延转化而成。表现为反复出血，伴有口干咽燥，颧红，潮热盗汗，头晕耳鸣，腰膝酸软，舌质红，苔少，脉细数等症。

(3) 气虚不摄证：多见于病程较长，久病不愈的出血患者。表现为起病较缓，反复出血，伴有神情倦怠，心悸，气短懒言，头晕目眩，食欲不振，面色苍白或萎黄，舌质淡，脉弱等症。

笔记栏

二、治疗要点

治疗血证应针对各种血证的病因病机及损伤脏腑的不同，结合证候虚实及病情轻重而辨证论治。对血证的治疗可归纳为治火、治气、治血三个原则。

1. 治火　火热熏灼，损伤脉络，是血证最常见的病机，应根据证候虚实的不同，实火当清热泻火，虚火当滋阴降火，并应结合受病脏腑的不同，分别选用适当的方药。

2. 治气　气为血帅，气能统血，气亦能行血，血与气休戚相关，故《医贯·血证论》说："血随乎气，治血必先理气。"对实证当清气降气，虚证当补气益气。

3. 治血　《血证论·吐血》说："存得一分血，便保得一分命。"要达到治血的目的，最主要的是根据各种证候的病因病机进行辨证论治，其中包括适当地选用凉血止血、收敛止血或祛瘀止血的方药。

三、分证论治

（一）鼻衄

1. 热邪犯肺

临床表现：① 鼻燥衄血，口干咽燥；② 或兼有身热，恶风，头痛，咳嗽，痰少等症；③ 舌质红，苔薄，脉数。

证候辨析：鼻为肺窍，肺内积热，耗伤肺阴，血热妄行，上循清窍，则鼻燥衄血。若风热上受，表卫受遏，则身热咽痛。热邪犯肺，肺气不宣，则咳嗽痰少。口干，舌红，脉数，为热盛阴伤之象。临床具备①＋②或①＋③均可辨为热邪犯肺型。

治法：清泄肺热，凉血止血。

代表方：桑菊饮加减。

常用药：桑叶、菊花，薄荷、连翘辛凉轻透，宣散风热；桔梗、杏仁、甘草宣降肺气，利咽止咳；芦根清热生津；牡丹皮、白茅根、旱莲草、侧柏叶凉血止血。

肺热盛而无表证者，去薄荷、桔梗，加黄芩、栀子清泄肺热；阴伤较甚，口、鼻、咽干燥显著者，加玄参、麦冬、生地黄养阴润肺。

2. 胃热炽盛

临床表现：① 鼻衄，或兼齿衄，血色鲜红；② 口渴欲饮，鼻干，口干臭秽，烦躁，便秘；③ 舌红，苔黄，脉洪数。

证候辨析：足阳明胃之经脉上交鼻部、齿龈，胃火上炎，热迫血行，故致鼻衄、齿衄，血色鲜红。胃火消灼胃津，故致鼻干，口渴引饮，便秘。胃热扰心，则致烦躁。舌红，苔黄，脉洪数，均为胃热炽盛之象。临床具备①＋②或①＋③均可辨为胃热炽盛型。

治法：清胃泻火，凉血止血。

代表方：玉女煎加减。

常用药：石膏、知母清胃泻火；地黄、麦冬养阴清热；牛膝引血下行；大蓟、小蓟、白茅根、藕节凉血止血。

热势甚者，加栀子、牡丹皮、黄芩清热泻火；大便秘结，加生大黄通腑泻热；阴伤较甚，口渴，舌红苔少，脉细数者，加天花粉、石斛、玉竹养胃生津。

3. 肝火上炎

临床表现：① 鼻衄，头痛，目眩；② 耳鸣，烦躁易怒，两目红赤，口苦；③ 舌红，脉弦数。

证候辨析：气郁化火，火热迫血上溢清窍，故致鼻衄。肝火上炎，故致头痛，目眩，耳鸣口苦，烦躁。肝开窍于目，肝火上乘，故双目红赤。舌红，脉弦数，为肝经实火之象。临床具备①＋②或①＋③均可辨为肝火上炎型。

治法：清肝泻火，凉血止血。

代表方：龙胆泻肝汤加减。

常用药：龙胆草、柴胡、栀子、黄芩清肝泻火；木通、泽泻、车前子清利湿热；生地黄、当归、甘草滋阴养血；白茅根、蒲黄、大蓟、小蓟、藕节凉血止血。

若阴液亏耗，口鼻干燥，舌红少津，脉细数者，可去车前子、泽泻、当归，酌加玄参、麦冬、女贞子、旱莲

笔记栏

草滋阴凉血止血；阴虚内热，手足心热，加玄参、龟甲、地骨皮、知母滋阴清热。

4. 气血亏虚

临床表现：① 鼻衄，或兼齿衄、肌衄；② 神疲乏力，面色㿠白，头晕，耳鸣，心悸，夜寐不宁；③ 舌质淡，脉细无力。

证候辨析：气虚不能统摄血液，故致鼻衄，甚或齿衄、肌衄。气血亏虚，失于温煦濡养，脑海失养则头晕耳鸣，心失所养则心悸，四肢百骸失养则神疲乏力。血虚不能上荣于面，故面色㿠白，气血不足，血脉不充，故舌淡，脉细无力。临床具备①+②或①+③均可辨为气血亏虚型。

治法：补气摄血。

代表方：归脾汤加减。

常用药：党参、茯苓、白术、甘草补气健脾；当归、黄芪益气生血；酸枣仁、远志、龙眼肉补心益脾，安神定志；木香理气醒脾；阿胶、仙鹤草、茜草养血止血。

对以上各种证候的鼻衄，除内服汤药治疗外，鼻衄当时，应结合局部用药治疗，以期及时止血。可选用：① 局部用云南白药止血；② 用棉花蘸青黛粉塞入鼻腔止血；③ 用湿棉条蘸塞鼻散(百草霜 15 g、龙骨 15 g、枯矾 60 g，共研极细末)塞鼻等。

(二) 齿衄

1. 胃火炽盛

临床表现：① 齿衄，血色鲜红；② 齿龈红肿疼痛，头痛，口臭；③ 舌红，苔黄，脉洪数。

证候辨析：上龈属足阳明经，下龈属手阳明经，胃火炽盛，循阳明经脉上熏，以致齿龈红肿疼痛。络损血溢，则齿龈出血。胃热上蒸故头痛，口臭。热结阳明，故大便秘结。舌红，苔黄，脉洪数，为阳明热盛之象。临床具备①+②或①+③均可辨为胃火炽盛型。

治法：清胃泻火，凉血止血。

代表方：加味清胃散合泻心汤加减。

常用药：生地黄、牡丹皮、水牛角清热凉血；大黄、黄连、黄芩、连翘清热泻火；当归、甘草养血和中；白茅根、大蓟、小蓟、藕节凉血止血。

烦热口渴者，加石膏、知母、天花粉清热除烦；便秘者，可加大黄、芒硝以导热下行。

2. 阴虚火旺

临床表现：① 齿衄，血色淡红；② 起病较缓，常因受热及烦劳而诱发，齿摇不坚；③ 舌红少苔，脉细数。

证候辨析：肾主骨，齿为骨之余，肝肾阴亏，相火上浮，热迫血行，以致齿龈出血，齿摇不坚。舌红少苔，脉细数，为阴虚火旺之象。临床具备①+②或①+③均可辨为阴虚火旺型。

治法：滋阴降火，凉血止血。

代表方：六味地黄丸合茜根散加减。

常用药：熟地黄、山药、山茱萸、茯苓、牡丹皮、泽泻养阴补肾，滋阴降火；茜草根、黄芩、侧柏叶凉血止血；阿胶养血止血。

可酌加白茅根、仙鹤草、藕节以加强凉血止血的作用。虚火较甚而见低热、手足心热者，加地骨皮、白薇、知母清退虚热。

(三) 咳血

1. 燥热伤肺

临床表现：① 喉痒咳嗽，痰中带血；② 口干鼻燥，或有身热；③ 舌质红，少津，苔薄黄，脉数。

证候辨析：感受风热燥邪，损伤于肺，使肺失清肃，肺络受损，故致喉痒咳嗽，痰中带血。燥热伤津，故口干鼻燥。舌质红，少津，苔薄黄，脉数，为燥热伤津之象。临床具备①+②或①+③均可辨为燥热伤肺型。

治法：清热润肺，宁络止血。

代表方：桑杏汤加减。

常用药：桑叶、栀子、淡豆豉清宣肺热；沙参、梨皮养阴清热；贝母、杏仁肃肺止咳；白茅根、茜草、藕节、侧柏叶凉血止血。

笔记栏

兼见发热，头痛，咳嗽，咽痛等症，为风热犯肺，加金银花、连翘、牛蒡子以辛凉解表，清热利咽；津伤较甚，而见干咳无痰，或痰黏不易咳出，苔少，舌红乏津者，可加麦冬、玄参、天冬、天花粉等养阴润燥；痰热蕴肺，肺络受损，症见发热，面红，咳嗽，咳血，咳痰黄稠，舌红，苔黄，脉数者，可加桑白皮、黄芩、知母、栀子、大蓟、小蓟、茜草等以清肺化痰，凉血止血；热势较甚，咳血较多者，加连翘、黄芩、白茅根、芦根，冲服三七粉。

2. 肝火犯肺

临床表现：① 咳嗽阵作，痰中带血或纯血鲜红；② 胸胁胀痛，烦躁易怒，口苦；③ 舌质红，苔薄黄，脉弦数。

证候辨析：肝火上逆犯肺，使肺失清肃，肺络受损，故咳嗽，咳血。肝之脉络布于胁肋，肝火偏亢，脉络壅滞，故胸胁胀痛。肝火上炎，故口苦，烦躁易怒。舌质红，苔薄黄，脉弦数，为肝火偏亢之象。临床具备①+②或①+③均可辨为肝火犯肺型。

治法：清肝泻火，凉血止血。

代表方：泻白散合黛蛤散加减。

常用药：青黛、黄芩清肝凉血；桑白皮、地骨皮清泻肺热；海蛤壳、甘草清肺化痰；旱莲草、白茅根、大小蓟凉血止血。

肝火较甚，头晕目赤，心烦易怒者，加牡丹皮、栀子清肝泻火。若咳血量较多，纯血鲜红，可用犀角地黄汤(犀角以水牛角代)加三七粉冲服，以清热泻火，凉血止血。

3. 阴虚肺热

临床表现：① 咳嗽痰少，痰中带血，或反复咳血，血色鲜红；② 口干咽燥，颧红，潮热盗汗；③ 舌质红，脉细数。

证候辨析：阴虚肺热，肺失清肃，故咳嗽痰少。火热灼肺，损伤肺络，故痰中带血或反复咳血。阴虚津乏，不能上承，故口干咽燥。阴虚火旺，则颧红，潮热，盗汗。舌质红，脉细数，为阴虚有热之象。临床具备①+②或①+③均可辨为阴虚肺热型。

治法：滋阴润肺，宁络止血。

代表方：百合固金汤加减。

常用药：百合、麦冬、玄参、生地黄、熟地黄滋阴清热，养阴生津；当归、白芍柔润养血；贝母、甘草肃肺化痰止咳；白及、藕节、白茅根、茜草止血。

本证可合用十灰散凉血止血。反复及咳血量多者，加阿胶、三七养血止血；潮热，颧红者，加青蒿、鳖甲、地骨皮、白薇等清退虚热；盗汗，加糯稻根、浮小麦、五味子、牡蛎等收敛固涩。

(四) 吐血

1. 胃热壅盛

临床表现：① 吐血色红或紫黯，常夹有食物残渣，脘腹胀闷，嘈杂不适，甚则作痛；② 口臭，便秘，大便色黑；③ 舌质红，苔黄腻，脉滑数。

证候辨析：胃中积热，胃失和降，气血不和，故脘腹胀闷，甚则作痛。热伤胃络，故吐血色红或紫黯。胃为水谷之海，胃主纳谷，其性主降，胃气上逆，故呕血夹食。胃热耗津，故大便秘结。血随糟粕而下，则使大便色黑。舌红，苔黄腻，脉滑数，为内有积热之象。临床具备①+②或①+③均可辨为胃热壅盛型。

治法：清胃泻火，化瘀止血。

代表方：泻心汤合十灰散加减。

常用药：黄芩、黄连、大黄苦寒泻火；牡丹皮、栀子清热凉血；大蓟、小蓟、侧柏叶、茜草根、白茅根清热凉血止血；棕榈皮收敛止血。且大蓟、小蓟、茜草根、大黄、牡丹皮等药均兼有活血化瘀的作用，故有止血而不留瘀的优点。

胃气上逆而见恶心呕吐者，可加代赭石、竹茹、旋覆花和胃降逆；热伤胃阴而表现口渴，舌红而干，脉象细数者，加麦冬、石斛、天花粉养胃生津。

2. 肝火犯胃

临床表现：① 吐血色红或紫黯，口苦胁痛；② 心烦易怒，寐少梦多；③ 舌质红绛，脉弦数。

证候辨析：肝火横逆犯胃，胃络损伤则吐血。肝火上炎，则口苦，胁痛，易怒。热扰心神，故心烦，寐少梦多。舌质红绛，脉弦数，为肝火亢盛，耗伤胃阴之象。临床具备①+②或①+③均可辨为肝火犯胃型。

笔记栏

治法：泻肝清胃，凉血止血。

代表方：龙胆泻肝汤加减。

常用药：龙胆草、柴胡、黄芩、栀子清肝泻火；泽泻、木通、车前子清热利湿；生地黄、当归滋阴养血；白茅根、藕节、旱莲草、茜草凉血止血。

胁痛甚者，加郁金、制香附理气活络定痛；血热妄行，吐血量多，加犀角，赤芍清热凉血止血。

3. 气虚血溢

临床表现：① 吐血缠绵不止，时轻时重，血色暗淡；② 神疲乏力，心悸气短，面色苍白；③ 舌质淡，脉细弱。

证候辨析：脾气亏虚，统摄无能，血液外溢，故吐血缠绵不止，时轻时重，血色暗淡。脾气本已虚衰，加之反复出血，气随血去，气血亏虚，心失所养，则心悸气短。血虚不能上荣于面，则面色苍白。舌质淡，脉细弱，为气血亏虚之象。临床具备①+②或①+③均可辨为气虚血溢型。

治法：健脾益气摄血。

代表方：归脾汤加减。

常用药：党参、茯苓、白术、甘草补气健脾；当归、黄芪益气生血；木香理气醒脾；阿胶、仙鹤草养血止血；炮姜炭、白及、乌贼骨温经固涩止血。

若气损及阳，脾胃虚寒，症见肤冷，畏寒，便溏者，治宜温经摄血，可改用柏叶汤。方中以侧柏叶凉血止血，艾叶、炮姜炭温经止血，童尿化瘀止血，共奏温经止血之效。

上述三种证候的吐血，若出血过多，导致气随血脱，表现面色苍白，四肢厥冷，汗出，脉微等症者，可用独参汤等益气固脱，并结合西医学方法积极救治。

（五）便血

1. 肠道湿热

临床表现：① 便血色红黏稠；② 大便不畅或稀溏，或有腹痛，口苦；③ 舌质红，苔黄腻，脉濡数。

证候辨析：湿热蕴结肠道，肠道脉络受损，以致便血。肠道传化失常，则大便不畅或稀溏。肠道气机阻滞，则腹痛。舌质红，苔黄腻，脉濡数，为内有湿热之象。临床具备①+②或①+③均可辨为肠道湿热型。

治法：清化湿热，凉血止血。

代表方：地榆散合槐角丸加减。

常用药：地榆、茜草、槐角凉血止血；栀子、黄芩、黄连清热燥湿，泻火解毒；茯苓淡渗利湿；防风、枳壳、当归疏风理气活血。

若便血日久，湿热未尽而营阴已亏，应清热除湿与补益阴血双管齐下，虚实兼顾，扶正祛邪，可酌情选用清脏汤或脏连丸。

2. 气虚不摄

临床表现：① 便血色淡红或紫黯；② 食少，体倦，面色萎黄，心悸，少寐；③ 舌质淡，脉细。

证候辨析：脾气亏虚，统摄无能，血液外溢，故便血不止，血色鲜红或紫黯。脾气本已虚衰，加之反复出血，气随血去，气血亏虚，心失所养，则心悸气短。血虚不能上荣于面，则面色萎黄。舌质淡，脉细，为气血亏虚之象。临床具备①+②或①+③均可辨为气虚不摄型。

治法：益气摄血。

代表方：归脾汤加减。

常用药：党参、茯苓、白术、甘草补气健脾；当归、黄芪益气生血；酸枣仁、远志、龙眼肉补心益脾，安神定志；木香理气醒脾；阿胶、槐花、地榆、仙鹤草养血止血。

中气下陷，神疲气短，肛坠，加柴胡、升麻、黄芪益气升陷。

3. 脾胃虚寒

临床表现：① 便血紫黯，甚则黑色，腹部隐痛，喜热饮；② 面色不华，神倦懒言，便溏；③ 舌质淡，脉细。

证候辨析：脾胃虚寒，中气不足，统血无力，血溢肠内，随大便而下，故血色紫黯，甚至色黑。中虚有寒，寒凝气滞，健运失司，故腹部隐痛，喜热饮，便溏。脾胃虚寒，气血不足，故面色不华，神倦懒言，舌质淡，脉细。临床具备①+②或①+③均可辨为脾胃虚寒型。

笔记栏

治法：健脾温中，养血止血。

代表方：黄土汤加减。

常用药：灶心土、炮姜温中止血；白术、附子、甘草温中健脾；地黄、阿胶养血止血；黄芩苦寒坚阴，起反佐作用；白及、乌贼骨收敛止血；三七、花蕊石活血止血。

阳虚较甚，畏寒肢冷者，去黄芩、地黄，加鹿角霜、炮姜、艾叶等温阳止血。

(六)尿血

1. 下焦湿热

临床表现：① 小便黄赤灼热，尿血鲜红；② 心烦口渴，面赤口疮，夜寐不安；③ 舌质红，脉数。

证候辨析：热邪盛于下焦，故小便黄赤灼热。脉络受损，血渗膀胱，故尿血鲜红。热扰心神则心烦，夜寐不安。火热上炎，故面赤，口疮。热伤津液，则口渴。舌质红，脉数，属热证之象。临床具备①+②或①+③均可辨为下焦湿热型。

治法：清热利湿，凉血止血。

代表方：小蓟饮子加减。

常用药：小蓟、生地黄、藕节、蒲黄凉血止血；栀子、竹叶清热泻火；滑石、甘草利水清热，导热下行；当归养血活血。

热盛而心烦口渴者，加黄芩、天花粉清热生津；尿血较甚者，加槐花、白茅根凉血止血；尿中夹有血块者，加桃仁、红花、牛膝活血化瘀；大便秘结，酌加大黄通腑泻热。

2. 阴虚火旺

临床表现：① 小便短赤带血，头晕耳鸣，神疲；② 颧红潮热，腰膝酸软；③ 舌质红，脉细数。

证候辨析：肾阴亏虚，虚火内炽，灼伤脉络，故小便短赤带血。肾阴亏乏，髓海不足，故头晕耳鸣。肾虚失养，故腰膝酸软，神疲。虚火上炎，故颧红，潮热。舌质红，脉细数，为阴虚火旺之象。临床具备①+②或①+③均可辨为阴虚火旺型。

治法：滋阴降火，凉血止血。

代表方：知柏地黄丸加减。

常用药：地黄、山药、山茱萸、茯苓、泽泻、牡丹皮滋补肾阴，“壮水之主，以制阳光”；知母、黄柏滋阴降火；旱莲草、大蓟、小蓟、藕节、蒲黄凉血止血。

颧红潮热者，加地骨皮、白薇清退虚热。

3. 脾不统血

临床表现：① 久病尿血，甚或兼见齿衄、肌衄；② 食少，体倦乏力，气短声低，面色不华；③ 舌质淡，脉细弱。

证候辨析：脾气亏虚，统血无力，血不循经，故见尿血甚或齿衄、肌衄。脾虚运化失职，气血生化乏源，故食少，体倦，气短声低，面色不华。舌质淡，脉细弱，为脾不流血，气血亏虚，血脉不充之象。临床具备①+②或①+③均可辨为脾不统血型。

治法：补中健脾，益气摄血。

代表方：归脾汤加减。

常用药：党参、茯苓、白术、甘草补气健脾；当归、黄芪益气生血；酸枣仁、远志、龙眼肉补心益脾，安神定志；木香理气醒脾；熟地黄、阿胶、仙鹤草、槐花等养血止血。

气虚下陷而且少腹坠胀者，可加升麻、柴胡，配合原方中的党参、黄芪、白术，以起到益气升阳的作用。

4. 肾气不固

临床表现：① 久病尿血，血色淡红；② 头晕耳鸣，精神困惫，腰脊酸痛；③ 舌质淡，脉沉弱。

证候辨析：劳倦或久病及肾，肾气不固，封藏失职，血随尿出，故久病尿血。肾气亏虚，肾精不足，失于濡养，故精神困惫，腰脊酸痛，头晕耳鸣。舌质淡，脉沉弱，为肾气虚衰之象。临床具备①+②或①+③均可辨为肾虚不固型。

治法：补益肾气，固摄止血。

代表方：无比山药丸加减。

常用药：熟地黄、山药、山茱萸、怀牛膝补肾益精；肉苁蓉、菟丝子、杜仲、巴戟天温肾助阳；茯苓、泽泻健脾利水；五味子、赤石脂益气固涩；仙鹤草、蒲黄、槐花、紫珠草等止血。

笔记栏

尿血较重者,可再加牡蛎、金樱子、补骨脂等固涩止血;腰脊酸痛,畏寒神怯者,加鹿角片、狗脊温补督脉。

（七）紫斑

1. 血热妄行

临床表现:① 皮肤出现青紫斑点或斑块,或伴有鼻衄、齿衄、便血、尿血;② 或有发热,口渴,便秘;③ 舌质红,苔黄,脉弦数。

证候辨析:热壅脉络,迫血妄行,血出于肌腠之间,故见青紫斑点或斑块。若热毒极甚,损伤鼻、齿、肠、胃等处之脉络,则伴见鼻衄、齿衄、便血、尿血。内热郁蒸,故发热。热盛津伤,故口渴,便秘。舌质红,苔黄,脉弦数,为实热之象。临床具备①+②或①+③均可辨为血热妄行型。

治法:清热解毒,凉血止血。

代表方:十灰散加减。

常用药:大蓟、小蓟、侧柏叶、茜草根、白茅根清热凉血止血;棕榈皮收敛止血;牡丹皮、栀子清热凉血;大黄通腑泻热。

热毒炽盛,发热,出血广泛者,加生石膏、龙胆草、紫草,冲服紫雪丹;热壅胃肠,气血郁滞,症见腹痛、便血者,加白芍、甘草、地榆、槐花缓急止痛,凉血止血;邪热阻滞经络,兼见关节肿痛者,酌加秦艽、木瓜、桑枝等舒筋通络。

2. 阴虚火旺

临床表现:① 皮肤出现青紫斑点或斑块,时发时止,常伴鼻衄、齿衄或月经过多;② 颧红,心烦,口渴,手足心热,或有潮热,盗汗;③ 舌质红,苔少,脉细数。

证候辨析:阴虚则火旺,而火旺更易伤阴,虚火伤及脉络,故见肌衄或他处出血。水亏不能济火,心火扰动,故心烦。火热逼津液外泄,则盗汗。阴虚火旺,故潮热,盗汗。舌质红,苔少,脉细数,为火旺而阴液不足之象。临床具备①+②或①+③均可辨为阴虚火旺型。

治法:滋阴降火,宁络止血。

代表方:茜根散加减。

常用药:茜草根、黄芩、侧柏叶清热凉血止血;生地黄、阿胶滋阴养血止血;甘草和中解毒。

阴虚较甚者,可加玄参、龟甲、女贞子、旱莲草养阴清热止血;潮热,可加地骨皮、白薇、秦艽清退虚热。若表现肾阴亏虚而火热不甚,症见腰膝酸软,头晕乏力,手足心热,舌红少苔,脉细数者,可改用六味地黄丸滋阴补肾,酌加茜草根、大蓟、槐花、紫草等凉血止血,化瘀消斑。

3. 气不摄血

临床表现:① 反复发生肌衄,久病不愈;② 神疲乏力,头晕目眩,面色苍白或萎黄,食欲不振;③ 舌质淡,脉细弱。

证候辨析:气虚不能摄血,故反复出血,久病不愈。气血亏耗,筋脉百骸失于濡养,故神疲乏力,头晕目眩,面色苍白。脾虚不能运化水谷,故食欲不振。舌质淡,脉细弱,为气血亏虚之象。临床具备①+②或①+③均可辨为气不摄血型。

治法:补气摄血。

代表方:归脾汤加减。

常用药:党参、茯苓、白术、甘草补气健脾;当归、黄芪益气生血;酸枣仁、远志、龙眼肉补心益脾,安神定志;木香理气醒脾;仙鹤草、棕榈炭、地榆、蒲黄、茜草根、紫草止血消斑。

若兼肾气不足而见腰膝酸软者,可加山茱萸、菟丝子、续断补益肾气。

上述各种证候的紫斑,兼有齿衄且较甚者,可合用漱口药:生石膏 30 g、黄柏 15 g、五倍子15 g、儿茶 6 g,浓煎漱口,每次 5～10 分钟。

【其他治法】

笔记栏

一、中成药

1. 补中益气丸　口服,每次 1 丸,每日 2～3 次。具有益气健脾固摄的功效。适用于气虚不摄之血证。

2. 龙胆泻肝丸 口服,每次 1 丸,每日 2～3 次。具有清肝泻火的功效。适用于肝火旺盛之血证。

3. 知柏地黄丸 口服,每次 1 丸,每日 2 次。具有滋阴清热的功效。适用于阴虚火旺之血证。

4. 云南白药 口服,每次 0.25～0.5 g,每日 3～4 次。具有止血活血的功效。适用于咳血、吐血及便血。

二、针灸

1. 咳血实证 针刺三阴交、肺俞、尺泽、涌泉等穴用泻法。

2. 咳血虚证 针刺孔最、三阴交、肺俞等穴用补法。

3. 吐血 针刺足三里、公孙采用补法;针刺膈俞、内关用泻法。

4. 衄血 针刺孔最、合谷、迎香、上星等穴用泻法。

5. 便血 针刺长强、承山、大肠俞、脾俞、次髎等穴用泻法。

6. 尿血 针刺肾俞、膀胱俞、血海、阴陵泉、三阴交等穴用泻法。

三、饮食辅助疗法

(1) 百合粥：百合 60 g,大米 250 g,白糖 100 g。洗净大米、百合,加水适量,先置武火上煮沸,再以文火煮,煮熟烂时加入白糖即可食用。适用于咳血燥热伤肺型。

(2) 鲜藕汁一小杯,加水适量煮沸,三七粉 3 g,与生鸡蛋 1 个调匀入沸汤中,加食盐调味服用。适用于胃热壅盛或肝火犯胃之吐血。

四、单方、验方

(1) 茜草根、艾叶各 30 g,研末蜜丸,乌梅 9 g,煎汤送服。适用于鼻衄偏虚寒者。

(2) 三七粉口服,每次 3 g,每日 3 次。适用于咳血、吐血及便血。有瘀血者。

(3) 升麻 10 g,鳖甲 15 g,玄参 10 g,生地黄 15 g,水煎服,每日 1 剂,分 3 次服。适用于紫斑。

(4) 白芍 12～30 g,藕节 30 g,三七 3 g,生地黄 12～24 g,水煎服。适用于肺痨咳血。

【转归预后】

血证的预后,主要与下述三个因素有关：① 引起血证的原因。一般来说,外感易治,内伤难愈,新病易治,久病难疗。② 出血量的多少。出血量少者病轻,出血量多者病重,甚至形成气随血脱的危急重证。③ 兼见症状。出血而伴有发热、咳喘、脉数等症者,一般病情较重。

【预防调护】

(1) 注意饮食起居,劳逸适度。宜进食清淡、易于消化、富有营养的食物,不宜食过凉、辛辣食物,尤其忌烟酒。对于吐血量大者,应禁食。

(2) 避免情志过极。对血证患者要注意精神调摄,消除其紧张、恐惧、忧虑等不良情绪。

(3) 积极采用有效的护理措施。吐血量大或频频吐血者,应取头低脚高侧卧位,保持呼吸道通畅和口腔清洁。咯血量多者绝对卧床,并取侧卧位,保持呼吸道通畅,必要时用吸痰器吸出瘀血。

(4) 出血量多者,应严密观察患者面色、精神意识及四肢温度的变化,定时监测血压、脉象,以防产生厥脱之证。

【临证备要】

一、辨病思路

西医学中许多急慢性疾病所引起的出血都可归属于中医血证。如呼吸系统病中的支气管扩张、肺结核等引起的咳血;循环系统疾病中的二尖瓣狭窄所引起的咳血;消化系统疾病中的胃及十二指肠溃疡、肝

笔记栏

硬化、溃疡性结肠炎等所引起的呕血、便血;泌尿系统疾病中的急性肾小球肾炎、急性肾盂肾炎、肾结核等所引起的尿血;血液系统疾病中的特发性血小板减少性紫癜、过敏性紫癜及其他出血性疾病所引起的皮肤、黏膜和内脏的出血等均可按血证进行辨证论治。

1. 支气管扩张　多发生在幼年;常继发于麻疹、百日咳后的支气管炎;慢性反复咳嗽,咳大量脓痰;两下肺可闻及固定性湿啰音;支气管碘油剂造影可确诊。

2. 肺结核　常有咳嗽,多干咳或少痰,伴不同程度的咳血;有低热、乏力、盗汗等全身中毒症状;湿啰音多位于肺上部;X线检查有肺结核特征;痰结核菌培养阳性是诊断肺结核的主要依据。

3. 二尖瓣狭窄　常有呼吸困难,可有咳血甚或咳粉红色泡沫样痰;心尖区有隆隆样舒张期杂音;第一心音亢进和开瓣音;可有肺动脉高压和右心室增大的心脏体征;X线检查及心电图显示左心房增大;超声心动图可确诊。

4. 胃及十二指肠溃疡　发作有季节性,多发生于秋冬及冬春之交;有慢性周期性节律性上腹痛史;X线钡餐检查出现龛影是诊断的可靠依据;胃镜检查优于X线钡餐检查。

5. 肝硬化　有病毒性肝炎、长期饮酒等有关病史;有肝功能减退和门静脉高压的临床表现;肝功能试验常有阳性发现;肝活组织检查见假小叶形成有确诊价值。

6. 溃疡性结肠炎　多为反复发作慢性病程;表现为腹泻、黏液脓血便、腹痛;X线钡剂灌肠检查及结肠镜检查有特征性改变。

7. 急性肾小球肾炎　于链球菌感染或其他细菌感染之后2～3周发病;可有水肿、高血压及全身表现;有少尿、血尿、蛋白尿等明显的尿改变;尿沉渣检查可见大量红细胞,甚至有红细胞管型。

8. 肾结核　有尿频、尿急、尿痛,一般抗菌药治疗无效;尿培养结核菌阳性,尿沉渣可找到结核抗酸杆菌;血清结核菌抗体测定阳性;静脉肾盂造影可发现结核病灶X线征象;部分患者可有肺、睾丸等肾外结核。

9. 泌尿系结石　肾区疼痛不适,排尿时突然疼痛,可有放射痛,改变姿势后疼痛改善,可有膀胱刺激征,可见镜下血尿及肉眼血尿,泌尿系统B超可以确诊。

10. 特发性血小板减少性紫癜　广泛出血累及皮肤黏膜及内脏;多次检查血小板计数减少;骨髓巨核细胞增多或正常,有成熟障碍;血小板相关抗体(PAIg)及血小板相关补体(PAC3)阳性;血小板生存时间缩短。

11. 过敏性紫癜　发病前1～3周有低热、咽痛、全身不适或上呼吸道感染病史;典型四肢皮肤紫癜,可伴腹痛、关节肿痛和血尿;血小板计数、血小板功能及凝血检查正常。

二、辨证思路

(1) 在中医学对血证的特色理论中,明代缪希雍的"治吐血三要法"及清代唐容川的"治血四法"尤其值得重视。缪希雍《先醒斋医学广笔记·吐血》强调了行血、补肝、降气在治疗吐血中的重要作用,提出了"宜行血不宜止血""宜补肝不宜伐肝""宜降气不宜降火"的治吐血三要法。对血证的治疗应根据病情辨证地对待行血与止血、补肝与伐肝、降气与降火这三对治法。唐容川在《血证论》中提出止血、消瘀、宁血、补血的治血四法。唐氏认为吐血之时"惟以止血为第一要法。血止之后,其离经而未吐出者,是为瘀血,既与好血不相合,反与好血不相能……必亟为消除,以免后来诸患,故以消瘀为第二治法。止吐消瘀之后,又恐血再潮动,则须用药安之,故以宁血为第三法。邪之所凑,其正必虚,去血既多,阴无有不虚者矣,阴者阳之守,阴虚则阳无所附,久且阳随而亡,故又以补虚为收功之法"。

(2) 由于中医内科的血证至少包括鼻衄、齿衄、咳血、吐血、便血、尿血、紫斑七个病证,更见于西医学的百余种疾病,故在血证的诊断和治疗过程中,辨证论治的同时,应与西医学的辨病相结合,以提高疗效。

三、治疗注意

笔记栏

(1) 据临床观察,火热与瘀血是鼻出血的主要原因,祛瘀凉血是常用的治法。而在辨证的基础上加川牛膝、白茅根、仙鹤草等,可以起到引血归经、活血止血的作用。

(2) 在急性上消化道出血(可表现为吐血及便血)的现代治疗中,大黄、白及、云南白药、三七、地榆等药常被选用。现代药理研究证实,大黄具有多方面的止血作用。因此治疗急性上消化道出血,大黄常作为首选药物。可用粉剂，每次 3～5 g，每日 4 次，温水调服；或将大黄粉调成糊剂，冷冻，以不凝为度，用量及次数同上。

(3) 近年来多种论著对尿血的病因病机看法较为一致，认为主要有热、湿、瘀、虚，尤以前三者多见。清热利湿、凉血止血，滋阴降火、养血止血，补脾固肾、益气摄血三法为治疗尿血重要治法。临床用药方面，白茅根、小蓟、石韦、琥珀等药，既有止血作用，又可利小便，可酌情选用。

【文献摘录】

《灵枢·百病始生》："阳络伤则血外溢，血外溢则衄血；阴络伤则血内溢，血内溢则后血。"

《太平圣惠方·治尿血诸方》："夫尿血者，是膀胱有客热，血渗于脬故也。血得热而妄行，故因热流散，渗于脬内而尿血也。"

《济生方·血病门》："夫血之妄行也，未有不因热之所发，盖血得热则淖溢，血气俱热，血随气上，乃吐衄也。"

（吕书勤）

第三节　痰　　饮

【概述】

一、定义

痰饮(retention of phlegm)是由于三焦气化失宣，体内水液输布，运化失常，停积于某些部位的一类病证。广义的痰饮为诸饮之总称，有痰饮、悬饮、溢饮、支饮四种；狭义者仅为四饮中的痰饮。

二、源流

《内经》无"痰"之证，而有"饮""饮积"之说。如《素问·经脉别论》曰："饮入于胃，游溢精气，上输于脾，脾气散精，上归于肺，通调水道，下输膀胱，水精四布，五经并行。"论述了正常的水液代谢。《素问·至真要大论》说："太阴在泉……湿淫所胜……民病积饮心痛。"《素问·气交变大论》又说："岁土太过，雨湿流行，肾水受邪，甚则饮发，中满食减"。《素问·至真要大论》又云："太阴之胜……饮发于中"，《素问·六元正纪大论》曰："土郁之发，民病饮发湿下"等，认为脾肾功能失调，湿邪淫溢，可发生停饮之病。这些论述，是对痰饮认识的开端，又为后世痰饮学说的形成和发展奠定了理论基础。

汉代，张仲景《金匮要略》始有"痰饮"名称，并立专篇加以论述，有广义、狭义之分。广义痰饮包括痰饮、悬饮、溢饮、支饮四类，是诸饮的总称。其中狭义的痰饮，则是指饮停胃肠之证。该篇还提出"用温药和之"的治疗原则，至今仍为临床遵循。

唐代，孙思邈《千金方·痰饮第六》有五饮之说："夫五饮者，由饮酒后及伤寒饮冷水过多所致"，立论悉本仲景，而治法方药则颇有发明，如治胸中痰澼，用吐法以祛其邪；治"澼饮停结，满闷目暗"，用中军候黑丸(芫花、巴豆、杏仁、桂心、桔梗)以温下。

宋代，严用和提出"气滞"可以生痰饮。如《济生方·痰饮论治》中说："人之气道，贵乎顺，顺则津液流通，决无痰饮之患，调摄失宜，气道闭塞，水饮停膈。"从气与水的关系来论述本病的病机，明确阐明了气滞津凝则生痰饮，甚为精辟。杨士瀛(字登父，号仁斋)所著《仁斋直指方》首先将饮与痰的概念作了明确的区分，提出饮清稀而痰稠浊。

清代，叶桂总结前人治疗痰饮病的经验，重视脾，肾，提出了"外饮治脾，内饮治肾"的治疗大法。

笔记栏

三、范围

四饮的临床表现多端，西医学中的慢性支气管炎、支气管哮喘、渗出性胸膜炎、慢性胃炎、心力衰竭、肾炎水肿等病可参考本节内容进行辨证诊治。

【病因病机】

痰饮的成因为外感寒湿、饮食不当或劳欲所伤,以致肺、脾、肾三脏功能失调,三焦气化失常,水谷不得化为精微输布全身,津液停积为患(图 9-3)。

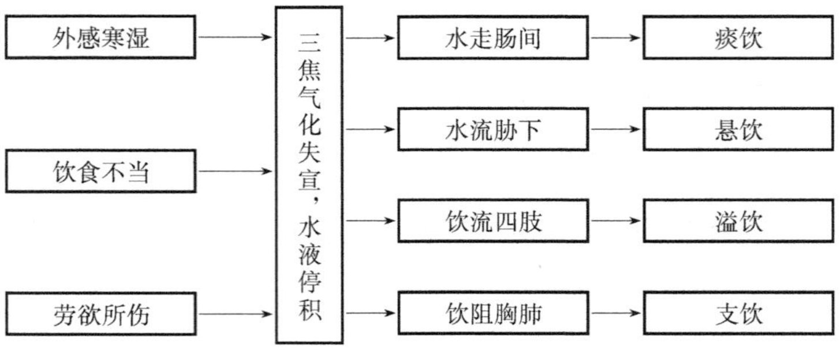

图 9-3 痰饮病因病机示意图

1. 外感寒湿 因气候湿冷,或冒雨涉水,坐卧湿地,寒湿之邪侵袭肌表,困遏卫阳,致使肺不能宣布水津,脾无以运化水湿,水津停滞,积而成饮。

2. 饮食不当 凡暴饮过量,恣饮冷水,进食生冷;或炎夏受热以及饮酒后,因热伤冷,冷热交结,中阳被遏,脾失健运,湿从内生,水液停积而为痰饮。

3. 劳欲所伤 劳倦、纵欲太过,或久病体虚,伤及脾肾之阳,水液失于输化,亦可停而成饮。若体虚气弱,或劳倦太过之人,一旦伤于水湿,更易停蓄为病。

正常生理情况下,水液的输布排泄,主要依靠三焦的气化作用和肺、脾、肾的功能活动。三焦气化失宣是形成痰饮的主要病机。三焦失通失宣,阳虚水液不运,必致水饮停积为患。肺居上焦,肺气失宣,通调失司,津液失于布散,则聚为痰饮。脾居中州,湿邪困脾,或脾虚不运,均可使水谷精微不归正化,聚为痰湿。肾为水脏,处下焦,肾气肾阳不足,蒸化失司,水湿泛滥,亦可导致痰饮内生。三脏之中,脾运失司,首当其冲。因脾阳虚,则上不能输精以养肺,水谷不归正化,反为痰饮而干肺;下不能助肾以制水,水寒之气反伤肾阳,由此必致水液内停中焦,流溢各处,波及五脏。

本病的病理性质,则总属阳虚阴盛,输化失调,因虚致实,水饮停积为患。虽然间有因时邪与里水相搏,或饮邪久郁化热,表现饮热相杂之候,但究属少数。水饮属于阴类,非阳不运。若阳气虚衰,气不化津,则阴邪偏盛,寒饮内停。饮邪具有流动之性,饮留胃肠,则为痰饮;饮流胁下,则为悬饮;饮流肢体,则为溢饮;聚于胸肺,则为支饮。故中阳素虚,脏气不足,实是发病的内在病理基础。

【诊断】

诊断要点

1. 痰饮 心下满闷,呕吐清水痰涎,胃肠沥沥有声,形体昔肥今瘦,属饮停胃肠。

2. 悬饮 胸胁饱满,咳唾引痛,喘促不能平卧,或有肺痨病史,属饮流胁下。

3. 溢饮 身体疼痛而沉重,甚则肢体浮肿,当汗出而不汗出,或伴咳喘,属饮溢肢体。

4. 支饮 咳逆倚息,短气不得平卧,其形如肿,属饮邪阻于胸肺。

5. 相关检查 四饮所涉及的疾病颇多,临证应注意结合有关检查。如胸部 X 线及 B 超探查表明有胸腔积液,胸水常规比重大于 1.018,蛋白含量大于 2.5%,细胞计数以淋巴细胞为主,有助于渗出性胸膜炎的诊断。胃镜检查胃黏膜有炎症、充血、糜烂,或有腺体萎缩,Hp 阳性,有助于慢性胃炎的诊断。有心功能不全的临床表现,肺毛细血管楔压(PCWP)增高,或颈静脉压增高,有助于左心衰或右心衰的诊断。尿常规检查有血尿、蛋白尿、尿沉渣发现有多量红细胞,白细胞、透明管型和颗粒管型,有助于急性肾小球肾炎的诊断。

笔记栏

【鉴别诊断】

1. 悬饮与胸痹 两者均有胸痛。但胸痹为胸部或心前区闷痛,且可引及左侧肩背或左臂内侧,常于劳累、饱餐、受寒、情绪激动后突然发作,历时较短,休息或用药后得以缓解;而悬饮为胸胁胀痛,持续不解,多伴咳唾,转侧、呼吸时疼痛加重,肋间饱满,并有咳嗽,咯痰等肺系证候。

2. 溢饮与风水证 水肿之风水相搏证,可分为表实、表虚两个类型。表实者,水肿而无汗,身体疼重,与水泛肌表之溢饮基本相同。如见肢体浮肿而汗出恶风,则属表虚,与溢饮有异。

3. 支饮、伏饮与肺胀、喘证、哮病 上述病证均有咳逆上气、喘满、咳痰等表现。但肺胀是肺系多种慢性疾患日久积渐而成;喘证是多种急慢性疾病的重要主症;哮病是呈反复发作的一个独立疾病;支饮是痰饮的一个类型,因饮邪支撑胸肺而致;伏饮是指伏而时发的饮证。其发生、发展、转归均有不同,但其间亦有一定联系。如肺胀在急性发病阶段,可以表现支饮证候;喘证的肺寒、痰饮两证,又常具支饮特点。

【辨证论治】

一、辨证要点

1. 辨标本的主次 掌握阳虚阴盛,本虚标实的特点。本虚为阳气不足,标实指水饮留聚。无论病之新久,都要根据症状辨别两者主次。

2. 辨病邪的兼夹 痰饮虽为阴邪,寒证居多,但亦有郁久化热者;初起若有寒热见症,为夹表邪;饮积不化,气机升降受阻,常兼气滞。

二、治疗要点

1. 治疗原则 痰饮的治疗以温化为原则。因饮为阴邪,遇寒则聚,得温则行。通过温阳化气,可杜绝水饮之生成。因痰饮总属阳虚阴盛,本虚标实,故有治标、治本、善后调理等区别。其中发汗、利水、攻逐为治标之法,只可权宜用之;健脾、温肾为治本之法,亦用作善后调理。

2. 辨证论治 同时根据表里虚实的不同,采取相应的处理。水饮壅盛者,应祛饮以治标;阳微气虚者,宜温阳以治本;在表者,当温散发汗;在里者,应温化利水;正虚者补之;邪实者攻之;如属邪实正虚,则当消补兼施;饮热相杂者,又当温清并用。

三、分证论治

(一) 痰饮

1. 脾阳虚弱

临床表现:① 胸胁胀满不舒,心下痞闷,胃中有振水音,脘腹喜温畏冷,冷痛,喜温喜按,泛吐清水痰涎;② 口渴不欲饮水,饮入即吐,头晕目眩,心悸气短乏力,纳差食少,大便溏泄,形体逐渐消瘦;③ 舌质淡,舌苔白滑,脉弦细而滑。

证候辨析:胃中停饮,支撑胸胁,故胸满脘痞,胃中有振水音。寒饮内聚,阳气不能外达,则见脘冷,背寒。水饮上逆,故呕吐痰涎,水入易吐。水停中焦,津不上承,则渴不欲饮。饮凌心肺,故心悸,气短。水饮中阻,清阳不升,则头昏目眩。脾运不健,故食少,便溏。脾虚,水谷不能化为精微充养形体,而致形体日瘦。舌苔白滑,脉弦细滑,均系阳虚饮停之象。临床具备①+②或①+③均可辨为脾阳虚弱型。

治法:温脾化饮。

代表方:苓桂术甘汤合小半夏加茯苓汤加减。

常用药:桂枝、甘草辛甘化阳,通阳化气;白术、茯苓健脾渗湿;半夏、生姜和胃降逆。

水饮内阻,清气不升而见眩冒,小便不利者,加泽泻、猪苓;脘部冷痛,吐涎沫,为寒凝气滞,饮邪上逆,酌配干姜、吴茱萸、川椒目、肉桂;心下胀满者,加枳实以开痞。

2. 饮留胃肠

临床表现:① 心下坚满或痛,自利,利后反快,虽利,心下续坚满;② 水走肠间,沥沥有声,腹满,便秘

笔记栏

或便溏，口舌干燥；③ 舌苔腻，色白或黄，脉沉弦或伏。

证候辨析：水饮留胃，则心下坚满或痛。水饮下行，故利后反快。饮去难尽，新饮复积，故虽利，心下续坚满。饮邪从胃下流于肠，则肠间沥沥有声。饮结于中而致腹满，便秘。饮郁化热，故口舌干燥，苔黄。舌苔白腻，脉沉弦或伏，为水饮壅盛，阳气郁遏之象。临床具备①＋②或①＋③均可辨为饮留胃肠型。

治法：攻下逐饮。

代表方：甘遂半夏汤或己椒苈黄丸加减。

常用药：甘遂、半夏逐饮降逆；白芍、蜂蜜酸甘缓中，以防伤正；甘草与甘遂相反相激，祛逐留饮；大黄、葶苈攻坚决壅，泻下逐水；防己、椒目辛宣苦泄，导水利尿。

饮邪上逆，胸满者，加枳实、厚朴以泄满，但不能图一时之快，攻逐太过，损伤正气。

（二）悬饮

1. 邪犯胸肺

临床表现：① 寒热往来，或发热不恶寒，有汗而热不解，汗少，咳嗽咳痰，痰量较少，气急喘促，胸胁刺痛，呼吸、转侧疼痛加重；② 心下痞硬，口苦，咽干，干呕；③ 舌苔薄白或黄，脉弦数。

证候辨析：肺居胸中，两胁为少阳经脉分布循行之处，今时邪外袭，热郁胸肺，少阳枢机不和，则寒热往来，胸胁疼痛。肺热内蕴，肺气失宣，故身热有汗，不恶寒，咳而气急少痰。热郁少阳，则心下痞硬，口苦，咽干，干呕。舌苔薄白或黄，脉弦数，乃属肺卫受感，邪在上焦之象。临床具备①＋②或①＋③均可辨为邪犯胸肺型。

治法：和解宣利。

代表方：柴枳半夏汤加减。

常用药：柴胡、黄芩清解少阳；瓜蒌、半夏、枳壳宽胸化痰开结；青皮、赤芍理气和络止痛；桔梗、杏仁宣肺止咳。

痰饮内结，肺气失肃，见咳逆气急，加白芥子、桑白皮；胁痛甚者，加郁金、桃仁、延胡索以通络止痛；心下痞硬，口苦，干呕，加黄连，与半夏、瓜蒌合用以苦辛开痞散结；身热盛汗出，咳嗽气粗，去柴胡，加麻黄、杏仁、石膏以清热宣肺化痰。

2. 饮停胸胁

临床表现：① 胸胁疼痛，咳唾引痛，痛势较前减轻，而呼吸困难加重，气喘气憋，息促不能平卧；② 或仅能偏卧于停饮的一侧，病侧肋间胀满不舒，严重者可见病侧胸廓隆起；③ 舌苔白，脉沉弦或弦滑。

证候辨析：肺气郁滞，气不布津，停而为饮。饮停气滞，脉络受阻，故咳唾引痛。因水饮已成，气机升降痹窒，反见痛轻喘息加重。饮邪上迫肺气，则咳逆不能平卧。饮在胸胁，故肋间胀满。临床具备①＋②或①＋③均可辨为饮停胸胁型。

治法：泻肺祛饮。

代表方：椒目瓜蒌汤合十枣汤或控涎丹加减。

常用药：葶苈子、桑白皮泻肺逐饮；苏子、瓜蒌皮、杏仁、枳壳降气化痰；川椒目、茯苓、猪苓、泽泻、冬瓜皮、车前子利水导饮；甘遂、大戟、芫花攻逐水饮。

如用十枣汤或控涎丹峻下逐水，剂量均从小量递增，一般连服 3～5 日，必要时停两三日再服。必须注意顾护胃气，中病即止，如药后出现呕吐、腹痛、腹泻过剧，应减量或停服。

痰浊偏盛，胸部满闷，舌苔浊腻者，加薤白、杏仁；如水饮久停难去，胸胁支满，体弱，食少者，加桂枝、白术、甘草等通阳健脾化饮，不宜再予峻攻；若见络气不和之候，可同时配合理气和络之剂，以冀气行水行。

3. 络气不和

临床表现：① 胸胁胀满疼痛，胸闷不舒，气憋；② 或有闷咳，甚则迁延，阴雨加重，严重者可见病侧胸廓变形；③ 舌质暗，苔薄白，脉弦。

证候辨析：饮邪久郁之后，气机不利，络脉痹阻，故胸胁疼痛，胸闷不舒。舌质暗，苔薄白，脉弦，乃属气滞络痹之象。临床具备①＋②或①＋③均可辨为络气不和型。

笔记栏

治法：理气和络。

代表方：香附旋覆花汤加减。

常用药：旋覆花、苏子降气化痰；柴胡、香附、枳壳疏肝理气解郁；郁金、延胡索利气通络；当归、赤芍、沉香行瘀通络。

痰气郁阻，胸闷苔腻者，加瓜蒌、枳壳豁痰开痹；久痛入络，痛势如刺者，加桃仁、红花、乳香、没药以行气活血和络；饮留不净者，胁痛迁延，经久不已，可加通草、路路通、冬瓜皮等以祛饮通络。

4. 阴虚内热

临床表现：① 咳嗽咳痰时作，咯吐少量黏黄痰，不易咳出，口燥咽干；② 或午后颧红，心烦，手足心热，潮热盗汗，或伴胸胁闷痛，病久不复，形体羸瘦；③ 舌质偏红，少苔欠津，脉小数。

证候辨析：饮阻气郁，化热伤阴，阴虚肺燥，故咳呛痰黏量少，口干咽燥；阴虚火旺，则潮热，颧红，心烦，盗汗，手足心热。络脉不和，故胸胁闷痛。病久正虚而致形体消瘦。舌红少苔，脉小数，乃系阴虚内热之象。临床具备①+②或①+③均可辨为阴虚内热型。

治法：滋阴清热。

代表方：沙参麦冬汤合泻白散加减。

常用药：沙参、麦冬、玉竹、白芍、天花粉养阴生津；桑白皮、桑叶、地骨皮、甘草清肺降火止咳。

阴虚内热，潮热显著，可加鳖甲、功劳叶以清虚热；虚热灼津为痰，肺失宣肃，而见咳嗽，可加百部、川贝母；痰阻气滞，络脉失畅，见胸胁闷痛，酌加瓜蒌皮、枳壳、广郁金、丝瓜络；日久积液未尽，加牡蛎、泽泻利水化饮；兼有神疲，气短，易汗，面色㿠白者，酌加太子参、黄芪、五味子益气敛液。本证须防迁延日久，趋向劳损之途。

（三）溢饮

表寒里饮

临床表现：① 身体沉重而疼痛，甚则肢体浮肿，头痛，恶寒，无汗，或有咳喘，白色泡沫痰；② 胸闷不舒，干呕，口不渴；③ 舌质暗，苔白，脉弦紧。

证候辨析：水饮流溢四肢体表，则身体重痛、浮肿。风寒束表，故恶寒，无汗。寒饮内伏，上逆迫肺，则喘咳，痰多白沫，胸闷，干呕。口不渴，苔白，脉弦紧，为表里俱寒之象。临床具备①+②或①+③均可辨为表寒里饮型。

治法：解表散寒，温肺化饮。

代表方：小青龙汤加减。

常用药：麻黄、桂枝解表散寒；半夏、干姜、细辛温化寒饮；五味子温敛肺气；白芍、炙甘草甘缓和中，缓和麻、桂辛散太过。

表寒外束，内有郁热，伴有发热，烦躁，苔白而兼黄，加石膏以清泄内热；若表寒之象已不著者，改用大青龙汤以发表清里；水饮内聚而见肢体浮肿明显，尿少者，可配茯苓、猪苓、泽泻；饮邪犯肺，喘息痰鸣不得卧者，加杏仁、射干、葶苈子。

（四）支饮

1. 寒饮伏肺

临床表现：① 咳逆喘息不得卧，咳吐白色泡沫痰，量多，经久不愈，阴天加重，甚至引起面浮跗肿；② 或平素伏而不作，遇寒即发，发则寒热，背痛，腰痛，目泣自出，身体振振瞤动；③ 舌苔白滑或白腻，脉弦紧。

证候辨析：饮邪上逆犯肺，肺气不降，故咳喘不能卧。津液遇寒而凝聚为饮，以致痰多白沫。饮邪恋肺，因而久病不愈。饮为阴邪，故受寒每易诱发。水饮泛溢，则面浮肢肿。伏饮因新寒触发，故见外寒束表之候。饮邪迫肺，痰阻气壅喘剧，则目泣自出，身体瞤动。舌苔白滑或白腻，脉弦紧，为寒饮内盛之象。临床具备①+②或①+③均可辨为寒饮伏肺型。

治法：宣肺化饮。

代表方：小青龙汤加减。

常用药：麻黄、桂枝、干姜、细辛温肺散寒化饮；半夏、厚朴、苏子、杏仁、甘草化痰利气；五味子温敛肺气。

笔记栏

无寒热、身痛等表证，见动则喘甚，易汗，为肺气已虚，可改用苓甘五味姜辛汤，不宜再用麻黄、桂枝表散。若饮多寒少，外无表证，喘咳痰稀或不得息，胸满气逆，可用葶苈大枣泻肺汤加白芥子、莱菔子以泻肺通饮；饮邪壅实，咳逆喘急，胸痛烦闷，加甘遂、大戟峻逐水饮，以缓其急。

邪实正虚，饮郁化热，喘满胸闷，心下痞坚，烦渴，面色黧黑，苔黄而腻，脉沉紧，或经吐下而不愈者，当行水散结，补虚清热，用木防己汤加减。水邪结实者，去石膏，加茯苓、芒硝导水破结；若痰饮久郁化为痰热，伤及阴津，咳喘咳痰稠厚，口干咽燥，舌红少津；脉细滑数，用麦门冬汤加瓜蒌、川贝母、木防己、海蛤粉养肺生津，清化痰热。

2. 脾肾阳虚

临床表现：① 喘促动则为甚，心悸，气短，或咳而气怯，痰多；② 食少，胸闷，怯寒肢冷，神疲，少腹拘急不仁，脐下动悸，小便不利，足跗浮肿，或吐涎沫而头目昏眩；③ 舌体胖大，质淡，苔白润或腻，脉沉细而滑。

证候辨析：久病及肾，肾不纳气，则喘促气短，动则为甚。肺脾气虚，痰饮内蕴，故咳而气怯，痰多，胸闷，食少。肾阳虚弱，不能温养形体，则怯寒肢冷。肾虚气化无权，水饮停蓄下焦，故小便不利，小腹拘急不仁，或冲动而为悸。饮溢于外，则足肿。饮逆于上，故吐涎沫而头目昏眩。舌胖，苔白，脉沉细而滑，亦属阳虚饮聚之象。临床具备①＋②或①＋③均可辨为脾肾阳虚型。

治法：温脾补肾，以化水饮。

代表方：金匮肾气丸合苓桂术甘汤加减。

常用药：桂枝、附子温阳化饮；黄芪、怀山药、白术、炙甘草补气健脾；苏子、干姜、款冬花化饮降逆；钟乳石、沉香、补骨脂、山茱萸补肾纳气。

痰涎壅盛，食少痰多，可加半夏、陈皮化痰和中；水湿偏盛，足肿，小便不利，四肢沉重疼痛，可加茯苓、泽泻以利水湿；脐下悸，吐涎沫，头目昏眩，是饮邪上逆，虚中夹实之候，可用五苓散化气行水。

【其他治法】

一、中成药

金匮肾气丸 口服，一次 8 粒，一日 3 次。具有补肾助阳的功效。适用于脾肾阳虚，腰膝酸冷，小便不利或反多，痰饮喘咳。

二、针灸

1. 痰饮 选择脾俞、章门、中脘、阴陵泉、丰隆等基本穴位。可用补法、平补平泻法，或加用灸法。

2. 悬饮 选择膻中、肺俞、丰隆、阴陵泉、脾俞、足三里等基本穴位。可用泻法、平补平泻法，或加用灸法。

3. 溢饮 选择肺俞、合谷、偏历、三焦俞、委阳、脾俞、阴陵泉等基本穴位。可用泻法、平补平泻法，或加用灸法。

4. 支饮 选择肺俞、列缺、偏历、三焦俞、委阳、脾俞、足三里等基本穴位。可用补法、平补平泻法，或加用灸法。

【转归预后】

痰饮的转归和预后，取决于患者的体质、正气的强弱、病位的深浅、病情的轻重，以及是否得到正确的治疗等。痰饮之病，主要为肺、脾、肾三脏气化功能失常所致，若施治得法，一般预后尚佳。久病及肾，肾虚所化开合不得，痰饮又可凌心射肺，则病趋复杂，缠绵难愈，预后较差；若饮邪内伏或久留体内，其病势多缠绵难愈，且易因感外邪或饮食不当而诱发。

【预防调护】

笔记栏

(1) 提高机体抗病能力。平时宜生活规律，慎起居、节房事，毋过劳。根据不同的年龄和体质状况，从事相关体育活动，如太极拳、八段锦、慢跑等，养成经常参加户外活动的习惯，从而减少感受外邪的机会，注意劳逸适度，平素要注意保养正气。凡有痰饮病史者，平时应避免风寒湿冷，根据四时寒暑的变化，及时增减衣服,注意保持生活环境适度的温度。

(2) 饮食有节,调理脾胃。饮食宜清淡,饮食宜定时定量,忌暴饮暴食及过食油腻厚味生冷之品;多食蔬菜及健脾化痰的水果,如生梨、枇杷等;戒烟酒。

(3) 调节情志。保持精神愉快,避免情志内伤,使情绪豁达,气血和畅。

【临证备要】

一、辨病思路

西医学中许多急慢性疾病所引起的水液输布异常都可归属于中医痰饮。如呼吸系统病中慢性支气管炎、支气管哮喘、肺结核、慢性阻塞性肺疾病、胸腔积液(结核性胸膜炎、化脓性胸膜炎、肿瘤性胸膜炎)、肺源性心脏病等;循环系统中的慢性心力衰竭、风湿性心脏病、渗出性心包炎等;泌尿系统疾病中的慢性肾衰竭等;类风湿关节炎、甲状腺肿、痛风等,均可参照中医痰饮的辨证论治进行治疗。

1. 慢性支气管炎　咳嗽、咳痰或伴喘息,每年发病3个月,连续2年或以上者。每年发病不足3个月,而有明确的客观检查依据(如X线检查、呼吸功能测定等)者亦可诊断。X线检查:早期可无异常。病变反复发作,引起支气管管壁增厚,细支气管或肺泡间质炎症细胞浸润或纤维化,可见两肺纹理增粗、紊乱,呈网状或条索状、斑点状阴影,以下肺野较明显。痰液检查:涂片或培养可见肺炎球菌、流感嗜血杆菌、甲型链球菌及奈瑟球菌等。

2. 胸腔积液　呼吸困难是最常见的症状,多半有胸痛或咳嗽,呼吸困难与胸廓顺应性下降,X线检查及超声检查可初步定位及明确胸腔积液的积液量,诊断性胸腔穿刺有助于明确病因。

3. 慢性心力衰竭　呼吸困难与体力活动有明显关系(劳力性呼吸困难、端坐呼吸、夜间阵发性呼吸困难),咳嗽、咳痰、白色浆液性泡沫痰为其特点,乏力、疲倦、心慌、右上腹胀痛、肝大、腹水、肝颈静脉回流征阳性、下肢水肿、发绀、肺部湿性啰音、原有心脏病体征、超声心动图可发现某些病因及病理。

4. 渗出性心包炎　呼吸困难是心包积液最突出的症状,严重者端坐呼吸、身体前倾、呼吸浅速、面色苍白,可有发绀。心脏浊音界向两侧增大,皆为绝对浊音区;心尖搏动弱,心音低而遥远,在有大量积液时可在左肩胛骨下出现浊音及左肺受压迫所引起的支气管呼吸音,称心包积液征。超声心动图对诊断心包积液简单易行,迅速可靠。

5. 慢性肾衰竭　慢性肾衰竭的代偿期和失代偿早期,患者可以无任何症状,或仅有乏力、腰酸、夜尿增多等轻度不适;少数患者可有食欲减退、代谢性酸中毒及轻度贫血。中期以后,上述症状趋于明显,在晚期尿毒症时,可出现急性心力衰竭、严重高钾血症、消化道出血、中枢神经系统障碍等,甚至危及生命。结合相关病史、查体及相关实验室检查可明确诊断。

6. 类风湿关节炎　关节内或周围晨僵持续至少1小时;至少同时有3个关节软组织肿或积液;腕、掌指、近端指间关节区中,至少1个关节区肿胀;对称性关节炎;有类风湿结节;血清类风湿因子阳性;X线片改变(关节间隙狭窄或骨质疏松)。

7. 痛风　多在午夜或清晨突然发病,多呈剧烈,数小时内出现受累关节的红、肿、热、痛和功能障碍,单侧跗趾最常见,秋水仙碱治疗后关节炎症状可以迅速缓解,初次发作呈自限性,数日内可缓解,此时受累关节局部皮肤出现脱屑和瘙痒,为本病特有的表现,可伴有高尿酸血症,关节腔滑囊偏振光显微镜检查可见双折光的针形尿酸盐结晶,是确诊本病的依据。

二、辨证思路

1. 注意兼夹证　痰饮停积,影响气机升降,久郁又可化热,故本病有夹气滞、夹热的不同。饮邪内蓄,复感外邪,易诱发而使证情加剧。故治疗本病,应注意辨明有无兼夹证。

2. 痰饮的转归　主要表现为脾病及肺、脾病及肾、肺病及肾。若肾虚开阖不利,痰饮亦可凌心、射肺、犯脾。此外,痰饮多为慢性病,病程日久,常有寒热虚实之间的相互转化。而且饮积可以生痰,痰瘀互结,证情更加缠绵。故应注意对本病的早期治疗。

笔记栏

三、治疗注意

(1) 一般而言,痰饮为阴盛阳虚,本虚标实之候,治疗以温化为法则。健脾、温肾为其正治,发汗、利水、攻逐为治标的权宜之法,待水饮渐去,仍当温补脾肾,扶正固本,以杜水饮生成之源。若痰饮壅盛,其证属实,可采用攻下逐饮、理气分消等法以祛其邪,继则扶脾固肾以治其本。

(2) 痰饮变化多端,故其治疗可适当结合下面几个方法。① 行气导滞:治痰先治气,气顺痰自消。痰之所聚,多由气滞而成。痰之集聚,又加重了气滞。故治痰兼理气,则气行痰亦行,并且理气之药,芳香醒脾。② 活血化瘀:由于痰能引起气滞,而气滞又可导致血瘀,故痰饮兼有血瘀者,可加用活血祛痰之品。

【文献摘录】

《证治要诀·停饮伏痰》:"故善治痰者,不治痰而治气,气顺则一身之津液,亦随气而顺矣……病痰饮而变生诸证,不当为诸证牵掣,妄言作名,且以治饮为先,饮消则诸证自愈。"

《景岳全书·痰饮》:"痰之与饮,虽曰同类,而实有不同也。盖饮为水液之属,凡呕吐清水及胸腹膨满,吞酸嗳腐,渥渥有声等证,此皆水谷之余停积不行,是即所谓饮也。若痰有不同于饮者,饮清澈而痰稠浊,饮惟停积肠胃而痰则无处不到。水谷不化而停为饮者,其病全由脾胃;无处不到而化为痰者,凡五脏之伤皆能致之。故治此者,当知所辨,而不可不察其本也。"

《济生方·痰饮论治》:"气行即水行,气滞即水滞,故知饮之为病,在人最多。善治者,以宣通其气脉为先,则饮无所凝滞。所以治痰饮者,当以温药和之。盖人之气血,得温则宣流也。及其结而成坚癖,则兼以消痰破饮之剂攻之。"

(吕书勤)

第四节　消　渴

【概述】

一、定义

消渴(consumptive thirst)是以多饮、多食、多尿、日久乏力、消瘦,或尿有甜味为主要症状的病证。其中以多饮症状为主者称为上消,多食为主者称为中消,多尿为主者称为下消。

二、源流

《内经》中提到了消渴的病名,病证表现,病因病机,治疗原则。《灵枢·五变》篇说:"五脏皆柔弱者,善病消瘅。"指出了五脏虚弱是发生消渴的内在因素。对饮食不节,情志失调等致病因素,也分别作了论述,如《素问·奇病论》说:"此肥美之所发也,此人必数食甘美而多肥也,肥者令人内热,甘者令人中满,故其气上溢,转为消渴"。《灵枢·五变》说:"怒则气上逆,胸中蓄积,气血逆流……转而为热,热则消肌肤,故为消瘅。"《内经》中根据发病因素和临床表现的不同而有"消瘅""消渴""肺消""膈消""消中"等名称的记载。对消渴的治疗,《素问·奇病论》提出了"治之以兰,除陈气也"。

《金匮要略》设消渴专篇,提出了三消症状及其治疗的方药。如调胃承气汤、白虎加人参汤、肾气丸等方。尤其是肾气丸的应用,开后世消渴治肾之先河。

隋代,巢元方《诸病源候论·消渴候》说:"其病变多发痈疽"。《外台秘要·消中消渴肾消》篇引用《古今录验方》说:"渴而饮水多,小便数,有脂,似麸片甜者,皆是消渴病也。"又提到"每发即小便至甜"。刘完素《宣明论方·消渴总论》说:"消渴一证,可变为雀目或内障。"明确记载了消渴的变证。

朱震亨在《丹溪心法·消渴》中正式提出上消、中消、下消之名,强调"真水不竭,安有所谓渴哉",突出了肾虚在消渴发病中的作用,在治疗上,上消用清法如白虎加人参汤,中消用下法如调胃承气汤,下消用补肾之法如六味地黄丸,所拟消渴方、玉泉丸,应用至今。

后世医家在临床实践的基础上,根据本病的"三多"症状的轻重为主次,把本证分为上、中、下三消,如

笔记栏

《证治准绳·消瘅》说:“渴而多饮为上消(经谓膈消);消谷善饥为中消(经谓消中),渴而便数有膏为下消(经谓肾消)。”赵献可《医贯·消渴论》认为:“盖因命门火衰,不能蒸腐水谷,水谷之气,不能熏蒸,上润乎肺。如釜底无薪,锅盖干燥,故渴。至于肺亦无所禀,不能四布水精,并行五经,其所饮之水,未经火化,直入膀胱,正谓饮一升溺一升,饮一斗溺一斗。”强调了肾阳虚衰不能蒸腾水气是上燥渴、下多尿的病机。在治疗上,赵献可说:“治消之法,无分上中下,先治肾为急。”

张锡纯《医学衷中参西录·消渴方》玉液汤下注中说:“消渴之证多由元气不升,此方乃升元气以止渴也。”用黄芪、山药、葛根为主。此益气升津止渴之法,与前医温肾蒸腾以济上燥有异曲同工之妙。

三、范围

消渴病与西医学糖尿病基本一致。尿崩症,因具有多尿、烦渴的临床特点,与消渴病有某些相似之处,可参考本节内容进行辨证论治。

【病因病机】

消渴病的病因较复杂,禀赋不足、饮食不节、五志过极、劳欲过度是常见的致病原因,其病机主要在于阴津亏损,燥热偏胜,而以阴虚为本,燥热为标,两者互为因果,相互为用(图9-4)。

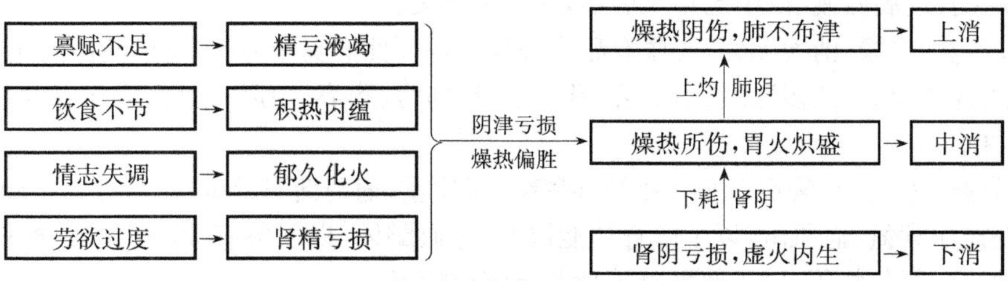

图9-4　消渴病因病机示意图

1. 禀赋不足　先天禀赋不足,五脏脆弱是引起消渴的重要体质因素,加之后天调摄不当,极易导致脏腑虚弱,其中肾精亏虚在本病发生过程中的作用尤为突出。肾主藏精,受五脏六腑之精而藏之,五脏虚弱,气血内亏可致肾精亏少,或先天肾之精气不足,均可致燥热内盛而发为消渴。

2. 饮食不节　长期过食肥甘滋腻,醇酒厚味,辛辣香燥,损伤脾胃,致脾胃运化失职,积热内蕴,消谷耗津,产生消渴。此即《素问·奇病论》所谓:“肥者令人内热,甘者令人中满,故其气上溢,转为消渴。”长期大量服用温燥壮阳药物,或久病误服温燥之品,致燥热内生,损耗阴津亦可发生消渴。

3. 情志失调　长期过度精神刺激,如郁怒伤肝,肝气郁结,或劳心竭虑,导致气机郁结,进而化火,火热内燔,销铄肺胃阴津而发为消渴。所以《临证指南医案·三消》有云:“心境愁郁,内火自燃,乃消症大病。”

4. 劳欲过度　素体阴虚,复因房室不节,劳欲过度,损耗阴精,导致阴虚火旺,上蒸肺、胃,终致肾虚肺燥胃热,发为消渴。《外台秘要·消渴消中》说:“房劳过度,致令肾气虚耗,下焦生热,热则肾燥,肾燥则渴。”

消渴具体病因较多,其发病也往往是多种病因相互影响、互相引动、共同作用的结果。其病机主要在于阴津亏耗,燥热偏胜,而以阴虚为本,燥热为标,两者互为因果,阴愈虚则燥热愈盛,燥热愈盛则阴愈虚。

消渴的病变脏腑主要在肾,与肺、(脾)胃、肝密切相关。肺主治节,为水之上源,燥热伤肺则津液失布,津液不能上承则口渴多饮,直趋下行则小便频数量多。脾为后天之本,主运化,为胃行其津液,胃为水谷之海,主受纳腐熟水谷。积热伤及脾胃,胃火炽盛,脾阴不足则口渴多饮,多食善饥;胃火炽盛,肠燥阴伤则阴亏腑实内结;后者可进一步耗伤阴液。肾主藏精,寓元阴元阳。肾阴亏损,虚火内生,上灼心肺则烦渴多饮,中灼脾胃则胃热消谷;阴虚阳盛,肾失开阖之职,水谷精微直趋下泄而排出体外,则尿多味甜,或浑浊如膏脂。此外,肝主疏泄,为体阴用阳之脏,阴虚肝旺或肝郁化火之证,既可导致阴虚燥热,又可因之而进一步加重,两者互为因果,甚则可出现阴虚阳亢,肝风内动之变。消渴病虽有在肺、胃、肾的不同,但常常互相影响,如肺燥津伤,津液失于敷布,则脾胃不得濡养,肾精不得滋助;脾胃燥热偏盛,上可灼伤肺津,下可耗伤肾阴;肾阴不足则阴虚火旺,亦可上灼肺胃,终至肺燥胃热肾虚,故“三多”之症常可相互并见。

笔记栏

本病迁延日久，常在燥热伤阴的基础上发展为气阴两伤或阴阳俱虚。临床常见气阴两虚证，如出现乏力，气短，自汗，动则加剧，口干舌燥，多饮多尿，五心烦热等表现。气损及阳，会出现脾肾阳虚的表现，如乏力自汗，形寒肢冷，多饮多尿，尿液浑浊如膏，或浮肿少尿，或五更泻等。消渴的发生演变过程常与血瘀有关。阴虚内热，耗津灼液而成瘀血；阳气亏虚，温煦不及，推动无力可致瘀血；肝郁气滞，可致瘀血；脾虚夹痰，亦可致痰瘀交阻。

消渴病日久，迁延不愈，失治、误治，耗伤气阴，气血郁滞，阴损及阳，终至阴阳两虚，痰湿瘀毒等病理产物互结，损伤脏腑、经络、四肢百骸，常可并发多种病证。如肺失滋润，日久可并发肺痨。肾阴亏损，水不涵木，肝肾精血不能上承于耳目，则可并发白内障、雀目、耳聋。燥热内结，营阴被灼，络脉瘀阻，蕴毒成脓，发为疮疡、痈疽。阴虚燥热内胜，炼液成痰，痰阻经络，或痰蒙神窍，而为中风偏瘫。阴损及阳，脾肾衰败，水湿潴留，泛溢肌肤，发为水肿。若阴津极度耗损，虚阳浮越，可见面红，头痛，烦躁，昏迷，恶心呕吐，目眶内陷，唇舌干红等表现。

【诊断】

诊断要点

(1) 隐袭起病，进展缓慢，以中老年人居多，或有家族史。

(2) 多饮、多食、多尿、消瘦无力，或尿有甜味等具有特征性的临床症状，是诊断消渴病的主要依据。

(3) 有的患者初起时“三多”症状不显著，常因眩晕、肺痨、胸痹、中风、雀目、疮痈等并发症求诊，应考虑消渴的可能性。

(4) 相关检查：查空腹、餐后2小时血糖和尿糖，尿比重，葡萄糖耐量试验等，有助于确定诊断。病情较重时，尚需查血尿素氮、血肌酐，以了解肾功能情况；查血酮体，以了解有无酮症酸中毒；查二氧化碳结合力及血钾、钠、钙、氯化物等，以了解酸碱平衡及电解质情况。

【鉴别诊断】

1. 一般口渴　各种外感病的高热过程中，或失血后，或其他原因导致的津液耗损后，均可见明显的口渴多饮症状，不伴多食、多尿、尿甜、瘦削等消渴的特点。一般随原发病的好转，口渴即能缓解或消失，且尿糖、血糖检查呈阴性。

2. 瘿病　瘿病中气郁化火、阴虚火旺的类型，以情绪激动，多食易饥，形体日渐消瘦，心悸，眼突，颈部一侧或两侧肿大为特征。其中的多食易饥、消瘦，类似消渴病的中消，但眼球突出，颈前生长肿物则与消渴有别，且无消渴病的多饮、多尿、尿甜等症。

3. 非消渴性糖尿　对饥饿性糖尿、食后糖尿、肾性糖尿等，可通过空腹血糖、糖耐量试验等检查与消渴病鉴别。另外，脑出血、脑瘤、颅骨骨折、窒息等原因引起的糖尿，一般有明确原因，或呈暂时性糖尿，且常随原发病的好转而改善或痊愈。妊娠期或哺乳期妇女，临床无典型症状，尿检为乳糖尿者，妊娠期或哺乳期过后一般可恢复正常。

【辨证论治】

一、辨证要点

1. 辨病位　消渴病的三多症状，往往同时并存，但根据其表现程度上的差异，而有上、中、下三消之分，及肺燥、胃热、肾虚之别。通常把以肺燥为主，多饮症状较突出者，称为上消；以胃热为主，多食症状较为突出者，称为中消；以肾虚为主，多尿症状较为突出者，称为下消。

2. 辨标本虚实　本病以阴虚为本，燥热为标，在病程的不同阶段，阴虚、燥热各有偏重。一般初病以燥热为主，继则二者并见，晚期以气阴两虚或阴阳俱虚为主。本病之虚，以阴虚为主，可兼见气虚、阳虚；标实者，除燥热外，尚可见湿热、痰、瘀等。

笔记栏

二、治疗要点

1. 治疗原则　清热生津，益气养阴为基本治则。

2. 三消分治　《医学心悟·三消》说："治上消者，宜润其肺，兼清其胃""治中消者，宜清其胃，兼滋其肾""治下消者，宜滋其肾，兼补其肺"。此可谓深得治疗消渴之要旨。

3. 虚实分治　根据燥热轻重，病变部位，兼夹湿、痰、瘀、浊毒等邪气之不同，伤及脏腑、气血阴阳之不同，予以或清热泻火，或祛湿、化痰通络，或降浊祛毒及相应扶正之法。应注意在疾病治疗的同时，叮嘱患者控制饮食，调畅情志，适度运动，以促进疾病康复。

三、分证论治

（一）上消

肺热津伤

临床表现：① 烦渴多饮；② 口干舌燥；③ 舌边尖红，苔薄黄，脉洪数。

证候辨析：肺热炽盛，耗伤阴液，故口舌干燥，烦渴多饮。肺为燥热所伤，无力敷布津液，津液直行膀胱排泄而出，则尿频量多。舌红苔黄，脉洪数，为燥热之象。具备①＋②或①＋③即可辨为肺热津伤型。

治法：清热润肺，生津止渴。

代表方：消渴方加减。

常用药：天花粉、葛根、麦冬、生地黄、藕汁生津清热，养阴增液；黄连、黄芩、知母清热降火。

本证亦可选择清燥救肺汤加减。烦渴甚者，加天花粉、石斛；热甚而见呼气灼热，气息促急者，加黄芩、地骨皮、知母；口干燥甚者，加生地黄、葛根、芦根等；痰多，加贝母、瓜蒌；若烦渴不止，小便频数，而脉数乏力者，为肺热津亏，气阴两伤，可选用玉泉丸或二冬汤，前者益气作用较强，而后者清热作用较强，可根据临床需要加以选用；如苔黄燥，烦渴引饮，消谷善饥，脉洪大，数而有力者，为肺胃热盛，耗损气阴之候，可用白虎加人参汤以清泻肺胃，生津止渴。

（二）中消

1. 胃热炽盛

临床表现：① 多食易饥，口渴，尿多；② 形体消瘦，大便干燥；③ 苔黄，脉滑实有力。

证候辨析：胃为水谷之海，主腐熟水谷，胃热过盛则多食易饥。胃热熏灼于肺，肺热伤津，津液耗伤，欲饮水自救，故烦渴引饮。饮入虽多不能敷布全身，津液自趋下泄，加之肾失固摄，水谷精微从小便而出，故尿多。阳明热盛，耗伤阴血，肌肉失充，故形体消瘦。胃津不足，大肠失于滋润，故大便干燥。苔黄，脉滑，为胃热之象。具备①＋②或①＋③即可辨为胃热炽盛型。

治法：清胃泻火，养阴增液。

代表方：玉女煎加减。

常用药：生石膏、知母、黄连、栀子清胃泻火；玄参、生地黄、麦冬滋肺胃之阴；川牛膝活血化瘀，引热下行。

大便秘结不行，可用增液承气汤润燥通腑"增水行舟"，待大便通后，再转上方治疗；本证亦可选用白虎加人参汤，方中以生石膏、知母清肺胃，除烦热，人参益气扶正，甘草、粳米益胃护津，共奏益气养胃，清热生津之效；本证治疗时，切忌过用寒凉而致气虚中满等证出现。

2. 脾胃气虚

临床表现：① 口渴引饮，能食与便溏并见，或饮食减少；② 精神不振，四肢乏力；③ 舌质淡，苔白而干，脉弱。

证候辨析：燥热之邪本易伤气，或更兼治疗失当，过用大苦大寒之品，消渴未止，脾胃反伤，脾失健运，谷气下泄从大便出而便溏，津液不能上输，则口渴欲饮。脾胃失健运之职，水谷不化精微而尽为糟粕，清阳精微不得实四肢布周身，则倦怠神靡，消瘦乏力。气虚血弱，则舌淡苔白，脉弱。具备①＋②或①＋③即可诊断。

治法：益气健脾，生津止渴。

代表方：七味白术散加减。

笔记栏

常用药：人参、白术、茯苓、甘草益气健脾；木香行气助运；葛根升清生津；天冬、麦冬养阴生津。

纳少便溏明显者，加山药、莲子肉；气虚甚者，人参加量，或加黄芪、五味子；气阴两伤者，可加沙参、玉竹、黄精等。

（三）下消

1. 肾阴亏虚

临床表现：① 尿频量多，混浊如脂膏，或尿甜；② 腰膝酸软，乏力，头晕耳鸣，口干唇燥，皮肤干燥；③ 舌红少苔，脉细数。

证候辨析：肾虚固摄失常，封藏失司，水谷精微直趋膀胱，故尿频尿多，浊稠如膏，或尿甜。腰为肾之府，膝为筋之府，为肝所主，肝肾精亏，则腰膝酸软无力。精血亏虚不能濡润清窍，故头晕耳鸣。舌红少苔，脉细数，为阴虚内热之象。具备①+②或①+③即可辨为肾阴亏虚型。

治法：滋阴固肾。

代表方：六味地黄丸加减。

常用药：熟地黄、山茱萸固肾益精；山药滋补脾阴，固摄精微；茯苓健脾渗湿；泽泻、牡丹皮清泻火热。

阴虚火旺而烦躁，五心烦热，盗汗，失眠者，可加知母、黄柏滋阴泻火；尿量多而混浊者，加益智仁、桑螵蛸、蚕茧等益肾缩泉；多梦遗精者，加芡实、菟丝子、生龙骨、生牡蛎涩精止遗；气阴两虚而伴困倦，气短乏力，舌质淡红者，可加党参、黄芪、黄精补益正气；阴虚阳亢见头晕目眩、脉弦者，加生石决明、珍珠母、怀牛膝、天麻平肝潜阳。

2. 阴阳两虚

临床表现：① 小便频数，混浊如膏，甚至饮一溲一，面色黧黑，耳轮干枯，腰膝酸软；② 四肢欠温，畏寒肢冷，阳痿或月经不调；③ 舌苔淡白而干，脉沉细无力。

证候辨析：消渴后期，阴损及阳，阴阳俱虚。饮多溲多，尿频浊稠，为下元虚惫，真火不足，如釜底无火不能蒸化津液，致精微和水液下注引起。面色黧黑无华属肾气衰败之象；耳轮焦枯，腰膝酸软，为肾精亏虚之候。畏寒肢冷、四肢欠温，或阳痿早泄为阳虚温煦不及。舌苔淡白而干，脉沉细无力，为阴阳俱虚之象。具备①+②或①+③即可辨为阴阳两虚。

治法：滋阴温阳，补肾固涩。

代表方：金匮肾气丸加减。

常用药：熟地黄、山茱萸固肾益精；山药滋补脾阴，固摄精微；茯苓健脾渗湿；附子、肉桂温肾助阳。

腰酸软甚者，加杜仲、牛膝、续断；畏寒怕冷者，加巴戟天、鹿茸、紫河车；面容憔悴，黧黑无华者，加何首乌、枸杞子、骨碎补；大便溏泄者，加补骨脂、益智仁。

消渴发展演变过程中多伴有瘀血证候，故对于上述各种证型，尤其是对于舌质紫黯，或有瘀点、瘀斑，脉涩或结或代，及兼见其他瘀血证候者，均可酌加活血化瘀的方药，如酌加丹参、川芎、郁金、红花、山楂、益母草、红景天等。

消渴日久变证频多，应在治疗本病的同时，积极治疗并发症。并发疮毒痈疽者，则治宜清热凉血解毒，消痈散肿，用五味消毒饮加减；病久气营两虚，宜益气解毒，托毒生肌，方用黄芪六一汤合犀黄丸加减，或参考外科治疗；雀盲、耳聋，多为肝肾精血不足，不能上承耳目所致，宜滋补肝肾，通络润上，选用杞菊地黄丸、羊肝丸加减；对于并发肺痨、水肿、中风者，则可参考有关章节辨证论治。

【其他治法】

一、中成药

1. 玉泉丸　口服，一次 6 g，一日 3 次。具有养阴生津，止渴除烦的功效。适用于消渴肺热津伤者。

2. 六味地黄丸　口服，一次 6 g，一日 3 次。具有滋补肝肾的功效。适用于消渴肾阴亏虚者。

3. 知柏地黄丸　口服，一次 6～9 g，一日 3 次。具有滋阴降火的功效。适用于消渴病肾阴亏虚者。

4. 金匮肾气丸　口服，一次 8 粒，一日 3 次。具有补肾助阳的功效。适用于消渴阴阳两虚者。

5. 石斛夜光丸　口服，一次 6～9 g，一日 3 次。具有滋阴补肾，清肝明目的功效。适用于消渴见肾阴亏虚之内障目暗，视物昏花者。

笔记栏

二、针灸

消渴阴阳两虚证明显者一般可用灸法。其余证候可考虑针刺，但针刺部位应注意清洁，避免出现皮肤感染。

1. 肺热津伤　针刺金津、玉液、肺俞、意舍、承浆等穴。

2. 胃热炽盛　针刺脾俞、胃俞、肺俞、足三里等穴。

3. 脾胃气虚　可针刺胃俞、三阴交、阴陵泉等穴。不必重刺激，得气即可。

4. 肾阴亏虚　针刺肝俞、肾俞、厥阴俞、三阴交、关元、复溜等穴。可分组交替使用。

三、饮食辅助疗法

(1) 黄连、瓜蒌根各 250 g，鲜地黄汁为丸如梧子大，每次以牛乳送服 50 丸，一日 2 次。适用于胃热炽盛之消渴。

(2) 山药、天花粉各 250 g，略炒香，研细和匀，分 30 包，一次 1 包，开水调服。适用于肺热津伤之消渴。

【转归预后】

消渴病自然发病过程中，一般初起以阴虚燥热为主，位在中上二焦，病程日久，阴损及阳进而阴阳两虚，甚至以阳虚为主，病位及下焦，并常有各种严重并发症，最后多死于阴竭阳亡。一般上消轻，中消重，下消危。上、中、下三消又可互相转化。

燥热伤肺证，多属消渴病早期，调养、治疗得当，病情可完全控制，不影响工作、生活和寿命。若调养、治疗失当，则进而损伤肺阴，造成气阴两伤，经恰当治疗，可消除临床症状，使血糖、尿糖降到正常水平。若治不及时或调养失当，则可继续发展，伤及脾胃而成脾胃气虚证。脾胃气虚证，经健脾益气，脾胃得补则病可缓解。

阴虚火旺者，煎熬津液，易致血液黏滞，运行不畅而致瘀血，产生阴虚血瘀之候，同时又可阴损及阳，转为阴阳两虚证，两者均可致并发症出现。阴阳两虚证，已属消渴病深重期，治疗得当仍有转危为安的可能，但稍有不慎则可并发其他疾病，甚者出现阴阳离决而死亡。

【预防调护】

(1) 对有消渴病家族史患者应注意早期防治。

(2) 应制订合理的食谱。对肥甘厚味、面食及过咸食物要严格节制，辛辣刺激食品亦应尽量避免食用。此外，应戒烟酒、浓茶及咖啡等刺激性食品。

(3) 养成有规律的生活习惯，做到动静结合，劳逸适度。适量体育运动如太极拳、散步等，既可使气血运行流畅，同时也可使体胖者减重。

(4) 患者宜经常保持心境平和，情绪稳定，忌恼怒、郁闷、忧思，避免惊恐。

(5) 应节制房事，保护肾精，避免过服温燥壮阳之品，以防阳热伤阴。

(6) 注意加强足部皮肤的护理，保证其清洁、温暖、润而不湿。

(7) 病情控制后应坚持长期随诊，定期复查。

【临证备要】

一、辨病思路

消渴常见于西医学中的糖尿病、尿崩症。

(1) 糖尿病是现代社会中发病率甚高的一种疾病，尤以中老年发病较多。多尿、多饮、多食、倦怠乏力，形体消瘦，或尿有甜味为其临床特征。“三多”和消瘦的程度，是判断病情轻重的重要标志。并发症是

笔记栏

影响病情、损伤患者劳动力和危及患者生命的重要因素，故应十分注意及早防治各种并发症。

(2) 尿崩症主要临床表现为尿次数增加，尿量增多，继而烦渴多饮，有时烦渴出现在多尿之前，尿液甚清，不含糖及蛋白质，比重低，通常在1.001～1.005，逐渐消瘦。尿量每日可达4～10 L，可有遗尿。常伴烦渴多饮，或发热、脱水，甚或抽搐。

二、辨证思路

(1) 临床治疗糖尿病多采用饮食、运动、药物等多种方法综合治疗为主。中医药治疗糖尿病的优势在于能显著改善临床症状，且对血糖双向调节，既能持久稳定降糖，又能防止低血糖症的出现，对糖尿病并发症的防治更加安全有效。如运用补肾结合化瘀通络法治疗糖尿病视网膜病变、糖尿病性闭塞性动脉硬化症早期，运用培补脾肾，豁痰通络法治疗糖尿病肾病，运用中药配合针刺治疗糖尿病神经病变，运用益气养阴，活血化瘀法治疗糖尿病合并心脑血管疾病及下肢血管病变，都取得了良好效果。

(2) 本病以阴虚为本，燥热为标，在病程的不同阶段，阴虚、燥热各有偏重。一般初病以燥热为主，继则两者并见，晚期以气阴两虚或阴阳俱虚为主。本病之虚，以阴虚为主，可兼见气虚、阳虚；标实者，除燥热外，尚可见湿热、痰、瘀等。绝大多数晚期糖尿病患者基本都存在阴损及阳，肝肾精气亏耗，无力祛瘀生新，气化升降失调的病机特点，在辨证时一定要做到整体把握，明确虚实根本。

(3) 应重视瘀血在消渴发病中的作用。消渴病程较长，络脉瘀阻是贯穿本病发生、发展、演变过程的重要病机。气滞则血阻，火热可迫血妄行，痰湿阻痹脉络可导致瘀血，气虚运血无力，阴虚脉道不充均可导致瘀血的发生，因此，在消渴"阴虚为本，燥热为标"病机认识的基础上，应重视瘀血在消渴病发生发展过程中的作用。当今，在糖尿病的治疗中，活血化瘀治法得到了广泛的重视和运用，尤其是防治并发症方面。

三、治疗注意

(1) 重视饮食控制及饮食疗法。消渴病患者必须长期坚持合理的饮食控制并结合饮食疗法，这是治疗消渴的前提。部分食品本身具备清热养阴益气的作用，兼顾了饮食与治疗的双重作用，如苦瓜、苦荞麦、燕麦、南瓜、山药、桑叶、银耳等，有的已制作成饮食成品，常食此类食品对本病的调护和治疗有一定的积极作用。

(2) 消渴病属本虚标实之证，补脾肾之气、滋肝肾之阴、培本固元为常用扶正之法，通络活血、祛痰利湿、疏利气机为祛邪常法。在治疗上整体以滋养为主，适当祛邪。宜多用甘寒、甘淡平、酸甘等清纯之品滋养，且在治疗中要做到滋而不腻。应注意慎用攻伐之品，因其苦寒太过易耗伤阳气，而温燥太过则易损及真阴。

(3) 消渴病临床上最为多见的是三消兼脾胃气虚、气阴两伤、阴虚有热之证。施今墨先生治疗消渴病，每以毓阴清热，益气健脾之气阴生化为大法，以人参、麦冬、生地黄、五味子、黄芪、山药、苍术、玄参为基本方。其中，增液汤有养肺胃肾三脏之阴液，清上中下三焦燥热之功；生脉散具益气生津敛精之效；又以黄芪配山药，气阴兼顾，收健脾益气生津，补肾涩精止遗之功；苍术配玄参，互制其短而用其长，健脾敛精助运同时兼滋肾降火。诸药伍用，集益气养阴、生津涩精、健脾益肾、清降虚火诸功于一炉，临床用之每多效验。诚如《理虚元鉴》所言"益清纯之气有冲和之美""一者清金保肺，无犯中州之土；一者培土调中，无损至高之气；一者金行清化，金水合于一致"。

(4) 血管损害特别是微血管损害是糖尿病多种并发症的病理基础，如糖尿病眼底病变、糖尿病脑血管病变、糖尿病心血管病变、糖尿病肾病等，其中医病机以血脉滞涩，瘀血痹阻内脏及体表内外络脉，影响人体本身的气化功能和升降出入机制，使其无力去瘀生新。因此，活血化瘀是防治糖尿病并发症的关键。对于消渴病的多种并发症，可以在辨证基础上，适当配伍行气活血药物，注重疏调肝之气血，开达肾络之痰瘀，使络脉得通，以期逐步恢复人体脏腑的气化功能，更好地防治糖尿病各种并发症。

【文献摘录】

笔记栏

《素问·生气通天论》："膏粱之变，足生大疗。"

《景岳全书·杂证谟·三消干渴》："凡治消之法，最当先辨虚实。若察其脉证果为实火致耗津液者，但去其火则津液自生，而消渴自止。若由真水不足，则悉属阴虚，无论上中下，急宜治肾，必使阴气渐充，精血渐复，则病必自愈。若但知清火，则阴无以生，而日见消败，益以困矣。"

《医学心悟·三消》："三消之症，皆燥热结聚也。大法，治上消者，宜润其肺，兼清其胃，二冬汤主之；治中消者，宜清其胃，兼滋其肾，生地八物汤主之；治下消者，宜滋其肾，兼补其肺，地黄汤、生脉散并主之。夫上消清胃者，使胃火不得伤肺也；中消滋肾者，使相火不得攻胃也；下消清肺者，滋上源以生水也。"

《医贯》："治消渴之法无分上中下，先治肾为急，惟六味八味及加减八味丸随证而服，降其心火，滋其肾水则渴自止矣。"

（尹　涛）

第五节　汗　证

【概述】

一、定义

汗证是指由于阴阳失调，腠理不固，而致汗液外泄失常的病证。其中，不因外界环境因素的影响，而白昼时时汗出，动辄益甚者，称为自汗(spontaneous sweating)；寐中汗出，醒来自止者，称为盗汗(night sweating)，亦称为寝汗。

二、源流

《内经》对汗的生理及病理有了相当的认识，明确指出汗液是人体津液的一种，并与精血液关系密切。《素问·宣明五气》说："五脏化液，心为汗"，并明确指出生理性出汗与气温高低及衣着厚薄有密切关系。如《灵枢·五癃津液别》说："天暑衣厚则腠理开，故汗出……天寒则腠理闭，气湿不行，水下留于膀胱，则为溺与气。"病理性出汗则是人体阴阳失调的结果。

汉代，张仲景《伤寒论》对外感出汗进行了论述，《金匮要略·水气病脉证并治》首先记载了盗汗的名称，并认为由虚劳所致者较多，并且提出许多治法方药，如调和营卫的桂枝汤，清热生津的白虎汤，通下泻火的承气汤，利湿退黄的茵陈蒿汤，回阳固脱的四逆汤，调和阴阳、潜敛固纳的桂枝加龙骨牡蛎汤，至今仍广泛运用于临床。

《三因极一病证方论·自汗论治》对自汗、盗汗作了鉴别："无论昏醒，浸浸自出者，名曰自汗；或睡着汗出，即名盗汗，或云寝汗。若其饮食劳役，负重涉远，登顿疾走，因动汗出，非自汗也。"并指出其他疾病中表现的自汗，应着重针对病源治疗，谓"历节、肠痈、脚气、产褥等病，皆有自汗，治之当推其所因为病源，无使混滥"。金元时期，朱震亨对自汗、盗汗的病理属性作了概括，认为自汗属气虚、血虚、湿、阳虚、痰；盗汗属血虚、阴虚。

《景岳全书·汗证》对汗证做了系统整理，认为一般情况下自汗属阳虚，盗汗属阴虚。但"自汗盗汗亦各有阴阳之证，不得谓自汗必属阳虚，盗汗必属阴虚也"。还指出"收汗止汗之剂，如麻黄根、浮小麦、乌梅、北五味、小黑豆、龙骨、牡蛎之属，皆可随宜选用"。

《临证指南医案·汗》谓："阳虚自汗，治宜补气以卫外；阴虚盗汗，治当补阴以营内。"王清任在《医林改错·血府逐瘀汤所治之症目》中补充了针对血瘀所致自汗、盗汗的治疗方药。

三、范围

西医学中的甲状腺功能亢进、自主神经功能紊乱、风湿热、结核病等所致的自汗盗汗可参考本节辨证论治。

笔记栏

【病因病机】

出汗为人体的生理现象，又是驱邪外出的一种方法。在天气炎热、穿衣过厚、饮用热汤、情绪激动、劳动奔走等情况下，出汗量增加，此属正常现象。而病后体虚，表虚受风，思虑烦劳过度，情志不舒，嗜食辛辣，亡血失精等，可导致人体阴阳失调，腠理不固，以致汗液外泄失常(图 9－5)。

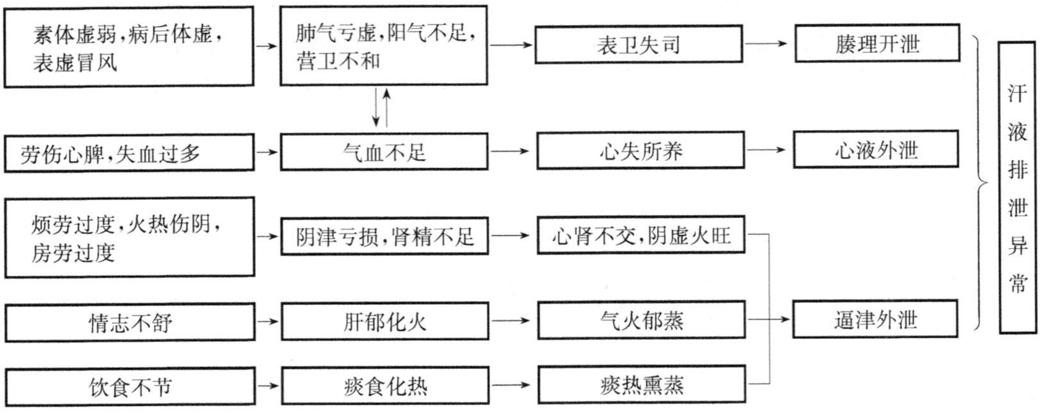

图 9－5　汗证病因病机示意图

1. 体虚受风　素体薄弱，病后体虚，或久患咳喘，耗伤心肺之气，心主汗液，肺合皮毛，肺气不足之人，肌表疏松，表虚不固，腠理开泄而致自汗。表虚之人微受风邪，导致营卫不和，卫外失司，而致汗出。

2. 思虑烦劳过度　思虑烦劳过度，损伤心脾，日久气血生化不足。心在液为汗，心气不足固守不及，则自汗出，血不养心，可致汗液外泄太过，引起自汗或盗汗。

3. 情志不舒　情志不舒，气机郁滞，气郁化火，火热逼津外泄，而致自汗、盗汗。

4. 嗜食辛辣　嗜食辛辣厚味，或素体湿热偏盛，以致湿热内盛，邪热郁蒸，津液外泄而致汗出异常。

5. 亡血失精　大量失血，血虚不能养心，心液不能自藏而外泄，而致自汗或盗汗。房劳过度，耗伤阴精，虚火内生，阴津被扰，不能自藏而外泄，导致盗汗或自汗。

各种原因所致汗证，其病理变化可归纳为阴阳失调，腠理开合失司，津液外泄，及阴虚火旺或邪热郁蒸，逼津外泄两类。外感引起者，病性多实，以风、湿、热郁为主。内伤致汗则以虚为主，多见气虚、阴虚、阳虚、血虚。

汗出过多易伤及气血、阴津与阳气，且常互为因果。如营卫不和，里热炽盛，湿热郁蒸，常可使气随汗出而致肺脾气虚。汗为心液，汗出过多，心血不足亦可致心脾两虚。大汗、久汗耗伤阳气，致气虚、阳微，后者又可使津液失于固护而进一步汗出不止。汗出耗伤阴液，阴虚火旺可致津液外泄而为汗。痰瘀阻滞经脉、血络，津液不循常道而外出为汗，与气血阴阳失调有关，且互为因果。

【诊断】

诊断要点

(1) 不因外界环境影响，在头面、颈项，或四肢、全身出汗者，昼日汗出溱溱，动则益甚为自汗，睡眠中汗出津津，醒后汗止为盗汗。

(2) 除外其他疾病引起的自汗、盗汗。其他疾病过程中出现的自汗、盗汗，常具原发疾病的症状及体征，且出汗不居于突出地位。

(3) 相关检查：必要时作胸部 X 线摄片，痰涂片找抗酸杆菌以及作抗链球菌溶血素“O”、血沉、黏蛋白、T_3、T_4、TSH、基础代谢率等检查以排除肺痨、风湿热、甲状腺功能亢进等。

【鉴别诊断】

笔记栏

1. 自汗、盗汗与脱汗　脱汗表现为大汗淋漓，汗出如珠，常同时出现声低息微，精神疲惫，四肢厥冷，脉微欲绝或散大无力，多在疾病危重时出现，为病势危急的征象，故脱汗又称为绝汗。其汗出的情况及病情的程度均较自汗、盗汗为重。

2. 自汗、盗汗与战汗　主要出现于急性热病过程中，表现为突然恶寒战栗，全身汗出，发热，口渴，烦躁不安，为邪正交争的征象。若汗出之后，热退脉静，气息调畅，为正气拒邪，病趋好转。与阴阳失调，营卫不和之自汗、盗汗迥然有别。

3. 自汗、盗汗与黄汗　汗出色黄，染衣着色为黄汗，常伴见口中黏苦，身热不扬，渴不欲饮，小便不利，苔黄腻，脉弦滑等湿热内郁之象。可以为自汗、盗汗中的邪热郁蒸型，但汗出色黄的程度较重。

【辨证论治】

一、辨证要点

汗证有虚、实、寒、热之不同。气虚证以汗出伴呼吸气短、神疲乏力、少气懒言、汗出畏风为特征；血虚则以睡则汗出、心悸失眠、面色无华、舌淡脉细为特征；阴虚证以汗出伴口咽干燥、舌红少苔、脉细数为特征；阳虚以汗出伴肢冷畏寒、便溏、舌淡苔白滑、脉沉弱为特征；实证以湿热、里热蒸迫为主，或以黄汗、汗出而黏为特征，或以蒸蒸汗出伴里热、大便干结为特征；阴虚火旺之汗证可见阴虚兼实火或虚火两类，临证亦应注意鉴别。

二、治疗要点

1. 治疗原则　汗证治疗的基本原则是使气血阴阳恢复调和状态，具体则需因其病机而分别以调和营卫、益气固表、清里泄热、滋阴降火、补血养心、益气固脱、回阳敛阴等为基本大法。

2. 虚实分治　虚证当根据证候的不同而治以益气、养阴、补血、调和营卫；实证当清肝泄热，化湿和营；虚实夹杂者，则根据虚实的主次而适当兼顾。

3. 注意敛汗药物的应用　由于自汗、盗汗均以腠理不固、津液外泄为共同病变，故可酌加麻黄根、浮小麦、糯稻根、五味子、瘪桃干、牡蛎等固涩敛汗之品，以增强止汗的作用。

三、分证论治

1. 肺卫不固

临床表现：① 汗出恶风，动则加重；② 易于感冒，体倦乏力，面色少华；③ 舌质淡，脉细弱。

证候辨析：久病咳喘，年老体弱，肺气虚弱，则皮毛不固，肌表不实，腠理疏松，气虚卫外不固，津液外泄，则汗出畏风。气虚不耐劳作，故动则加剧。神疲乏力，少气懒言，面色无华，为脾气虚弱见症。舌质淡，脉弱，为气虚之象。临床具备①＋②或①＋③均可辨为肺卫不固型。

治法：益气固表。

代表方：玉屏风散加减。

常用药：黄芪益气固表止汗；白术健脾益气，助黄芪益气固表；少佐防风走表散邪，且助黄芪固表。

气虚自汗，疲劳感较甚者，一般可用黄芪六一汤煮汁当茶饮；气虚自汗较重者，选补中益气汤加麻黄根、五味子；头重肢困者，加薏苡仁、厚朴、苍术、白芷；兼阴虚者，加生地黄、麦冬、五味子；兼纳呆，痞满者，加谷芽、陈皮以助脾运。

阳虚自汗，每易由气虚自汗发展而来，阳虚自汗临床特点常以面色㿠白、畏寒、汗冷、舌润为主，治疗以益气温阳固表为法，常选用黄芪附子汤、桂枝加附子汤加减。

2. 营卫不和

临床表现：① 汗出恶风；② 周身酸楚，或微发热，头痛；③ 或表现半身、某局部出汗，舌淡红，苔薄白，脉浮缓。

证候辨析：营卫失和，卫不固护于外，营阴失守，则汗自出。风邪袭表，营卫不和，腠理不固，筋脉失养，则恶风，周身酸楚。头痛，微发热，脉浮缓，为风邪在表之象。临床具备①＋③或②＋③均可辨为营卫不和型。

治法：调和营卫。

代表方：桂枝汤加减。

常用药：桂枝温经解肌，白芍和营敛阴，两药合用，一散一收，调和营卫；生姜、大枣、甘草，辛温和中，

笔记栏

助桂芍调和营卫。

汗出多者，酌加龙骨、牡蛎固涩敛汗；兼气虚者，加黄芪益气固表；兼阳虚者，加附子温阳敛汗；如半身或局部出汗者，可配合甘麦大枣汤之甘润缓急进行治疗；营卫不和而又表现倦怠乏力，汗出多，少气懒言，舌淡，脉弱等气虚症状者，可改用黄芪建中汤益气建中，调和营卫。

3. 心血不足

临床表现：① 盗汗或自汗；② 心悸不寐，神倦懒言，面色无华；③ 舌淡，脉细弱。

证候辨析：劳倦、忧思过度，伤气耗血，心脾两虚。气虚不摄，津液自泄，则自汗。营血亏虚，入夜神气浮越，则睡中汗出而致盗汗。气血不足，不能奉养于心，心神不安，故心悸不寐。血虚气弱不能上荣于面，则面色无华。脾虚气血生化不足，则神倦懒言。舌淡，脉细弱，为气血不足之象。临床具备①+②或①+③均可辨为心血不足型。

治法：补血养心敛汗。

代表方：归脾汤加减。

常用药：黄芪、人参、白术益气健脾；当归、酸枣仁、龙眼肉、远志养血安神，酸收止汗；生姜、甘草、大枣、木香理气调中。

咽干、舌红少津者，加麦冬、生地黄，减黄芪用量；眠差甚且梦多易惊者，加珍珠母或生龙骨、生牡蛎；汗出多者，加煅龙骨、煅牡蛎(先煎)；形寒肢冷者，加肉桂或附子。

4. 阴虚火旺

临床表现：① 夜寐盗汗或有自汗；② 五心烦热，或兼午后潮热，两颧色红，口渴，女子月经不调，男子梦遗；③ 舌红少苔，脉细数。

证候辨析：亡血失精，肺痨久咳，素体阴虚，热病后期均可致阴精亏耗，阴津不足，虚火内生，迫津外泄可致汗出，入夜尤甚。阴虚津液不能上承，则口干咽燥。虚热内蒸，则见五心烦热，颧红，潮热。阴虚火旺，相火妄动，则女子月经不调，男子梦遗。舌红少苔，脉细数，为阴虚火旺之象。临床具备①+②或①+③均可辨为阴虚火旺型。

治法：滋阴降火敛汗。

代表方：当归六黄汤加减。

常用药：当归、生地黄、熟地黄滋阴养血；黄连、黄芩清心降火；黄柏泻相火而坚阴；黄芪益卫固表。

汗出多者，加牡蛎、浮小麦、糯稻根固涩敛汗；潮热甚者，加秦艽、银柴胡、白薇清退虚热；以阴虚为主，而火热不甚，潮热、脉数等不显著者，可改用麦味地黄丸补益肺肾，滋阴清热。

5. 邪热郁蒸

临床表现：① 蒸蒸汗出，汗黏，汗液易使衣服黄染；② 面赤烘热，烦躁；③ 口苦，小便色黄，舌苔黄或黄腻，脉象弦滑而数。

证候辨析：过食酒辣炙煿，致里热郁蒸，津液外泄，而见蒸蒸汗出；或肝郁气滞，肝胆疏泄失司，胆汁随汗液外泄，则汗出色黄；湿热蒸腾，外阻于肌表，则汗出而黏。火热上攻，心神被扰，故面赤烘热，烦躁。湿热下注膀胱，则尿黄。舌苔黄或黄腻，脉弦滑数，为肝胆湿热之象。临床具备①+②或①+③均可邪热郁蒸型。

治法：清肝泄热祛湿。

代表方：龙胆泻肝汤加减。

常用药：龙胆草、黄芩、栀子、柴胡清肝泄热；泽泻、车前子清利湿热；当归、生地黄滋阴养血和营；糯稻根清热利湿，敛阴止汗。

里热较甚，小便短赤者，加茵陈清解郁热；湿热内蕴而热势不盛，面赤烘热，口苦等症不显著者，可改用四妙丸清热除湿；头额汗出，或手足汗出，伴面赤气粗，身热口渴，烦躁不安，大便干结者，可还用玉女煎清泄里热，滋阴除烦。

【其他治法】

笔记栏

一、中成药

1. 玉屏风散　口服，一次 6 g，一日 2 次。具有益卫固表的功效。适用于肺卫不固型。

2. 大补阴丸　口服，一次 6 g，一日 2～3 次。具有滋阴降火的功效。适用于阴虚火旺之潮热盗汗，咳嗽咳血，耳鸣遗精。

3. 生脉饮　口服，一次 10 mL，一日 3 次。具有益气复脉，养阴生津的功效。适用于气阴两虚之心悸气短，脉微自汗。

二、外治法

(1) 轻粉方：川芎、白芷、藁本各 30 g，米粉 90 g。上药为末，棉布包裹，扑于身上。

(2) 五倍子适量为末，以清水调，填肚脐，外用纱布固定。用于盗汗。

(3) 白矾、葛根各 20 g，煎水洗手足，每日数次。用于手足汗多。

三、饮食辅助疗法

(1) 冬桑叶末 6 g，温米汤调，空腹服用。适用于盗汗较多者。

(2) 麦冬、乌梅、五味子各 10～15 g，大枣 10～20 枚，水煎服，日 1～2 剂，分次服。适用于阴虚火旺之盗汗。

【转归预后】

单独出现的自汗、盗汗，一般顶后良好，经过治疗大多可在短期内治愈或好转。伴见于其他疾病过程中的自汗，尤其是盗汗，则病情往往较重，治疗时应针对原发疾病为主，且常需待原发疾病好转、痊愈，自汗、盗汗才能减轻或消失。而虚证、复合病证、受累脏腑较多且程度较重、证候复杂多为虚实夹杂者，预后较差。体质虚弱、失治误治者，病程较长，迁延反复。若汗多而兼见脉微、气急者，为预后严重的表现。

【预防调护】

(1) 适度锻炼身体，使卫表腠理固密。注意劳逸结合，避免思虑烦劳过度，以养脏气。

(2) 已病之后宜保持病室整洁、安静，通风良好，但不宜让风直吹患者。室温及患者衣被厚薄需与季节气候及病变之寒热属性相适应。

(3) 注意精神心理调理，给予患者精神上的安慰及鼓励，保证患者有乐观情绪及战胜疾病的信心，安心休养，配合治疗。

(4) 饮食方面，应据患者病证之寒热虚实，选择搭配主副食品、青菜及瓜果。以清淡并易于消化，富含营养为原则。少食或忌食辛辣、油腻、厚味食品。节制饮酒。

(5) 注意个人卫生，勤换衣被，保持皮肤清洁和干燥，拭汗用柔软干毛巾或纱布擦干，勿用湿冷毛巾，以免受凉。

【临证备要】

一、辨病思路

本节所讨论的汗证是指不因其他疾病(如发热等)的影响，而以汗出过度为主要表现的自汗盗汗，其临床特征是：① 自汗表现为白昼时汗出，动则益甚，常伴有气虚不固的症状；盗汗表现为寐中汗出，醒后即止，常伴者阴虚内热的症状。② 无其他疾病的症状及体征。

二、辨证思路

自汗、盗汗是临床杂病中较为常见的一个症状，多与心悸、失眠、眩晕、耳鸣等病证并见，也是虚劳、痨瘵、失血、妇人产后血虚等病证中的一个常见症状。一般情况下，自汗多属气虚，盗汗多属阴虚，但也有阳虚盗汗，阴虚自汗，因而必须四诊合参，才能辨证准确。

笔记栏

三、治疗注意

(1) 正确应用收敛止汗法。自汗、盗汗治疗时除辨证论治外，常可酌加麻黄根、浮小麦、糯稻根、五味子、牡蛎等固涩止汗之品，以增强止汗的作用。但邪热郁蒸者汗出虽多，证候属实证，则收敛药物必须慎用，以免留邪。

(2) 自汗若因营卫不和所致者，予以调和营卫则汗自止；若由于肺气虚衰，心肾亏虚所致者，因正气亏虚，不能一时获效，需坚持调补，待正气渐复，汗出渐止。盗汗若由于阴虚火旺引起者，重在滋阴，阴津得复，虚火自熄，盗汗亦止；若由心血亏虚所致者，重在补心血，心血得补，心神安宁，盗汗自敛。脱汗乃重危之证，是生命垂危、阴阳离决的一种表现，应及时补益元气，回阳救逆，治不及时可危及生命。

(3) 部分汗出日久患者，可在证候上表现为汗液布局不均，渴不欲饮，舌黯青或有瘀点、瘀斑、脉涩等瘀血症状，当以活血化瘀为治疗大法。血府逐瘀汤具有活血祛瘀，行气止痛之功效，酌加固表止汗之品治其标，用于治疗局部汗出证属瘀血所致者，疗效甚佳。

【文献摘录】

《医学正传·汗证》:"若夫自汗与盗汗者，病似而实不同也，其自汗者，无时而濈濈然出，动则为甚，属阳虚，胃气之所司也；盗汗者，寝中而通身如浴，觉来方知，属阴虚，营血之所主也。大抵自汗宜补阳调卫，盗汗宜补阴降火。"

《医宗必读·汗》:"心之所藏，在内者为血，在外者为汗。汗者心之液也，而肾主五液，故汗证未有不由心肾虚而得者。"

《证治汇补·汗病》:"火热自汗必燥热；伤湿自汗，困倦身重，天阴转甚……伤风自汗，头疼身热，咳嗽，烦闷，鼻流清涕；伤暑自汗，身热口渴，烦躁面垢；痰证自汗，头眩，呕逆，胸满吐痰。"

(尹 涛)

第六节 内伤发热

【概述】

一、定义

内伤发热(internal damage fever)是指以内伤为病因，脏腑功能失调，气血水湿郁遏或气血阴阳亏虚为基本病机，以发热为主要临床表现的病证。一般起病较缓，病程较长。临床多表现为低热，但有时也可以是高热，亦有少数患者自觉发热或五心烦热，而体温并不升高。

二、源流

《内经》即有关于内伤发热的记载，并对阴虚发热的论述最为详细。《素问·调经论》说:"阴虚则内热"，还提出"有所劳倦，形气衰少，谷气不盛，上焦不行，下脘不通。胃气热，热气熏胸中，故内热"。在治疗上，《素问·至真要大论》提出了"诸寒之而热者取之阴"，即用养阴清热法，壮水之主以治阳光。

汉代，张仲景以小建中汤治疗虚劳患者手足烦热，属甘温除热治法的典范，而《金匮要略》所载肾气丸方成为后世治疗阳虚发热的重要用方。

《太平圣惠方·第二十九卷》治疗虚劳发热的柴胡散、生地黄散、地骨皮散等方剂，在处方的配伍组成方面，为后世治疗阴虚发热提供了借鉴。《小儿药证直诀》中提出了五脏热证的用方，钱乙将"肾气丸"化裁为"六味地黄丸"，为阴虚内热的治疗提供了一个重要的方剂。

李杲对气虚发热的辨证及治疗作出了重要贡献，其创制的"补中益气汤"使甘温除热法具体化。李杲在《内外伤辨惑论》里，对内伤发热与外感发热的鉴别作了详细的论述。

笔记栏

朱震亨对阴虚发热有较多的论述，并创制了“大补阴丸”治疗阴虚火动之热，还强调了保养阴精的在治疗内伤病证中的重要性。

明代，张介宾在《景岳全书·寒热》中对内伤发热的病因做了比较详细的论述，对阳虚发热的论述，足以补前人之所未及，其以右归饮、理中汤、大补元煎、六味回阳饮等作为治疗阳虚发热的主要方剂，值得参考。

《症因脉治·内伤发热》一书最先明确提出“内伤发热”病名，拟定的气虚柴胡汤及血虚柴胡汤，可供治疗气虚发热及血虚发热参考。《证治汇补·发热》将外感发热以外的发热分为郁火发热、阳郁发热、骨蒸发热、内伤发热(主要指气虚发热)、阳虚发热、阴虚发热、血虚发热、痰证发热、伤食发热、瘀血发热、疮毒发热共11种，对发热的类型进行了详细的归纳。《医林改错》及《血证论》两书对瘀血发热的辨证及治疗作出了重要贡献。

三、范围

西医学中的功能性低热、结核、肿瘤、血液病、结缔组织疾病、内分泌疾病，以及部分慢性感染性疾病以内伤发热为主要临床表现时，均可参照本节内容进行辨证论治。

【病因病机】

内伤发热常见的发病原因包括久病体虚、饮食劳倦、情志失调、外伤出血及用药不当等。其病机主要原因为气、血、阴、阳亏虚，阴阳失衡引起发热；气、血、痰湿等郁结壅遏化热而引起发热两类(图9-6)。

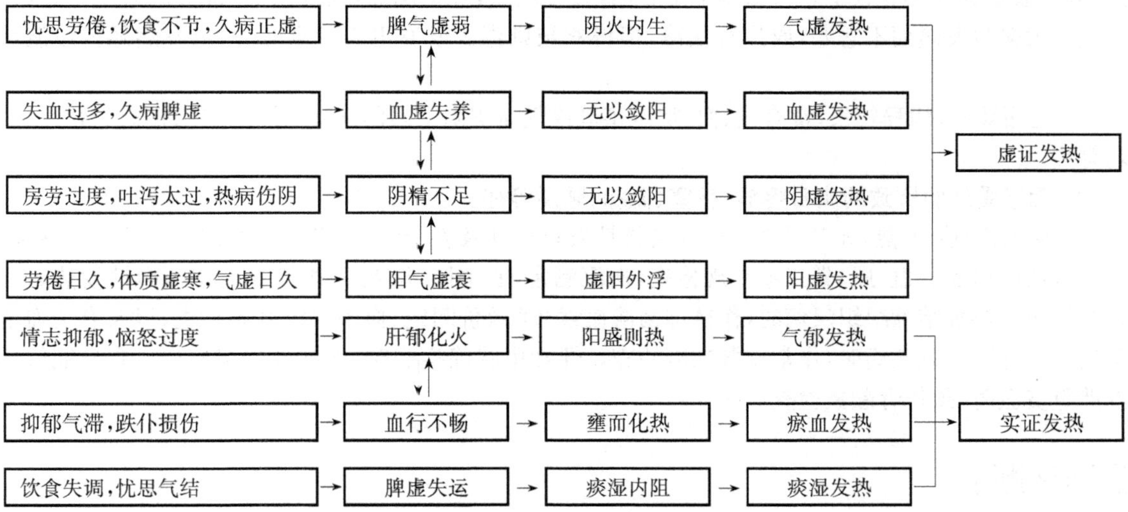

图9-6　内伤发热病因病机示意图

1. 体质因素　素体阴阳偏盛偏衰是内伤发热的重要内在因素，或素体阳盛，或素体虚弱。阳盛则热，素体阳盛者，稍有烦劳，即可发热。而素体虚弱不足之人，极易导致机体的阴阳失衡而引起发热。素体阴虚，或热病日久，耗伤阴液，或误服、过用温燥食物、药物等，可导致阴精亏虚，阴虚则阳盛，水不制火，阳气偏盛而引起发热。血虚之人，或脾虚气血生化不足，可致阴血不足，无以敛阳而引起发热。若脾胃虚弱，中气升发不足，阴火内生，可引起气虚发热。气损及阳，或素体阳虚，以致火不归原，虚阳外浮亦引起发热。

2. 饮食不节　暴饮暴食，食滞胃肠，阻碍气机，可生郁热。脾胃呆滞，脾失健运，则湿浊内生，蕴积化热。嗜食肥甘酒热、辛辣厚味，可直接导致湿热内蕴。燥热之品，可伤及津液，出现实热内蕴，阴虚内热的发热。若过食生冷寒凉，困遏阳气，可致阳郁于内的发热。长期饮食不当，可致中气不足，气血生化不及，出现气虚发热或阴血亏虚的发热。

笔记栏

3. 劳倦过度　“热因劳而生”，可见劳倦过度是导致内伤发热的重要原因。过劳伤气，忧思伤脾，或劳心太过，久则气血俱虚，阴阳不足，均可引起发热。房室不节，色欲太过，耗损肾精，渐至阴虚内热，久则阴损及阳，命门火衰，虚阳外越，发展为阳虚发热。

4. 情志内伤　五志过极皆能化火,情志抑郁,肝气不疏,气郁化火而发热,或因恼怒过度,肝火内盛,以致发热。忧思伤脾,气机郁结,亦可形成内伤发热。

5. 久病失血　患病日久,必伤及正气。热病后期,或久病不愈,吐泻过多,必可伤阴,以致水不制火而发热。素体阳气亏虚,加之久病,易致命门火衰,火不归原,虚阳外浮而发热。久病气血亏虚可发热。久病入络,血脉瘀滞,可因瘀而热。各类出血疾病或跌仆损伤、产后、外伤而出血,可致因瘀而热,或血虚发热。

内伤发热的病机,大体可归纳为虚、实两类。由气、火、瘀血、内湿停聚所致者属实,其基本病机为气、血、水等郁结壅遏化热而引起发热。由中气不足、血虚失养、阴精亏虚及阳气虚衰所致者属虚,因气属阳的范畴,血属阴的范畴,此类发热均由阴阳失调所导致。

本病病机比较复杂,多由多种病因同时引起发热。如气滞血瘀、气阴两虚、气血两虚等。久病往往由实转虚,由轻转重,其中以瘀血病久,损及气、血、阴、阳,分别兼见气虚、血虚、阴虚或阳虚,而成为虚实兼夹之证的情况较为多见。其他如气郁发热日久,若热伤阴津,则转化为气郁阴虚之发热;气虚发热日久,病损及阳,阳气虚衰,则发展为阳虚发热。

【诊断】

诊断要点

(1) 临床出现持续发热,或时发时止,反复出现,或发有定时,或发无定时。多为低热,或自觉发热而体温不高,表现为高热者较少。可出现手足心热,五心烦热,骨蒸潮热,面部烘热,部分患者躯干、肢体局部发热。大多数发热而不恶寒,或虽有怯冷,但得衣被则温。或发生于劳累之后,或发热随情绪波动而起伏。

(2) 起病缓慢,病程较长,常有气、血、痰湿壅遏或气血阴阳亏虚的病史,伴见头晕、神疲、自汗、盗汗、脉弱等症。

(3) 无感受外邪所致的头身疼痛、鼻塞、流涕、脉浮等症。

(4) 相关检查:发热,尤其是较长时间的慢性发热可涉及多个病种,必要时可作有关的实验室检查,以进一步协助诊断。血、尿、粪三项常规检查,血沉测定,心电图,以及 X 线检查应作为慢性发热时必须进行的检查。怀疑结缔组织疾病时,作链球菌溶血素"O"效价测定、血中狼疮细胞检查,以及有关血清免疫学检查。怀疑肝脏疾病时,作常规肝功能检查。怀疑甲状腺疾病时,做基础代谢检查。有未能解释原因的严重贫血时,须作骨髓象检查。

【鉴别诊断】

外感发热　外感发热与内伤发热虽均有发热,但发热特点、起病形式、病程长短及伴随症状、转归预后诸方面均不相同。外感发热因感受外邪而引起,起病急,病程短,一般为持续发热,常伴恶寒、头痛、鼻塞、脉浮等症,及时适当治疗则邪除热退,预后多数较好。内伤发热起病缓而病程长,发热呈间歇性,多伴乏力神疲、自汗、盗汗、脉弱无力等症。经治疗后,病情多数可逐渐好转,亦有迁延反复,少数患者病重难愈,预后不良。

【辨证论治】

一、辨证要点

1. 辨别证候虚实　辨析内伤发热,应根据病因、病史及症状、舌脉等特征,首先明确证候的虚实属性。由气郁、血瘀、湿停所致的内伤发热属实;由气虚、血虚、阴虚、阳虚所致的内伤发热属虚。邪实伤正及因虚致实者,则可以既有正虚,又有邪实的表现,而成为虚实夹杂的证候。

2. 辨别阴阳属性　内伤发热虽以发热为主要症状,仍需区分证候的阴阳属性。气血痰湿食郁滞早期多不发热，及至出现发热症状，多已化热为火，具有舌红、苔黄、脉数者，属阳证、实证。阴精不足的发热多伴见口干、舌红少苔、脉细数，属阴虚阳盛之虚证。而气虚、阳虚发热属阴证、寒证，即真寒假热证，虽发热而倦怠乏力，畏寒肢冷，面色㿠白，舌淡，脉虚弱或迟缓。

二、治疗要点

1. 治疗原则　实火宜清，虚火宜补为治疗内伤发热的基本原则，具体应用视阴阳虚实等不同而各异。

2. 虚实异治　因虚致热者，根据气血阴阳证候之偏异而分别予甘温除热之益气法，助阴敛阳之养血法、滋阴降火法，以及温肾益元之引火归原法。因实邪内郁发热者，治疗当据痰湿瘀郁之不同而分别予以化痰祛湿行气退热、活血祛瘀退热以及疏散郁滞、行气退热。虚实错杂之证，当据虚实轻重缓急予以或治标或治本为主，或标本兼顾之治。正如《景岳全书·火证》说："实火宜泻，虚火宜补，固其法也。然虚中有实者，治宜以补为主，而不得不兼乎清……若实中有虚者，治宜以清为主而酌兼乎补。"

三、分证论治

（一）实证

1. 气郁发热

临床表现：① 发热多为低热或潮热，热势常随情绪波动而起伏；② 精神抑郁，胁肋胀满，烦躁易怒，口干而苦；③ 舌红苔黄，脉弦数。

证候辨析：肝主疏泄，性喜条达，情志内伤致肝气不舒，郁而化火可致低热。因其热为七情所伤引起，故热势常随情绪变化而起伏。肝失疏泄，经脉气机不畅则见精神抑郁，胸胁胀痛等。烦躁易怒，口苦且干，舌红苔黄，脉象弦数等，均为气郁化火之象。临床具备①＋②或①＋③均可辨为气郁发热。

治法：疏肝理气，解郁泄热。

代表方：丹栀逍遥散加减。

常用药：柴胡、郁金、薄荷疏肝理气，解郁透热；当归、生白芍养血柔肝；牡丹皮、山栀子清肝泻火；白术、茯苓、甘草益气健脾祛湿，缓肝之急。

气郁较甚者，可加郁金、香附、青皮理气解郁；热象较甚者，舌红，口干，便秘者，可去白术，加龙胆草、羚羊角清肝泻火；妇女若兼月经不调，可加泽兰、益母草活血调经；肝火易灼伤阴液，若见苔少或剥，舌少津，脉细数等症，可改用滋水清肝饮以滋阴调肝，疏肝清热。

2. 瘀血发热

临床表现：① 发热多在午后或夜晚，或热势昼轻夜重，或自觉发热，或局部发热；② 口干咽燥而不欲饮，躯体有固定痛处或肿块，面色萎黄或黯黑，甚或肌肤甲错；③ 舌质青紫或有瘀点、瘀斑，脉涩。

证候辨析：多因气滞、气虚、阳虚，或寒邪侵袭，或受外伤致气血运行不畅。瘀血阻滞，气血不通，壅遏为热。瘀血病在血分属阴，故发热多在午后或夜晚或热势昼轻夜重。瘀血阻滞，气血运行不畅，水津不能上承以致口干咽燥，但欲漱水不欲咽。瘀血停着之处，气血运行受阻更甚，气机不通则痛，故躯体痛有定处或有瘀滞聚结成块。面色萎黄或黯，肌肤甲错为瘀血内阻，肌肤、颜面失于濡养之症。舌质青紫或有瘀点、瘀斑，脉涩，为瘀血内着之象。临床具备①＋②或①＋③均可辨为瘀血发热。

治法：活血化瘀，行气止痛。

代表方：血府逐瘀汤加减。

常用药：当归、桃仁、红花活血祛瘀，行血止痛；赤芍、生地黄活血凉血，养阴和血，清散血中瘀热，川芎、牛膝上行下达，通一身血脉之瘀滞，并引瘀血下行；柴胡、枳壳、桔梗调畅气机，疏肝解郁清热。

气滞胁下有块者，加郁金、牡蛎、穿山甲；月经闭止，瘀热内生者，加泽兰、益母草、川楝子；心烦口渴欲饮者，可加知母、石膏；跌仆损伤之瘀血发热者，可改用复元活血汤。

3. 痰湿郁热

临床表现：① 低热，午后热甚或身热不扬，胸闷，周身困重；② 纳呆脘痞，口干不欲饮，呕恶，大便稀薄或黏滞不爽；③ 舌苔白腻或黄腻，脉濡数。

证候辨析：久居湿地，饮食不节，劳倦过度，脾失健运，酿湿生痰。湿浊内蕴郁久，气血壅遏不畅而致身热，或湿郁化热，湿邪不可尽透发，而见身热不扬。湿浊中阻，中焦气机升降失司，清阳不升，不能四布，则身重倦怠，头昏欲睡。浊阴不降，踞于胸膈、脘中，则见胸中阳气不舒，胃失和降，出现胸闷呕恶。痰湿中阻，脾胃气滞，受纳运化均可失常，故见脘闷纳呆。舌苔白腻或黄腻，脉濡数，均为痰湿内阻郁热之象。临床具备①+②或①+③均可辨为湿郁发热。

治法：清热利湿，理气化痰。

代表方：三仁汤加减或用黄连温胆汤加减。

常用药：杏仁宣降肺气，善开上焦；蔻仁芳化湿浊，和畅中焦；薏苡仁益脾渗湿，疏导下焦；半夏、厚朴理气燥湿；通草、滑石、竹叶清热利湿，共奏宣化畅中，利湿清热之效。

呕恶明显者，加陈皮、生姜、竹茹；大便黏滞不爽者，加炒白术、枳实或槟榔、莱菔子；纳少，脘闷较著者，加焦山楂、莪术、焦白术等。

（二）虚证

1. 气虚发热

临床表现：① 发热，热势或低或高，常在劳累后发作或加剧；② 倦怠乏力，气短懒言，自汗，易于感冒，食少便溏；③ 舌质淡，苔薄白，脉细弱。

证候辨析：忧愁思虑，饮食劳倦，耗伤脾气，中气虚弱，阴火上冲或气虚而虚阳外越，则发热；气虚不耐劳作，故劳累活动后加剧；脾胃气虚，气血生化乏源，气血不能荣养头目清窍、四肢肌肉，则见头晕乏力，气短懒言；气虚卫外不固，则自汗，易于感冒；脾胃气虚，运化失健，则食少便溏。舌质淡，脉细弱，为气虚之象。临床具备①+②或①+③均可辨为气虚发热。

治法：益气健脾，甘温除热。

代表方：补中益气汤加减。

常用药：黄芪温养升发中气；人参、白术、茯苓、炙甘草健脾祛湿助运；陈皮和胃理气；当归养血活血；升麻、北柴胡升阳散火，解肌清热。

时作咳嗽者，加杏仁、半夏、前胡；胸闷腹胀或痰多，饮食无味，苔腻，痰湿较重者，去黄芪、当归，加半夏、苍术、厚朴；口干苦，苔黄腻者，去人参，减黄芪用量，加黄连、黄芩；自汗甚者，可选加牡蛎、浮小麦、糯稻根；或冷或热，汗出恶风者，加桂枝、芍药；气虚低热时作，劳则益甚，去人参，加银柴胡、白薇、功劳叶、仙鹤草。

2. 血虚发热

临床表现：① 发热绵绵不断，多为低热，头晕眼花，身倦乏力，心悸眠差；② 面白少华，唇甲色淡；③ 舌质淡，脉细弱。

证候辨析：阴血亏耗，无以敛阳，故发热；血虚气弱，不能上荣头目、面部，外濡肢体，故头晕眼花，面白少华，唇甲色淡，身倦乏力。血虚不能养心，则心悸眠差。舌质淡，脉细弱，为血气虚少之象。临床具备①+②或①+③均可辨为血虚发热。

治法：益气健脾，养血宁心。

代表方：归脾汤加减。

常用药：黄芪、党参、茯苓、白术、甘草益气健脾，当归、龙眼肉补血养血；酸枣仁、远志养心安神；木香健脾理气，使全方补而不滞。

发热较甚者，可用银柴胡、白薇、牡丹皮、赤芍以清虚热；若兼舌黯，脉弦涩，体内有固定痛处或痞块者，宜选活血化瘀之品，如川芎、红花、制乳香、制没药、地龙等；血虚较甚，发热不退者，加制首乌、枸杞子、阿胶以补益精血。

3. 阴虚发热

临床表现：① 发热以午后或夜间为甚，手足心热或骨蒸潮热；② 颧红盗汗，心烦少寐，多梦，口干咽燥，大便干，小便色黄量少；③ 舌质红，少津或干，苔少或有剥脱苔，脉细数。

证候辨析：素体阴虚，或热证日久伤阴，或误用、过用温燥，导致阴液亏损不能制火，虚火内炽而发热。阴虚生内热，其病在阴分，故见午后或夜间发热，手足心热或骨蒸潮热。虚火上炎，扰乱心神，以致心烦少寐；热逼津液外泄，则见盗汗。阴虚火旺，津亏失润，故口干咽燥。舌红少津或干，苔少，脉细数，为阴虚内热之象。临床具备①+②或①+③均可辨为阴虚发热。

治法：养阴清火，除蒸退热。

代表方：清骨散加减。

笔记栏

常用药：银柴胡、知母、胡黄连、地骨皮、青蒿、秦艽清退虚热；鳖甲滋阴潜阳。

热甚者，可加黄柏、玄参；盗汗甚者，可加牡蛎、浮小麦、糯稻根；若兼见心悸怔忡、舌尖痛、尿赤等心阴虚并心火者，用天王补心丹合导赤散加减；腰膝酸软、咽痛、遗精等肾阴虚兼相火旺者，可用大补阴丸合三才封髓丹化裁。

4. 阳虚发热

临床表现：① 发热欲近衣，形寒怯冷，四肢不温；② 头晕嗜卧，纳少便溏，腰膝酸痛，面色㿠白；③ 舌质胖润或有齿痕，苔白润，脉沉细而弱或浮大无力。

证候辨析：平素阳气不足，或寒证日久伤阳，或误用、过用寒凉耗气伤阳，或气病及阳或阴损及阳，则肾阳亏虚，虚阳外浮而致发热。因肾阳虚衰，失于温煦为本证之本，故虽有发热但欲近衣，且伴形寒怯冷，四肢不温，头晕嗜寐，腰膝酸痛。舌胖或有齿痕，脉沉细弱或浮大无力，为脾肾阳虚，虚阳浮越之象。临床具备①+②或①+③均可辨为阳虚发热。

治法：温补阳气，引火归原。

代表方：金匮肾气丸加减。

常用药：熟地黄、山药、山茱萸滋补肝肾；茯苓、泽泻渗湿泄浊；牡丹皮清泄虚热；附子、桂枝振奋阳气，引火归原。

短气甚者，加人参补益元气；阳虚较甚者，加仙茅、淫羊藿温肾助阳；便溏腹泻者，加白术、干姜温运中焦。

【其他治法】

一、中成药

1. 补中益气丸 口服，一次 6 g，一日 2～3 次。具有补益中气，甘温除热的功效。适用于血虚发热者。

2. 归脾丸 口服，一次 6 g，一日 2～3 次。具有益气健脾，补血养心的功效。适用于血虚发热者。

3. 越鞠丸 口服，一次 6 g，一日 2 次。具有行气解郁，清热除烦的功效。适用于气、血、痰、火、湿、食六郁所致发热者。

4. 大补阴丸 口服，一次 9 g，一日 2～3 次。具有滋阴降火的功效。适用于阴虚发热者。

5. 右归丸 口服，一次 9 g，一日 2～3 次。具有温补肾阳的功效。适用于阳虚发热者。

二、饮食辅助疗法

1. 人参鲷鱼汤 鲷鱼头 250 g，人参 10 g，油盐适量。先用水 150 mL，以文火煎人参，1 小时后将鱼头放入，用猛火煮熟食用。每周服 2～3 次，2 周为 1 个疗程。用于病后气虚发热者。

2. 何首乌鲤鱼汤 鲤鱼 1 条(约 500 g 重)，何首乌 15 g，油盐调味适量。先煎何首乌 30 分钟，再放入鲤鱼煎汤佐膳。每周服 2～3 次，2 周为 1 个疗程。适用于病后血虚发热者。

【转归预后】

内伤发热的预后，与起病的原因、患者的身体状况有密切关系。据临床观察，大部分内伤发热，经过适当的治疗及调理，均可治愈。少数患者病情缠绵，病程较长，需经一定时间的治疗方能获得明显疗效。而兼夹多种慢性病证，病情复杂，以及体质极度亏虚的患者，则疗效及预后均较差。

【预防调护】

(1) 内伤发热患者应注意休息，发热体温高者应卧床休息。

(2) 部分长期低热的患者，在体力许可的情况下，可做适当户外活动。

(3) 要保持乐观情绪，饮食宜进清淡、富于营养而又易于消化之品，避免服用辛香燥烈、生冷寒凉、肥甘醇酒厚味。

笔记栏

(4) 应注意保暖、避风，防止感受外邪。

【临证备要】

一、辨病思路

内伤发热常见于西医学中的功能性低热、结核、肿瘤、血液病、结缔组织疾病、内分泌疾病，以及部分慢性感染性疾病等疾病。

1. 功能性低热　功能性低热是由非器质性疾病所致的低热。其特点为早晨及午前的体温高于午后及晚上，有时伴有多汗、乏力、食欲不振等症状，体温升高常在38℃以下。

2. 肺结核　肺结核患者常常有发热，一般为午后37.4～38℃的低热，可持续数周，热型不规则，部分患者伴有脸颊、手心、脚心潮热感。其主要症状表现为咳嗽、咳痰、痰中带血、胸痛、潮热盗汗、疲乏无力、胃纳减退、消瘦、失眠、月经失调甚至闭经等。痰菌检查可明确诊断。

3. 血液病发热　血液病是原发于造血系统的疾病，或影响造血系统伴发血液异常改变，以贫血、出血、发热为特征的疾病。血液及骨髓检查常可发现异常。

二、辨证思路

(1) 内伤发热是与外感发热相对应的一类发热，可见于多种慢性疾病中，中医对内伤发热有一套颇具特色的理论认识及治疗方药，且对多数患者具有较好的疗效。因内伤发热主要由于气、血、水湿的郁滞壅遏或气、血、阴、阳的亏损失调所导致，故在发热的同时，分别伴有气郁、血瘀、湿郁或气虚、血虚、阴虚、阳虚的症状，这是掌握内伤发热辨证及治疗的关键。

(2) 不同病因的致病特点与不同脏腑病损的特征：发热每因劳累而起，伴乏力自汗，食少便溏或食后腹胀加重，病位在脾胃；发热常因郁怒而起，伴胸胁胀痛，嗳气则舒，口苦且干，病位在肝，证属气机郁滞；发热因房劳太过而起，伴腰背酸痛，两腿无力，夜尿频多，病位在肾；发热以夜间为甚，伴但欲饮水不欲咽，躯体有固定痛处或肿块，面色萎黄或黯黑，甚或肌肤甲错者属瘀血证；发热伴胸闷脘痞，周身困重，纳呆脘痞，苔腻属痰湿证；发热，劳累后发作或加剧，伴倦怠懒言，食少便溏者属气虚证；发热伴骨蒸潮热，颧红盗汗，口干咽燥，苔少或有剥脱苔；发热而身倦乏力，心悸眠差，面白少华，唇甲色淡者属血虚证；发热而形寒怯冷，四肢不温，面色㿠白者属阳虚证。

三、治疗注意

(1) 内伤发热虚证居多，除有气郁化火及湿热内蕴者可配合清热除湿的药物外，一般均应针对病情补益气血阴阳，以促进脏腑功能及阴阳平衡的恢复，切不可一见发热，便用发散解表及苦寒泻火之剂，以致耗气伤阴或伤败脾胃及化燥伤阴。《医学心悟·火字解》：将外邪引起的发热称为"贼火"，认为"贼可驱而不可留"。由久病伤正、情志不舒、饮食失调、劳倦过度等引起的内伤发热称为"子火"，"子可养而不可害"。这个说法，对于掌握外感发热与内伤发热在性质及治法上的根本区别甚有裨益。

(2) 瘀血发热可由跌仆损伤而生，也可由久病入络而成，临床常见虚实夹杂之候，若一味活血理气，易导致正气更虚，热势不退，甚而反升，因此须掌握好活血与益气养血，滋阴助阳之间的药物配伍。掌握瘀血发热特点，辨明为本证后，治疗当重在活血化瘀。若见热即投苦寒，甚或误认为阴虚而施滋补，则愈增其血瘀之势，其热难退。同时辛散之品耗血伤气，宜当慎用。

(3) 内伤发热因病程长，反复不愈，往往可见精神不振、疲倦懒言等虚羸之状，但其中并非均为虚证，实证或虚中夹实者并不少见，因此补药运用要适时、适量。一般若非虚甚者，不宜用大补之剂，如人参、党参、黄芪、熟地黄、龟甲等不可轻易使用，而宜选用仙鹤草、十大功劳叶、北沙参等不腻不燥的温和之品。内伤低热，脾胃已弱，所谓"正虚不能运药"，因此药物用量宁轻勿重，宁可再剂，不可重剂。如药量过重，浓烈厚味之气入胃，首先克伐胃气，造成食纳减，脾胃呆滞，即使对证之剂，疗效亦难发挥。若非重剂不可时，宜应重剂轻用，即少量频服。如因脾胃虚弱，阴火上冲所致之内伤高热者，须重用补益之药物以收甘温除大热之功，则每日数服，每次少量为妥。若邪热过盛时，亦可加入苦寒清热之品，但只能用于一时，不可久服，以防败胃，可用补脾胃，泻阴火之升阳汤加减。

笔记栏

【文献摘录】

《素问·调经论》:“帝曰:经言阳虚则外寒,阴虚则内热,阳盛则外热,阴盛则内寒。”

《医学入门·发热》:“内伤劳役发热,脉虚而弱,倦怠无力,不恶寒,乃胃中真阳下陷,内生虚热,宜补中益气汤。”

《景岳全书·寒热》:“阴虚之热者,宜壮水以平之;无根之热者,宜益火以培之。”

《医林改错·血府逐瘀汤所治之症目》:“身外凉,心里热,故名灯笼病,内有瘀血。认为虚热,愈补愈瘀;认为实火,愈凉愈凝”。

（曹文富　尹　涛）

第七节　虚　　劳

【概述】

一、定义

虚劳(consumptive disease)是以脏腑亏损,气血阴阳虚衰,久虚不复成劳为主要病机,以慢性虚弱性证候为主要表现的病证。

二、源流

虚劳又称虚损、劳伤,有关论述最早见于《内经》。《素问·通评虚实论》所说的“精气夺则虚”可视为虚证的提纲。《素问·调经论》谓“阳虚则外寒,阴虚则内热”,进一步说明虚证有阳虚、阴虚的区别。《素问·三部九候论》提出“虚则补之”,《素问·至真要大论》提出“劳则温之”“损者益之”,都是指导虚劳治疗总的原则。《素问·阴阳应象大论》进而指出:“因其衰而彰之。形不足者,温之以气;精不足者,补之以味”。

春秋时期,《难经·十四难》在《内经》理论的基础上,创“五损”之说,阐述了本病内虚亏损的轻重程度和证候演变,并进一步提出五脏虚损的治法,即“损其肺者,益其气;损其心者,调其营卫;损其脾者,调其饮食,适其寒温;损其肝者,缓其中;损其肾者,益其精”,此治损之法也,为后世所遵循。

汉代,张仲景《金匮要略·血痹虚劳病脉证并治》首次提出“虚劳”之名,后一直沿用至今。《金匮要略》列举食伤、忧伤、饮伤、房劳伤、饥伤、劳伤、内有干血、亡血失精、风气百病引起“诸不足”等,是导致“五劳虚极”的基本原因,同时阐述了阳虚、阴阳两虚等各种虚劳证候的辨别、治法和用方,治疗上着重温补脾肾,肾气丸、小建中汤、黄芪建中汤等至今为临床所常用。另外《金匮要略》创立了祛瘀生新的大黄䗪虫丸,治疗虚劳的干血痨证,给后世很大的启迪。

唐宋时期,对于虚劳的证治有了一定的发展,孙思邈《千金方》、王焘《外台秘要》、严用和《济生方》等,收集了大量散在的民间经验方,大大丰富了虚劳的治疗方药。宋以前,虚劳与痨瘵多混为一谈,至宋代,严用和《济生方·诸虚门》始将二者区分,严氏认为,“五劳六极之证,非骨蒸传尸之比,多由不能摄生,始于过用”所致,不能与“传变不一,积年染疰,甚至灭门”,“若究其根,惟心肺受虫啮”的痨瘵相混淆,这在学术上是一个很大的贡献。

金元及以后,许多医家对虚劳的理论认识及临床治疗都有较大的发展。李杲《脾胃论》重视脾胃,长于甘温补中。朱震亨《丹溪心法》重视肝肾,善用滋阴降火。明代,张介宾《景岳全书》对阴阳互根的理论作了深刻的阐发,在治疗肾阴虚、肾阳虚的理论及方药方面有新的发展。《理虚元鉴》指出:“治虚有三本,肺、脾、肾是也。”汪绮石《理虚元鉴·虚症有六因》对虚劳之病因概括最为全面:“有先天之因,有后天之因,有痘疹及病后之因,有外感之因,有境遇之因,有医药之因”。

清代,吴谦《医宗金鉴·虚劳总括》说:“虚者,阴阳、气血、荣卫、精神、骨髓、津液不足是也。损者,外

笔记栏

而皮、脉、肉、筋、骨，内而肺、心、脾、肝、肾消损是也。成劳者，谓虚损日久，留连不愈，而成五劳、七伤、六极也。”何梦瑶《医碥·虚损痨瘵》亦云：“虚者，血气不足也，久则肌肤脏腑亦渐消损，故曰虚损。劳者，久为病苦，不得安息，如劳苦不息者然”，从中可见，虚劳是以五脏气血阴阳的亏虚损耗为基本病机，在此基础上出现相应的多种症状，患者在较长时期内为其病所苦。

三、范围

西医学中各个系统的疾病，包括免疫功能自稳失调或自身免疫功能低下、内分泌腺体功能紊乱、造血功能障碍、代谢异常、营养缺乏、神经功能低下或过分抑制（非保护性）等引起的疾病以及其他系统器官功能衰退性疾病等，凡以慢性功能减退或虚性亢奋为主要临床表现的病证，均可参照本节内容进行辨证论治。

【病因病机】

虚劳病因包括体质因素、生活因素和疾病因素等多方面，这些病因均可导致五脏气血阴阳的亏损，形成虚劳（图 9－7）。

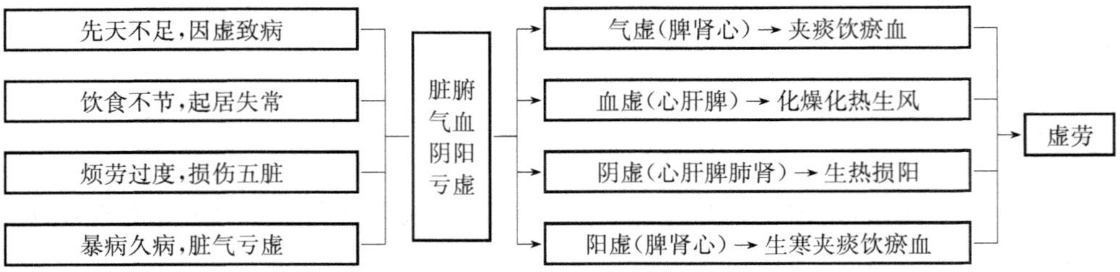

图 9－7 虚劳病因病机示意图

1. 先天不足，因虚致病 父母体虚、胎中失养、喂养不当等因素为体质不强的主要原因，可使脏腑失健、气血不足、阴阳失调，导致脏腑功能低下，邪气易感，病而难愈，易于形成虚劳。

2. 饮食不节，起居失常 饮食失调，嗜欲偏食，可导致脾胃损伤，影响化生水谷精微，致气血来源不足，脏腑经络失于濡养，日久而成虚劳。起居不慎，易导致形气的损伤，引起脏腑不荣，气血亏虚，卫外不固，外邪入侵，渐而成虚损。

3. 烦劳过度，损伤五脏 房室不节，易使肾精亏虚，肾气不足；七情过度，亦可伤及五脏气血阴阳，以致虚劳。

4. 暴病久病，脏气亏虚 暴病邪气过盛，脏气损伤，调摄不周；久病津气暗耗，气血损伤，形成虚劳。

虚劳为病，病变脏腑涉及五脏，大多起病缓慢，病程较长，往往合并有多个脏腑功能衰弱。病性以本虚为主，主要表现为气血阴阳的亏虚，一般来说，气虚在肺脾，血虚在心肝，阴虚阳虚根于肾。但亦有虚中夹瘀血、痰浊、水饮、邪毒相因为患。往往先因某一脏的气、血、阴、阳耗损，渐及他脏，日久则五脏气血阴阳俱损，病情趋于复杂。

【诊断】

诊断要点

（1）虚劳临床表现复杂，主要表现为五脏气血阴阳的亏虚。

（2）阳气虚者，多见形寒肢冷，短气自汗，心悸气喘，身疲乏力，溏泄遗精，面色苍白，舌淡，脉沉细弱等证。阴血虚者，多见头晕耳鸣，口眼干涩，心烦失眠，潮热盗汗，舌红少津，脉沉细弦数等证。而五脏虚损者，又因脏腑而异，如肺虚之人，在温差变化较大的季节易罹外邪，由损致劳；肝肾两虚之人，男子多见性情急躁，遗精阳痿滑泄，妇女多见性情忧郁，月经不调或停闭；心虚之人多见稍劳心悸气短；脾胃素虚之人多见食欲不佳，大便溏泄。

（3）望诊在虚劳重证的诊断中亦有重要意义。肺之损伤，多见面色㿠白；心之损伤，浮阳外越，多见面红如妆；脾之损伤，多见面色萎黄；肝之损伤，多见面色青紫；肾之损伤，多见面色黧黑。阴液之劳损，则

笔记栏

见面色潮红,五心烦热;阳气之劳损,则见面色苍白,四肢厥冷。

(4) 多有起居失节,调摄失当,或大病久病,误治失治等病史。

(5) 相关检查:血常规及肺、心、肝、肾功能等指标均示异常,免疫功能紊乱,内分泌功能异常。

【鉴别诊断】

1. 肺痨　肺痨为痨虫侵袭所致,主要病位在肺,具有传染性,以阴虚肺燥为其病理特点,以潮热、盗汗、胸痛、咳嗽、咯血、消瘦为主要临床症状。而虚劳则由多种原因导致,一般不传染,可出现五脏气、血、阴、阳亏虚的多种临床症状。

2. 其他病证中虚证　其他病证在出现虚证的同时,各以其病证所具有的相应症状为突出表现,病程一般较长,但亦有病程短者。而虚劳则以脏腑气血阴阳亏损的一系列精气亏虚症状为特征,久虚不复,病程均长。

【辨证论治】

一、辨证要点

1. 辨五脏气血阴阳亏虚的不同

五脏亏虚:咳嗽,短气,失音,自汗,易于感冒,病位在肺;纳少,食后饱胀,便溏,病位在脾;心悸气短,劳累加重,病位在心;头痛眩晕,目干涩,眼花,目糊,筋惕肉瞤,胁痛肢麻,病位在肝;腰膝酸软,耳鸣耳聋,健忘,小便失禁,遗精,病位在肾。

气血阴阳亏虚:少气懒言,神疲乏力,头晕目眩,自汗,活动时加重,舌淡苔白,脉虚无力,病性属气虚;面色无华或萎黄,唇舌淡白,爪甲苍白,眩晕心悸,失眠健忘,手足发麻,妇女月经量少色淡,衍期甚或闭经,舌淡苔白,脉细无力,病性属血虚;面色暗淡,精神委靡,身重蜷卧,形寒肢冷,倦怠无力,语声低怯,纳差,口淡,不渴,大便溏泄,小便清长,阳痿精冷,舌淡苔滑,脉沉细或大无力,病性属阳虚;颧赤唇丹,心烦少寐,手足心热,口干咽燥,骨蒸盗汗,噩梦遗精,便秘尿少,舌干红无苔,脉数无力,病性属阴虚。虚劳日久可导致因虚致实,既可见痰饮水湿之征,亦可见瘀血内结之候。

2. 辨兼见病证的有无　虚劳一般病程较长,辨证时还应注意兼见病证,尤应注意以下三方面。

(1) 因病致虚,久虚不复者,应注意辨明原有疾病是否还继续存在。如因热病,寒病,或瘀结致虚者,原疾病是否已经治愈。

(2) 有无因虚致实的表现。如因气虚运血无力,以致出现瘀血;脾气虚不能运化水湿,以致水湿内停等。

(3) 是否兼感外邪。虚劳患者,表卫不固,易受外邪,且感邪之后不易恢复,治疗用药也与常人感邪有所不同。

二、治疗要点

1. 治疗原则　虚劳以本虚为主,故治疗以“虚者补之,损者益之”为总的原则。具体根据病性之不同及五脏病位的不同而各异。

2. 重视脾肾　脾胃为后天之本,气血生化之源;肾为先天之本,寓元阴元阳,是生命的本元。重视补益脾肾,先后天之本不败,则能促进各脏腑虚损的恢复。

3. 分清主次,兼顾治疗　患者的临床表现往往彼此交错,或阴阳两虚,或气血同病,或数脏均损,宜仔细明辨,分清主次,兼顾治疗。

三、分证论治

(一) 气虚

1. 肺气虚

临床表现:① 短气自汗,声低息弱,面色㿠白;② 易于感冒,时寒时热;③ 舌淡,脉虚弱无力。

笔记栏

证候辨析：劳伤过度，病后体弱，久咳伤气均可导致肺气虚损，肺气不足，表虚不固，则短气自汗，声低息弱。腠理不密，卫外不固，则易于感冒。肺主气属卫，肺气虚，营卫失和，则时寒时热。肺气虚损，气血不能充沛于血脉，则面色㿠白，舌淡，脉弱。临床具备①或①+②或①+③均可辨为肺气虚型。

治法：补益肺气，固表敛汗。

代表方：补肺汤加减。

常用药：人参、炙黄芪补肺益气；山药、茯苓、炙甘草补后天之本，益气血生化之源，以培土生金；熟地黄、五味子养先天之本，培元气之根，益肾固气，敛汗止汗；紫菀润肺化痰，以复肺之主气功能。

自汗较多者，加牡蛎、麻黄根收敛止汗；卫外不固，易于感冒者合用玉屏风散益气固表；兼见潮热、盗汗者，为气阴两虚，加秦艽、鳖甲、地骨皮、白薇滋阴退热。

2. 脾气虚

临床表现：① 饮食减少，食后脘腹胀满不舒；② 面色萎黄，倦怠乏力，大便溏薄；③ 舌淡或有齿印，苔薄，脉软弱。

证候辨析：脾为后天之本，气血生化之源，脾气虚损，则化源不足，肌肤失养，故面色萎黄。脾胃气虚，运化和受纳功能减弱，则饮食减少，食后脘腹胀满不舒，大便溏薄。脾主四肢，脾气虚不能充达于四肢，则神疲倦怠，四肢乏力。化源不足，血脉不充，则舌淡或有齿印，苔薄，脉软弱。临床具备①+②或①+③或②+③均可辨为脾气虚型。

治法：健脾益气。

代表方：加味四君子汤加减。

常用药：人参、白术、茯苓、炙甘草甘温补益脾气；黄芪、扁豆健脾祛湿。

兼胃脘胀满，呕吐嗳气者，加半夏、生姜和胃降逆；兼脘闷腹胀，嗳气酸腐，苔腻者，加神曲、麦芽、山楂、鸡内金消食健胃；若气虚及阳，脾阳渐虚，腹痛腹泻，手足欠温者，加肉桂、炮姜温补脾肾。

3. 心气虚

临床表现：① 心悸怔忡；② 胸闷气短，活动加重，面色㿠白；③ 舌淡苔白，脉细弱。

证候辨析：心气不足，运血乏力，心失所养，则心悸怔忡，胸闷气短。劳则耗气，故活动时加重。心气不足，气血不能上荣于面，故面色㿠白。舌淡苔白，脉细弱，为气虚之象。临床具备①+②或①+③均可辨为心气虚型。

治法：益气养心。

代表方：七福饮加减。

常用药：人参、白术、甘草益气养阴；熟地黄、当归滋阴养血；酸枣仁、炙远志养心宁神。

兼见胸闷，舌质黯或有瘀点者，酌加丹参、桃仁、红花、三七活血化瘀；兼见便溏脾虚者，去柏子仁、酸枣仁，加砂仁、泽泻健脾渗湿；夹有痰浊，舌苔腻者，可加竹茹、半夏、陈皮化痰。

4. 肾气虚

临床表现：① 面白神疲，耳鸣，腰酸膝软；② 小便频数而清或失禁，男子滑精早泄，女子带下清稀；③ 舌淡苔白，脉沉弱。

证候辨析：肾气不充，经脉、筋骨失于濡养，则面白神疲，耳鸣，腰膝酸软。肾气不固，膀胱失约，则小便频数而清，或尿失禁。肾气亏虚，冲任不固，则男子滑精早泄，女子带下清稀，舌质淡，苔白，脉沉弱。临床具备①+②或①+③均可辨为肾气虚型。

治法：益气补肾。

代表方：大补元煎加减。

常用药：熟地黄、山药、山茱萸补肾填精；枸杞子、杜仲鼓舞肾气，阴中求阳；党参、甘草补脾益气，补后天以养先天；当归养血活血，使精血互化；菟丝子、益智仁固精缩尿，使肾复藏纳之功。

气虚甚者，加黄芪；多尿、夜尿多或失禁者，选加芡实、金樱子、桑螵蛸；食少便溏者，去当归、熟地黄，加白术、茯苓、鸡内金等；滑精，早泄者，加莲须、龙骨、牡蛎。

笔记栏

（二）血虚

1. 心血虚

临床表现：① 心悸怔忡；② 面色不华，失眠多梦；③ 舌质淡，脉细或结代。

证候辨析：心血亏虚，血不养心，则心悸怔忡。血虚不能上荣头面，则面色不华，舌质淡。血虚失养，心神不宁,则健忘,失眠,多梦。血虚气少,血脉不充,心气不匀,则脉细或结代。临床具备①+②或①+③均可辨为心血虚型。

治法:养血宁心。

代表方:养心汤加减。

常用药:人参、黄芪、茯苓、五味子、甘草益气生血;当归、川芎、柏子仁、酸枣仁、远志养血宁心;肉桂、半夏曲温中健脾。

失眠多梦较甚,加合欢花、首乌藤养心安神;心悸较甚者,酌加磁石、龙骨等宁心定悸。

2. 肝血虚

临床表现:① 面色不华,头晕目眩,劳则隐隐胁痛,肢体麻木,筋脉拘急或惊惕肉瞤;② 女子月经不调或闭经;③ 舌质淡,脉弦细或细涩。

证候辨析:肝血亏虚,不能上养头目,则头晕目眩,面色不华。血虚不能养肝,则胁痛。经脉失养及血虚生风,则肢体麻木,筋脉拘急,肌肉瞤动。月经不调或闭经为肝血不足,冲任空虚所致。舌质淡,脉弦细或细涩,为血脉不充之象。临床具备①+②或①+③均可辨为肝血虚型。

治法:补血养肝。

代表方:四物汤加减。

常用药:熟地黄滋阴补血;当归、鸡血藤补血调肝,活血调经;白芍养血柔肝和营;阿胶、何首乌、枸杞子补精生血;川芎活血行滞,畅调气血;甘草和中调药。

眩晕耳鸣者,加女贞子、磁石;惊惕不安者,加龙齿、远志;胁痛者,加柴胡、郁金、香附;视物模糊者,加楮实子、决明子等;筋肉酸痛或瞤动,肢体麻木颤抖者,加木瓜、天麻、珍珠母、全蝎、僵蚕之类;纳差,腹胀,便溏者,加白术、党参、茯苓、陈皮、鸡内金等。

(三)阴虚

1. 肺阴虚

临床表现:① 干咳,咽燥,咳血,甚或失音;② 潮热,盗汗;③ 舌红少津,脉细数。

证候辨析:肺阴虚损,肺失濡润,清肃之令不行则干咳。津液不能上承,则咽燥,甚或失音。肺络受损,则咳血。阴虚内热,则见潮热,面色潮红。虚热逼津外泄,则盗汗。舌红少津,脉细数,为阴虚火旺之象。临床具备①+②或①+③均可辨为肺阴虚型。

治法:养阴润肺。

代表方:沙参麦冬汤加减。

常用药:沙参、麦冬滋养肺胃,生津润燥;天冬、玉竹、天花粉、百合养阴润肺;银柴胡、桑白皮、地骨皮清退虚火;甘草调药和中。

咳嗽甚者,加百部、款冬花肃肺止咳;咳血者,加白及、仙鹤草、白茅根、紫珠草凉血止血;潮热者,加秦艽、鳖甲养阴清热;盗汗者,加牡蛎、浮小麦固表敛汗。

2. 心阴虚

临床表现:① 心悸,失眠烦躁;② 潮热盗汗,两颧潮红,口舌生疮;③ 舌红少津,脉细数。

证候辨析:心阴虚损,心失濡养,心神不宁,则心悸,失眠。阴虚火旺,虚热内扰,则烦躁。虚火上炎,则两颧潮红,或口舌生疮。虚热逼津外泄,则潮热盗汗。舌红少津,脉细数,为阴虚内热,津液不足之象。临床具备①+②或①+③均可辨为心阴虚型。

治法:滋阴养血,补心安神。

代表方:天王补心丹加减。

常用药:生地黄滋肾水养阴血;玄参、天冬、麦冬滋阴以清虚热;当归、丹参养血补血,润燥生津;人参、茯苓益气宁心,安神定志;酸枣仁、柏子仁、五味子、远志养心安神,其中酸枣仁、五味子又可敛心气之耗散,远志开通心气使魂魄自宁;甘草和中调药。

口舌生疮,烦躁不安者,加黄连、竹叶、木通清心泻火;潮热者,加银柴胡、地骨皮、秦艽清退虚热;盗汗者,加浮小麦、牡蛎固表止汗。

3. 脾胃阴虚

临床表现:① 口干唇燥,不思饮食;② 大便干结,甚则干呕,呃逆,面色潮红;③ 舌干,苔少或无苔,脉细数。

笔记栏

证候辨析：脾胃阴亏，津不上承，则口干唇燥。脾胃失于濡润，运化失常，则不思饮食。肠失滋润，则大便干结。胃失和降，则干呕呃逆。面色潮红，为虚热上扰。舌干少苔，脉细数，为阴虚内热之象。临床具备①+②或①+③均可辨为脾胃阴虚型。

治法：养阴和胃。

代表方：益胃汤合橘皮竹茹汤加减。

常用药：麦冬、生地黄、玉竹、沙参、石斛滋养脾胃之阴；山药、甘草补脾胃，调中气；橘络、竹茹、半夏理气调中，和胃止呕。

不思饮食者，加扁豆、生谷芽、生麦芽益胃健脾；呃逆者，加刀豆扶养胃气，降逆止呃；大便干结者，加火麻仁、肉苁蓉润肠通便。

4. 肝阴虚

临床表现：① 头痛，眩晕耳鸣，目干畏光，视物不明；② 急躁易怒，或肢体麻木，筋惕肉瞤，面色潮红；③ 舌干红，脉弦细数。

证候辨析：肝阴不足，阴虚阳亢，上扰清空，则头痛，眩晕，耳鸣。肝阴不能上荣于目，则目干畏光，视物不明。筋脉失养，虚风内动，则肢体麻木，筋惕肉瞤。肝失疏泄，则急躁易怒。肝火上炎，则面色潮红。舌干红，脉弦细数，为肝阴亏虚之象。临床具备①+②或①+③或②+③均可辨为肝阴虚型。

治法：滋养肝阴，柔肝潜阳。

代表方：一贯煎合补肝汤加减。

常用药：生地黄、枸杞子、白芍、酸枣仁滋阴养血以补肝肾；沙参、麦冬滋补肺胃阴液；木瓜、甘草酸甘化阴以柔肝；当归养血活血以调肝；珍珠母平肝潜阳。

若风阳内盛，头痛、眩晕、耳鸣较甚，或筋惕肉瞤者，加石决明、菊花、钩藤、白蒺藜平肝潜阳；目干涩畏光，或视物不明者，加枸杞子、女贞子、草决明养肝明目；肝火亢盛，急躁易怒，尿赤便秘，舌红脉数者，加龙胆草、黄芩、栀子清肝泻火。

5. 肾阴虚

临床表现：① 腰酸遗精，两足痿弱，眩晕耳鸣，甚则耳聋；② 五心烦热，口干咽痛，颧红；③ 舌红少苔或无苔，少津，脉细或细数。

证候辨析：肾精不足，失于濡养，则腰酸两足痿弱。髓海不足，脑失濡养，则眩晕耳鸣，甚则耳聋。阴虚生内热，则五心烦热。虚火上炎，则颧红，口干咽痛。舌红少津，少苔或无苔，脉细数，均为阴虚内热之象。临床具备①+②或①+③均可辨为肾阴虚型。

治法：滋补肾阴，清热除蒸。

代表方：左归丸合清骨散加减。

常用药：熟地黄滋肾益精，山茱萸养肝滋肾，涩精敛汗；山药补脾益阴，滋肾固精；枸杞子补肾益精，养肝明目；龟鹿二胶峻补精髓，龟甲胶偏于补阴，鹿角胶偏于补阳；牛膝益肝肾，强腰膝，健筋骨；秦艽、鳖甲、银柴胡清热除蒸。

精血枯竭，耳聋足痿者，加紫河车填补精血；精关不固，遗精者，加牡蛎、金樱子、芡实、莲须固肾涩精；虚火较甚，潮热，口干，咽痛，脉数者，加知母、黄柏、地骨皮滋阴泻火。

（四）阳虚

1. 心阳虚

临床表现：① 面色苍白，心悸，自汗，神倦嗜卧；② 心胸憋闷疼痛，形寒肢冷；③ 舌淡或紫黯，脉细弱或沉迟。

证候辨析：心阳不振，心气亏虚，则心悸、自汗，神倦嗜卧。阳虚不能温煦四肢百骸，则形寒肢冷。阳虚气弱，运血无力，血脉瘀滞，则心胸憋闷疼痛，舌质紫黯。面色苍白，舌淡，脉细弱或沉迟，均为阳虚气弱之象。临床具备①+②或①+③均可辨为心阳虚型。

治法：温补心阳，活血理气。

代表方：保元汤加减。

常用药：人参、黄芪大补元气；肉桂补火助阳；生姜温通阳气；炙甘草益气缓中。

血脉瘀滞而见心胸痛者，选加川芎、郁金、三七、苏合香丸活血定痛；阳虚较甚，形寒肢冷，脉迟者，酌加附子、仙茅、淫羊藿、巴戟天、鹿茸等温补阳气。

2. 脾阳虚

临床表现：① 面色萎黄，食少；② 形寒，神倦乏力，少气懒言，大便溏泄，肠鸣腹痛；③ 舌淡苔白，脉沉弱。

证候辨析：脾阳亏虚，运化乏力，则食少。中州阳虚，四肢百骸失于温煦，则形寒，神倦乏力，少气懒言。寒凝气滞，传化失常，则肠鸣腹痛，大便溏泄。面色萎黄，舌淡苔白，脉沉弱，均为中阳虚衰之象。临床具备①+②或①+③均可辨为脾阳虚型。

治法：温中健脾，补火生土。

代表方：附子理中汤加减。

常用药：熟附子、炮姜温中祛寒；人参补中益气；白术健脾燥湿；木香、砂仁芳香化湿，并可温中理气；甘草缓中益气。

寒凝气滞，腹中冷痛较甚，加高良姜、吴茱萸、丁香温中散寒，理气止痛；食后腹胀及呕逆者，加砂仁、陈皮温中和胃降逆；若阳虚湿盛，腹泻著者，加肉豆蔻、补骨脂温补脾肾以止泻。

3. 肾阳虚

临床表现：① 腰背酸痛，遗精阳痿，多尿或小便不禁，夜多小便；② 面色苍白，畏寒肢冷，下利清谷或五更泄泻；③ 舌质淡体胖有齿痕，苔白，脉沉迟。

证候辨析：肾阳不足，失于温煦，故腰背酸痛，畏寒肢冷。阳气衰微，精关不固，则遗精阳痿。气化不及，水不化气，则多尿。肾气不固，则小便不禁。命门火衰，火不生土，则下利清谷或五更泄泻。面色苍白，舌质淡体胖有齿痕，苔白，脉沉迟，均为阳气亏虚，阴寒内盛之象。临床具备①+②或①+③均可辨为肾阳虚型。

治法：温补肾阳，填精固摄。

代表方：右归丸加减。

常用药：肉桂、附子、鹿角胶温补肾中元阳；熟地黄、山茱萸、山药、枸杞子滋肾益阴，养肝补脾；菟丝子、杜仲强腰益肾；当归养血补虚。

遗精者，加金樱子、芡实、莲须或合金锁固精丸以收涩固精；下利清谷者，去熟地黄、当归，加黄芪、白术、薏苡仁益气健脾，渗湿止泻；五更泄泻，合用四神丸温脾暖肾，固肠止泻；浮肿尿少者，加茯苓、泽泻、车前子利水消肿；肾不纳气者，加补骨脂、五味子、蛤蚧补肾纳气。

【其他治法】

一、中成药

1. 生脉饮 口服，一次 10 mL，一日 3 次。具有益气养阴，卫外固表的功效。适用于气阴两虚者。

2. 复方阿胶浆 口服，一次 20 g，一日 2 次。具有补气养血的功效。适用于久病体弱之血虚证。

3. 金匮肾气丸 口服，大蜜丸一次 1 丸，小蜜丸一次 9 g，一日 2 次。具有温补肾阳的功效。适用于肾阳虚之虚劳。

4. 六味地黄丸 空腹温开水或盐汤送服，大蜜丸一次 1 丸，小蜜丸一次 9 g，一日 2 次。具有滋阴补肾的功效。适用于肾阴虚之虚劳。

二、针灸

选用大椎、关元、气海、足三里、三阴交等穴位，用补法针刺或艾灸(阴虚慎灸)，能扶助正气，促进气血阴阳恢复，每次 2～3 穴，交替进行，同时根据五脏的不同，加选五脏的背俞穴(肺俞、心俞、肝俞、脾俞、肾俞)治疗；亦可根据气血阴阳虚损之不同，辨证取穴。

三、饮食辅助疗法

1. 人参炖乌鸡 人参 12～15 g，乌鸡肉 250 g(去皮骨)，生姜 3 片，放入炖盅内并加清水适量，隔水炖 2 小时，加盐调味服食用。适用于气虚证。

2. 甲鱼骨髓汤 甲鱼 1 只(去内脏)，猪脊髓 150 g，生姜 3 片，加水共煲至烂熟，加盐调味服食用。适用于阴虚证。

笔记栏

【转归预后】

虚劳多为久病痼疾，其转归的关键在于患者体质的强弱和五脏的虚损劳伤程度。气虚可逐渐发展为阳虚，如心气虚、脾气虚可逐渐发展为心阳虚和脾阳虚，故及早调治气虚可防治疾病加重，因脾胃是气血生化之源，宜用健脾补益中气，使五脏之气随之转旺。血虚证，因肝血及心血均由脾土化生，故脾土不败，调治得当，则易于好转；反之则病情难复，出现气血俱虚证。阴虚证，可由阴损及阳而成为阴阳两虚，因肾寓藏真阴，故肾阴未枯竭，治之恰当，可使病情向好的方面转化，反之，则可渐至阴尽阳亡，犹如油尽灯灭，势难挽回。阳虚证，多由气虚发展而成，以心脾肾的阳虚为多见，因肾阳为人身之元阳，故肾阳未衰败，施治正确，则可逐渐康复；反之肾阳衰败，火不温土，进而阳损及阴，导致阴阳两损。

临床虽然将虚劳归纳为气、血、阴、阳虚损四类，但往往是错杂互见。一般来说，病程短者，多伤气血，可见气虚、血虚、气血虚损之证；病程长者，多伤及阴阳，可见阴虚、阳虚及阴阳亏损之证。另因五脏相关，故一脏有病可累及他脏，如脾脏虚损，除见本脏的脾气虚、脾阳虚、脾阴虚之外，还可累及他脏出现心脾虚、肺脾虚、肝脾虚、脾肾虚等。此外，虚劳患者因体虚卫外不固，易感外邪，更易损伤元气，使病情加重，更趋复杂，虚劳日久，气血运行不畅，瘀血内阻，则可形成干血痨等。

虚劳病情的轻重，往往与损伤的脏腑，伤及的气血阴阳的程度有密切关系。一般来说，脾肾未衰，元气未败，纳食尚可，脉象和缓者，病属顺证，预后良好；反之，元气先衰，脾肾已败，形神衰惫，不思饮食，喘急气促，腹泻不止，脉象微弱、数疾、迟涩者，病属逆证，预后不良。

【预防调护】

(1) 预防：防止引起虚劳的原因作用于人体，是预防虚劳的根本措施。避免烦劳过度，防止因劳致虚；调节饮食，防止脾胃损伤，注意寒温变化，防止感受外邪；及时、正确的治疗及调理疾病，避免病久致虚等，对于虚劳的发生具有重要的作用。

(2) 生活调摄

1) 避风寒，适寒温。虚劳患者，正气不足，卫外不固又易受外邪侵袭，故随着气候的变化，增减衣服，免受六淫伤害。

2) 慎起居，远房事。生活起居要有规律，劳逸结合，避免房劳太过，以防伤精耗血，加重病情。

3) 调饮食，节情志。多食富于营养、易于消化的清淡食品；调节情志，避免精神刺激，保持乐观、舒畅、稳定的情绪。

4) 勿劳累，多锻炼。避免劳累过度，对虚劳的调养至关重要；但同时要加强体育锻炼，以增强体质。

5) 勤洗衣被，保持室内空气清新。

6) 禁止滥用药物，避免毒物刺激。

【临证备要】

一、辨病思路

虚劳常见于西医学中免疫功能自稳失调或自身免疫功能低下、内分泌腺体功能紊乱、造血功能障碍、代谢异常、营养缺乏等引起的疾病，以及其他系统器官功能衰退性疾病。如肝硬化腹水、消化性溃疡、心力衰竭、呼吸衰竭、再生障碍性贫血、白血病、系统性红斑狼疮等难治性疾病，在这些疾病发展过程或发展至末期出现长期的脏腑气血阴阳亏虚症状时可辨为本病。

二、辨证思路

笔记栏

1. 辨五脏气血阴阳亏虚的不同　虚劳的证候虽多，但总不离乎五脏，而五脏之辨，又不外乎气血阴阳。故对虚劳的辨证应以气、血、阴、阳为纲，五脏虚候为目。正如《杂病源流犀烛·虚损痨瘵源流》说："五脏虽分，而五脏所藏无非精气，其所以致损者有四：曰气虚、曰血虚、曰阳虚、曰阴虚""气血阴阳各有专主，认得真确，方可施治”。一般说来，病情单纯者，病变比较局限，容易辨清其气、血、阴、阳亏虚的属性和病及脏腑的所在。但由于气血同源、阴阳互根、五脏相关，所以各种原因所致的虚损往往互相影响，由一虚渐致两虚，由一脏而累及他脏，使病情趋于复杂和严重，辨证时应加注意。

2. 辨兼夹病证的有无　虚劳一般均有较长的病程，辨证施治时还应注意有无兼夹病证，尤其应注意下述三种情况。

(1) 因病致虚、久虚不复者，应辨明原有疾病是否还继续存在。如因热病、寒病或瘀结致虚者，原发疾病是否已经治愈。

(2) 有无因虚致实的表现。如因气虚运血无力，形成瘀血；脾气虚不能运化水湿，以致水湿内停等。

(3) 是否兼夹外邪。虚劳之人由于卫外不固，易感外邪为患，且感邪之后不易恢复；治疗用药也与常人感邪有所不同。

若有以上兼夹病证，在治疗时应分别轻重缓急，予以兼顾。

三、治疗注意

治疗的基本原则是补益。必须根据病理属性的不同，分别采用益气、养血、滋阴、温阳的治疗方药，并应结合五脏病位的不同而选方用药，以加强治疗的针对性。此外，由于五脏相关，气血同源，阴阳互根，所以应注意气血阴阳相兼为病及五脏之间的转化。分清主次，兼顾治疗。护理及饮食调摄对促进虚劳的康复有重要作用。此外，功能性虚弱和器质性虚弱如早期不注意及时纠正，最终可演变成虚劳。近来研究表明，亚健康疲劳人群越来越多，此部分人群以疲劳、乏力、腰酸、失眠等为主要表现，如不及时干预，亦可进一步发展成虚劳，对于此类人群，可早期化裁应用小生六汤(小柴胡汤、生脉散、六味地黄汤)，从而调理五脏气血阴阳，使机体恢复平衡。

【文献摘录】

《医宗必读·虚劳》：“夫人身之虚，不属于气，即属于血，五脏六腑，莫能外焉。而独主脾肾者，水为万物之元，土为万物之母，二脏安和，一身皆治，百疾不生。”

《景岳全书·新方八阵·补略》：“凡气虚者宜补其上，人参、黄芪之属是也；精虚者宜补其下，熟地黄、枸杞之属是也；阳虚者宜补而兼缓，桂、附、干姜之属是也；阴虚者宜补而兼清，门冬、芍药、生地黄之属是也；此固阴阳之治辨也。其有气因精而虚者，自当补精以化气；精因气而虚者，自当补气以生精。又有阳失阴而离者，不补阴何以收散亡之气？水失火而败者，不补火何以苏垂寂之阴？此又阴阳相济之妙用也。故善补阳者，必于阴中求阳，则阳得阴助而生化无穷；善补阴者，必于阳中求阴，则阴得阳升而泉源不竭。”

(罗　仁　谭　为)

第八节　肥　胖

【概述】

一、定义

肥胖(obesity)是由于多种原因导致体内膏脂堆积过多，体重超过标准体重的20%，并多伴有头晕乏力、神疲懒言、少动气短等症状的一类病证。

二、源流

历代医籍对肥胖病的论述非常多。对本病的最早记载见于《内经》，《素问·异法方宜论》曰：“其民华食而脂肥”。《素问·通评虚实论》曰：“甘肥贵人，则膏粱之疾也”。《素问·奇病论》曰：“此人必数食

笔记栏

甘美而多肥也”。《金匮要略》曰:“夫尊荣人骨弱肌肤盛”。说明肥胖的发生与过食肥甘、先天禀赋等多种因素有关。同时指出养生必须注意形体的肥瘦,《素问·八正神明论》曰:“故养神者,必知形之肥瘦”。

后世医家在此基础上认识到肥胖的病机还与气虚、痰湿、七情及地理环境等因素有关,如《景岳全书·杂证谟·非风》认为肥人多气虚,《丹溪心法》《医门法律》认为肥人多痰湿。在治疗方面,《丹溪心法·中湿》认为肥胖应从湿热及气虚两方面论治。《石室秘录·肥治法》认为治痰需补气兼消痰,并补命火,使气足而痰消。此外,前人还认识到肥胖与其他多种病证有关,如《女科切要》中指出:“肥白妇人,经闭而不通者,必是痰湿与脂膜壅塞之故也。”《类证治裁》:“肥人肢节痛,多风湿痰饮流注。”

三、范围

本节主要讨论单纯性(体质性)肥胖病,继发性肥胖病(如继发于下丘脑、垂体病,胰岛病及甲状腺功能低下等)也可参照本节内容进行辨证论治。

【病因病机】

1. 年老体弱,肾不化水 中年以后,生理功能减退,脾肾虚衰,运化功能减退,运化不及,聚湿生痰,痰湿壅结,故而肥胖。

2. 饮食不节,损伤脾胃 暴饮暴食或过食肥甘等,如水谷精微堆积,成为膏脂,而形成肥胖;若损伤脾胃,则运化无权,从而湿浊内生,痰湿内聚,体态臃肿而肥胖。

3. 缺乏运动,脾气虚弱 喜卧好坐,脾气虚弱,运行不畅,痰浊内聚,而致肥胖。

4. 久病正虚,脾肾阳虚 久病正虚,脾肾阳虚,精微不布,膏脂堆积,而致肥胖。

5. 情志内伤,气机失调 情志内伤,气机失调,影响脾胃运化,以致精微不布,膏脂堆积,而致肥胖。

6. 先天禀赋,胃热脾虚 先天禀赋,胃热偏盛者,食量过大或脾运不及,膏脂痰湿堆积,而成肥胖。

此外,肥胖的发生还与性别、地理环境等因素有关,由于女性活动量较男性少,故女性肥胖者较男性为多。

肥胖病机总属阳气虚衰,痰湿偏盛。病变脏腑涉及脾与肾,亦与心肺的功能失调及肝失疏泄有关。本病多属本虚标实之候。本虚多为脾肾气虚,或兼心肺气虚;标实为痰湿膏脂内停,或兼水湿、血瘀、气滞等,临床常有偏于本虚及标实之不同。前人有“肥人多痰”“肥人多湿”“肥人多气虚”之说,即是针对其不同病机而言(图9-8)。

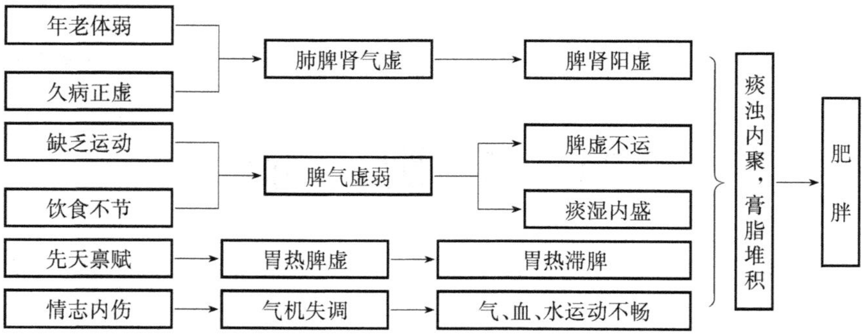

图9-8 肥胖病因病机示意图

本病病变过程中常发生病机转化:① 虚实之间的转化,如胃热滞脾之肥胖,但长期饮食不节,可损伤脾胃,甚至脾病及肾,导致脾肾两虚,由实转虚;而脾虚日久,运化失常,湿浊内生,或土壅木郁,肝失疏泄,气滞血瘀,或脾病及肾,肾阳虚衰,不能化气行水,致水湿内停,泛溢肌肤,使肥胖加重,由虚转实或虚实夹杂。② 各种病理产物之间相互转化,主要表现为痰湿内停日久,阻滞气血运行,可致气滞或血瘀,而气滞,痰湿、瘀血日久,常可化热。③ 肥胖病变日久,常变生他病。《内经》中已经认识到肥胖与消瘅等病证有关,极度肥胖者,常易合并消渴、头痛、眩晕、胸痹、中风、胆胀、痹证等。

笔记栏

【诊断】

诊断要点

(1) 体重超出标准体重。体重超过标准体重{标准体重(kg)=[身高(cm)-100]×0.9 (Broca 标准体重)}20%以上;或体重质量指数[体重质量指数 =体重(kg)/身高^2(m^2)]超过正常值为肥胖,排除肌肉发达或水分潴留因素,即可诊断为本病。

(2) 临床症状:初期轻度肥胖仅体重增加 20%~30%,常无自觉症状。中重度肥胖常见伴随症状,如神疲乏力、少气懒言、气短气喘、腹大胀满等。

(3) 有饮食过多、恣食肥甘厚味等不良饮食习惯,或缺乏运动,或有肥胖家族史。

(4) 相关检查:测量身高、体重、血压;血脂分析;测定空腹血糖、葡萄糖耐量试验、血清胰岛素、皮质醇;肝脏 B 超检查,肝肾功能;抗利尿激素测定;测定雌二醇、睾酮、黄体生成素;心电图、心功能、眼底及微循环检查;为排除继发性肥胖,可考虑行头颅 X 线摄片,显示蝶鞍有否扩大,骨质有否疏松,或头颅、双肾上腺 CT 扫描,测定 T_3、T_4、TSH 以排除内分泌功能异常引起肥胖的可能性。

【鉴别诊断】

1. 水肿　水肿严重时,体重亦增加,也可出现肥胖的伴随症状,但水肿以颜面及四肢浮肿为主,严重者可见腹部胀满,全身皆肿,与本病症状有别。水肿经治疗病理性水湿排出体外后,体重可迅速减轻降至正常,肥胖患者体重减轻则相对较缓。

2. 黄胖　由肠道寄生虫与食积所致,以面部黄胖肿大为特征,与肥胖有别。

【辨证论治】

一、辨证要点

1. 辨标本虚实　本病多为标实本虚之候。本虚要辨明气虚,还是阳虚。标实要辨明痰湿、水湿及瘀血之不同。

2. 辨明脏腑病位　病变脏腑有在脾、肾、心、肺的不同,临证时需加详辨。与脾关系最为密切,症见身体重着,神疲乏力,腹大胀满,头沉胸闷,或有恶心、痰多。病久累及于肾,症见腰膝酸软疼痛,动则气喘,嗜睡,形寒肢冷,下肢浮肿,夜尿频多。病在心肺者,则见心悸气短,少气懒言,神疲自汗等。

二、治疗要点

治疗原则　针对肥胖本虚标实的特点,治疗当以补虚泻实为原则。补虚常用健脾益气;脾病及肾,则益气补肾。泻实常用祛湿化痰,结合行气、利水、消导、通腑、化瘀等法,以祛除体内病理性痰浊、水湿、瘀血、膏脂等。其中祛湿化痰法是治疗本病的最常用方法,贯穿于本病治疗过程的始终。

三、分证论治

1. 胃热滞脾

临床表现:① 形体肥胖,脘腹胀满,多食善饥,胃脘灼痛,嘈杂,得食则缓;② 面色红润,口干口苦,心烦头昏;③ 舌红,苔黄腻,脉弦滑。

证候辨析:胃热滞脾,精微不化,膏脂瘀积,则可见形体肥胖,多食善饥。胃肠积热,气机不畅,故见脘腹胀满。胃脘灼痛,嘈杂,得食则缓,为胃热偏盛之候。胃热上蒸,则面色红润,口干口苦,心烦头昏。舌红,苔黄腻,脉弦滑,为胃热脾湿之象。临床具备①+②或①+③均可辨为胃热滞脾型。

治法:清胃泻火,佐以消导。

代表方:小承气汤合保和丸加减。

笔记栏

常用药：大黄泻热通便；连翘、黄连清胃泻火；枳实、厚朴行气散结；山楂、神曲、莱菔子消食导滞；陈皮、半夏理气化痰和胃；茯苓健脾利湿。

肝胃郁热，症见胸胁苦满，烦躁易怒，口苦舌燥，腹胀纳呆，月经不调，脉弦，可加柴胡、黄芩、栀子；肝火致便秘者，加更衣丸；食积化热，形成湿热，内阻肠胃，而致脘腹胀满，大便秘结，或泄泻，小便短赤，苔黄腻，脉沉有力，可用枳实导滞丸或木香槟榔丸；湿热郁于肝胆，可用龙胆泻肝汤；风火积滞壅积肠胃，表里俱实者，可用防风通圣散。

2. 痰湿内盛

临床表现：① 形盛体胖，身体重着，肢体困倦，胸膈痞满，神疲嗜卧；② 头晕目眩，痰涎壅盛，呕不欲食，口干而不欲饮，嗜食肥甘醇酒；③ 舌苔白腻或白滑，脉滑。

证候辨析：痰湿内盛，困遏脾运，阻滞气机，则形盛体胖，身体重着，肢体困倦，胸膈痞满。痰湿内盛，上蒙清窍，故见头晕目眩，痰涎壅盛。湿困中焦，津不上承，则口干而不欲饮。湿困中焦，清阳被遏，则神疲嗜卧。临床具备①＋②或①＋③均可辨为痰湿内盛型。

治法：燥湿化痰，理气消痞。

代表方：导痰汤加减。

常用药：半夏、制南星、生姜燥湿化痰和胃；橘红、枳实理气化痰；冬瓜皮、泽泻淡渗利湿；决明子通便；莱菔子消食化痰；白术、茯苓健脾化湿；甘草调和诸药。

湿邪偏盛者，可加苍术、薏苡仁、赤小豆、防己、车前子；痰湿化热，症见心烦少寐，纳少便秘，舌红苔黄，脉滑数，可酌加竹茹、浙贝母、黄芩、黄连、瓜蒌仁等；痰湿郁久，壅阻气机，以致痰瘀交阻，伴见舌黯或有瘀斑者，可酌加当归、赤芍、川芎、桃仁、红花、丹参、泽兰等。

3. 脾虚不运

临床表现：① 肥胖臃肿，神疲乏力，身体困重，胸闷脘胀；② 四肢轻度浮肿，晨轻暮重，劳累后明显，饮食如常或偏少，既往多有暴饮暴食史，小便不利，便溏或便秘；③ 舌淡胖边有齿印，苔薄白或白腻，脉濡细。

证候辨析：脾胃虚弱，运化无权，水湿内停，阳气不得舒展，故可见肥胖臃肿，神疲乏力，身体困重，胸闷脘胀，四肢轻度浮肿，晨轻暮重，劳累后明显。既往多有暴饮暴食史，饮食不节，损伤脾胃，脾失健运，则饮食如常或偏少。小便不利，则因水湿内聚，三焦决渎失司，膀胱气化失常而致。脾运失司，则便溏或便秘。舌淡胖边有齿印，苔薄白或白腻，脉濡细，为脾虚水停之象。临床具备①＋②或①＋③均可辨为脾虚不运型。

治法：健脾益气，渗利水湿。

代表方：参苓白术散合防己黄芪汤加减。

常用药：党参、黄芪、茯苓、白术、甘草、大枣健脾益气；桔梗性上浮，兼益肺气；山药、扁豆、薏苡仁、莲子肉渗湿健脾；陈皮、砂仁理气化滞，醒脾和胃；防己、猪苓、泽泻、车前子利水渗湿。

脾虚水停，肢体肿胀明显者，加大腹皮、桑白皮、木瓜，或加入五皮饮；腹胀便溏者，加厚朴、陈皮、广木香以理气消胀；腹中畏寒者，加肉桂、干姜等以温中散寒。

4. 脾肾阳虚

临床表现：① 形体肥胖，颜面虚浮，神疲嗜卧，气短乏力，腹胀便溏；② 自汗气喘，动则更甚，畏寒肢冷，下肢浮肿，尿昼少夜频；③ 舌淡胖，苔薄白，脉沉细。

证候辨析：脾肾阳虚，气化不行，水饮内停，则形体肥胖，颜面虚浮。脾肾阳虚，阳气不得舒展，故神疲嗜卧，气短乏力。脾肾阳虚，运化无力，则见腹胀便溏。自汗气喘，动则更甚，则因肾虚不纳气。命门火衰，阳不化气，水湿下聚，故见畏寒肢冷，下肢浮肿，尿昼少夜频。临床具备①＋②或①＋③均可辨为脾肾阳虚型。

治法：温补脾肾，利水化饮。

代表方：真武汤合苓桂术甘汤加减。

常用药：附子、桂枝补脾肾之阳，温阳化气；茯苓、白术健脾利水化饮；白芍敛阴；甘草、生姜和中散寒。

气虚明显者，加人参、黄芪；水湿内停明显者，加五苓散或泽泻、猪苓、大腹皮；畏寒肢冷者，加补骨脂、仙茅、淫羊藿、益智仁，并重用肉桂、附子以温肾祛寒。

笔记栏

临床本型肥胖多兼见合并症，如胸痹、消渴、眩晕等，遣方用药时亦可参照相关疾病辨证施治。

5. 气滞血瘀

临床表现：① 形体丰满，面色紫红或黯红；② 胸闷胁胀，心烦易怒，夜寐不安，大便秘结；③ 舌黯红，或有瘀点、瘀斑，或舌下脉络怒张(瘀筋)，脉沉细或涩。

证候辨析：肥胖常可兼血瘀，尤其是痰湿体质者，痰湿阻滞气机，气滞则血瘀，血行不畅血内停，形成气滞血瘀证，故症见体形丰满，面色紫红或黯红，胸闷胁胀，心烦易怒，夜寐不安或夜不能寐，大便秘结。舌黯红，或有瘀点、瘀斑，或舌下脉络怒张，脉沉细或涩，均为气滞血瘀之象。临床具备①+②或①+③均可辨为气滞血瘀型。

治法：活血祛瘀，行气散结。

代表方：血府逐瘀汤合失笑散加减。

常用药：桃仁、红花、赤芍、川芎、当归、生地黄活血祛瘀；柴胡、枳壳、甘草疏肝行气；桔梗开利气机，宽胸除满；牛膝通利血脉；蒲黄、五灵脂活血散结。

气滞明显者，见胸闷，脘腹胀满，加郁金、厚朴、陈皮、莱菔子；兼肝胆郁热内结，见心烦易怒，口干，口苦，目黄，胁痛，便秘，加大黄、龙胆草、栀子、黄芩；湿热明显，兼见纳呆脘痞，舌黯红，苔黄腻，加金钱草、泽泻、茵陈、栀子、虎杖等。本证也可选用桃核承气汤、桂枝茯苓丸等。

【其他治法】

一、中成药

防风通圣丸(颗粒) 口服，一次 6 g，一日 2 次。具有解表通里，清热解毒的功效。适用于胃热滞脾之肥胖伴风火积滞壅积肠胃，表里俱实。

二、针灸

以中脘、天枢、曲池、阴陵泉、丰隆、太冲为基本穴位，取毫针泻法。嘱患者适当控制饮食，加强锻炼。

三、饮食辅助疗法

参芪鸡丝冬瓜汤 鸡脯肉 200 g，党参 6 g，黄芪 6 g，冬瓜 200 g，黄酒、精盐、味精各适量。鸡脯肉切丝，鸡肉丝、党参、黄芪同放在砂锅内，加水 500 mL，以小火炖至八成熟；再加入冬瓜片；调加料酒、精盐、味精、冬瓜熟透即可。具有健脾补气，轻身减肥的功效。适用于脾虚不运之肥胖。

【转归预后】

肥胖病变日久，常变生他病。极度肥胖者，常易合并消渴、头痛、眩晕、胸痹、中风、胆胀、痹证等，因此必须积极治疗。

【预防调护】

(1) 积极预防。肥胖对人体健康危害极大，一旦形成本病，则治疗一般不易，应积极主动预防本病的发生。

(2) 饮食宜清淡。本病患者忌肥甘醇酒厚味，多食蔬菜、水果等富含纤维、维生素的食物，适当补充蛋白质，宜低糖、低脂、低盐；养成良好的饮食习惯，忌多食、暴饮暴食，忌食零食；必要时有针对性地配合药膳疗法。

(3) 适当体育锻炼或体力劳动。如根据情况可选择散步、快走、慢跑、骑车、爬楼、拳击等，也可做适当的家务等体力劳动。运动不可太过，以过度损伤，贵在持之以恒，一般勿中途中断。减肥须循序渐进，使体重逐渐减轻，接近正常体重，不宜骤减，以免损伤正气，降低体力。

笔记栏

【临证备要】

一、辨病思路

肥胖常见于西医学中的单纯性(体质性)肥胖病、继发性肥胖病(如继发于下丘脑、垂体病,胰岛病及甲状腺功能低下等)。

1. 单纯性肥胖 是由于遗传和机体脂肪细胞数目增多而造成的。这类人的物质代谢过程比较慢,比较低,合成代谢超过分解代谢。或是由于有意识或无意识地过度饮食,使摄入的热量大大超过身体生长和活动的需要,多余的热量转化为脂肪,促进脂肪细胞肥大与细胞数目增加,脂肪大量堆积而导致肥胖。

2. 继发性肥胖病 是由内分泌混乱或代谢障碍引起的一类疾病,占肥胖人群2%～5%,肥胖只是这类患者的重要症状之一,仍然以原发性疾病的临床症状为主要表现。多见皮质醇增多、甲状腺功能减退、性腺功能减退等多种疾病。

二、辨证思路

1. 脏腑病损的特征 肥胖的病变脏腑涉及脾、肾、肝、心、肺。临床症见身体重着,神疲乏力,腹大胀满,头沉胸闷,或有恶心、痰多者,病变主要在脾。病久累及于肾,症见腰膝酸软疼痛,动则气喘,嗜睡,形寒肢冷,下肢浮肿,夜尿频多。病在心肺者,则见心悸气短,少气懒言,神疲自汗等。肝主疏泄,调畅气机,气滞血瘀,津液不布,水湿痰浊内停,故见面色紫红或黯红,胸闷胁胀,心烦易怒,夜寐不安,大便秘结等气滞血瘀之征。

2. 积极治疗肥胖的变证 极度肥胖者,常易合并消渴、头痛、眩晕、胸痹、中风、胆胀、痹证等,必须积极治疗。

三、治疗注意

1. 注意后期变证的治疗 肥胖之属于痰湿、气滞、血瘀者常可化热,进而伤阴,病至后期可表现为阴虚阳亢证者,症见体胖,情绪急躁,易怒,食欲旺盛,头晕胸闷,大便干结,舌质红,苔少,脉弦细,治以镇肝熄风汤加减。

2. 酌情配有减肥作用的中草药 研究表明,具有减肥作用的中药有何首乌、荷叶、茶叶、菟丝子、枸杞子、玉竹、地黄、山楂、莱菔子、栀子、防己、泽泻、赤小豆、薏苡仁、猪苓、茯苓、柴胡、菊花、茵陈、大黄、芦荟、女贞子、旱莲草、苍术、灵芝、夏枯草、三棱、丹参、魔芋、决明子、番泻叶、冬瓜皮、车前子、芒硝、麻仁、麻黄、昆布、海藻、螺旋藻等,临证时在辨证论治的基础上,可酌情选用。

3. 本病治疗需持之以恒 治疗本病需持之以恒,注意疗程,方可奏效。药物治疗以1～3个月为1个疗程,争取治疗3个月为宜,每间隔1个月可停药1周,其他治疗方法根据需要而定疗程。疗效标准:① 有效:疗程结束时体重下降3 kg以上或脂肪百分率(F%)下降5%;② 显效:疗程结束时体重下降5 kg以上或F%下降5%以上;③ 近期临床痊愈:疗程结束时,体重下降已达到标准体重或超重范围内。随访1年以上,维持原有疗效为远期疗效。

【文献摘录】

《素问·奇病论》:"此肥美之所发也,此人必数食甘美而多肥也,肥者令人内热,甘者令人中满,故其气上溢,转为消渴。"

《素问·阴阳应象大论》:"年四十,而阴气自半也,起居衰矣。年五十,体重,耳目不聪矣。"

《丹溪心法·中湿》:"凡肥人沉困怠惰,是湿热,宜苍术、茯苓、滑石。凡肥白之人,沉困怠惰,是气虚,宜二术、人参、半夏、草果、厚朴、芍药。"

《石室秘录·肥治法》:"肥人多痰,乃气虚也,虚则气不能运行,故痰生之,则治痰焉可独治痰哉?必须补其气,而后兼消其痰为得耳。然而气之补法,又不可纯补脾胃之土,而当兼补命门之火,盖火能生土,

笔记栏

而土自生气，气足而痰自消，不治痰正所以治痰也。”

（张志芳）

第九节 癌 病

【概述】

一、定义

癌病(cancer)是多种恶性肿瘤的总称，以脏腑组织发生异常增生为其特征。临床表现主要为肿块逐渐增大，表面高低不平，质地坚硬，时有疼痛，发热，并常伴乏力、纳差、日渐消瘦等全身症状。

二、源流

远在殷墟甲骨文就有“瘤”的记载。《说文解字》：“瘤，肿也，从病，留声”；《素问·玉机真脏论》说：“大骨枯槁，大肉陷下，胸中气满，喘息不便，内痛引肩项，身热，脱肉破䐃，真脏见，十月之内死”，所述症状类似肺癌晚期临床表现，并明确指出预后不良。《难经》中的“息贲”是右胁下覆大如杯，似为肝癌的症状表现的描述。

隋代，巢元方《诸病源候论》曰：“诸脏受邪，初未能成积聚，留滞不去，乃成积聚”“积聚者，由阴阳不和，脏腑虚弱，受于风邪，搏于脏腑之气所为也”的记载，指出脏腑虚弱，阴阳失调是癌病发病的根本原因。书中分别论述了“癥瘕”“积聚”“食噎”“反胃”等病证，其中就包含癌病的证候。

唐代，《晋书》中说：“初帝目有瘤疾，使医割之”，为我国手术治疗癌病的最早记载。宋代，《仁斋直指附遗方》最早有了“癌”的记载：“癌者，上高下深，岩石之状，毒根深藏。”《圣济总录》曰：“瘤之为义，留滞不去也”“积气在腹中，久不差，牢固推之不移者，癥也……按之其状如杯盘牢结，久不已，令人身瘦而腹大，至死不消”，对瘤的含义、症状做了精辟的解释。东轩居士所著的《卫济宝书》(1171年)首次提出了“癌”字，该书将“癌”作为痈疽五发之一。严用和《济生方》云：“积者，生于五脏六腑之阴气也……此由阴阳不和，脏腑虚弱，风邪搏之，所以为积……”“忧思喜怒之气，人之所不能无者，过则伤乎五脏。逆于四时，传克不行，乃留结而为五积”，也指出癌病的发生即有六淫邪毒犯肺的外因，又有七情饮食所伤的内因。金元时期，张从正《儒门事亲·五积六聚治从郁断》认为：“积之成也，或因暴怒喜悲思恐之气，或伤酸苦甘辛咸之食，或停温凉热寒之饮，或受风暑燥寒火湿之邪”，其观点与严用和相似。张元素提出“壮人无积，虚人则有之。脾胃怯弱，气血两衰，四时有感，皆能成积”，则认为正虚是发病的基础。

清代，林开燧《活人录汇编》中有关“肥气”的描述：“肝之积曰肥气。盖由郁怒伤肝，肝气不能条达……郁滞于左右两胁之间，形如覆杯，积成肥厚之气，可大可小……窘迫为痛，因而恶心呕逆，妨碍饮食，痛久，则精神气血愈亏……渐至形枯神萎”，为肝癌症状的描述。祁坤《外科大成·论痔漏》说：“锁肛痔，肛门内外如竹节锁紧，形如海蜇，里急后重，便粪细而带扁，时流臭水，此无治法”，与直肠癌基本相符。余听鸿《外证医案汇编》明确指出：“正气虚则成岩”。

三、范围

本节着重介绍脑瘤、肺癌、肝癌、大肠癌、肾癌和膀胱癌。此外，食道癌、胃癌、甲状腺癌等病分别与噎膈、胃痛、瘿病等病证有关，可适当参考本节内容进行辨证论治。

【病因病机】

癌病是发生于五脏六腑、四肢百骸的一类恶性疾病。多由于正气内虚、感受邪毒、情志怫郁、饮食损伤、宿有旧疾等因素，使脏腑功能失调，气血津液运行失常，产生气滞、血瘀、痰凝、湿浊、热毒等病理变化，蕴结于脏腑组织，相互搏结，日久渐积而成的一类恶性疾病(图9-9)。

笔记栏

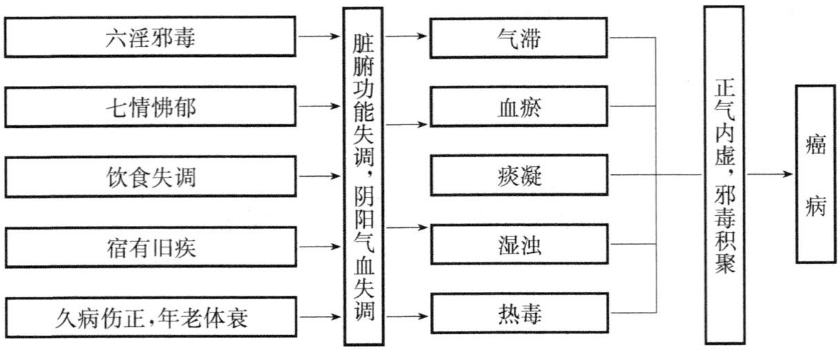

图 9-9　癌病病因病机示意图

1. 六淫邪毒　外感六淫之邪,或工业废气、石棉、煤焦烟炱、放射性物质等邪毒之气,若正气不能抗邪,则致客邪久留,脏腑气血阴阳失调,而致气滞、血瘀、痰浊,热毒等病变,久留则可形成结块。

2. 七情怫郁　情志不遂,气机郁结,久则导致气滞血瘀,或气不布津,久则津凝为痰,血瘀、痰浊互结,渐而成块。

3. 饮食失调　嗜好烟酒辛辣腌炸烧烤,损伤脾胃,脾失健运,正气亏虚,气虚血瘀。或正气亏虚,易感外邪或易致客邪久留。此外,脾失健运,不能升清降浊、运化水湿,则痰湿内生。

4. 宿有旧疾　机体脏腑阴阳的偏盛偏衰,气血功能紊乱,如治不得法或失于调养,病邪久羁,损伤正气,或正气本虚,驱邪无力,加重或诱发气、痰、食、湿、水、血等凝结阻滞体内,邪气壅结成块。

5. 久病伤正,年老体衰　正气内虚,脏腑阴阳气血失调,是罹患癌病的主要基础。久病体衰,正气亏虚,气虚血瘀;或生活失于调摄,劳累过度,气阴耗伤,外邪每易乘虚而入,客邪留滞不去,气机不畅,终致血行瘀滞,结而成块。

癌病的形成虽有上述多种因素,但其基本病理变化为正气内虚,气滞、血瘀、痰结、湿聚、热毒等相互纠结,日久积滞而成有形之肿块。

病理属性总属本虚标实。多是因虚而得病,因虚而致实,是一种全身属虚,局部属实的疾病。初期邪盛而正虚不显,故以气滞、血瘀,痰结、湿聚、热毒等实证为主。中晚期由于癌瘤耗伤人体气血津液,故多出现气血亏虚,阴阳两虚等病机转变,由于邪愈盛而正愈虚,本虚标实,病变错综复杂,病势日益深重。不同的癌病其病机上又各有特点。脑瘤的本虚以肝肾亏虚、气血两亏多见,标实以痰浊、瘀血、风毒多见;肺癌之本虚以阴虚、气阴两虚多见,标实以气滞、瘀血、痰浊多见;大肠癌的本虚则以脾肾两虚、肝肾阴虚为多见,标实以湿热、瘀毒多见;肾癌及膀胱癌的本虚以脾肾两虚、肝肾阴虚多见,标实以湿热蕴结、瘀血内阻多见。

不同的癌病其病变部位不同,脑瘤病位在脑,肺癌病位在肺,大肠癌病位在肠,肾癌及膀胱癌病位在肾与膀胱。但由于肝主疏泄,调达气机,脾为气血生化之源,肾为先天之本,藏元阴元阳,故上述癌病的发生发展,与肝、脾、肾的关系也较为密切。

【诊断】

诊断要点

(一) 脑瘤

脑瘤是颅内肿瘤的简称,指生长于颅腔内的新生物,以头痛、呕吐、视力下降、感觉障碍、运动障碍、人格障碍等为主要临床表现。脑瘤可发生于任何年龄,但以 20～40 岁者最多。中医古籍有关脑瘤的论述散见于“头痛”“眩晕”“呕吐”等病证中。

(1) 患者有头痛、呕吐、视力障碍等临床表现。

(2) 随脑组织受损部位的不同而有相应的局部症状,有助于定位诊断。如大脑额叶前部肿瘤可见精神障碍,出现性格改变、进行性痴呆、癫痫发作等;额下回后部肿瘤可出现运动性失语;额叶后部中央前回运动区受压则产生对侧偏瘫。大脑顶叶部肿瘤以感觉障碍为主,感觉定位和感觉区别的能力消失。大脑颞叶部肿瘤则以听觉障碍为主。大脑枕叶部肿瘤定位征为视野缺损。胼胝体部肿瘤精神症状明显。中

笔记栏

脑部肿瘤早期易出现脑积水，而发生头痛、视乳头水肿及呕吐等。小脑部肿瘤以运动失调为特征。桥脑部肿瘤则以交叉性偏瘫、交叉性感觉麻木及眼球垂直性震颤与眼外展麻痹为特征。

（3）相关检查：CT、MRI 探查肿瘤的部位、大小及浸润情况，是目前诊断脑瘤的主要手段。

（二）肺癌

肺癌又称原发性支气管肺癌，为最常见的恶性肺肿瘤之一。肿瘤细胞源于支气管黏膜或腺体，常有区域性淋巴结转移和血行播散。早期常有刺激性咳嗽、痰中带血。进展速度与细胞生物学特性有关。发病年龄多在 40 岁以上，男性发病率高于女性，但近年来女性发病率上升特别快，男女两性发病比例逐步缩小（约为 2∶1）。5 年生存率为 8%～13%。根据肺癌的临床表现，中医古籍有关肺癌的论述散见于“肺积”“咳嗽”“咯血”“胸痛”等病证中。

（1）近期发生的呛咳，顽固性干咳持续数周不愈，或反复咯血痰，或不明原因的顽固性胸痛，气急，发热，或伴消瘦，疲乏等。

（2）多发生于年龄在 40 岁以上，有长期吸烟史的男性。

（3）相关检查：胸部 X 线检查、CT，支气管碘油造影，有助于肺癌的早期诊断。痰脱落细胞学检查是早期诊断肺癌的简单而有效的方法，阳性率在 80%左右，多次检查阳性率可提高。纤维支气管镜检查，可确定病变性质，病理检查是确诊肺癌的重要方法。

（三）肝癌

原发性肝癌起源于肝细胞或肝内胆管细胞，简称肝癌。我国肝癌约 80%为肝细胞癌。肝癌是我国常见恶性肿瘤之一。肝癌可发生于任何年龄，但以 31～50 岁多见，男女之比为(1～4)∶1。早期切除的远期疗效较好，但大多数肝癌患者在确诊时已是晚期，手术机会多已错过，所能采用的现代综合治疗方法常限制在肝动脉化疗栓塞、无水酒精注射、射频和免疫治疗上。目前采用中医药治疗是本病的主要治疗手段之一。根据肝癌的临床表现，中医古籍有关肝癌的论述散见于“肥气”“积气”“积证”等病证中。

（1）不明原因的肝区不适或疼痛，或原有肝病症状加重伴全身不适、胃纳减退、乏力、发热、体重减轻等均应纳入检查范围。

（2）肝脏进行性肿大，压痛，质地坚硬而拒按，表面有结节隆起，为有诊断价值的体征，但已属中晚期。

（3）相关检查：腹部 B 超、CT 扫描或 MRI，肝穿刺，血液生化检查如甲胎蛋白、血沉、血清碱性磷酸酶，均有助于明确诊断。

（四）大肠癌

大肠癌包括结肠癌与直肠癌，是常见的消化道恶性肿瘤之一，以排便习惯与粪便性状改变，腹痛，肛门坠痛，里急后重，甚至腹内结块，消瘦为主要临床表现。近年大肠癌根治术后 5 年生存率为 50%左右。根据其发病及临床特征分析，中医古籍有关大肠癌的论述散见于“肠积”“积聚”“癥瘕”“肠覃”“肠风”“脏毒”“下痢”“锁肛痔”等病证中。

凡 30 岁以上的患者有下列症状时需高度重视，考虑有大肠癌的可能。

（1）近期出现定位不确切的持续性腹部不适，隐痛，胀气，经一般治疗症状不缓解。

（2）无明显诱因的排便习惯及粪便性状改变，如腹泻或便秘等。有脓血便、黏液便或血便，里急后重，粪便变细，而无痢疾、肠道慢性炎症等病史。

（3）腹部出现质地较硬肿块，以右侧多见，多呈结节状。

（4）原因不明的贫血、消瘦、乏力、低热或体重减轻。

（5）相关检查：出现上述临床表现时，应详细询问病史，全面体检，并及时进行直肠指诊、全结肠镜检、钡灌肠 X 线检查、血清癌胚及肠癌相关抗原测定、直肠内超声扫描、CT 等检查以明确。

（五）肾癌、膀胱癌

肾癌是泌尿系统常见的肿瘤，以血尿、腰痛、肿块、消瘦乏力等为主要临床表现。男性多于女性，40～60 岁多发。根据肾癌的起病及临床表现，中医古籍有关肾癌的论述散见于“尿血”“腰痛”等病证中。

膀胱癌是泌尿系统常见的肿瘤，以血尿、尿频、尿急、尿痛、排尿困难、发热消瘦、恶病质等为主要临床表现。男性多于女性，50～70 岁多发。中医古籍有关膀胱癌的论述散见于“尿血”“血淋”“癃闭”等病证中。

笔记栏

(1) 肾癌早期常无明显症状，晚期部分患者可有典型的三联症：间歇性、无痛性血尿，腰部钝痛，上腹或腰部肿块。

(2) 膀胱癌典型临床表现为血尿、尿急、尿频、尿痛，或持续性尿意感。

(3) 相关检查：尿检查可见肉眼血尿及镜下血尿；尿脱落细胞学检查对诊断早期肾癌、膀胱癌有一定价值；B超、CT、MRI可确定病变部位、大小及浸润情况等。此外，膀胱镜检查也是确诊膀胱癌的重要方法。

【鉴别诊断】

一、脑瘤

1. 脑瘤与脑血管疾病 部分脑瘤患者可见颅内压增高、偏瘫，应注意与脑血管疾病相鉴别。脑血管疾病多见于老年人，常有高血压和动脉硬化病史，多突然出现昏迷，可有颅内压增高症状和偏瘫。CT、MRI有助于鉴别。

2. 脑瘤与癫痫 脑瘤患者可以有症状性癫痫，常伴有颅内压增高的症状(如头痛、呕吐、视力下降等)和其他局灶性症状(如精神障碍、感觉障碍、运动障碍等)持续存在。原发性癫痫通常缺少局灶性脑症状，发作过后多无明显症状。CT、MRI有助于鉴别。

二、肺癌

1. 肺癌与肺痨 肺痨与肺癌均有咳嗽、咯血、胸痛、发热、消瘦等症状，两者很容易混淆，应注意鉴别。肺痨多发生于青壮年，而肺癌好发于40岁以上的中老年男性。部分肺痨患者的已愈合的结核病灶所引起的肺部瘢痕可恶变为肺癌。肺痨经抗痨治疗有效，肺癌经抗痨治疗则病情无好转。借助肺部X线检查、痰结核菌检查、痰脱落细胞学检查、纤维支气管镜检查等，有助于两者的鉴别。

2. 肺癌与肺痈 肺痈患者也可有发热、咳嗽、咯痰的临床表现，应注意鉴别。典型的肺痈是急性发病，高热、寒战、咳嗽、咳吐大量脓臭痰、痰中可带血，伴有胸痛；肺癌发病较缓，热势一般不高，呛咳，咳痰不爽或痰中带血，伴见神疲乏力，消瘦等全身症状。肺癌患者在感受外邪时，也可出现高热，咳嗽加剧等症，此时更应详细询问病史，四诊合参，并借助肺部X线检查、痰和血的病原体检查、痰脱落细胞学检查等实验室检查加以鉴别。

3. 肺癌与肺胀 肺胀是多种慢性肺系疾患反复发作，迁延不愈所致的慢性肺部疾病。病程长达数年，反复发作，多发生于40岁以上人群，以咳嗽、咯痰、喘息、胸部膨满为主症；肺癌则起病较为隐匿，以咳嗽、咯血、胸痛、发热、气急为主要临床表现，伴见消瘦、乏力等全身症状，借助肺部X线检查、痰脱落细胞学检查等不难鉴别。

三、肝癌

1. 肝癌与黄疸 黄疸以身黄、目黄、小便黄为主，主要病机为湿浊阻滞，胆液不循常道外溢而发黄，起病有急缓，病程有长短，黄疸色泽有明暗，以利湿解毒为治疗原则。而肝癌以右胁疼痛、肝脏进行性肿大、质地坚硬、腹胀大、乏力、形体逐渐消瘦为特征，中晚期可伴有黄疸，此时，黄疸仅视为一个症状而不是独立的病种，以扶正(补益气血)祛邪(疏肝理气、活血化瘀、泻火解毒、消积散结等)、标本兼顾为治疗原则，并需结合西医学抗癌治疗。此外结合血清总胆红素、尿胆红素、直接胆红素测定及血清谷丙转氨酶、甲胎球蛋白、肝区B超、CT扫描等以明确诊断。

2. 肝癌与鼓胀 肝癌失治，晚期伴有腹水的患者可有腹胀大、皮色苍黄、脉络暴露的症状而为鼓胀，属于鼓胀的一种特殊类型。肝癌所致之鼓胀，病情危重，预后不良，在鼓胀辨证论治的基础上，需结合西医学抗癌治疗。可结合实验室检查明确诊断，协助治疗。

笔记栏

四、大肠癌

1. 大肠癌与痢疾 痢疾与大肠癌在腹痛、泄泻、里急后重、排脓血便等临床症状上有相似点，要注意区别。痢疾是以腹痛腹泻、里急后重、排赤白脓血便为主要临床表现的具有传染性的外感疾病。一般发病较急，常以发热伴有呕吐而开始，继则腹痛腹泻、里急后重、排赤白脓血便为突出的临床特征，其腹痛多呈阵发性，常在腹泻后减轻，腹泻次数可达每日 10～20 次，粪便呈胶冻状、脓血状。而大肠癌起病较为隐匿，早期症状多较轻或不明显，中晚期伴见明显的全身症状，如神疲倦怠、消瘦等，腹痛常为持续性隐痛，常见腹泻，但每日次数不多，泄泻与便秘交替出现是其特点。此外，实验室检查对明确诊断具有重要价值，如血常规检查、大便细菌培养、大便隐血试验、直肠指诊、全结肠镜检查等。

2. 大肠癌与痔疾　痔疾也常见大便带血、肛门坠胀或异物感的临床表现，应注意区别。痔疾属外科疾病，起病缓，病程长，一般不伴有全身症状，其大便下血特点为便时或便后出血，常伴有肛门坠胀或异物感，多因劳累、过食辛辣等而诱发或加重。直肠指诊、直肠镜等有助于明确诊断。

五、肾癌、膀胱癌

1. 肾癌与多囊肾　多囊肾常有腰、腹疼痛，血尿或蛋白尿，出现肾功能不全和高血压的患者较多，往往合并其他多囊脏器。B 超、CT、MRI 有助于鉴别诊断。

2. 肾癌、膀胱癌与泌尿系结石　泌尿系结石多有急性疼痛，可伴见尿血，B 超、腹部 X 线检查等有助于诊断。

3. 肾癌、膀胱癌与肾及膀胱结核　肾及膀胱结核也常有尿路刺激征，尿血，脓尿，并伴低热、盗汗、消瘦等症状，尿中查到结核杆菌。抗痨治疗有效。

上述癌病的诊断中，各种癌病的细胞学分类诊断，如肺癌的鳞状上皮细胞癌、小细胞癌、腺癌等，虽属西医学的范畴，但它对估计病情、判断预后、选择治疗方案等有重要意义，故也应尽可能了解癌病细胞学性质，结合患者的全身情况、肿瘤发展情况等，以合理安排综合治疗方案。

【辨证论治】

一、辨证要点

临床首先应辨各种癌病的脏腑病位；辨病邪的性质，分清痰结、湿聚、气滞、血瘀、热毒的不同，以及有否兼夹；辨标本虚实，分清虚实标本的主次；辨脏腑阴阳，分清受病脏腑气血阴阳失调的不同；辨病程的阶段，明确患者处于早、中、晚期的不同，以选择适当的治法和估计预后。

二、治疗要点

癌病属于正虚邪实，邪盛正衰的一类疾病，所以治疗的基本原则是扶正祛邪，攻补兼施。要结合病史、病程、四诊及实验室检查等临床资料，综合分析，辨证施治，做到“治实当顾虚，补虚勿忘实”。初期邪盛正虚不明显，当先攻之；中期宜攻补兼施；晚期正气大伤，不耐攻伐，当以补为主，扶正培本以抗邪气。扶正之法主要是根据正虚侧重的不同，并结合主要病变脏腑而分别采用补气、补血、补阴、补阳的治法；祛邪主要针对病变采用理气、除湿、化痰散结、活血化瘀、清热解毒等法，并应适当配伍有抗肿瘤作用的中药。早期发现、早期诊断、早期治疗对预后有积极意义。作好预防对减少发病有重要意义。既病之后加强饮食调养，调畅情志，注意休息，有利于癌病的康复。

三、分证论治

（一）脑瘤

1. 痰瘀阻窍

临床表现：① 头晕，头痛，项强，目眩，视物不清；② 呕吐，失眠健忘，肢体麻木，面唇黯红或紫黯；③ 舌质紫黯或有瘀点、瘀斑，脉涩。

证候辨析：脏腑失调，气机失和，故痰浊瘀血内生，气血不能正常运行，脑失所养，故头晕头痛，目眩，失眠健忘。痰瘀阻络，故见肢体麻木。中焦气机升降失和，故见纳呆。痰饮停于胃中，故见呕吐不适。面唇黯红或紫黯，舌质紫黯或有瘀点、瘀斑，脉涩，均为痰瘀阻窍之象。临床具备①＋②或①＋③均可辨证为痰瘀阻窍型。

治法：息风化痰，祛瘀通窍。

笔记栏

代表方：通窍活血汤加减。

常用药：石菖蒲芳香开窍；桃仁、红花、川芎、赤芍、三七活血化瘀；白芥子、胆南星化痰散结。

呕吐者，加竹茹、姜半夏和胃止呕；失眠者，加酸枣仁、首乌藤养心安神。

2. 风毒上扰

临床表现：① 头痛头晕，耳鸣目眩，视物不清，恶心、呕吐，面红目赤；② 失眠健忘，肢体麻木，咽干，大便干，重则抽搐，震颤，或偏瘫，或角弓反张，或神昏谵语，颈项强直；③ 舌质红或红绛，苔黄，脉弦。

证候辨析：风热之邪循经上扰清窍，上炎于头面，故见头痛头晕，目眩，失眠健忘。耳鸣，面红目赤，为肝经之火上炎之征。热灼营血，血热横窜经脉，筋脉失养，故见抽搐，震颤或角弓反张，项强。热入心营，神明被扰，则见神昏谵语，舌质红或红绛。苔黄，脉弦，均为风毒上扰之象。临床具备①+②或①+③均可辨证为风毒上扰型。

治法：平肝潜阳，清热解毒。

代表方：天麻钩藤饮合黄连解毒汤加减。

常用药：天麻、钩藤、石决明平肝潜阳；栀子、黄芩、黄连、黄柏泻火解毒；牛膝引血下行；杜仲、桑寄生补益肝肾；首乌藤、茯神安神定志。

阳亢风动之势较著者，加代赭石、生龙骨、生牡蛎重镇潜阳，镇肝息风；大便干燥者，加番泻叶、火麻仁通腑泄热。

3. 阴虚风动

临床表现：① 头痛头晕，耳鸣，神疲乏力，虚烦不宁；② 肢体麻木，语言謇涩，颈项强直，手足蠕动或震颤，口眼歪斜，偏瘫，口干，小便短赤，大便干；③ 舌质红，苔薄少津，脉弦细或细数。

证候辨析：邪热久羁，灼伤真阴，或久病真阴匮乏，脑失所养，故头晕头痛。筋脉失养，虚风内动，则肢体麻木，手足蠕动或震颤，口眼歪斜。虚火上炎，则虚烦不宁，口干。小便短赤，大便干，舌质红，脉弦细或细数，均为阴虚风动之象。临床具备①+②或①+③均可辨证为阴虚风动型。

治法：滋阴潜阳息风。

代表方：大定风珠加减。

常用药：阿胶、熟地黄、白芍滋养肝肾之阴；龟甲、鳖甲、牡蛎育阴潜阳息风；钩藤、僵蚕息风止痉。

虚热之象著者，加青蒿、白薇清退虚热；大便秘结者，加火麻仁、郁李仁润肠通便。

4. 肝肾阴虚

临床表现：① 头晕目眩，视物不清；② 手足心烦热，痰中带血；③ 舌红苔少，脉细数。

证候辨析：毒邪郁滞日久，耗伤阴液，阴虚火旺，而见手足心烦热；热毒灼伤血络，则见痰中带血。阴精耗伤，虚火上炎，故见头晕目眩，视物不清。舌红苔少，脉细数，为肝肾阴虚之象。临床具备①+②或①+③均可辨证为肝肾阴虚型。

治法：滋补肝肾散结。

代表方：杞菊地黄丸加减。

常用药：生地黄、熟地黄、山茱萸、枸杞子、菊花、牡丹皮、茯苓、夏枯草、生牡蛎、炙龟甲、蛇六谷、天葵子、陈皮等。若出现大便干结，加火麻仁、瓜蒌仁；夜寐欠安梦，多加酸枣仁、柏子仁；自汗盗汗，加炙黄芪、碧桃干。

（二）肺癌

1. 瘀阻肺络

临床表现：① 咳嗽不畅，咳嗽咳痰，咳痰不爽，痰中带血，胸闷气憋，胸痛有定处，如锥如刺；② 或痰血黯红，口唇紫黯；③ 舌质黯或有瘀点、瘀斑，苔薄，脉细弦或细涩。

证候辨析：气滞血瘀，痰瘀互结，气机不利，则咳嗽不畅，胸闷气憋，胸胁胀痛或剧痛，痛有定处，唇甲紫黯。舌质黯或有瘀点、瘀斑，苔薄，脉细弦或细涩，均为瘀阻肺络之象。临床具备①+②或①+③均可辨证为瘀阻肺络型。

笔记栏

治法：行气活血，散瘀消结。

代表方：血府逐瘀汤加减。

常用药：桃仁、红花、川芎、赤芍、牛膝活血化瘀；当归、熟地黄养血活血；柴胡、枳壳疏肝理气；甘草调和诸药。

胸痛明显者,可配伍香附、延胡索、郁金等理气通络,活血定痛;若反复咯血,血色黯红者,可去桃仁、红花,加蒲黄、三七、藕节、仙鹤草、茜草根祛瘀止血;瘀滞化热,耗伤气津,见口干舌燥者,加沙参、天花粉、生地黄、玄参、知母等清热养阴生津;食少,乏力、气短者,加黄芪、党参、白术益气健脾。

2. 痰湿蕴肺

临床表现:① 咳嗽咯痰,气憋,痰质稠黏,量多,痰白或黄白相兼,痰中带血,胸闷胸痛;② 纳呆,便溏,神疲乏力;③ 舌质淡胖有齿印,苔白腻,脉滑。

证候辨析:脾气虚弱,脾失健运,水谷精微不能生化输布,则蕴湿生痰纳呆,大便溏薄。或肺气虚弱,津液失于输布,津聚为痰,痰贮于肺,痰凝气滞,而见咳嗽痰多,气憋胸闷。舌质淡胖有齿印,苔白腻,脉滑,为脾虚痰湿之象。临床具备①+②或①+③均可辨证为痰湿蕴肺型。

治法:健脾燥湿,行气祛痰。

代表方:二陈汤合瓜蒌薤白半夏汤加减。

常用药:陈皮、法半夏、茯苓理气燥湿化痰;瓜蒌、薤白行气祛痰,宽胸散结;紫菀、款冬花止咳化痰。

若见胸脘胀闷,喘咳较甚者,可加用葶苈大枣泻肺汤以泻肺行水;痰郁化热,痰黄稠黏难出者,加海蛤壳、鱼腥草、金荞麦根、黄芩、栀子清化痰热;胸痛甚,且瘀象明显者,加川芎、郁金、延胡索化瘀止痛;神疲,纳呆者,加党参、白术、鸡内金健运脾气。

3. 阴虚热毒

临床表现:① 咳嗽无痰或少痰,或痰中带血,甚则咯血不止,胸痛;② 心烦失眠,低热盗汗,或热势壮盛,久稽不退,口干口渴,小便短赤,大便干结;③ 舌质红,少苔或光剥苔,脉细数或数大。

证候辨析:邪毒蕴肺化热或火热刑金耗伤阴液,灼伤肺肾之阴,而见低热,盗汗,干咳无痰或痰少而黏,或痰黄难咯。肺络受损,则痰中带血。肺气壅阻,则气促胸痛。阴虚肺燥,津液不能上承,则咽干口燥。阴虚火旺,故心烦不寐,午后低热,便结尿赤。舌质红,少苔或光剥苔,均为阴虚热毒之象。临床具备①+②或①+③均可辨证为阴虚热毒型。

治法:养阴清热,解毒散结。

代表方:沙参麦冬汤合五味消毒饮加减。

常用药:沙参、玉竹、麦冬、甘草、桑叶、天花粉养阴清热;金银花、野菊花、蒲公英、紫花地丁、紫背天葵清热解毒散结。

若见咯血不止,可选加白及、仙鹤草、茜草根、三七凉血止血,收敛止血;低热盗汗,加地骨皮、白薇、五味子育阴清热敛汗;大便干结,加全瓜蒌、火麻仁润燥通便。

4. 气阴两虚

临床表现:① 咳嗽痰少,或痰稀,咳声低弱,声音低微,气短喘促;② 神疲乏力,面色㿠白,形瘦恶风,自汗或盗汗,口干少饮;③ 舌质红或淡,苔薄少津,脉细弱。

证候辨析:热毒郁滞,耗伤气阴,肺失宣降,则咳嗽少痰,气短喘促,神疲乏力,咳声低弱,口干不多饮。若肺络受损,则痰中带血。舌质红或淡,苔薄少津,脉细弱,均为气阴两虚之象。临床具备①+②或①+③均可辨证为气阴两虚型。

治法:益气养阴。

代表方:生脉散合百合固金汤加减。

常用药:人参大补元气;麦冬养阴生津;五味子敛补肺津;生地黄、熟地黄、玄参滋阴补肾;当归、芍药养血平肝;百合、麦冬、甘草润肺止咳;桔梗止咳祛痰。

气虚症状明显者,加生黄芪、太子参、白术等益气补肺健脾;咯痰不利,痰少而黏者,加贝母、百部、杏仁利肺化痰。若肺肾同病,阴损及阳,出现以阳气虚衰为突出临床表现时,可选用右归丸温补肾阳。

5. 阴阳两虚

临床表现:① 咳嗽气急,动则喘促、胸闷;② 或有耳鸣,腰酸膝软,夜间尿频,畏寒肢冷,神疲乏力,③ 舌质淡红或暗,苔薄白,脉沉细。

证候辨析:肺肾阴虚,日久常可阴损及阳,致肾阳虚衰,而见腰膝酸软,夜间尿频,畏寒肢冷。肺虚宣肃失常则咳嗽痰少,胸闷气急,动则喘促。舌质淡红或暗,苔薄白,脉沉细,均为阴阳两虚之象。临床具备①+②或①+③均可辨证为阴阳两虚型。

治法:滋阴温肾,消肿散结。

笔记栏

代表方：沙参麦冬汤合赞育丹加减。

常用药：沙参、麦冬、玉竹、天花粉生津润肺；桑叶轻清宣透，以散燥热；淫羊藿、肉苁蓉、韭菜子、肉桂、仙茅、巴戟天、杜仲、蛇床子温肾助阳；熟地黄、山茱萸、枸杞子、当归阴中求阳，滋阴养血；甘草甘缓和中；白术、生扁豆甘平和中，培土生金。

若气急较甚者，加参蛤散、紫石英、菟丝子；肾阳虚肢冷，加附子。

（三）肝痛

1. 肝郁脾虚

临床表现：① 右胁部胀满疼痛，右胁下肿块，胸闷不舒，少气乏力，善太息；② 纳呆食少，大便不爽，疲倦乏力，月经不调，面色萎黄或晦暗，形体消瘦，精神委靡；③ 舌质淡或淡红，苔薄白，脉弦。

证候辨析：情志内伤，肝郁乘脾，或兼饮食所伤，致脾胃气虚，运化失健，饮食水谷不能化生气血精微而变生痰浊内停，肝郁气滞日久，血行不畅，血瘀兼痰湿阻于络脉，日久渐积成块停于胁下。肝郁气滞，脾胃气机升降失畅，故可见胸闷叹息，脘腹胀满疼痛。脾胃气弱，运化受纳乏力，清阳不得上升以荣清窍，不得四布以施四肢，故可见精神委靡，面色萎黄或晦暗，疲倦乏力。清阳不升，浊阴不降，受纳腐熟失常，故见纳呆食少，大便溏泄。舌质淡或淡红，苔薄白，脉弦，均为肝郁脾虚之象。临床具备①＋②或①＋③均可辨证为肝郁脾虚型。

治法：疏肝健脾，理气祛瘀。

代表方：逍遥散合六君子汤加减。

常用药：柴胡、白芍、当归疏肝理气，养血和血；黄芪、党参、白术、茯苓、炙甘草健脾助运，实土御木；半夏、陈皮理气化痰。

疼痛较明显者，可加延胡索、三七粉、制乳香、制没药；腹胀重者，加枳实、大腹皮；口黏，舌苔白腻者，加炒薏苡仁；脾虚甚者，加人参；便溏甚者，加肉豆蔻、草果；身热，口苦，苔黄腻者，去党参，加黄连、半枝莲、茵陈等。

2. 气滞血瘀

临床表现：① 右胁疼痛较剧，如锥如刺，入夜更甚，甚至痛引肩背，右胁下结块较大，质硬拒按，或同时见左胁下肿块；② 面色萎黄而暗，倦怠乏力，脘腹胀满，甚至腹胀大，皮色苍黄，脉络暴露，纳差，大便溏结不调，月经不调；③ 舌质紫黯，或有瘀点、瘀斑，苔薄腻，脉弦涩。

证候辨析：肝气郁结日久或湿毒之邪久稽，则瘀血毒邪结于胁下，络道滞塞，故胁下癥积，且日渐增大，胁腹刺痛固着不移。瘀阻气滞，脾胃升降失常，则脘腹胀满，不思饮食。瘀阻气滞，水液不行，气血水互相搏结，可致鼓胀，全身浮肿。中焦气机不畅，肠腑传化失司，糟粕内停，可致大便秘结不畅。舌质紫黯，或有瘀斑、瘀点，脉弦涩，为血瘀内结之象。临床具备①＋②或①＋③均可辨证为气滞血瘀型。

治法：行气活血，化瘀消积。

代表方：复元活血汤加减。

常用药：桃仁、红花、大黄活血祛瘀；当归活血补血；三棱、莪术、延胡索、郁金、水蛭活血定痛，化瘀消积；穿山甲疏通肝络；柴胡疏肝理气；甘草缓急止痛，调和诸药。可酌加或配用鳖甲煎丸或大黄䗪虫丸，以消癥化积。

若转为鼓胀之腹胀大、皮色苍黄，脉络暴露者，加甘遂、大戟、芫花攻逐水饮，或改用调营饮活血化瘀，行气利水。

3. 湿热蕴毒

临床表现：① 右胁疼痛较甚，甚至痛引肩背，右胁部结块，身黄目黄，口干口苦，渴不欲饮，或饮入即吐，心烦易怒；② 食少厌油，脘腹胀满，大便干，小便短赤；③ 舌质红，苔黄腻，脉弦滑或滑数。

证候辨析：感受湿热、湿毒之邪，或脾胃湿浊郁而化热，湿热内蕴成毒，或肝郁脾虚，湿遏热郁，湿热蕴积成毒，湿毒瘀阻胁下络脉，渐积成块。气血循行不畅，而致胁下肿块质硬，按之痛，胁胀灼痛。湿热毒邪熏灼肝胆，胁部灼痛。胆汁外溢，则身目俱黄。湿热阻滞，中焦气机不畅，胃失和降，故见恶心纳少，脘痞腹胀。热毒邪盛，灼伤津液，则可见身热，口苦口干，便结。湿热下注膀胱，而见溲赤之症。舌质红，苔黄腻，脉弦滑或滑数，为湿热毒蕴肝胆之象。临床具备①＋②或①＋③均可辨证为湿热蕴毒型。

治法：清热利胆，泻火解毒。

代表方：茵陈蒿汤加减。

常用药：茵陈、栀子、大黄清热除湿，利胆退黄；白花蛇舌草、黄芩、蒲公英清热泻火解毒。

疼痛明显者，加柴胡、香附、延胡索疏肝理气，活血止痛。

4. 肝阴亏虚

临床表现：① 胁肋部疼痛，胁下肿块，质硬拒按，五心烦热，潮热盗汗，或手足蠕动；② 头晕目眩，纳差食少，脘腹胀满，甚则呕血、便血、皮下出血，小便短赤，大便干；③ 舌红少苔，脉细而数。

证候辨析：湿热毒邪瘀阻肝络日久，致肿块膨隆，胁肋疼痛。热毒亢盛，损伤肝肾，阴津耗伤，形体失养，虚火上炎，故见羸瘦眩晕，咽干口苦，低热盗汗，五心烦热。津伤火旺，肠腑传化失司，则大便干结。膀胱气化不利，则小溲短赤。毒热内蕴，肝胆失疏，胆汁外溢，而致面目身黄。胃失和降，而致不思饮食或恶心欲吐。气血水积于腹内，故见腹大如鼓。热毒灼伤血络，故见鼻衄，牙宣及皮下出血等。舌红少苔，脉细数，为肝阴亏虚之象。临床具备①＋②或①＋③均可辨证为肝阴亏虚型。

治法：养血柔肝，凉血解毒。

代表方：一贯煎加减。

常用药：生地黄、当归、枸杞滋养肝肾阴血；沙参、麦冬滋养肺胃之阴；川楝子疏肝解郁。

出血者，加仙鹤草、白茅根、牡丹皮清热凉血止血。出现黄疸者，可合茵陈蒿汤清热利胆退黄。肝阴虚日久，累及肾阴，而见阴虚症状突出者，加生鳖甲、生龟甲、女贞子、旱莲草滋肾阴，清虚热。肾阴虚日久常可阴损及阳，而见肾之阴阳两虚，临床见形寒怯冷，腹胀大，水肿，腰膝酸软等症，可用金匮肾气丸为主方加减化裁。

若合并血证、黄疸、昏迷或转为鼓胀者，可参照有关章节辨证论治，病情危重者尚须中西医结合救治。

（四）大肠癌

1. 湿热郁毒

临床表现：① 腹部阵痛，便中带血或黏液脓血便，里急后重，或大便干稀不调，肛门灼热不爽，泻下臭秽；② 或有发热，恶心，胸闷，脘腹胀闷，纳呆，口干，渴不欲饮，小便黄等症；③ 舌质红，苔黄腻，脉滑数。

证候辨析：湿热毒邪蕴结于肠，气血阻滞，肠道升降失司，症见腹部阵痛，里急后重，大便干稀不调，肛门灼热。脉络受损，则见便中带血或黏液脓血便。湿热熏蒸于内，则有发热缠绵或身热不扬，口干。湿热内蕴，气机不畅，故胸闷，脘腹胀闷。脾胃升降失调，则可见纳呆。舌质红，苔黄腻，脉滑数，均为湿热郁毒之象。临床具备①＋②或①＋③均可辨证为湿热郁毒型。

治法：清热利湿，化瘀解毒。

代表方：槐角丸加减。

常用药：槐角、地榆、侧柏叶凉血止血；黄芩、黄连、黄柏清热燥湿，泻火解毒；荆芥、防风、枳壳疏风理气；当归尾活血祛瘀。

腹痛较著者，可加香附、郁金行气活血定痛；大便脓血黏液，泻下臭秽，为热毒炽盛，加白头翁、败酱草、马齿苋以清热解毒，散血消肿。

2. 瘀毒内阻

临床表现：① 腹部疼痛拒按，或腹内结块，里急后重，大便脓血，血色紫黯，量多，泻下臭秽；② 烦热口渴，面色晦暗，或有肌肤甲错；③ 舌质紫黯或有瘀点、瘀斑，脉涩。

证候辨析：瘀毒结于肠腑，气机阻滞，故见腹内结块，腹痛拒按，里急后重。脉络受损，则见大便脓血，或血色紫黯。病在血分，瘀毒之郁热耗伤津血，故见口干口渴。瘀毒内结，新血不生，肌肤失养，则可见面色晦暗，肌肤甲错。舌质紫黯或有瘀点、瘀斑，脉涩，为瘀毒内阻之象。临床具备①＋②或①＋③均可辨证为瘀毒内阻型。

治法：活血化瘀，清热解毒。

代表方：膈下逐瘀汤加减。

常用药：桃仁、红花、五灵脂、延胡索、牡丹皮、赤芍、当归、川芎活血通经，化瘀止痛；香附、乌药、枳壳调理气机；黄连、黄柏、败酱草清热解毒；甘草调和诸药。

3. 脾肾阳虚

临床表现：① 腹部冷痛，腹痛喜温喜按，或腹内结块，下利清谷或五更泄泻，或见大便带血；② 纳呆食少，面色苍白，疲乏少气无力，畏寒肢冷，腰酸膝冷；③ 苔薄白，舌质淡胖，有齿痕，脉沉细弱。

证候辨析：脾阳亏虚，寒凝气滞，故腹痛喜温喜按。中州阳虚，四肢百骸失于温煦，故见少气乏力，畏

笔记栏

寒肢冷。肾阳虚损,故见下利清谷,大便溏泻,面色苍白。舌质淡胖,有齿痕,脉沉细弱,均为脾肾阳虚之象。临床具备①+②或①+③均可辨证为脾肾阳虚型。

治法:温阳益精。

代表方:大补元煎加减。

常用药:人参、山药、黄芪健脾益气;熟地黄、杜仲、枸杞子、山茱萸补肾填精;肉苁蓉、巴戟天温肾助阳。

如下利清谷、腰酸膝冷之症突出,可配四神丸以温补脾肾,涩肠止泻,药用补骨脂、肉豆蔻、吴茱萸、五味子。

4. 肝肾阴虚

临床表现:① 腹部隐隐作痛,或腹内结块,大便带血,腰膝酸软,头晕,目眩,耳鸣,视物不清;② 五心烦热,口燥咽干,盗汗,遗精,月经不调,形瘦纳差,小便短赤,大便干;③ 舌红少苔,脉弦细数。

证候辨析:肝失疏泄,木不条达而横逆,气机不利,运化失司,中焦气聚似痞,故腹痛隐隐,或腹内结块。肝阴不足,上扰清窍,故见头晕耳鸣。肝阴不能上荣于目,则视物昏花。阴虚生内热,则五心烦热。虚火上炎,则口咽干燥。舌红少苔,脉弦细数,均为肝肾阴虚之象。临床具备①+②或①+③均可辨证为肝肾阴虚型。

治法:滋肾养肝。

代表方:知柏地黄丸加减。

常用药:熟地黄、山茱萸、山药、泽泻、牡丹皮、茯苓滋补肝肾;知母、黄柏清泻虚火。

便秘者,加火麻仁、郁李仁润肠通便;大便带血,加三七、茜草、仙鹤草化瘀止血;遗精,加芡实、金樱子益肾固精;月经不调者,加香附、当归理气活血调经。

(五)肾癌、膀胱癌

肾癌、膀胱癌的中医分证论治有共同之处,故合并在一起介绍。

1. 湿热蕴毒

临床表现:① 腰腹疼痛,腰腹坠胀不适,尿频,尿急,尿痛,小便灼热感,或有尿血;② 发热,消瘦,纳差,大便不爽;③ 舌质红,苔黄腻,脉濡数。

证候辨析:感受湿热、湿毒之邪,或脾胃湿浊郁而化热,湿热内蕴成毒,湿毒瘀阻下焦,渐积成块,气血运行不畅,故致腰痛、腰腹坠胀不适。热毒灼伤血络,则见尿血,湿热阻滞,中焦气机不畅,胃失和降,故见纳差。舌质红,苔黄腻,脉濡数,均为湿热蕴毒之象。临床具备①+②或①+③均可辨证为湿热蕴毒型。

治法:清热利湿,解毒通淋。

代表方:八正散或龙胆泻肝汤加减。

常用药:瞿麦、萹蓄、车前子、泽泻、芒硝清热利尿通淋;连翘、龙胆草、栀子、黄芩清热解毒利湿;当归、生地黄养血益阴;柴胡疏肝理气;甘草调和诸药。

尿血者,酌加小蓟、白茅根、仙鹤草清热凉血止血;腰痛甚者,酌加郁金、三七活血定痛。

2. 瘀血内阻

临床表现:① 腰腹疼痛,如锥如刺,甚则腰腹部肿块,面色晦暗;② 尿血,发热,入夜尤甚,肌肤甲错;③ 舌质紫黯或有瘀点、瘀斑,苔薄白,脉涩。

证候辨析:瘀血阻滞经脉,以致气血运行不畅,不通则痛,故腰部疼痛不适,甚则腰腹部肿块。瘀而发热者,则有发热感,热灼伤血络,则可见尿血。舌质紫黯或有瘀点、瘀斑,脉涩,均为瘀血内阻之象。临床具备①+②或①+③均可辨证为瘀血内阻型。

治法:活血化瘀,理气散结。

代表方:桃红四物汤加减。

常用药:桃仁、红花、川芎、当归活血化瘀;白芍、熟地黄养血生新;香附、木香、枳壳理气散结。

血尿较著者,酌减破血逐瘀的桃仁、红花,加三七、花蕊石化瘀止血;发热者,加牡丹皮、丹参清热凉血。

3. 脾肾两虚

临床表现:① 腰腹部疼痛不适,得温痛减,腹胀,尿血,腰腹部肿块;② 纳呆食少,恶心呕吐,消瘦,气

笔记栏

短倦怠乏力，小便清长，大便溏泄，畏寒肢冷，腰膝酸软；③ 舌质淡胖，有齿痕，苔薄白，脉沉细。

证候辨析：肾阳亏虚，寒凝气滞，故腰痛，便溏。四肢百骸失于温煦，故见气短乏力，畏寒肢冷。脾虚失运，新血不生，失于充养，故消瘦，纳差。舌质淡胖，有齿痕，脉沉细弱，均为脾肾两虚之象。临床具备①＋②或①＋③均可辨证为脾肾两虚型。

治法：健脾益肾，软坚散结。

代表方：大补元煎加减。

常用药：人参、山药、黄芪健脾益气；熟地黄、杜仲、枸杞子、山茱萸补肾填精；海藻、昆布软坚散结。

尿血者，酌加仙鹤草、血余炭收敛止血；畏寒肢冷、便溏者，可合附子理中汤温中健脾，药用炮附子、党参、白术、炮姜、炙甘草。

4. 阴虚内热

临床表现：① 腰痛，腰腹部肿块，五心烦热；② 口干，口渴欲饮，小便短赤，大便秘结，消瘦乏力，盗汗；③ 舌质红，苔薄黄少津，脉细数。

证候辨析：肝失疏泄，运化失司，气血运行不畅，故腰痛，或腰腹部结块，阴虚生内热，则五心烦热。虚火上炎，则口咽干燥，阴虚失于充养，故消瘦；舌质红，苔薄黄少津，脉细数，均为阴虚内热之象。临床具备①＋②或①＋③均可辨证为阴虚内热型。

治法：滋阴清热，化瘀止痛。

代表方：知柏地黄丸加减。

常用药：熟地黄、山茱萸、山药、泽泻、牡丹皮、茯苓滋补肝肾；知母、黄柏清泻虚火；延胡索、郁金活血化瘀止痛。

尿血，加三七、茜草、仙鹤草化瘀止血；便秘者，加火麻仁、郁李仁润肠通便；心悸失眠者，加酸枣仁、柏子仁、五味子养心安神；遗精，加芡实、金樱子益肾固精；月经不调者，加香附、当归理气活血调经。

【其他治法】

一、中成药

1. 金复康口服液　口服，一次 30 mL，一日 3 次，30 天为 1 个疗程。可连续使用 2 个疗程。具有益气养阴，清热解毒的功效。适用于原发性非小细胞肺癌气阴两虚证不适合手术、放疗、化疗的患者，或与化疗并用，有助提高化疗效果，改善免疫功能，减轻化疗引起的白细胞下降等副作用。

2. 艾迪注射液　成人一次 50～100 mL，加入 0.9%氯化钠注射液或 5%的葡萄糖注射液中静脉滴注，一日 1 次。适用于原发性肝癌、肺癌、肠癌、鼻咽癌等多种肿瘤的治疗。

3. 大黄䗪虫丸　一次 1 丸，一日 1～2 次。适用于气滞血瘀之肝癌。

二、饮食辅助疗法

(1) 鲜百合 30～50 g，粳米 50 g，煮熟即可，适时放入冰糖适量调匀，晨起作早餐服之。适用于气阴两虚之肺癌。

(2) 团鱼 300 g，山楂 60 g，水煮熟食，一周 2～3 次，常服。适用于肝癌。

(3) 生薏苡仁 30 g，枸杞子 15 g，加入粳米 100 g，煮粥饮服。适用于肝癌。

(4) 灵芝菌 15 g，切片后水煎服，每日 1～2 次。适用于肿瘤患者康复期服用。

【转归预后】

癌病是一种难治性疾病，目前已认识到癌病是一类全身性疾病的局部表现，任何单一手段的局部治疗，均难以彻底治愈。癌病的治疗应充分体现综合治疗，不是单靠一种治疗就可解决问题。早期的癌病，采用手术或放射治疗，同时运用中药治疗，可取得较好且肯定的疗效；中期的癌病，化学治疗优势较大，运用中医药治疗，起到减毒增效的作用；晚期的癌病，以中医治疗为主，多数患者能够改善全身症状，减轻痛苦，提高生存质量，延长生存期。影响癌病转归与预后的因素有发现早晚、肿块大小、生长部位及有无合

笔记栏

并症等。早期诊断及时治疗,有助于改善症状,一般中晚期患者则预后较差。中西医结合、中医药治疗本病,有可能达到带瘤生存的目的。

【预防调护】

1. 未病先防　癌病的病因尚未完全明了,但精血不足,脏气亏虚,气血阴阳失调,加之外邪入侵,是重要的致病因素,故保养精气,劳逸结合,养成良好的生活、饮食习惯,戒烟,保持心情愉悦,要改变和纠正不良的饮食习惯,加强必要的防护措施,对预防本病有重要的意义。

此外,加强普查工作应做到早期发现、早期诊断和早期治疗,也是防治癌病的重要手段。

2. 既病防变

(1) 树立战胜疾病的信心,积极配合治疗,起居有节,顺应四时气候的变化,调畅情志。

(2) 进食易消化而富于营养的食物(如新鲜水果和蔬菜),禁食生冷、辛辣、腌制、油炸、烧烤、熏制食物。

(3) 手术后或放化疗期间的患者,常易引起恶心、呕吐、食欲下降、腹泻等胃肠道不适症状,其脏腑阴阳均有受损,故应加强饮食的调理,增强患者体质,以起到辅助抗癌作用。

3. 愈后防复　恢复期的患者手术后、放化疗后,患者气血损伤较重,正气未复,除了进食易消化、高蛋白质及充足热量的食物外,还应调畅情志,适当功能锻炼(太极拳)等,以使气血经脉流通,促进机体康复,当长期随访。

【临证备要】

一、辨病思路

癌病的早期,大多数患者往往没有明显的不适症状,因此,定期的健康体检尤为重要。一旦发现癌病,应先深入了解相应类型的癌病性质和发展规律,并根据肿瘤的部位、大小、病理分型、病期等确立合适的治疗方案。

二、辨证思路

辨脏腑,定病位。通过脏腑辨证,明确病变所在,与其他脏腑的生克关系及传变规律。辨虚实,定攻补。通过虚实辨证,了解病体的邪正盛衰。实证宜攻,虚证宜补,虚实辨证准确,攻补方能适宜。癌病病程中始终存在正虚和邪实的矛盾。早期,肿瘤尚小,机体尚无虚象。但是肿瘤的发生、发展迅速,必然会逐步耗伤机体正气。到了中、晚期,机体已处于正虚邪实阶段。在癌病治疗中,可不拘泥于早期用攻,中期攻补兼施,晚期用补法。而根据准确的辨证对不同疾病阶段的不同体质特点,选择相应的治疗方法,灵活用药。

三、治疗注意

1. 癌病治疗中的攻补关系　本病患者就诊多属中晚期,本虚标实突出,患者局部有有形之包块,治疗时多用活血化瘀,化痰散结,理气行气之法;另一方面,多有脏腑阴阳气血之不足,故补益气血阴阳,扶正以抗邪,也实属必要。临证可根据病情采用先攻后补,或先补后攻,或攻补兼施等方法。同时,应把顾护胃气的指导思想贯穿于治疗的始终,以期调理脾胃,滋养气血生化之源,扶助正气。

2. 配合西医治疗　中医药配合手术、化疗、放疗治疗癌症,有提高疗效,或减毒增效的作用。① 癌症患者手术后,常出现一些全身症状,如发热、盗汗或自汗、纳差、神疲乏力等。中药可补气生血,使免疫功能尽快恢复,同时又有直接的抗癌作用。常以健脾益气,滋阴养血为治法,代表方如参苓白术散、八珍汤、十全大补汤、六味地黄丸等。② 癌病放化疗的患者,常出现消化障碍、骨髓抑制、机体衰弱及炎症反应等毒副反应,中医辨证分型以阴虚热毒、气血两伤、脾胃虚弱、肝肾亏虚等为常见,常用治法为清热解毒、生津润燥、补益气血、健脾和胃、滋补肝肾,代表方如黄连解毒汤、沙参麦冬汤、圣愈汤、香砂六君子汤、左归丸、右归丸等。

笔记栏

3. 关于抗癌中药的应用 经过现代药理及临床研究筛选出的一些具有抗肿瘤作用的中药,可以在辨证论治的基础上配伍使用,以期提高疗效。如清热解毒类的白花蛇舌草、半边莲、半枝莲、藤梨根、龙葵、蚤休、蒲公英、野菊花、苦参、青黛等;活血化瘀类的莪术、三棱、丹参、桃仁、穿山甲、鬼箭羽、大黄、紫草、延胡索、郁金等;化痰散结类的瓜蒌、贝母、南星、半夏、杏仁、百部、马兜铃、海蛤壳、牡蛎、海藻等;利水渗湿类的猪苓、泽泻、防己、土茯苓、瞿麦、菝葜、萆薢等。特别是虫类攻毒药的应用,其抗癌祛毒作用应予重视,如蟾皮、蜈蚣、蜂房,全蝎、土鳖虫等,可适当辨证选用。

【文献摘录】

《灵枢·五变》:"人之善病肠中积聚者,何以候之?少俞答曰:皮肤薄而不泽,肉不坚而淖泽,如此肠胃恶,恶则邪气留止,积聚乃伤。"

《难经·论五脏积病》:"肺之积名曰息贲,在右胁下,覆大如杯。久不已,令人洒淅寒热,喘咳,发肺壅。"

《丹溪心法·痰》:"凡人身上中下有块者,多是痰……痰夹瘀血,遂成窠囊。"

《杂病源流犀烛·积聚癥瘕痃癖痞源流》:"邪积胸中,阻塞气道,气不宣通,为痰为食,为血,皆得与正相搏,邪既胜,正不得而制之,遂结成形而有块。"

《医林改错·膈下逐瘀汤所治之症目》:"无论何处,皆有气血……气无形不能结块,结块者,必有形之血也。血受寒则凝结成块,血受热则煎熬成块。"

(吕书勤)

笔记栏

第十章　肢体经络疾病

导　学

本章主要介绍痹证、痉证、痿证、颤证、腰痛等肢体经络疾病的概述、病因病机、诊断、鉴别诊断、辨证论治、其他治法、转归预后、预防调护、临证备要和文献摘录等内容。

目的要求

1. 掌握痹证的定义、病因病机，与痿证的鉴别诊断、辨证要点、治疗要点及分证论治；痉证的定义、诊断要点、治疗要点及分证论治；痿证的定义、病因病机、诊断要点、辨证要点、治疗要点及分证论治；颤证的定义、辨证要点、治疗要点及分证论治；腰痛的定义及分证论治。

2. 熟悉痹证的诊断要点；痉证的病因病机及其与痫病、中风等病证的鉴别诊断；痿证与痹证、中风后遗症等有关病证的鉴别诊断；颤证的病因病机、诊断要点和鉴别诊断；腰痛的病因病机、鉴别诊断、辨证要点和治疗要点。

3. 了解痹证、痉证、痿证、颤证、腰痛等肢体经络疾病在西医学中的范围、其他治法、转归预后、预防调护。

肢体经络病证涉及范围较广，本章仅就痹证、痉证、痿证、颤证、腰痛展开讨论。而与经络肢体相关的其他病证，将在本书相关章节或有关学科中讨论。

肢体经络病证是由于外感或内伤等因素，导致机体病变，出现肢体经络相关症状，甚或肢体功能障碍、结构失常的一类疾病。肢体即四肢和外在的躯体，与经络相连，具有防御外邪，保护内在脏腑组织的作用，在生理上以通利为顺，在病理上因瘀滞或失养而为病。

经络是经脉和络脉的总称。经脉纵行人体上下，沟通脏腑表里；络脉横行经脉之间，交错分布在全身各处。《灵枢·海论》说："经脉者，内属于脏腑，外络于肢节。"揭示了经络与人体的有机联系。《灵枢·本脏》云："经脉者，可以行气血而营阴阳，濡筋骨利关节者也。"概括了经络的功能作用。经络在人体，内联五脏六腑，外络四肢百骸，是沟通内外，联系上下，运行气血，输布营养，维持机体生命活动的网络系统。经络与脏腑、骨骼、筋脉、肌表等有机相连，既是躯体各部的联络系统，运行气血的循环系统，主束骨而利关节的运动系统，又是疾病传变的反应系统，抗御外邪的防卫系统。在病理状态下，经络受邪，痹阻不通；脏腑戕伤，脉络受病，均可导致疾病的发生。

第一节　痹　　证

【概述】

一、定义

痹证(impediment syndrome)是由于风、寒、湿、热等邪气闭阻经络，影响气血运行，导致肢体筋骨、关节、肌肉等处发生疼痛、重着、酸楚、麻木，或关节屈伸不利、僵硬、肿大、变形等症状的一种疾病。轻者病在四肢关节肌肉，重者可内舍于脏。

笔记栏

二、源流

中医文献中有关痹证的论述相当丰富。《内经》不仅提出了痹之病名，而且对其病因病机、证候分类，以及转归、预后等均做了较详细的论述。如《素问·痹论》指出:“风、寒、湿三气杂至,合而为痹。其风气胜者为行痹,寒气胜者为痛痹,湿气胜者为着痹也。”《素问·四时刺逆从论》云:“厥阴有余病阴痹,不足病生热痹。”因感邪季节、患病部位及临床症状的不同,《内经》又有五痹之分。《素问·痹论》曰:“以冬遇此者为骨痹,以春遇此者为筋痹,以夏遇此者为脉痹,以至阴遇此者为肌痹,以秋遇此者为皮痹。”《素问·痹论》还以整体观阐述了痹与五脏的关系:“五脏皆有合,病久而不去者,内舍于其合也。故骨痹不已,复感于邪,内舍于肾。筋痹不已,复感于邪,内舍于肝。脉痹不已,复感于邪,内舍于心。肌痹不已,复感于邪,内舍于脾。皮痹不已,复感于邪,内舍于肺。”并在预后方面指出:“其入脏者死,其留连筋骨者痛久,其留连皮肤者易已。”

汉代,张仲景《金匮要略》有湿痹、血痹、历节之名,其中历节病的特点是遍历关节疼痛,所创桂枝芍药知母汤、乌头汤等方,至今仍为临床常用。

隋代,巢元方《诸病源候论》有“历节风”之名称;唐代,王焘《外台秘要》述其症状痛如虎咬,昼轻夜重,而称“白虎病”;宋代,严用和《济生方》则称“白虎历节”;金元时期,朱震亨《格致余论》又称“痛风”;明代,王肯堂《证治准绳》对膝关节肿大者称为“鹤膝风”,手指关节肿大者称为“鼓槌风”;李中梓《医宗必读·痹》阐明“治风先治血,血行风自灭”的治则;清代,叶桂对痹久不愈,邪入于络,用活血化瘀法治疗,并重用虫类药剔络搜风,对临床均有较大指导意义。

三、范围

本病的临床表现多与西医学的结缔组织病、骨与关节等疾病相关,常见疾病如急性风湿热、类风湿关节炎、反应性关节炎、肌纤维炎、强直性脊柱炎、痛风、增生性骨关节炎等出现痹证的临床表现时,均可参考本节内容辨证论治。

【病因病机】

痹证的发生与体质因素、气候条件、生活环境及饮食等有密切关系。正虚卫外不固是痹证发生的内在基础,感受外邪是痹证发生的外在条件。邪气痹阻经脉为其病机根本,病变多累及肢体筋骨、肌肉、关节,甚则影响脏腑(图 10－1)。

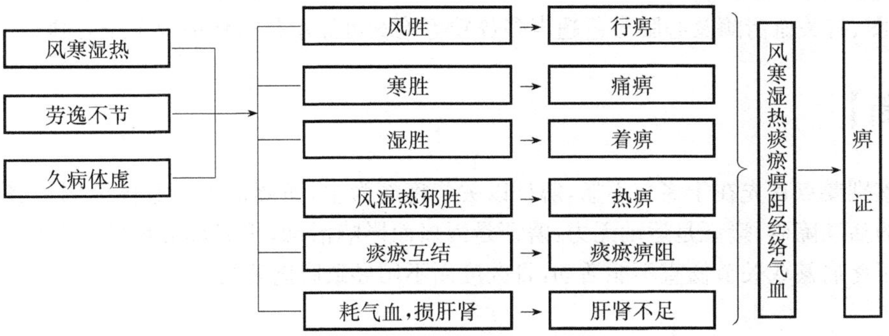

图 10－1　痹证病因病机示意图

1. 感受风寒湿邪,痹阻经脉　久居潮湿之地、严寒冻伤、贪凉露宿、睡卧当风、暴雨浇淋、水中作业或汗出入水等,外邪注于肌腠经络,滞留于关节筋骨,导致气血痹阻而发为风寒湿痹。由于感受风寒湿邪各有所偏盛,而有行痹、痛痹、着痹之别。

2. 感受风湿热邪,痹阻经脉　久居炎热潮湿之地,外感风湿热邪,袭于肌腠,壅于经络,痹阻气血经脉,滞留于关节筋骨,发为风湿热痹。

3. 劳逸不节,外邪侵袭　劳欲过度,将息失宜,精气亏损,卫外不固;或激烈活动后体力下降,防御功能降低,汗出肌疏,外邪乘袭。

4. 久病体虚,邪乘虚而入　年老体虚,肝肾不足,肢体筋脉失养;或病后气血不足,腠理空疏,外邪乘虚而入。如《济生方·痹》所云:“皆因体虚,腠理空疏,受风寒湿气而成痹也”。

此外,恣食甘肥厚腻或酒热海腥发物,导致脾运失健,湿热痰浊内生;或跌仆外伤,损及肢体筋脉,气

笔记栏

血经脉痹阻，亦与痹证发生有关。

风、寒、湿、热、痰、瘀等邪气滞留肢体筋脉、关节、肌肉，经脉闭阻，不通则痛，是痹证的基本病机。外邪侵袭机体，又可因人的禀赋素质不同而有寒热转化。素体阳气偏盛，内有蓄热者，感受风寒湿邪，易从阳化热，而成为风湿热痹。阳气虚衰者，寒自内生，复感风寒湿邪，多从阴化寒，而成为风寒湿痹。

病初以邪实为主，邪在经脉，累及筋骨、肌肉、关节。邪痹经脉，络道阻滞，影响气血津液运行输布，血滞而为瘀，津停为痰，痰浊瘀血在疾病的发展过程中起着重要作用。痹证日久，耗伤气血，损及肝肾，病理性质虚实相兼；部分患者肝肾气血虚损较甚，筋骨肌肉疼痛酸楚症状较轻，呈现以正虚为主的虚痹。此外，风寒湿热之邪也可由经络内舍脏腑，出现相应的脏腑病变。因此，痹证日久，容易出现下述三种病理变化：一是风寒湿痹或热痹日久不愈，气血运行不畅日甚，瘀血痰浊阻痹经络，出现皮肤瘀斑、关节周围结节、关节肿大畸形、屈伸不利等症；二是病久正气耗伤，呈现不同程度的气血亏损或肝肾不足之证；三是痹证日久不愈，病邪由经络累及脏腑，出现脏腑痹的证候。其中以心痹较为多见。《素问·痹论》："心痹者，脉不通，烦则心下鼓，暴上气而喘。"临床常见心烦、惊悸，动则喘促，甚则下肢水肿，不能平卧等症状。

【诊断】

诊断要点

(1) 临床表现为肢体关节、肌肉疼痛，屈伸不利，或疼痛游走不定，甚则关节剧痛、肿大、强硬、变形。

(2) 发病及病情的轻重常与劳累以及季节、气候的寒冷、潮湿等天气变化有关，某些痹证的发生和加重可与饮食不当有关。

(3) 本病可发生于任何年龄，但不同年龄的发病与疾病的类型有一定的关系。

(4) 相关检查

1) 病变相关部位的骨关节 X 线和 CT 等影像学检查常有助于本病的诊断和了解骨关节疾病的病变部位与损伤程度。

2) 实验室检查如抗溶血性链球菌"O"、红细胞沉降率、C 反应蛋白、血清免疫球蛋白、类风湿因子、血清抗核抗体、血清蛋白电泳、血尿酸盐及关节镜等检查，有助于西医学相关疾病的诊断与鉴别诊断。

3) 心电图、有关血清酶及心脏彩色超声多普勒等检查可提示是否痹证内舍于心肺。

【鉴别诊断】

痿证　鉴别要点首先在于痛与不痛，痹证以关节疼痛为主，而痿证则为肢体力弱，无疼痛症状；其次要观察肢体的活动障碍，痿证是运动无力，痹证是因痛而影响活动；再者部分痿证病初即有肌肉萎缩，而痹证则是由于疼痛甚或关节僵直不能活动，日久废而不用导致肌肉萎缩。

【辨证论治】

一、辨证要点

1. 辨病邪偏盛　临床痹痛游走不定者为行痹，属风邪盛；病势较甚，痛有定处，遇寒加重者为痛痹，属寒邪盛；关节酸痛、重着、漫肿者为着痹，属湿邪盛；关节肿痛，肌肤焮红，灼热疼痛为热痹，属热邪盛。关节疼痛日久，肿痛局限，或见皮下结节者为痰；关节肿胀，僵硬，疼痛不移，肌肤紫黯或瘀斑等为瘀。

2. 辨别虚实　一般说来，痹证新发，风、寒、湿、热、痰、瘀之邪明显者为实；痹证日久，耗伤气血，损及脏腑，肝肾不足为虚；病程缠绵，日久不愈，常为痰瘀互结，肝肾亏虚之虚实夹杂证。

笔记栏

二、治疗要点

1. 治疗原则　其治疗应以祛邪通络为基本原则，根据邪气的偏盛，分别予以祛风、散寒、除湿、清热、化痰、行瘀，兼顾“宣痹通络”。

痹证的治疗，还宜重视养血活血，即所谓“治风先治血，血行风自灭”；治寒宜结合温阳补火，即所谓“阳气并则阴凝散”；治湿宜结合健脾益气，即所谓“脾旺能胜湿，气足无顽麻”。久痹正虚者，应重视扶正，补肝肾，益气血是常用之法。

2. 发作期与缓解期异治　发作期以祛邪为主，常用祛风、散寒、除湿、清热、化痰、行瘀等法；缓解期，须重视养血活血，结合温阳补火、健脾益气、滋补肝肾等法。

三、分证论治

（一）风寒湿痹

1. 行痹

临床表现：① 肢体关节、肌肉疼痛酸楚，屈伸不利，活动受限，可涉及肢体多个关节，疼痛呈游走性；② 初起可见有恶风、发热等表证；③ 舌苔薄白，脉浮或缓。

证候辨析：关节疼痛，屈伸不利为风寒湿痹的共同症状，由于风寒湿邪侵袭人体，留滞经络，气血运行不畅，不通则痛；风邪偏盛，风性善行而数变，故疼痛游走不定，涉及肢体多个关节。外邪束表，营卫失和，故见恶风、发热。苔白，脉浮，为风邪外侵之象。临床具备①＋②或①＋③均可辨为行痹。

治法：祛风通络，散寒除湿。

代表方：防风汤加减。

常用药：防风、麻黄、桂枝、葛根祛风散寒，解肌通络止痛；当归养血活血通络；茯苓、生姜、大枣、甘草健脾渗湿，调和营卫。

若以肩肘等上肢关节为主者，可加羌活、白芷、桑枝、威灵仙、姜黄、川芎祛风通络止痛；若以膝、踝等下肢关节为主者，酌加独活、牛膝、防己、萆薢等祛湿止痛；以腰背酸痛为主者，多与肾气虚有关，酌加杜仲、桑寄生、淫羊藿、巴戟天、续断等补肾壮腰；若见关节肿大，苔薄黄，邪有化热之象者，宜寒热并用，投桂枝芍药知母汤加减。

2. 痛痹

临床表现：① 肢体关节疼痛，痛势较剧，部位固定，遇寒则痛甚，得热则痛缓；② 关节屈伸不利，局部皮肤或有寒冷感，时有肌肉酸楚疼痛；③ 舌质淡，舌苔薄白，脉弦紧。

证候辨析：风寒湿邪闭阻经络，而以寒邪偏盛，寒主收引，其性凝滞，气血痹阻不通，故痛处固定，疼痛较剧。得热则气血温通，故其痛缓；遇寒则血愈凝涩，故痛甚。舌苔薄白亦属寒，脉弦紧为属寒属痛之象。临床具备①＋②或①＋③均可辨为痛痹。

治法：散寒通络，祛风除湿。

代表方：乌头汤加减。

常用药：制川乌、麻黄温经散寒，通络止痛；芍药、甘草、蜂蜜缓急止痛；黄芪益气固表，利血通痹。

若寒湿甚者，制川乌可改用生川乌或生草乌；关节发凉，疼痛剧烈，遇冷更甚，加附子、细辛、桂枝、干姜温经散寒，通脉止痛。

3. 着痹

临床表现：① 肢体关节、肌肉酸楚、重着、疼痛，肿胀散漫；② 关节活动不利，肌肤麻木不仁；③ 舌质淡，舌苔白腻，脉濡缓。

证候辨析：感受风寒湿邪而以湿邪偏盛，因湿性重浊黏腻，湿注经络，故见肢体关节、肌肉酸楚、重着、疼痛、肿胀散漫等症。湿留肌肉，阻滞关节，营血运行不畅，故见关节活动不利，肌肤麻木不仁。舌苔白腻，脉濡缓，为湿邪偏盛之象。临床具备①＋②或①＋③均可辨为着痹。

治法：除湿通络，祛风散寒。

代表方：薏苡仁汤加减。

常用药：薏苡仁、苍术、甘草益气健脾除湿；羌活、独活、防风祛风除湿；麻黄、桂枝、制川乌温经散寒，祛湿止痛；当归、川芎养血活血通脉。

若关节肿胀甚者，加萆薢、五加皮以利水通络；若肌肤麻木不仁，加海桐皮、豨莶草以祛风通络；若小便不利、浮肿，加茯苓、泽泻、车前子以利水祛湿；若痰湿盛者，加半夏、胆南星。

久痹风寒湿偏盛不明显者，可选用蠲痹汤作为治疗风寒湿痹基本方剂，该方具有益气和营，祛风胜

笔记栏

湿,通络止痛之功效,临证可根据感受外邪偏盛情况随证加减。

(二) 风湿热痹

临床表现:① 游走性关节疼痛,可涉及一个或多个关节,活动不便,局部灼热红肿,痛不可触,得冷则舒,可有皮下结节或红斑;② 常伴有发热、恶风、汗出、口渴、烦躁不安等全身症状;③ 舌质红,舌苔黄或黄腻,脉滑数或浮数。

证候辨析:感受风湿热邪或风寒湿邪郁而化热,壅于经络、关节,气血郁滞不通,则肢体关节疼痛。湿热壅盛,热为阳邪,故局部灼热红肿,痛不可触,得冷则舒。热迫血行,则可见皮肤出现红斑。痰瘀互结,则可见皮下结节。热盛伤津,故致发热、恶风、汗出、口渴、烦躁不安等。舌苔黄或黄腻,脉滑数,均为湿热之象。临床具备①+②或①+③均可辨为风湿热痹。

治法:清热通络,祛风除湿。

代表方:白虎加桂枝汤合宣痹汤加减。

常用药:生石膏、知母、黄柏、连翘清热除烦;桂枝疏风解肌通络;防己、杏仁、薏苡仁、滑石、赤小豆、蚕沙清利湿热,通络宣痹。

若皮肤有红斑者,加牡丹皮、赤芍、生地黄、紫草以清热凉血,活血化瘀;发热、恶风、咽痛者,加荆芥、薄荷、牛蒡子、桔梗疏风清热,解毒利咽;热盛伤阴,症见口渴心烦者,加元参、麦冬、生地黄以清热滋阴生津;如热毒炽盛,化火伤津,深入骨节,而见关节红肿,触之灼热,疼痛剧烈如刀割,筋脉拘急抽挛,入夜尤甚,壮热烦渴,舌红少津,脉弦数,宜清热解毒,凉血止痛,可选用五味消毒饮合犀黄丸。

(三) 痰瘀痹阻

临床表现:① 关节肿大、僵硬、变形、刺痛;② 关节肌肤紫黯、肿胀,按之较硬,肢体顽麻或重着,屈伸不利,或有硬结、瘀斑,面色黯黧,眼睑浮肿,或胸闷痰多;③ 舌质紫黯或有瘀斑,舌苔白腻,脉弦涩。

证候辨析:各种痹证迁延不愈,正虚邪恋,瘀阻于络,津凝为痰,痰瘀痹阻经络、关节、肌肉,出现关节肿大、僵硬、变形、刺痛,关节肌肤紫黯、肿胀,按之较硬,屈伸不利,或有硬结、瘀斑。痰浊瘀血阻滞,经脉肌肤失去气血荣养,故肢体顽麻或重着。舌质紫黯或有瘀斑,舌苔白腻,脉弦涩等,为痰阻血瘀之象。临床具备①+②或①+③均可辨为痰瘀痹阻型。

治法:化痰行瘀,蠲痹通络。

代表方:双合汤加减。

常用药:桃仁、红花、当归、川芎、白芍活血化瘀,通络止痛;茯苓、半夏、陈皮、白芥子、竹沥、姜汁健脾化痰。

痰浊滞留,皮下有结节者,加胆南星、天竺黄;瘀血明显,关节疼痛、肿大、强直、畸形,活动不利,舌质紫黯,脉涩,可加莪术、三七、土鳖虫;痰瘀交结,疼痛不已者,加穿山甲、白花蛇、全蝎、蜈蚣、地龙搜剔络道;有痰瘀化热之象者,加黄柏、牡丹皮。

(四) 肝肾两虚

临床表现:① 痹证日久不愈,关节屈伸不利,肌肉瘦削,腰膝酸软;② 畏寒肢冷,阳痿,遗精,或骨蒸劳热,心烦口干;③ 舌质淡红,舌苔薄白或少津,脉沉细弱或细数。

证候辨析:痹证日久,除风寒湿邪闭阻经络关节的症状外,还常出现肝肾不足,气血亏虚,筋脉失于濡养、温煦,故见到肌肉瘦削,关节屈伸不利。腰为肾之府,肝肾不足,故腰膝酸软。偏阳虚者,故畏寒肢冷,阳痿,遗精。偏于阴虚者,故骨蒸劳热,心烦口干。舌质淡红,舌苔薄白或少津,脉沉细弱或细数,为肾阴阳虚之象。临床具备①+②或①+③均可辨为肝肾两虚型。

治法:补益肝肾,舒筋止痛。

代表方:独活寄生汤加减。

常用药:独活、防风、秦艽、细辛、肉桂祛风除湿,散寒止痛;人参、茯苓、甘草、当归、地黄、芍药补益气血;杜仲、牛膝、桑寄生补养肝肾。

笔记栏

肾气虚,腰膝酸软乏力较著者,加鹿角霜、续断、狗脊;阳虚,畏寒肢冷,关节疼痛拘急者,加附子、干姜、巴戟天或合用阳和汤加减;肝肾阴亏,腰膝疼痛,低热心烦,或午后潮热者,加龟甲、熟地黄、女贞子或合用河车大造丸加减;痹久内舍于心,心悸,短气,动则尤甚,面色少华,舌质淡,脉虚数或结代,可用炙甘草汤加减。

【其他治法】

一、中成药

1. 大活络丸　口服，一次 1 丸，一日 2 次。具有祛风活络，除湿止痛的功效。适用于风寒湿痹，肢体疼痛，麻木拘挛。

2. 尪痹颗粒(片)　口服，一次 6 g，一日 3 次。具有补肝肾，强筋骨，祛风湿，通经络的功效。适用于久痹体虚，关节疼痛，局部肿大，僵硬畸形，屈伸不利及类风湿关节炎见有上述证候者。

3. 独活寄生丸　口服，一次 9 g，一日 2 次，温开水加黄酒少许空腹冲服。具有祛风湿，散寒邪，养肝肾，补气血，止痹痛的功效。适用于肝肾两虚之风湿久痹，腰膝冷痛，关节不利等症。现代多用于关节痛、类风湿关节炎、坐骨神经痛、腰椎骨质增生、腰肌劳损等。

二、针灸

以病痛局部穴为主，主穴阿是穴，配穴行痹加膈俞、血海；痛痹加肾俞、腰阳关；着痹加阴陵泉、足三里；热痹加大椎、曲池；另可根据部位循经配穴。用泻法或平补平泻法。寒痹、湿痹可加灸法。局部穴位可加拔罐法。

三、验方

独活乌豆汤　即用独活 9～12 g，乌豆 60 g，放入 1 000 mL 水中，文火煎至 500 mL，去渣取汁，兑入米酒少量，每日 2 次温服。适用于风寒湿痹，腰膝疼痛，关节拘挛。

【转归预后】

痹证因患者体质不同，感受病邪的性质有别，发病轻重不同，治疗调摄是否得当，其转归预后都不同。一般而言，只要治疗及时得当，预后良好；若延误治疗，风寒湿痹、风湿热痹可迁延日久，损及肝肾，耗伤气血，使正虚邪恋，本虚标实，病更难疗。若复感于邪，则邪气内舍，可转为五脏痹，多预后不良。

【预防调护】

(1) 本病发生多与气候和生活环境有关，平素应注意防风、防寒、防潮，避居暑湿之地。特别是居住寒冷地区或气候骤变季节，应注意保暖，免受风寒湿邪侵袭。劳作运动汗出肌疏之时，切勿当风贪凉，乘热浴冷，内衣汗湿应及时更换，垫褥、被子应勤洗勤晒，居住和作业地方保持清洁和干燥。

(2) 平时应注意生活调摄，加强体育锻炼，增强体质，有助于提高机体对病邪的抵御能力。

(3) 痹证初发，应积极治疗，防止病邪传变。病邪入脏，病情较重者应卧床休息。行走不便者，应防止跌仆，以免发生骨折。长期卧床者，既要保持患者肢体的功能位，有利于关节功能恢复，还要经常变换体位，防止褥疮发生。

(4) 久病患者，往往情绪低落，容易产生焦虑心理和消化功能低下，因此，保持患者乐观心境和摄入富于营养、易于消化的饮食，有利于疾病的康复。

【临证备要】

一、辨病思路

痹证常见于西医学中的急性风湿热、类风湿关节炎、强直性脊柱炎、骨关节炎、痛风、坐骨神经痛、肌纤维织炎等疾病。

1. 急性风湿热　风湿热是一种由咽喉部感染 A 组乙型溶血性链球菌后反复发作的急性或慢性的全

笔记栏

身结缔组织炎症，主要累及关节、心脏、皮肤和皮下组织，偶可累及中枢神经系统、血管、浆膜及肺、肾等内脏。临床表现以关节炎和心肌炎为主，可伴有发热、皮疹、皮下结节等。本病发作呈自限性，急性风湿热发作时通常以关节炎较为明显，急性发作后常遗留轻重不等的心脏损害，尤其以瓣膜病变最为显著，形成慢性风湿性心脏病或风湿性瓣膜病。

2. 类风湿关节炎　是一种病因未明的慢性全身性自身免疫炎性疾病，以慢性、对称性、多滑膜关节炎和关节外病变为主要临床表现，该病好发于手、腕、足等小关节，反复发作，呈对称分布。早期有关节红肿热痛和功能障碍，晚期关节可出现不同程度的僵硬畸形，并伴有骨和骨骼肌的萎缩，极易致残。其表现除关节病变外，还有可累及心、肺、眼等。

3. 强直性脊柱炎　是一种慢性进行性疾病，主要侵犯骶髂关节、脊柱骨突、脊柱旁软组织及外周关节，并可伴发关节外表现。严重者可发生脊柱畸形和关节强直。

4. 骨关节炎　也称骨质增生或退行性骨关节病，多见于膝、髋、腰、颈、手等关节部位，是中老年人常见的多发难治性风湿骨关节类疾病，其发病机制目前仍不十分清楚，是多种致病因素引起以关节软骨破坏、软骨下骨和滑膜反应为特征的慢性疾病。临床以关节疼痛、肿胀、僵硬、活动时摩擦音及活动受限，甚至关节畸形为特征。

5. 痛风　是指嘌呤代谢紊乱引起的尿酸过高并沉积于关节、软组织、骨骼、肾脏等处所致的疾病。临床多见下肢足趾关节红肿疼痛，常在夜间发作，久病可有关节畸形。

二、辨证思路

临床风邪偏盛，痹痛游走不定者为行痹；寒邪盛，病势较甚，痛有定处，遇寒加重者为痛痹；湿邪盛，关节酸痛、重着、漫肿者为着痹；热邪盛，关节肿痛，肌肤焮红，灼热疼痛为热痹；关节疼痛日久，肿痛局限，或见皮下结节者为痰。关节肿胀，僵硬，疼痛不移，肌肤紫黯或瘀斑等为瘀，属痰瘀痹阻；痹证日久，耗伤气血，损及脏腑，属肝肾不足。

三、治疗注意

1. 止痛药物应用　肢体关节疼痛是痹证的一个突出症状，其病机为经脉闭阻不通或筋脉失养，即所谓“不通则痛”和“不荣则痛”。临证当根据“标本虚实兼治”原则，在辨证用药的基础上，有针对性地选用具有止痛作用的药物，有助于提高临床疗效。

① 祛风散寒止痛：常用药物如羌活、独活、白芷、威灵仙、秦艽、细辛、川椒、桂枝等，祛风药物能发汗祛湿，多为辛温香燥之品，易伤阴耗血，用药当中病即止，阴血不足者当慎用或禁用。② 清热消肿止痛：常用药物如金银花、连翘、黄柏、牡丹皮、土茯苓、薏苡仁、泽泻、萆薢、木防己等，此类药物多苦寒，有伤阳败胃之弊，脾胃虚寒者当慎用。③ 活血化瘀止痛：常用药物如丹参、红花、赤芍、三七、川芎、三棱、莪术、桃仁、水蛭等，此类药物易耗血动血，有出血倾向者当慎用。④ 补虚止痛：常用药物如鸡血藤、当归、熟地黄、丹参、芍药、甘草等，此类药物多属甘味滋补之品，有腻滞脾胃，妨碍脾胃运化之弊，对正虚有邪者，也当慎用。⑤ 搜风止痛：常用药物如全蝎、蜈蚣、地龙、水蛭、穿山甲、白花蛇、乌梢蛇、露蜂房等，这些药物多偏辛温，作用较猛，也有一定毒性，故用量不可太大，不宜久服，中病即止，其中全蝎、蜈蚣两味可焙干研末吞服，既可减少药物用量，又能提高临床疗效。

2. 辨病位用药　辨病位用药是根据痹证的病位不同，在辨证的基础上有针对性地使用药物，以提高疗效。

痹在上肢可选用片姜黄、羌活、桂枝；下肢疼痛者可选用独活、川牛膝、木瓜；痹证累及颈椎，出现颈部僵硬不适，疼痛，左右前后活动受限者，可选用葛根、伸筋草、桂枝、羌活。痹证腰部疼痛、僵硬，弯腰活动受限者，可选用桑寄生、杜仲、巴戟天、淫羊藿；痹证两膝关节肿胀，或有积液者，可用土茯苓、车前子、薏苡仁、猫爪草以清热利湿，消肿止痛；痹证四肢小关节疼痛、肿胀、灼热者，可选用土贝母、猫眼草、蜂房、威灵仙以解毒散结，消肿止痛。

笔记栏

3. 有毒中药的应用　在痹证的治疗中，风寒湿痹疼痛剧烈者，常用附子、川乌、草乌等祛风除湿，温经止痛的药物。此类药物生用毒性大，一般需经炮制，内服常用量为 5～12 g，用量宜从小剂量开始递增，适量为度，不可久服。应用时可文火久煎，或与甘草同煎，有缓解毒性作用。服药后出现唇舌发麻、头晕、心悸、恶心、脉迟等中毒反应，即应停服，并用绿豆甘草汤频饮，无效或危重者，按药物中毒急救处理。

雷公藤苦寒，有大毒，有祛风除湿，舒筋活血功效。近年用于类风湿关节炎、系统性红斑狼疮、强直性脊柱炎等疾病收到良好效果。本品有大毒，内服宜慎，常用 10～25 g，并去皮根心，先煎 1 小时。雷公藤提取物临床效果亦佳。副作用主要是胃肠道反应、肝损害、白细胞及血小板减少、头昏、心悸、心律不齐、女子闭经等，应注意观察。副作用明显时，应停用并对症处理。

马前子苦寒，有大毒，功能强筋通络，消肿止痛。临床多用于风湿痹痛，肢体瘫痪。炮制后入丸散，内服 0.2～0.6 g，大剂量 0.9 g。本品有大毒，不宜多服、久服。中毒反应为头昏头痛、烦躁不安、颈项强硬、角弓反张，甚则昏迷死亡，故应慎用。

【文献摘录】

《素问·长刺节论》："病在筋，筋挛节痛，不可以行，名曰筋痹……病在肌肤，肌肤尽名曰肌痹……病在骨，骨重不可举，骨髓酸痛，寒气至，名曰骨痹。"

《医宗必读·痹》："治外者，散邪为急，治脏者，养正为先。治行痹者，散风为主，御寒利湿仍不可废，大抵参以补血之剂，盖治风先治血，血行风自灭也。治痛痹者，散寒为主，疏风燥湿仍不可缺，大抵参以补火之剂，非大辛大温，不能释其凝寒之害也。治着痹者，利湿为主，祛风解寒亦不可缺，大抵参以补脾补气之剂，盖土强可以胜湿，而气足自无顽麻也。"

《类证治裁·痹证》："诸痹……良由营卫先虚，腠理不密，风寒湿乘虚内袭。正气为邪不能宣行，因而留滞，气血凝涩，久而成痹。"

（董秋梅　张志芳）

第二节　痉　　证

【概述】

一、定义

痉证(convulsive disease)是以项背强直，四肢抽搐，甚至口噤、角弓反张为主要临床表现的一种病证，古亦称为"痓"。

二、源流

《内经》对痉证的病因以外邪立论为主。如《素问·至真要大论》认为："诸痉项强，皆属于湿"，"诸暴强直，皆属于风"。《灵枢·经筋》也说："经筋之病，寒则反折筋急"。《素问·骨空论》又说："督脉为病，脊强反折"。《素问·气厥论》载有"柔痓"之病名，由"肺移热于肾，传为柔痓"。

《金匮要略》在继承《内经》理论的基础上，明确了外感表实无汗为刚痉，表虚有汗为柔痉，并认为表证过汗、风寒误下、疮家误汗，以及产后血虚、汗出中风等误治、失治也可以致痉，其有关伤亡津液而致痉的认识，不仅是对《内经》理论的发挥，同时也丰富了对内伤致痉的认识。

隋代，巢元方《诸病源候论·风痉候》描述痉证的症状为"口噤不开，背强而直，如发痫状"。金元时期，朱震亨《医学明理·痉门论》指出："方书皆谓感受风湿而致，多用风药，予细详之，恐仍未备，当作气血内虚，外物干之所致"，认为痉证也可由于气血亏虚所致，切不可作风治而专用"风药"。

明代，张介宾《景岳全书·痉证》说："凡属阴虚血少之辈，不能养营筋脉，以致抽挛僵仆者，皆是此证。如中风之有此者，必以年力衰残，阴之败也；产妇之有此者，必以去血过多，冲任竭也；疮家之有此者，必以血随脓出，营气涸也……凡此之类，总属阴虚之证"，强调阴虚精血亏损致痉。

随着温病学说的发展，清代对痉证的认识日趋完善。华岫云在《临证指南医案·肝风》按语中，首先阐述了痉证和肝脏的关系，认为："肝为风木之脏，因有相火内寄，体阴用阳，其性刚，主动主升……倘精液有亏，肝阴不足，血燥生热，热则风阳上升，窍络阻塞，头目不清，眩晕跌仆，甚则瘛疭厥矣。"吴瑭则进一步

笔记栏

将痉证概括为虚、实、寒、热四大纲领,他在《温病条辨·痉有寒热虚实四大纲论》中说:“六淫致病,实证也;产后亡血,病久致痉,风家误下,温病误汗,疮家发汗者,虚痉也。风寒、风湿致痉者,寒证也;风温、风热、风暑、燥火致痉者,热痉也。”王清任《医林改错》提出了气虚血瘀可以致痉。

中医学里尚有“瘛疭”一证,瘛,即抽搐。清代,张璐《张氏医通·瘛疭》说:“瘛者,筋脉拘急也;疭者,筋脉弛纵也,俗谓之抽。”吴瑭《温病条辨·痉病瘛疭总论》中又说:“痉者,强直之谓,后人所谓角弓反张,古人所谓痉也。瘛者,蠕动引缩之谓,后人所谓抽掣、搐搦,古人所谓瘛也”,可见瘛疭既可为痉证的症状之一,也可单独出现而为病。

三、范围

痉证可见于西医学中各种原因引起的热性惊厥及某些中枢神经系统病变,如流行性脑脊髓膜炎、流行性乙型脑炎、中毒性脑病、脑脓肿、脑寄生虫病、脑血管病等疾病,符合本病临床特征者均可参照本篇辨证论治。

【病因病机】

痉证的病因病机,归纳起来可分为外感和内伤两个方面。外感由于感受风、寒、湿、热之邪,壅阻经络,气血不畅,或热盛动风而致痉。内伤是肝肾阴虚,肝阳上亢,亢阳化风而致痉,或阴虚血少,筋脉失养,虚风内动而致痉(图 10-2)。

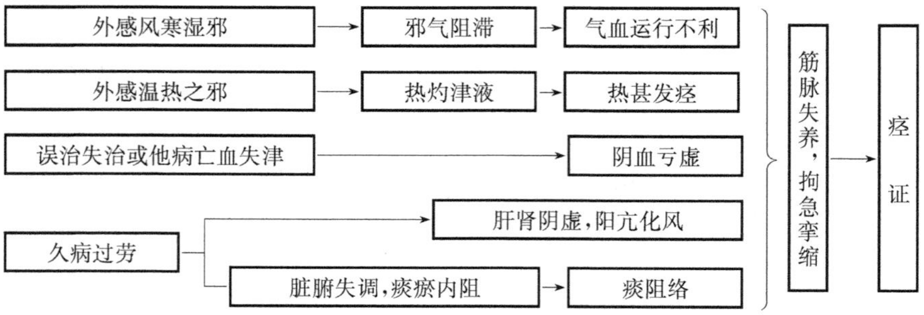

图 10-2　痉证病因病机示意图

1. 外感风寒湿邪,邪壅阻脉络　外感风、寒、湿邪,邪壅阻脉络,气血运行不利,筋脉失养,拘挛抽搐而成痉。

2. 火热之邪灼伤筋脉　外感温热之邪,或寒邪郁而化热,邪热消灼津液,筋脉失于濡养;或热病邪入营血,引动肝风,扰乱神明,而发为痉证。

3. 误治失治或他病亡血失津　误用或过用汗、吐、下法,如表证过汗及产后失血、风寒误下、疮家误汗等,导致阴精耗散;汗证、血证、体虚等病证失治,伤精损液,导致津伤液脱,亡血失精,筋脉失养,均可致痉证发生。

4. 久病瘀血内阻,闭阻络脉　久病不愈,气血耗伤,血行不畅,瘀血内阻,筋脉失于濡养;久病脏腑功能失调,或肺脾虚功能失调,津液失于输布而聚而为痰,痰浊瘀血阻滞经脉,筋脉失养而致痉。

痉证病在筋脉,属肝所主,筋脉有约束联系和保护骨节肌肉的作用,其依赖肝血的濡养而保持刚柔相兼之性。病变脏腑除肝之外,尚与心、脾、胃、肾等脏腑密切相关。如热陷心包,逆乱神明,或脾失健运,痰浊阻滞,或胃热腑实,阴津耗伤,或肾精不足,阴血亏虚等,均与痉证发生有关。

痉证的病理变化主要在于阴虚血少,筋脉失养。病理性质有虚实两方面,虚为脏腑虚损,阴阳、气血、津液不足,实者为邪气盛。外感风、寒、湿、热致痉者,病理性质以实为主。内伤久病、误治失治所致者病理性质以虚为主。邪气往往伤正,常呈虚实夹杂。如热盛伤津,经脉失养,瘀血痰浊,阻滞经脉。

【诊断】

笔记栏

诊断要点

(1) 多突然起病,以项背强急,四肢抽搐,甚至角弓反张为其证候特征。

(2) 部分危重患者可有神昏谵语等意识障碍。

(3) 发病前多有外感或内伤等病史。

(4) 相关检查

1) 血常规、细菌学检查,可明确感染的性质。

2) 进行脑部CT、MRI等影像学检查及肝肾功能等检查,有助于内科疾病和神经系统疾病的鉴别诊断。

3) 进行脑部影像学检查和脑脊液检查,有助于明确神经系统疾病的病变部位与病变性质。

【鉴别诊断】

1. 痫证　痫证是一种发作性的神志异常的疾病,其大发作的特点为突然仆倒,昏不知人,口吐涎沫,两目上视,四肢抽搐,或口中如作猪羊声,大多发作片刻即自行苏醒,醒后如常人。

2. 厥证　厥证是由于阴阳失调,气机逆乱,以致突然昏倒、不省人事、四肢逆冷为主要表现的一种病证。以四肢逆冷,无项背强急、四肢抽搐等表现为其鉴别要点。

3. 中风　中风以突然昏仆,不省人事,或不经昏仆,而表现为半身不遂、口舌歪斜为主要特点。痉证以项背强急、四肢抽搐、无偏瘫症状为临床特点,有助于两者鉴别。

4. 颤证　颤证是一种慢性疾病过程,以头颈、手足不自主颤动、振摇为主要症状,手足颤抖动作幅度小,频率较快,多呈持续性,无发热、神昏等症状。

5. 破伤风　破伤风古称"金疮痉",现属外科疾病范畴。因金疮破伤,伤口不洁,感受风毒之邪致痉,临床表现为项背强急,四肢抽搐,角弓反张,发痉多始于头面部,肌肉痉挛,口噤,苦笑面容,逐渐延及四肢或全身,病前有金疮破伤、伤口不洁病史,可与痉证鉴别。

【辨证论治】

一、辨证要点

1. 辨外感与内伤　在临床辨证中,首先要根据痉证的特征,确定患者是属于外感致痉,还是内伤致痉。外感致痉多有恶寒、发热、脉浮等表证。内伤发痉则多无恶寒、发热。

2. 辨虚证与实证　颈项强直,牙关紧闭,角弓反张,四肢抽搐频繁有力而幅度较大者,多属实证,多由外感或瘀血、痰浊所致。手足蠕动,或抽搐时休时止,神疲倦怠,多属虚证,多由内伤气血阴津不足所致。

二、治疗要点

痉证治疗原则为急则治其标,缓则治其本。治标应舒筋解痉。感受风、寒、湿、热之邪而致痉者,祛风散寒,清热祛湿,择而用之。肝经热盛者,治以清肝潜阳,息风镇痉;阳明热盛者,治以清泄胃热,存阴止痉;心营热盛者,治以清心凉血,开窍止痉;瘀血内阻而致痉者,治以活血化瘀,通窍止痉;痰浊阻滞而致痉者,治以祛风豁痰,息风镇痉。治本以养血滋阴,舒筋止痉为主。津伤血少在痉证的发病中具有重要作用,所以滋养营阴是痉证的重要治疗方法。

此外,各个证候之间,有时可以错杂出现,如热邪中夹痰浊,气血亏虚又感外邪等应明辨虚实,标本兼顾。

三、分证论治

1. 邪壅经络

临床表现:① 头痛,项背强直,甚至口噤不能语,四肢抽搐;② 恶寒发热,无汗或汗出,肢体酸重;③ 舌苔薄白或白腻,脉浮紧。

证候辨析:风寒湿邪,壅滞经络,故头痛,项背强直,甚至口噤不能语,四肢抽搐。外邪侵于肌表,营卫不和,则恶寒发热。风寒湿邪侵于肌表,湿阻经络肌肉,故肢体酸重。舌苔薄白或白腻,脉浮紧,均属风

笔记栏

寒湿邪在表之象。临床具备①+②或①+③均可辨为邪壅经络型。

治法：祛风散寒，燥湿和营。

代表方：羌活胜湿汤加减。

常用药：羌活、独活、防风、藁本、川芎、蔓荆子祛风胜湿；葛根、白芍、甘草解肌和营，缓急止痉。

若寒邪较甚，项背强急，肢痛拘挛，无汗，属刚痉，以葛根汤为主方；若风邪偏盛，项背强急，发热不恶寒，汗出，头痛者，属柔痉，以瓜蒌桂枝汤为主方；若湿热偏盛，筋脉拘急，胸脘痞闷，身热，渴不欲饮，溲短赤，苔黄腻，脉滑数，用三仁汤加地龙、丝瓜络、威灵仙清热化湿、通经和络。

2. 热甚发痉

临床表现：①项背强急，手足挛急，甚则口噤，角弓反张；② 壮热，烦躁，胸闷，腹胀便秘；口渴咽干喜冷饮，甚而神昏谵语；③ 苔黄腻，脉弦数。

证候辨析：邪热熏蒸阳明气分，热灼津液，筋脉失于濡养。或温热之邪，内传营血，燔灼肝经，引动肝风，而见项背强急，手足挛急，甚则口噤，角弓反张。热在阳明，腑气不通，则壮热，烦躁，胸闷，腹胀便秘。热甚伤津，则口渴咽干喜冷饮。热扰神明，则可见烦躁，甚而神昏谵语。苔黄腻，脉弦数，均为实热壅盛之象。故临床具备①+②或①+③均可辨为热甚发痉型。

治法：泻热存阴，增液柔筋。

代表方：白虎汤合增液承气汤加减。

常用药：生石膏、知母、玄参、生地黄、麦冬清热养阴生津，濡润筋脉；大黄、芒硝软坚润燥，荡涤胃腑积热；粳米、甘草和胃养阴。

若热邪伤津而无腑实证者，可用白虎加人参汤，以清热救津；若抽搐甚者，加天麻、地龙、全蝎、菊花、钩藤等息风止痉之品或易用羚角钩藤汤；若热传心营，症见高热烦躁，神昏谵语，舌质红绛，可用清营汤并加服安宫牛黄丸或至宝丹以清热开窍止痉。

3. 痰瘀阻络

临床表现：① 项背强直，四肢抽搐；② 头痛如刺，痛有定处，形瘦神疲或胸脘满闷，呕吐痰涎；③ 舌质紫黯，边有瘀斑，苔薄白或白腻，脉细涩或弦滑。

证候辨析：痰瘀阻络，筋脉失养而拘急，则见项背强直，四肢抽搐。痰瘀阻于脑脉，不通则通，故见头痛如刺，痛有定处。痰浊为著，则头痛而重，胸脘满闷，呕吐痰涎。本证多为久病所致，一则正气已虚，二则瘀血阻络，新血不生，故常见形瘦神疲的兼证。舌质紫黯，边有瘀斑，苔薄白或白腻，脉细涩或弦滑，为痰瘀阻络之象。临床具备①+②或①+③均可辨为痰瘀阻络型。

治法：活血豁痰，通络止痉。

代表方：通窍活血汤合导痰汤加减。

常用药：前者麝香、老葱活络通窍；桃仁、红花、川芎、赤芍活血化瘀。后者陈皮、半夏、茯苓、制胆星、枳实、甘草豁痰化浊。

可加全蝎、蜈蚣、僵蚕、钩藤等通络息风止痉；若兼形瘦神疲之症，也可加人参、黄芪、白术、木香、砂仁补脾理气以扶正，并助活血豁痰之力。

4. 阴血亏虚

临床表现：① 项背强急，四肢麻木，蠕动无力，时作时止；② 唇舌干燥，皮肤干枯，头晕目眩，面色不华，小便短少，大便干结；③ 舌干红，苔薄而少津，脉细数。

证候辨析：素体虚弱，或失血，或汗下太过等导致阴血不足，津伤液脱，筋脉失养，故项背强急，四肢抽搐，蠕动无力，时作时止。血虚不能上奉于脑，则头晕目眩，面色不华。肌肤失于滋养，而见唇舌干燥，皮肤干枯。营阴不能濡润肠道，故见小便短少，大便干结。舌干红，苔薄而少津，脉细数，皆为阴血亏虚之象。临床具备①+②或①+③均可辨为阴血亏虚型。

治法：滋阴养血，息风止痉。

代表方：四物汤合大定风珠加减。

常用药：生地黄、熟地黄、白芍、麦冬、阿胶、五味子、当归、麻子仁补血滋阴柔肝；龟甲、生鳖甲、生牡蛎息风止痉；鸡子黄养阴宁心。

若阴虚内热，手足心烦者，加白薇、青蒿、黄连、淡竹叶；抽动不安，心烦失眠者，加山栀子、首乌藤、炒枣仁、生龙骨、生牡蛎。

笔记栏

【其他治法】

一、中成药

松龄血脉康胶囊 口服，一次3粒，一日3次。具有平肝潜阳，镇心安神的功效。适用于痰瘀阻络之痉证。

二、针灸

选择水沟、内关、合谷、太冲等为基本穴，毫针泻法。配穴按虚补实泻法操作。

【转归预后】

引起痉证原因不同转归预后也不同。感受风寒湿邪所致者，正气未虚，预后较好。热邪炽盛者虽然同属外感，但病情变化更快，治疗稍有不当则易出现热毒内陷心包，痉厥并见；热毒耗气伤阴，致阴竭阳脱，则可转为厥脱。痰瘀阻络，阴血亏虚，起病相对较缓，但也易见虚实夹杂的多种变证，治疗较为困难。痉证属危急重证，预后一般较差，临床应细察病机，审慎调治。古代医家经验认为如见口张目瞬，昏昧无知，或见戴眼反折，遗尿；或见汗出如油如珠等均属预后不良的征象。

【预防调护】

(1) 重视劳逸结合，慎防感染。劳逸结合，积极锻炼身体，增强体质，防止外邪侵袭和外伤感染。一旦感受外邪，要进行积极有效的治疗，避免邪壅经络；若感受热邪，热盛于里，应及时清解，并注意固护阴津。

(2) 对痉证先兆症状密切观察，及时处理。痉证发病前往往有先兆表现，应密切观察，及时处理。如发现双目不瞬，眼球活动不灵活，口角肌肉抽动，即可在辨证治疗的基础上，加水牛角、钩藤、全蝎、僵蚕等止痉药物急煎顿服，或配合针刺治疗，防止痉证发作。

(3) 对痉证患者护理要周到。痉证患者多属急证，病床要平整松软，并设床栏，发病时应尽量减少搬动患者，居室要安静，减少噪声刺激，应有专人护理。急性发作时注意保护舌体和防止窒息，保持呼吸道通畅，清除假牙及呼吸道异物，以防堵塞气道。对频繁肢体抽动者，要避免强行按压和捆绑，防止骨折。因高热而痉，要给予降温。在发作停止后，治疗和护理工作要合理地集中安排，有利于患者安静休养，减少痉证发作。避居湿地，防御外邪侵袭。

【临证备要】

一、辨病思路

痉证常见于西医学中的流行性脑脊髓膜炎、流行性乙型脑炎、中毒性脑病、脑脓肿、脑寄生虫病、脑血管病等疾病。

1. 流行性脑脊髓膜炎 由脑膜炎奈瑟菌引起的经呼吸道传播的急性化脓性脑膜炎。主要临床表现：突起高热，剧烈头痛，频繁呕吐，皮肤黏膜瘀点、瘀斑(特征性病变)，脑膜刺激征。实验室检查：血常规、脑脊液检查、细菌学检查以及血清免疫学检查有助于诊断此病。

2. 流行性乙型脑炎 是由乙型脑炎病毒引起的以脑实质炎症为主要病变的急性中枢神经系统传染病。有明显的流行季节(集中在每年7、8、9月发病)，10岁以下儿童多见。临床表现：起病急、高热、头痛、呕吐、意识障碍、抽搐、脑膜刺激征阳性。实验室检查：白细胞及中性粒细胞均增高，有助于确诊此病。

3. 中毒性脑病 系急性感染毒素引起的一种脑部中毒性反应。多见于2～10岁儿童，婴儿期少见。

笔记栏

根据患者有高热的急性感染性疾病史，并出现呕吐及各种精神症状和脑部神经体征，脑脊液压力增高而其常规、生化检测正常，即可诊断。

二、辨证思路

1. 详辨外感与内伤、虚证与实证　外感发痉多属实证，内伤发痉多为虚证。另外可从其发作的程度、频度、幅度辨别虚实。一般而言，颈项强直，角弓反张，四肢抽搐频繁有力而幅度大者多属实；手足蠕动或时而抽搐，神疲倦怠者多属虚。项背强急或四肢抽搐，恶寒发热，肢体酸重，脉浮紧，病属风寒；四肢牵引拘急，胸满痞闷，苔黄腻，脉滑数，病属湿热；手足抽搐，角弓反张，抽搐有力，神昏烦躁，壮热，舌红，苔黄或燥，病属阳明热盛；手足蠕动或抽搐，形消神倦，舌红无苔，病属阴虚。在治疗上，外感者，当先祛其邪，宜祛风，散寒，除湿；若邪热入里，消灼津液，当泄热存阴；内伤者，在临床上属阴伤血少者为多见，所以其治疗以滋阴养血为大法。

2. 对痉证的治疗应结合辨病　痉证常是一种临床危急重证的表现，大多发病较急、变化迅速、预后较差。因此，除必要的对症处理外，其关键在于对原发疾病的治疗，应尽快明确诊断，进行有效的病因治疗，是治愈疾病的关键。例如，对各种高热致痉，应积极查找引起高热的原因，并针对原发疾病采取有效的防治措施。流行性乙型脑炎、流行性脑脊髓膜炎等各种急性热病在疾病的发展过程中，均可出现项背强急、四肢抽搐、角弓反张等痉证的表现，此时应充分发挥中西医各自的优势，积极治疗其原发病，防止病情恶化。

三、治疗注意

1. 痉证发病常有先兆，应积极采取措施预防　一旦发生痉证，则应积极救治，以挽救患者的生命。病情较轻者，可根据辨证给以相应的方药口服，如病情较重、较急者，则应立即服用安宫牛黄丸、至宝丹或紫雪丹，并采取相应的急救措施，以免贻误病情。

2. 配合针灸治疗　对痉证的治疗除内服药物外，还应配合针灸、推拿等综合疗法，并应加强肢体活动，有助于提高疗效。

【文献摘录】

《三因极一病证方论》:“夫人之筋，各随经络结束于身。血气内虚，外为风，寒、湿、热之所中，则痉。”

《温热经纬·薛生白湿热病篇》:“湿热证，三四日即口噤，四肢牵引拘急，甚则角弓反张，此湿热侵入经络脉隧中。”“伤寒之痉自外来，证属太阳，治以散外邪为主。湿热之痉自内出，波及太阳，治以息内风为主。”

《医林改错·论抽风不是风》:“项背反张，四肢抽搐，手足握固，乃气虚不固肢体也；两目天吊，口噤不开，乃气虚不上升也……元气既虚，必不能走于血管，血管无气，必停留而瘀。”

（张志芳）

第三节　痿　　证

【概述】

一、定义

痿证(atrophy-flaccidity syndrome)是指肢体筋脉弛缓，软弱无力，不能随意运动，或伴有肌肉萎缩的一种病证，临床以下肢痿弱较为常见，亦称“痿躄”。“痿”是指机体痿弱不用，“躄”是指下肢软弱无力，不能步履之意。

笔记栏

二、源流

《内经》对本病论述颇详，阐述了痿证的病因病机、病证分类及治疗原则。《素问·痿论》指出本病的主要病机是“肺热叶焦”，肺燥不能输精于五脏，因而五体失养，肢体痿软。还将痿证分为皮、脉、筋、骨、肉五痿，以示病情的浅深轻重以及与五脏的关系。在发病原因上，《素问·痿论》指出了“热伤五脏”“思想无穷”“焦虑太过”“有渐于湿”、远行劳倦以及房劳太过等。《素问·生气通天论》又指出：“因于湿，首如裹，湿热不攘，大筋软短，小筋弛长，软短为拘，弛长为痿。”认为湿热也是痿证成因之一。在治疗上，《素问·痿论》提出“治痿独取阳明”的基本原则。

隋唐至北宋时期，将痿列入风门，较少进行专题讨论。宋代陈言《三因极一病证方论》列“五痿叙论”、“五痿治法”专篇。并指出“痿证属内脏气不足之所为也”的病机特点，以“虚”诠释“五脏热”。到金元时期，张从正《儒门事亲·风痹痿厥近世差互说》把风、痹、厥与痿证进行了鉴别，强调“痿病无寒”。朱震亨承张从正之说，力纠“风痿混同”之弊，在治法方面主张“泻南方则肺金清而东方不实……补北方则心火降而西方不虚”，在具体辨证方面又有湿热、湿痰、气虚、瘀血之别，对后世影响颇深。

明清以后对痿证的辨证论治日趋完善。《景岳全书·痿论》指出，痿证实际上并非尽是阴虚火旺，认为“元气败伤则精虚不能灌溉，血虚不能营养者，亦不少矣，若概从火论，则恐真阳衰败，及土衰水涸者有不能堪，故当酌寒热之浅深，审虚实之缓急，以施治疗，庶得治痿之全。”

三、范围

根据本病的临床表现，西医学中多发性神经炎、运动神经元疾病、脊髓病变、重症肌无力、周期性瘫痪等表现为肢体痿软无力、不能随意运动者，均可参照本节辨证论治。

【病因病机】

痿证形成的原因颇为复杂，外感温热毒邪、内伤情志、饮食劳倦、先天不足、房室不节、跌仆损伤以及接触神经毒性药物等，均可致使五脏受损，精津不足，气血亏耗，肌肉筋脉失养，而发为痿证(图 10-3)。

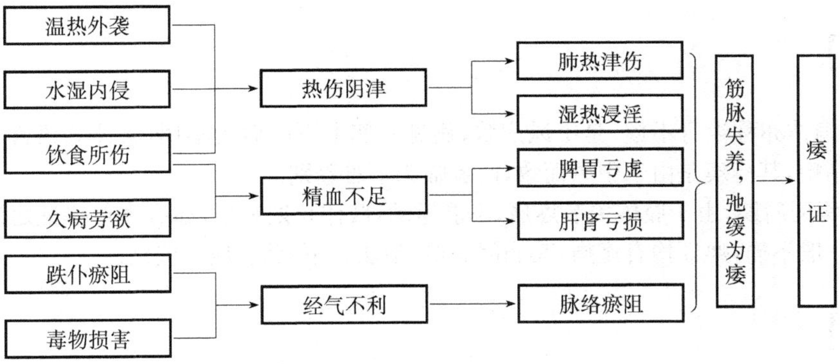

图 10-3　痿证病因病机示意图

1. 肺热津伤，津液不布　感受温热毒邪，高热不退，或病后余热燔灼，伤津耗气，皆令“肺热叶焦”，不能布送津液以润泽五脏，遂成四肢肌肉筋脉失养，痿弱不用。此即《素问·痿论》“五脏因肺热叶焦，发为痿躄”之谓也。

2. 湿热浸淫，气血不运　久处湿地或涉水冒雨，湿热浸淫经脉，营卫运行受阻，或郁遏生热，或痰热内停，蕴湿积热，导致湿热相蒸，气血运行不畅，筋脉肌肉失于濡养而成痿证。正如《素问·痿论》所论：“有渐于湿，以水为事，若有所留，居处相湿。肌肉濡渍，痹而不仁，发为肉痿。”

3. 脾胃亏虚，精微不输　素体脾胃虚弱或饮食不节，劳倦思虑过度，或久病致虚，中气受损，脾胃受纳、运化、输布水谷精微的功能失常，气血津液生化之源不足，无以濡养五脏，以致筋骨肌肉失养；脾胃虚弱，不能运化水湿，聚湿成痰，痰湿内停，客于经脉，均可致痿。此外，服用或接触毒性药物，损伤气血经脉，经气运行不利，脉道失畅，亦可致痿。

4. 肝肾亏损，髓枯筋痿　先天不足，或久病体虚，或房劳太过，或劳役太过伤肾，耗损阴精，均可致肝

笔记栏

肾亏损，精血虚耗，筋脉肌肉失养，肢体痿弱不用。

5. 跌仆瘀阻，脉道不利　跌仆损伤，瘀血阻络，新血不生，经气运行不利，脑失神明之用，发为痿证；或产后恶露未尽，瘀血流注于腰膝，以致气血瘀阻不畅，脉道不利，四肢失其濡润滋养。

痿证病变脏腑在筋脉肌肉，但根源在于五脏虚损。肺主皮毛，脾主肌肉，肝主筋，肾主骨，心主血脉，五脏病变，皆能致痿。痿证病变累及五脏，且常常相互传变。如肺热叶焦，精津失其宣布，久则五脏失濡而致痿；热邪内盛，肾水下亏，水不制火，则火灼肺金，又可加重肺热津伤；脾气虚而不运与湿热蕴积也可互为因果；湿热亦能下注于肾，伤及肾阴；温热毒邪，灼伤阴津，或湿热久稽，化热伤津，易致阴津耗损；脾胃虚弱，运化无力，又可津停成痰，痹阻经脉；肝肾阴虚，虚火内炽，灼伤津液，而致津亏血瘀，脉络失畅，致使病程缠绵难愈。

久痿虚极，脾肾精气虚败，病情危笃。足少阴脉贯行舌根，足太阴脉上行夹咽，连舌本，散于舌下。脾肾精气虚损，则舌体失去支持；脾气虚损，无力升清，肾气虚衰，宗气不足，可见舌体瘫软、呼吸和吞咽困难等凶险之候。

【诊断】

诊断要点

(1) 肢体筋脉弛缓不收，下肢或上肢、一侧或双侧，软弱无力，甚则瘫痪，部分患者伴有肌肉萎缩。

(2) 由于肌肉痿软无力，可有睑废、视歧、声嘶低喑、抬头无力等症状，甚则影响呼吸、吞咽。

(3) 部分患者发病前有感冒、腹泻病史，有的患者有神经毒性药物接触史或家族遗传史。

(4) 相关检查

1) 脑脊液检查、肌电图检查、肌肉活组织检查等，有助于对与痿证有关的神经系统疾病进行定位定性诊断。

2) 检测血液中血清谷草转氨酶(AST)、谷丙转氨酶(ALT)、乳酸脱氢酶(LDH)、醛缩酶、肌酸磷酸肌酶(CPK)的含量及尿中肌酸排泄量，有助于鉴别痿证肌肉萎缩的病因。测定血中乙酰胆碱受体抗体，对神经、肌肉接头部位疾病有较高的诊断价值。

3) CT、MRI 检查有助于疾病的鉴别诊断。

【鉴别诊断】

1. 偏枯　偏枯亦称半身不遂，是中风症状，病见一侧上下肢偏废不用，常伴有语言謇涩、口眼歪斜，久则患肢肌肉枯瘦，其瘫痪是由于中风而致，两者临床不难鉴别。

2. 痹证　痹证后期，由于肢体关节疼痛，不能运动，肢体长期废用，亦有类似痿证之瘦削枯萎者。但痿证肢体关节一般不痛，痹证均有疼痛，其病因病机、治法也不相同，应予鉴别。

【辨证论治】

一、辨证要点

1. 辨病位　痿证初起，症见发热，咳嗽，咽痛，或热病之后出现肢体软弱不用者，病位多在肺；凡见四肢痿软，食少便溏，面浮，下肢微肿，纳呆腹胀，病位多在脾胃；凡以下肢痿软无力明显，甚则不能站立，腰脊酸软，头晕耳鸣，遗精阳痿，月经不调，咽干目眩，病位多在肝肾。

2. 审虚实　痿证以虚为本，或本虚标实。因感受温热毒邪或湿热浸淫者，多急性发病，病程发展较快，属实证。热邪最易耗津伤正，故疾病早期就常见虚实错杂。内伤积损，久病不愈，主要为肝肾阴虚和脾胃虚弱，多属虚证，但又常兼夹郁热、湿热、痰浊、瘀血，而虚中有实。跌打损伤，瘀阻脉络或痿证日久，气虚血瘀，也属常见。

二、治疗要点

虚实分治　虚证宜扶正补虚为主，肝肾亏虚者，宜滋养肝肾；脾胃虚弱者，宜益气健脾。实证宜祛邪和络，

笔记栏

肺热伤津者，宜清热润燥；湿热浸淫者，宜清热利湿；瘀阻脉络者，宜活血行瘀。虚实兼夹者，又当兼顾之。

三、分证论治

1. 肺热津伤

临床表现：① 发病急，病起发热，或热后突然出现肢体软弱无力；② 皮肤干燥，心烦口渴，咳呛少痰，咽干不利，小便黄赤，大便干燥；③ 舌质红，苔黄，脉细数。

证候辨析：温热之邪犯肺，肺之气阴受损，津液不足以敷布全身，以致筋脉皮肤失养而肢体痿软，皮肤干燥。热邪伤津，故心烦口渴，小便黄赤，大便干燥。肺津不能上润肺系，故咽干不利，咳呛少痰。舌质红，苔黄，脉细数，均为热盛伤津之象。临床具备①+②或①+③均可辨为肺热津伤型。

治法：清热润燥，养阴生津。

代表方：清燥救肺汤加减。

常用药：北沙参、西洋参、麦冬、生甘草甘润生津养阴；阿胶、炒胡麻仁养血润燥。生石膏、霜桑叶、炙枇杷叶、苦杏仁清热宣肺。

若身热未退，高热口渴有汗，可重用生石膏，加金银花、连翘、知母以清气分之热，解毒祛邪；咳嗽痰多，加瓜蒌、桑白皮、川贝母宣肺清热化痰；咳呛少痰，咽喉干燥，加桑白皮、天花粉、芦根以润肺清热；若身热已退，兼见食欲减退，口干咽干较甚，此胃阴亦伤，宜用益胃汤加石斛、薏苡仁、山药、麦芽。

2. 湿热浸淫

临床表现：① 起病较缓，逐渐出现肢体困重，痿软无力，尤以下肢或两足痿弱为甚；② 肢体微肿，手足麻木，扪及微热，喜凉恶热，或发热，胸脘痞闷，小便赤涩热痛；③ 舌质红，舌苔黄腻，脉濡数或滑数。

证候辨析：湿热浸淫肌肤，壅遏经脉，故见肢体困重，痿软无力，尤以下肢或两足痿弱为甚，肢体微肿。湿热壅遏，气血运行不畅，故见手足麻木，扪及微热，喜凉恶热。湿热阻滞气机，可见发热，胸脘痞闷。湿热下注，故小便赤涩热痛。舌苔黄腻，脉濡数或滑数，为湿热内蕴之象。临床具备①+②或①+③均可辨为湿热浸淫型。

治法：清热利湿，通利经脉。

代表方：加味二妙散加减。

常用药：苍术、黄柏清热燥湿；萆薢、防己、薏苡仁渗湿分利；蚕沙、木瓜、牛膝利湿通经；龟甲滋阴益肾强骨。

若湿邪偏盛，胸脘痞闷，肢重且肿，加厚朴、茯苓、枳壳、陈皮以理气化湿；夏令季节，加藿香、佩兰芳香化浊，健脾祛湿；热邪偏盛，身热肢重，小便赤涩热痛，加忍冬藤、连翘、蒲公英、赤小豆清热解毒利湿；湿热伤阴，兼见两足焮热、心烦口干、舌质红或中剥、脉细数，可去苍术，重用龟甲，加元参、山药、生地黄；若病史较久，兼有瘀血阻滞者，肌肉顽痹不仁，关节活动不利或有痛感，舌质紫黯，脉涩，加丹参、鸡血藤、赤芍、当归、桃仁。

3. 脾胃虚弱

临床表现：① 起病缓慢，肢体软弱无力逐渐加重，肌肉萎缩；② 神疲肢倦，少气懒言，纳呆便溏，面色㿠白或萎黄，面浮无华；③ 舌淡，苔薄白，脉细弱。

证候辨析：脾胃虚弱，气血生化乏源，则筋脉失荣，故肢体软弱无力逐渐加重，肌肉萎缩。脾不健运则纳呆便溏。神疲肢倦，少气懒言，面色㿠白或萎黄，面浮无华，脉细弱，皆由脾胃虚弱，气血不足所致。临床具备①+②或①+③均可辨为脾胃虚弱型。

治法：补中益气，健脾升清。

代表方：参苓白术散合补中益气汤加减。

常用药：人参、白术、山药、扁豆、莲肉、甘草、大枣补脾益气；黄芪、当归益气养血；薏苡仁、茯苓、砂仁、陈皮健脾理气化湿；升麻、柴胡升举清阳；神曲消食行滞。

脾胃虚者，易兼夹食积不运，当健脾助运，导其食滞，酌佐以谷芽、麦芽、山楂、神曲；气血虚甚者，重用黄芪、党参、当归，加阿胶；气血不足兼有血瘀，唇舌紫黯，脉兼涩象者，加丹参、川芎、川牛膝；肥人痰多或脾虚湿盛，可用六君子汤加减。

4. 肝肾亏损

临床表现：① 起病缓慢，渐见肢体痿软无力，尤以下肢明显，腰膝酸软，不能久立甚至步履全废，腿胫大肉渐脱；② 眩晕耳鸣，舌咽干燥，遗精或遗尿，或妇女月经不调；③ 舌红少苔，脉细数。

笔记栏

证候辨析：肝肾亏损，精血不能濡养筋骨筋脉，故渐成痿证。腰为肾之府，肾主骨，精髓不足，故见腰膝酸软，久则髓枯筋燥，甚至步履全废，腿胫大肉渐脱。目为肝之窍，耳为肾之窍，肝肾精血亏虚，不能上承，故见眩晕耳鸣，舌咽干燥。肾虚封藏固摄失职，故见遗精或遗尿。肝肾亏虚，冲任失调，故见月经不调。舌红少苔，脉细数，均为阴亏内热之象。临床具备①+②或①+③均可辨为肝肾亏损型。

治法：补益肝肾，滋阴清热。

代表方：虎潜丸加减。

常用药：狗骨、牛膝壮筋骨利关节；熟地黄、龟甲、知母、黄柏填精补髓，滋阴补肾，清虚热；锁阳温肾益精；当归、白芍药养血柔肝；陈皮、干姜理气温中和胃，既防苦寒败胃，又使滋补而不滞。

若病久阴损及阳，阴阳两虚，兼有神疲，怯寒怕冷，阳痿早泄，尿频，妇女月经不调，脉沉细无力，不可过用寒凉以伐生气，去黄柏、知母，加淫羊藿、鹿角霜、紫河车、附子、肉桂；若症见面色无华或萎黄，头昏心悸，加黄芪、党参、首乌、龙眼肉、当归以补气养血。

5. 脉络瘀阻

临床表现：① 久病体虚，四肢痿弱，肌肉瘦削，手足麻木不仁，四肢青筋显露；② 肌肉活动时隐痛不适；③ 舌萎不能伸缩，舌质暗淡或瘀点、瘀斑，脉细涩。

证候辨析：久病气虚，推动无力，气滞血瘀，阻滞脉络，筋脉失养，则见四肢痿弱，肌肉瘦削，手足麻木不仁，舌萎不能伸缩。瘀血阻络，则四肢青筋显露，肌肉活动时隐痛不适。舌质暗淡或瘀点、瘀斑，脉细涩，为气虚血瘀之象。临床具备①+②或①+③均可辨为脉络瘀阻型。

治法：益气养营，活血化瘀。

代表方：圣愈汤合补阳还五汤加减。

常用药：人参、黄芪益气补虚；当归、川芎、熟地黄、白芍养血和血；川牛膝、地龙、桃仁、红花、鸡血藤活血化瘀通脉。

若手足麻木，舌苔厚腻者，加橘络、木瓜；下肢痿软无力，加杜仲、锁阳、桑寄生。

【其他治法】

一、中成药

补中益气丸 口服，一次6～9 g，一日2次。具有补中益气，升阳举陷的功效。适用于痿证见脾胃虚弱，中气下陷，体倦乏力，食少腹胀，久泻者。

二、针灸

上肢取肩髃、曲池、合谷、颈胸段夹脊穴；下肢取髀关、伏兔、阳陵泉、足三里、三阴交、腰部夹脊穴为基本穴。操作足三里、三阴交用补法，余穴用泻法或平补平泻法，夹脊穴用平补平泻法，配穴按虚补实泻法操作。

【转归预后】

本病的各证候间常相互转化，如外感湿热，热盛伤津，可转化为肺胃阴虚；若湿热浸淫，迁延日久，下注肝肾，则致肝肾亏损；如肝肾阴虚，日久不复，阴损及阳则出现阳虚证候，或为阴阳两虚之证；痿病日久，影响气血运行，则常夹瘀滞。

本病的预后决定于发病原因、起病经过、病情轻重及治疗当否等。一般外感所致，起病虽急，若治疗及时，诊治无误，部分病例可获痊愈，预后亦佳；若外感致痿，失治误治，以及内伤成痿，缓慢起病，但渐至于大肉脱削，百节缓纵不收，脏气损伤已可概见，虽经多年治疗，效果多欠佳，预后也差。若出现呼吸困难，吞咽困难，为肺脾脏气极虚的表现，预后较差。

笔记栏

【预防调护】

(1) 避居湿地。痿证的发生常与居住湿地、感受温热湿邪有关，因此，避居湿地，防御外邪侵袭，有助于痿证的预防和康复。

(2) 加强患者的日常护理。病情危重，卧床不起，吞咽呛咳，呼吸困难者，要常翻身拍背，鼓励患者排痰，以防止痰湿壅肺和发生褥疮。对瘫痪者，应注意患肢保暖，保持肢体功能体位，防止肢体挛缩和关节僵硬，有利于日后功能恢复。由于肌肤麻木，知觉障碍，在日常生活与护理中，应避免冻伤或烫伤。

(3) 适当锻炼。痿证患者常因肌肉无力，影响肢体功能活动，坐卧少动，气血运行不畅，加重肌肉萎缩等症状。因此，提倡患者进行适当锻炼，对生活自理者，可打太极拳，做五禽戏。病情较重者，可经常用手轻轻拍打患肢，以促进肢体气血运行，有利于康复。

(4) 注意精神饮食调养。《素问·痿论》说："思想无穷，所愿不得，意淫于外，入房太甚，宗筋弛纵，发为筋痿。"因此，注意精神调养，清心寡欲，避免过劳，生活规律，饮食宜清淡富有营养，忌油腻辛辣，对促进痿证康复亦具重要意义。

【临证备要】

一、辨病思路

痿证常见于西医学中的多发性神经炎、运动神经元疾病、脊髓病变、重症肌无力、周期性瘫痪等。

1. 多发性神经炎　指各种不同病因引起的全身多数周围神经的对称性损害，主要表现为四肢远端对称性的感觉、运动和自主神经障碍。严重者可有四肢瘫痪，肋间肌和膈肌无力，引起呼吸困难甚至呼吸麻痹。

2. 运动神经元疾病　包括肌萎缩侧索硬化、进行性脊肌萎缩症、原发性侧索硬化和进行性延髓麻痹，是以损害脊髓前角、桥延脑颅神经运动核和锥体束为主的一组慢性进行性变性疾病。临床以上或(和)下运动神经元损害引起的症状和体征为特征，表现为肌无力、肌萎缩与锥体束征不同的组合，其中以上、下运动神经元合并受损者为最常见，感觉和括约肌功能一般不受影响。

3. 脊髓病变　以痿证表现为主的可见急性脊髓炎、脊髓损伤、脊髓空洞症等。急性脊髓炎是指各种生物源性或由感染引起的急性脊髓炎性病变，临床以急性横贯性脊髓炎最常见，其临床特点为病变以下的肢体瘫痪、各种感觉缺失、自主神经功能障碍。脊髓损伤是指外界直接或间接因素导致脊髓损伤，在损害的相应节段出现各种运动、感觉和括约肌功能障碍，肌张力异常及病理反射等的相应改变。脊髓空洞症是慢性进行性脊髓变性疾病，多位于颈、胸髓；亦可发生于延髓，称为延髓空洞症。主要表现受损节段的痛觉、温觉消失，肢体瘫痪及营养障碍等。

4. 重症肌无力　是神经肌肉接头间传递功能障碍所致的慢性疾病，是一种自身免疫疾病。患者轻则眼睑下垂，复视或斜视，眼球转动不灵；重则四肢无力，全身疲倦，颈软头倾，吞咽困难，咀嚼乏力，呼吸气短，语言不清，生活不能自理，甚至呼吸困难，发生危象。

5. 周期性瘫痪　以反复发作的骨骼肌迟缓性瘫痪为特征的一组肌病，发作时多伴有血清钾含量的改变。肌无力可持续数小时或数周，发作间歇期完全正常，根据发作时血清钾的浓度，可分为低钾型、高钾型和正常钾型。

二、辨证思路

一般而言，本病以热证、虚证为多，虚实夹杂者亦不少见。外感温邪、湿热所致者，病初阴津耗伤不甚，邪热偏重，故属实证；但久延肺胃津伤，肝肾阴血耗损，则由实转虚，或虚实夹杂。内伤致病，脾胃虚弱，肝肾亏损，病久不已，气血阴精亏耗，则以虚证为主，但可夹湿、夹热、夹痰、夹瘀，表现本虚标实之候。故临床常呈现因实致虚、因虚致实和虚实错杂的复杂病机。

三、治疗注意

1. 祛邪不可伤正，补益防止助邪　本病多属五脏内伤、精血受损、阴虚火旺。临床中医内科学中一般虚证居多，或虚实错杂，实证、寒证较少。因此，补虚要分清气虚还是阴虚，气虚治阳明，阴虚补肝肾。临证又有夹湿、夹热、夹痰、夹瘀者，治疗时还当配合利湿、清热、化痰、祛瘀等法。此外，本病常有湿热、痰湿为患，用苦寒、燥湿、辛温等药物时要注意祛邪勿伤正，时时注意护阴，补虚扶正亦当防止恋邪助邪。

笔记栏

2. 重视调畅气血　痿证日久，坐卧少动，气血亏虚，运行不畅，因此，在治疗时，可酌情配合养血活血通脉之品，即如吴师机所言："气血流通即是补"。若元气亏损，气虚血滞成痿，又当补气化瘀。若因情欲太过而成痿者，必以调理气机为法，盖气化正常，气机畅顺，百脉皆通，其病可愈。

3. "治痿独取阳明"　所谓"独取阳明"，主要是指采用补益脾胃的方法治疗痿证。再者，"独取阳明"尚包括祛除邪气，调理脾胃。如《灵枢·根结》指出："故痿疾者取之阳明，视有余不足，无所止息者，真气稽留，邪气居之也。"又《症因脉治·痿证论》指出："今言独取阳明者，以痿证及阳明实热致病耳……清除积热，则二便如常，脾胃清合，输化水谷，生精养血，主润宗筋，而利机关。"可见清阳明之热亦属"独取阳明"之范畴。对于"治痿独取阳明"，临床可以从以下三方面来理解：一是不论选方用药，针灸取穴，都应重视补益脾胃。二是"独取阳明"也包括清胃火，祛湿热，以调理脾胃。三是临证时要重视辨证施治。

4. 配合针灸治疗　《素问·痿论》："各补其荥而通俞，调其虚实，和其逆顺"，是针刺治疗痿证的一个重要原则，为历代医家所重视。对痿证的治疗除内服药物外，还应配合针灸、推拿等综合疗法，并应加强肢体活动，有助于提高疗效。

【文献摘录】

《诸病源候论·身体手足不随候》："手足不遂者，由体虚腠理开，风气伤于脾胃之经络也。足太阴为脾之经，脾与胃合；足阳明为胃之经，胃为水谷之海也。脾候身之肌肉，主为胃消行水谷之气，以养身体四肢。脾气弱，即肌肉虚，受风邪所侵，故不能为胃通行水谷之气，致四肢肌肉无所禀受。而风邪在经络，搏于阳经，气行则迟，关机缓纵，故令身体手足不遂也。"

《证治汇补·痿躄》："湿痰痿者，肥盛之人，血气不能运动其痰，致湿痰内停，客于经脉，使腰膝麻痹，脉来沉滑，故膏粱酒湿之故，所谓土太过，令人四肢不用举是也。"

（董秋梅　张志芳）

第四节　颤　　证

【概述】

一、定义

颤证(trembling syndrome)是以头部或肢体摇动颤抖，不能自制为主要临床表现的一种病证。轻者表现为头摇动或手足微颤，重者可见头部振摇，肢体颤动不止，甚则肢节拘急，失去生活自理能力。本病又称"振掉""颤振""震颤"。

二、源流

《内经》对本病已有认识。《素问·至真要大论》曰："诸风掉眩，皆属于肝"，其"掉"字，即含震颤之义。《素问·脉要精微论》有"骨者，髓之府，不能久立，行则振掉，骨将惫矣"之论，《素问·五常政大论》又有"其病摇动""掉眩巅疾""掉振鼓栗"等描述，阐述本病以肢体摇动为主要症状，属风象，与肝、肾有关，为后世对颤证的认识奠定了基础。

明代，楼英《医学纲目·颤振》说："颤，摇也；振，动也。风火相乘，动摇之象，比之瘛疭，其势为缓"，还指出："风颤者，以风入于肝脏经络，上气不守正位，故使头招面摇，手足颤掉也"，"此证多由风热相合，亦有风寒所中者，亦有风夹湿痰者，治各不同也"。

笔记栏

王肯堂《证治准绳·颤振》进而指出："此病壮年鲜有，中年以后乃有之，老年尤多。夫老年阴血不足，少水不能制盛火，极为难治""病之轻者，或可用补金平木，清痰调气之法，在人自斟酌之。中风手足弹拽，星附散、独活散、金牙酒，无热者宜之；摧肝丸，镇火平肝，消痰定颤，有热者宜之；气虚而振，参术汤补之；心虚而振，补心丸养之；夹痰，导痰汤加竹沥；老人战振，宜定振丸"，中肯地论述了本病的发病特点、预后和治疗。

孙一奎《赤水玄珠·颤振门》又提出气虚、血虚均可引起颤证，治法为“气虚颤振，用参术汤”，“血虚而振，用秘方定心丸”。此外又指出：“木火上盛，肾阴不充，下虚上实，实为痰火，虚则肾亏”，治法宜“清上补下”。至今上述治法仍有临床价值。

至清代，张璐《张氏医通·颤振》在系统总结了前人经验的基础上，结合临床实践，对颤证的病因病机、辨证治疗及其预后有了较全面的阐述，认为本病多因风、火、痰、虚所致，并载列相应的治疗方药十余首，使本病的理法方药认识日趋充实。

三、范围

根据本病的临床表现，西医学中震颤麻痹、肝豆状核变性、小脑病变的姿位性震颤、特发性震颤、甲状腺功能亢进等，凡具有颤证临床特征的锥体外系疾病和某些代谢性疾病，均可参照本节辨证论治。

【病因病机】

颤证其常见病因包括年老体虚、情志过极、饮食不节、劳逸失当等多方面导致气血阴精亏虚，不能濡养筋脉；或痰浊、瘀血壅阻经脉，气血运行不畅，筋脉失养；或热甚动风，扰动筋脉，而致肢体拘急颤动(图10-4)。

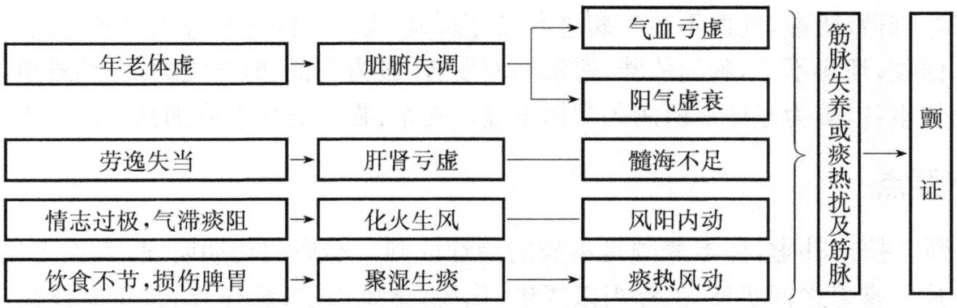

图10-4　颤证病因病机示意图

1. 年老体虚，气虚血少　中年之后，脾胃渐损，肝肾亏虚，精气暗衰，筋脉失养；或禀赋不足，肾精虚损，脏气失调；或罹患沉疴，久病体弱，脏腑功能紊乱，气血阴阳不足，筋脉失养，虚风内动。

2. 情志过极，风阳内动　情志失调，郁怒忧思太过，脏腑气机失于调畅。郁怒伤肝，肝气郁结不畅，气滞而血瘀，筋脉失养；或肝郁化火生风，风阳暴张，窜经入络，扰动筋脉；若思虑太过，则损伤心脾，气血化源不足，筋脉失养；或因脾虚不运，津液失于输布，而聚湿生痰，痰浊流窜经络，扰动筋脉。

3. 饮食不节，痰浊阻络　恣食膏粱厚味或嗜酒成癖，损伤脾胃，聚湿生痰，痰浊阻滞经络而动风；或滋生内热，痰热互结，壅阻经脉而动风；或因饥饱无常，过食生冷，损伤脾胃，气血生化乏源，致使筋脉失养而发为颤证。

4. 劳逸失当，肝肾亏虚　行役劳苦，动作不休，使肌肉筋膜损伤疲极或房劳太过，肝肾亏虚，阴血暗损，虚风内动；或贪逸少动，使气缓脾滞而气血日减，筋脉失于调畅而不得任持自主，发为颤证。

颤证病在筋脉，与肝、肾、脾等脏关系密切。本病的基本病机为肝风内动，筋脉失养。“肝主身之筋膜”，为风木之脏，肝风内动，筋脉不能任持自主，随风而动，牵动肢体及头颈颤抖摇动。其中又有肝阳化风、血虚生风、阴虚风动、瘀血生风、痰热动风等不同病机。

肝肾乙癸同源，若水不涵木，肝肾两虚，肾虚髓减，脑髓不充，下虚则高摇。若脾胃两虚，痰湿内生，土不栽木，亦可致风木内动。

【诊断】

诊断要点

(1) 头部及肢体颤抖、摇动，不能自制，甚则颤动不止，四肢强急。

笔记栏

(2) 常伴动作笨拙,活动减少,多汗流涎,语言缓慢不清,烦躁不寐,神识呆滞等症状。

(3) 多发生于中老年人,一般呈隐袭起病,逐渐加重,不能自行缓解。部分患者发病与情志相关,或继发于脑部病变。

(4) 相关检查:颅脑 CT、MRI 等影像学检查,有助于因脑部疾病引起颤证的诊断。角膜色素环(K-F 环)检查,血、尿铜的测定和肝功能的检查有助于因铜代谢异常性疾病引起颤证的诊断;检测 T_3、T_4 及甲状腺功能,有助于内分泌疾病的诊断。

【鉴别诊断】

瘛疭　瘛疭即抽搐,多见于急性热病或某些慢性疾病急性发作,抽搐多呈持续性,有时伴短阵性间歇,手足屈伸牵引,弛纵交替,部分患者可有发热、两目上视、神昏等症状;颤证是一种慢性疾病过程,以头颈、手足不自主颤动、振摇为主要症状,手足颤抖动作幅度小,频率较快,而无肢体抽搐牵引和发热、神昏等症状,再结合病史分析,两者不难鉴别。

【辨证论治】

一、辨证要点

辨标本虚实　肝肾阴虚,气血不足为病之本,属虚;风、火、痰、瘀等病理因素多为病之标,属实。一般震颤较剧,肢体僵硬,烦躁不宁,胸闷体胖,遇郁怒而发者,多为实证;颤抖无力,缠绵难愈,腰膝酸软,体瘦眩晕,遇烦劳而加重者,多为虚证。但病久常标本虚实夹杂,临证需仔细辨别其主次偏重。

二、治疗要点

1. 治疗原则　扶正补虚,标本兼顾是本病的治疗原则。本病的初期阶段,本虚之象并不明显,主要见于风火相煽,痰热壅阻之标实证,治疗当以清热,化痰,息风为主;病程较长,年老体弱,其肝肾亏虚,气血不足等本虚之象逐渐突出,治疗当滋补肝肾,益气养血,调补阴阳为主,兼顾息风通络。

2. 重视补益肝肾　由于本病多发于中老年人,肝肾不足常为颤证发病之本,多在本虚的基础上导致标实,因此治疗应重视补益肝肾,治病求本。

三、分证论治

1. 风阳内动

临床表现:① 肢体颤动粗大,程度较重,不能自制;② 眩晕耳鸣,面赤烦躁,易激动,心情紧张时颤动加重,伴有肢体麻木,口苦而干,语言迟缓不清,流涎,尿赤,大便干;③ 舌质红,苔黄,脉弦。

证候辨析:郁怒伤肝,肝郁化火生风,风阳侵扰筋脉,故见肢体颤动粗大,程度较重,不能自制,易激动,心情紧张时颤动加重,伴有肢体麻木。口苦而干,尿赤,大便干,则为肝郁化火伤阴所致。风阳上扰于头,则眩晕耳鸣,面赤烦躁,语言迟缓不清,流涎。舌质红,苔黄,脉弦,为风阳内动之象。临床具备①+②或①+③均可辨为风阳内动型。

治法:镇肝息风,舒筋止颤。

代表方:天麻钩藤饮合镇肝熄风汤加减。

常用药:天麻、钩藤、石决明、生赭石、生龙骨、生牡蛎镇肝息风止颤;生地黄、白芍、玄参、龟甲、天冬育阴清热,潜阳息风;怀牛膝、杜仲、桑寄生滋补肝肾;黄芩、栀子清热泻火;首乌藤、茯神宁心安神。

肝火偏盛,焦虑,心烦,加龙胆草、夏枯草;痰多者,加竹沥、天竺黄以清热化痰;肾阴不足,虚火上扰,眩晕耳鸣者,加知母、黄柏、牡丹皮;心烦失眠,加炒枣仁、柏子仁、丹参养血补心安神;颤动不止,加僵蚕、全蝎增强息风活络止颤之力。

笔记栏

2. 痰热风动

临床表现:① 头摇不止,肢麻震颤,重则手不能持物;② 头晕目眩,胸脘痞闷,口苦口黏,甚则口吐痰涎。③ 舌体胖大有齿痕,舌质红,舌苔黄腻,脉弦滑数。

证候辨析：痰热内蕴，热极生风，筋脉失于约束或筋脉失养，故见头摇不止，肢麻震颤，重则手不能持物；痰热夹风上扰清空，则头晕目眩，胸脘痞闷，口苦，口黏，甚则口吐痰涎；舌体胖大有齿痕，舌质红，舌苔黄腻，脉弦滑数，为痰热之象。临床具备①+②或①+③均可辨为痰热风动型。

治法：清热化痰，平肝息风。

代表方：导痰汤合羚角钩藤汤加减。

常用药：半夏、胆南星、竹茹、川贝母、黄芩清热化痰；水牛角、桑叶、钩藤、菊花平肝息风止颤；生地黄、生白芍、甘草育阴清热，缓急止颤；橘红、茯苓、枳实健脾理气。

若痰湿内聚，症见胸闷恶心，咯吐痰涎，苔厚腻，脉滑者，加煨皂角、白芥子以燥湿豁痰；震颤较重，加珍珠母、生石决明、全蝎；心烦易怒者，加天竺黄、牡丹皮、郁金；胸闷脘痞，加瓜蒌皮、厚朴、苍术；肌肤麻木不仁，加地龙、丝瓜络、竹沥；神识呆滞，加石菖蒲、远志。

3. 气血亏虚

临床表现：① 头摇肢颤，面色㿠白，表情淡漠，神疲乏力，动则气短；② 心悸健忘，眩晕，纳呆；③ 舌体胖大，舌质淡红，舌苔薄白滑，脉沉濡无力或沉细弱。

证候辨析：气血两虚，肢体筋脉失于濡养，故见头摇肢颤。面色㿠白，表情淡漠，神疲乏力，动则气短，心悸健忘，眩晕，纳呆，则因气血不足，不能荣养。舌体胖大，舌质淡红，舌苔薄白滑，脉沉濡无力或沉细弱，为气血两亏之象。临床具备①+②或①+③均可辨为气血亏虚型。

治法：益气养血，濡养筋脉。

代表方：人参养荣汤加减。

常用药：熟地黄、当归、白芍、人参、白术、黄芪、茯苓、陈皮、炙甘草健脾益气养血；肉桂助阳，鼓舞气血生长；天麻、钩藤、珍珠母平肝息风止颤；五味子、远志养心安神。

气虚运化无力，湿聚成痰，应化痰通络止颤，加半夏、白芥子、胆南星；血虚心神失养，心悸，失眠，健忘，加炒枣仁、柏子仁；气虚血滞，肢体颤抖，疼痛麻木，加鸡血藤、丹参、桃仁、红花。

4. 髓海不足

临床表现：① 头摇肢颤，持物不稳，腰膝酸软；② 失眠心烦，头晕，耳鸣，善忘，老年患者，常兼有神呆，痴傻；③ 舌质红，舌苔薄白或红绛无苔，脉象细数。

证候辨析：髓海不足，肝肾阴虚，风阳升动，肢体筋脉失主，故见头摇肢颤，持物不稳，腰膝酸软。失眠心烦，头晕，耳鸣，善忘，则因肾精虚，髓海不足，脑失所养。老年患者髓海更亏，神机失养，故老年患者常兼有神呆，痴傻。舌质红，舌苔薄白或红绛无苔，脉象细数，为髓海不足，肝肾亏虚之象。临床具备①+②或①+③均可辨为髓海不足型。

治法：益肾填精补髓，育阴息风。

代表方：龟鹿二仙膏合大定风珠加减。

常用药：龟甲、鳖甲、生牡蛎、钩藤、鸡子黄、阿胶育阴潜阳，平肝息风；枸杞子、熟地黄、鹿角、生地黄、白芍、麦冬、麻仁补益肝肾，滋阴养血润燥；人参、山药、茯苓健脾益气，化生气血；五味子、甘草酸甘化阴以安神。

若肝风甚，肢体颤抖、眩晕较著，加天麻、全蝎、石决明；阴虚火旺，兼见五心烦热，躁动失眠，便秘溲赤，加黄柏、知母、牡丹皮、元参；肢体麻木、拘急强直，加木瓜、僵蚕、地龙，重用白芍、甘草以舒筋缓急。

5. 阳气虚衰

临床表现：① 头摇肢颤，筋脉拘挛，畏寒肢冷，四肢麻木；② 心悸懒言，动则气短，自汗，小便清长或自遗，大便溏；③ 舌质淡，舌苔薄白，脉沉迟无力。

证候辨析：阳气虚衰，筋脉失于温煦，筋脉不用，故见头摇肢颤，筋脉拘挛，畏寒肢冷，四肢麻木。阳气虚衰，饮凌心肺，则心悸懒言，动则气短，自汗。肾虚不藏，固摄无权，故小便清长或自遗。脾肾阳虚，健运失司，则大便溏。临床具备①+②或①+③均可辨为阳气虚衰型。

治法：补肾助阳，温煦筋脉。

代表方：地黄饮子加减。

常用药：附子、肉桂、巴戟天补肾助阳；山茱萸、熟地黄补肾填精，党参、白术、茯苓、生姜补气健脾，祛痰除湿；白芍、甘草缓急止痛。

大便稀溏者，加干姜、肉豆蔻温中健脾；心悸者，加远志、柏子仁养心安神。

笔记栏

【其他治法】

一、中成药

华佗再造丸　口服,一次 4～8 g,一日 2～3 次。重证一次 8～16 g,或遵医嘱。具有活血化瘀,化痰通络,行气止痛的功效。适用于风痰瘀阻之中风恢复期和后遗症,见半身不遂,拘挛麻木,口眼歪斜,言语不清。

二、针灸

选择:① 四神聪、曲池、外关、足三里、阳陵泉、丰隆;② 百会、本神、风池、合谷、三阴交、太冲。两组主穴交替使用。针刺用平补平泻法或根据病情施用补泻。

三、饮食辅助疗法

天麻炖鱼头　天麻 25 g,白芷 30 g,川芎 10 g,大枣 5 枚,鱼头 1 个,调料适量。将天麻切片,大枣去核,川芎、白芷布包,鱼头劈开,同放炖盅内,食盐、味精、葱花、姜末等调味,隔水蒸熟服食。可疏风通络,养阴柔筋。适用于颤证属髓海不足者。

【转归预后】

本病起病缓慢,中、老年患病较多。若肝肾精亏不甚,痰热风阳不重,能早期正确中医或中西医结合治疗,则部分患者能缓解症状,延缓自然加重过程;年高病久必然导致脏腑功能、气血阴阳进一步失调,故多数病情呈进展趋势,逐渐加重过程,若失治或调摄不当,或并发他证,或转为痴呆则治疗颇难;年老精气衰竭,已属晚期,预后不良。

【预防调护】

预防颤证应注意生活调摄,保持情绪稳定,心情舒畅,避免忧思郁怒等不良精神刺激,饮食宜清淡、富有营养,忌暴饮暴食及嗜食肥甘厚味,戒除烟酒等不良嗜好。此外,防止中毒、中风、颅脑损伤对预防颤证发生有重要意义。

颤证患者生活要有规律,保持心情愉快和情绪稳定。平时注意加强肢体功能锻炼,适当参加力所能及的体育活动,如太极拳、八段锦、内养功等。病室应保持安静,通风好,温湿度宜人。对卧床不起的患者,注意帮助患者翻身,经常进行肢体按摩,以防发生褥疮,一旦发生褥疮,要及时处理,按时换药,保持创口干燥,使褥疮早日愈合。

【临证备要】

一、辨病思路

颤证常见于西医学中的震颤麻痹、肝豆状核变性、小脑病变的姿势性震颤及特发性震颤、甲状腺功能亢进等疾病。

1. 震颤麻痹　又称帕金森病,多在 60 岁以后发病。主要表现为患者动作缓慢,手脚或身体其他部分的震颤,身体失去柔软性,变得僵硬。

2. 肝豆状核变性　是一种常染色体隐性遗传的铜代谢障碍疾病。临床上表现为进行性加重的椎体外系症状、肝硬化、精神症状、肾功能损害及角膜色素环。其震颤早期常限于上肢,渐延及全身。多表现为快速、节律性,粗大似扑翼样的姿位性震颤,可并有运动时加重的意向性震颤。

3. 小脑病变的姿势性震颤及特发性震颤　姿势性震颤为身体受累部分主动地保持某种姿势时出现

笔记栏

的震颤。即在静止状态下不出现，只有当患者身体处于某种姿势的情况下才出现震颤。其常见病症为特发性震颤。特发性震颤是一种常染色体显性遗传病，为最常见的锥体外系疾病，是最常见的震颤病症，常有震颤家族史。

4. 甲状腺功能亢进　多种因素引起甲状腺激素分泌过多所致的一种常见内分泌病。临床上以代谢率和神经兴奋性增高为主要表现的综合征。常见症状为多食、消瘦、怕热、多汗、心悸、激动，常以甲状腺肿大为特征。其震颤表现为舌和两手平举向前伸出时有细震颤。

二、辨证思路

1. 其病理性质总属本虚标实　本为气血阴阳亏虚，其中以阴津精血亏虚为主；标为风、火、痰、瘀为患。标本之间密切联系，风、火、痰、瘀可因虚而生，诸邪又进一步耗伤阴津气血。风、火、痰、瘀之间也相互联系，甚至也可以互相转化，如阴虚、气虚可转为阳虚、气滞，痰湿也可化热等。颤证日久可导致气血不足，络脉瘀阻，出现肢体僵硬，动作迟滞乏力现象。

2. 病在筋脉，与肝脾肾关系密切　肝风内动，筋脉失养是其基本病机。肝藏血主筋，脾为气血生化之源，主肌肉，肾藏精生髓，肝脾肾亏损，则阴精不足，筋脉失养而致肢体震颤，因此，养肝健脾益肾是治本之法。痰浊瘀血阻滞经脉，气血不畅，筋脉失养，据“血行风自灭”之理，临证当活用养血活血，祛瘀通脉之品，对提高治疗效果有重要意义。

三、治疗注意

1. 年高病久，治宜缓图　因老年体衰加之震颤日久，脏腑气血失调，病理变化复杂，难以迅速收效，欲速反而招致诸多变证，故治疗只宜缓缓图之，慎用耗伤气血阴阳等攻伐之品。如能减轻症状，控制发展，则应坚持治疗。

2. 适当配合息风法　颤证当属“风病”范畴，临床对各证型的治疗均可在辨证的基础上配合息风法，而清热、平肝、滋阴、潜阳等也常与息风相伍。常用的药物有钩藤、白蒺藜、天麻、珍珠母、生龙骨、生牡蛎、全蝎、蜈蚣、白僵蚕等。其中虫类药不但息风定颤，且有搜风通络之功。正如叶桂所言：“久病邪正混处其间，草木不能见效，当以虫蚁疏通逐邪。”运用虫类药物，以焙研为末吞服为佳，入煎剂效逊。临床证明，羚羊角粉在颤证的治疗上有肯定的疗效，久颤不愈者可配合应用，但因其价格较贵，临证可用山羊角代替。

【文献摘录】

《素问·脉要精微论》：“头者精明之府，头倾视深，精神将夺矣。背者胸中之府，背曲肩随，府将坏矣。腰者肾之府，转摇不能，肾将惫矣……骨者髓之府，不能久立，行则振掉，骨将惫矣。”

《医宗己任编·战振栗》：“大抵气血俱虚，不能养荣筋骨，故为之振摇不能主持也”，“须大补气血，人参养荣汤或加味人参养荣汤；若身摇不得眠者，十味温胆汤倍加人参，或加味温胆汤。”

《医碥·颤振》：“颤，摇也，振，战动也，亦风火摇撼之象……风木盛则脾土虚，脾为四肢之本，四肢乃脾之末，故曰风淫末疾。风火盛而脾虚，则不能行其津液，而痰湿亦停聚，当兼去痰……风火交盛者，摧肝丸。气虚者，参术汤。心血虚，补心丸。夹痰者，导痰汤加竹沥。老人战振，定振丸。”

（张志芳）

第五节　腰　　痛

【概述】

一、定义

腰痛(low back pain)又称“腰脊痛”，是指因外感、内伤或闪挫导致腰部气血运行不畅，或失于濡养，

笔记栏

引起腰脊或脊旁部位疼痛为主要症状的一类病证。

二、源流

腰痛在古代文献中早有论述。《素问·脉要精微论》载："腰者，肾之府，转摇不能，肾将惫矣"，首先提出了肾与腰部疾病的密切关系。《素问·刺腰痛论》根据经络循行，阐述了足三阴、足三阳以及奇经八脉为病所出现的腰痛病证，并介绍了相应的针灸治疗。

汉代，张仲景《金匮要略·五脏风寒积聚病脉证并治》论述了寒湿腰痛的发病、症状与治法。"肾著之病，其人身体重，腰中冷，如坐水中……腰以下冷痛，腹重如带五千钱，甘姜苓术汤主之。"

隋代，巢元方《诸病源候论·腰背病诸候》认为，腰痛是由于"肾经虚，风冷乘之"，"劳损于肾，动伤经络，又为风冷所侵，血气击搏，故腰痛也"。在发病方面强调肾虚，风寒留着，劳役伤肾，坠堕伤腰及寝卧湿地等因素。

《丹溪心法·腰痛》谓："腰痛主湿热，肾虚，瘀血，挫闪，有痰积。"《七松岩集·腰痛》指出："然痛有虚实之分，所谓虚者，是两肾之精神气血虚也，凡言虚证，皆两肾自病耳。所谓实者，非肾家自实，是两腰经络血脉之中，为风寒湿之所侵，闪肭挫气之所得，腰内空腔之中为湿痰瘀血凝滞，不通而为痛，当依据脉证辨悉而分治之"。对腰痛常见的病因和虚实作了概括。《张氏医通》《杂病源流犀烛》总结历代医家对腰痛的论述，归纳为风腰痛、寒腰痛、肾虚腰痛、气滞腰痛、瘀血腰痛等，使腰痛的辨治更为系统。

对于腰痛治疗，清代李用粹《证治汇补·腰痛》指出："治惟补肾为先，而后随邪之所见者以施治，标急则治标，本急则治本，初痛宜疏邪滞，理经隧，久痛宜补真元，养血气。"这种分清标本先后缓急的治疗原则，在临床具有重要指导意义。

三、范围

西医学的腰肌劳损、腰肌纤维炎、强直性脊柱炎、腰椎骨质增生、腰椎间盘病变等腰部病变以及某些内脏疾病，凡以腰痛为主要症状者，可参考本篇辨证论治。如因外科、妇科疾患引起的腰痛，应参照相关教材辨治，不属本篇讨论范围。

【病因病机】

腰痛病因有内伤、外感与跌仆挫伤，基本病机为筋脉痹阻，腰府失养。内伤多责之禀赋不足，肾亏腰府失养；外感为风、寒、湿、热诸邪痹阻经脉，或劳力扭伤，气滞血瘀，经脉不通而致腰痛（图 10－5）。

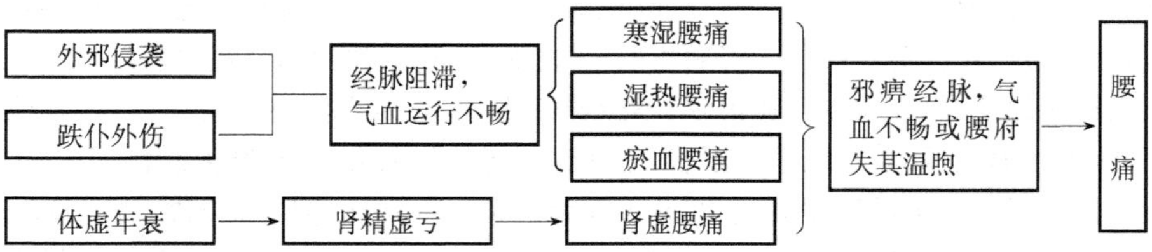

图 10－5 腰痛病因病机示意图

1. 外邪侵袭，阻滞经脉 多由居处潮湿，或劳作汗出当风，衣着湿冷，或冒雨着凉，都可感受寒湿之邪。寒邪凝滞收引，湿邪黏聚不化，致腰腿筋脉受阻，气血运行不畅，因而发生腰痛。或湿热交蒸，或寒湿蕴积日久，郁而化热，转为湿热。阻遏经脉，引起腰痛。

2. 体虚年衰，腰府失养 先天禀赋不足，加之劳役负重，或久病体虚，或年老体衰，或房室不节，以致肾之精气虚亏，腰府失养。诚如《景岳全书·杂证谟·腰痛》言："腰痛之虚证十居八九，但察其既无表邪，又无湿热，而或以年衰，或以劳苦，或以酒色所伤，或七情忧郁所致者，则悉属真阴虚证。"

3. 跌仆外伤，瘀血留着 举重抬高，暴力扭转，坠堕跌打，或体位不正，腰部用力不当，屏气闪挫，导致腰部经络气血运行不畅，瘀血留着腰部而发生疼痛。

笔记栏

腰为肾之府，由肾之精气所溉，肾与膀胱相表里，足太阳经过之，此外，任、督、带诸脉，亦布其间，所以腰痛病变与肾脏及诸经脉相关。故内伤则不外乎肾虚，而外感风寒湿热诸邪，以湿性黏滞，最易痹着腰部，所以外感总离不开湿邪为患。内外二因，互相影响，如《杂病源流犀烛·腰脐病源流》指出："腰痛，精气虚而邪客病也……肾虚其本也,风寒湿热痰饮,气滞血瘀闪挫其标也,常因肾虚而客,否则虽感外邪,亦不致出现腰痛。”至于劳力扭伤,则和瘀血有关,临床上亦不少见。

【诊断】

诊断要点

(1) 急性腰痛,病程较短,轻微活动即可引起一侧或两侧腰部疼痛加重,脊柱两旁常有明显压痛。

(2) 慢性腰痛,病程较长,缠绵难愈,腰部多隐痛或酸痛。常因体位不当,劳累过度,天气变化等因素而加重。

(3) 本病常有居处潮湿阴冷、涉水冒雨、跌仆闪挫或劳损等相关病史。

(4) 相关检查:腰痛是一种多病因疾病,进行血常规、抗溶血性链球菌“O”、红细胞沉降率、类风湿因子等检查,有助于风湿和类风湿关节炎等疾病的诊断;拍摄腰椎、骶髂关节X线或CT片有助于腰椎病变引起腰痛的诊断;部分内脏疾病也可引起腰痛,血、尿检查和泌尿系统影像学检查,有助于泌尿系统疾病引起腰痛的诊断;妇科检查可排除妇科疾病引起的腰痛。

【鉴别诊断】

1. 腰软　虚证腰痛可伴有腰软,但腰软是以腰部软弱无力为特征,少有腰痛,多伴见发育迟缓,而表现为头项软弱、手软、足软、鸡胸等,多发生在青少年。

2. 背痛、尻痛、胯痛　背痛为背脊部位的疼痛,尻痛是尻骶部位的疼痛,胯痛是指尻尾以下及两侧胯部的疼痛,疼痛的部位不同,应予以区别。

【辨证论治】

一、辨证要点

1. 辨外感内伤　需辨清外感与内伤。有久居冷湿,劳汗当风,冒受湿热,或腰部过度劳累,跌仆伤损病史,起病急骤,或腰痛不能转侧,表现为气滞血瘀征象者,为外感腰痛;年老体虚,气血亏虚病史,起病缓慢,腰痛绵绵,时作时止,表现为肾虚证候者,属内伤腰痛。

2. 分清病邪的性质　外感腰痛是指感受风、寒、湿、热等外邪所致,须分清病邪的性质,如腰部重痛,卧时不能转侧,行时重痛无力者,湿也;腰冷痛,得热则舒,四肢倦怠,足寒肢冷,拘急者,寒也;腰部热痛,身热汗出,小便热赤,苔黄腻者,湿热也。

二、治疗要点

腰痛治疗当分标本虚实。感受外邪属实,治宜祛邪通络,根据寒湿,湿热的不同,分别予以温散或清利;外伤腰痛属实,治宜活血祛瘀,通络止痛为主;内伤致病多属虚,治宜补肾固本为主;虚实兼见者,宜辨主次轻重,标本兼顾。

三、分证论治

1. 寒湿腰痛

临床表现:① 腰部冷痛重着,转侧不利;② 逐渐加重,静卧病痛不减,寒冷和阴雨天则加重;③ 舌质淡,苔白腻,脉沉而迟缓。

证候辨析:寒湿之邪,侵袭腰部,闭阻经络,因寒性收引,湿性凝滞,故腰部冷痛重着,转侧不利。湿为阴邪,得阳运始化,静卧则湿邪更易停滞,故虽静卧病痛不减。寒冷和阴雨天则寒湿更甚,故疼痛加重。苔白腻,脉沉而迟缓,均为寒湿停聚之象。临床具备①+②或为①+③均可辨为寒湿腰痛。

治法:散寒除湿,温经通络。

笔记栏

代表方：甘姜苓术汤加减。

常用药：干姜、桂枝、甘草、牛膝温经散寒，通络止痛；茯苓、白术健脾渗湿；杜仲、桑寄生、续断补肾壮腰。

若寒邪偏胜，腰部冷痛，拘急不舒，可加熟附片、细辛以温经散寒；若湿邪偏胜，腰痛重着，苔厚腻，可加苍术、薏苡仁以燥湿散邪；年高体弱或久病不愈，肝肾虚损，气血亏虚，而兼见腰膝酸软无力，脉沉弱等症，宜独活寄生汤加附子。

2. 湿热腰痛

临床表现：① 腰部疼痛，重着而热，遇冷痛减；② 暑湿阴雨天气症状加重，活动后或可减轻，口渴不欲饮，小便短赤，或午后身热，微汗出；③ 苔黄腻，脉濡数或弦数。

证候辨析：湿热壅遏腰部，经气不畅，筋脉不舒，故腰部疼痛，重着而热。暑湿阴雨天气热重湿增，故症状加重，活动后气机稍有舒展，湿滞或可减轻，则活动后或可减轻。湿热困阻气机，则身体困。湿热下注膀胱，尿色黄赤。湿热熏蒸，则可见午后身热，微汗出。临床具备①＋②或为①＋③均可辨为湿热腰痛。

治法：清热利湿，舒筋活络。

代表方：四妙丸加减。

常用药：苍术、黄柏、薏苡仁清利下焦湿热；木瓜、络石藤舒筋通络止痛；川牛膝通利筋脉，引药下行兼能强壮腰膝。

小便短赤不利，舌质红，脉弦数，加栀子、萆薢、泽泻、木通以助清利湿热；湿热蕴蓄日久，耗伤阴津，腰痛，伴咽干、手足心热，治当清利湿热为主，佐以滋补肾阴，酌加生地黄、女贞子、旱莲草，选用药物要注意滋阴而不恋湿。

3. 瘀血腰痛

临床表现：① 痛处固定，或胀痛不适，或痛如锥刺，日轻夜重，或持续不解，活动不利；② 病程迁延，常有外伤、劳损史；③ 面晦唇黯，舌质隐青或有瘀斑，脉多弦涩或细数。

证候辨析：此型常有外伤、劳损史，以致气滞血瘀，气血运行不畅，瘀血阻滞经脉，故腰痛如锥刺，痛处固定，日轻夜重，或持续不解，活动不利。面晦唇黯，舌质隐青或有瘀斑，脉多弦涩，均为瘀血内停之象。临床具备①＋②或为①＋③均可辨为瘀血腰痛。

治法：活血化瘀，理气止痛。

代表方：身痛逐瘀汤加减。

常用药：当归、川芎、桃仁、红花活血祛瘀，疏通经脉；香附、没药、五灵脂、地龙行气活血，通络止痛，祛瘀消肿；牛膝活血化瘀，引药下行并能强壮腰脊。

若兼有风湿者，肢体困重，阴雨天加重，加独活、秦艽、狗脊；腰痛日久肾虚者，兼见腰膝酸软无力，眩晕，耳鸣，小便频数，加桑寄生、杜仲、续断、熟地黄；腰痛引胁，胸胁胀痛不适，加柴胡、郁金；有跌仆、扭伤、闪挫病史，加乳香、青皮行气活血止痛；瘀血明显，腰痛入夜更甚，加全蝎、蜈蚣、白花蛇等虫类药以通络止痛。

4. 肾虚腰痛

临床表现：① 腰痛以酸软为主，喜按喜揉，腿膝无力，遇劳则甚，卧则减轻，常反复发作；② 少腹拘急，面色㿠白，手足不温，少气乏力，舌淡，脉沉细；③ 心烦失眠，口燥咽干，面色潮红，手足心热，舌红少苔，脉弦细数。

证候辨析：腰为肾府，肾主骨髓，肾之精气亏虚，则腰脊失养，故腰腿酸软无力，喜按喜揉，是为虚证所见。劳则气耗，故遇劳则甚，卧则减轻，常反复发作。肾阳不足，不能温煦筋脉，则少腹拘急，四肢不得温养，则手足不温。面色㿠白，舌淡，脉沉细，皆为阳虚有寒之象。阴虚则阴津不足，虚火上炎，故心烦失眠，口燥咽干，面色潮红，手足心热。舌红少苔，脉弦细数，均为阴虚有热之象。临床具备①＋②为肾阳虚型，①＋③为肾阴虚型腰痛。

治法：偏阳虚者，宜温补肾阳；偏阴虚者，宜滋补肾阴。

代表方：偏阳虚者以右归丸加减；偏阴虚者以左归丸加减。

常用药：熟地黄、山药、山茱萸、枸杞子、龟甲胶培补肾精；附子、肉桂、杜仲、菟丝子、鹿角胶、牛膝温肾壮腰。

若虚火甚者,可酌加大补阴丸送服。如腰痛日久不愈,无明显的阴阳偏虚者,可服用青娥丸补肾以治腰痛。若肾虚日久,不能温煦脾土,常致脾气亏虚,甚则下陷,临床除有肾虚见症外,可兼见气短乏力,语声低弱,食少便溏或脏器下垂等。治当补肾为主,佐以健脾益气,升举清阳,酌加党参、黄芪、升麻、柴胡、白术等补气升提之药。

【其他治法】

一、中成药

1. 壮腰健肾丸　口服,蜜丸一次 1 丸,一日 2～3 次。具有壮腰健肾,祛风活络的功效。适用于肾虚腰痛,筋骨疼痛,膝软无力。

2. 壮骨关节丸　口服,浓缩丸一次 10 丸;水丸一次 6 g,一日 2 次,早晚饭后服用。具有补益肝肾,养血活血,舒筋活络,理气止痛的功效。适用于各种退行性骨关节痛、腰肌劳损等。

二、针灸

以阿是穴、大肠俞、委中为基本穴,根据不同病因选择不同的配穴。操作主穴均采用泻法。寒湿腰痛加艾灸;瘀血腰痛加刺络拔罐;肾虚腰痛配穴用补法,肾阳虚加灸法。

三、饮食辅助疗法

芝麻猪肚汤　黑芝麻 100 g,枸杞 60 g,猪肚 1 只。洗净猪肚,将黑芝麻和枸杞放入猪肚内,切口用线扎好,煮熟后切碎,以油、盐、生姜调味后食用。常服有效。

【转归预后】

腰痛患者若能得到及时正确的治疗,一般预后良好。但若失治误治,病延日久,痛久入络,气郁血阻于络脉,邪气愈痼,营血愈虚,腰部筋肉骨节失荣,可能转归,合并腰部强直、痿弱(痿病),瘫痪于床榻,则预后不良。

【预防调护】

(1) 预防腰痛,应注意在日常生活中要保持正确的坐、卧、行体位,劳逸适度,不可强力负重,避免腰部跌仆、闪挫。避免坐卧湿地,暑季湿热郁蒸时,亦应避免夜宿室外,贪冷喜凉。涉水冒雨或身汗出后即应换衣擦身,或服用生姜红糖茶,以发散风寒湿邪。

(2) 急性腰痛,应及时治疗,愈后注意休息调养,以巩固疗效。慢性腰痛除药物治疗外,注意腰部保暖,或加用腰托固护,避免腰部损伤。

(3) 避免劳欲太过,防止感受外邪,经常活动腰部,或进行腰部自我按摩、打太极拳等,有助于腰痛的康复。

【临证备要】

一、辨病思路

本病相当于西医学的腰肌劳损、腰肌纤维炎、强直性脊柱炎、腰椎骨质增生、腰椎间盘病变等腰部病变。

1. 腰肌劳损　是指腰骶部肌肉、筋膜以及韧带等软组织的慢性损伤,导致局部无菌性炎症,从而引起腰臀部一侧或两侧的弥漫性疼痛。其主要症状为腰或腰骶部疼痛,反复发作,疼痛可随气候变化或劳累程度而变化,时轻时重,缠绵不愈。腰部可有广泛压痛,脊椎活动多无异常。

笔记栏

2. 腰肌纤维炎 因寒冷、潮湿、慢性劳损而使腰部肌筋膜及肌组织发生水肿、渗出及纤维性变，而出现的一系列临床症状。主要表现为腰背部弥漫性钝痛，尤以两侧腰肌及髂嵴上方更为明显。

3. 强直性脊柱炎 该病病因尚不明确，主要累及脊柱、中轴骨骼和四肢大关节，并以椎间盘纤维环及其附近结缔组织纤维化和骨化及关节强直为病变特点的慢性炎性疾病，属自身免疫性疾病。

4. 腰椎骨质增生 本病的发生一般主要与年龄、劳损、外伤、姿势不正确等有着直接的关系。临床上常出现腰椎及腰部软组织酸痛、胀痛、僵硬与疲乏感，甚至弯腰受限。

5. 腰椎间盘病变 多见腰椎间盘突出症，此病患者最多见的症状为疼痛，可表现为腰背痛、坐骨神经痛，典型的坐骨神经痛表现为由臀部、大腿后侧、小腿外侧至跟部或足背的放射痛。特别是腰痛，不仅是腰椎间盘突出最常见的症状，也是最早出现的症状之一。

二、辨证思路

1. 辨外感与内伤 外感者，多起病较急，腰痛明显，常伴有外感症状；内伤者，多起病隐袭，腰部酸痛，病程缠绵，常伴有脏腑症状，多见于肾虚；跌仆闪挫者，起病急，疼痛部位固定，瘀血症状明显，常有外伤史可鉴。

2. 重视原发疾病的治疗 腰痛与许多疾病相关，因此临床既要根据病因辨证治疗，还要针对原发疾病，采用不同的治疗办法。泌尿系统的感染、结石可引起腰痛，治疗可参考淋证、水肿病证；肝胆系疾病、妇科生殖系统疾病等，也可累及腰部引起疼痛，治疗时首先应考虑原发疾病的治疗，切忌腰痛治腰，以免贻误病情。

三、治疗注意

1. 善用活血化瘀药物 活血化瘀药可用于腰痛的不同证型，疾病不同的阶段所选取的药物和用量也应有别。初发急性期，常选用小剂量的当归、川芎养血和血，温通血脉；病情相对缓解期，可加重活血化瘀药物的剂量与作用；腰痛日久，屡次复发者，可选取大剂量活血化瘀，搜风通络的药物，如虻虫、水蛭、蜂房、全蝎、蜈蚣等。

2. 临证当强调综合治疗 根据病情选用牵拉复位、推拿、针灸、拔罐、理疗、穴位注射、药物外敷、中药离子透入等方法，有助于疾病的治疗与康复。寒湿腰痛、肾虚腰痛、瘀血腰痛在内服药物的基础上，可配合熨法治疗，以肉桂、吴茱萸、葱头、花椒四味捣匀、炒热，绢帕裹包熨痛处，冷则再炒熨之，外用阿魏膏贴之，可提高治疗效果。

3. 酌加补肾之品 腰为肾之府，即使外邪导致的腰痛，若病程较长，也应酌加补肾之品。

【文献摘录】

《景岳全书·腰痛》："腰痛证凡悠悠戚戚，屡发不已者，肾之虚也；遇阴雨或久坐痛而重者，湿也；遇诸寒而痛，或喜暖而恶寒者，寒也；遇诸热而痛及喜寒而恶热者，热也；郁怒而痛者，气之滞也；忧愁思虑而痛者，气之虚也；劳动即痛者，肝肾之衰也。当辨其所因而治之。"

《医学心悟·腰痛》："腰痛拘急，牵引腿足，脉浮弦者，风也；腰冷如冰，喜得热手熨，脉沉迟或紧者，寒也，并用独活汤主之。腰痛如坐水中，身体沉重，腰间如带重物，脉濡细者，湿也，苍白二陈汤加独活主之。若腰重疼痛，腰间发热，痿软无力，脉弦数者，湿热也，恐成痿证，前方加黄柏主之。若因闪挫跌仆，瘀积于内，转侧如刀锥之刺，大便黑色，脉涩，或芤者，瘀血也，泽兰汤主之。走注刺痛，忽聚忽散，脉弦急者，气滞也，橘核丸主之。腰间肿，按之濡软不痛，脉滑者，痰也，二陈汤加白术、萆薢、白芥子、竹沥、姜汁主之。腰痛似脱，重按稍止，脉细弱无力者，虚也，六君子汤加杜仲、续断主之。若兼阴冷，更佐以八味丸。大抵腰痛，悉属肾虚，既夹邪气，必须祛邪。如无外邪，则唯补肾而已。"

笔记栏

（董秋梅　张志芳）

附　　录

一、方剂索引

A

艾迪注射液(《中华人民共和国药典2010年版》,以下简称"《中华人民共和国药典》"):斑蝥 人参 黄芪 刺五加

安宫牛黄丸(《温病条辨》):牛黄 郁金 犀角 黄芩 黄连 雄黄 栀子 朱砂 冰片 麝香 珍珠金箔衣

安神补脑液(《中华人民共和国药典》):鹿茸 何首乌 淫羊藿 干姜 甘草 大枣 维生素 B_1

安神补心丸(《中华人民共和国药典》):丹参 五味子 石菖蒲 安神膏

安神定志丸(《医学心悟》):人参 茯苓 茯神 菖蒲 姜远志 龙齿

B

八珍汤(《正体类要》):人参 白术 茯苓 甘草 当归 白芍 川芎 熟地黄 生姜 大枣

八正散(《太平惠民和剂局方》):木通 车前子 萹蓄 瞿麦 滑石 甘草梢 大黄 栀子 灯心草

白虎加桂枝汤(《金匮要略》):知母 石膏 甘草 粳米 桂枝

白虎加人参汤(《伤寒论》):知母 石膏 甘草 粳米 人参

白虎汤(《伤寒论》):知母 石膏 甘草 粳米

白头翁汤(《伤寒论》):白头翁 秦皮 黄连 黄柏

百合固金汤(《医方集解》):百合 熟地黄 生地黄 贝母 麦冬 当归 白芍 玄参 桔梗 甘草

斑龙丸(《医统方》):熟地黄 菟丝子 补骨脂 柏子仁 茯神 鹿角胶

柏子养心丸(《中华人民共和国药典》):柏子仁 党参 黄芪 川芎 当归 茯苓 远志 酸枣仁 肉桂 五味子 半夏曲 甘草 朱砂

半夏白术天麻汤(《医学心悟》):半夏 天麻 白术 茯苓 陈皮 蔓荆子 炙甘草 生姜

半夏厚朴汤(《金匮要略》):半夏 厚朴 茯苓 生姜 紫苏

保和丸(《丹溪心法》):山楂 神曲 半夏 茯苓 陈皮 连翘 莱菔子

保元汤(《博爱心鉴》):人参 黄芪 甘草 肉桂

保真汤(《十药神书》):人参 黄芪 白术 茯苓 天冬 麦冬 生地黄 熟地黄 五味子 当归 芍药 地骨皮 柴胡 厚朴 陈皮 生姜 黄柏 知母 莲心 甘草

萆薢分清饮(《医学心悟》):萆薢 茯苓 车前子 莲子心 菖蒲 黄柏 丹参 白术

鳖甲煎丸(《金匮要略》):鳖甲 乌扇 黄芩 柴胡 鼠妇 干姜 大黄 芍药 桂枝 葶苈子 石韦 厚朴 牡丹皮 瞿麦 紫薇 半夏 人参 䗪虫 阿胶 蜂房 赤硝 蜣螂 桃仁

补肺汤(《永类钤方》):人参 黄芪 熟地黄 五味子 紫菀 桑白皮

补肝汤(《三因极一病证方论》):山茱萸 炙甘草 桂心 细辛 茯苓 桃仁 柏子仁 防风 川乌

补脾益肠丸(《中华人民共和国药典》):白芍 白术 补骨脂 赤石脂 当归 党参 防风 干姜 甘草 黄芪 荔枝核 木香 肉桂 砂仁 延胡索

补气运脾汤(《统旨方》):人参 白术 茯苓 甘草 黄芪 陈皮 砂仁 半夏曲 生姜 大枣

补肾丸(《千金方》):山茱萸 干姜 远志 巴戟 乌药 泽泻 菟丝子 桂心 黄芪 石斛 干地黄 细辛 附子 当归 牡丹皮 蛇床子 甘草 肉苁蓉 人参 菖蒲 防风 茯苓 羊肾

补天大造丸(《医学心悟》):人参 白术 当归 黄芪 枣仁 远志 白芍 山药 茯苓 枸杞子 熟地黄 紫河车 龟甲 鹿角

补阳还五汤(《医林改错》):黄芪 当归尾 川芎 桃仁 地龙 赤芍 红花

补中益气汤(《脾胃论》):人参 黄芪 白术 甘草 当归 陈皮 升麻 柴胡

笔记栏

不换金正气散(《易简方》)：藿香 厚朴 陈皮 生姜 苍术 甘草

C

柴胡桂枝干姜汤(《伤寒论》)：柴胡 桂枝 干姜 瓜蒌根 黄芩 牡蛎 甘草

柴胡截疟饮(《医宗金鉴》)：柴胡 黄芩 人参 甘草 半夏 常山 乌梅 槟榔 桃仁 生姜 大枣

柴胡疏肝散(《景岳全书》)：陈皮 柴胡 枳壳 芍药 炙甘草 香附 川芎

柴枳半夏汤(《医学入门》)：柴胡 半夏 黄芩 瓜蒌仁 枳壳 桔梗 杏仁 青皮 甘草

菖蒲郁金汤(《温病条辨》)：石菖蒲 炒栀子 鲜竹叶 牡丹皮 郁金 连翘 灯心草 木通 淡竹沥 紫金片

沉香散(《金匮翼》)：沉香 石韦 滑石 当归 橘皮 白芍 冬葵子 甘草 王不留行

程氏萆薢分清饮(《医学心悟》)：川萆薢 黄柏 石菖蒲 茯苓 白术 莲子心 丹参 车前子

川芎茶调散(《太平惠民和剂局方》)：川芎 荆芥 薄荷 羌活 香附 白芷 甘草 防风

穿心莲片(《中华人民共和国药典》)：穿心莲

春泽汤(《医方集解》)：白术 桂枝 猪苓 泽泻 茯苓 人参

苁蓉通便口服液(《中华人民共和国药典》)：肉苁蓉 何首乌 枳实 蜂蜜

D

大补阴丸(《丹溪心法》)：知母 黄柏 熟地黄 龟甲 猪脊髓

大补元煎(《景岳全书》)：人参 炒山药 熟地黄 杜仲 枸杞 当归 山茱萸 炙甘草

大柴胡汤(《伤寒论》)：柴胡 黄芩 半夏 枳实 白芍药 大黄 生姜 大枣

大承气汤(《伤寒论》)：大黄 芒硝 枳实 厚朴

大定风珠(《温病条辨》)：白芍药 阿胶 生龟甲 生地黄 火麻仁 五味子 生牡蛎 麦冬 炙甘草 鸡子黄 生鳖甲

大黄附子汤(《金匮要略》)：大黄 附子 细辛

大黄甘草汤(《金匮要略》)：大黄 甘草

大黄黄连泻心汤(《伤寒论》)：大黄 黄连

大黄牡丹皮汤(《金匮要略》)：大黄 牡丹皮 桃仁 冬瓜子 芒硝

大黄䗪虫丸(《金匮要略》)：䗪虫 干漆 干大黄 水蛭 芍药 杏仁 黄芩 虻虫 蛴螬 大黄 桃仁 甘草

大活络丸[《国家基本药物目录(基层医疗卫生机构配备使用部分)2011版》]：安息香 白术 冰片 沉香 赤芍 大黄 当归 地龙 丁香 豆蔻 防风 甘草 葛根 骨碎补 贯众 藿香 龟甲 何首乌 红参 豹骨 黄连 黄芩 僵蚕 两头尖 麻黄 没药 木香 牛黄 蕲蛇 羌活 青皮 全蝎 肉桂 乳香 麝香 熟地黄 松香 天麻 天南星 威灵仙 乌梢蛇 乌药 犀角 细辛 香附 玄参 血竭 制草乌 天麻 全蝎 何首乌

大建中汤(《金匮要略》)：蜀椒 干姜 人参 饴糖

代抵当汤(《证治准绳》)：大黄 归尾 生地黄 穿山甲 芒硝 桃仁 肉桂

黛蛤散(《中药成方配本》)：青黛 海蛤壳

丹参饮(《时方歌括》)：丹参 檀香 砂仁

丹栀逍遥散(《医统》)：当归 白芍药 白术 柴胡 茯苓 甘草 煨生姜 薄荷 牡丹皮 栀子

当归补血汤(《内外伤辨惑论》)：黄芪 当归

当归六黄汤(《兰室秘藏》)：当归 生地黄 熟地黄 黄连 黄芩 黄柏 黄芪

当归龙荟丸(《宣明论方》)：当归 龙胆草 栀子 黄连 黄芩 黄柏 大黄 青黛 芦荟 木香 麝香

当归四逆汤(《伤寒论》)：当归 桂枝 芍药 细辛 甘草 通草 大枣

导赤散(《小儿药证直诀》)：生地黄 木通 竹叶 甘草

导痰汤(《济生方》)：半夏 陈皮 枳实 茯苓 甘草 制南星

涤痰汤(《济生方》)：制半夏 制南星 陈皮 枳实 茯苓 人参 石菖蒲 竹茹 甘草 生姜

地黄饮子(《宣明论方》)：生地黄 巴戟天 山茱萸 石斛 肉苁蓉 五味子 肉桂 茯苓 麦冬 炮附子 石菖蒲 远志 生姜 大枣 薄荷

笔记栏

地榆散(验方)：地榆 茜根 黄芩 黄连 栀子 茯苓

癫狂梦醒汤(《医林改错》)：桃仁 柴胡 香附 木通 赤芍 半夏 大腹皮 青皮 陈皮 桑白皮 苏子 甘草

丁香散(《古今医统》)：丁香 柿蒂 高良姜 炙甘草

丁香透膈散(《太平惠民和剂局方》):白术 香附 人参 砂仁 丁香 麦芽 木香 肉豆蔻 神曲 炙甘草 沉香 青皮 厚朴 藿香 陈皮 半夏 草果

定喘汤(《摄生众妙方》):白果 麻黄 款冬花 桑白皮 苏子 半夏 杏仁 黄芩 甘草

定狂逐瘀汤(《医林改错》):丹参 赤芍 桃仁 红花 琥珀粉 大黄 石菖蒲 郁金 柴胡 香附

定痫丸(《医学心悟》):天麻 川贝母 胆南星 半夏 茯苓 茯神 丹参 麦冬 菖蒲 远志 全蝎 僵蚕 琥珀 辰砂

独活寄生汤(《备急千金要方》):独活 桑寄生 秦艽 防风 细辛 当归 芍药 川芎 地黄 杜仲 牛膝 人参 茯苓 甘草 桂心

独参汤(《景岳全书》):人参

E

耳聋左慈丸(《重订广温热论》):熟地黄 山茱萸 山药 泽泻 牡丹皮 茯苓 石菖蒲 磁石 五味子

二陈汤(《太平惠民和剂局方》):半夏 陈皮 茯苓 炙甘草

二冬汤(《医学心悟》):天冬 麦冬 天花粉 知母 荷叶 黄芩 人参 甘草

二阴煎(《景岳全书》):生地黄 麦冬 酸枣仁 生甘草 玄参 茯苓 黄连 木通 灯心草 竹叶

F

防风汤(《宣明论方》):防风 当归 赤茯苓 杏仁 黄芩 秦艽 葛根 麻黄 肉桂 生姜 甘草 大枣

防风通圣散(《宣明论方》):防风 川芎 当归 芍药 大黄 芒硝 连翘 薄荷 麻黄 石膏 桔梗 黄芩 白术 栀子 荆芥穗 滑石 甘草 生姜

防己黄芪汤(《金匮要略》):防己 白术 黄芪 甘草 生姜 大枣

复方丹参滴丸(《中华人民共和国药典》):丹参 三七 冰片

复方阿胶浆(《中华人民共和国药典》):阿胶 红参 熟地黄 党参 山楂

复元活血汤(《医学发明·中风同堕坠论》):柴胡 瓜蒌根 当归 红花 甘草 穿山甲

附子理苓汤(《内经拾遗》):附子 干姜 甘草 人参 白术 猪苓 茯苓 泽泻 桂枝

附子理中汤(《太平惠民和剂局方》):炮附子 人参 白术 炮姜 炙甘草

G

甘草干姜汤(《金匮要略》):甘草 干姜

甘姜苓术汤(《金匮要略》):甘草 干姜 茯苓 白术

甘露消毒丹(《医效秘传》):飞滑石 绵茵陈 淡黄芩 石菖蒲 川贝母 木通 藿香 射干 连翘 薄荷 白豆蔻

甘麦大枣汤(《金匮要略》):甘草 淮小麦 大枣

甘遂半夏汤(《金匮要略》):甘遂 半夏 芍药 甘草

膏淋汤(《医学衷中参西录》):山药 芡实 龙骨 牡蛎 生地黄 党参 白芍

蛤蚧定喘丸(《中华人民共和国药典》):蛤蚧 瓜蒌子 紫菀 麻黄 鳖甲 黄芩 甘草 麦冬 黄连 百合 紫苏子 石膏 苦杏仁 石膏

膈下逐瘀汤(《医林改错》):五灵脂 当归 川芎 桃仁 牡丹皮 赤芍 乌药 延胡索 甘草 香附 红花 枳壳

葛根芩连汤(《伤寒论》):葛根 炙甘草 黄芩 黄连

瓜蒌桂枝汤(《金匮要略》):瓜蒌根 桂枝 芍药 甘草 生姜 大枣

瓜蒌薤白白酒汤(《金匮要略》):瓜蒌 薤白 白酒

瓜蒌薤白半夏汤(《金匮要略》):瓜蒌 薤白 半夏 白酒

冠心苏合丸(《中华人民共和国药典》):苏合香 冰片 乳香 檀香 土木香

龟鹿二仙膏(《医便》):鹿角 龟甲 人参 枸杞子

归脾汤(《济生方》):人参 白术 甘草 当归 黄芪 远志 酸枣仁 茯神 龙眼肉 木香 生姜 大枣

桂枝甘草龙骨牡蛎汤(《伤寒论》):桂枝 甘草 牡蛎 龙骨

桂枝加附子汤(《伤寒论》):桂枝 芍药 炙甘草 生姜 大枣 炮附子

桂枝芍药知母汤(《金匮要略》):桂枝 芍药 炙甘草 麻黄 白术 知母 防风 炮附子 生姜

桂枝汤(《伤寒论》):桂枝 芍药 生姜 炙甘草 大枣

H

海藻玉壶汤(《医宗金鉴》):海藻 昆布 海带 半夏 陈皮 青皮 连翘 贝母 当归 川芎 独活 甘草

笔记栏

河车大造丸(《扶寿精方》):紫河车 熟地黄 杜仲 天冬 麦冬 龟甲 黄柏 牛膝

何人饮(《景岳全书》):何首乌 人参 当归 陈皮 煨生姜

黑锡丹(《太平惠民和剂局方》):黑锡 硫黄 川楝子 葫芦巴 木香 制附子 肉豆蔻 补骨脂 沉香 小茴香 阳起石 肉桂

虎潜丸(《丹溪心法》):龟甲 黄柏 知母 熟地黄 白芍药 锁阳 陈皮 虎骨 干姜

华盖散(《太平惠民和剂局方》):麻黄 桑白皮 苏子 杏仁 茯苓 陈皮

华佗再造丸(《中华人民共和国药典》):国家保密处方,由川芎、吴茱萸、冰片等组成

化积丸(《类证治裁》):三棱 莪术 阿魏 海浮石 香附 雄黄 槟榔 苏木 瓦楞子 五灵脂

化痰通络汤(《临床中医内科学》):茯苓 半夏 白术 天麻 胆南星 天竺黄 丹参 香附 大黄

槐角丸(《扶寿精方》):槐角 地榆 黄芩 枳壳 当归 防风

还少丹(《医方集解》):熟地黄 枸杞子 山茱萸 肉苁蓉 远志 巴戟天 小茴香 杜仲 怀牛膝 茯苓 山药 五味子 党参 楮实 石菖蒲 大枣

黄连解毒汤(《外台秘要》):黄连 黄芩 黄柏 大黄

黄连清心饮(《沈氏尊生书》):黄连 生地黄 当归 酸枣仁 茯神 远志 莲子肉 人参 甘草

黄连温胆汤(《备急千金要方》):半夏 茯苓 陈皮 甘草 枳实 竹茹 黄连 大枣

黄芪建中汤(《金匮要略》):黄芪 桂枝 芍药 炙甘草 饴糖 大枣 生姜

黄芪六一汤(《太平惠民和剂局方》):黄芪 甘草

黄芪汤(《金匮翼》):黄芪 陈皮 火麻仁 蜂蜜

黄土汤(《金匮要略》):甘草 干地黄 白术 附子 阿胶 黄芩 灶心土

活人败毒散(《南阳活人书》):人参 羌活 独活 前胡 柴胡 川芎 枳壳 桔梗 茯苓 炙甘草 生姜

藿香正气散(《太平惠民和剂局方》):藿香 厚朴 苏叶 陈皮 大腹皮 白芷 茯苓 白术 半夏曲 桔梗 甘草 生姜 大枣

J

己椒苈黄丸(《伤寒论》):防己 椒目 葶苈子 大黄

济川煎(《景岳全书》):当归 牛膝 肉苁蓉 泽泻 升麻 枳壳

济生肾气丸(《济生方》):熟地黄 山药 山茱萸 牡丹皮 白茯苓 泽泻 附子 肉桂 川牛膝 车前子

加减葳蕤汤(《通俗伤寒论》):玉竹 葱白 桔梗 白薇 豆豉 薄荷 甘草 大枣

加味不换金正气散(验方):厚朴 苍术 陈皮 藿香 佩兰 草果 半夏 槟榔 菖蒲 荷叶 甘草

加味二妙散(《丹溪心法》):黄柏 苍术 当归 牛膝 防己 萆薢 龟甲

加味桔梗汤(《医学心悟》):桔梗 金银花 贝母 薏苡仁 橘红 葶苈子 白及 甘草

加味清胃散(《张氏医通》):生地黄 牡丹皮 连翘 黄连 当归 升麻 犀角 甘草

加味四斤丸(《三因极一病证方论》):肉苁蓉 牛膝 菟丝子 木瓜 鹿茸 熟地黄 天麻 五味子

加味四君子汤(《三因极一病证方论》):人参 茯苓 白术 甘草 黄芪 扁豆

交泰丸(《四科简效方》):黄连 肉桂

椒目瓜蒌汤(《医醇賸义》):川椒目 瓜蒌仁 葶苈子 桑白皮 苏子 半夏 茯苓 橘红 蒺藜

桔梗杏仁煎(《景岳全书》):桔梗 杏仁 甘草 金银花 贝母 枳壳 红藤 连翘 夏枯草 百合 麦冬 阿胶

截疟七宝饮(《杨氏家藏方》):常山 草果 厚朴 槟榔 青皮 陈皮 炙甘草

解语丹(《医学心悟》):白附子 石菖蒲 远志 天麻 全蝎 羌活 南星 木香 甘草

金复康口服液(《国家药品标准·新药转正标准》):黄芪 北沙参 麦冬 女贞子 山茱萸 绞股蓝 淫羊藿 葫芦巴 石上柏 石见穿 重楼 天冬

金匮肾气丸(《金匮要略》):附子 熟地黄 山茱萸 泽泻 肉桂 牡丹皮 山药 茯苓

金铃子散(《素问病机气宜保命集》):金铃子 延胡索

金锁固精丸(《医方集解》):沙苑蒺藜 芡实 莲须 龙骨 牡蛎

荆防败毒散(《外科理例》):荆芥 防风 羌活 独活 柴胡 前胡 川芎 桔梗 枳壳 茯苓 甘草

橘红丸(《中华人民共和国药典》):橘红 陈皮 半夏 茯苓 甘草 桔梗 苦杏仁 紫苏子 紫菀 款冬花 瓜蒌皮 浙贝母 地黄 麦冬 石膏

笔记栏

橘皮竹茹汤(《金匮要略》):橘皮 竹茹 大枣 生姜 甘草 人参

蠲痹汤(《医学心悟》):羌活 独活 桂心 秦艽 当归 川芎 炙甘草 海风藤 桑枝 乳香 木香

K

开噤散(《医学心悟》):人参 茯苓 石莲子 石菖蒲 丹参 黄连 陈皮 冬瓜子 陈米 荷叶蒂

控涎丹(《三因极一病证方论》):甘遂 大戟 白芥子

L

理中丸(《伤寒论》):人参 白术 干姜 炙甘草

连番止泻胶囊(《广东省基本医疗保险、工伤保险和生育保险药品目录 2010 年版》):黄连 黄芩 白芍 藿香 番石榴叶 茯苓

连花清瘟胶囊(《国家药品标准・新药转正标准》):连翘 金银花 麻黄 苦杏仁 石膏 板蓝根 绵马贯众 鱼腥草 藿香 大黄 红景天 薄荷脑 甘草

连理汤(《张氏医通》):人参 白术 干姜 炙甘草 黄连 茯苓

良附丸(《良方集腋》):高良姜 香附

苓桂术甘汤(《金匮要略》):茯苓 桂枝 白术 甘草

羚角钩藤汤(《通俗伤寒论》):羚羊角 桑叶 川贝母 鲜生地 钩藤 菊花 白芍药 生甘草 鲜竹茹 茯神

六君子汤(《校注妇人良方》):人参 炙甘草 茯苓 白术 陈皮 制半夏 生姜 大枣

六磨汤(《证治准绳》):沉香 木香 槟榔 乌药 枳实 大黄

六神丸(《卫生部药品标准・中药成方制剂》):人工牛黄 麝香 蟾酥 珍珠粉 冰片 百草霜

六味地黄丸(《小儿药证直诀》):熟地黄 山茱萸 山药 泽泻 牡丹皮 茯苓

六一散(《伤寒标本心法类萃》):滑石 甘草

龙胆泻肝汤(《医方集解》):龙胆草 黄芩 栀子 泽泻 木通 车前子 当归 生地黄 柴胡 生甘草

鹿角胶丸(《医学正传》):鹿角胶 鹿角霜 熟地黄 人参 当归 牛膝 茯苓 菟丝子 白术 杜仲 虎骨 龟甲

鹿茸补涩丸(《沈氏尊生书》):人参 黄芪 菟丝子 桑螵蛸 莲子肉 茯苓 肉桂 山药 附子 鹿茸 桑皮 龙骨 补骨脂 五味子

M

麻黄附子细辛汤(《伤寒论》):麻黄 附子 细辛

麻黄连翘赤小豆汤(《伤寒论》):麻黄 连翘 赤小豆 生梓白皮 杏仁 甘草 生姜 大枣

麻黄汤(《伤寒论》):麻黄 桂枝 杏仁 炙甘草

麻仁润肠丸(《中华人民共和国药典》):火麻仁 苦杏仁 大黄 木香 陈皮 白芍

麻杏石甘汤(《伤寒论》):麻黄 杏仁 石膏 甘草

麻子仁丸(《伤寒论》):麻子仁 芍药 枳实 大黄 厚朴 杏仁

麦门冬汤(《金匮要略》):麦冬 人参 半夏 甘草 粳米 大枣

麦味地黄丸(《医级》):熟地黄 山茱萸 山药 泽泻 牡丹皮 白茯苓 麦冬 五味子

礞石滚痰丸(《养生主论》):青礞石 沉香 大黄 黄芩 朴硝

妙香散(《沈氏尊生书》):山药 茯苓 茯神 远志 人参 黄芪 桔梗 甘草 木香 辰砂 麝香 莲肉

摩罗丹(《卫生部药品标准・中药成方制剂》):百合 茯苓 玄参 乌药 泽泻 麦冬 当归 白术 茵陈 白芍 石斛 菖蒲 川芎 三七 地榆 延胡索 蒲黄 鸡内金

木香槟榔丸(《医方集解》):木香 香附 青皮 陈皮 枳壳 牵牛子 槟榔 黄连 黄柏 三棱 莪术 大黄 芒硝

木香顺气散(《沈氏尊生书》):木香 青皮 橘皮 甘草 枳壳 川朴 乌药 香附 苍术 砂仁 桂心 川芎

N

宁泌泰胶囊(《国家中成药标准汇编》):四季红 芙蓉叶 仙鹤草 大风藤 白茅根 连翘 三颗针

牛黄清心丸(《痘疹世医心法》):牛黄 黄芩 栀子 郁金 黄连 辰砂

暖肝煎(《景岳全书》):肉桂 小茴香 茯苓 乌药 枸杞子 当归 沉香 生姜

P

平喘固本汤(验方):党参 五味子 冬虫夏草 胡桃肉 灵磁石 沉香 脐带 苏子 款冬花 半夏 橘红

笔记栏

平喘抗炎胶囊(《国家中成药标准汇编》)：桃儿七 苦杏仁 桔梗 氨茶碱 氯化铵
平胃散(《太平惠民和剂局方》)：苍术 厚朴 陈皮 甘草

Q

七福饮(《景岳全书》)：人参 熟地黄 当归 白术 酸枣仁 远志 炙甘草
七味白术散(《小儿药证直诀》)：人参 白茯苓 炒白术 藿香 木香 甘草 葛根
七味都气丸(《医宗已任编》)：地黄 山茱萸 山药 茯苓 牡丹皮 泽泻 五味子
启膈散(《医学心悟》)：沙参 茯苓 丹参 川贝母 郁金 砂仁壳 荷叶蒂 杵头糠
杞菊地黄丸(《医极》)：枸杞子 菊花 熟地黄 山药 山茱萸 茯苓 泽泻 牡丹皮
气滞胃痛颗粒(《中华人民共和国药典》)：柴胡 延胡索 枳壳 香附 白芍 甘草
千金苇茎汤(《千金方》)：苇茎 生薏苡仁 冬瓜子 桃仁
前列安通片(《国家中成药标准汇编》)：黄柏 赤芍 丹参 桃仁 泽兰 乌药 王不留行 白芷
茜根散(《景岳全书》)：茜草根 黄芩 阿胶 侧柏叶 生地黄 甘草
羌活胜湿汤(《内外伤辨惑论》)：羌活 独活 川芎 蔓荆子 甘草 防风 藁本
青娥丸(《太平惠民和剂局方》)：胡桃肉 补骨脂 杜仲
清肺饮(《证治汇补》)：茯苓 黄芩 桑白皮 麦冬 车前子 栀子 木通
清骨散(《证治准绳・类方》)：银柴胡 胡黄连 秦艽 鳖甲 地骨皮 青蒿 知母 甘草
清金化痰汤(《统旨方》)：黄芩 栀子 桔梗 贝母 知母 麦冬 桑白皮 瓜蒌仁 橘红 茯苓 甘草
清开灵注射液(《中华人民共和国药典》)：胆酸 珍珠母 猪去氧胆酸 栀子 水牛角 板蓝根 黄芩苷 金银花
清热镇惊汤(《医宗金鉴》)：柴胡 薄荷 麦冬 栀子 黄连 龙胆草 茯神 钩藤 甘草 木通 竹叶 朱砂
清暑益气汤(《脾胃论》)：黄芪 苍术 升麻 人参 白术 陈皮 神曲 泽泻 麦冬 当归 炙甘草 黄柏 葛根 青皮 五味子
清胃散(《脾胃论》)：生地黄 当归身 牡丹皮 黄连 升麻
清营汤(《温病条辨》)：犀角 生地黄 玄参 竹叶心 麦冬 丹参 黄连 金银花 连翘
清燥救肺汤(《医门法律》)：桑叶 石膏 杏仁 甘草 麦冬 人参 阿胶 胡麻仁 炙枇杷叶
清瘴汤(验方)：青蒿 柴胡 茯苓 知母 陈皮 半夏 黄芩 黄连 枳实 常山 竹茹
清中汤(《医学统旨》)：黄连 栀子 半夏 茯苓 陈皮 草豆蔻 甘草
秦艽鳖甲散(《卫生宝鉴》)：秦艽 鳖甲 柴胡 地骨皮 当归 知母 青蒿 地骨皮 乌梅
全天麻胶囊(《中华人民共和国药典》)：天麻

R

人参养荣汤(《太平惠民和剂局方》)：人参 黄芪 熟地黄 当归 白芍 白术 茯苓 炙甘草 陈皮 五味子 炒远志 桂心
人参养荣汤(《太平惠民和剂局方》)：人参 甘草 黄芪 当归 白芍 熟地黄 肉桂 大枣 白术 茯苓 五味子 远志 橘皮 生姜
人参益气汤(《兰室秘藏》)：黄芪 生甘草 人参 芍药 柴胡 升麻 五味子 炙甘草
如金解毒散(《景岳全书》)：桔梗 甘草 黄芩 黄柏 栀子 黄连
润肠丸(《沈氏尊生方》)：当归 生地黄 麻仁 桃仁 枳壳

S

三拗汤(《太平惠民和剂局方》)：麻黄 杏仁 生甘草 生姜
三才封髓丹(《内外伤辨惑论》)：天冬 熟地黄 人参 黄柏 砂仁 甘草
三金片(《中华人民共和国药典》)：金樱根 菝葜 羊开口 金沙藤 积雪草
三九胃泰(《中华人民共和国药典》)：三桠苦 黄芩 九里香 两面针 木香 茯苓 白芍 地黄
三仁汤(《温病条辨》)：杏仁 白蔻仁 薏苡仁 厚朴 半夏 通草 滑石 竹叶
三物备急丸(《金匮要略》)：大黄 干姜 巴豆
三子养亲汤(《韩氏医通》)：苏子 白芥子 莱菔子
桑白皮汤(《景岳全书》)：桑白皮 半夏 苏子 杏仁 贝母 黄芩 黄连 栀子
桑菊饮(《温病条辨》)：桑叶 菊花 连翘 薄荷 桔梗 杏仁 芦根 甘草

笔记栏

桑螵蛸散(《本草衍义》)：桑螵蛸 茯苓 当归 煅龙骨 炙龟甲 石菖蒲 远志 党参
桑杏汤(《温病条辨》)：桑叶 杏仁 沙参 浙贝母 豆豉 栀子 梨皮
沙参麦冬汤(《温病条辨》)：沙参 麦冬 玉竹 桑叶 天花粉 生扁豆 生甘草
沙参清肺汤(验方)：北沙参 黄芪 太子参 合欢皮 白及 甘草 桔梗 薏苡仁 冬瓜仁
芍药甘草汤(《伤寒论》)：芍药 甘草
芍药汤(《素问病机气宜保命集》)：黄芩 芍药 炙甘草 黄连 大黄 槟榔 当归 木香 肉桂
少腹逐瘀汤(《医林改错》)：小茴香 干姜 肉桂 延胡索 没药 当归 川芎 赤芍药 蒲黄 五灵脂
蛇胆川贝液(《卫生部药品标准·中药成方制剂》)：蛇胆汁 平贝母
射干麻黄汤(《金匮要略》)：射干 麻黄 细辛 紫菀 款冬花 半夏 五味子 生姜 大枣
麝香保心丸(《中华人民共和国药典》)：麝香 人参提取物 牛黄 肉桂 苏合香 蟾酥 冰片
参附龙牡汤(验方)：人参 炮附子 龙骨 牡蛎
参附汤(《妇人良方》)：人参 熟附子 生姜 大枣
参苓白术散(《太平惠民和剂局方》)：人参 茯苓 白术 桔梗 山药 甘草 白扁豆 莲子肉 砂仁 薏苡仁
参蛤散(《济生方》)：人参 蛤蚧
身痛逐瘀汤(《医林改错》)：秦艽 川芎 桃仁 红花 甘草 羌活 没药 香附 五灵脂 牛膝 地龙 当归
神犀丹(《温热经纬》)：犀角 石菖蒲 黄芩 生地黄 金银花 金汁 连翘 板蓝根 豆豉 玄参 天花粉 紫草
神术散(《医学心悟》)：苍术 陈皮 厚朴 甘草 藿香 砂仁
肾气丸(《金匮要略》)：桂枝 附子 熟地黄 山茱萸 山药 茯苓 牡丹皮 泽泻
生姜甘草汤(《备急千金要方》)：人参 生姜 甘草 大枣
生脉饮(《千金方》)：人参 麦冬 五味子
生铁落饮(《医学心悟》)：生铁落 钩藤 胆星 贝母 茯苓 橘红 菖蒲 远志 辰砂 茯神 天冬 麦冬 丹参 玄参 连翘
圣愈汤(《医宗金鉴》)：人参 黄芪 当归 白芍药 熟地黄 川芎
十灰散(《十药神书》)：大蓟 小蓟 荷叶 侧柏叶 白茅根 茜根 栀子 大黄 牡丹皮 棕榈皮
十全大补汤(《太平惠民和剂局方》)：熟地黄 白芍 当归 川芎 人参 白术 茯苓 炙甘草 黄芪 肉桂
十枣汤(《伤寒论》)：芫花 甘遂 大戟 大枣
石斛夜光丸(《瑞竹堂方》)：石斛 人参 山药 茯苓 甘草 肉苁蓉 枸杞子 菟丝子 熟地黄 生地黄 麦冬 五味子 天冬 苦杏仁 防风 川芎 枳壳 黄连
石韦散(《证治汇补》)：石韦 冬葵子 瞿麦 滑石 车前子
失笑散(《太平惠民和剂局方》)：五灵脂 蒲黄
实脾饮(《济生方》)：附子 干姜 白术 甘草 厚朴 木香 草果 槟榔 木瓜 生姜 大枣 茯苓
舒肝健胃丸(《卫生部药品标准·中药成方制剂》)：厚朴 香附 白芍 柴胡 青皮 香橼 陈皮 檀香 豆蔻 枳壳 鸡内金 槟榔 延胡索 五灵脂 牵牛子
双合汤(《杂病源流犀烛》)：桃仁 红花 地黄 芍药 当归 川芎 半夏 茯苓 陈皮 甘草 白芥子 鲜竹沥 生姜汁
水陆二仙丹(《证治准绳》)：金樱子 芡实
顺气导痰汤(验方)：半夏 陈皮 茯苓 甘草 生姜 胆南星 枳实 木香 香附
四海舒郁丸(《疡医大全》)：海蛤粉 海带 海藻 海螵蛸 昆布 青木香 陈皮
四君子汤(《太平惠民和剂局方》)：党参 白术 茯苓 甘草
四逆加人参汤(《伤寒论》)：附子 干姜 人参 炙甘草
四妙丸(《成方便读》)：苍术 黄柏 牛膝 薏苡仁
四逆散(《伤寒论》)：炙甘草 枳实 柴胡 白芍药
四神丸(《证治准绳》)：补骨脂 肉豆蔻 五味子 生姜 大枣
四味回阳饮(《景岳全书》)：人参 干姜 炙甘草 附子
四物汤(《太平惠民和剂局方》)：白芍药 川当归 熟地黄 川芎
松龄血脉康胶囊(《国家新药标准·新药转正标准》)：鲜松叶 葛根 珍珠层粉

笔记栏

速效救心丸(《卫生部药品标准·中药成方制剂》)：川芎 冰片

苏合香丸(《太平惠民和剂局方》)：麝香 安息香 丁香 青木香 檀香 沉香 香附 荜茇 诃子 朱砂 白术 犀角 苏合香油 冰片 熏陆香

苏子降气汤(《大平惠民和剂局方》)：苏子 橘皮 半夏 当归 前胡 厚朴 肉桂 甘草 生姜

疏凿饮子(《济生方》)：商陆 泽泻 赤小豆 椒目 木通 茯苓皮 大腹皮 槟榔 生姜 羌活 秦艽

酸枣仁汤(《金匮要略》)：知母 茯苓 川芎 甘草 酸枣仁

T

桃花汤(《伤寒论》)：赤石脂 干姜 粳米

桃核承气汤(《伤寒论》)：桃核 大黄 桂枝 甘草 芒硝

桃红四物汤(《医宗金鉴》)：桃仁 红花 当归 熟地黄 白芍 川芎

桃仁红花煎(《陈素庵妇科补解》)：红花 当归 桃仁 香附 延胡索 赤芍 川芎 乳香 丹参 青皮 熟地黄

天麻钩藤饮(《杂病诊治新义》)：天麻 钩藤 生石决明 川牛膝 桑寄生 杜仲 栀子 黄芩 益母草 朱茯神 首乌藤

天王补心丹(《校注妇人良方》)：人参 丹参 玄参 远志 茯苓 五味子 桔梗 天冬 麦冬 当归 生地黄 酸枣仁 柏子仁 朱砂

调营饮(《证治准绳》)：赤芍 川芎 当归 莪术 延胡索 槟榔 瞿麦 葶苈 桑白皮 赤茯苓 大黄 陈皮 大腹皮 细辛 官桂 炙甘草 姜 枣 白芷

葶苈大枣泻肺汤(《金匮要略》)：葶苈子 大枣

通窍活血汤(《医林改错》)：赤芍药 川芎 桃仁 红花 麝香 老葱 鲜姜 大枣 酒

通心络胶囊(《中华人民共和国药典》)：人参 水蛭 金蝎 赤芍 蝉蜕 土鳖虫 蜈蚣 檀香 降香 乳香 酸枣仁 冰片

痛泻要方(《景岳全书》)：白术 白芍 防风 炒陈皮

通幽汤(《兰室秘藏》)：生地黄 熟地黄 桃仁泥 红花 当归 炙甘草 升麻

通瘀煎(《景岳全书》)：当归尾 红花 山楂 香附 乌药 青皮 木香 泽泻

W

尪痹颗粒(《中华人民共和国药典》)：地黄 熟地黄 续断 附子 独活 骨碎补 桂枝 淫羊藿 防风 威灵仙 皂刺 羊骨 白芍 狗脊 知母 伸筋草 红花

苇茎汤(《备急千金要方》)：鲜芦根 薏苡仁 冬瓜仁 桃仁

胃苓汤(《丹溪心法》)：甘草 茯苓 苍术 陈皮 白术 肉桂 泽泻 猪苓 厚朴 生姜 大枣

温胆汤(《备急千金要方》)：枳实 竹茹 半夏 陈皮 茯苓 甘草 生姜 大枣

温肺汤(《证治准绳》)：人参 肉桂 干姜 钟乳石 半夏 橘红 木香 甘草

温脾汤(《备急千金要方》)：附子 人参 大黄 甘草 干姜

温胃舒胶囊(《中华人民共和国药典》)：党参 附子 黄芪 肉桂 山药 肉苁蓉 白术 山楂 乌梅 砂仁 陈皮 补骨脂

翁沥通胶囊(《国家药品标准·新药转正标准》)：薏苡仁 浙贝母 川木通 栀子 金银花 旋覆花 泽兰 大黄 铜绿 甘草 黄芪

乌梅丸(《伤寒论》)：乌梅 黄连 黄柏 人参 当归 附子 桂枝 川椒 干姜 细辛

乌头汤(《金匮要略》)：川乌 麻黄 芍药 黄芪 甘草

无比山药丸(《太平惠民和剂局方》)： 肉苁蓉 熟地黄 山茱萸 茯神 菟丝子 五味子 石脂 巴戟天 泽泻 杜仲 牛膝

吴茱萸汤(《伤寒论》)：吴茱萸 人参 生姜 大枣

五苓散(《伤寒论》)：桂枝 白术 茯苓 猪苓 泽泻

五磨饮子(《医方集解》)：乌药 沉香 槟榔 枳实 木香

五皮散(《华氏中藏经》)：桑白皮 橘皮 生姜皮 大腹皮 茯苓皮

五仁丸(《世医得效方》)：桃仁 杏仁 柏子仁 松子仁 郁李仁 橘皮

五生丸(验方)：生南星 生半夏 生川乌 白附子 黑豆

笔记栏

五味消毒饮(《医宗金鉴》)：金银花 野菊花 蒲公英 紫花地丁 紫背天葵

五汁安中饮(验方)：韭汁 牛乳 生姜汁 梨汁 藕汁

X

犀角地黄汤(《备急千金要方》)：犀角 生地黄 牡丹皮 芍药

犀角散(《备急千金要方》)：犀角 生地黄 牡丹皮 芍药

犀黄丸(《外科证治全生集》)：牛黄 麝香 乳香 没药 黄米饭

香附旋覆花汤(《温病条辨》)：生香附 旋覆花 苏子 薏苡仁 半夏 茯苓 橘皮

香连丸(《太平惠民和剂局方》)：黄连 木香

香茸丸(《证治准绳》)：麝香 鹿茸 麋茸 肉苁蓉 熟地黄 沉香 五味子 茯苓 龙骨

香砂六君子汤(《古今名医方论》)：人参 白术 茯苓 甘草 陈皮 半夏 砂仁 木香

香砂养胃丸(《中华人民共和国药典》)：木香 砂仁 白术 陈皮 茯苓 半夏 香附 枳实 豆蔻 厚朴 藿香 甘草

消渴方(《丹溪心法》)：黄连 天花粉 人乳汁(或牛乳) 藕汁 生地汁 姜汁 蜂蜜

消瘰丸(《医学心悟》)：玄参 牡蛎 浙贝母

消炎利胆片(《中华人民共和国药典》)：穿心莲 溪黄草 苦木

逍遥散(《太平惠民和剂局方》)：柴胡 当归 白芍 白术 茯苓 薄荷 生甘草 煨生姜

小半夏加茯苓汤(《金匮要略》)：半夏 生姜 茯苓

小半夏汤(《金匮要略》)：半夏 生姜

小柴胡汤(《伤寒论》)：柴胡 黄芩 半夏 人参 生姜 大枣 甘草

小承气汤(《伤寒论》)：大黄 厚朴 枳实

小蓟饮子(《济生方》)：生地黄 小蓟 滑石 通草 炒蒲黄 藕节 当归 栀子 甘草 淡竹叶

小青龙汤(《伤寒论》)：麻黄 桂枝 芍药 甘草 干姜 细辛 半夏 五味子

泻白散(《小儿药证直诀》)：桑白皮 地骨皮 生甘草 粳米

泻心汤(《金匮要略》)：大黄 黄连 黄芩

新加香薷饮(《温病条辨》)：香薷 鲜扁豆花 厚朴 金银花 连翘

醒脑静注射液(《卫生部药品标准·中药成方制剂》)：麝香 郁金 冰片 栀子

杏苏散(《温病条辨》)：杏仁 紫苏叶 橘皮 半夏 生姜 枳壳 桔梗 前胡 茯苓 甘草 大枣

芎芷石膏汤(《医宗金鉴》)：川芎 白芷 石膏 菊花 藁本 羌活

宣痹汤(《温病条辨》)：防己 杏仁 连翘 滑石 薏苡仁 半夏 蚕沙 赤小豆皮 栀子

旋覆代赭汤(《伤寒论》)：旋覆花 代赭石 人参 半夏 炙甘草 生姜 大枣

旋覆花汤(《金匮要略》)：旋覆花 新绛 葱

血府逐瘀汤(《医林改错》)：当归 生地黄 桃仁 红花 枳壳 赤芍药 柴胡 甘草 桔梗 牛膝 川芎

血栓通注射液(《卫生部药品标准·中药成方制剂》)：三七提取物(有效成分为三七总皂苷，主要成分为人参皂苷 Rg_1、Rb_1)

Y

阳和汤(《外科证治全生集》)：熟地黄 麻黄 鹿角胶 白芥子 肉桂 生甘草 炮姜炭

养心汤(《证治准绳》)：黄芪 人参 茯苓 炙甘草 当归 茯神 远志 柏子仁 酸枣仁 五味子 川芎 半夏曲 肉桂

养阴清肺丸(《中华人民共和国药典》)：地黄 玄参 麦冬 白芍 川贝母 牡丹皮 薄荷 甘草

一贯煎(《柳州医话》)：沙参 麦冬 当归 生地黄 枸杞子 川楝子

益气聪明汤(《证治准绳》)：黄芪 人参 升麻 葛根 蔓荆子 芍药 黄柏 炙甘草

益胃汤(《温病条辨》)：沙参 麦冬 生地黄 玉竹 冰糖

薏苡仁汤(《类证治裁》)：薏苡仁 川芎 当归 麻黄 桂枝 羌活 独活 防风 川乌 苍术 甘草 生姜

茵陈蒿汤(《伤寒论》)：茵陈蒿 栀子 大黄

茵陈五苓散(《金匮要略》)：茵陈蒿 桂枝 茯苓 白术 泽泻 猪苓

茵陈术附汤(《医学心悟》)：茵陈蒿 白术 附子 干姜 炙甘草 肉桂

茵栀黄颗粒[《国家基本药物目录(基层医疗卫生机构配备使用部分)2011 版》]：茵陈 栀子 黄芩苷

笔记栏

金银花

银翘解毒片(《中华人民共和国药典》)：金银花 连翘 薄荷 荆芥 淡豆豉 牛蒡子 桔梗 淡竹叶 甘草

银翘散(《温病条辨》)：金银花 连翘 桔梗 薄荷 牛蒡子 竹叶 荆芥穗 豆豉 鲜芦根

右归丸(《景岳全书》)：熟地黄 山药 山茱萸 枸杞子 杜仲 菟丝子 附子 肉桂 当归 鹿角胶

右归饮(《景岳全书》)：熟地黄 山药 山茱萸 枸杞 炙甘草 杜仲 肉桂 制附子

玉女煎(《景岳全书》)：石膏 熟地黄 麦冬 知母 牛膝

玉屏风散(《世医得效方》)：黄芪 白术 防风

玉泉丸(《仁斋直指方》)：葛根 天花粉 地黄 麦冬 五味子 甘草

玉枢丹(《百一选方》)：山慈菇 续随子 大戟 麝香 腰黄 朱砂 五倍子

月华丸(《医学心悟》)：天冬 麦冬 熟地黄 生地黄 山药 百部 沙参 川贝母 阿胶 茯苓 菊花 桑叶

越婢加术汤(《金匮要略》)：麻黄 石膏 甘草 大枣 白术 生姜

越鞠保和丸(《中华人民共和国药典》)：栀子 六神曲 香附 川芎 苍术 木香 槟榔

越鞠丸(《丹溪心法》)：川芎 香附 苍术 神曲 栀子

云南白药(《中华人民共和国药典》)：国家保密处方

Z

赞育丹(《景岳全书》)：熟地黄 白术 当归 枸杞子 炒杜仲 仙茅 淫羊藿 巴戟天 山茱萸 肉苁蓉 炒韭子 蛇床子 肉桂

增液承气汤(《温病条辨》)：大黄 芒硝 玄参 麦冬 生地黄

增液汤(《温病条辨》)：玄参 麦冬 生地黄

真人养脏汤(《证治准绳》)：诃子 罂粟壳 肉豆蔻 白术 人参 木香 官桂 炙甘草 生姜 大枣

真武汤(《伤寒论》)：炮附子 白术 茯苓 芍药 生姜

真方白丸子(《瑞竹堂方》)：半夏 白附子 天麻 川乌头 天南星 全蝎 木香 枳壳

镇肝熄风汤(《医学衷中参西录》)：怀牛膝 生赭石 生龙骨 生牡蛎 生龟甲 生杭芍 玄参 天冬 川楝子 生麦芽 茵陈 甘草

拯阳理劳汤(《医宗必读》)：人参 黄芪 肉桂 五味子 白术 丹参 当归 檀香 砂仁 炙甘草

正气天香散(《保命歌括》)：乌药 香附 干姜 紫苏 陈皮

正天丸(《卫生部药品标准·中药成方制剂》)：钩藤 白芍 川芎 当归 地黄 白芷 防风 羌活 桃仁 红花 细辛 独活 麻黄 附片 鸡血藤

知柏地黄丸(《医宗金鉴》)：知母 黄柏 熟地黄 山药 山茱萸 茯苓 泽泻 牡丹皮

枳实导滞丸(《内外伤辨惑论》)：大黄 枳实 黄芩 黄连 神曲 白术 茯苓 泽泻

止嗽散(《医学心悟》)：荆芥 桔梗 甘草 白前 陈皮 百部 紫菀

至宝丹(《太平惠民和剂局方》)：朱砂 麝香 安息香 金银 犀角 牛黄 琥珀 雄黄 玳瑁 龙脑

炙甘草汤(《伤寒论》)：炙甘草 人参 桂枝 生姜 阿胶 生地黄 麦冬 火麻仁 大枣

治咳川贝枇杷露(《中华人民共和国药典》)：贝母 枇杷叶 水半夏 桔梗 薄荷脑

栀子清肝汤(《类证治裁》)：栀子 牡丹皮 柴胡 白芍 当归 川芎 茯苓 牛蒡子 甘草

中满分消丸(《兰室秘藏》)：厚朴 枳实 黄连 黄芩 知母 半夏 陈皮 茯苓 猪苓 泽泻 砂仁 干姜 姜黄 人参 白术 炙甘草

朱砂安神丸(《内外伤辨惑论》)：朱砂 甘草 黄连 当归 生地黄

竹叶石膏汤(《伤寒论》)：竹叶 石膏 麦冬 人参 半夏 粳米 炙甘草

驻车丸(《备急千金要方》)：黄连 阿胶 当归 干姜

壮骨关节丸(《中华人民共和国药典》)：狗脊 淫羊藿 独活 骨碎补 续断 补骨脂 桑寄生 鸡血藤 熟地黄 木香 乳香 没药

壮腰健肾丸(《卫生部药品标准·中药成方制剂》)：狗脊 金樱子 黑老虎根 桑寄生 鸡血藤 千斤拔 牛大力 菟丝子 女贞子

滋肾通关丸(《兰室秘藏》)：知母 黄柏 肉桂

滋水清肝饮(《医宗己任编》)：生地黄 山茱萸 茯苓 当归 山药 牡丹皮 泽泻 白芍 柴胡 栀子 大枣

紫雪丹(《外台秘要》)：寒水石 石膏 滑石 磁石 朱砂 玄参 羚羊角 犀角 丁香 麝香 升麻 沉香 青

笔记栏

木香 甘草 朴硝 黄金 硝石

左归丸(《景岳全书》):熟地黄 山药 山茱萸 菟丝子 枸杞子 川牛膝 鹿角胶 龟甲胶

左金丸(《丹溪心法》):黄连 吴茱萸

二、中医内科疾病病名中英文对照

A	
癌病	cancer
B	
痹证	impediment syndrome
便秘	constipation
不寐	insomnia
C	
颤证	trembling syndrome
痴呆	dementia
喘证	asthma syndrome
D	
盗汗	night sweating
癫狂	mania-depressive psychosis
多寐	somnolence
E	
呃逆	hiccup
耳聋	deafness
耳鸣	tinnitus
F	
反胃	regurgitation
肥胖	obesity
肺痨	pulmonary tuberculosis
肺痿	atrophic lung disease
肺痈	abscess of lung
肺胀	lung distention
腹痛	abdominal pain
G	
感冒	common cold
鼓胀	tympanites
关格	obstruction and rejection
H	
黄疸	jaundice
J	
积聚	accumulation disease
健忘	amnesia
痉证	convulsive disease
厥证	syncope
K	
咳嗽	cough
L	
痢疾	dysentery
淋证	stranguria
癃闭	retention of urine
N	
内伤发热	internal damage fever
尿浊	turbid urine
疟疾	malaria
O	
呕吐	vomiting
P	
痞满	stuffiness and fullness
S	
水肿	edema
T	
痰饮	retention of phlegm
头痛	headache
W	
萎黄	sallow complexion
痿证	atrophy-flaccidity syndrome
胃痛	stomachache
X	
痫病	epilepsy
消渴	consumptive thirst
哮病	asthma
胁痛	hypochondriac pain
泄泻	diarrhea
心悸	palpitation
胸痹	chest discomfort
虚劳	consumptive disease
血证	blood syndrome
眩晕	vertigo
Y	
阳痿	impotence
腰痛	low back pain
噎膈	dysphagia
遗精	spermatorrhea
瘿病	goiter
郁证	depression syndrome
Z	
早泄	premature ejaculation
真心痛	angina pectoris
自汗	spontaneous sweating
中风	stroke

笔记栏